辛亥革命史論

張玉法 著

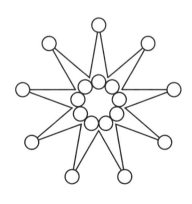

三民書局

再版序

　　《辛亥革命史論》出版已三十多年。三十多年來，臺海兩岸及世界各國的學者，對辛亥革命時期的革命領袖、革命理論，以及參與革命的各區域、各階層，已作了廣泛而深入的探討。本書所集，為個人在學術界研究辛亥革命的洪流中，對辛亥革命的一些探討，雖為單篇論文的結集，實涵蓋辛亥革命的全面。

　　近代中國的革命有兩大主流，一為被中國大陸史家定性為資產階級民主革命的辛亥革命，該革命建立了中華民國；一為標榜無產階級革命的中國共產黨所領導的革命，該革命建立了中華人民共和國，並將在中華民國執政的中國國民黨，逼退到臺澎金馬地區。臺海兩岸及世界各國的學者，每以辛亥革命是失敗的革命，而中共的革命則是成功的革命，這是就形式上言。

　　事實上，所謂「資產階級民主革命」或「無產階級革命」，都是自我標榜或別人論定，每種革命都在歷史演變中發生變化。以國民黨的革命而論，除經過軍政、訓政時期外，在進入憲政時期數十年以後，始真正實行民主政治。就共產黨的革命而論，於一九四九年建立政權以後，初時把擁有財富視為罪惡，打倒地主、打倒走資派；後來在「建立小康社會」的旗幟下，發展資本主義，並有很大成就，雖然仍然稱為社會主義國家。

　　從階級的立場研究近代中國歷史有其局限。就辛亥革命而論，無

論孫中山領導的興中會、同盟會，還是章炳麟領導的光復會，都是為革命製造氣氛，真正推倒清朝的是清朝所練的新軍。甲午戰後，清廷委袁世凱在天津小站練新軍，先後練了六個鎮（師），因為袁世凱做了北洋大臣（直隸總督），所以叫北洋軍。北洋軍之練，目的在增強國力，保衛國家，不意竟成為袁世凱的私人軍隊。武昌革命爆發，各省響應，孫中山被推為中華民國臨時大總統。孫為促使革命早日成功，以禮讓總統之位為條件，使袁世凱傾心革命，袁所練的北洋軍即逼使清帝退位，孫中山亦將總統之位讓給袁世凱。袁任總統後，師心自用，漸走上恢復帝制之路，孫中山不得不再起革命。

本書以若干論文，分論辛亥革命的原委，幸為讀者愛好，因出版已久，坊間已少見此書。儘管近年網路流行，紙本書的出版大為減少，一卷在手，仍有讀書之樂。三民書局有鑒於此，乃將本書重新排版精校，以報答讀者的厚愛，本人特致最大的謝意。

張玉法

二〇二四年四月

於翠湖尾

自　序

　　最近五十年，學者對辛亥革命史的研究，有意無意地投下許多心力。對中國大陸地區的學者而言，辛亥革命是資產階級革命，有資產階級革命而後有無產階級革命，故需對此第一階段的革命加以研究。對臺灣地區的學者而言，辛亥革命創建了中華民國，辛亥革命也是中國現代史的起點，研究中國現代史，了解中華民國的由來，自然從研究辛亥革命史開始。對外國學者而言，被中共逐出中國大陸的中國國民黨，其前身是辛亥革命的主導者，而辛亥革命又被大陸學者指為不徹底的革命，辛亥革命的性質與內涵如何，必然引起廣泛的關注。在這種情形下，關於辛亥革命的專書、論文和史料的大量出版，以及學術會議的不斷舉行，一直是史學界的盛事。

　　個人在此學術熱潮中，自一九六四年進入中央研究院近代史研究所做研究工作，即以辛亥革命為主要研究範圍，先後完成《清季的立憲團體》、《清季的革命團體》和《民國初年的政黨》三本專書。在三書撰寫的過程中及其以後，陸續發表有關辛亥革命的論文約三十篇，除改寫成專書者外，尚有獨立發表價值之論文二十餘篇，本書選編十八篇，題名〈辛亥革命史論〉，以方便讀者閱讀。

　　十八篇論文，彼此連貫，可以窺知辛亥革命的梗概。如能進一步閱讀前述三書，當不難對辛亥革命的性質和意義獲得更深入的了解。十八篇論文分為六篇，第一篇「總論」，選載論文兩篇，一篇是總結學

者對辛亥革命的研究成果，論述辛亥革命的性質與意義；一篇是評介章開沅、林增平主編的《辛亥革命史》，藉以了解大陸學者研究辛亥革命的基本觀點。第二篇「革命領袖」，選載論文三篇，一篇探討孫中山在夏威夷，一篇探討孫中山的歐美經驗，一篇探討黃興與孫中山的關係。第三篇「革命參與」，選載論文四篇，一篇有關立憲派，一篇有關光復會，一篇有關會黨，一篇有關外國人；革命參與尚有其他勢力，請參考《清季的革命團體》一書。第四篇「革命理論」，選載論文三篇，分別論述興中會、同盟會時期的革命理論與宣傳，以及革命與立憲的論戰。第五篇「革命目標」，選載論文三篇，一篇有關民主主義，一篇有關自由主義，一篇有關社會主義，第四篇之「革命理論」論文三篇，可與此三篇論文相參證。第六篇「二次革命」，選載論文三篇，分別論述辛亥革命時期的南北問題、二次革命的根源，以及二次革命的經過。二次革命實為辛亥革命的餘波，故美國學者研究辛亥革命，如瑪麗‧萊特 (Mary C.Wright)、路康樂 (Edward J. M. Rhoads) 等，均以一九一三年為辛亥革命的終點。

十八篇論文中，八篇為會議論文，六篇為期刊論文，四篇已收入他人主編之專書。〈辛亥革命的性質與意義〉，原為會議論文，用英文撰寫，茲譯成中文。書籍編印期間，承韓靜蘭小姐協助，特致謝意。

一九九二年十月十日
於中央研究院近代史研究所

辛亥革命史論

目　次

第一篇

總　論

辛亥革命的性質與意義

一 前 言

　　辛亥革命建立了中華民國，迄今已八十一年。在此八十一年中，世界各國的學者、評論家、政壇中人，為了不同的學術見解或目的，對辛亥革命不斷加以讚揚或批判。關於辛亥革命的許多論題被提出，特別在一九四九年中共在大陸建立政權以後。

　　在一個政治掛帥的時代，對於辛亥革命的許多觀點，很難辨別出何者是為了政治的目的、何者是學術見解。不過，世界各地的史學家，對辛亥革命似乎有了他們的看法。本文是以歷史研究的角度來看辛亥革命，雖然無法將各種學術見解均包羅在本文之內。

二 是朝代循環還是革命？

　　在一九四九年以前，歷史學者大都認為辛亥革命是中國現代史上最重要的轉捩點。但隨著中共革命成功並於一九四九年在大陸建立政權，有的史學家開始宣稱：辛亥革命不是成功的革命，甚至說，辛亥

革命根本不能叫作革命[1]。譬如日本學者市古宙三認為，辛亥革命只是後朝推翻前朝。他的理由有二：其一，在孫中山的三民主義中，只有反滿的民族主義受到學界、秘密會社、和新軍官兵的歡迎。其二，民國建立前後，沒有發生重大的經濟和社會變動。市古說：「假如我的假設是正確的，那麼，辛亥革命只是推翻滿清的朝代革命。」市古對辛亥革命的解釋，受到幾位日本學者的批評，他們認為市古忽視了在辛亥革命中反帝的重要性，同時也低估了資產階級的角色[2]。

市古的觀點來自他早年對辛亥革命的研究。一九六五年，在美國新罕什州 (New Hampshire) 的樸斯茅斯 (Portsmouth) 所舉行的學術討論會上，他再度提出他的看法。會議的主持人美國學者瑪麗‧萊特 (Mary C. Wright) 不同意市古的看法。萊特認為，不能將二十世紀一〇年代中國所發生的革命視為朝代循環，因為許多跡象顯示，當時都有重要的改變[3]。另一位參與會議的美國學者瑪麗‧倫欽 (Mary Backus Rankin) 也不同意市古的看法，雖然倫欽認為發生在一九一一至一九一二年間的事情看來不像革命，但民國建立後一連串的改變，已使儒家的傳統秩序無法恢復。倫欽認為，辛亥革命使中國開始追求新的價值和新的典章制度。因此，辛亥革命是一連串變遷的開始，最後的結果是革命的[4]。

---

[1] Ta-ling Lee, *Foundations of the Chinese Revolution, 1905–1912* (St. John's University Press, 1970), P. V.

[2] Chūzō Ichiko, "The Role of the Gentry: An Hypothesis," Mary C. Wright, ed., *China in Revolution: The First Phase, 1900–1913* (Yale University Press, 1968), pp. 309, 313.

[3] Mary C. Wright, ed., *China in Revolution*, Introduction, p. 58.

　　日後繼續有著作反駁市古的觀點。譬如一九七五年美國學者路康樂 (Edward J. M. Rhoads) 在他的《中國的共和革命》(*China's Republican Revolution*) 一書中認為，辛亥革命儘管有許多傳統的特色，絕對不是朝代循環，因為中華民國不是換了裝的清朝。路康樂肯定辛亥革命是一個革命，雖然辛亥革命建立的民國風雨飄搖。路康樂更認為，辛亥革命不只是一個革命，而且是兩個革命：一個革命是發生在一九一一至一九一二年的政治革命，將滿清的制度推翻。另一個革命是發生在一八九五至一九一三年的文化革命，將儒家的價值體系摧毀。在路康樂看來，這兩種革命都有永遠性的成就，因為袁世凱想恢復君主體制和儒家文化皆失敗[5]。

　　辛亥革命當然是一個革命。它完成了光復會「光復中國之政權」的目標，也完成了共進會「驅除韃虜，恢復中華，建立民國，平均人權」的目標。上述的革命目標也是同盟會的革命目標；在同盟會的革命目標中，只有「平均地權」沒有實現。除此之外，在革命過程中還有其他新事物的出現[6]：

　　⑴組織政黨以推動革命；

　　⑵士、農、工、商各階層皆參加了革命；

　　⑶身為革命領導階層的新知識份子，欲以他們的新知推動中國的現代化；

---

[4] Mary Backus Rankin, *Early Chinese Revolutionaries: Radical Intellectuals in Shanghai and Chekiang, 1902–1911* (Harvard University Press, 1971), preface.

[5] Edward J. M. Rhoads, *China's Republican Revolution: The Case of Kwangtung, 1895–1913* (Harvard University Press, 1975), p. 277.

[6] 張玉法，《清季的革命團體》(臺北，一九七一)，頁七一一～七一三。

⑷婦女和僑胞都參加了革命；

⑸革命促使了新聞事業興盛。

辛亥革命雖然沒有完成「平均地權」的目標，由於它在民族革命、政治革命和其他方面的革命都有成就，當然可以被稱為革命。

三　是資產階級革命還是全民革命？

中國大陸史學家認為辛亥革命是資產階級革命，他們強調資產階級在革命中所扮演的角色。譬如，吳玉章說：

> 為什麼這個時期孫中山先生所鼓吹的民主革命會得到很多人同情呢？這是因為有了新的社會基礎。這個社會基礎就是資產階級。資產階級是當時一個新興的階級。它的出現大約是在十九世紀八十至九十年代，到了二十世紀初，可以說已經初步形成為一個階級了[7]。

為了證明他的說法，吳玉章徵引的證據是 78% 的興中會會員為華僑，而華僑會員中 48% 屬於資產階級[8]。吳玉章進一步指出，同盟會的「驅除韃虜，恢復中華，建立民國，平均地權」的綱領，也是為資產階級而訂的[9]。大陸的史學家，大都同意吳氏的意見，章開沅和林增平在他們論述辛亥革命的著作中認為，辛亥革命是由資產階級民主革

---

[7] 吳玉章，《辛亥革命》(北京，一九六一)，頁六。

[8] 同上，頁九。

[9] 同上，頁一一。

命人士主導的，他們並謂，在一八七〇至一八九〇年代，中國的資本主義即開始發展[10]。

受中國大陸史學的影響，有些日本歷史學家也認為辛亥革命為資產階級的革命。譬如菊晴貴池說，辛亥革命是由資產階級民主革命人士領導，而且是在中國資本主義發展的過程中進行[11]。

此類意見，如果不是由少數孤立的史料推演而來，便是受歷史唯物主義的影響。美國學者周錫瑞 (Joseph W. Esherick) 在研究中所獲得的印象是：辛亥革命未能紓解民困，只是建立一個新政權，而在此新政權中，士紳和官僚為了保衛其階級利益，更為密切地結合在一起[12]。

不過，許多史學家都不贊同這種以歷史唯物史觀來看辛亥革命，因為孫中山認為他的革命是為了全國全民，而不是為了資產階級。在市古宙三看來，假如辛亥革命被視為資產階級民主革命，得當時有資產階級的興起才行。但他反問：晚清的中國有資產階級嗎？是為資產階級的利益才革命的嗎?孫中山的三民主義有任何資產階級的傾向嗎?有多少資產階級的人投入三民主義的革命呢[13]？法國學者白吉爾 (Marie-Claire Bergére) 曾經特別寫過題為〈資產階級的角色〉的論文。她認為資產階級應指包括企業家、商人、金融家和從事工業製造的一些人，不是一般所謂的「中產階級」，因為中產階級除前述商、工、金

---

[10] 章開沅、林增平，《辛亥革命史》（北京，一九八〇），頁一、一二。

[11] 菊晴貴池，《現代中國革命の起源》（東京，一九七〇），頁二三六。

[12] Joseph W. Esherick, *Reform and Revolution in China: The 1911 Revolution in Hunan and Hubei* (University of California Press, 1976), p. 252.

[13] Chūzō Ichiko, "The Role of the Gentry: An Hypothesis," Mary C. Wright, ed., *China in Revolution: The First Phase, 1900−1913*, pp. 309−311.

融、企業等方面的人士外，尚包括知識份子、地主以及自由職業者。白吉爾在此一定義下檢討資產階級在辛亥革命中的角色。她說：假如可以用一個字來形容辛亥革命爆發時的中國資產階級，那就是「脆弱」。在辛亥革命爆發的時候，新興的資產階級人數很少，而且彼此之間也沒有共識。依照白吉爾的意見，儘管各省都有資產階級的人參加革命，但他們很少是革命的發動人。革命的領袖大多為軍官（如武昌）、秘密會社的人（如長沙），或在軍中的同盟會員（如廣州），沒有商人。在一九一二年春天，商人首次想走入政治，但無論在中央的層面還是地方的層面，都歸失敗。在這種情形下，商人對共和政治趨於冷漠。其後二次革命爆發，商人幾乎都不支持。白吉爾堅信，辛亥革命為資產階級提供了首次的參政機會，但因資產階級的勢力還沒有形成，所以他們在革命中只是配角[14]。瑪麗・萊特贊同白吉爾的意見。雖然萊特認為在二十世紀初年商人的地位日漸重要，她仍堅持辛亥革命不是資產階級革命；當時資產階級的角色雖然重要，但卻是輔助性的[15]。

　　事實上，革命的目標，有如同盟會誓詞中所宣示的：「驅除韃虜，恢復中華，建立民國，平均地權」，沒有一個目標是為了資產階級的利益。美國學者高慕軻 (Michael Gasster) 明白的指出，革命的內涵是民族主義、共和主義和社會主義。有些人像嚴復、梁啟超和孫中山，他們發現了「民族國家」的觀念，他們發現「民族國家」的時間，剛好是帝國主義侵略中國最盛，而又是戊戌變法失敗的時候，他們當時就認定滿清政府無力保衛中國，也無力改善自己。中國現代民族主義的

---

[14] Marie-Claire Bergére, "The Role of the Bourgeoisie," Mary C. Wright, ed., *China in Revolution: The First Phase, 1900–1913*, pp. 230–231, 237, 265, 291–295.

[15] Mary C. Wright, ed., *China in Revolution*, Introduction, pp. 41–42.

產生是因為反滿主義融入了反帝主義，是因為反滿主義因融入現代國家與主權觀念，而痛恨滿清不能對抗帝國主義並輕視滿洲人落後，是因為這種強烈的仇恨與對立情緒形成了武裝革命。關於共和主義，革命黨人在這方面也有很好的發揮，並認為代議政治可以在中國實現。在他們腦海中所形成的民主、被治者同意、政治參與、法治等觀念，不僅沒有階級性，而且放之四海而皆準[16]。但高慕軻的著作，對革命黨人所宣揚的社會主義沒有深入的討論，史家實不應該對這一方面加以忽視。中國大陸史學家夏東元說：

> 清末資產階級革命黨人關於土地問題的思想特點，一個是，他們以全民利益的代表自居，為農民講話，號召農民起來革命；另一個是，他們企圖通過解決土地問題建立「平等」的「社會主義」，防止第二次革命[17]。

其他的中國大陸史學家，像章開沅和林增平，甚至相信孫中山關於土地問題的思想，是受日本社會主義者宮崎民藏的影響[18]。宮崎對美國人亨利・喬治 (Henry George) 的學說有興趣，在一八九五年組織了「土地問題研究會」。孫中山也受英國社會主義者大衛 (Michael David) 的影響，他曾經組織「全國土地同盟」(National Land League)。同時孫

---

[16] Michael Gasster, *Chinese Intellectuals and the Revolution of 1911* (University of Washington Press, 1969), pp. 231–233.

[17] 夏東元，〈論清末革命黨人關於土地問題的思想〉，湖北省哲學社會科學學會聯合會編，《辛亥革命五十周年紀念論文集》（北京，一九六二），頁三二〇。

[18] 章開沅、林增平，《辛亥革命史》，頁一〇〇～一〇一。

中山也受到俄國社會革命家沃爾霍夫斯基 (Felix Volkhovsky) 的影響，他當時流寓倫敦。上述三位社會主義者都與孫中山有不同程度的接觸。大陸史學家所以強調這些，似乎想將孫中山視為社會主義革命的先行者。果然如此，孫中山的革命是具有社會主義的性質，而不是為了資產階級。

尤有進者，參加辛亥革命的人來自社會各階層，不管是從革命團體的成員來分析，還是從各地區參加革命的人來分析，都是如此。孫中山生在貧農之家[19]，他所組織的第一個革命團體興中會，人數最多時不過五百人，他們大都是貧苦而沒有受過教育的人[20]，在武昌革命爆發前，孫中山的最後一次革命在廣州發動，在死亡的八十六人中，二十六個知識份子，十三個農民，十七個工人，六個小商人，十四個軍人，四個其他行業的人，六個不詳[21]。商人在此次革命中的角色似乎很小。富有的商人，像張人傑和李紀堂，確對孫中山有許多幫助，但並不是為了資產階級的利益。

區域性的研究也顯示，革命黨人來自社會各階層。研究廣東地區的路康樂指出，在武昌革命爆發後贊同廣東獨立的廣東諮議局，其中商人很少，大都是士紳[22]。研究上海、浙江、安徽地區的瑪麗‧倫欽認為，辛亥革命主要是學界的運動。秘密會社中人、商人、華僑等雖然都參加了辛亥革命，但主要的動力來自學界[23]。研究兩湖地區的周

---

[19] 同上，頁七四。

[20] Mary C. Wright, ed., *China in Revolution: The First Phase, 1900–1913*, p. 45.

[21] 張玉法，《清季的革命團體》（臺北，一九七一），頁三五五。

[22] Edward J. M. Rhoads, *China's Republican Revolution: The Case of Kuangtung, 1895–1913*, p. 160.

錫瑞，曾分析一九〇六年萍瀏醴之役的成員，他認為領導階層為軍人、商人和工人，而一般群眾主要為礦工和陶工[24]。波多野善大曾寫過一篇討論湖北新軍的文章，他特別強調普通士兵在武昌革命中的重要性。據他的簡要描述：士兵起事後，把武漢的滿人政權推翻，他們得到權力後，才交給一個有名的軍官和受立憲派控制的諮議局，因此權力便落到對共和缺乏強烈信念的人之手[25]。在武昌革命中，普通士兵所以扮演重要角色，因為湖北的革命武力主要來自文學社和共進會，而這兩個團體的成員大都是普通士兵[26]。

另有一些研究強調農民的角色。一位中國大陸的史學家認為，在辛亥革命中，資產階級革命家居領導階層，而農民是主要革命武力[27]。據波多野善大的解釋，中國的新軍多來自農民，他們會把農民的不滿轉化為有組織的革命力量[28]。

在分析有關辛亥革命的目的和參與者之後，我們可獲致以下的結論：辛亥革命為全民革命，由社會各階層參與，是為了全體中國人民的利益。革命領袖，像孫中山、章炳麟、胡漢民等人，並沒有特別為

---

[23] Mary Backus Rankin, *Early Chinese Revolutionaries: Radical Intellectuals in Shanghai and Chekiang, 1902–1911* (Harvard University Press, 1971), p. 227.

[24] Joseph W. Esherick, *Reform and Revolution in China: The 1911 Revolution in Hunan and Hubei*, p. 61.

[25] Yoshihiro Hatano, "The New Army," Mary C. Wright, ed., *China in Revolution*, pp. 383, 415.

[26] 張玉法，《清季的革命團體》，頁六一二、六四二。

[27] 汪詒蓀，〈辛亥革命時期資產階級與農民的關係問題〉，《辛亥革命五十周年紀念論文集》，頁一一五。

[28] 前引波多野善大文，頁三八二。

資產階級作什麼事情。中國大陸的史學家，一方面認為資產階級革命家的目的是在中國建立資產階級民主，另一方面也認為之所以有其他階級的人參與辛亥革命，完全是為了反滿[29]。章開沅和林增平等人，都極力在他們的著作中描述中國資本主義的興起。依據他們的研究，在一八七二至一八九四年間，中國有七十二家新興企業，總資本可知者為 20,907,000 元。其中五十三家為商營的或私營的企業，僅佔總資本的 22.4%。在一八九五至一九一三年間，中國有五百四十九家新興企業，其中商營的或私營的企業四百六十三家，佔總資本的 66.6%。根據這些資料，章開沅和林增平肯定的表示，中國的資本主義已有了初步的發展。對一八七二至一九一三年間從事棉紡、製粉、造船、毛紡、繅絲、榨油、製煙、發電、製水泥、開煤礦的資本家，章開沅和林增平也提供了下列的統計資料：

出　　身	地主與官僚	商　　人	買　　辦	其　　他	總　　計
家　　數	113	37	50	2	202
百分比	55.9	18.3	24.8	1.0	100.0

上表表示，資產階級在現代企業中並不佔很重要的地位。事實上，章和林亦指出，雖然中國的資本主義當時已有初步的發展，但質與量都很有限，因此，在當時中國社會經濟中，資本主義的角色不能過度高估[30]。

在二十世紀初，中國的資產階級很小，其成員對革命亦少興趣。更重要的，也很少有革命家要為資產階級的利益而奮鬥。由上所述，

---

[29] 吳玉章，《辛亥革命》，頁一六～一七。

[30] 章開沅、林增平，《辛亥革命史》，頁二三～二六、三六～三七。

我們如何能認為辛亥革命是資產階級的革命？

四　是反滿的革命還是反帝的革命？

中國大陸歷史學家章開沅和劉望齡指出：「辛亥革命是在中國人民向帝國主義及其走狗展開空前猛烈的反抗鬥爭中爆發的。」[31]這引發一個問題：辛亥革命是反帝的革命？還是反滿的革命？

有些史家強調辛亥革命的反帝性質，對美國學者賈士杰 (Don C. Price) 來說，在十九世紀末、二十世紀初，西方帝國主義是中國民族主義最有力的激素，當然，中國的民族主義還受到當時世界思潮的影響[32]。對路康樂來說，中國在甲午戰後二十年中最關切的是帝國主義，因為在甲午戰後，中國的外患日深月廣。在中國，帝國主義無所不在，無所逃避；它直接或間接影響中國人大大小小的行動[33]。對史扶鄰 (Harold Z. Schiffrin) 來說，一八九五至一九一一年的中國有一種革命的氣氛圍繞著：中央政府日趨無能而且財政支絀，知識份子不滿，群眾騷動，而更重要的，不能抵抗外來壓迫。中國人的政治心境，最怕最恨的就是外國勢力進入中國[34]。

---

[31] 章開沅、劉望齡，〈從辛亥革命看民族資產階級的性格〉，《辛亥革命五十周年紀念論文集》，頁一〇。

[32] Don C. Price, *Russia and the Roots of the Chinese Revolution* (Harvard University Press, 1974), p. 164.

[33] Edward J. M. Rhoads, *China's Republican Revolution*, p. 276.

[34] Harold Z. Schiffrin, "The Enigma of Sun Yat-Sen," Mary C. Wright, ed., *China in Revolution: The First Phase, 1900–1913*, p. 442.

　　帝國主義國家對辛亥革命的影響，包括兩方面：其一，外國革命的先例不斷被介紹到中國，此期間外國資訊和外國觀念對中國的影響至大[35]，法國革命和美國革命可能是最具有影響力的先例。較近的例子則是俄國的虛無主義、無政府主義，和極端的平民主義[36]。其二，由外國侵略所造成的中國國家危機喚起中國的愛國之士採取行動以保衛國家。譬如，孫中山的民族革命思想發生於一八八四至一八八五年的中法戰爭失敗之後，而其政治革命思想則發生於一八九四至一八九五年的中日戰爭失敗之後。這些革命思想化為大規模的革命行動，是在一九〇四至一九〇五年日俄在中國境內發生戰爭之後。因此，十九世紀後半期外國對中國的侵略，是辛亥革命的導引[37]。

　　基於上述的例證，許多史學家相信反滿起於反帝，倫欽 (Rankin) 認為，雖然有些重要人物像章炳麟，可能主要只從民族主義的立場來傳揚其革命思想，大部分參加革命的知識份子都認為，在西方帝國主義壓力下，滿人不能保衛中國。一位湖南籍的革命黨人陳天華寫了兩個流傳極廣的小冊子，一為《警世鐘》，一為《猛回頭》。在這兩個小冊子中，陳氏力言革命不是要報復滿人過去的錯誤作法，最重要的是因為滿人不能應付外國帝國主義的威脅[38]。李大陵雖然認為孫中山的民族主義既反滿又反帝，但認為這兩種情緒不是全無干係。李大陵相信，孫的反滿立場顯然來自孫相信滿洲政府不能應付西方帝國主義的攻擊[39]。中國大陸的史學家對反帝的論旨特別重視，譬如胡繩武和金

---

[35] Don C. Price, *Russia and the Roots of the Chinese Revolution*, p. 31.

[36] Mary Backus Rankin, *Early Chinese Revolutionaries*, p. 31.

[37] C. T. Liang, *The Chinese Revolution of 1911* (St. John's University Press, 1962), p. 3.

[38] Mary Backus Rankin, *Early Chinese Revolutionaries*, p. 27.

沖及說：

> 帝國主義的侵略，威脅著中國人民的生存，壓迫著中國經濟不
> 能發展，阻止著中國的政治不能進步。中國的封建統治者，已
> 經成為帝國主義實現在華統治的最重要的工具。……辛亥革命
> 正是在這種情況下爆發的[40]。

李時岳也認為，因為清廷是帝國主義的「走狗」，所以中國人決定把它
推翻[41]。

　　在一八九五至一九一一年革命的年月，中國人的反帝情緒似乎很
強。美國學者金森 (Marius B. Jansen) 認為，中國革命黨人能與日本民
族主義者密切合作，唯一的解釋是基於反西方帝國主義的需要，面對
西方政治的、經濟的，以及文化的、思想的侵略，亞洲人自然會產生
大亞洲主義[42]。路康樂發現，拳亂以後的清廷，面對內憂外患，並不
像一般人所想像的，對外讓步、對內鎮壓。事實上，透過收回利權運
動，清廷自外國人手裏收回不少路礦權。清廷在拳亂後所採取的民族
主義立場，使外國對中國的威脅大為減輕。路康樂進一步指出，當反
帝運動和立憲運動高漲時，革命的勢力大為消褪。他並認為，在一九

---

[39] Ta-ling Lee, *Foundations of the Chinese Revolution*, p. 47.

[40] 胡繩武、金沖及，〈辛亥革命是革帝國主義的命〉，《辛亥革命五十周年紀念論
文集》，頁六四九。

[41] 李時岳，〈辛亥革命與帝國主義〉，《辛亥革命五十周年紀念論文集》，頁六六四。

[42] Marius B. Jansen, *The Japanese and Sun Yat-Sen* (Stanford University Press, 1970), p. 213.

〇七年以後，迄於一九一一年間，國內的革命活動也顯著減少[43]。

在革命運動中，儘管反帝是重要的因素，仍有許多學者認為反滿才是革命的中心訴求。美國學者高慕軻 (Michael Gasster) 強調，在同盟會宣揚的革命思想中，反滿是最有力的宣傳武器。同盟會人曾羅舉出滿人的三大罪狀：其一，以殘酷的武力征服中國；其二，他們是蠻夷；其三，他們以「假立憲」欺騙中國人。高慕軻確認，同盟會的反滿主義，較任何其他口號更能將革命陣營中不同意見的人結合在一起[44]。梁敬錞也發現，大多數新軍士兵都反滿。在一九〇八年和一九一〇年，清廷的陸軍部都曾將此種情形告知美國公使館的軍事屬員。北京的英國公使館軍事屬員也曾指出，清廷每年花了許多錢訓練一批反滿的軍隊[45]。

反滿不是新發生的。它有歷史的根源，也起於當時的局勢。高慕軻指出，清末的革命黨人承襲了反滿的傳統，而由於與秘密會社的聯繫，更加強了這方面的訴求[46]。周錫瑞提出了另外的看法。他認為，辛亥革命中的反滿，不僅是以民族主義的立場痛恨滿人壓迫漢人；此類民族仇恨在革命宣傳中雖甚普遍，但革命的真正問題是對清廷的政治失望。對政治失望是使各種不滿人士結合的唯一媒介[47]。

---

[43] Edward J. M. Rhoads, *China's Republican Revolution*, pp. 180, 269.

[44] Michael Gasster, "Reform and Revolution in Chinese Political Modernization," Mary C. Wright, ed., *China in Revolution: The First Phase, 1900–1913*, pp. 73, 75, 77.

[45] C. T. Liang, *The Chinese Revolution of 1911*, p. 17.

[46] Michael Gasster, *Chinese Intellectuals and the Revolution of 1911*, p. 66.

[47] Joseph W. Esherick, *Reform and Revolution in China*, p. 168.

只強調反帝,或只強調反滿,都不一定符合史實。有些史學家持折衷的看法。瑪麗·萊特認為反帝和反滿同等重要[48]。日本學者野澤豐也持相同意見,認為辛亥革命既反帝又反滿[49]。高慕軻認為,反帝和反滿有先後之分。在他看來,在一九〇五年以前,除了鄒容等人在一九〇三至一九〇四年間大肆攻擊清廷以外,一般的批評都集中在清廷不能應付外來侵略上。但到一九〇五年同盟會成立後,這類的批評就少了。可能的原因是,一九〇五年以後,帝國主義對中國的威脅,較一八九五至一九〇五年間為小[50]。事實上,由於《辛丑條約》以後,外來的威脅減少,革命的情緒才集中在反滿上。李大陵曾經將這種轉變提出解釋。在一九〇三年與梁啟超正式決裂後,孫中山公開辯明革命與保皇的不同。孫在一封公開信中,指斥保皇派名為借保皇以行革命(指以武力推翻慈禧太后控制的清廷,救出光緒皇帝,謀求立憲政治),實欲「延長滿洲人之國命,續長我漢人之身契」。孫公開指斥康有為、梁啟超為「漢奸」,說他們「去同族而事異種」、「尊外族、抑同種」。取此與孫中山以前的言論相對照,可以發現其革命情緒已由反帝移向反滿[51]。

在反滿的歷史中,滿人首以侵略者受到抵抗和攻擊,因為滿人滅亡明朝、征服中國。自滿清入主中國後,失政多端,對漢人橫加歧視。十九世紀中葉以後,當清廷無法應付外來侵略時,失政更多。西方帝

---

[48] Mary C. Wright, ed., *China in Revolution: The First Phase, 1900–1913*, Introduction, p. 4.

[49] 野澤豐,《孫文と中國革命》(東京,一九六六),頁一三〇。

[50] Michael Gasster, *Chinese Intellectuals and the Revolution of 1911*, p. 68.

[51] Ta-ling Lee, *Foundations of the Chinese Revolution*, pp. 50–51.

國主義只是使反滿情緒加深，並非革命的關鍵因素。在十九世紀末、二十世紀初，當起自歐洲的民族主義傳到亞洲及世界其他地區時，中國即使不受外來侵略也會發生革命，因為中國已被異族統治二百多年。因此，不宜過度強調反帝的因素。

五　革命陣營是統一的還是多元的？

對於革命的領導問題，史家有不同的解釋。贊同一元領導的史家認為孫中山是革命領袖。薛君度主張雙元領導，認為孫中山和黃興兩人是同等的領導人[52]。還有的看法，認為革命是多領袖的。

多領袖說的理由有二：其一，清末民初地域主義盛行[53]，當時有許多地域性的革命，而沒有全國性統一指揮的革命。研究浙江和上海地區的瑪麗‧倫欽對國民黨人將革命解釋為由孫中山和同盟會領導表示懷疑。她認為，革命沒有有效的統一領導、沒有統一的黨、沒有主流的發展。了解辛亥革命，應從了解各地區的革命開始，而不能只看那些流寓海外的職業革命家[54]。梁敬錞與她有相同的意見。根據梁的觀察，在武昌革命爆發、各省宣布獨立後，獨立的各省用不同的旗號、不同的紀年，他認為這是辛亥革命沒有統一指揮的象徵。獨立各省多用五色旗；武昌革命黨人最初用十八星旗。五色旗象徵五族一體，十八星旗象徵十八省。孫中山所設計的青天白日旗未見採用，證明他的

---

[52] Chun-tu Hsüeh, *Huang Hsing and the Chinese Revolution*, p. vii.

[53] Yoshihiro Hatano, "The New Army," Mary C. Wright, ed., *China in Revolution: The First Phase, 1900–1913*, p. 366.

[54] Mary Backus Rankin, *Early Chinese Revolutionaries*, Preface.

黨未能控制其他勢力[55]。

其二,在同盟會中,領袖之間有個人衝突,而在各省,革命黨人也無法將反滿的勢力整合。周錫瑞在他的著作中,曾將同盟會中領袖間的衝突加以敘述。他說,在受到章炳麟和其他光復會員的抨擊之後,孫中山曾於一九一一年六月秘密地到日本作短暫停留,並告訴宋教仁:「同盟會已經解散」。宋教仁不接受孫片面解散同盟會,並即開始成立中部同盟會總會[56]。瑪麗‧萊特認為,武昌革命爆發後,在每個層面,同盟會都缺乏適當的領袖,因此權力都轉入保守的地方名流之手。這不是說革命沒有效果,而是說革命缺乏領袖[57]。

辛亥革命性質複雜,部分資料顯示,革命運動並沒有良好的整合,一個例證是同盟會內部的派系紛爭。同盟會成立的時候,將在東京的許多激進團體包羅進去。在同盟會當中,省區主義一直很強,因為組合同盟會的那些小團體,成員大多以省籍為基礎。雖然孫中山是同盟會的公認領袖,但會員繼續尊禮並效忠其省區領袖。因此,孫與省區領袖之間的衝突隨時可能發生,特別是與湖南籍的領袖黃興和宋教仁[58]。另一個例證是光復會與同盟會之間的衝突,特別是光復會領袖們對孫中山的攻擊。衝突發生在一九〇七年,一直延續到革命成功、民國建立之後[59]。

---

[55] C. T. Liang, *The Chinese Revolution of 1911*, pp. 20–23.

[56] Joseph W. Esherick, *Reform and Revolution in China*, p. 173.

[57] Mary C. Wright, ed., *China in Revolution: The First Phase, 1900–1913*, Introduction, p. 53.

[58] Ta-ling Lee, *Foundations of the Chinese Revolution*, p. 135.

[59] 同上,頁一四五。

這些分裂的情勢確有其事而且值得注意，但統一整合的力量也同樣存在。多位史學家強調革命陣營中各份子之間和諧的一面。史扶鄰認為，雖然孫中山在作興中會領袖之初頗有爭論，但興中會的許多作法都反映了孫的作風。史扶鄰也認為同盟會的創建甚有新義，在組織上它是現代政黨的雛型，在地理上，它將革命活動由通商口岸和華僑會社推到內陸各地，許多歸國的留學生都深入內地作領導革命的工作。興中會組成份子多為廣東人，而同盟會各省的人都有，可謂獲得全國性的支持。同盟會的成員也是多階級的，使知識份子的不滿與農民的騷動結合，終使孫中山的邊遠呼聲在中國政治中發生影響[60]。李大陵認為，在不安的學界和其他激進份子群龍無首的狀態下，同盟會提供了相當部分的領導。同盟會的成立是件大事，自後中國革命運動基礎日廣，進入一個嶄新的時代。同盟會成立後，革命已不再是少數人陰謀攻擊政府，革命的勢力像滾雪球一樣，愈滾愈大。從同盟會成立，到一九一一年十月十日武昌革命爆發，同盟會無疑的是中國革命運動的主流。無論就組織、大小、活動和訴求來說，同盟會都是此期間最重要的團體。當然這期間也有其他革命團體，但大部分都是地區性的，在勢力與影響方面，沒有一個可與同盟會相比[61]。高慕軻認為，同盟會的上層領袖，特別是孫中山，在整個同盟會時期，都被尊為領袖，雖然有些團體或個人分裂而去，有些已不信仰同盟會的革命主義。由於革命領袖經常旅行各地，並互通信函，各個重要的革命領導中心之間，以及中央與各省支部之間，有許多人事上的聯繫。許多革命宣傳

---

[60] Harold Z. Schiffrin, *Sun Yat-Sen and the Origins of the Chinese Revolution*, pp. 5, 8–9.

[61] Ta-ling Lee, *Foundations of the Chinese Revolution*, pp. vi, 39.

機構互相標榜，並互相轉載文章。尤有進者，雖然許多分支機構的活動經費都由自己籌措，但同盟會的重要活動經費，或由孫中山及其指定的負責人支給，或交給地方領袖自由運用。章炳麟為孫中山不能供給《民報》經費而攻孫，可以看出同盟會的有關機構對孫中山在財務上的依賴多重[62]。

　　上述對革命領袖問題的解釋，無一可令我們完全信服。在革命運動中，雖然有許多別的領袖，包括黃興、宋教仁和章炳麟，但在威望上無人可與孫中山相比。孫糾合了許多不同的革命團體組織了同盟會，並被選為中華民國的第一任臨時大總統。固然有許多不屬於同盟會的地方革命團體，但同盟會一直較任何團體都能有效的將各種革命志士網羅在一起，使革命有了象徵性的統一結合。

六　辛亥革命的基本建構

　　推翻滿清的革命運動主要是在一九○○年代發展壯大的，在武昌革命前夕，有一連串的因素造成了不滿與失望。據周錫瑞的看法，經濟衰退、自然災害、改革所造成的不滿、預算緊縮使軍界和學界備受影響、對鐵路國有化的憤懣、以及立憲步調的緩慢，都是促使大革命爆發的因素[63]。據菊晴貴池的看法，列強的侵略、資本主義的發展、農民經濟的衰退、以及工人階級的成長，對促成大革命都很重要[64]。路康樂認為，在革命的要件中，革命的情景比革命黨還重要[65]，此一

---

[62] Michael Gasster, *Chinese Intellectuals and the Revolution of 1911*, pp. 55–56.

[63] Joseph W. Esherick, *Reform and Revolution in China*, pp. 143–144.

[64] 菊晴貴池，《現代中國革命の起源》，頁一～四四。

觀察，自然也有助對辛亥革命的了解。

　　辛亥革命是中國現代史上的大事件，經過了發生、發展和結束的過程。許多史家認為，辛亥革命雖有一些成就，但是一個失敗的革命。中國大陸學者章開沅和劉望齡說：

> 革命就這樣被斷送了，政權完全落在帝國主義的走狗大地主、大資產階級手中，民族資產階級建立資產階級共和國的舊方案正式宣告破產。資產階級革命派仍然把舊民主主義當作神物，曾經試圖用遷都、宣誓、責任內閣、國會和約法等等來束縛袁世凱的手足，但是每一步退讓都免不了進一步污損民族民主革命的光榮旗幟[66]。

另一位大陸史學家李時岳強調革命的成就方面，他說：雖然辛亥革命失敗，但也有很大的成就：它推翻了滿清，結束封建君主體制；它打破了帝國主義者永遠君臨中國的夢想；它使中國人民覺醒，並接觸民主與共和的觀念[67]。

　　在這一方面，西方史學家大體接受中國大陸史學家的意見，認為辛亥革命雖然失敗，但也有一些成就。在早期研究辛亥革命的史學家中，瑪麗‧萊特給予辛亥革命的評價較高。她說：「不僅五四以後的革命，就是一九四九年以後的革命，都奠基於二十世紀的第一個十年。」

---

[65] Edward J. M. Rhoads, *China's Republican Revolution*, p. 4.

[66] 章開沅、劉望齡，〈從辛亥革命看民族資產階級的性格〉，《辛亥革命五十周年紀念論文集》，頁四二。

[67] 李時岳，〈辛亥革命與帝國主義〉，同上書，頁六七四。

萊特認為辛亥革命的特徵是：高漲的民族主義、脆弱的資產階級、不適切的領導階層、以及倉卒匯集的革命理論[68]。

　　辛亥革命並不是一個失敗的革命，只是一個未完成的革命，革命黨人提出了許多追求的目標，有些已經達成，有些沒有達成。革命黨人追求的目標是什麼？瑪麗・倫欽認為是民族主義、個人主義、現代化，和改變現狀[69]。對許多其他歷史學家來說，辛亥革命追求的目標是民族主義、民主主義和社會主義。民族主義的首要目標是推翻滿清。美國史學家楊格 (Ernest P. Young) 指出：辛亥革命的基本目標，有限度地獲得成功，即結束了大清皇朝；並謂袁世凱在此革命中扮演了重要角色，使革命輕而易舉地完成[70]。

　　辛亥革命的內涵絕不只民族主義。賈士杰 (Don C. Price) 認為君主體制從此為中國人放棄，即使那些認為君憲可以救中國的人也不再堅持[71]。周錫瑞也說：辛亥革命使君主體制變為共和體制。據周的觀察，在武昌革命爆發後的數月，帝國變為共和國，皇帝的位置為總統所取代，北京出現了立法機構，並計畫辦一場選舉，使選民委託代替天命的法統[72]。

　　中國大陸的史學家特別強調辛亥革命在民主上的成就。他們將現

[68] Mary C. Wright, ed., *China in Revolution: The First Phase, 1900–1913*, Introduction, pp. 60, 63.

[69] Mary Backus Rankin, *Early Chinese Revolutionaries*, pp. 227–228.

[70] Ernest P. Young, "Yuan Shih-K'ai's Rise to the Presidency," Mary C. Wright, ed., *China in Revolution: The First Phase, 1900–1913*, p. 435.

[71] Don C. Price, *Russia and the Roots of the Chinese Revolution*, p. 220.

[72] Joseph W. Esherick, *Reform and Revolution in China*, p. 1.

代中國革命分為兩個時期：一九四九年以前名為民主革命，一九四九
年以後名為社會革命。辛亥革命被認為是民主革命，譬如吳玉章說：

> 辛亥革命是中國民主革命時期的一次具有偉大歷史意義的革
> 命。這次革命推翻了清朝的統治，結束了中國兩千多年來的君
> 主專制制度，產生了中華民國，提高了中國人民的民主主義覺
> 悟，促進了中國人民的革命鬥爭[73]。

日本史學家所寫的中國革命史，大體依照中國大陸史學家的解釋，譬
如野澤豐說：辛亥革命是民主革命[74]。

　　事實上，辛亥革命不僅是民族革命和民主革命，而且是社會革命。
在一八九五至一九一一年間，社會和文化的變遷至大，而許多革命黨
人都對社會主義有極高的興趣。美國史學家馬丁・柏惱 (Martin
Bernal) 的解釋是：孫中山認為社會福利式的社會主義適合中國，是使
一般革命黨人對社會主義有興趣的重要原因[75]。

　　民族主義、民主主義和社會主義是辛亥革命的基本構成因素。另
尚有其他因素，促使有志於革命的知識份子結合，此因素據高慕軻的
看法，是激進主義。高慕軻認為，激進主義不僅是在革命中成長的一
些思想，而且是一種心情、一種態度、一種解決政治和社會問題的方
法[76]。但瑪麗・倫欽認為，此因素是個人主義，就是激進的知識份子

---

[73] 吳玉章，《辛亥革命》，頁五。

[74] 野澤豐，《孫文と中國革命》，頁一三〇。

[75] Martin Bernal, "The Trumph of Anarchism Over Marxism, 1906–1907," Mary C.
Wright, ed., *China in Revolution: The First Phase, 1900–1913*, p. 108.

尋求新的自由和新的機會，以求自我實現[77]。

　　總之，辛亥革命有許多不同的動力，而革命黨人也有許多不同的理想與動機，對辛亥革命進一步了解，必須基於區域、人物、組織等方面的個案研究。僅靠意識型態，無法了解辛亥革命。

---

[76] Michael Gasster, *Chinese Intellectuals and the Revolution of 1911*, p. 247.

[77] Mary Backus Rankin, *Early Chinese Revolutionaries*, p. 288.

大陸學者對辛亥革命的看法
——評介章開沅、林增平主編《辛亥革命史》

一　前　言

　　中共政權建立後，網羅政學界人士，以唯物史觀和政權利益為基礎，重新建立中國史學。有關辛亥革命的史學，從事五方面的重建工作：其一，整編舊史料：如一九五七年上海人民出版社出版中國史學會主編《辛亥革命》八冊，一九八一年湖南人民出版社出版丘權政、杜春和編《辛亥革命史料》二冊，一九八一年湖北人民出版社出版武漢大學歷史系近代史教研室主編《辛亥革命在湖北史料選輯》一冊等。其二，撰寫回憶錄：如一九六一～一九八二年間，中華書局出版政治協商會議全國委員會文史資料研究委員會編《辛亥革命回憶錄》八冊，一九八一年浙江人民出版社出版政治協商會議浙江省委員會文史資料研究委員會編《浙江辛亥革命回憶錄》一冊，一九八二年陝西人民出版社出版政治協商會議陝西省委員會編《陝西辛亥革命回憶錄》一冊等。其三，撰寫宣傳小冊：如一九六二年中華書局出版林增平著《辛亥革命》等。其四，撰寫學術論著：如一九八〇～一九八一年，人民

出版社出版章開沅、林增平編《辛亥革命史》三冊等。其五，召開學術會議：如一九八一年十月，中共在武漢召開有關辛亥革命的國際學術會議，有四十個外國學者、八十一個海外中國學者及大陸學者參加。

本文所要評論的《辛亥革命史》，是大陸學者有關辛亥革命的史學論著之一。評論一部大陸學者的史學論著，必須先有兩方面的基本了解：其一，大陸學者的史學論著是以唯物史觀來撰寫，不能有作者的個人史觀。其二，大陸學者的史學論著是以為政治服務的態度來撰寫，不能違反當權者的利益。這兩方面無可非議，因為中國大陸史學家沒有脫離唯物史觀和脫離為政治服務的自由。可以批評的是寫作所使用的材料能否證明撰述的目的、使用的方法是否適當，以及在邏輯上能否使人信服。另外，當以世界史學的眼光，檢討中共史學的一般性和特殊性。其次，當以中共史學本身，來檢討其相對的學術價值。

無可否認的，《辛亥革命史》這部書，在所有有關中共的辛亥革命的學術論著中，是篇幅最大、資料最豐、最具學術形式的一部書；從世界史學的眼光看來，也是篇幅最大、最有系統的一部書（中華民國史學界集體撰寫的《中華民國建國史》第一篇「辛亥開國」的篇幅可與相比）。但因受史觀的影響，在材料的選擇及章節的安排上頗不平衡，此為最大的缺點。

二　書的編著與出版

這部《辛亥革命史》，是人民出版社委請華中師範學院歷史系邀集一些單位共同編寫的，編寫的時間是一九七六年至一九七九年，共三年。

全書分為三冊，上冊記述一九〇一～一九〇五年所謂「資產階級

民主革命運動」加速醞釀和向全國發展的形勢；為說明近代中國社會為這一革命運動所作的歷史準備，追溯了中國資本主義經濟的興起和初步發展，以及孫中山在創立興中會前後的活動。中冊記述一九〇五年同盟會成立到一九一一年保路風潮勃興的史事，即所謂「資產階級民主革命」在全國普遍發展和趨向高潮的過程。下冊記述一九一一年武昌革命爆發到一九一二年南京臨時政府北遷的經過，闡明革命於推翻滿清政權以後終歸失敗的原因；為了以史實反覆印證「中國民族資產階級」不可能領導民主革命得到成功的「歷史規律」，還簡單地敘述了二次革命到護法運動的梗概。

為了編寫此書，主其事者動員了二十餘人參加。全書由章開沅、林增平負責定稿，但各冊皆另有負責定稿之人：

上冊：林增平、蕭致治、馮祖貽、劉望齡；

中冊：隗瀛濤、吳雁南、馮祖貽；

下冊：王天獎、劉望齡、馮祖貽。

參加撰寫初稿的人來自各大學、各機構，計：

四川大學歷史系：隗瀛濤、李潤蒼、錢安靖；

華中師範學院歷史系：章開沅、陳輝、劉望齡、彭英明；

武漢大學歷史系：彭雨新、蕭致治、崇漢璽；

河南省歷史研究所：王天獎、李國俊；

貴陽師範學院歷史系：吳雁南、倪英才；

湖北財經學院政治系：譚佩玉、袁繼成、虞師；

湖南師範學院歷史系：林增平、彭祖珍、王永康、石振剛、劉湘雅；

中山大學歷史系：林家有。

另外武昌造船廠和貴州紅湖機械廠的幾位工人也參加撰稿，人民出版

社的林言椒則負責從組織人力、到改稿定稿、到付印出版的各項行政工作。

　　除直接參與的人員外，在該書編寫的過程中，也得到湖北、湖南、貴州、四川、河南等省黨政機關的支持與協助。

三　全書總評述

　　全書除編寫說明和附錄外，分為十四章四十四節。計上冊四章十二節，中冊五章十七節，下冊五章十五節。

　　由於全書的主旨在把辛亥革命描繪成「資產階級的民主革命」，同時強調中國民族的反封建、反帝國主義鬥爭，所以在章節安排上，便以這個主旨為中心。上冊第一章〈近代中國的資本主義和資產階級〉，論述一八七〇年代以後中國資本主義的發展、中國資產階級的形成、以及一九〇一年以前孫中山的革命活動。第二章〈二十世紀初深重的民族災難〉，論述帝國主義對中國的侵略、清廷的維新與變法，以及人民群眾的苦難。第三章〈群眾反帝反封建運動的新形勢〉，論述人民群眾和少數民族的反滿與反帝，以及資產階級和反動勢力對反滿與反帝運動的退讓和鎮壓。第四章〈資產階級革命民主派的發展〉，論述資產階級和小資產階級知識份子的興起，以及他們所從事的革命活動，包括從事革命宣傳和組織革命團體。

　　中冊第五章〈同盟會的建立〉，論述同盟會的組織、綱領（民族主義、民權主義、民生主義），以及所謂階級基礎，兼論述同盟會內部的分裂，包括光復會的活動和共進會的成立。第六章〈思想戰線上的鬥爭〉，論述同盟會時期的革命思想（包括國粹主義和無政府主義），以

及革命與君憲的論戰。第七章〈資產階級革命派的反清起義和群眾自發鬥爭〉，論述同盟會和光復會所策動的革命起事，以及人民的抗捐反教、少數民族的反抗暴政和秘密會社的活動。第八章〈預備立憲和立憲運動〉，論述辛亥革命時期改革派的活動，包括民間的立憲運動和清廷的預備立憲措施。第九章〈保路風潮〉，論述鐵路國有政策所激起的保路運動，兼及四川保路軍的起事。

下冊第十章〈武昌首義〉，論述武昌革命的爆發、湖北軍政府的成立，以及湖北各地的響應。第十一章〈全國規模的革命高潮〉，論述各省區的響應革命，兼述城鎮、農村的革命活動。第十二章〈南北和談和南京臨時政府〉，論述武昌革命爆發、各省響應後，由於帝國主義國家、袁世凱和立憲派的介入，使革命行動轉趨妥協，而有南北議和，兼述南北議和過程中所建立的南京臨時政府。第十三章〈辛亥革命的失敗〉，論述由於帝國主義國家、袁世凱和立憲派的介入，以及革命派內部的分裂，使孫中山犧牲革命主張，並讓臨時大總統之位給袁世凱。第十四章〈餘波──為挽救共和國而鬥爭〉，論述民初政局、二次革命、洪憲帝制、反洪憲帝制戰爭、張勳復辟和護法戰爭的概況。

綜覽全書，主要的論旨有二：⑴辛亥革命是一個失敗的革命，⑵辛亥革命是資產階級民主革命。此二論旨是否可以成立，見仁見智，但就本書而論，似無法證明此二論旨。

先說辛亥革命是否為失敗的革命。書中論述興中會、同盟會和光復會所策動的各種起事，截至黃花岡之役為止，可以說都是失敗的。因為滿清政府仍在、專制政體仍在、民族平等未獲得。但到武昌革命爆發後，由於各省響應，迫使清廷退位，中華民國建立，民選國會成立，民選總統選舉完成，漢、滿、蒙、回、藏五族平等獲得，人民的

言論、結社等自由也較前為好，這些都是革命所帶來的改變。如果就中國歷朝革命的標準來說，一個朝代滅亡，另一個朝代建立，就算革命的成功。即拿革命派的理想來說，大部分革命黨人所熱中的只是民族革命，即推翻滿清；民族革命可以說是成功的。另有相當多的革命派人士兼熱中民主革命，即建立民國；自民國建立，在法理上「主權在民」的原則確立，選舉制度的實行雖然不理想，有些軍人、政客又刻意利用選舉制度，即如袁世凱想作皇帝，也假國民代表總投票的方法。這些都象徵著專制的時代已經結束，民主的時代已經來臨。除了這些以外，皇帝制度是在辛亥革命中推翻的。不能說孫中山讓位給袁世凱就是革命的失敗，因為孫中山在倡導革命之始就沒打算「帝制自為」，而主張民選總統的。尤為諷刺的是，該書原要證明辛亥革命的失敗，卻在書的扉頁，把朱德所寫的〈辛亥革命雜詠〉印入，雜詠的第一段是：「同盟領袖是中山，清帝推翻民有權，起義武昌全國應，掃除封建幾千年。」即就朱德的描述來論斷，辛亥革命也不能說是失敗的。就史實而論，辛亥革命中確是有些妥協的成分，民主時代的政治，本來就是在妥協的過程中完成的。辛亥革命中的妥協，自亦無可厚非。

再說辛亥革命是否為資產階級民主革命，這涉及到史觀，無論證據如何薄弱，中國大陸史家均難放棄此一論證。討論辛亥革命是否為資產階級民主革命，第一要檢討革命的目標是否只為「資產階級民主」（即受財產限制的選舉權和代議制度）。關於此點，該書明白的在第五章第二節詳細介紹了同盟會的革命綱領，即民族主義、民權主義和民生主義。民權主義的民主，不可能是資產階級民主，這從中國國民黨北伐完成後所制定的各種選舉法中可以看出來，因為所有的選舉法規，選舉權都不受財產的限制。另外，民族主義，不管是反滿，還是反帝

國主義，都不可能只是資產階級的；而民生主義，更是反資產階級的。其次再檢討，辛亥革命是否只為資產階級所關注。從書中所述，關注辛亥革命的、為這個革命流血的，包括社會各個階層，書中且特別強調一般農工群眾和其他下層社會的人（如秘密會社）在辛亥革命中所扮演的角色。因此，將辛亥革命說成「資產階級民主革命」只是史觀，不是史實。

　　該書徵引的資料相當廣泛，分為下列幾類：⑴理論著作，⑵檔案、官書、政書，⑶文集、譜傳、筆記、雜錄，⑷回憶錄、資料匯編，⑸近人著作，⑹外交論著、外文資料，⑺報章雜誌，⑻地方誌，⑼未刊資料。但在研究方法上，不是從資料上研究問題，而是找有利的資料印證觀點，所以實際使用的資料是有限的。

四　上冊評述

　　由於該書要把辛亥革命描述為資產階級的民主革命，上冊一開始就敘述中國資本主義的興起和初步發展，在時間上從一八七〇年敘到一九一一年，並以十六、七世紀的手工業發展為中國資本主義萌芽時期。萌芽的資本主義何以沒有繼續發展，是受到殖民主義國家的掠奪與破壞（頁十一）。到一八七〇年代，才因買辦、地主、官僚投資於新企業的關係，而有近代資本主義的產生（頁十二），此後迄於一八九四年為資本主義興起階段。在此一階段，以官辦、官督商辦或官商合辦佔優勢，純商辦者勢力較弱。該書引用統計資料，謂一八七二～一八九四年間資本額可查的七十二家近代企業，總投資額約二千萬元，官辦和官督商辦者佔 77.6%（頁二二～二三）。此實無法證明中國已產生

資產階級：其一，近代企業總投資額如是之少，平均每個國民只投資0.05 元。其二，大多數投資既來自政府，則中國的資本家極少，更談不上形成階級。

該書指明，在一八九五～一九一三年間，中國資本主義經濟有了初步的發展（頁二四），這一點大體是事實。一八九五～一九一三年間設立的資本在一萬元以上的廠礦共五四九家，資本總額為一億二千多萬元，官督商辦的資本已降至 23.7%（頁二五～二六）。不過，該書也承認：「十九世紀末至二十世紀初年，中國資本主義的發展還是很微小的。」（頁三〇）在這種情形下，中國當時可能有一些大商人，但絕不可能有資產階級的。該書為了塑造一個資產階級，把地主、官僚和商人都算作資產階級（頁三七），他們的「階級意識」不可能是一樣的。該書舉出了李鴻章、張之洞、袁世凱等官僚（頁四五），也舉出了得有官品的祝大椿、周廷弼、張振勳等商人（頁六〇），作為資產階級的代表，但倡導革命的孫中山以及他周圍的人，幾乎都不屬於這個階級。

該書明白承認，孫中山誕生在一個「貧苦農民家庭」（頁七四），但卻認為自一八七八年至檀香山起，孫就生活於華僑資產階級的家庭，並滯留於海外，必然會受到資產階級的影響（頁八五）。該書卻不能解釋何以孫要提倡社會革命，與資本家作對。諷刺的是，該書花了好幾頁篇幅介紹孫中山社會主義思想的來源，認為美國的亨利·喬治 (Henry George)、英國的大衛 (Michael David)、俄國的沃爾霍夫斯基 (Felix Volkhovsky)、日本的宮崎民藏等，都對孫中山的社會主義思想有影響，並謂孫「在苦心焦慮地探索解決中國的政治和社會經濟問題」（頁九九～一〇二），這又如何能把孫的革命解釋為「資產階級的民主革命」？

　　上冊在敘述資產階級的民主革命根源之後，接著敘述反帝國主義的歷史脈絡，這是根據列寧的反帝思想架構而成的。不可否認的，近代以來帝國主義對中國的侵略非常嚴重，到八國聯軍之後始趨緩和。緩和的原因，一般的解釋歸於門戶開放政策，該書則歸功於義和團的阻嚇（頁一一九）。義和團式的排外，實是無可鼓勵的。

　　在敘述了帝國主義對中國的政治和經濟侵略，以及義和團及八國聯軍事件以後，該書花了相當長的篇幅寫清末的改革與預備立憲。清廷的種種作為，在該書的作者看來，無非是帝國主義的工具，故指清政府為「洋人的朝廷」（頁一八四），不給予任何價值。接著該書又敘述「人民群眾的苦難生活」。所謂人民群眾的苦難生活，於農民方面，論述土地分配不均、田賦增加，以及天災等所帶來的「農民的血淚」（頁二〇四～二一五）。於工人方面，敘述近代產業工人的增加、工作時間的加長，以及工資的低廉等所帶來的「工人的辛酸」（頁二一五～二二三）。於所謂「城市小資產階級」方面，敘述外貨外資對中國中小工商業者的打擊，造成「城市小資產階級的困窮」（頁二二三～二二九）。於少數民族方面，敘述邊疆蒙、回、藏、苗、黎、高山等族，或受帝國主義的剝削與侵害，或受貪吏的需索，造成「少數民族人民的苦難」（頁二二九～二四〇）。於華僑方面，敘述華僑在海外多從事苦力事業、受帝國主義國家剝削，遭受民族歧視，造成「海外華僑的飄零」（頁二四〇～二五四）。惟其如此，無論農民、工人、「小資產階級」、少數民族和華僑，均熱烈從事或響應革命。辛亥革命有全民的關切和參與，這一部分正證明辛亥革命是全民革命。

　　人民群眾參與革命的情形怎樣呢？該書接著敘述一九〇〇年以後各省人民的反帝國主義和反滿清的革命活動，包括反洋教鬥爭（頁二

六四～二七三），抗捐抗稅抗租鬥爭（頁二七三～二八五），工人的罷工和武裝起義（頁二八五～二九○），內蒙、川邊、雲南、新疆、青海等地少數民族的反抗（頁二九一～二九六），會黨的起事（頁二九七～三二三），一九○○年以後東北人民的抗俄、西藏人民的抗英和臺灣人民的抗日（頁三二三～三三○），以及一九○五年全國人民的反美（頁三三○～三六一）。由於「二十世紀初以工農為主體的反帝反封建鬥爭的普遍和迅速發展」（頁三六三），該書情不自禁地說：「一九○一年到一九○五年間，革命形勢日益發展，群眾鬥爭愈演愈烈。偉大的民主革命先行者孫中山，充滿信心地向全世界宣告：『全國革命的時機，現已成熟。』」（頁三六七）該書的主旨是要把辛亥革命寫成資產階級的民主革命，而這一部分卻把革命寫成全民的，這是該書的重大失誤。

　　上冊最後一部分寫「資產階級革命民主派的發展」。這一部分除了標題和內文中插入一些唯物史觀的術語外，在內容上並無突出之處。如一九○○年以後的新教育發展、留學熱潮，以及國內外學界的反滿和反帝國主義活動（頁三六八～四○四），如保皇黨的活動以及革命與保皇的鬥爭（頁四○四～四一八），如革命宣傳活動及革命書報的大量刊行（頁四二○～四六六），如華興會、科學補習所、光復會等革命團體的建立（頁四六六～四九八）等，在中華民國史學界有關辛亥革命的著作中（如張玉法著《清季的革命團體》）均已有廣泛而深入的研究。

五　中冊評述

　　中冊從同盟會成立寫至武昌革命爆發前夕。同盟會何以能成立？該書的解釋是「深重的民族危機和日益增長的民族覺醒，早已促使各

省進步知識份子逐步走上聯合的道路」（頁六）。該書雖然也強調：「到了二十世紀初年，民族資展階級就已經比較明確地形成了獨立的階級意識和階級要求。」並強調：「一九〇五年前後，資產階級人們在一些報刊上吐露了自身的社會職責和願望。他們把自己所從事的實業讚頌為導致國家富強的盛事，把自身比作是社會的中堅。」（頁四）但對同盟會成立的背景解釋，以民族危機和民族覺醒來涵蓋，較以階級意識覺醒來涵蓋，更接近史實。

同盟會由孫中山領導成立，該書對孫中山的經驗和勇氣極力讚揚：「孫中山從自己的政治生涯的開始便投身於時代的運動，不僅用舌和筆，而且用槍和劍，向帝國主義的走狗清朝英勇挑戰。他在長期實際鬥爭中，累積了多方面的經驗，既有宣傳鼓動的經驗，又有組織建設的經驗；既有武裝起義的經驗，又有思想鬥爭的經驗；既有聯合會黨的經驗，又有發動知識份子的經驗。」（頁一三～一四）孫中山能聯合全國的革命力量組織同盟會，不是偶然的。

在敘述了同盟會組織的背景以後，該書述及同盟會的組織發展和宣傳概況，篇幅簡單，並無突出之處。較為突出的是約有三十頁的篇幅，介紹革命的主義，即是民族主義、民權主義和民生主義（頁三四～六一），但卻強烈地抱著建立史觀的態度，強指民族主義、民權主義和民生主義都是資產階級的，或是在資本主義以內的。該書曾不厭其詳的論述，在清末，無論資產階級、小資產階級、農民、工人、秘密會社、少數民族和華僑，都有廣泛的反滿和反帝國主義情緒，這種歷史現象，如何能定名為「資產階級民族主義」？民權主義，以西方民主政治的歷史來看，是以「資產階級民主」（選舉權受財產、教育程度等限制）為過渡，但民權主義的民主，並無此過渡階段。孫中山和他周圍

的人宣揚民權主義，從未提到在「資產階級民主」的局限下實行。而
中國國民黨當政以後的選舉權，亦從未受財產和教育程度等限制。至
於民生主義，本是社會主義的一種，在精神和內涵上，絕對是反資產
階級的。

對同盟會成立後，內部陷於分裂的解釋，中國大陸史家傾向於從
階級意識不同上來看問題。該書認為：「不能把同盟會看作一個知識份
子的政黨，因為知識份子不是一個獨立的階級和階層。他們沒有自己
獨立的階級利益，因而也不可能形成獨立的階級意志；他們只是由於
自己所表現出的不同政治傾向，分別隸屬於不同的階級和階層。」（頁
六四）實際上，意見的衝突，不一定都與階級意識有關。同盟會領袖
之間的衝突，有些起於個人恩怨（如章炳麟認為吳敬恆在蘇報案中出
賣了他），而大部分則為英雄主義的作祟（如徐錫麟說孫中山不配領導
他）。在革命的主張上，如有人主張在邊地革命，有人主張在長江流域
革命，有人主張在首都革命；此類意見，實難與階級意識拉上關係。
有一種材料，可能證明階級史觀的是部分同盟會領袖反對「平均地權」
的主張，該書也提及共進會的負責人劉公、孫武等因為出身地主之家，
故將「『平均地權』的主張改為『平均人權』」（頁八九）。但若進一步
分析，不贊同「平均地權」的主張，未必在維護地主階級的利益。梁
啟超認為若政治革命與社會革命同時進行，會使有產的人因維護自己
利益而反對革命，使革命益增困難。因此，若不把「平均地權」列入
革命綱領，只是謀略性的。中共的共產主義革命，不是也計畫由「新
民主主義」（與小資產階級和民族資產階級聯合打倒大地主、大資本
家）過渡到「共產主義」嗎？再說劉公、孫武等反對「平均地權」，也
不是為了保障自家的田產，要保田產何必革命；參加革命，頭顱難保，

何云田產？

中冊在論述了同盟會的組織、宣傳、綱領及內部衝突之後，接著檢討革命派與改良派的理論鬥爭。鬥爭的原因，是改良派主君憲，革命派主共和。關於此一理論鬥爭，近年臺灣史學界已有相當多的研究成果發表，張朋園的《梁啟超與清季革命》、張玉法的《清季的革命團體》等書都有相當長的篇幅加以討論，而亓冰峯的《清末革命與立憲的論爭》，尤為專門探討此一問題的專書。《辛亥革命史》一書探討此一問題，並沒有引述上述的研究成果，但也花了一百三十頁的篇幅（頁九二～二二二）討論此一問題，對國粹主義和無政府主義在革命派內外所造成的影響，尤盡力發揮。

在討論君憲與革命論爭，尤其是《民報》與《新民叢報》論爭的時候，該書是站在同情革命的立場。一則謂：「這場發生在二十世紀初年的大辯論，是革命陣營與反革命陣營、民族民主革命道路與半殖民地半封建道路之間的激烈鬥爭」，再則謂：「改良派一貫以愛國志士姿態出現，他們叫喊『救國』的聲調比誰都高，但是他們蓄意把排滿共和與愛國救亡對立起來，說是『此二者決不相容』，並且對革命派進行惡毒的攻擊……保皇就是愛國，革命必至亡國，這是何等荒謬絕倫的邏輯。」（均見頁一○一）這種偏袒一方的歷史論述，大違學術常軌。該書討論君憲與革命的理論鬥爭，較為突出的地方是對進化論與天命論，以及天賦人權與君權神授之間的論爭，君憲派傾向於天命論和君權神授論，以及革命派則宣揚進化論和天賦人權。就當時世界思潮來說，革命派的理論自然佔優勢，但該書仍以革命派犯了唯心主義和個人主義的毛病，這當然是站在唯物主義和集體主義的立場立論的。

此外，該書對革命派所用以擴展革命宣傳理論基礎的國粹主義和

無政府主義也大加指摘。平心而論，章炳麟主張「用國粹激動種性，增進愛國的熱腸」（頁一六〇），乃是《國粹學報》和《南社》的作者們所走的宣傳革命的道路，對振奮漢民族思想有極大的貢獻。該書卻指出，在倡導革命期間宣傳國粹主義，會夾雜復古倒退思想（頁一八八）。這當是「想當然耳」的推測之辭，究竟此復古倒退思想有無發生實際的影響，沒有資料可以證明。至於無政府主義，也是革命派的一種有利武器，此一主義不僅否定各種政權，且否定許多社會制度與秩序，譬如主張廢除政府、廢棄人治、廢兵、廢財、提倡婦女解放等，都可鼓勵人向革新制度、建立新制度方面努力，該書卻攻擊無政府主義脫離中國國情，追求空幻高遠，不符革命的實際需要（頁二〇三～二〇三），並指出無政府主義者「把一些不著邊際的空言當作法寶，對孫中山及三民主義進行攻擊，其後果當然是嚴重的、有害的」（頁二〇五～二〇六）。該書所以攻擊無政府主義，因為它「反馬克思主義」（頁二一四）。面對各種史實，該書不得不承認（頁二二二）：

> 基於中國歷史文化的某些特點和各種流派的西學的紛至沓來，在革命派和一部分知識份子中，又產生了國粹主義和無政府主義兩種思潮。這可看作是民主革命潮流高漲時的兩個支流。服膺這兩種思想的人們，各以其所辦的刊物為陣地，宣傳自己對中國前途的認識和主張。這兩個支流，在若干場合配合著主流，給清朝統治以一定的衝擊；而在某些方面，又或多或少地損害著革命的進程。

在敘述完革命的理論論爭以後，該書繼續論述革命的武裝起事。

敘述了同盟會發動的萍瀏醴之役、黃岡之役、七女湖之役、防城之役、鎮南關之役、河口之役、欽州之役、新軍之役和黃花岡之役，也敘述了光復會發動的皖浙之役。該書所強調的是「資產階級的領導」，以及「人民的犧牲奮鬥」，但卻指這些失敗的起事為「軍事冒險」、「脫離工農群眾」（頁三○九）。其實，如果該書能對萍瀏醴之役、皖浙之役等的革命群眾作一分析，便不難發現革命不僅未「脫離工農群眾」，主要的武力是來自工農群眾。可能為了強調工農群眾在革命中的重要性，該書又花了五十餘頁的篇幅敘述人民的抗捐、反洋教、秘密會社的起事，以及少數民族的反抗，而稱這些為「群眾的自發鬥爭」（頁三一四）。實際上，所謂群眾，絕不限於工農群眾，也包括地主、知識份子以及所謂「資產階級」的人，這足可描繪全民參與革命的狀況，也就是該書所承認的，「革命在全國更普遍地發展」（頁三七○）。

受階級鬥爭史觀的影響，該書有意把「群眾自發的反抗」和「資產階級革命」劃清界線，並謂「群眾自發的反抗不能取代資產階級革命派領導的反清革命運動」（頁三七三），但在另外的地方，又敘述了兩種革命勢力合流的情形（頁三七四）：

> 缺乏遍布各地的群眾自發反抗，就不能導致革命的普遍發展；缺乏資產階級革命派的反清鬥爭，就不能形成有完全意義的資產階級民主革命。如果把資產階級革命派所從事的起義比作主流，那麼，群眾自發反抗就是大小不一的支流；支流陸續地注入主流，推波助瀾，從而湧起了廣闊的革命高潮。

在敘述了全國革命風潮以後，該書轉頭敘述了清廷的應變措施，

即民間的立憲運動和清廷的預備立憲。關於這一方面的歷史，拙作《清季的立憲團體》和張朋園的《立憲派與辛亥革命》二書已有很深入的探討，《辛亥革命史》一書，除了用貶抑和諷刺的態度來處理此段史實外，並無突出之處。為了強調立憲派人為「資產階級上層代表」，也引述了張朋園在《立憲派與辛亥革命》中對各省諮議局議員的背景分析，對於其他方面的研究成果，則並不注意，只蒐集了一些有利的資料，描述立憲運動和預備立憲的官僚性、封建性和階級性。該書也承認，最後由於立憲派的投入，使革命的勢力大增。但該書反對過高評估立憲派對革命的貢獻；因為除了推翻滿清外，辛亥革命在其他方面失敗，是立憲派妥協、破壞的結果。就實際情形看來，這種論斷也有欠公平，革命派中妥協的勢力也很大，帝國主義國家的壓力也是妥協的一大因素。如果沒有妥協，清帝是否能很快退位，尚值研究。

中冊最後一部分是討論激起武昌革命的保路運動。此一運動，是清末中國收回路礦權運動的一部分，所以該書也敘述了當時整個收回路礦權運動的大概。對於這個運動，該書引述光緒三十一年十月十六日《申報》上的一句話，謂係「提倡於縉紳先生，響應於勞動社會」（頁四八四）。可見這個運動是為全民利益而起，沒有階級偏見可言。從湘、鄂、粵、川等省的保路運動來看，湖南省則「通省人士，奔走呼號，……興情激昂，萬眾一致」（頁四九五引宣統三年五月五日《中國報》語）；湖北則留日學生江元吉割肉血書「流血爭路，路亡流血」，築路工人起而支持，眾怒勃勃（頁四九六～四九七）；廣東則市民拒用官發紙幣，擠兌現銀，抗議清政府取消商辦鐵路（頁四九七）；四川則有保路同志會成立，人民爭起入會（頁五〇〇）。在保路運動中，四川參與群眾最多，主要原因，在川路公司集股時，許多自耕農和佃農都

加入了股份（頁五〇二），這說明即使是被指為資本家活動的路礦事業，也有不少小民參加。

保路運動由於參加的群眾多，革命派從中運動，終與革命運動合流。一九一一年九月二十五日，四川榮城宣布獨立。在此前後，四川各地都有擾亂。這種情形，使大革命的時機提早來臨，該書引述孫中山的話說：「若沒有四川保路同志會的起義，武昌革命或者要遲一年半載的。」（頁五三五）

六　下冊評述

辛亥革命不專指武昌革命爆發以後的革命，武昌革命爆發前十餘年間，革命勢力的成長和革命時機的形成，非常重要。《辛亥革命史》一書，頗能認清這一點，故花了三分之二的篇幅，敘述武昌革命爆發前的革命運動；而對武昌革命爆發，迄於清帝退位這一段史實，則敘述較少。在下冊的六百餘頁篇幅中，約只有三分之二是處理這方面的問題。

下冊開始敘述武昌起義，第一個問題是何以武昌首義能獲得全國的響應，而前此的許多次革命都沒有。該書談到了革命的情勢：「一九一一年夏季以來，革命在全國範圍內普遍發動的局勢，已日益顯露了指顧可待的朕兆。」（頁二）但何以大革命起於湖北武昌？該書提到了一些因素，如帝國主義的侵略（頁三～六）、捐稅的苛重（頁六～八）、以及所謂「社會矛盾尖銳」（指天災人禍、民不聊生等等）（頁八～十）。這些一般性的因素，並不必然會激起武昌革命，有如該書所說的，人民群眾的抗捐抗稅鬥爭、反洋教鬥爭、反帝愛國運動、收回利

權運動、反清起義、以及城鎮工人罷工、商民罷市等，湖北的情形與各省一樣（頁九）。既然一般情況一樣，何以大革命爆發於湖北？這實與革命黨人在武漢作了長期的健全組織，以及積蓄力量的準備工作有關（頁十）。但該書並未對湖北的革命組織及革命的準備工作深入論述，只有十二頁的篇幅（頁十三～二十五），失之簡略。關於湖北方面革命基礎的建立，張難先《湖北革命知之錄》、曹亞伯《武昌革命真史》、李廉方《辛亥武昌首義記》等書，論述綦詳，可以補該書的不足。

從武昌革命爆發，到湖北都督府成立，該書的論述並無突出之處，惟較為強調立憲派在與湖北軍政當局妥協上所扮演的角色，而對革命派和立憲派何以要擁黎元洪為都督，亦有分析性的說明。該書較為突出的是對湖北省各縣響應革命的敘述，無非強調下層社會對革命的貢獻，所以也敘述了各地會黨和工人的力量。〈武昌首義〉一章的結論中說：「綜觀湖北各府州縣脫離清朝統治的過程，可以看出當時革命聲勢之浩大和各階層人民群眾嚮往革命之熱烈。」（頁一〇五）又說：「發動和領導起義的資產階級革命黨人，儘管人數有限，而且在許多府縣又都是倉卒上陣，但由於人民群眾的支持和直接參與起義，終究在較短的時間內就使湖北各府州縣都脫離了清朝統治而實現獨立。」（頁一〇六）這些論述，恰恰可以證明辛亥革命是全民革命，不是資產階級的革命。

繼論述武昌首義以後，下冊續論述全國規模的革命高潮，也就是各省區、各民族、各階層人民的響應革命。在省區上，分別論述了湖南、江西、陝西、山西、上海、江蘇、浙江、安徽、廣西、廣東、福建、雲南、貴州、四川、直隸、山東、河南、奉天各地的獨立或革命活動；在各民族方面，論述了內蒙、甘肅、新疆、四川、貴州、雲南、

廣西等地少數民族的革命活動；在各階層人民方面，論述了鄉鎮和農村的革命活動。〈全國規模的革命高潮〉一章的結論中有一段敘述，與〈武昌首義〉一章的結論相似（頁二一五）：

> 從十月十日武昌首義開始，資產階級革命派策動新軍，聯絡會黨，借助商團等一類武裝力量，在全國展開反清起義。久已厭棄清廷、已經或多或少受民主共和濡染的城市紳、商、學界人士，並各業平民和產業工人，普遍地參加，擁護或同情這個以創立民國為號召的革命運動；不少農村為之震動，爆發了會黨的起事和貧苦農民各種形式的反抗；大部分立憲派人與清廷親貴集團的嫌隙到達無法彌合的地步，因而從權應變，紛紛附從革命。在這種情形下，以宣告獨立的形式出現的革命高潮，轉瞬間就席捲全國。

這段論述，除誤用「資產階級」一詞外，大體符合史實。全國各省區、各民族、各階層，只是要推翻滿清，彼此之間並沒有顯著的階級對立現象。一九一一年十月二十四日鎮江稅務司戴樂爾 (F. E. Taylor) 在寫給總稅務司安格聯 (F. A. Aglen) 的信中說：「各階層人士贊成革命的情緒令人驚奇。」（頁二二〇引）

辛亥革命的不能徹底，最後走上妥協之路，是由於帝國主義國家的介入、清內閣總理大臣袁世凱的介入、立憲派人士的大量介入、以及革命派內部的分裂。關於此點，下冊〈南北和談和南京臨時政府〉一章有多方面的分析。帝國主義國家在中國經濟利益深，不願革命戰爭延長，亦不信革命黨人真能穩定中國秩序，故初則杯葛革命，繼則

謀以袁世凱代清廷。袁世凱曾任北洋大臣、外務部尚書，在光宣之際的皇位繼承之爭中失勢，與監國載灃（宣統帝年幼，父為監國）為政敵。載灃為救國難再起用袁世凱，難望袁再效忠清廷。雖然如此，袁究與大部皇室及當權的滿人關係良好，清室讓位給袁，較被革命黨推翻，更能得到生命財產安全的保障。立憲派的人乃屬知識階層（絕大多數不屬所謂資產階級），在社會上有產、有業、有地位，自也不願革命延長。加上革命派中民族主義派勢盛，能推翻滿清即達到民族革命的目標；而民族革命派中的章炳麟等，且與孫中山不睦，更難望其追隨孫中山革命到底。有關這些問題，拙作《清季革命團體》、張朋園的《立憲派與辛亥革命》等書，都有許多論述。《辛亥革命史》一書在論述中夾雜一些貶抑的形容詞，如「帝國主義列強」（頁二二〇）、「大地主大買辦階級的代表袁世凱」（頁二三四）、「資產階級立憲派」（頁二四一）、「背著封建思想文化包袱的章炳麟」（頁二六五，非原句）等，但對有關問題的探討，頭緒尚稱清楚。不過，把以談判的方法完成的辛亥革命，視為「辛亥革命的失敗」，則有欠公允。

「辛亥革命的失敗」是該書第十三章的標題，該章除繼續敘述帝國主義的破壞（頁三一七～三二八）、袁世凱的翻雲覆雨（頁三二八～三三五）、立憲派和舊官僚的拆臺活動（頁三三五～三四二）、革命派的分化（頁三五七～三七一）以外，較為突出的是敘述到革命派「與農工關係的惡化」（頁三四二～三五七）。所謂與農工關係的惡化，窺該書原意，是輿論和地方官紳都主張維持地方秩序，以免「土匪之乘機起掠」、以免「不逞者鋌而走險，伏莽乘之，因而竊發」（頁三四四）。該書把「土匪」和「不逞之徒」與農工等觀，在邏輯上說不過去。再說，民國建立後，自以恢復秩序為首務，該書對地方官壓制抗

租、抗捐、抗糧，認為是革命聯盟關係的破裂（頁三五一），在邏輯上也是有問題的。

　　該書斷定辛亥革命失敗，除民國建立後地方官不允許「不逞之徒」破壞秩序以外，另一舉證便是孫中山被「迫而犧牲革命之主張」。所謂「犧牲革命主張」，窺該書之意，是孫中山原反對議和（頁三七二），終在內外的強大壓力下不得不接受議和條件（頁三七四～三七五），並同意將總統席位轉讓給袁世凱（頁三八四）。但該書忽視了革命成功的一面：

　⑴袁世凱迫使清帝退位，一舉手間完成了民族革命；如果以北伐的方法，以臨時成軍的革命武力，能否抗袁世凱的北洋軍，大成問題。黃興在漢陽兵敗，便是革命軍與袁軍實力對比的反映。

　⑵清帝退位後，袁世凱接受了共和的體制，依照南京臨時政府所制定的臨時約法行事，大體不差。

　⑶儘管袁世凱後來一度謀復帝制，民國的開國宏規，大部都建在孫中山作臨時大總統、袁世凱作臨時大總統和正式大總統時期。至於孫中山於清帝退位之後，把臨時大總統之位讓袁世凱，正表示孫的民主風格。孫在倡導革命之始，即主張開國之後，總統民選的。如果自己打來的天下是自己的，與古代帝王何異？

　　下冊最後一章題名〈餘波〉，副標題是〈為挽救共和國而鬥爭〉。這一章是為呼應「辛亥革命是資產階級的民主革命」、「辛亥革命是失敗的革命」這一架構而安排的。所謂「為挽救共和國而鬥爭」，實指為挽救辛亥革命所建的民主政治而鬥爭。由民國元、二年的政黨政治，說到二次革命；由二次革命說到反洪憲帝制運動，再由反洪憲帝制運動說到張勳復辟和護法運動。該書認為這些為維護共和國而作的鬥爭

都是失敗的。但從史實看來，民初政黨政治、二次革命固然是失敗了，反洪憲帝制、反張勳復辟，以及護法運動，都成功了。如反洪憲帝制沒成功，中華民國在民國五年就變成中華帝國；如果反張勳復辟運動沒有成功，中華民國在民國六年就回復到大清國；如果護法運動沒有成功，民國元年的約法，何以會斷斷續續實行到民國十三年？民國元、二年間所選出的國會，何以斷斷續續開會到民國十三年？

　　該書論述為挽救共和國而鬥爭這段史實，充滿矛盾。先假定這一方面的鬥爭是失敗的，起因於「資產階級共和國的政治方案不可能救中國」（頁四二一）。但在敘述到全國起而反抗洪憲帝制時，又謂「資產階級共和國觀念深入人心，使得袁世凱十分驚恐」（頁四七七）。在論述護法運動時，只說到民國七年軍政府改組，便肯定護法失敗，沒有檢討以後法統延續的情形。該書所以如此處理，是想把前此孫中山所領導的革命，命之為「舊民主革命」；而把起於五四時期的共產主義革命，命之為「新民主革命」。新、舊民主革命的承接點在民國八年的五四運動，故該書的敘事止於民國七年。由於是「舊民主革命」已經失敗，「新民主革命」正要開始，所以該書結束時引述孫中山的遺囑說：「革命尚未成功，同志仍須努力」。這當然是曲解了孫中山遺囑的原義，孫中山所謂「革命尚未成功」，自然是指「三民主義的革命尚未成功」，怎麼可能是指「共產主義的革命尚未成功」呢？

　　下冊正文之後，有三個附錄。附錄一為「大事年表」，起於一八九四年十一月二十四日興中會成立，止於一九一八年五月二十一日孫中山離廣州、赴上海，即所謂護法運動失敗。年表中所記的革命大事，較中國國民黨黨史會所出版的大事記，更能照顧到全國各階層，可以佐證辛亥革命是全民參與的，並為了全民的利益。附錄二為「主要徵

引書目」，分為九部分登錄，總計約四百餘種，其中不乏臺灣史學界近年的出版品，如《中華民國開國五十年文獻》、《革命文獻》等，也有一些翻譯的外文資料，如史扶鄰《孫中山與中國革命的起源》、詹遜《日本人和孫中山》等。有些資料，則非在中國大陸無法看到，如南京歷史檔案館所藏的資料，以及許多未刊的資料。附錄三為「索引」。

七　結　論

綜覽全書，除階級史觀和強指辛亥革命為「資產階級民主革命」難以成立外，敘事較一般史書為詳細，引證資料亦較一般史著為多，自有學術研究參考價值。若能詳細閱讀該書，恰可否定該書所要建構的階級史觀，以及「辛亥革命為資產階級民主革命」的建構。

第二篇

革命領袖

孫中山在夏威夷

一　前　言

　　孫中山生於一八六六年十一月十二日，逝於一九二五年三月十二日，實際在世時間為五十八年四個月。第一次去夏威夷在一八七九年六月，時年十三歲；最後一次離開夏威夷在一九一〇年五月三十日，時年四十四歲。在十三歲至四十四歲的三十一年中有六次來往於夏威夷，第一次在一八七九年六月至一八八三年七月，共約四年，主要的目的是在乃兄孫眉所開的商店中幫忙，先後並入中學及大學預科讀書。此行孫眉曾贈予部分財產。第二次在一八八五年十一月至一八八六年四月，共約五個月，主要因染習基督教，在鄉毀像瀆神，不見容於鄉里，乃兄孫眉馳函召之，加以申斥，並索回前所贈之財產。第三次在一八九四年十月至一八九五年一月，共約三個月，主要的目的在號召戚友，組織興中會，結合同志謀革命。第四次在一八九五年十一月至一八九六年六月，共約七個月，主要目的在於一八九五年十月的廣州之役失敗後，繼續宣傳革命，並發展革命組織。第五次在一九〇三年十月五日至一九〇四年三月三十一日，共約六個月，主要的活動是與

保皇會論戰，並加入洪門組織，俾便聯絡革命。第六次在一九一〇年三月二十八日至五月三十日，共約二個月，主要的活動是宣傳革命，發展同盟會組織[1]。總計孫中山在夏威夷的時間將近六年。

本文使用夏威夷一詞指夏威夷群島，與孫中山有關者，主要有奧湖 (Oahu)、茂宜 (Maui)、夏威夷 (Hawaii) 三島，以及奧湖島上的檀香山埠 (Honolulu) 和夏威夷島上的希爐埠 (Hilo)。

孫中山何以與夏威夷有如是多關聯？這些關聯對他的求學和革命有何幫助？都是本文所欲探討的。下面除結論外，即分三部分加以論述：(1)舞臺：夏威夷的歷史與社會，(2)在夏威夷的求學歷程，(3)在夏威夷的革命活動。

二　舞臺：夏威夷的歷史與社會

夏威夷是亞洲和美洲之間的一個群島，其地原始居民，據傳在西元五世紀前後及西元十一至十五世紀前後由其西南諸島（包括紐西蘭）移來，屬於玻里尼西亞人 (Polynesian)。十六世紀時西班牙航海家蓋旦諾 (Juan Gaetano) 曾至夏威夷；十八世紀時英國航海家柯克 (James Cook) 曾至夏威夷，並死在夏威夷[2]。十九世紀時英、美、法、俄等國在夏威夷均有勢力。有一段很長的時間，夏威夷諸島分立，各有酋長。一七九五年，土酋嘉美哈美哈 (Kamehameha, 1736–1819) 統一諸島

---

[1] 有關資料，散見羅家倫主編，《國父年譜初稿》（臺北，中國國民黨中央黨史史料編纂委員會，民國四十七年）一書，惟第五次離夏威夷的時間有誤，已做更正。

[2] Nancy Webb and Jean Francis Webb, *The Hawaiian Islands: From Monarchy to Democracy* (New York, 1958), pp. 3–9.

（Kauai 島則至一八一〇年始被征服），建立王朝。此後夏威夷即由王室統治，惟因人民受當時世界思潮影響，傾心於民主。夏威夷從一八四〇年在嘉美哈美哈三世時，在美人利卡茲 (W. Richards) 協助下，就開始實行憲法之治，成立議會，對王權加以限制。一八四二年獲得美國的承認，次年英、法兩國亦承認之。一八五二年，嘉美哈美哈三世更採用新憲法，進一步限制王權，並成立兩院制的國會，上院議員三十人由國王指派，下院議員二十四人由人民選舉。嘉美哈美哈王朝歷五世而絕，一八七三年一月議會舉倫那里羅 (William C. Lunalilo) 繼承王統，在位一年而逝，至一八七四年一月島民選舉嘉拉高 (David Kalakaua) 繼承王位[3]。嘉拉高繼承王位後的第五年（一八七九），孫中山去夏威夷求學，滯留至嘉拉高繼承王位後的第八年（一八八二）。其後，孫中山在嘉拉高繼承王位後的第十一年（一八八五），受乃兄之召，再至夏威夷，滯留至次年（一八八六）。

嘉拉高國王較為專權，又為民族主義者，頗引起人民及外僑不滿。一八八七年革命勢力興起，人民所爭者為民權，但美國官商勢力乘機操縱，嘉拉高被迫修改憲法，廢除王室特權，規定上議院議員由人民選舉。予居留夏威夷的外國人以選舉權，並規定選舉權受財產限制。到一八九一年，其妹黎里阿嘉蘭尼 (Liliuokalani) 即位後，又傾向專政，人民再起爭權，美國勢力再乘機控制。一八九三年臨時政府成立，初要求與美國合併，繼則於一八九四年七月四日宣布成立夏威夷共和國，以杜爾 (Sanford B. Dole) 為總統[4]。夏威夷要求與美國合併不成，

---

[3] 同前書，頁一七～一〇二、二四八。

[4] 同前書，頁二七～一四三、二四九；吳尚鷹，《美國華僑百年紀實》（舊金山，一九五四），頁四三九～四四〇。

又選定美國獨立一百一十八年紀念日成立共和國，其傾心於美國的體制是非常明顯的。值得注意的，夏威夷共和國建立之後的三個月，孫中山至夏威夷成立第一個革命組織興中會，興中會誓詞中的「建立合眾政府」，實際上也是想仿照美國的政治制度。

各國在夏威夷的勢力，原以英國最盛。自英國航海家柯克至夏威夷後，英國傳教士、商人陸續到達夏威夷者頗多。一七九五年統一夏威夷的嘉美哈美哈一世，即以英人約翰楊 (John Young) 為夏威夷總督。約翰楊的孫女後來嫁給嘉美哈美哈四世，成為夏威夷國王的王后。但美國在夏威夷的勢力後來居上，自一八一九年美國的基督教組合教會（Congregational Church，又譯公理所、綱紀慎教會）傳教士到夏威夷後，美國的傳教士、漁民、商人踵至，到一八七〇年代美國在夏威夷的文教、經貿勢力已超過英國。一八七六年美國誘使夏威夷國王嘉拉高訂立互惠條約 (Reciprocity Treaty)，使美國獲得使用港口、租借土地、免稅輸入商品的特權。惟嘉拉高國王仍力圖內政獨立，曾喊出「夏威夷是夏威夷人的」(Hawaii for Hawaiian) 的口號 [5]。雖然如此，美國的勢力以及親美的勢力仍然日益增長。早在一八五〇年代初期，在嘉美哈美哈三世時，夏威夷即有歸屬美國之議。如前所述，在一八九〇年代初期，親美派人士即要求與美國合併，並成立了美式的共和國。到一八九八年八月十二日，夏威夷正式與美國合併，一九〇〇年美國國會通過議案，將夏威夷列為美國的特區，並任命杜爾為總督。此總督的職位，到一九〇三年易為卡特 (George R. Carter)，一九〇七年易

---

[5] 遲景德，〈國父少年時代與檀島環境〉，《中國現代史專題研究報告》第六輯（臺北，中華民國史料研究中心編印，民國六十五年十一月出版），頁四一三～四一五。

為弗來爾 (Walter F. Frear)，一九一三年易為賓可漢 (Lucius E. Pinkham)。此後直到一九五九年改為美國的一州為止，夏威夷雖由美國派總督管轄，但設有民選議會，此議會中有美國國會的代表列席，有發言權而無表決權[6]。

夏威夷的人口，在一七七〇年代約三、四十萬人，此後由於各國移民帶來各種疾病，人口銳減。一八二三年據美國教會估計約十四萬二千人，一八三二年據官方調查只十三萬三百十三人。一八五〇年降到八萬四千一百六十五人，一八七二年又降到五萬六千八百九十七人。此後由於大量向中、日等國招工，人口又增[7]。據一八九六年調查，共十萬八千一百八十九人，計夏威夷種或半夏威夷種三萬九千五百零四人，其他民族在夏威夷出生者（包括白種人及亞洲人）一萬三千七百三十三人，日本人二萬二千三百二十九人，中國人一萬九千三百八十三人，葡萄牙人八千二百三十三人，白種人 (Caucasians) 五千零七人[8]。又據一九〇九年調查，人口增至十六萬六千人，計夏威夷人或半夏威夷人三萬五千人，日本人七萬二千人，中國人二萬三千人，葡萄牙人二萬三千人，白種人一萬三千人[9]。

中國人移居夏威夷約始於十八世紀八十年代。十九世紀初年，夏威夷因發展製糖業，蔗園需要大批工人，自一八二〇年開始，屢向閩粵兩省招工，應招者以契約前往，五年為期。一八五二～一八七六年

---

[6] 吳尚鷹，《美國華僑百年紀實》，頁四四〇、四四五。Nancy Webb, pp. 247, 249.

[7] Nancy Webb, p. 251.

[8] 吳尚鷹，《美國華僑百年紀實》，頁四四〇，謂總數為一〇九、〇二〇人，但各民族合計，實為一〇八、一八九人，或累計有誤差，或印刷有誤差。

[9] Nancy Webb, p. 251.

間進入夏威夷的華工約一千八百人，一八七七～一八八四年間進入夏威夷的華工逾一萬二千人。由於許多工人於契約期滿後仍留夏威夷，到一八八六～一八九六年間，中國人及華商居民已達二萬五千人。一八九八年華僑人口增至三萬七千人。是年夏威夷歸併美國，美國開始限制華人入境，一九〇〇年華僑人口降至二萬五千七百六十三人，一九〇九年降至二萬三千人，一九一二年又降至二萬一千五百六十人。夏威夷的華僑幾全為廣東人，香山縣最多，臺山、開平、恩縣次之。中國人進入夏威夷後，除在甘蔗園工作外，也在咖啡園及鳳梨園工作，亦有種稻米、開牧場、開糖廠、開雜貨店者。由於中國工人多單身前往，不少人與當地婦女結婚[10]。

夏威夷與中國發生關係，約始於檀香木 (Sandal Wood) 的貿易。早在一八一一年，夏威夷王嘉美哈美哈一世即派船運送檀香木往中國銷售。其後到一八八一年，夏威夷王嘉拉高在遊歷世界途中，曾訪中國，由直隸總督李鴻章接待，但受招待的情況不如在日本盛大[11]。

中國政府關注夏威夷僑務始於一八七九年，即孫中山第一次至夏威夷之年。是年夏威夷華商陳國芬等呈請清欽差駐美大臣陳蘭彬（中國派使臣至美始於一八七五年），謂該地有華僑七、八千人，要求派領事駐夏威夷。事經陳蘭彬稟呈總理衙門核准，陳蘭彬致函夏威夷駐美使節，派陳國芬為中國商董，以便保護該地僑民。雖得夏威夷政府允准，但當時中國與夏威夷並無邦交，所有交涉事務，均由中國駐華盛頓使節與夏威夷駐華盛頓使節洽辦。陳國芬任商董一年，對保護僑民

[10] 吳尚鷹，《美國華僑百年紀實》，頁四四一、四四二、四四七；劉伯驥，《美國華僑史》（臺北，黎明文化公司，民國六十五年），頁五九～六二。

[11] Nancy Webb, pp. 20, 110.

多所盡力，次年陳蘭彬即正式奏准，委陳國芬代辦領事業務，受駐美使臣節度，此職到一八八六年易為程汝楫，一八九二年易為古今輝，皆為僑商。一八九八年夏威夷併入美國後，中國始正式在夏威夷設領事，派浙江同知楊蔚彬任之[12]。

三　在夏威夷的求學歷程

孫中山能去夏威夷求學，得力於其長兄孫眉早年移民夏威夷。孫中山，廣東香山人，祖父敬賢，生子三：長名達成，次名學成，三名觀成。達成（一八一三～一八八八）即孫中山的父親，母楊氏（一八二八～一九一〇），育有子女六人，長男眉（一八五四～一九一四），長女金星（四歲死），次男典（六歲死），次女妙西（一八六三～一九五五），三男文（一八六六～一九二五，即中山），三女秋綺。孫家世代業農，但其鄉「負山瀕海，地多砂磧，土地磽劣，不宜耕種」，故赴海外謀生者不少。孫中山的兩個叔叔，赴美國謀生，一卒於途，一卒於加州金礦區。父親曾赴澳門業縫工，並習製革。母舅楊文納赴夏威夷經商。三妹秋綺的丈夫林喜智赴舊金山經商[13]。長兄孫眉就是在這種移民潮中去了夏威夷，係隨楊文納前往。

孫眉去夏威夷在一八七一年，時年十八歲。是年旅居夏威夷的楊文納因事歸國，孫達成託其挈孫眉赴檀。孫眉至夏威夷，初為人傭作，旋由楊文納資助，向當地政府租地開墾，孫眉所租領的土地，靠近珍

---

[12] 吳尚鷹，《美國華僑百年紀實》，頁四五八～四六三。

[13] 羅家倫主編，《國父年譜初稿》上冊，頁一～二，引「負山瀕海」句，見〈上李傅相書〉。

珠港 (Pearl Harbor) 附近的愛槐村 (Ewa)，在檀香山 (Honolulu) 西約十公里。他在那裏種植稻米，漸致富厚。孫眉在愛槐村開了一個米店，名德隆昌，兼售農具及日用品。一八七七年，馳書家人，詳述島中政俗優良，土地肥沃；所營事業，日益發展。時年十二歲的弟弟孫中山方在鄉塾讀書，讀其長兄孫眉信，油然而興航海之志。一八七八年，孫眉奉父命返里成婚。孫眉乘機招徠鄉人，移往夏威夷從事墾殖，數月得數百人。孫中山欲隨行，為父所阻。一八七九年六月，澳門有二千噸的輪船格蘭諾去號 (Granoch) 載僑民去夏威夷，孫中山再要求前往，其母楊太夫人亦欲覘孫眉在夏威夷的經營，並探望她的長兄楊文納，遂伴同前往[14]。

由澳門至夏威夷的航程大約二十天。孫中山隨母至夏威夷後，母旋歸。孫中山初在其兄孫眉在愛槐村 (Ewa) 所開的德隆昌米店中佐理商務，習洋涇浜英語及土人楷耐楷族 (Kankas) 方言、中國式記帳法及珠算應用法。當時夏威夷除土著及中國人外，以日本人及英、美人為多。英語已在夏威夷流行，做生意尤需會說英語。孫中山乍到異國，語言不通，頗感困擾，很想徹底學英語。孫眉時已略通英語，也沒有能力教他。為未來在夏威夷發展事業著想，孫眉就在當年秋天，送孫中山進入英國聖公會在檀香山所辦的意奧蘭尼學校 (Iolani School) 習英文。入學時的名字是帝朱 (Tai Chu)[15]。

---

[14] 同前書，頁一一、一八、二〇、二一；遲景德文，前引書，頁四〇一。所乘輪船，李雲漢，〈孫逸仙先生與檀香山〉，謂為「格蘭諾克」(Grannock) 號，見《中國歷史學會史學集刊》第二十二期（臺北，中國歷史學會，民國七十九年七月八日出版），頁一六一。

[15] 羅家倫主編，《國父年譜初稿》上冊，頁二一～二二；遲景德文，前引書，頁

　　意奧蘭尼學校初名聖愛魯班學院 (St. Alban's College)，嗣夏威夷國王嘉美哈美哈四世為尊崇其后意奧蘭尼 (Iolani)，改名意奧蘭尼學校，該校設於一八六二年十月，為英國聖公會 (Anglican Church) 牧師施泰雷 (Bishop Staley) 所辦，其目的在栽培夏威夷土著子弟，其後兼收東亞人。該校地址屢變，一八七三年以後的地址在白地斯街 (Bates Street)。一八七二年由韋禮士牧師 (Bishop Alfred Willis) 繼施泰雷為校長。意奧蘭尼學校是檀香山的寄宿學校，面對大海，為長形白色的寬敞建築。孫中山入學那年，該校共有十個中國學生，三個走讀，七個住宿，孫中山是住宿生之一。意奧蘭尼學校共有八個年級，每年的學費及食宿費約一百至一百五十美元。孫中山入六年級，在學三年[16]。

　　意奧蘭尼學校的課程有英語、算術、英國史、消防、軍訓及宗教課程，教師都是英國人，只有一位名叫美海拉 (Solomon Meheula) 的，是夏威夷人。美海拉是孫中山的英文老師，宗教課程由韋禮士親自講授。孫中山在校的各科成績都相當優異，對軍訓頗為喜好。他參加學校的消防隊、合唱團，平時參加晨晚禱，暇時亦愛游泳。由於住宿生多在學校打工，孫中山在課餘也可能做些照料學校菜園的工作。孫中山在校服長袍馬褂，留長辮，同學時取笑之，然與同學相處仍甚好。中國同學可知者有鍾宇（字工宇）、唐雄、李弼等[17]。

四○一～四○三。Arnulf K. Esterer and Louise A. Esterer, *Sun Yat-Sen: China's Great Champion* (Taipei, 1971), pp. 28–32.

[16] 遲景德文，前引書，頁四○二～四○三；Arnulf K. Esterer and Louise A. Esterer, p. 32. 李雲漢文，前引書，頁一六二。

[17] 遲景德文，前引書，頁四○二～四○五；羅家倫主編，《國父年譜初稿》上冊，頁二二、二四、二五；Arnulf K. Esterer and Louise A. Esterer, pp. 34–35.

　　一八八二年七月二十七日，孫中山自意奧蘭尼學校畢業。夏威夷國王嘉拉高、太后奄瑪 (Dowager Queen Emma) 及王妹公主黎里阿嘉蘭尼 (Princess Liliuokalani) 均參加了畢業典禮。孫中山獲英文文法第二獎，由國王頒發獎品，獎品有一本豬皮封面的《聖經》和一本有關在中國傳教的英文書。時孫中山對英語之應用，已流暢自如[18]。

　　當孫中山在意奧蘭尼學校讀書的時候，其兄孫眉的事業也有了新的開展。孫眉原在愛槐村經營農場並開設米店，到一八八〇年又在檀香山開設一家商店，孫中山常邀同學在這裏聚會。大約在一八八一～一八八二年間，孫眉放棄了愛槐村的農場事業及檀香山的生意，遷到茂宜島 (Maui) 的姑哈祿埠 (Kahului) 開商店，後來又在該島的庫拉 (Kula) 地方經營牧場。孫中山於一八八二年七月自意奧蘭尼學校畢業後，就去茂宜島幫助孫眉的事業。孫眉為了與乃弟共同創業，將一部分財產轉入孫中山的名下，希望他有恒產而有恒心，向實業上力求發展。但孫中山的志趣並不在此，為了進一步受高等教育，孫中山在這年秋天又進入檀香山的最高學府奧湖學院 (Oahu College) 讀書[19]。

　　奧湖學院為美國組合教派 (Congregationalists) 和長老教派 (Presbyterian) 的傳教師[20]於一八四一年創辦，學校採用美國規制。孫中山所讀的是該學院的先修班 (Preparatory School)，仍以帝朱的名字註冊。他所修的課有算術、地理、英文法等，據說他的英文老師是芙

---

[18] 遲景德文，前引書，頁四〇五～四〇六；羅家倫主編，《國父年譜初稿》上冊，頁二六；Arnulf K. Esterer and Louise A. Esterer, p. 35.

[19] 遲景德文，前引書，頁四〇六～四〇七；吳相湘，《孫逸仙先生傳》上冊（臺北，民國七十一年），頁三一。

[20] Harold Z. Schiffrin, *Sun Yat-Sen: Reluctant Revolutionary* (Boston，1980), p. 25.

蘭‧諦文 (Frank Damon)。芙蘭‧諦文是一位美國傳教師，曾到中國傳教，娶了一位廣東籍牧師的女兒為妻。他在檀香山的一所華人教堂布道，孫中山從上意奧蘭尼學校時，就常來這家教堂聽道，與芙蘭‧諦文很熟[21]。孫中山在奧湖學院讀書的情形不太清楚，可知者當時他對政治和醫學都發生興趣，擬赴美深造，對基督教的信仰也日深。孫眉怕孫中山過分西化，尤怕他信仰基督教，不願再支持他讀書[22]。事實上，孫中山由於沾染基督教的關係，認為崇拜偶像是錯誤的，看到乃兄孫眉家中供奉的神像，都有輕蔑的言行。後來又把孫眉廳堂中供奉的關帝畫像撕毀，並勸牧場工人也不要膜拜關帝神像[23]。在這種情形下，孫眉只有寫信向父親稟告。父親來信召孫中山回鄉，孫即於一八八三年六月自奧湖學院退學，乘船回國。他在奧湖學院讀書的時間大約是一學年。

值得一提的，孫在夏威夷讀書期間，中文並沒有荒廢。當時廣州美以美會教士杜南（一八五四～一九三九）正應駐粵美國領事邀請居留檀香山，教授當地美國政府人員學習華文粵語。杜南於課餘另設夜校，教華僑子弟習中文，孫中山亦報名參加，與杜南過從甚密[24]。

孫中山在夏威夷讀書期間，夏威夷還是一個獨立王國，但受美國的影響日深，美國的自由民主思想已在夏威夷流行，因為美國想把夏威夷合併，夏威夷人常常起來反抗，如前所敘，夏威夷國王嘉拉高

---

[21] 遲景德文，前引書，頁四〇七～四一〇。

[22] Harold Z. Schiffrin, *Sun Yat-Sen and the Origins of the Chinese Revolution* (Berkeley, 1968), p. 15.

[23] 吳相湘，《孫逸仙先生傳》上冊，頁三一。

[24] 同前書，頁三〇；李雲漢文，前引書，頁一六二。

(Kalakaua) 為保持民族尊嚴，曾提出「夏威夷是夏威夷人的」(Hawaii for Hawaiian) 的政治口號。這些對孫中山後來立志革命，可能有不少啟迪作用。同時，孫在夏威夷，眼見當地進步情形，頗觸動其改良之念。一九一二年五月，孫中山在廣州嶺南學堂的講演中說：「至檀香山，就傅西校，見其教法之善，遠勝吾鄉，故每課暇，輒與同國同學諸人相談衷曲，而改良祖國、拯救同群之願，於是乎生。」[25] 雖然孫中山在意奧蘭尼學校的老師韋禮士 (Bishop Alfred Willis) 曾於一八九六年著文發表意見，謂孫在夏威夷讀書時，看不出有反抗滿洲之念，亦不可能有傾心共和之想，因為當時夏威夷尚非共和政體，但莎爾曼 (Lyon Sharman) 於一九三四年為孫中山作傳時，深深相信夏威夷的教育給了孫一些什麼。莎爾曼認為，儘管英人所辦的意奧蘭尼學校比較保守，美人之熱愛共和政體，必對孫有相當影響[26]。

影響是絕對有的，孫於一八八三年七月返國時，遇清關吏檢查行李甚苛，無理勒索，即當眾斥其腐敗。回鄉之後，復批評清政，兼申種族之義，聚群兒演說太平天國及拿破崙、華盛頓革命事蹟。而毀北帝廟偶像，更引起鄉人公憤。乃父一面致書孫眉，一面先把孫中山送往香港。一八八四年秋天，孫中山入香港拔萃書室 (Diocesan Home) 讀書，次年三月轉入皇仁書院 (Queen's College)，並正式在美國組合教會禮拜堂，由美國希加牧師 (Charles Hager) 施洗禮。孫中山在香港受洗，有無惹其家人不悅，未見記載，一八八五年四月十三日奉父命返

---

[25] 遲景德文，前引書，頁四一四～四一七；張玉法，《清季的革命團體》(臺北，民國六十四年)，頁一四五。

[26] Lyon Sharman, *Sun Yat-Sen: His Life and Its Meaning* (Stanford University Press, 1968), pp. 13–15.

鄉娶盧慕貞（一八六七～一九五二）為妻後，不久即於是年十一月應
孫眉之召前往夏威夷。一八八五年，孫中山受中法戰爭刺激，始決「傾
覆清廷，創建民國」之志。此志決於香港抑夏威夷？不詳。孫眉召孫
中山去夏威夷的主要原因有二：一為責其毀像瀆神，不見容於鄉里，
貽家庭之羞；二為索回以前所贈之財產，留孫中山在茂宜島的姑哈祿
商店，以折其氣。但孫中山不肯留，自赴檀香山，擬取道回國，並馳
書與乃兄告別。孫眉親往慰留，以不給旅費難之，孫中山乃求助於美
教士芙蘭‧諦文，諦文氏贈以美金三百，孫始於一八八六年四月成行。
既而孫眉深悔督責太過，即以鉅款寄乃父，助乃弟求學[27]。孫中山此
後能於一八八七～一八九二年間在香港西醫書院完成學業，可能皆因
孫眉之資助，因為父達成於一八八八年（七十五歲）便病逝故里。

四　在夏威夷的革命活動

　　孫中山於一八九二年在香港西醫書院畢業後，曾於澳門開設中西
藥局，因受葡人排擠，次春移至廣州，易名東西藥局。時孫已有志於
救國事業，所得診金，悉充交結志士之用，當時可以稱為同志者不過
二十餘人。一八九四年春，孫自廣州返故里，草上北洋大臣李鴻章書，
提出「人盡其才，地盡其利，物盡其用，貨暢其流」的改革綱領，書
雖得上，時中日戰雲密布，李鴻章未與接談。及中國戰敗，孫乃自滬
赴夏威夷聯絡同志，乃有檀香山興中會的成立[28]。

---

[27] 羅家倫主編，《國父年譜初稿》上冊，頁二七～三四。前引李雲漢文謂孫於一
　　八八四年十一月第二次赴檀，一八八五年四月回國（見頁一六三），較羅書所
　　記早一年。

　　夏威夷為廣東香山縣僑民的集居地，孫早年求學於此，同學及故舊甚多；其兄孫眉又為夏威夷富商，交往頗廣。檀香山興中會所以能夠迅速建立，並獲得廣泛的支持，即與上述因素有關。

　　檀香山興中會於一八九四年十一月開成立會，地點原定在卑涉銀行 (Bishop Bank) 經理何寬住宅，嗣因場地狹小，移李昌家中舉行。孫中山任主席，出席者有何寬、李昌、李祿、李多馬、劉祥、程蔚南、許直臣、黃華恢、林鑑泉、黃亮、鄭金、鄧松盛等二十餘人。孫中山宣布興中會章程九條，要點如下：㈠本會以振興中華、維持國體為宗旨。㈡凡入會之人每名捐會底銀五元，另有義捐，以助經費。㈢本會公舉正副主席各一位，正副文案各一位，管庫一位，值理八位，差委二位，以專司理會中事務。㈣凡新入會者須會友一人引薦擔保，方准入會。本會之外，另有銀會，集股舉辦公家事業，每股科銀十元，成功後收回本利百元。會中公推職員，選劉祥、何寬為正副主席，程蔚南、許直臣為正副文案，黃華恢為管庫，李昌、李祿、李多馬、林鑑泉、黃亮、鍾宇、鄭金、鄧松盛為值理。會畢，孫中山令各會員填寫入會盟書，辭云：「聯盟人○○省○○縣人○○○，驅除韃虜，恢復中國，創立合眾政府。倘有二心，神明鑒察。」宣誓時，由李昌朗誦誓詞，各以左手置耶教《聖經》上，舉右手向天，依次讀之，如儀而散。自是會員四出運動遊說，相繼入會者，又有孫眉、楊文納等九十餘人。總計一八九四至一八九五年間在夏威夷入會有姓名可查者一百二十六人[29]。如不計孫中山，則為一百二十五人。

---

[28] 張玉法，《清季的革命團體》，頁一四七～一五○。

[29] 同前書，頁一五九～一六○。

　　這一百二十六人的成員，從「左手置耶教《聖經》上」宣誓的形式看來，可能都是基督徒或相當西化的華人。在二萬多華人中佔極少數。從省籍看來，全是廣東人（其中有十人縣份不詳），屬於香山縣者至少七十人，佔 56%。就職業分，商人七十三人，工人三十六人，公務員七人，農牧家五人，銀行家、關稅通事、教員、報界各一人[30]。

　　孫中山在夏威夷能聯絡成功，其兄孫眉居極重要的角色。孫眉自一八八三年因孫中山擬信基督教與孫中山鬧翻，一八八五年因孫中山在鄉毀壞偶像又與孫中山鬧翻，經過十至十二年的時間，在思想上似有很大的轉變。我們沒有資料證明孫眉到一八九四年時已信基督教，但至少已容忍基督教。他在孫中山所組織的興中會中雖不是活躍的會員，在夏威夷的社會關係，卻充分為孫中山所用。而孫眉更大力資助孫中山的革命活動，並供養其眷屬。

　　孫眉為茂宜島的大畜牧家，富甲全島，農莊佔地一千多英畝，有牛千數百頭，僱用工人好幾十個，土人以「茂宜王」稱之[31]。當一八九四年孫中山到夏威夷，將組織革命團體、挽救中國的計畫告訴孫眉時，孫眉甚表贊同，自願劃撥財產的一部為經費，同時約同各親友贊助其事[32]。被舉為興中會主席的劉祥，廣東新寧人，在檀香山經商，為永和泰雜貨商行的經理。被舉為興中會管庫的黃華恢，廣東南海人，為永和泰雜貨商行的司事[33]。永和泰雜貨商行當與孫眉有密切的商務

---

[30] 據馮自由，《革命逸史》第四集（臺北，臺灣商務印書館，民國五十四年十月），頁二五～三七統計。

[31] 馮自由，《革命逸史》初集（臺北，臺灣商務印書館，民國五十四年十月），頁二二；孫科，《八十略述》（臺北，民國五十九年），頁三。

[32] 黃福鑾，《華僑與中國革命》（香港，一九五三），頁五七。

關係。被舉為興中會副主席的何寬，廣東香山人，基督徒，三合會員，為檀香山美商卑涉銀行的華人經理。孫眉與卑涉銀行有金錢往來，故與何寬關係密切。卑涉銀行原為查理‧卑涉 (Charles R. Bishop) 創設，後來讓給山姆‧諦文 (Samuel Damon)，山姆‧諦文為芙蘭‧諦文的兄長，與孫中山有直接或間接的關係。除了孫眉與何寬的關係外，何寬是當地《隆記報》的記者，曾於一八九三年組織「中西擴論會」，以「研究學術、交換知識、聯絡新學同志」為宗旨[34]。就此點而論，亦與孫中山氣味相投。

被選為興中會正副文案的程蔚南、許直臣，皆廣東香山縣人，程蔚南與孫中山有親戚關係，許直臣在檀經商，兼任教員。被選為興中會值理的李昌，廣東香山人，香港皇仁書院畢業，與孫中山先後同學，經檀香山政府聘約為法院譯員。李昌的父親曾參加太平軍，失敗後逃亡香港，故李昌的排滿意識很濃，曾入三合會，與孫中山友誼頗篤。其他各值理的情形：李祿，香山人，在檀香山經商；李多馬，歸善人，在檀香山經商；林鑑泉，香山人，《隆記報》編輯；黃亮，香山人，在檀香山經商；鍾宇，香山人，與孫中山在香港同學，在檀香山經營牧場致富；鄭金，新安人，與孫眉交厚，任檀香山移民局譯員；鄧松盛，開平人，在檀香山經營農場及商店[35]，為檀香山三合會首領，與孫眉為至交[36]。

---

[33] 馮自由，《革命逸史》第四集，頁二九～三○。

[34] 吳相湘，《孫逸仙先生傳》上冊，頁一一四。

[35] 馮自由，《革命逸史》第四集，頁二七～三七；李昌，另見吳相湘，《孫逸仙先生傳》上冊，頁一一五。

[36] 莊政，〈國父革命與洪門會黨〉，民國六十五年國立臺灣師範大學三民主義研究

其他興中會員中，楊文納為孫眉及孫中山之母舅，簡吉堂為孫眉及孫中山之結盟兄弟，黃桂與孫眉交厚，楊德初、譚允為孫眉畜牧場之營業助手，上述皆為香山人[37]。檀香山興中會便是利用此類社會關係組成的。

檀香山興中會自成立至一八九五年夏間所獲的經費，除會費二八八銀元外，另有股分銀一千一百元，計鄧松盛三百元，土人二百元，古同二百元，鄭仲昭一百元，容吉兆一百元，孫眉一百元，李多馬一百元。孫中山除籌集經費外，並予同志以軍事訓練，延丹麥人柏氏(Victor Bache) 為教習，假芙蘭・諦文牧師所設之尋真書室為教練場，每星期二次，同志中受教者有李杞、杜守傳、侯艾泉、許直臣、陸燦、鄭金、鄭照等二十餘人[38]。一八九五年，孫中山謀在廣州起事，鄧松盛、宋居仁、夏百子、陳南、李杞、侯艾泉等都趕往參加[39]。

一八九五年十月廣州之役事敗，孫中山脫險自香港赴日，於一八九六年春間再至夏威夷。時楊太夫人（六十八歲）、盧夫人（二十九歲）及子科（五歲）、女金琰（一歲）亦由同鄉陸（文）燦護送至夏威夷，與孫眉合住，一家團聚，相處甚歡。孫居夏威夷數月，即啟程赴美，聯絡革命[40]。

此後孫中山由美轉英，一八九六年十月為清使館幽禁十二天。一八九七年六月由英赴加，八月轉往日本，在日本結交志士，並謀與改

所碩士論文，頁七七。

[37] 馮自由，《革命逸史》第四集，頁二七～三〇。

[38] 張玉法，《清季的革命團體》，頁一六二～一六三。

[39] 黃福鑾，《華僑與中國革命》，頁五八。

[40] 羅家倫主編，《國父年譜初稿》上冊，頁六五。

革派梁啟超合作。梁師康有為方謀組保皇會，阻止梁與孫合作。一八
九九年梁奉康有為命赴夏威夷發展保皇會務，梁假合作之名，央孫中
山為寫介紹函。梁至夏威夷，持孫中山介紹函訪僑商李昌、何寬、鄭
金等人，頗受歡迎，孫眉對梁尤厚遇之。嗣梁以保皇之說進，謂保皇
與革命，名雖有別，宗旨則一。梁遂在檀創保皇會，並辦《新中國
報》，宣揚保皇，孫馳書責之，而興中會在夏威夷地盤，大部已為保皇
會所奪。梁啟超在檀居半年餘，募款得華銀十餘萬元。一九〇〇年中
國發生義和團之亂，孫中山來往於臺灣、香港外海及新加坡，策動惠
州軍事，既而無所成，復返日本。一九〇三年一月，由日本赴安南發
展興中會務，七月再返日本。此後為赴美洲發展革命勢力，於十月五
日復由日本乘西伯利亞號輪 (S. S. Siberria) 抵檀香山[41]。

　　孫中山自一八九六年六月離檀香山，至此次再來，已七年有餘。
抵檀後，即往茂宜島孫眉家拜見母親楊太夫人（七十五歲），並探望妻
盧夫人（三十六歲）及長子孫科（十二歲）、長女金琰（八歲）、次女
金琬（七歲）[42]。

　　時夏威夷興中會勢力泰半為保皇會所奪，孫中山至檀，保皇會的
《新中國報》著文醜詆，李昌、鄭金等異常憤激，會程蔚南辦有《隆
記報》，孫中山乃改《隆記報》為黨報，與《新中國報》大開論戰。其
〈敬告同鄉論革命與保皇之分野書〉一文，闡明革命與保皇之不同，
並指出：「康有為勸南北美洲華僑，不可行革命，不可談革命，不可思
革命」[43]。其〈駁保皇報〉一文，則闡明行共和不必以君憲為過渡，

---

[41] 羅家倫主編，《國父年譜初稿》上冊，頁六五～一二五；馮自由，《革命逸史》
　　初集，頁二四；Lyon Sharman, p. 76.

[42] 吳相湘，《孫逸仙先生傳》上冊，頁三九七。

可仿共和先進國家之成例而逕行之[44]。

孫中山除於報端著文外，並於各地發表演說。孫此次在夏威夷的演說，最早是在夏威夷島的希爐埠，因其時奧湖島的檀香山埠保皇會勢盛，華僑對孫反應冷淡之故。希爐是夏威夷群島的第二大埠，商業繁盛，華僑眾多，地位僅次檀香山。興中會員毛文明（廣東連縣人，長老會牧師，一九〇〇年在廣州入會，曾助史堅如炸德壽。一九〇三年赴夏威夷傳教）在該埠任宣教師，於宣教之餘，組一演說會，闡明革命大義，力闢保皇之說，頗得華僑信仰。聞孫中山至檀，即發起歡迎會。孫假該埠日本戲院發表演說，華僑聽眾逾千人。這是孫中山在海外對華僑演說的第一次。旋由毛文明介紹黎協等十人入興中會，黎協等皆香山人，其中商人四人，工人三人，另農業家三人，包括黎協在內[45]。或謂會名已不用興中會，改易為「中華革命軍」，加盟者十七人[46]。

孫中山在希爐的演說造成聲勢後，在檀香山方面的活動也有了轉機。檀埠基督教禮拜堂牧師黃旭昇向有革命之志，與毛文明有戚誼，願對孫中山加以協助，興中會員李昌、鄭金等亦出面請孫講演，因此孫自希爐重返檀埠時，即受當地華僑熱烈歡迎，與初抵時之冷落情況，大不相同。十二月十三日，孫中山在檀埠荷梯厘街戲院 (Hotel Street Theater) 講演，旋又在利利霞街 (Liliha Street) 華人戲院講演，聽者輒

---

[43] 《國父全集》（臺北，中國國民黨中央黨史史料編纂委員會，民國四十六年）第五集，頁二三～二四。

[44] 同前書，第六集，頁二二九～二三〇。

[45] 羅家倫主編，《國父年譜初稿》上冊，頁一二六；馮自由，《革命逸史》第四集，頁五八、六三～六四。

[46] 吳相湘，《孫逸仙先生傳》上冊，頁三九八。

達數千人。每次講畢，孫必立於臺上良久，待聽眾發問，凡有問難，孫皆一一作答，對革命與保皇之不同，尤多闡釋。儘管部分史家謂「棄保皇黨來歸者日眾」，此次在檀埠所吸收到的革命同志不過三人，除黃旭昇外，有富商曾長福、《檀山新報》（即《隆記報》）主筆張澤黎，皆香山人[47]。或謂孫中山於一九〇四年一月在檀埠溫逸街 (Vineyard Street) 四大都會館設「中華革命軍總部」，公開吸收同志，由孫親自主盟[48]。參加人數不詳。

孫中山此次至夏威夷，除宣傳主義、與保皇會論戰外，便是發展革命組織、籌募革命經費。為募集經費，特發行軍需債券。券面有青天白日旗圖案，票額為銀洋拾元，並印有「此票實收美金一元，本軍成立之日，見券即還本息拾圓」。發行後，共募集美金二千餘元。可能為了「借醫術為入世之媒」，此期間孫亦假四大都會館行醫，先後求診者千餘人，皆不收謝金[49]。

孫中山在此次滯留夏威夷的半年期間，美國的夏威夷總督正在倡行縣 (County) 自治，至一九〇五年完成的縣自治法規定，供水、修路、防火、下水道、公園、警察，皆由縣政府負責辦理[50]。此種地方自治措施，對孫中山日後的地方自治思想有無影響，頗值進一步研究。

此外，孫中山在此次滯留夏威夷半年期間，有相當多的時間與家人相聚。楊太夫人勸孫重理醫業以救人，不必東奔西走忙於救國。孫

---

[47] 羅家倫主編，《國父年譜初稿》上冊，頁一二六；馮自由，《革命逸史》第四集，頁六三～六四；吳相湘，《孫逸仙先生傳》上冊，頁三九八。

[48] 吳相湘，《孫逸仙先生傳》上冊，頁四〇二。

[49] 同前書，上冊，頁四〇二～四〇三。

[50] Nancy Webb, p. 170.

眉不盡同意母親的看法，只以當時農場財務狀況不佳，不能以更多金錢支助其弟的革命事業。為便於革命進行，並便於在海外與保皇會鬥爭，孫眉勸其弟加入洪門，母舅楊文納也有同感[51]。

　　孫眉及楊文納是否已加入洪門，未見記載，孫中山在檀香山入洪門是得到叔舅輩的鍾木賢（鍾國柱）的幫助。檀香山的洪門最早於一八六九年由陳玉逢創立，初名叢義會館，後又曾易名同興公所、同興公司。一八九九年八月二十三日正式立案，定名為國安會館。至於在美洲較為流行的致公堂，是洪門的變相組織。其在檀香山，初於一八九二年由同興公司部分會員吸收新會員組織保良社，一九〇五年另有安和會館的成立，一九一三年，保良社與安和會館合併，組成義興總會，至一九一九年才定名致公堂。孫中山所加入的是國安會館，不是致公堂。介紹孫加入國安會館的鍾木賢，時任國安會館主席，在一八九四年曾助孫成立興中會，一八九九年以後又幫助保皇會事務，並曾捐款給保皇會，創辦《新中國報》[52]。當鍾木賢介紹孫中山入國安會館時，有保皇會份子提議阻止，鍾木賢慷慨陳詞，謂「洪門宗旨，在反清復明，孫先生雖未入洪門，已實行洪門宗旨多年，此等人應竭力接納之不暇，何可拒之門外，致貽違反宗旨之譏諷？」反對者語塞。遂於一九〇四年一月十一日舉行拜盟禮（洪門稱「演戲」），孫中山得與其他加盟者同時加盟（洪門稱「入闈」），孫被封為「洪棍」（洪門稱元帥為洪棍）。經此儀式後，保皇會人向舊金山同黨報告，導致孫抵舊

---

[51] 吳相湘，《孫逸仙先生傳》上冊，頁三九七。

[52] 宋譚秀紅英文原著、林為棟譯，〈孫逸仙的洪門舅父〉，《傳記文學》第五十三卷第三期（臺北，傳記文學雜誌社，民國七十七年九月一日出版），頁八三～八四。

金山時，被移民局留難，不准上岸，經鍾木賢等向舊金山洪門兄弟籲請支助，才得獲釋[53]。

　　孫中山是於一九〇四年三月三十一日登高麗號郵輪 (S. S. Korea) 啟程前往舊金山的。此時夏威夷已成為美國的屬島，孫中山為了旅行的方便，並避免受美國《排華法案》的約束，在臨行前接受母舅楊文納的建議，決定設法改為美國籍。一九〇四年三月九日，孫取得夏威夷出生證明，謂係在一八七〇年十一月二十四日出生在奧湖島愛槐村，同月十三日在當地法院宣誓後領到美國島居人民持有的護照。當孫在四月六日抵達舊金山時，卻為海關人員拘禁，部分原因為海關人員中的保皇會份子故意留難，主要原因則起於美國駐華公使三月五日發給國務院的電報：「清廷特派王子溥倫代表參加在聖路易舉行的博覽會，四月二十日可到美國。」美國政府不希望在溥倫抵達時發生任何意外，因此將孫中山暫為拘禁，並計畫遣返檀香山。幸得舊金山致公堂大佬黃三德找律師向華府聯邦政府上訴，始得於四月二十八日獲釋[54]。

　　一九〇四年大部時間，孫中山在美聯絡洪門，宣傳革命。一九〇五年上半年在歐洲聯絡留學生，七、八月間在日本聯絡留學生，組織同盟會。此後，一面派人回國策動革命，一面赴南洋各地發展會務。一九〇六～一九〇八年間，革命軍曾起於江西、廣東、廣西、雲南等

---

[53] 同前註，頁八四；羅家倫主編，《國父年譜初稿》上冊，頁一二八；馮自由，《革命逸史》初集，頁二五，謂鍾木賢反對孫中山入洪門；宋譚秀紅文載孫加盟時名冊，鍾為保證人。

[54] 吳相湘，《孫逸仙先生傳》上冊，頁四〇三～四〇五。Harold Z. Schiffrin, *Sun Yat-Sen and the Origins of the Chinese Revolution*, pp. 327–328; Lyon Sharman, p. 79.

省，皆歸失敗。孫中山於一九○九～一九一○年間再赴歐美各地宣傳革命，募集革命經費，發展同盟會組織。一九一○年三月二十二日，離舊金山赴檀香山[55]。

孫中山此次赴檀，係受到當地同志的電邀。三月二十八日抵達檀香山後，即召集興中會同志舉行會議，令一律改寫盟書，補行同盟會入會手續，加盟者二十餘人，包括曾長福、梁海、許直臣、孫科、溫雄飛、盧信等，推梁海為會長。四月三日，當地同志假荷梯厘街華人戲院舉行歡迎會，到會者二千餘人，此後每晚在《自由新報》館開加盟會，每晚邀請百餘人，加盟者據說甚為踴躍，但人數不詳。許多華人，為避清領事耳目，不便公開參加活動，另參加在鍾宇寓所所舉行的秘密加盟，稱為秘密團，參加者有鍾宇、楊廣達、李烈、盧信、譚達、黃亮、雷官進等。五月十六日，孫中山偕盧信遊茂宜、夏威夷兩島，茂宜島原有興中會同志六、七人，至是將興中會改為同盟會，加盟者有鄧明三、譚貴福等，人數不詳。夏威夷島的希爐埠，原有興中會同志九人，孫中山到後，在希爐戲院演說，並宣布成立同盟分會，請熱心人士簽名，一時宣誓入會者三百八十五人，包括黎協、林弼南等。孫中山留希爐二週後返回檀香山[56]。

孫中山此次至夏威夷，家屬僅孫科一人在檀。兄孫眉因營業虧折，已於一九○七年舉家遷香港，闢小農場於九龍牛池灣以自活[57]，母楊

---

[55] 羅家倫主編，《國父年譜初稿》上冊，頁一三○～三二四。

[56] 吳相湘，《孫逸仙先生傳》上冊，頁七○二～七○三；黃福鑾，《華僑與中國革命》，頁五九。

[57] 馮自由，《革命逸史》第四集，頁二七；孫科，《八十略述》，頁三，謂孫眉遷往香港在一九○九年。

太夫人隨往（一九一〇年七月病逝）。盧夫人（四十三歲）及女金琰（十四歲）、金琬（十三歲）均已遷居馬來亞檳城，日常生活靠革命同志集款維持[58]。孫科時在檀香山聖路易學院 (St. Louis College) 讀中學，並在當地的革命報刊《自由新報》和《大聲週刊》當編輯，那年孫科二十歲，正式加入了同盟會[59]。

孫中山此次在夏威夷兩個月，這是他一生中最後一次在夏威夷。為了聯絡革命、籌集款項，他又於一九一〇年五月三十日離開檀香山往日本，其後迄於一九一一年十月間，他旅行於日本、新加坡、檳榔嶼、比利時、美國等地，黃花岡之役發生時他在芝加哥，武昌革命爆發時他在舊金山往哥羅拉多州 (Colorado) 典華（丹佛）城 (Denver) 的途中[60]。畢竟孫中山的旅行都是為了革命，故在武昌革命爆發引起大規模的響應之後，即取道歐洲返國。

五　結　論

從一八七九年六月孫中山第一次到夏威夷，到一九一一年十月武昌革命爆發，約有三十二年的時間。在此三十二年中，孫中山六次到夏威夷，共約有六年的時間，對他的革命事業，產生了什麼樣的幫助和影響？分析起來約有四方面：其一，孫在夏威夷的學校生活中，不僅受到民族主義和民主主義的感染，並產生進一步追求新知的意願；其二，夏威夷的廣東僑民，特別是香山僑民，更特別是孫中山的長兄

---

[58] 吳相湘，《孫逸仙先生傳》下冊，頁一七六九～一七七〇。

[59] 孫科，《八十略述》，頁四、六～七。

[60] 羅家倫主編，《國父年譜初稿》上冊，頁二二六～二五五。

孫眉，提供了基本的革命助力；其三，在夏威夷接近了基督教，使他突破萬難變成了基督教徒，他的革命事業在其他地區所受到的基督教幫助且不論，至少一九〇三年能夠把在夏威夷失給保皇會的地盤奪回，都是靠希爐和檀埠兩地牧師的幫助；其四，他在檀香山加入了洪門組織，此舉對他日後在美洲、南洋等地發展革命組織、籌措革命經費，有很大的助力。

研究夏威夷與孫中山的關係，除了分析夏威夷對他的革命助力之外，還可以由夏威夷的革命勢力興衰看整個革命歷程的興衰。一八九四年檀香山興中會成立時，運用各種關係，動員到的不過百餘人，佔華僑人數不過二百分之一。一九〇三年以及一九一〇年孫中山至檀時，都造成了數千人的轟動，佔華僑人數的十分之一以上。一九〇三年孫在檀尚受到保皇會的杯葛，一九一〇年時，檀香山僑界幾乎完全為革命的氣氛所籠罩。由檀香山看革命勢力的成長，可以看出革命是必成的。

孫中山的歐美經驗對中國革命的影響

一　前　言

　　中國史學界對近代中國人物的評價，常因政治或其他立場而有不同的標準。從世界史學的眼光看來，影響二十世紀中國最重要的三個政治人物，當為孫中山、蔣中正和毛澤東。這三個人物當中，只有孫中山有長時間的歐美經驗，而蔣中正和毛澤東都只有短時間的莫斯科經驗，這使他們所領導的革命，在方向和手段上，都顯示出極大的不同。

　　孫中山之所以有長時間的歐美經驗，除求學的時間以外，大部是在革命逃亡的過程中獲得。一八九五年廣州之役失敗後，英國當局不准孫中山在香港居留；一九〇六年以後同盟會在國內各地策動革命，日本、安南、南洋等地亦不許孫中山居留[1]。在這種情形下，孫前往歐美的機會很多，獲得歐美經驗的機會也很多。

　　孫中山的歐美經驗，對中國革命產生鉅大影響者，有三點：其一，在歐美所吸取的新知，對革命的理論與實踐所造成的影響。其二，在

---

[1] 尚明軒，《孫中山傳》（北京，一九七九），頁一三四。

歐美所結識的政要或其他人物，對革命的理論與實踐所造成的影響。其三，在歐美華僑社會所獲取的經驗，對革命的理論與實踐所造成的影響。其中第二、三種經驗，認定比較容易，第一種經驗，論及吸取新知，認定比較困難，因為在歐美能夠吸取的新知，在亞洲或其他地區亦可能得到。在這種情形下，除了一些有具體證明的事情，我們很難判斷，孫中山的何種新知在何時何地獲得、孫中山的某種思想在何時何地產生。因此，本文討論孫中山的歐美經驗，不是指孫中山所有的與歐美有關的知識與思想，而是指他親身在歐美所接觸、所體驗、所認知到的一些事物。

一個不太容易證明的假定：孫中山的西方知識較蔣中正、毛澤東為多。這不僅因為孫中山早年在夏威夷和香港受教育，一八九五～一九一一年間，孫中山以革命流亡客的身分旅遊歐美各地，透過閱讀、交談以及其他經歷見聞所獲得的西方知識亦難以估計。孫中山的歐美經驗，有助於他成為世界性的中國革命領袖，而更重要的，是使他能將中國的革命帶到一個更廣闊、更理性的道路。

二　在歐美的求學與流亡生涯

孫中山生於一八六六年十一月十二日，逝於一九二五年三月十二日，實際在世的時間為五十八年四個月。在五十八年四個月的生涯中，約有十年一個月的時間旅居在歐美地區，或因求學，或因革命流亡，約佔一生時間的 16%。

孫中山第一次踏上歐美的土地是在一八七九年六月至夏威夷的時候，當時他十三歲。其後有四年零一個月的時間在夏威夷受西方教育，

並入基督教，至一八八三年七月返國。其後到一八八五年十一月，因毀壞神像，不見容於鄉里，再赴夏威夷，停留約五個月，到一八八六年四月返國。除了這兩次赴夏威夷是為了求學及私人的理由外，其他幾次赴歐美，皆係為了革命，或因革命而流亡。

一八九四年十月，時逢中日甲午戰敗，孫中山第三次去夏威夷，此次是為了聯絡華僑，成立革命組織。在夏威夷停留約三個月，即返國發動革命戰爭，即一八九五年的廣州之役。

廣州之役失敗後，孫中山亡命海外，初抵香港，繼轉日本，最後轉往歐美地區。這是孫中山第四次進入歐美地區，其入境地點仍為夏威夷。此次孫抵夏威夷的時間，約在一八九五年十二月，至一八九六年六月離夏威夷去美國。停留夏威夷的時間約六個月，主要的活動為聯絡革命同志，研究各國政治制度。一八九六年六月十八日，孫中山由夏威夷到美國，是年九月二十三日自紐約離美赴英，在美停留約三個月又五天，主要活動為聯絡華僑，宣傳革命。一八九六年九月三十日孫中山至英國倫敦，在倫敦曾為清公使館拘禁，之後在倫敦研究西方政經制度，除購書外，常去大英博物館等處看書，去大英博物館的時間，據英國偵探的正式報告，在一八九六年十二月三日至一八九七年六月二十四日之間，即有六十八次之多[2]。在英停留的時間，共九個月又十天。一八九七年七月十一日，孫中山離英抵加拿大，考察加拿大賦稅制度，並於僑社宣傳革命。至八月二日，離加拿大抵日本。

一九〇一年四月九日，一個不可知的理由，孫中山第五次進入歐

2　J. Y. Wong, *The Origins of An Heroic Image: Sun Yat-Sen in London, 1896–1897* (Oxford University Press, 1986), pp. 273–275；羅家倫主編，《國父年譜初稿》上冊（臺北，一九五八），頁七五謂有五十七次。

美地區，是由日本至夏威夷，停留約二個月，至六月七日返回橫濱。可能的原因是探親，因當時其母楊太夫人、其妻盧夫人、其子孫科，均住夏威夷，由其兄眉照顧[3]。

孫中山第六次進入歐美地區是在一九〇三年十月五日，仍從日本進入夏威夷，在夏威夷與保皇黨論戰保皇與革命問題，藉以爭取華僑的支持；並於是年十二月在夏威夷加入洪門組織，藉以爭取僑社秘密會社的支持。一九〇四年三月三十一日，孫中山自夏威夷抵美國，在舊金山重訂致公堂章程、與保皇黨論戰、發行革命債券，並在紐約撰告歐美歐美人士書，題名《中國問題之真解決》(The True Solution of Chinese Question)，勸歐美人士援助中國革命。一九〇四年十二月下旬，孫中山離美赴歐，在英、比、法、德四國滯留五個多月，主要工作為聯絡留學生、發展革命組織。至一九〇五年六月十一日離法東歸，至七月十九日抵日本。

一九〇七年六月二十日，孫中山自新加坡抵歐，這是孫中山第七次進入歐美地區，也是孫中山第一次由亞洲直接前往歐洲。孫中山此次去歐，於一九〇九年六月二十日至七月二十一日在巴黎，主要活動係託前安南總督韜美 (Paul Doumer) 向法國資本家借款，但無所成。七月二十一日至八月七日在比京，主要目的是會晤革命同志。八月七日至十月三十日在倫敦，曾與吳敬恆會商調和同盟會內部衝突之事（章炳麟與孫中山之間的衝突）。一九〇九年十一月八日，孫中山自歐抵美發展同盟會組織，曾於紐約、芝加哥、舊金山等地成立同盟會分會，並曾於一九一〇年二、三月間赴加拿大發展同盟會會務、於三月二十

---

[3] 吳相湘，《孫逸仙先生傳》上冊（臺北，一九八二），頁三一九。此次至夏威夷，一般資料均未提及。

八日至五月三十日赴夏威夷發展同盟會會務，然後赴日。

　　孫中山第八次進入歐美地區在一九一○年十二月中旬，係自檳榔嶼前往歐洲，主要因為馬來政府不准居留，只好乘船赴歐，在法國、比利時稍作停留後轉往美國。一九一一年二月十七日，孫中山自歐抵美，在紐約、舊金山等地從事革命活動，主要的成就是促使美國的同盟會與致公堂聯合共圖光復，並成立籌餉局，為革命籌款。一九一一年十月武昌革命爆發，孫中山自美赴歐辦理外交，曾至倫敦、巴黎，至十二月初旬東來，於十二月十六日過新加坡、二十一日抵香港，二十五日抵上海。此後，孫中山即不曾再赴歐美地區。

　　總結孫中山於一八七九至一九一一年的三十二年間，八次進入歐美地區。第一次停留四年零一個月，第二次停留約五個月，第三次停留約三個月，第四次停留約一年零七個月，第五次停留約二個月，第六次停留約一年零八個月，第七次停留約十一個月，第八次停留約一年，共十年零一個月[4]。這十年零一個月的歐美經驗，特別是歐洲經驗，對孫中山革命理論的建立、革命群眾的網羅，以及革命外援的爭取，對其一生的革命事業，都有決定性的影響。

三　歐美經驗與革命理論的建立

　　與革命理論建立有關的歐美經驗，應從孫中山於一八七九至一八八三年在夏威夷讀書談起。在此四年中，孫先後在夏威夷英國聖公會所辦的意奧蘭尼學校 (Iolani School) 和美國公理會所辦的奧湖學院 (Oahu College) 讀書。前者為英式教育，後者為美式教育。雖然在一八

---

[4] 孫中山歷次旅居歐美的起訖時間，主要參考羅家倫主編，《國父年譜初稿》上冊。

九六年十二月，孫在意奧蘭尼學校的老師韋禮士 (Bishop A. Willis) 不承認該校曾給他愛好共和政治的教育，但研究孫中山的莎爾曼 (Lyon Sharman) 仍然認為美國人對共和政治的熱望，給了孫一些什麼[5]。史扶鄰認為意奧蘭尼學校對孫的影響有三：⑴孫既在意奧蘭尼學校受英式教育，對英國的憲政理想及英人反專制的傳統當有所知。⑵該校為英人所辦，當時美人亟欲合併夏威夷，英人反對，可能啟發孫的反帝國主義思想。⑶該校為教會學校，這使孫皈依了基督教。史扶鄰並認為，在孫進入奧湖學院以後，對醫學與政治都有興趣，而對基督教的信仰更深[6]。一九一二年五月，孫在講演中回憶說：「至檀香山，就傅西校，見其教法之善，遠勝吾鄉，故每課暇，輒與同國同學諸人相談衷曲，而改良祖國、拯救同群之願，於是乎生。」[7]

除了學校教育外，夏威夷的政治環境，對孫的革命理論形成，亦當有所影響。孫在夏威夷讀書結束的前一年，即一八八二年秋，夏威夷國王嘉拉高 (David Kalakaua) 環遊世界歸來，站在民族主義的立場，提出「夏威夷是夏威夷人的」(Hawaii for Hawaiian) 口號。但到一八九三年一月，在夏威夷的一批美國居民，推翻君主王朝，建立「夏威夷共和國」(Republic of Hawaii)，目的在五年之後併入美國（此事到一八九八年八月十二日正式實現）[8]。當一八九四年十月孫中山至夏威夷

---

[5] Lyon Sharman, *Sun Yat-Sen: His Life and Its Meaning* (Stanford University Press, 1968), pp. 13–15.

[6] Harold Z. Schiffrin, *Sun Yat-Sen and the Origins of the Chinese Revolution* (University of California Press, 1970), pp. 13–15.

[7] 中央黨史史料編纂委員會編，《國父全集》第三集（臺北，一九五七），頁四三。

[8] 吳相湘，《孫逸仙先生傳》上冊，頁三一、一一三。

組織興中會時，夏威夷共和國憲法已於是年七月開始實施，由於此共和國即將併入美國聯邦，興中會誓詞中的民權主義雛型——「建立合眾政府」，顯然是受美國聯邦制的影響[9]。至於夏威夷人的反美思想是否為孫中山的民族主義來源之一，則無法推斷。

就歐美經驗的角度來說，孫中山的革命理論，最早是受了在夏威夷求學以及夏威夷的政治環境的影響。孫中山在夏威夷所獲得的另一次經驗則在一八九六年。是年春，孫在夏威夷曾邀約中西擴論會成員，研究各國政治異同。中西擴論會是夏威夷華僑青年以文會友的組織，成立於一八九三年，會址設在《隆記報》館。一八九四年冬孫中山至夏威夷時，被推為名譽會長[10]。此次討論，對革命理論有若何影響，亦無法推斷。

前述孫中山在夏威夷所受到的影響，大部只是歷史家的推斷，據孫中山自述，真正對其三民主義的形成有所助益的，是他於一八九六～一八九七年間在歐洲的經歷見聞。孫中山說：

> 倫敦脫險後，則暫留歐洲，以實行考察其政治風俗，並結交朝野賢豪。兩年之中，所見所聞，殊多心得。始知徒知國家富強，民權發達，如歐洲列強者，猶未能登斯民於極樂之鄉也。是以歐洲志士，猶有社會革命之運動也。予為一勞永逸之計，乃採取民生主義，以與民族、民權問題同時解決。此三民主義之主張所由完成也[11]。

---

[9] Harold Z. Schiffrin, *Sun Yat-Sen and the Origins of the Chinese Revolution*, p. 43.

[10] 吳相湘書，頁一四七；羅家倫書，頁六五。

[11] 中央黨史史料編纂委員會編，《國父全集》第二集，頁八四。

前引行文甚簡，所謂「暫留歐洲」，實際只是「暫留倫敦」；所謂「兩
年之中」，只是一八九六～一八九七年兩個年頭，實際時間不足一年，
欲了解一八九六～一八九七年間孫旅英期間如何在革命理論上有所建
樹，尚需作進一步的說明。

孫中山在一八九六年去倫敦前，其革命號召僅包括初步的民族主
義和初步的民權主義，孫將民生主義的採行歸功於一八九六～一八九
七年在英國的閱讀與見聞。孫的民生主義，是採取了亨利‧喬治的學
說，而擯斥了馬克思的學說。亨利‧喬治 (Henry George, 1837–1897)
原為美國舊金山地區的新聞從業人員，因廣泛地接觸社會各種問題，
使他實際認識到工業進步以後的貧富不均現象，尤其私有土地的不公
平、不合理，使他倡導土地單一稅，以從事社會革新[12]。一八七一年
亨利‧喬治的《我們的土地與土地政策》(*Our Land and Land Policy*)
刊行，一八七九年又刊行《進步與貧困》(*Progress and Poverty*)，一八
九七年，他在競選連任紐約市長時病逝，他的單一稅理論，早就引起
世人注意。馬克思 (Heinrich Karl Marx, 1818–1883)，德人，初亦為新
聞從業人員，生前著有《資本論》(*Der Kepital*)，倡唯物史觀、剩餘價
值、階級鬥爭諸說，一八八七年《資本論》刊行英文本，一八九二年
艾維鈴 (E. A. Aveling) 所著《馬克思學生讀本：資本論研究導論》
(*The Students' Marx, an Introduction to the Study of Capital*) 問世。亨
利‧喬治學說與馬克思學說為中國知識界所知當在一八九〇年代。一
八九四年十二月的《萬國公報》有文介紹亨利‧喬治的單一稅主張，
一八九九年四月的《萬國公報》有文介紹馬克思的《資本論》[13]。《萬

---

[12] 吳相湘，《孫逸仙先生傳》上冊，頁四。

[13] 同上頁一八七；Lyon Sharman, *Sun Yat-Sen: His Life and Its Meaning*, p. 58.

國公報》是當時中國新知識份子喜歡閱讀的刊物，但孫不曾提到他的民生主義是受了《萬國公報》的影響，孫強調的，卻是歐洲經驗。

所謂歐洲經驗，實際上主要是倫敦經驗。孫的倫敦經驗，對其革命理論有所影響的，主要有三：一是亨利・喬治經驗，二是馬克思經驗，三是俄國革命黨經驗。所謂亨利・喬治經驗，是指英人對亨利・喬治學說的熱中，直接影響了孫的思想。英人對亨利・喬治的單一稅主張是極為贊同的，一八七九年，亨利・喬治的《進步與貧困》出版，三年之間，在英銷行十萬冊。文學家蕭伯納 (George Bernard Shaw) 謂當一八八三年他投入社會主義運動時，發現六分之五的英國社會主義者是亨利・喬治的信徒[14]。孫在倫敦，不可能不受此感染，故一八九七年七月二日孫即自倫敦往加拿大溫哥華實地考察，因溫哥華自一八九一年始即實行單一稅制，且成績優良[15]。

所謂馬克思經驗，大部分可能是透過閱讀，而對馬克思學說有所認識。孫於一八九六～一八九七年旅英期間，常往大英博物館 (British Museum)、南甘星敦博物館 (South Kensington Museum) 及帝國學院 (Imperial Institute) 圖書室，以及石室圖書館 (Hall and Library, Stone Building) 閱讀[16]，去大英博物館的次數尤多。馬克思曾在大英博物館埋首二十餘年，而孫至倫敦時，馬克思的《資本論》已風行全歐，孫不可能不對馬克思的學說有興趣。

所謂俄國革命黨經驗，是指一八九七年春，孫在倫敦與俄國革命黨人沃爾霍夫斯基 (Felix Volkhovsky, 1846–1914)、克雷斯 (Kparc) 等

---

[14] 吳相湘，《孫逸仙先生傳》上冊，頁二〇一。

[15] 同上，頁二〇五。

[16] 同上，頁一八六。

有往來[17]。他們的社會革命思想，自然會影響孫。附帶一提的，孫中山曾於一九〇五年春，在布魯塞爾訪問第二國際主席王德威爾德 (Vandervelde) 和書記處書記胡斯曼 (Huysmons)，並且同他們舉行了會談，孫在會談中提到中國將實行土地公有[18]。第二國際對孫的革命事業很有興趣，不久，第二國際的機關報即稱孫為「中國社會革命黨領袖」[19]。

孫中山自承其三民主義思想係於一八九六～一八九七年在歐洲構思完成，自一八九七以後，至一九二四年在廣州公開有系統地講述三民主義以前，中間經歷三十七年，這三十七年中，無論歐洲經驗，還是其他經驗，都可能直接間接對三民主義思想體系的最後完成，有所幫助。其較為具體的一次經驗是在美國，時在一九〇四年，有關三民主義的理念正式在美國向革命同志提出，劉成禺撰《先總理舊德錄》云：

> 先生在舊金山，論及設會，必先有主義；主義固定，乃能成功。林肯主義曰：of the people, by the people, for the people，所謂民有、民治、民享。主義愈簡單明瞭，愈生效力。今設同盟會，黨綱宣言，予意欲提出三民主義：一曰民族，此中國排滿革命主義；二曰民權，此世界建設民主政治主義；至於現代國家社會主義、社會經濟政策，歐美風靡，他日必為世界人民福利最大問題，無適當名詞。予進曰：事不過三，……正德、利用、厚生，……林肯以三民宣言，先生開黨，首定三民，亦約法三章也。先生推案起曰：得之矣，第三主義定為民生主義，本汝

---

[17] 同上，頁一九五。

[18] 尚明軒，《孫中山傳》，頁七四～七五。

[19] Harold Z. Schiffrin, *Sun Yat-Sen: Reluctant Revolutionary* (Boston, 1980), p. 103.

言厚生意也，意義包括宏大[20]。

至於民族、民權、民生，和民有、民治、民享的觀念，其產生孰先孰後，並如何結合，據一九二一年孫中山在「三民主義之具體辦法」的演講中所述，當以民族、民權、民生主義產生在先，民有、民治、民享是拿來說明三民主義的，孫中山說：「林肯所主張的這個民有、民治、民享主義，就是兄弟所主張底民族、民權、民生主義。……迴想兄弟在海外的時候，外國人不知道什麼叫做三民主義，總拿這個意思來問我。兄弟在當時苦無適當的譯語回答，只可援引林肯主義去告訴他們。」[21]孫中山以林肯的民有、民治、民享主義，比喻其民族、民權、民生主義，時間在何時，不能確定，照前引劉成禺的說法，最遲應不晚於一九〇四年。

其後，三民主義的內涵繼續充實，民生主義於一九〇五～一九〇六年《民報》與《新民叢報》論戰時發揮甚多，民族主義在一九一〇年代一次大戰前後受美國總統威爾遜 (Woodrow Wilson, 1856–1924)「民族自覺」、「世界和平」等觀念的影響不小[22]。至於民權主義，則對西方的民權觀念有所修正。近代西方國家，多本洛克 (John Locke)的思想，採天賦人權說。孫中山認為民權是爭來的，故倡導革命民權[23]。

---

[20] 引見羅香林，《國父的高明光大》（臺北，一九六五），頁一五八～一五九。

[21] 同上，頁一五六～一五七。

[22] 同上，頁一六九～一八〇。

[23] 鄭彥棻，《國父的偉大及其思想探微》（臺北，一九八五），頁一三八。

四　歐洲經驗與革命群眾的網羅

　　孫中山的革命組織，初在海外夏威夷僑社建立，這使他的革命一開始，即注意到網羅全球的中國人為革命群眾。一八九四年孫在夏威夷所撰的興中會章程中，有「聯絡中外華人，創興中會」之語。一八九五年，孫所擬的香港興中會章程第二條：「本會之設，專為聯絡中外有志華人，講求富強之學」；第一條：「總會設在中國，分會散設各地」[24]。凡此，皆可看出，孫在海外發展革命組織，非常重視爭取海外華人的支持。

　　海外華人主要有兩大類，一類為華僑，一類為留學生。孫中山最初只努力於爭取華僑的支持，興中會的成員，據初步統計，得三二五人，80% 以上為華僑，主要分布於夏威夷、日本、香港等地[25]。在歐美地區尋求華僑支持，以美洲地區為主，歐洲華僑極少；而美洲地區，亦以美國、夏威夷、加拿大三地為主，加拿大在一九〇〇年有華僑一萬七千人，美國在一九〇七年有華僑二十七萬三千人，夏威夷在一九〇九年有華僑二萬五千人[26]。

　　孫中山網羅美國華僑支持，最初並不順利。一八九六年六月「初次遊美，在舊金山登陸，向華僑痛言革命救國之理，無奈風氣未開，言者諄諄，聽者藐藐，其肯與往還者，僅耶穌教徒數人而已」[27]。一

---

[24] 吳相湘，《孫逸仙先生傳》上冊，頁一一五、一一九。

[25] 據張玉法，《清季的革命團體》（臺北，一九七五），頁一八一～一九八，約略估計。

[26] 同上，頁七〇。

九〇四年遊美前，為聯絡華僑，曾在夏威夷加入洪門組織。到美之後，偕致公堂大佬黃三德漫遊美國各埠，倡議洪門總註冊，並重訂致公堂章程，使符合興中會宗旨[28]。「但所到之處，華僑多未能聽從」，「會員報名註冊的，寥寥無幾，各分堂於孫黃離開當地後，即已淡然若忘，不復提及總註冊事」[29]。孫中山此次滯美，從一九〇四年三月三十一日至十二月十四日，達九個半月，發行革命軍需券，僅籌得美金四千元[30]。

當時美國僑界主要是保皇會的勢力，保皇會是改革派，孫中山是革命派。在一個需要改革或革命的國家，通常是改革派先佔優勢，改革挫敗，革命的勢力才會增長。美洲華僑支持革命的人數增多，主要在一九一〇～一九一一年間，當時國內的改革訴求達於高峰，但清廷遲不開國會，又組皇族內閣，在國內外的華人社會都引起很大的不滿。一九一〇年二月二十七日孫中山在舊金山成立美洲同盟會總會時，宣誓入會者十餘人，但先後在紐約、芝加哥等地設立了同盟分會，各埠陸續入會的華僑有數百人。一九一〇年三月二十八日，孫中山又至夏威夷成立同盟會，於檀香山設本會，在茂宜、希爐成立分會，檀香山本會及茂宜分會加入的人數不詳，希爐分會有三百八十五人加盟。到一九一一年四月以後，加拿大華僑在孫中山、馮自由等的運動下，加入同盟會者亦漸多，溫哥華有百餘人，維多利亞有十餘人[31]。

一九一一年黃花岡之役以後，美洲華僑對革命有進一步的支持行

[27] 羅家倫主編，《國父年譜初稿》上冊，頁六五～六六。

[28] 同上，頁一三〇～一三三。

[29] 吳相湘，《孫逸仙先生傳》上冊，頁四一二～四一三。

[30] 羅家倫主編，《國父年譜初稿》上冊，頁一三一。

[31] 吳相湘，《孫逸仙先生傳》上冊，頁六九三、七〇二～七〇三、七一四～七一五。

動。是年六月十八日，美洲同盟會與美洲致公堂宣布聯合一致，共圖
光復大業。一九一一年七月十日，孫中山正式設立籌餉局，並旅行美
國各地，為革命籌餉，到武昌革命爆發時，先後籌得十四萬四千一百
三十美元[32]。

孫中山在倡導革命之始，即爭取華僑的支持，這在近代中國革命
史上，建立了一個傳統。其後，不僅國民革命與華僑建立了不可分的
關係，共產主義革命亦注意利用華僑的力量。

對孫中山來說，海外的革命群眾，除華僑外，即為留學生。孫中
山倡導革命之始，海外留學生不多，孫中山對留學生的力量亦未加重
視。一九○○年以後，留學生漸多，多集中在日本。一九○三年，約
有二十個留日學生加入興中會[33]。一九○四年，孫中山在美，曾與留
學生王寵惠、薛仙舟、陳錦濤等討論過三民主義和五權憲法[34]，並得
王寵惠（耶魯大學法學院學生）之助，寫了一本題名為〈中國問題之
真解決〉(*The True Solution of the Chinese Question*) 的小冊，向美國大
眾宣傳中國革命[35]。留學歐美的學生正式加入革命組織始於一九○五
年。一九○四年十二月下旬至一九○五年六月中旬，孫中山在歐洲與
留學生接觸，當時歐陸各大學有留學生約一百人，主要在比利時的安
特衛普 (Antwerp)、根特 (Ghent)、布魯賽爾 (Brussels)，德國的柏林，
和法國的巴黎。在孫中山的運動下，比利時留學生約有三十人加盟，
德國留學生約有二十人加盟，已佔留歐學生之半。但不久，因有留德

---

[32] 同上，頁七一七～七二一。

[33] 張玉法，《清季的革命團體》，頁一九七～一九八。

[34] 尚明軒，《孫中山傳》，頁七二。

[35] Harold Z. Schiffrin, *Sun Yat-Sen: Reluctant Revolutionary*, p. 100.

學生背叛告密，一度使孫覺得知識份子不可恃，結果留歐學生重行宣誓，只剩下十四人參加。雖然如此，由於留歐的湖北留學生向東京留學界聯絡，才使孫有機會結合東京留學生[36]。美國留學生加入革命組織較晚，人數不多。一九〇九年十一月二十五日孫中山自紐約致函倫敦吳敬恆，謂留美學生中有十數人贊成革命[37]，詳情不知。

從興中會成立之始，孫中山所依恃的主要是下層社會，在省籍上以廣東人為主，在社會成員上以會黨為主。一八九五年的廣州之役、一九〇〇年的惠州之役，所恃者多為廣東地區的會黨。一九〇三年孫在夏威夷加入洪門組織，一九〇四年在美國旅行各地，改組致公堂，都是希望此一以廣東人為主的會黨組織能為他用。但一九〇四～一九〇五年受湖北留歐學生之邀到達歐洲後，留歐學生勸他吸收留學生為革命幹部，並運動國內新軍為革命群眾。孫對留學生的建議雖然有些遲疑，終以擴大革命基礎為重，接受了留歐學生的建議。自是革命的群眾基礎擴大，不僅使他跳出廣東的省區藩籬，結合各省志士，而且使革命領袖群，逐漸由鄭士良、黃三德等會黨人物，轉為留學生和新軍。一九〇五年孫自歐東歸之後，即結合留日學生組織同盟會，使知識份子成為革命組織的核心份子。其後，孫雖無法直接回國運動新軍，但不少回國運動革命或在國內吸收的同盟會員，或其他革命黨員，多以運動新軍為務。

辛亥革命的成功，主要靠知識份子和新軍的力量，由於革命領袖

---

[36] Harold Z. Schiffrin, *Sun Yat-Sen and the Origins of the Chinese Revolution*, pp. 347, 350–354; Arnulf K. Esterer and Louise A. *Esterer, Sun Yat-Sen, China's Great Champion* (Taipei edition, 1971), pp. 96–97.

[37] 吳相湘，《孫逸仙先生傳》上冊，頁六八七。

階層多為知識份子和新軍軍官，使民國建立以後的國民黨，走菁英主義的路線，直到一九二〇年代受聯俄容共的影響，才再注重下層群眾。

五　歐美經驗與爭取革命外援

孫中山的革命為國民革命所建下的傳統之一，是外援的爭取；有時為外援，並會改變革命的策略。在一九二〇年前後，當孫中山的革命屢受頓挫之際，孫中山曾不斷爭取德、美、英、日等國的援助，但無所成。部分原因是孫中山的革命主義富有社會主義色彩，得不到上述資本主義國家的同情，而當時各國所承認的為北京政府，孫中山所依恃的廣州政府是北京政府統一的障礙，各國自然不予支持[38]。最後迫使孫接受俄國的援助，而俄援所帶來的影響，卻深深改變了國民黨的革命路線。

無可否認的，孫中山是在一個落後國家進行革命。落後國家的革命領袖，有向先進國家尋找導師的傾向，孫中山在一九二〇年前後，眼見德國、俄國有支持中國革命的可能，即對德國稱之為「惟一之導師」，對蘇俄稱「以俄為師」[39]。以何國為師，自然會影響革命的方略與方向。

在辛亥革命時期，孫中山融合中西創造了三民主義，並訂出軍政、訓政、憲政三時期的建國方略，此種革命主義與方略，在世界上絕無僅有，說不上是以何國為師，當時孫中山在爭取外人援助上，是多方

---

[38] C. Martin Wilbur, *Sun Yat-Sen: Frustrated Patriot* (Columbia University Press, 1976), pp. 153–157, 160, 168.

[39] 吳相湘，《孫逸仙先生傳》上冊，〈自序〉，頁九。

向的。一般說來，在辛亥革命時期，外人以個人身分給予孫中山的同
情與支持較多，來自外國政府的支持則較少。支持不論多少，如果沒
有外來的協助，革命勢力的成長可能較緩，甚或會中途夭折。此處專
討論歐美方面的外力支持，可以分為英國、法國、美國三方面來敘述。

英國在基本上是不支持中國革命的，但有些英國人民支持孫中山
的革命理想。孫中山在英國結識外人最多的一次是在一八九六～一八
九七年，透過他在香港西醫書院的老師康德黎 (Cantile) 的介紹，認識
劍橋大學教授、漢學家翟爾斯 (H. A. Giles)，當時翟爾斯正編輯《中國
名人辭典》(*Chinese Biographical Dictionary*)，孫的傳記因此得以載入。
孫也拜訪在中國傳教的著名教士李提摩太 (Timothy Richard)，但李提
摩太並不支持孫中山的革命。在英國認識的人當中，真正同情中國革
命的有二人，一為摩根 (Rowland J. Mulkern)，出身英國軍人，曾參加
一九○○年的惠州之役；一為戴維特 (Michael Davitt)，為土地改革家，
於一八九八年公開表示同情中國革命。另外，孫在倫敦，與俄國革命
流亡客、《自由俄國》(*Free Russia*) 編輯沃爾霍夫斯基 (Felix
Volkhovsky, 1846–1914) 等也有所接觸，他們把孫及其革命理想透過
其雜誌，介紹給俄國人[40]。

倫敦被難事件本身，以及事後英國及各地報刊的報導與評論，使
孫成為世所周知的中國革命領袖，此後中國革命勢力能以孫中山為中
心加以集結與此不無關係。孫被英國外交部救出後，不僅英國境內各
地報紙於十月二十三、四日大幅報導，美國《紐約時報》也有新聞，

---

[40] Harold Z. Schiffrin, *Sun Yat-Sen and the Origins of the Chinese Revolution*, pp.
126, 128, 135.

到十二月三日，香港《德臣西報》(*China Mail*) 於連日刊載有關孫蒙難及出險消息後，發表社論，對孫之舉措，大加讚揚。梁啟超在上海主編之《時務報》，對孫的倫敦被難事件亦有數篇報導與評論。一八九七年三月一日，在倫敦出版的《雙周評論》(*Fortnightly Review*)，刊有孫中山署名的〈中國之現在與未來：改革黨請求英國善意中立〉(China's Present and Future: The Reform Party's Plea for British Benevolent Neutrality)，宣揚滿清腐敗及中國需要革命之因[41]，而一八九七年孫在倫敦所出版的《倫敦被難記》(*Kidnapped in London*)，在一八九七年五月即可在上海買到[42]。凡此英國經驗，不僅使中國革命的旗幟大張於世界各地，且使孫中山成為無可倫比的中國革命領袖。

除了英國民間為孫中山的革命理想所作的宣揚外，英國政府的中立政策，也給予孫帶來意外的幫助，主要的表現在兩方面：其一，一八九六年十月，倫敦清使館非法囚禁孫中山，英國輿論以清使館侵犯英國法權，大加非難，英國政府以此出面干涉，迫使清使館釋孫；其二，一九一一年十月武昌革命爆發時，孫中山在美國，欲取道回國，日本拒絕其登陸，其他則需經英國屬地，而孫所欲取道的英屬各地均對孫有放逐令。孫得美荷馬李 (Homer Lea) 之助，同赴英國交涉，一面要求取消各處英屬對孫之放逐令，一面要求止絕清廷一切借款，並要求制止日本援助清廷，三事皆得英國政府允許[43]。前述兩事，孫在倫敦被囚，英如不出面干涉，孫之革命恐將走上「出師未捷身先死」之路。而武昌革命爆發後，英屬地如繼續對孫放逐，使孫不能及時回

---

[41] 吳相湘，《孫逸仙先生傳》上冊，頁一七二～一七三、一九〇～一九四。

[42] Harold Z. Schiffrin, *Sun Yat-Sen and the Origins of the Chinese Revolution*, p. 126.

[43] 張玉法，《清季的革命團體》，頁一二一、一二六～一二七。

國，中國國內革命領導權之爭，可能會使革命陣營發生重大裂痕[44]。

法國與中國革命發生關係較晚，孫中山領導革命，初期的重心在香港、廣州，廣州之役失敗後，香港不許孫中山停留，乃轉往日本，惠州之役即以日本、臺灣為發號施令的中心。其後同盟會在日本成立，於一九〇六～一九〇七年間在國內策動萍醴瀏等役，清廷偵知革命策源地在日本東京，乃命駐日公使楊樞向日本政府交涉，要求驅逐孫中山出境，孫中山不得已乃偕胡漢民等前往新加坡，轉越南河口設立機關，策畫革命軍事[45]，時在一九〇七年。

越南是法國的屬地。孫中山與法國官方開始接觸是在一九〇〇年，當時孫在日本，曾拜訪法國駐日本公使何爾芒 (Jules Harmand)，要求法國在軍事上援助中國革命，何爾芒雖未答應，但曾將其函介給越南總督韜美 (Paul Doumer)。韜美邀孫參觀一九〇二年到一九〇三年在河內舉辦之工業展覽會，但孫抵河內前韜美已奉旨返法，繼任總督貝奧 (Paul Beau) 僅委秘書與孫見面，未予孫的革命若何援助[46]。到一九〇七年孫再到安南時，始獲得法人援助，這應歸功於兩年前韜美在巴黎所作的若干安排。

孫中山是於一九〇五年在巴黎與韜美見面，當時孫請韜美介見法國各政黨首要，孫以此得識法國內閣總理格利門梭 (Clemenceau)，並曾拜訪法國外交部兩次。由於韜美之宣揚，使法國朝野漸漸注意中國之革命。尤其重要的，孫於一九〇五年在比、德、法三國號召中國留

[44] 國內革命政府領導人，選黎元洪，抑選黃興，爭論不決，適孫中山歸國，始選孫。

[45] 鄭彥棻，《國父的偉大及其思想探微》，頁八六。

[46] 陳三井，〈法文資料中所見的孫中山先生〉，《研究中山先生的史料與史學》（臺北，一九七五），頁二七九～二八一，惟譯名稍作改變。

學生參加革命時，事前得韜美介紹，特聘法人羅氏 (Ullysse Raphael Reau) 為秘書。羅氏畢業於巴黎東方語專，曾獲法學士，一九〇五年時三十三歲。羅氏對孫中山的革命主張和方略非常敬佩，因此孫中山在各地發動革命起事，深得羅氏贊助。如一九〇七年的廣東防城之役、一九〇八年的雲南河口之役等。河口之役時，羅氏恰任河口領事，說動很多法國退役軍人參加革命戰爭，孫乃能將河口佔有[47]。武昌革命爆發，湖廣總督瑞澂至漢口見德領事，謂義和團再起，請開砲轟擊。德領事以《辛丑條約》，一國不能自由行動，要求領事團開會討論。時羅氏適任法國駐漢口領事，乃於會中力言革命軍以改良政治為目的，非義和團，沒有排外色彩，反對干涉。十月十七、八日，漢口各國領事及北京各國公使先後宣布嚴守中立。瑞澂因無所恃，逃往上海；武漢失其統馭，秩序大亂，乃予革命軍以可乘之機[48]。武昌革命爆發後，各國維持中立，原是各國共同的政策，羅氏於領事會議中對革命行動作有利之宣揚，自亦減少革命的外來阻力。

　　美國較同情康梁的改革運動，對孫中山的革命並不支持。一九〇三年夏，美國老羅斯福 (Theodore Roosevelt) 總統接見梁啟超，謂：「常接保皇會電報，且見章程，深佩其宗旨及熱誠。祝此會將來有轉移中國之勢力，且祝其現在有轉移美國華僑之勢力。」國務卿海約翰 (John Hay) 且與梁長談兩小時許，並告梁：「向持中國可以扶植之論，雖同僚亦多非笑之者。今見君，且聞君言，益自信其所見之不謬。」一九〇五年夏，康有為到華盛頓，也曾兩次至白宮與老羅斯福總統晤談。

---

[47] 鄭彥棻，《國父的偉大及其思想探微》，頁九〇～九二。孫在巴黎拜訪法國外交部事，見 Harold Z. Schiffrin, *Sun Yat-Sen: Reluctant Revolutionary*, p. 103.

[48] 張玉法，《清季的革命團體》，頁一二五～一二六。

但孫中山在海外三十年，五次遊美，從沒有被美國高級官員約見晤
談[49]。一九〇四年三月孫抵舊金山時，適滿清親王溥倫經舊金山去聖
路易參觀博覽會，美政府為顧及溥倫安全，且曾將孫拘留三星期[50]。
武昌革命爆發時，孫在美國，曾於十月十八日到華府要求會見國務卿
諾克斯 (Philander Knox)，但為諾克斯所拒絕[51]。

　　美國人當中，對孫中山的革命採同情態度者，以傳教士為多。因
美國教士在中國傳教成績平平，孫中山為基督徒，新政權或將帶來傳
教的新希望[52]。但對孫的革命事業，採取實際行動加以支持者，著名
的只有二人：一為荷馬李 (Homer Lea, 1876–1912)，一為布斯 (Charles
Beach Boothe)。荷馬李為科羅拉多州人，曾肄業於史丹佛大學，對軍
事學有興趣，原為康有為的軍事顧問，一九〇〇年曾在舊金山見康，
擬在澳門組僱傭軍二萬五千人，由美國人提供金錢及各級指揮官，自
澳門進兵廣州。自澳門進兵廣州的計畫到一九〇八年正式草擬，協助
他的是在紐約銀行界退休的布斯，布斯為加利福尼亞州人，住洛杉磯。
但計畫並沒有實現。一九〇九年，荷馬李時年三十三歲，出版《無知
之勇》(The Valor of Ignorance) 一書，發表他在軍事上的精闢見解，甚
至預言日本將進攻美國。是年孫中山在歐洲讀到此書，寫信給荷馬李，
希望能在美國與他見面。一九一〇年春，孫在美國西部與荷馬李和布
斯見面，並於三月十四日與他們簽訂合作協定，孫以中國同盟會首領

[49] 吳相湘，《孫逸仙先生傳記》上冊，頁四一八～四一九。
[50] Lyon Sharman, pp. 80–83.
[51] 王綱領，〈美國與孫逸仙博士〉，中華民國史料研究中心編，《孫中山先生與辛亥革命》中冊（臺北，一九八一），頁七〇三～七〇四。
[52] 同上，頁七〇四。

的身分，委布斯為「唯一外籍財務代表」，委以談判借款、接受捐款以及代表同盟會簽訂此類合同的全權，並委荷馬李為軍事統帥，經費由布斯提供。此一定名為「紅龍」(Red Dragon) 的計畫進行並不順利，布斯找不到錢，荷馬李也無法採取軍事行動，到一九一一年三月，孫對布斯的授權終止[53]。但從一九一〇年二月至一九一一年九月孫在舊金山、夏威夷、馬來亞等地寫給荷馬李的信來看[54]，從一九一〇年三月至一九一一年三月孫在東京、新加坡、馬來亞等地寫給布斯的信來看[55]，孫對荷馬李和布斯確是很看重的。孫對布斯授權終止後，對荷馬李繼續有所借重。荷馬李之背離康有為，轉投孫中山，原因不詳，或謂係光緒皇帝已死，康之復辟計畫終止之故[56]。武昌革命爆發後，孫自美國赴英，約荷馬李自德往倫敦會面[57]，如前所述，孫得荷馬李之助，獲得維加砲廠 (Vickers Sons & Maxim) 總理道森 (Sir Trever Dawson) 的支持，向英政府要求三事：⑴止絕清廷一切借款，⑵制止日本援助清廷，⑶取消英屬政府對孫之放逐令，三事皆得英國政府允許。

---

[53] Harold Z. Schiffrin, *Sun Yat-Sen: Reluctant Revolutionary*, pp. 137–145. 孫中山第一次與荷馬李晤面，一說在一九〇四年，見羅香林，《國父的高明光大》，頁一四六。

[54] 呂芳上，〈荷馬李檔案簡述〉，中華民國史料研究中心編，《研究中山先生的史料與史學》，頁四一七～四六六。

[55] 丁士廉，〈國父珍貴信函印本美人布茲贈予我國〉，姚漁湘等著，《研究孫中山的史料》（臺北，一九六五），頁二四六～二四八。

[56] H. Herrfahrdt 著，王家鴻譯，《孫中山傳》（臺北，一九六八），頁二六。

[57] Arnulf K. Esterer and Louise A. Esterer, p. 123.

六　結　論

孫中山的歐美經驗都是在辛亥革命時期及其以前獲得的。在辛亥革命時期及其以前四十六年的歲月裏，孫中山旅居歐美約十年。十年間在歐美的閱讀、見聞、交遊，對他所領導的革命造成了以下幾種影響：

其一，歐美經驗使他不滿歐美貧富不均的社會現狀，因此提出社會革命的理想。而社會革命的理想，使他尋求英、法、美、日等資本主義國家的援助更為困難，到一九一七年俄國的社會革命成功，而俄國又欲推動世界革命，孫中山始找到俄援。由於孫中山的聯俄與容共政策合一，間接翼助了中國共產主義運動。

其二，孫中山運動革命之始，以秘密會社為主要革命群眾。一九〇五年的歐陸之行，在留歐學生的勸說下，使他的革命策略有極大的改變，此後即大量吸收留學生為革命幹部，並運動新軍為革命群眾。辛亥革命之所以不同於前此的改朝換代，是因為有新知識份子領導。由於民國的政權落入袁世凱之手，孫中山無法貫徹他的三民主義和五權憲法的革命理想，但宋教仁等引進的憲法、國會、內閣、政黨等制度，亦為民國的開國，帶來了嶄新的意義。

其三，孫中山結合華僑，是從歐美地區開始，然後才擴及於其他地區。歐美地區的華僑，由於人口少，對革命的支援，在比例上也不大。但華僑與國內革命建立關係，是由孫中山開其端。

孫中山的歐美經驗，對中國革命確有其鉅大的影響。若以其美洲經驗與歐洲經驗相比，歐洲經驗對中國革命的影響遠大於其美洲經驗。孫中山的三民主義在歐洲完成，此其一；網羅留學生為革命幹部、網

羅新軍為革命群眾的理念在歐洲建立，此其二；歐洲留學生較美國留學生支持革命，此其三；歐人對革命的幫助較美人為大，此其四。我們可以說，就外來影響而論，在革命創始的辛亥革命時期，孫中山的革命力量來自歐洲；在孫中山臨終前的一九二〇年代前期，孫中山的革命力量亦來自歐洲。雖然美國也給了孫中山一些什麼，比較起來，是不重要的。

　　孫中山是一個英、美等西方國家應該重視的中國革命領袖。毛澤東和蔣中正都只短時間的到莫斯科，沒有任何其他歐美經驗。孫中山則在夏威夷、舊金山、紐約、倫敦、巴黎等地旅居十年，在歐美的經歷使他成為世界性的中國革命領袖，他能說英文、能寫英文，信奉基督教，喜歡民主主義，了解西方的科學與工業[58]，但歐美對他的革命事業卻不支持。到支持他的蘇俄勢力進入中國後，孫中山所帶給中國革命的歐美經驗便逐漸消褪。一九五〇年代前後，毛澤東甚至將歐美的勢力完全逐出中國。近十餘年，歐美的勢力千方百計想再進入中國，這比孫中山的時代要困難一些。

---

[58] 參考 John K. Fairbank, "Foreward" to Harold Z. Schiffrin, *Sun Yat-Sen and the Origins of the Chinese Revolution*, p. xi.

黃興與孫中山之關係

一　前　言

在清末民初的歷史中，改革派的康有為與梁啟超並稱（康梁），革命派的孫中山與黃興並稱（孫黃）。康有為倡改革較梁啟超為早，梁又為康的學生，無論康梁對改革的貢獻孰大孰小，並稱必稱康梁。孫中山倡革命較黃興為早，同盟會成立後，黃又為孫的部屬，無論孫黃對革命的貢獻孰大孰小，並稱必稱孫黃。

孫黃並稱，不僅是史學家的論定，至遲在民國開國之初的報刊上，已作如是的喧騰。一九一二年九月十二日，北京滿清皇族開會歡迎孫黃，即將革命成功，歸功於孫黃二人[1]。

孫黃既為排名第一、第二的革命領袖，他們共同推動革命達十年之久，其關係如何？頗引起史家的興趣。在俄共及中共革命史中，第一、二領袖之間常有路線之爭（如托洛斯基和史大林、劉少奇和毛澤東）或權力之爭（如貝利亞與馬林可夫、林彪與毛澤東）[2]。前述之

---

[1]　羅家倫主編，《黃克強先生全集》（臺北，民國五十七年），頁二六。

康梁亦屢次有路線之爭（一九○二～一九○三年間梁一度傾心共和，一九一二年以後梁醉心共和，康則仍主君憲），在一九三○年代的國民黨歷史中，亦有蔣中正與胡漢民、蔣中正與汪兆銘之爭。則孫黃關係究如何？

孫黃初無私人關係，二人的相交，主要只是革命的情誼。二人生性激進[3]，均英雄之流。大部分時間，他們因共同革命而合作，但有時也因各自激其所激而衝突，特別是在革命的後期。合作與衝突相間，是人際關係的常態；孫黃是人，孫黃的合作與衝突關係，也是正常的人際關係。但因他們都是革命領袖，他們的合作與衝突，影響革命陣營的整合和革命的成敗，故值得史家注意。

研究國民革命史的人，對孫黃的關係早有留意；專門為黃興所寫的傳記或年譜，如薛君度的《黃興與中國革命》（英文本出版於一九六一年，中文本出版於一九八○年）、李雲漢的《黃克強先生年譜》（一九七三年出版）等，都論及孫黃關係。有些單篇論文，如馮祖貽的〈一九一三至一九一六年孫中山黃興與陳其美關係試析〉、郭世佑的〈孫中

2　參考張玉法，《中國現代政治史論》（臺北，民國七十七年），頁二七七～二九九。

3　據 William Skinner 研究，在兄弟排行中，排行單數的老大、老三等較為保守，排行雙數的老二、老四等較為激進。(G. William Skinner, "Seek a Loyal Subject in a Filial Son: Family Roots of Political Orientation in Chinese Society," Paper Presented at the Workshop on "Family Process and Political Process in China," Sponsored by the Department of History, University of California, Davis and the Institute of Modern History, Academia Sinica, Davis, California, 4–7 April 1991.) 孫黃在兄弟排行中都是老二，他們獻身革命，除了社會的原因外，也許還有性格上的原因。

山、黃興關係再評價〉等，專門論述一段時期的孫黃關係（郭文主要論述一九○七年以後）。而有些回憶錄性的文章如周震鱗的〈關於黃興、華興會和辛亥革命時期的孫黃關係〉、半回憶錄式的文章如黃季陸的〈國父與黃克強先生之關係與情義〉等，也都片面地談到孫黃關係。本文擬對孫黃的關係作整體的觀察，並從不同的革命背景加以闡釋。

二　孫黃出身

孫中山於一八六六年（清同治五年）十一月十二日生於廣東省香山縣（今中山市）翠亨村，黃興於一八七四年（清同治十三年）九月十六日生於湖南省善化縣（今屬長沙）糧塘。黃興比孫中山晚生七年十個月，出生地屬於不同的省區，說不同的方言。黃興於一九一六年（民國五年）十月三十一日病逝上海，孫中山於一九二五年（民國十四年）三月十二日病逝北京，黃興比孫中山早死八年半，死地也屬於不同的省區，但都不在故里。孫中山二十歲（一八八五年）即志於革命，病逝時反直系的戰爭初成功，一生五十九歲，「致力於國民革命凡四十年」（一八八五～一九二五年）；黃興志於革命在二十六、七歲（一八九九～一九○○年）時[4]，病逝時反袁革命初成功，一生四十二歲，貢獻於革命者十六年（一九○○～一九一六年）。與孫中山共同致力於革命的時間不過十一年（一九○五～一九一六年）。

就家庭背景而論，孫中山生在貧農之家，「自小就要去幹除草、採野豬菜、排水、打柴等工作」，「到十五歲才有鞋子穿」[5]。黃興生在

4　李雲漢，《黃克強先生年譜》（臺北，民國六十二年），頁三○～三四。

5　李聯海、馬慶忠，《孫中山傳記》（重慶，一九八六年），頁八、一○。

士紳之家，父為秀才，家有薄產，己亦考取秀才[6]。孫黃在家庭方面的共同點，都是排行老二，具有革命的性格[7]。其他的共同點：孫中山十九歲結婚（一八八五年），黃興十八歲結婚（一八九二年）；孫中山二十二歲喪父（一八八八年），黃興二十三歲喪父（一八九七年）。

在教育背景方面，孫中山十歲（一八七六年）以後，讀過三、四年私塾，習四書五經。因其兄於一八七一年去夏威夷後經營農牧有成，到一八七九年六月得去夏威夷讀書，初在英國教會所辦的意奧蘭尼學校 (Iolani School) 習英文，兼習軍事體操等課程，並接觸基督教；繼入美國教會學校奧湖書院 (Oahu College) 習高中課程。一八八三年七月因孫眉不欲其沾染基督教，使其回國。次年在香港入英國教會學校拔萃書室 (Diocesan Home)。一八八五年三月轉入香港公立的中央學校（Central School，後改為 Queen's College，即皇仁書院）就讀，並受基督教洗禮。此期間，孫中山曾在家鄉毀壞廟宇神像，為鄉里所不容。孫眉更為此囑其去夏威夷，將前此寄在其名下的財產收回。孫此行去夏威夷，受到兩種具有決定性的影響：一是在杜南山牧師處看到醫書，杜牧師欽佩范仲淹「不為良相便為良醫」的抱負，使孫決定學醫。二是此次自夏威夷回國時（一八八五年四月）適逢中法戰爭結束，孫中山受到刺激，決志革命。為了習醫，他於一八八六年春進入美國教會所辦的廣州博濟醫院 (Canton Hospital) 附設醫學校讀書，並在同學中結識三合會人鄭士良。到一八八七年二月轉入香港西醫書院 (College of Medicine for Chinese) 讀書，至一八九二年七月畢業，其間曾從何啟

---

[6] 左舜生，《黃興評傳》（臺北，民國五十七年），頁九～一〇。

[7] 同註 3。

習「法醫學」一年，並常與陳少白、尤列、楊鶴齡三人談革命。孫中山在西醫書院畢業後，初在澳門行醫，次年在廣州行醫，但終非志趣所在。到一八九三年底把業務結束，回香山故居草上李鴻章書，並於一八九四年六月北上天津託人遞送。時中日戰爭方殷，李鴻章對孫中山所提出的「人盡其才，地盡其利，物盡其用，貨暢其流」救國大計，未予注意。孫乃赴檀香山組織興中會，推動革命[8]。

與孫中山相比，黃興讀書的經過，以及轉入革命的過程，不像孫中山那樣曲折。黃興五歲至八歲（一八七九～一八八二年）在故鄉從父習《論語》，並習書法、對句，此數年孫中山在檀香山意奧蘭尼學校讀書，並畢業。黃興八歲至十歲（一八八二～一八八四年）在鄉從蕭舉人讀詩書，十一至十三歲（一八八五～一八八七年）在鄉從周翰林讀《春秋》、《楚辭》，兼習作制藝（八股文）及試帖（五言八韻的科舉詩）。此期間，孫中山先後在香港拔萃書室和中央學校，以及廣州博濟醫院附設醫學校肄業，並正式入香港西醫書院。值得注意的是，在中法戰爭結束之年（一八八五年），孫中山自稱其「傾覆滿清，建立民國」之志始於斯；而是年從周翰林讀書的黃興，亦曾向其師詢問清軍失敗經過，論者雖認為黃興的革命思想亦萌芽於此時[9]。但從此後十

---

8 蔣永敬，《國父革命運動史要及其思想之演進》（臺北，民國六十四年），頁七～二六；羅家倫主編，《國父年譜初稿》（臺北，民國四十七年），頁六～五四。孫中山讀私塾的年代，《國父年譜初稿》謂始於七歲，同註 5 書，頁二五的考證，謂始於十歲。

9 黃興的經歷，見李雲漢，《黃克強先生年譜》，頁七～一五；彭國興，〈黃興生平主要活動年表〉，湖南社會科學院編，《黃興集》（北京，一九八一年），頁四七七～四七八。李謂黃興的革命思想萌芽於一八八五年。

年孫黃的言行看來，孫中山當時確已決革命之志，而黃興尚沒有。

　　黃興於一八八八年進入王先謙所主持的長沙嶽麓書院就讀，到一八九三年考入縣學。此期間孫中山在香港西醫書院肄業（一八八七～一八九三年），約與黃興在嶽麓書院同時。但孫所學的是西醫和其他西學，而黃在嶽麓書院，初以研究詞章為主，諸經、訓詁、音韻為輔；後改宗義理，而以輿地、算學為輔，對先秦諸子儒、道、墨、名各家均有涉獵，對孫子的研究尤有心得。對清初大儒顧炎武、黃宗羲、王船山等的著作亦有所沉浸，此當有助於其除滿復漢思想之發展。雖然如此，在孫中山於一八九四年在檀香山成立興中會正式推動革命、一八九五年在廣州策動起兵、一八九六年在倫敦為清公使館拘禁的這幾年，黃興仍屬鄉里中循規蹈矩的青年，於一八九二年結婚，一八九三年考入縣學讀書，並生一子，一八九六年生一女，一八九七年一度擬參加鄉試，因父喪作罷。在戊戌變法期間，湖南辦了許多新政，包括設時務學堂、創南學會、辦《湘學報》等，目前的資料，也看不出這些新政對黃興有什麼影響[10]。

　　黃興的思想真正發生重大轉折，是在一八九八至一九〇二年在武昌兩湖書院就讀期間。兩湖書院為兩湖總督張之洞所創，院長梁鼎芬為科第中人，但課程中西學皆有。黃興課餘喜讀盧梭《民約論》及有關西洋革命史的書籍。黃興入兩湖書院的第一年（一八九八年）發生戊戌政變，而當時列強紛在中國劃分勢力範圍，使中國有瓜分之禍。據說，黃興原在少時讀太平天國雜史而啟發的革命思想，至此形成「革

[10] 同上李書，頁一六～二七；同上彭文，頁四七八～四七九謂黃興於一八八八至一八九三年在家自修，一八九三至一八九八年在長沙城南書院讀書，一八九六年考入縣學，並謂於一八九一年結婚。

命的決心」。一九〇〇年，唐才常等在武漢等地區組自立軍，謀起兵，黃興與聞其事；曾與周震鱗運動清軍中的湘籍軍人不加阻撓，事敗後並餞送秦力山、楊守仁出亡日本。而唐才常謀起兵，事先亦曾至日本東京與孫中山有所聯絡[11]。如果太平天國事蹟和中法戰爭是孫黃所受到的共同刺激而啟發了二人的革命之思，自立軍可以說是孫黃共同關心、間接參與的第一次革命行動。薛君度認為黃興此時「可能抱有什麼革命思想，沒有線索可尋」[12]。周震鱗認為，黃興「看到戊戌、庚子兩次的失敗，更加堅定了根本推翻清朝政府的意志，決心從事排滿革命」[13]。從史料看來，黃興從一九〇〇年以後，確已日益昭顯的投向革命的洪流。

黃興於一九〇二年六月考取官費留日，入東京弘文學院速成師範科習教育，課餘兼習軍略、騎射。是年十二月，與陳天華、楊守仁等創辦《湖南遊學譯編》，傳布革命思想，是年並在東京識日本志士宮崎寅藏。一九〇三年四月，留日學生聞俄國不依約自東三省撤兵（一九〇〇年八國聯軍之役時進佔），組拒俄義勇隊，有一百三十餘人參加，旋改名學生軍，由黃興帶領學生練習槍法，並實彈射擊。嗣受日警取締，學生軍改名軍國民教育會。是年六月，軍國民教育會推幹練同志回國運動革命，黃興被推回湘。為了掩護革命，受聘為長沙明德學堂教員[14]，並在長沙聯絡同志組織華興會，推動革命。此時孫中山的正

---

[11] 同上李書，頁二七～三四；同上彭文，頁四七九～四八〇。

[12] 薛君度，《黃興與中國革命》（香港，一九八〇年），頁五。

[13] 周震鱗，〈關於黃興、華興會和辛亥革命前後的孫黃關係〉，《辛亥革命回憶錄》第二輯，頁三三一。

[14] 同註4，李書，頁三七～五六；同註9，彭文，頁四八〇～四八一。

式革命活動已進行了八年,正旅行安南、暹邏、日本、美國等地宣揚
革命。

三　英雄並起（一八九五～一九〇五年）

孫中山所倡導的革命,從一八九四年興中會成立,約有六年的時
間,主要是以孫中山為中心而發展的。但在一九〇〇年以後,由於民
族主義大興,革命勢力此伏彼起。在革命起兵方面,一九〇〇年有唐
才常等在長江中游地區所策動的自立軍之役,和孫中山在廣東所策動
的惠州之役;一九〇三年有香港文化界人士謝纘泰所策動的謀取廣州
之役,和礦商周雲祥在雲南所發動的臨安之役;一九〇五年有三合會
人許雪秋在廣東所策動的潮州之役。在革命團體的組織方面,有一九
〇三年留日學界所組的軍國民教育會,以及由軍國民教育會成員返國
運動,在長沙成立的華興會和在上海成立的光復會[15]。而一九〇二～
一九〇五年間,湖北、江蘇、浙江等省的留日學生,也各自辦雜誌宣
傳革命。革命的形勢,可以說已到了群雄並起的狀態。本文因係論述
孫黃關係,對革命的群雄,無法縷述,此處僅說明同盟會成立前,孫
黃兩派革命勢力的發展及其背景。

孫中山於一八九四年十一月二十四日在檀香山成立興中會後,於
一八九五年二月二十一日在香港設興中會總機關,並合併楊衢雲、謝
纘泰等人的輔仁文社。香港興中會成立後,即謀取廣州,並於一八九
五年十月六日在廣州設農學會,以為掩護。但至十月二十六日,因事

---

[15] 張玉法,《清季的革命團體》(臺北,民國六十四年),頁二三七～二九九。

洩、同志被捕而失敗。事後，孫中山亡命海外，由日而美而英。一八九六年十月十一日在倫敦為清公使館拘禁，凡十二日，因英國政府干涉，始被釋，孫中山以此成為世人所知的中國革命領袖。此後半年，孫在英國大英博物館研究革命理論，三民主義思想初步形成。一八九七年七、八月間，離英經美至日，並在日結識了宮崎寅藏。此後六年，孫中山大部時間在日，最初兩年多的興趣仍在聯絡國內秘密會社、發動群眾起事上。但至一九〇〇年，與孫中山一度有聯絡的唐才常在長江中游部署的起兵事敗，而孫中山親自策畫的惠州之役亦失敗[16]。對孫中山來說，再一次群眾起兵，已不是短時間可以組合。此後四、五年的努力方向，轉向革命的組織與宣傳方面。

在孫中山於一九〇〇年利用秘密會社起兵失敗後，革命勢力的發展有了新的契機，即留學日本的學生漸多，而日本留學界和上海學界傾心革命者漸多。一九〇一年春，留日粵籍學生發起組織廣東獨立協會，主張廣東向滿清政府宣布獨立；是年六月二十五日，留日學界創刊《國民報》，宣揚革命。一九〇二年四月二十六日，留日學界發起中夏亡國二百四十二年紀念會，警醒漢人不忘復國；是年十月十六日，蔡元培、章炳麟等在上海成立愛國學社，教育革命青年。一九〇三年春夏間，留日學界組拒俄義勇隊（嗣改名學生軍、軍國民教育會），名為拒俄，實為排滿；而上海學界除開拒俄大會外，因鄒容所著《革命軍》出版，章炳麟於《蘇報》上為文介紹，引動了震驚學界的「蘇報

[16] 同註8，羅書，頁五一～一〇二；中國社會科學院近代史研究所、廣東省哲學社會科學研究所編，《孫中山年譜》（中華書局，一九七六年），頁三四～五二，該書謂香港興中會成立於一八九五年二月二十一日。民國七十四年增訂本《國父年譜》（羅家倫原編），頁七三，亦將原書之二月十八日改為二月二十一日。

案」[17]。孫中山與國內學界無淵源,對東京、上海學界的革命風潮當時似乎不能掌握,除於一九〇一年春贊助廣東獨立協會的成立外,對其他的學界活動似少參與。一九〇三年一月,孫曾自日本赴安南河內,成立興中分會;是年九月,離日赴檀香山,與保皇會的刊物作革命與保皇的論戰。到一九〇四年十二月,舊金山《大同報》主筆鄂人劉成禺向留歐鄂籍留學生介紹孫中山,孫始赴歐聯絡留學生。另一方面,黃興於一九〇二年六月至一九〇三年六月在日本留學期間,即與留日學界多所往來,拒俄運動興起後,更成為留日學界的重要領袖之一。一九〇三年六月自日本回湘運動革命,亦是以學界為核心。一九〇四年冬華興會事敗,黃興經滬亡命日本,續在留日學界有所聯絡。一九〇五年七月孫中山自歐返抵日本,得日人宮崎寅藏的介紹,始得與宋教仁、黃興等晤面,並通過宋教仁、黃興等的聯絡,漸與留日學界廣泛接觸[18]。

黃興在未與孫中山晤面前,其革命活動是自成局面的,為時約有一年的時間。一九〇三年六、七月間,黃興受軍國民教育會之推,經上海回湘,路過武昌,即公然宣傳革命。他在兩湖書院演說,主張推翻滿清;且將所攜鄒容的《革命軍》、陳天華的《猛回頭》二書,分贈軍學各界。是年十一月四日,黃興在長沙以明德學堂為中心,籌組華興會,策動革命,先後參加者有周震鱗、張繼、譚人鳳、吳祿貞、陳天華、宋教仁、劉揆一、章士釗等。到一九〇四年二月十五日正式召開成立大會。華興會成立後,一面派人運動軍界、學界及會黨,會黨

---

[17] 同註 8 羅書,頁一〇七～一三二。

[18] 同上,頁一〇七、一一三、一二五～一二七、一三七、一三八、一四〇～一四九。

首領馬福益率萬餘眾，願受節度；一面派人赴湖北、四川等省區設立機關，以相聲援[19]。

黃興所訂的革命方法，是「雄據一省，與各省分起」。湘省或由會黨發難，或由軍學界發難，互為聲援，不難取湘為根據地。然僅湘省起事，他省無起而響應者，亦難直搗北京，故需對外省分途運動，俟有成效，再議發難與應援之策[20]。黃興所建的革命模式，與前此孫中山所運用者有兩大不同：其一，黃興對學界、軍界、會黨並重，孫中山則側重會黨；其二，黃興注重一地起兵，各地響應，故華興會計畫在湖南起兵，曾預先聯絡鄰近各省，而孫中山則僅於一地發難，事先在他地甚少部署。黃興領導華興會時所構思的革命模式，到同盟會成立後，成為同盟會的革命模式的一部分。

黃興在湖南的起事計畫，於一九〇四年十月事洩。黃間關亡命上海。十一月十九日，一度牽連萬福華謀刺前廣西巡撫王之春案被捕入獄，被捕的人當中有前往廣東就任巡防營統領的湖南人郭人漳，是在上海剛認識黃興的，他們旋被釋，黃興走日本，其他華興會員宋教仁等亦已抵日。一九〇五年三月，黃興一度返湘，欲與馬福益謀再舉，途經沅陵，因運械被查覺，復逃日本[21]。此時黃興在留日學界已成為重要領袖之一，四月三日因蘇報案入獄的鄒容死於獄，留日學界推黃興等四人調查死因；另一方面，黃興於五月七日一度被推為湖南同鄉會總理，黃未接受。與黃極為接近的華興會員宋教仁，此時在留日學

---

[19] 左舜生，《黃興評傳》，頁一六〇；劉揆一，《黃興傳記》（臺北，民國四十一年），頁二～四。

[20] 同上劉書，頁三。

[21] 同上劉書，頁五～七；同註12，頁二〇。

界亦成為重要領袖之一，他曾於是年六月二十四日聯絡兩湖留學界，創刊《二十世紀之支那》，宣揚革命[22]。這是一九○五年七月孫中山自歐抵日前，黃興、宋教仁等在留日學界的情形。

四　革命夥伴（一九○五～一九○八年）

一九○五年七月十九日，孫中山自巴黎抵東京，與宮崎寅藏見面，詢及中國留日學生有無傑出人物，宮崎以黃興對。孫得宮崎寅藏介紹，與黃興見面，並談與華興會聯合之事，黃興應允。七月二十八日，復由宮崎介紹，與宋教仁、陳天華等見面。陳天華為談華興會在湖南之活動，孫中山認為革命以聯絡人才為第一要義，並謂：「中國現在不必憂各國之瓜分，但憂自己之內訌。此一省欲起事，彼一省亦欲起事，不相聯絡，各自號召，終必成秦末二十餘國之爭，元末朱（元璋）、陳（友諒）、張（士誠）、明（玉珍）之亂。此時各國乘而干涉之，則中國必亡無疑矣！」至於革命的方法，孫中山主張利用兩粵會黨的勢力，由革命黨人前往主持，發難之後，立文明政府。時孫中山已決定於七月三十日開中國革命同盟會籌備會，乃約宋教仁等屆時參加。七月二十九日，宋教仁、陳天華等會見黃興，商討華興會與孫中山合作事，因意見分歧，最後決定悉依個人自由。七月三十日，中國革命同盟會籌備會召開，到者七十餘人。會中對團體名稱、誓詞等都有討論，意見不少。黃興謂今日開會，原所以結會，即請各人簽名宣誓，眾皆從。會眾的誓約由孫中山保管，孫中山的誓約則由黃興保管。舉會章起草

22 同註 4 李書，頁七九～八一。

員，黃興、馬君武、陳天華、宋教仁、汪兆銘等八人膺選。八月二十日，中國同盟會舉行成立大會，出席會議者約一百餘人，或謂加盟者三百餘人，由黃興宣讀章程，並接受會員意見加以修訂。之後公舉總理，黃興提議，公推孫中山為總理，不必經選舉手續，眾贊同。依據章程，同盟會的組織取三權分立制：執行部由總理統率，下設庶務、書記、內務、外務、會計、經理六部，各部幹事由總理指定。評議部議員由選舉產生，議長由議員選舉。司法部總長及職員由推選產生。庶務部幹事位次總理，孫中山指定黃興擔任[23]。可以看出，自孫黃結識之始，黃即支持孫中山為領袖，而同盟會成立之始，孫即安排黃為僅次於孫中山的領袖。

同盟會在東京成立，主要的成員為一批獻身革命的留學生，興中會和華興會的成員，在比例上並不多，當時光復會人尚在國內活動，沒有加入同盟會。孫中山和黃興所以能被安排為首次領袖，因為他們二人都是主要革命團體的領導人，而孫中山的聲望超過黃興。實際上，參加同盟會成立會的雖然包括了關內十八省中十七省人，但主要成員還是以孫中山為首的廣東人，和以黃興為首的兩湖人。孫為結合兩湖人，安排黃興為次領袖有其必要。庶務幹事一職，先後任者黃興、宋教仁、劉揆一，皆湖南人，其他曾任者，蔣尊簋為浙江人，孫毓筠為安徽人，朱炳麟為河南人，張繼為直隸人。由此一布局可知，孫中山選黃為次領袖，主要他代表湖南人、兩湖人、甚至華南地區以外的人。孫中山在同盟會成立之始，似乎已注意到權力分配的地域性。次年同

---

[23] 同註 8 羅書，頁一四七～一五二；趙矢元，《孫中山和他的助手》（哈爾濱，一九八七年），頁一一四～一一七。孫中山見黃興，一說由楊度介紹，見註 19，左書，頁二五。

盟會吸收了光復會，但沒有在會中給光復會領袖安排重要位置，後來光復會分裂而去，原因固多，亦或與權力分配不均有關。

從同盟會成立，到民國建立，孫黃可以說是合作良好的革命夥伴。雖偶有意見不和，彼此在心理上沒有長時間的隔閡。此段革命歷史，一般記載已多，僅就二人關係，列其重要事蹟於下：

1.一九○五年十月七日，孫中山赴西貢籌款，會務由黃興代理。至十二月，黃興離日去港，取道入桂林巡防營統領郭人漳（湘人）營，策畫起事，庶務幹事由內務幹事朱炳麟代理。嗣以郭不同情革命，黃興於一九○六年夏赴港，復轉往新加坡，協助孫中山組織吉隆坡、庇能、芙蓉、怡保、爪勝卑那、麻六甲、關丹、金寶、林明、太平、式叨、麻埠、沙勝越等地同盟分會。黃興自南洋經港、滬等地，於九月十一日返抵東京。另一方面，孫中山於一九○六年二月自西貢赴新加坡設同盟分會。四月一度返日本，六月復自日本赴南洋，與黃興相晤，在黃興等協助下，如前所述，在吉隆坡等地設同盟分會。之後，於十月九日自南洋返抵日本[24]。

2.一九○六年十二月四日，馬福益舊部姜守旦等在黃興派人運動下，在萍瀏醴地區起事。黃興事先已派劉道一（劉揆一之弟）等前往，事起之後，黃在東京與孫中山會商，派譚人鳳、周震鱗、寧調元、孫毓筠等回國，謀運動長江各省新軍響應，但無結果。到一九○七年一月十三日，萍瀏醴革命軍事亦敗，劉道一亦被捕遇害[25]。

3.一九○六年冬，由孫中山、黃興、章炳麟主持，編訂革命方略，

---

[24] 同註4，頁九○、九四、九六～九八；同註8，羅書，頁一六一～一六四。

[25] 同註4，頁一○四～一○六；同註8，羅書，頁一六六～一七二。

頒布各省會員遵行。到一九○七年二月，對國旗圖式，黃興與孫中山曾有不同意見，孫主用興中會之青天白日旗，以紀念設計此旗之陸皓東及以此旗起事之惠州革命將士，謂「僕在南洋，託命於是旗者數萬人，欲毀之，先擯僕可也」；黃興認為青天白日旗有效法日本之意，必須毀棄，而主用井字旗式，以表示井田制度之社會主義意義，其他黨員有提議用五色旗以順應中國歷史之習慣者，有提議用十八星旗以代表十八行省者，有提議用金瓜斧鉞以發揚漢族精神者；孫中山堅持用青天白日旗，並於青白二色外增加紅色，以符合自由、平等、博愛之真義[26]。就此次爭執，宋教仁日記謂孫「出不遜之言」，黃「怒而退會」；章炳麟在回憶錄中亦謂黃「發誓脫同盟會籍」。但據胡漢民的說法，黃興最後還是主動地表示：「余今為黨與大局，已勉強從先生意耳！」[27]。一九○七年同盟會發動欽廉防城之役和鎮南關之役，一九○八年發動欽廉河口之役，均用此旗，黃興迭任主帥，對此旗未再有異議[28]。

　　4.一九○七年一月五日，黃興赴香港策畫革命，庶務幹事由宋教仁代理。至二月十五日，因廣東戒備森嚴，香港無法居留，黃興復自港返東京。宋教仁欲將庶務幹事交黃，黃不應，經孫中山同意，庶務幹事由劉揆一繼任。黃興則從事較機動之活動。曾安排宋教仁赴東北

---

[26] 同註4，頁一○九～一一○；唐文權，〈度盡劫波兄弟在——黃興與章太炎〉，《近代史研究》，一九九一年，第五期，頁七○。

[27] 引見馮祖貽，〈一九一三至一九一六年孫中山黃興與陳其美關係試析〉，《孫中山和他的時代》，頁一九三四～一九三五；趙矢元，《孫中山和他的助手》，頁一二六。

[28] 同註4，頁一一○。

運動馬俠，並曾為光復會人徐錫麟、秋瑾所部署的皖浙革命軍事籌款購械，但至四月，宋教仁事敗返日，至七月，皖浙之役亦敗。另一方面，孫中山於三月四日，因受日本政府所迫，偕胡漢民等離日，經港至河內設機關部。五月二十九日命會黨領袖王和順於欽州起兵，並派黃興入欽州郭人漳營運動革命[29]。

時同盟會東京本部發生風波，起因於是年三月孫中山離日時，私下接受日人贈款一萬五千元，未經眾議，且僅留給章炳麟所主持的民報社二千元，章炳麟、張繼、宋教仁、譚人鳳、田桐、白逾桓等大起非議，章炳麟且憤而將民報社所懸孫中山像除下。是年五、六月間，由孫中山所策動的潮州黃岡、惠州七女湖起事失敗，反對孫中山者日眾。反對者並指出由萱野長知所代購的武器陳舊，使同志陷於危境。章炳麟等提議免去孫中山總理的職務，另選黃興繼任。以庶務代行總理職權的劉揆一力排眾議，受到張繼的揪打。劉揆一以黨內糾紛日甚，曾致函馮自由等，請勸孫中山向東京本部引咎，為孫所拒。黃興在港聞訊，致書東京同志云：「革命為黨眾生死問題，而非個人名位問題，孫總理德高望重，諸君如求革命得有成功，乞勿誤會，而傾心擁護，且免陷興於不義。」儘管如此，光復會人章炳麟、陶成章等仍絕裾而去[30]。這是同盟會中的一次權力鬥爭，如果不是黃興力為維持，同盟會的分裂，將不只是光復會人的別樹一幟。

---

[29] 同註4，頁一〇八、一一二～一一八；同註8，羅書，頁一七五～一七七、一八二～一八六。

[30] 同註4，頁一四一；同註8，羅書，頁一七六～一八二；張玉法，《清季的革命團體》，頁三六〇；劉揆一，《黃興傳記》，頁一六；趙矢元，《孫中山和他的助手》，頁一二三～一二四。

一九〇七年九月，會黨領袖王和順起於欽州府屬王光山，並攻陷防城，直逼欽州。黃興在欽州謀策動巡防營統領郭人漳內應不成，返回河內。王和順亦兵敗，經廉州退入安南境。約在王和順發動欽廉防城之役的同時，孫中山亦派人運動欽州會黨領袖黃明堂起兵。王和順失敗後，是年十二月二日，孫中山命黃明堂攻鎮南關，克之。孫中山偕同黃興、胡漢民等一度前往戰地指揮，嗣返回河內籌餉。孫中山至河內，即為安南總督驅逐出境；孫轉往新加坡，黃興與胡漢民留河內主持一切。嗣黃明堂戰敗，退入安南，由黃、胡二人料理一切[31]。此役雖敗，但孫離安南時對黃留河內主持一切頗多期許，一九〇八年二月八日孫中山〈復池亨吉告已離安南函〉節略云：「北京當局……要求將弟逐出安南。……於是飄然離開河內，……但留黃興及胡氏兄弟（胡漢民、胡毅生），委以當地及廣西一帶的籌畫事宜，黃興君更為奮發，已進入某據點。」[32]

5.一九〇八年三月二十七日，黃興在安南號召華僑青年二百餘人，組中華國民軍南路軍，從安南邊界進攻欽廉上思一帶，轉戰月餘，大敗郭人漳等部。孫中山認為，黃興的威名就是在欽廉之役中建立起來的。一九二一年孫在廣西桂林講軍人教育時，提到黃興在欽廉之役時，曾有四人抵禦六百人的故事。一九二三年在廣州歡迎各軍將領時，孫也明白指出，欽廉之役雖然失敗，但黃興「奮鬥的精神很大，實在令人佩服，所以他威名大振」[33]。欽廉之役失敗的原因是械彈接濟不至，

---

[31] 同註 4，頁一一八～一二三。

[32] 《國父全集》第四冊，頁五九。

[33] 黃季陸，〈國父與黃克強先生之關係與情義〉，《傳記文學》，二十三卷，四期，頁三一。

黃興只好退返安南。時孫中山在新加坡於四月二十九日電命黃明堂、
王和順等襲取雲南河口，在河內策應軍事的胡漢民建議孫中山令黃興
統率在河口的革命軍，孫即委黃為雲南國民軍總司令。黃興於五月七
日至河口，嗣以將士不用命，乃返河內籌組敢死隊，在老街為法警截
留，乃遞解出境。黃興轉往新加坡，至五月二十六日，河口軍事亦
敗[34]。此事雖敗，孫中山當時頗贊同胡漢民的意見，認為只要有黃興
統籌，雲南的革命軍事仍然大有可為。一九〇八年六月孫中山在〈致
池亨吉轉胡漢民雲南河口之役報告函〉中引胡漢民致孫中山的函中有
云：「初六晚車克由海防入河內，今晨以早車上老街，往河口督
師。……克精神完足，……今又有黃克強兄之學識經驗，而為統籌，
人材眾多，此雲南全局可圖者四大端也。」[35]

　　由上所述，孫黃從一九〇五年七月在東京為革命結為盟友，迄於
一九〇八年六月的三年間，大部時間合作共事或並肩作戰，雖曾有短
時間的不快，仍不失為肝膽相照的革命夥伴。

五　分途奔走（一九〇八～一九一一年）

　　一九〇八年五、六月間，黃興在新加坡晤孫中山，深以革命要訓
練基本幹部、建立武力，乃於七月返東京，組體育會，招徠同志，研
習軍事。日後在湖北起兵之孫武、在湖南起兵之焦達峰等，皆曾入體
育會。一九〇九年春，黃興復創立勤學會，為同志集會研究之所，嗣

---

[34] 同註4，頁一二六～一三三；同註8，羅書，頁一九九～二〇六。
[35] 《國父全集》第四冊，頁六八～七〇。

至是年六月，以經費不繼停辦。黃興又召集同志，於東京市外設秘密場所，試驗炸藥，對軍事人才，積極培養。另一方面，孫中山因受當地政府干涉，不能在新加坡立足，於一九〇九年五月十九日自新加坡赴歐，將南洋事務委胡漢民，將國內事務委黃興。此後，孫於六月二十日抵法國馬賽，轉往巴黎。七月二十一日自巴黎抵比京，八月七日自比京抵倫敦，十月三日離英赴美。所至之處，或聯絡同志，或發展組織。十一月八日抵紐約，設同盟分會；一九一〇年一月二十一日抵芝加哥，設同盟分會；二月十日抵舊金山，設同盟分會[36]。

時光復會人繼續攻擊孫中山，仍是起因於革命經費。一九〇八年九月，陶成章帶著章炳麟所印的《民報》股票數百張，赴南洋籌款，他到新加坡，要求孫中山撥款三千元作為《民報》印刷費，並要求孫中山為他籌款五萬元，作為江浙等省活動的經費。孫中山無法供給，謂「南洋經濟恐慌，自顧不暇，斷難辦到」。陶成章便開始攻擊孫中山[37]，時因河口之役失敗，革命軍六百餘人退入安南，人員經法兵繳械後轉往新加坡，孫中山無法一一照顧。陶成章攻訐孫中山「藉革命以騙財」，置起事同志於不顧。一九〇九年二月，汪兆銘將《民報》復刊，免除章炳麟的編輯職務，章怒，使陶成章在南洋，糾合江、浙、湘、楚、閩、粵、蜀七省部分僑居南洋同志，發表〈七省同盟會會員意見書〉，列舉孫中山罪狀十四條，指孫「吞蝕華僑巨款」、「謊騙營私」，要求免去孫中山總理職務，並開除出會。陶從南洋趕到東京，將此書交給黃興，要求公布。時孫中山在歐將轉美，章、陶並移書美洲

[36] 同註4，頁一三三～一三五、一三八～一三九；同註8，羅書，頁二一二～二二二。

[37] 同註23，趙書，頁一二四。

各埠，對孫中山加以攻擊。孫有函致黃興，說明情形。時黃興在日本，一面拒絕章、陶召開同盟會本部會議之要求，一面分函南洋及美洲各埠，力斥章、陶之非[38]。一九〇九年十二月十九日，黃興致孫中山函云：

> 昨接讀由倫敦發來之函，得悉有人冒名致函美洲各埠，妄造黑白，証謗我公，……再四調查東京團體，無有人昧心於此者。但只陶煥卿（成章）一人由南洋來東時，痛加詆誹於公，並攜有在南洋充當教習諸人之公函（呈公罪狀十四條），要求本部開會，弟拒絕之。將公函詳細解釋，以促南洋諸人之反省。……彼不但此也，且反對將續出之《民報》，謂此《民報》專為公一人虛張聲勢，非先革除公之總理不能辦《民報》。……然在我等以大度包之，……我公當亦能海量涵之。至東京事，陶等雖悍，弟當以身力拒之，毋以為念[39]。

約在同時，黃興致美洲各埠同志函云：

> 同盟會總理孫君，今春由南洋起程赴歐，將由歐來美，……本處風聞孫君未抵美以前，有人自東京發函美洲各埠華字日報，對於孫君為種種排擠之辭，用心險毒，殊為可憤，……再者南

---

[38] 同註4，頁一四一～一四三；唐文權，〈度盡劫波兄弟在——黃興與章太炎〉，《近代史研究》，一九九一年，第五期，頁七二～七三。

[39] 羅家倫主編，《黃克強先生全集》，頁六六～六七；湖南省社會科學院編，《黃興集》（北京，一九八一年），頁九～一〇；趙矢元，《孫中山和他的助手》，頁一二四～一二五。

洋近二三同志，對於孫君抱惡感情，不審事實，遽出於排擊之舉動，散處及南洋分會已解釋一切。望我各位同志，乘孫君此次來美，相與同志協力，以謀團體之進步，致大業於成功，是所盼禱[40]。

可以看出，黃興亦如前此與孫在戰場並肩作戰，此時二人雖不在一地，當孫有危難之時，其支持孫之心不變。

當時同盟會分裂已極，合併於同盟會的光復會分裂以去，一九〇七年又自同盟會分出共進會，如果不是黃興的鼎力支持，孫中山本人也可能另起爐灶，孫中山於一九〇九年十一月宣稱，他已在南洋「從新組織團體」、「南洋之組織與東京同盟會不為同物」。次年二月，他還正式打出「中華革命黨」的旗號[41]。這也許是孫中山重整黨務的作法，一如他於一九一四年將國民黨改組為「中華革命黨」。

一九一〇年一月二十九日，因香港南方支部運動新軍革命成熟，黃興應邀自日抵港主持軍事。在抵港前後，黃興曾致函南洋同志及日人萱野長知，請設法籌款，並請日人宮崎寅藏派軍事人員相助[42]；南方支部另電孫中山在美籌款二萬元應急。新軍原定二月二十四日（元宵節）起事，因孫中山匯款未到延期。但廣州新軍自二月九日（除夕）即鬥志昂揚，乘機鬧事，到二月十二日起事，次日失敗，倪映典死之。黃興欲自港至廣州督戰，因廣九路停開而止[43]。

---

[40] 《黃克強先生全集》，頁六七～六八。

[41] 郭世佑，〈孫中山、黃興關係再評價〉，上海社會科學院編，《近代中國》第二輯，頁八八～八九。

[42] 《黃克強先生全集》，頁六九～七二；同註4，頁一四七～一五〇。

是年三月，黃興赴新加坡為南方支部籌款，孫中山亦自舊金山抵檀香山發展會務。其間，黃興與孫中山聯名阻止汪兆銘北上行暗殺攝政王之計畫，無成，汪於四月二日被捕監禁[44]。

是年四月，黃興自新加坡返港。三、四月間，因孫中山擬在美國向財團借款，需國內革命計畫及委任狀，黃興乃於五月十三日將委任狀寄孫中山，並談述革命之方略和人才之網羅方法[45]。關於革命方略，黃興不贊同孫的邊區革命，主張在廣東省城發動，由運動軍隊下手。他認為只要有款，即可賄使軍隊起事。另以款運動滿洲馬俠、浙江等地會黨，以及長江中下游各省新軍等起兵響應。在網羅人才方面，他主張不存省域之見，網羅各省人才，廣東人趙聲、江蘇人吳敬恆、浙江人蔡元培、安徽人孫毓筠、四川人李肇甫、湖南人劉揆一和宋教仁、山西人景定成、陝西人于右任、山東人丁惟汾等，都被認為是虛懷咨商的對象[46]。五月三十日，孫中山自檀香山赴日，黃興於六月一度至日與孫相晤。孫黃相晤時，除談及革命大方針外，據說孫中山將在美國募集的一箱鈔票都給了黃興，黃興只從箱中隨便抽出一疊，留給孫中山。旋以日本禁止孫留日，孫於六月二十五日往新加坡，黃興亦返港[47]。

一九一〇年六月孫中山離日、黃興返港後，旅日同志宋教仁、譚

---

[43] 同註4，頁一五二～一五四；同註8，羅書，頁二二二～二二四。

[44] 同註4，頁一五五～一五六；同註8，羅書，頁二二四～二二六。

[45] 同註4，頁一五七～一五八。

[46] 同註1，羅書，頁七三～七七；同註39，《黃興集》，頁一七～二一。

[47] 同註4，頁一五九～一六〇；同註8，羅書，頁二二六～二二七。孫黃在日相晤事，見趙矢元，《孫中山和他的助手》，頁一二〇～一二一。

人鳳等謀於長江流域起事。十月，派譚人鳳赴港與黃興相商，黃因正
與趙聲謀進取滇粵，對長江流域的起事計畫未置可否，即與趙聲赴仰
光策畫進取雲南。時孫中山已自新加坡抵庇能（檳榔嶼）整頓會務，
於十一月十三日在庇能召開會議，黃興、趙聲亦自仰光出席。會中決
定籌款，在廣州起事，由黃興和趙聲統軍。嗣庇能政府下令孫中山離
境，孫於十二月六日啟程赴歐，在南洋籌款及廣州起兵之事，主要落
在黃興身上。黃興旅行南洋各地籌款，得鄧澤如等之助，頗有所獲。
一九一一年一月中旬，由新加坡返港布置軍事。是月底，在港成立統
籌部，黃興任部長，趙聲副之。決定招募死士為前鋒，並運動新軍響
應[48]。趙聲為光復會員，孫、黃在一九〇八～一九〇九年前後，一度
與光復會之章炳麟、陶成章等反目，此時黃為網羅同志，再與光復會
人合作。李柱中、陶成章等均支持發動此役，陶並告訴光復會人，「孫
文以後不必攻擊」。通過廣州起事的準備工作，黃興暫時彌縫了同盟會
與光復會的分立[49]。

　　另一方面，黃興於一九一一年二月命譚人鳳攜款五千元赴長江中
下游聯絡，特別希望居正能在武漢地區結合新軍，響應廣州起事。譚
人鳳至滬，予鄭贊丞三千元，囑聯絡蘇、浙、皖、贛；至漢口，予居
正八百元為運動費；復赴湘，交曾伯興七百元為運動費。黃興另並致
書湘軍各軍官及廣西方面各同志謀響應。另在是年一至四月間，黃興
屢函南洋及美洲同志捐款，並電召南洋同志至港候命[50]。此時黃興所

---

[48] 同註 4，頁一六〇～一七〇；同註 8，羅書，頁二二九～二三二。

[49] 同註 26，唐文權文，頁七四。

[50] 同註 4，頁一七一～一七三；李雲漢，〈黃興與民國開國〉，《湖南文獻》，二十卷，
　　一期，頁一五～一六。有關黃興分函各地催促捐款，見註 1 書，頁八一～九五。

用的，仍然是一九〇三年華興會成立時所定的「雄據一省，與各省分起」方略。此一方略，就發動此次廣州之役而言，起於一九一〇年五月十三日黃興在致孫中山書中所陳述，而在十一月十三日的庇能會議中決定的[51]。

　　廣州起事，因籌款、購械等問題，一再遷延，而清軍防備日嚴。一九一一年四月二十七日，黃興不得已，率同志百餘人攻佔督署，總督張鳴岐逃走，旋以清大軍雲集，事敗，同志死難者八十六人。黃興負傷，於五月一日脫險抵港[52]。此時孫中山已自歐抵美二月餘，方旅經芝加哥，五月七日，在復同志的信中，對黃興在此役中的表現和此役的重要性，多所讚揚：

> 三月二十九日（四月二十七日）謀泄，迫動黃興君親率□千人，力破督署，轉而攻軍器局，勢孤不克，力戰出城，黃君受傷，幸安全出險。……革命之聲威從此愈振，而人心更奮發矣！[53]

　　其後，黃興為報答死難同志，擬個人暗殺清水師提督李準。孫中山方在舊金山組洪門籌餉局，認黃興「一身為同志之所望，……可為更大之事業」，不贊同其個人貿然走險，僅贊成組隊進行。黃興為此，請孫電匯一萬五千元，以資進行；孫立匯萬元，黃興即據以組「東方暗殺團」[54]，初以清水師提督李準為目標。其後暗殺李準雖未成功，

---

[51] 同註1，頁七八。

[52] 同註4，頁一七六～一八一；同註8，羅書，頁二三七～二四三。

[53] 《國父全集》第四冊，頁一五四。

[54] 同註4，頁一八四～一八六；同註8，羅書，頁二四六～二四七。

到一九一一年十月二十五日新任廣州將軍鳳山被炸死,即「東方暗殺團」團員所為[55]。

廣州之役失敗後,宋教仁、譚人鳳、陳其美等欲在長江流域起事,於一九一一年七月三十一日在上海組中國同盟會中部總會,派譚人鳳等赴湖北策動,派呂天民等至香港請黃興前往主持起事。時四川爭路風潮正緊,黃興正電請孫中山籌款二、三萬,擬伺四川同志起事,即在雲南響應。既而中部同盟會人來聯絡,黃興認為「蜀中風雲激發,……長江上下自可聯貫一氣」,乃改變圖滇計畫,決意贊助鄂事。一面於十月五日致函美洲馮自由,表明將赴長江上游策畫,請匯款二十萬,至少五萬;一面即分函美洲致公堂、籌飾局及南洋諸同志籌款。黃興原答應中國同盟會中部總會,「一俟外款稍有眉目,即行前來」,但以湖北黨事敗露,十月十日武昌革命軍起,宋教仁電黃興即時赴滬。黃興在武昌兩湖書院讀書三年,對武漢情形熟悉,在該地區交結的朋友也不少,自為支援該地區革命的重要人物。另一方面,孫中山在美,於十月十一日抵柯羅拉多州之典華(丹佛)城,接黃興要求匯款密電,孫以無法得款,原擬電覆黃興,令暫勿動,次日閱報得知武昌起事消息,乃電覆黃興,告以覆電延遲之由及今後行止。之後,孫即自典華城轉紐約,途經聖路易時,讀報紙消息有謂:「武昌革命軍係受孫逸仙命令起事,擬建共和國體,其首任總統,當屬之孫逸仙。」十月十五日,孫經芝加哥,即命芝城同志開大會,預祝中華民國成立。十月二十日,孫自芝加哥赴紐約,在紐約時,聞粵中同志圖粵,特致電兩廣總督張鳴岐勸降。當孫中山在國外為革命盡力時,黃興已接受了宋教

---

[55] 左舜生,《黃興評傳》,頁七〇～七一。

仁的電邀，於十月二十四日自港抵滬，準備往武漢參加革命戰爭。當時革命的形勢是：十月十一日武昌光復，十二日漢口光復，十三日漢陽光復，二十二日長沙、西安光復，二十三日九江光復[56]。

　　十月二十五日，黃興自上海啟程赴湖北，於十月二十八日抵武昌，翌日即赴漢口督師，當時民軍不過六千人。十一月一日漢口陷，退守漢陽。十一月三日，黎元洪任黃興為戰時總司令。時清內閣總理大臣袁世凱南下督師，十一月九日派人與黃興和談，黃興致函勸其反戈領導革命，並以拿破崙、華盛頓相期許。十一月十六日，黃興率部反攻漢口失敗，在湘鄂革命軍不能合作的情況下，到十一月二十七日，漢陽亦陷。時上海已於十一月四日光復，且已派人至鄂催黃興去上海統領江浙軍隊攻南京，黃興與湖北同志相商，擬往滬與同志謀攻下南京，為武昌聲援，黃乃辭戰時總司令職東下，於十二月一日抵滬，而次日江浙聯軍已克南京。此期間的革命形勢：十月二十九日太原光復，十月三十一日雲南光復、南昌光復，十一月三日上海光復，十一月四日杭州、貴州光復，十一月五日蘇州光復，十一月七日廣西光復，十一月八日鎮江、安慶光復，十一月九日福州、廣州光復，十一月二十六日奉天獨立，十一月二十七日成都光復。另一方面，江蘇都督府代表雷奮、浙江都督府代表高爾登等於十一月十二日通電各省代表至滬，會議組織臨時政府。十一月十八日，各省代表決定承認湖北軍政府為民國中央政府，由鄂軍都督黎元洪暫行中央軍政府職權。十一月二十四日各省代表集會於漢口英租界，議定臨時政府組織大綱。此期間孫中山的行蹤：十月下旬自美抵倫敦，與英、法、德、美四國銀行團會

談，磋商停止對清廷借款；十一月抵巴黎；有電對國內局勢表達其意見：「欣悉總統自當推定黎君，聞黎君有請推袁之說，合宜亦善。總之，隨宜推定，但求早定國基。」十一月二十四日孫中山離法東歸[57]。

南京光復後，革命軍之指揮中心由武漢移南京。十二月四日，留滬各省代表舉黃興為假定大元帥，黎元洪為假定副元帥兼鄂軍都督。黃興當選大元帥，章炳麟謂係「克強欲自為大元帥，代表多屈從之」，並謂議罷又有人反對黃興，一度欲重選。李雲漢謂因黃興力辭，始有重選之議。重選時，初擬舉黎元洪為大元帥，繼又擬舉孫中山為大元帥，皆不為同志允准，黃興乃暫時勉任。時新出獄的汪兆銘代表袁世凱表達欲得民國總統的意願。前述孫中山既已有電謂總統亦可推袁，十二月九日，黃興遂覆電汪兆銘云：「現已有各省代表擬舉興為大統領，組織臨時政府，興正力辭尚未允許，萬一辭不獲已，興只得從各省代表之請，暫充臨時大元帥，專任北伐，以待項城舉事後即行辭職，便請項城充中華民國大統領，組織完全政府」[58]。黃興此時已為國內革命軍的唯一領袖，決定以國家元首之位讓袁，以誘袁反正，自為權宜之計，況已得孫中山的指示。孫黃二人對未來國家元首有何設想，目前的資料無從得知，但有一點可以肯定的是，孫黃於一九○八至一九一一年雖然在國外、國內分別奔走，推翻滿清的目標是一致的。孫

---

[57] 左舜生，《黃興評傳》，頁六七～八○；同註4，頁一九四～二○九；同註8，羅書，頁二六六～二八四；引孫中山電文，見《國父全集》第三冊，頁一六三。孫中山離法東返日期，見民國七十四年增訂本《國父年譜》，頁四三一。黃興離漢東下前，或謂黃主放棄武昌，以全力下長江取南京，薛君度，《黃興與中國革命》，中文本，頁一○一引李廉方之說，謂係湖北人造謠。

[58] 同註4，頁二一○～二一四；同註26，引唐文權文，頁七六。

黃二人都沒有打天下的意思，只要清帝退位、民國建立，新中國的領袖誰屬，他們似乎並不在意。

六　合力建國（一九一一～一九一三年）

　　黃興獻身革命，不計名位，更時時警惕，不要以爭名位使革命陣營分裂。前述黃興於一九一一年十二月五日在萬辭不獲下勉強接受大元帥的職位，但十二月七日，黎元洪即通電反對，黃興聞悉，乃於十二月十六日致電各省代表，堅辭大元帥職務。次日，各省代表改選黎元洪為大元帥，黃興為副元帥代行大元帥職權。黃興本擬赴南京就職，但因接到孫中山來電，謂已啟程回國，不久可到上海；黃興認為孫是同盟會總理，孫未回國時，自己可代表同盟會，現孫已在回國途中，自己若搶先去南京就職，必致發生誤會。所以黃興並不就代行大元帥之職。另一方面，自十二月十八日起，清廷已派郵傳部大臣唐紹儀為代表，到上海與民軍代表伍廷芳議和；同時，袁世凱部下亦派私人代表廖宇春於十二月二十日到上海與黃興談判。黃派江浙聯軍參謀長顧忠琛與訂秘密條款五項，其要點為確定共和政體、優待清室、先推覆清政府者為大總統。其後民軍與清室的正式議和條款，即依此原則而定。十二月二十五日，孫中山返國抵滬，黃興曾以中國同盟會代表名義派時功玖、田桐前往接待，或謂黃興、陳其美、汪兆銘等均曾往迎船。次日，諸人公宴孫中山，並商臨時政府組織方案。黃興與陳其美等推孫為大總統，眾無異議。宋教仁主內閣制，欲推黃興為內閣總理，黃不允。十二月二十七日，黃興與宋教仁赴南京，向各省代表會提議政府組織辦法，黃主總統制，宋仍主內閣制，終決定總統制。十二月

二十九日總統選舉，孫中山以十六票當選總統，黃興僅得一票[59]。孫中山在民國建立後的領袖地位，自此決定。

一九一二年一月一日，孫中山就任臨時大總統，黃興以假定副元帥名義立於大總統之左；孫就任後，此假定副元帥的名義自然不存。一月三日，各省代表會選假定大元帥黎元洪為副總統，兼海陸軍大元帥，黃興為副元帥。同日，孫中山任命各部長，以黃興為陸軍總長，居各部之首。一月九日陸軍部成立，孫中山復命黃興為參謀總長。一月二十八日，成立臨時參議院。孫黃主持下的南京臨時政府只維持三個月。一九一二年二月十二日在袁世凱的安排下，清帝退位。次日孫向參議院辭臨時大總統職，並要求舉袁世凱自代。到四月一日正式解職。四月一日，黃興任南京留守，至六月十四日交卸赴滬。其後到九月九日，孫中山受任為全國鐵路督辦；十一月二十八日，黃興受任為漢粵川鐵路督辦[60]。兩位革命領袖，都從政治高位，轉到位在交通總長以下、辦理鐵路的小單位來。

從民國初建時期的官位看來，黃之位均在孫之下。但國家重大事務，孫黃常共同出名表示意見，茲舉數例於下：

(1)一九一二年一月十四日，孫中山與黃興聯名致電伍廷芳，規定議和期限，約以十四日為期[61]。

(2)一九一二年一月二十五日，孫中山與黃興聯名通電，斥責張勳、

---

[59] 同註4，頁二一四～二二〇。黃興派時功玖等接待孫中山事，見《黃興集》，頁九七，黃興是否曾親往迎船，存疑。

[60] 同註4，頁二二三～二三五、二六三、二八六、三一五；同註8，羅書，頁二九六～二九九、三〇四～三〇七、三二七～三二八、三四一。

[61] 《國父全集》第四冊，頁一七九。

倪嗣沖等攻擊民軍[62]。

(3)一九一二年二月五日，孫中山與黃興聯名覆伍廷芳，囑電袁世凱制止晉陝戰事，並聯師北上[63]。

(4)一九一二年八月十三日，同盟會發布改組國民黨宣言，孫中山、黃興聯名致電各支部徵求同意[64]。

(5)一九一三年四月二十六日，孫中山、黃興聯名通電，嚴究宋案主犯[65]。

(6)一九一三年五月六日，孫中山、黃興聯名為宋案及五國借款案覆函萬國改良會會長丁義華，盼主持公道[66]。

另外，在有孫黃在場集體簽名表示意見時，排名也都是孫中山居首，黃興居次，茲舉數例於下：

(1)一九一二年三月上旬，由孫黃領銜的十九人，發布通啟，發起江皖烈士追悼會[67]。

(2)一九一二年八月十八日，由孫黃領銜的十一人，發布啟事，介紹西醫梁秉良[68]。

(3)一九一三年六月八日，孫中山、黃興、陳其美聯名覆函上海全國商會聯合會，談擁護共和[69]。

---

[62] 同註4，頁二三九。

[63] 《國父全集》第四冊，頁二〇五。

[64] 同上，頁二五八。

[65] 同上，頁二九八。

[66] 同上，頁二九九～三〇〇。

[67] 《國父全集》第九冊，頁五六二。

[68] 同上，頁五六四。

⑷一九一六年八月三日，由孫黃領銜的六十二人，發布「發起陳英士暨癸丑以來諸烈士追悼大會通告」[70]。

從一九一一年十二月孫中山自歐返國，約有一年多的時間，黃興與孫中山政治意見也許不盡相同，但表面上相當能協合一致。前述宋教仁與孫中山有內閣制、總統制之爭，黃興站在孫的一邊，終使總統制在各省代表會中通過。一九一二年二月十四日，臨時參議院於選袁世凱為大總統時，同時順袁意旨，議決臨時政府國都設在北京，有違孫中山以臨時大總統讓袁、國都地點須設南京之條件，孫中山甚怒，黃興更怒。黃曾放言，如參議院不自動翻案，改議決將國都設南京，彼將「以憲兵入院，縛所有同盟會員去」。次日，參議員果議決臨時政府仍設南京[71]。

黃興支持孫中山建都南京的主張，不是沒有理由，他當時在為主張建都南京駁莊蘊寬等的電中提到兩點：一為袁世凱雖與清廷脫離關係，尚與清帝共處一城，民國政府移就北京，有民軍投降之嫌，軍隊必大鼓譟；二為若移政府而北往，勢不得不移南方之重旅以鎮北京，會因引起北方的猜疑而生破裂[72]。黃興的著眼點完全是軍事的。

時章炳麟因主都北京不成，對黃興刻意擁孫，懷疑其欲得內閣總理（時參議院正研擬臨時約法，採內閣制）之位，孫中山特函覆章炳麟，為黃興辯解：

---

[69] 同上，第四冊，頁三〇二。

[70] 同上，第九冊，頁五七七。

[71] 同註 4，頁二四二～二四四；同註 8，羅書，頁三〇七～三〇八。

[72] 羅家倫主編，《黃克強先生全集》，頁一四二。

臨時政府地點，鄙見亦與克兄同。……公等所持大都係永久之說，此自可俟將來國民會議之。……文與克兄交處固久，先生亦素知其為人，此次執持過堅，然迥非出於私意。以先生之明，猶謂克欲謀總理，冤枉如此，誰與為辯？則不知清帝未宣布退位之前，季新（汪兆銘）、少川（唐紹儀）曾私約克仍掌陸軍或參謀，而克拒之曰：奈何以是污我？……其厭事如此，烏有為總理之心事[73]？

孫中山充分了解黃興的淡泊性格，從未懷疑黃有爭權位之心，此亦為孫黃十多年友誼之基礎。

　　一九一二至一九一三年間，所有黨社組織，有黃興在而孫中山不在者，黃為首；孫黃同在者，孫為正，黃為副。此亦可看出孫黃在革命陣營中的首次要地位。以黃興為首的社團[74]：

　　⑴一九一二年二月二十五日，南京陸軍將校聯合會成立，選黃興為會長。

　　⑵一九一二年三月十八日，南京拓殖協會成立，選黃興為會長。

　　⑶一九一二年三月二十三日，南京中華民族大同會成立，選黃興為總理。

　　⑷一九一二年五月八日，南京同袍社成立，推黃興為社長。

　　⑸一九一二年七月三十日，湖南公學建校籌備會在上海成立，黃興受推為總理。

---

[73] 《國父全集》第四冊，頁二二九。

[74] 同註4，頁二四八、二五九、二六一、二七六、二九一。

孫為正、黃為副的黨社[75]：

 ⑴一九一二年三月三日，同盟會改秘密為公開，選孫中山為總理，黃興為協理。

 ⑵一九一二年五月十六日，南京國民捐總會成立，推孫中山為總理，黃興為協理。

 ⑶一九一二年七月十七日，中華民國鐵道協會成立，舉孫中山為會長，黃興為副會長。

另外，一九一二年八月二十五日，國民黨成立，孫中山、黃興、宋教仁分別被選為第一、二、三名理事，九月三日，各理事推孫中山為理事長，孫邀宋教仁代其職，而未邀黃。從孫辭臨時大總統後半年間的言行看來，孫當時對政黨政治興趣不大，欲將政治委袁世凱，己則為國家興辦實業，孫欲留黃為興辦實業的臂助。

  從上述孫黃的關係可以看出，在出身革命黨的民初政治領袖中，黃興的地位僅次於孫，大總統袁世凱亦作如是觀。一九一二年八、九月間，袁世凱邀民黨領袖交換政治意見，邀孫黃前往。一九一三年三月宋案發生後，民黨齊聲斥袁政府。五月二十四日上海《時報》登載袁世凱的談話，直謂「現在看透孫黃，除搗亂外無本領」[76]。

七　殊途同歸（一九一三～一九一六年）

  孫黃作為民黨的首次席領袖，在清末革命時期，相處大體良好，黃對孫亦尊禮有加。在民國建立之初，孫黃亦同進退，孫於一九一二

---

[75] 同上，頁二五〇、二七九、二九一、二九八。

[76] 同上，頁二九八～三〇〇、三四四～三四五。

年四月一日交卸臨時大總統後，旅行全國各地，宣揚民生主義，倡導興辦實業；黃於六月十四日交卸南京留守後，亦於各地宣揚民生主義，倡辦實業。一般相信，孫黃發生重大歧見，在一九一三年三月宋教仁被暗殺以後。實際上，從一九一一年十月武昌革命爆發到一九一三年三月宋案發生前，孫黃在心理上不是未曾發生裂痕。這種裂痕，黃興似從未提起，孫中山則於事後道及。主要的裂痕是孫中山不贊同將革命黨改為普通政黨，不贊同行政黨政治，而黃興則與宋教仁等對政黨政治頗為熱心。孫中山認為將革命黨完全變為政黨，革命精神消失。一九二三年十月十一日孫中山在廣州中國國民黨黨務討論會中講「過去黨務失敗之原因」時說：

> 光復時有一種謬說，謂「革命軍起，革命黨消」，此說倡自熱心贊助革命之官僚某君，如本黨黨員黃克強、宋漁父、章太炎等咸起而和之，故改組國民黨，本黨遂完全變為政黨，革命精神由此消失[77]。

同年十一月二十五日，孫中山在廣州大本營講「要靠黨員成功不專靠軍隊成功」時亦說：

> 民國成立，即有政黨蠭起。……宋教仁、黃興等一般舊革命黨人，以為別人既有了黨，吾等尚未有黨，乃相率而組織國民黨。……我當是時極為悲觀，……只有放去一切，暫行置身事外。後來國民黨成立，本部設在北京，推我任理事長，我決意

[77] 《國父全集》第三冊，頁三四五。

辭卻。……但一般舊同志，……一定要我出來擔任，……只得答應用我名義，而於黨事則一切不問，純然放任而已[78]。

孫中山在交卸臨時大總統之後，「欲率同志為純粹在野黨，專從事擴張教育，振興實業，以立民國國家百年根本大計，而盡讓政於袁氏」[79]；而黃興則調和黨爭，並推行國民黨的「政黨內閣」主張。

關於調和黨爭，如一九一二年五月上海政見商榷會成立，推黃興與程德全為主任，黃覆電應允，並希望欲藉該會之努力，「消除黨派私意，而發揮正確之政見，使政府有所適從」[80]。關於推行國民黨的「政黨內閣」主張，如一九一二年十一月二十二、三日，曾連電楊度及胡瑛，解釋政黨內閣之主張[81]。

儘管從事後的資料中，可以發現孫黃曾為政黨政治的問題，在心理上有些距離，但當時並看不出來。而且在調和黨爭上孫不僅贊同黃的做法，而且自己也這樣做。一九一二年八、九月間，袁世凱為受黎元洪之請殺革命黨人張振武一事，引起南北惡感，孫為減少南北對抗，赴袁之邀，有北京之行，並勸黃亦有北京之行。一九一二年九月六日孫中山有電致黃興云：「自弟到此以來，大消北方之意見；兄當速到，則南方風潮亦止息，統一當有圓滿之結果，千萬先來此一行，然後赴湘。」[82]一九一二年十月六日，孫中山在上海國民黨歡迎會中講演，

[78] 同上，頁三六六。

[79] 民國四年春陳英士致黃克強書，見《國父全集》第一冊，頁三九七。

[80] 《黃克強先生全集》，頁一九五。

[81] 同上，頁二一二～二一三。

[82] 《國父全集》第四冊，頁二六一。

亦表達與黃興二人從不同方向全力贊助政府之意：

> 兄弟現從北京歸來，……余注全力於鐵路政策，以謀發達民生，黃克強抵京後，主張政黨內閣，調和各派意見，袁總統均甚贊成。余出京時，邀國務員加入國民黨之議起，今閱報，國務員已加入本黨。是今日內閣，民黨與政府之調和，可謂歸於成功[83]。

從當時的資料看來，孫中山對黃興協助宋教仁等推動政黨政治，並調和黨爭，在表面上還是相當稱許的。就常理推斷，當時是國民黨與袁政府合作良好的時期，孫既欲與袁從實業、政治兩方面分工治國，則對一部分國民黨員從事政黨活動，雖不贊同，也應該是容忍的。

孫中山對黨員各行其事、不聽調度等事感到不能忍耐，是一九一三年三月宋教仁被袁政府暗殺後欲起而發動革命，而黨眾不聽。而一向被他依仗的第二號領袖黃興不附從他的意見，尤遷延了他立刻起兵的計畫。宋教仁被殺後，孫中山於三月二十五日抵滬，當晚在黃興寓所召開幹部會議，孫主張立即討袁，認袁任臨時大總統不久，對各方面的布置尚未妥貼，推翻較易；黃興則認為，南方革命軍甫經淘汰，必須加以整補，才能決戰，主張稍緩用兵。各省領兵黨人多贊同黃的意見。至四月二十六日宋案證據公布，詞連政府；四月二十七日，袁世凱的大借款案未經國會通過成立；國民黨都督及議員同表憤慨，國民黨與政府劍拔弩張。吳玉章曾建議孫中山：「四督聯合通電，反對袁世凱違法，並聲明在合法政府成立以前，不接受違法政府的命令，以

[83] 同上，第三冊，頁九五。

此先發制人」。孫中山有意採納，而黃興不贊同[84]。

在這種緊張的氣氛下，萬國改良會會長丁義華為此致電孫黃表示關切，黎元洪亦致電國民黨四督及黃興有所勸解。但直至五月十三日，似尚未決定採取軍事行動，如五月三日孫黃覆丁義華的電中有謂：「二次革命之說，實為不經。文棄總統於前，興辭留守於後，當時果欲有為，何求不得，而必至於今日？」五月十三日，黃興電覆黎元洪，表示「興對於宋案，純主法律解決，借債要求國會通過，始終如一」[85]。但由於不少同志力促孫黃迅速討袁，孫黃再召同志於五月二十八日在上海會議，至是才決定派同志到各省發動討袁軍事[86]。六月十二日，黃興從孫中山處領款五萬元，作為起兵討袁之用[87]。

孫黃對二次革命的爭論，是孫主激進黃主緩進，孫認為「國會乃口舌之爭，法律無抵抗之力，各都督又係仰袁之鼻息」，在此種情形下，「欲求解決之方，惟有訴諸武力而已」。黃認為「天下甫定，外患方殷，鬩牆之戒，乃所宜守」，並認為南方的「兵力不足恃」，「應靜待法律解決」。另外，孫主張借日本力量討袁，黃不贊同，認討袁是中國的內政，「不便乞外援」[88]。孫中山的立即討袁計畫，在黃興的遲疑

84　周震鱗，〈關於黃興、華興會和辛亥革命時期孫黃關係〉，《辛亥革命回憶錄》第二輯，頁三三八；同註 8，羅書，頁三五〇～三五四；魏宏道，《孫中山年譜》（天津，一九七九年），頁五〇。但據民國四年孫中山致黃興書，討論二次革命有關事務在「鈍初死後之五日」，見民國七十四年增訂版《國父年譜》（羅家倫原編），頁五五八。則開會應在三月二十七日。

85　有關電文，見《黃克強先生全集》，頁二二八～二三一。

86　同註 84。

87　同註 9，引彭國興文，頁四九六。

88　同註 27，引馮祖貽文，頁一九三六～一九三七。

下，被延緩下來。

六月中旬，贛督李烈鈞、粵督胡漢民被免職前後，黃興始派同志前往湘鄂，並在南京、上海等地布置討袁軍事。七月十二日李烈鈞在江西起兵討袁後，黃興亦於十四日入南京主持討袁軍事，並任江蘇討袁軍總司令。上海、安徽、廣州、福建、湖南等地亦起兵。然南京討袁軍，主力第八師師長陳之驥為馮國璋女婿，軍隊心志不一，黃興遂於七月二十九日離南京赴滬，在滬搭日船赴港，復自港經滬至日。黃抵日的時間，在八月二十七日。黃興離南京時，各地討袁軍尚未敗，且有新起者：八月四日重慶舉兵討袁，八月五日廣州討袁軍失敗，八月六日安慶討袁軍失敗，八月九日福建討袁軍失敗，八月十三日湖南、上海討袁軍失敗，八月十八日江西討袁軍失敗，九月一日南京討袁軍失敗，九月十二日重慶討袁軍失敗。九月十五日袁世凱以北京總檢察廳名義通緝孫中山、黃興等革命首要。時黃興已在日，孫中山則早已於八月八日抵日，較黃興抵日的時間還早十九天[89]。

二次革命失敗後，孫中山公開把失敗的責任推到黃興身上。孫於一九一四年三月致書黃興，一則指責其法律解決的主張，延誤了起兵的時機：

　　猶憶鈍初死後之五日，英士、覺生在公寓所討論國事及鈍初刺

---

[89] 同註4，頁三四五～三五八；同註8，羅書，頁三五四～三六五，但羅書謂孫中山到十一月末始自上海至臺北，十二月初始由臺北赴日本。黃興抵日日期，據註9，彭文，頁四九七；孫中山抵日日期，據郭廷以，《中華民國史事日誌》第一冊，頁一一〇，為八月十七日；民國七十四年增訂本《國父年譜》謂孫於八月二日離上海，八月八日抵日本。

死之由，公謂民國已成立，法律非無效力，對此問題，宜持以
冷靜態度，而待正常之解決。時天仇在側，力持不可，公非難
之至再，以為南方武力不足恃，苟或發難，必致大局糜爛。文
當時頗以公言為不然，公不之聽。

一則指責黃興於革命期間，不能堅守南京：

夫以金陵帝王之都，龍蟠虎踞，苟得效死以守，則大江南北，
絕不致聞風瓦解，而英士、鐵生豈至一蹶不振？乃公以餉絀之
故，貿然一走，三軍無主，卒以致敗[90]。

另外，在同年五月二十九日復黃興書中，孫中山亦對此事繼續指摘：

第二次失敗後，兄仍不能見及弟所主張是合，兄所主張是錯。
何以言之？若兄當日能聽弟言，宋案發表之日立即動兵，則海
軍也，上海製造（局）也，上海也，九江也，猶未落袁氏之手。
況此時動兵，大借款必無成功，則袁氏斷不能收買議員，收買
軍隊，收買報館，以推翻輿論。此時之機，吾黨有百勝之道，
而兄見不及此。及借款已成，大事已去，四都督已革，弟始運
動第八師營長，以冒險一發，以求一死所，又為兄所阻不成。
此等情節，則弟不滿於兄之處也[91]。

---

90 《國父全集》第四冊，頁三五一～三五二。
91 《黃興集》，頁三五八。

黃興對孫中山二、三月間的指摘，未加回辯；對五月二十九日的指摘，則在六月一、二日的回信中有所陳明：

> 宋案發生以來，弟即主以其制人之道，還制其人之身。先生由日歸來，極為反對。即以用兵論，憶最初弟與先生曾分電湘、粵兩都督，要求其同意。當得其覆電，皆反覆陳其不可。今當事者俱在，可復詢及之也。後以激於感情，贛身先發，南京第八師為先生運動營長數人，勢將破壞。先生欲赴南京之夕，來弟處相談，弟即止先生不行。其實第八師兩旅長非絕對不可，不過以上海難得，致受首尾攻擊之故，且先生輕身陷陣，若八師先自相戰鬥，勝負尚不可知，不如保全全城之得計。故弟願以身代先生赴南京，實更愛先生，願留先生以任大事，此當時之實情也[92]。

到一九一五年二月二十五日，黃興在美，與未參加中華革命黨的陳炯明、柏文蔚、鈕永建、李烈鈞等發表聯名通電，對在二次革命中的立場亦有所辯解：

> 癸丑七月之役，固自棄於國人，然苟有他途，國政於以脩明，興等雖被萬戮，又何足惜？當舉事時，成敗利鈍已能前睹。一擊不中，即復戢兵，誠不欲以驟難克敵之師，重生靈塗炭之禍。興等以此受同志之責，居恇怯之名；質之天良，尚無所歉[93]。

[92] 同上，頁三五一。
[93] 《黃克強先生全集》，頁二四四。

　　孫中山為二次革命失敗對黃興不滿，早在二人亡命日本之初，即開始對黃「苛責不已」[94]。到一九一四～一九一五年間又形於文字，主要因為二次革命失敗後，黃興對孫的革命領導方式發生懷疑，使孫又添了「新仇」。當孫於一九一四年七月在東京組織中華革命黨欲重振反袁軍事時，黃卻遠走美國，作反袁宣傳，不欲直接受孫領導。

　　緣二次革命失敗後，孫黃等重要革命領袖皆亡命日本。孫中山積極重組黨人，謀再起討袁軍事。一九一四年一月命陳其美赴大連設立機關，繼續策動討袁軍事；二月四日致書南洋同志，謂擬強固革命組織，繼續討袁。另一方面，黃興不主立即再討袁，主從設學校以訓練人才著手，作久遠之計。一九一三年十二月一日黃興在東京創辦「浩然廬」以訓練軍事人才、一九一四年二月又創辦「政法學校」以訓練法政人才之際，孫中山則已於一九一三年九月手訂中華革命黨章程及入黨誓約，並開始積極吸收革命同志。孫中山感於同盟會、國民黨時期，黨員意見分歧，亦不服從黨魁，致使「外侮之來，立見摧敗；患難之際，疏如路人」，欲「重組革命黨，首以服從命令為唯一條件」，要求「入黨者不必自問，甘願服從文一人，毫無疑慮而後可」；因於入黨誓約中要求立誓人，「願犧牲一己之生命自由權利，附從孫中山再舉革命。……如有二心，甘受極刑」，並要求立誓人於署名之下，加蓋指模。此一嚴苛要求，在黨內引起許多爭議，黃興以「前者不夠平等，後者跡近侮辱」，不表同意。經開協調會，陳其美等反對修改誓約，孫中山更堅定地說：「你們許多不懂得，見識亦有限，應該盲從我。……同志要再舉革命，非服從我不行。……我敢說除我外，無革命導師。」

---

[94] 趙矢元，《孫中山和他的助手》，頁一三四。

黃興終未加入中華革命黨。六月二十三日，中華革命黨開選舉會，於選舉孫中山為總理、協理一席暫時虛懸後，黃得孫中山同意，「赴美宣傳討袁」；而此時孫中山所策動的討袁軍事，已在各省展開，在六月一個月之內，凌霄在湘西、李國柱在湖南郴縣、蔣中正在上海，均曾起兵，但無所成[95]。

在孫黃對繼續革命的方式發生歧見之後，黃興赴美，遠離孫中山及其周圍之人，實因怕干擾孫中山「獨行其是」。這一點，在黃興赴美前，孫中山於一九一四年五、六月間致黃興的信中已有很好的說明。五月二十九日孫致黃函云：

> 來示悉，所言英士以兄不入會致攻擊，此是大錯特錯。蓋兄之不入會，弟甚滿足。以宋案發生之後，彼此主張已極端衝突。……及今圖第三次，弟欲負完全責任，願附從者，必當純然聽弟之號令。今兄主張仍與弟不同，則不入會者宜也。……弟有所求於兄者，則望兄讓我幹此第三次之事，限以二年為期，過此猶不成，兄可繼續出而任事，弟當讓兄獨辦。如弟幸而成功，則請兄出任政治之事。此時弟決意一到戰場，以遂平生之志，以試生平之學。……望禁止兄之親信部下，對於外，自後絕勿再言「中國軍界俱是聽黃先生之令，無人聽孫文之令者。孫文所率者，不過一班之無知少年學生及無飯食之亡命

---

[95] 同註4，頁三六二～三六七；同註8，羅書，頁三六八～三七二；同註13，周震麟文，頁三三九～三四〇。孫中山的話，見註41，郭世佑文之引證（頁九三）。又民國七十四年增訂本《國父年譜》謂「浩然廬」及「政法學校」皆孫中山所創，而黃興只是參與創設之人。

耳」。……至於英士所不滿意於兄之事，多屬金錢問題，據彼所
稱：上海商人嘗言兄置產若干，存款若干。……金錢之事，則
弟向不在意，有無弟亦不欲過問……弟所望黨人者，今後若仍
認弟為黨魁者，必當完全服從黨魁之命令[96]。

黃興讀了孫中山五月二十九日的信，於六月一、二日有信致孫中
山，除前述對二次革命的錯失有所辯解外，首對孫中山以兩年為期，
不成則讓黃興獨辦之說加以非議：

先生欲弟讓先生為第三次之革命，以二年為期，如過期不成，
即讓弟獨辦等語，弟竊思以後革命原求政治之改良，此乃個人
之天職，非為一公司之權利可相讓渡、可能包辦者比，以後請
先生勿以此相要。弟如有機會，當盡我責任為之，可斷言與先
生之進行絕無相妨。

終則表示對同志自相戕賊，甚感悲憤：

英士君之攻擊於弟，弟原不介意，惟實由入會問題，……國事日
非，革命希望日見打消，而猶自相戕賊若是，故日來悲憤不勝。
先生今力任大事，竊附於朋友之義，有所諍諫，終望採納[97]。

又六月三日孫致函黃云：

[96] 《國父全集》第四冊，頁三一三；《黃興集》，頁三五八～三六〇。
[97] 《黃興集》，頁三五七～三五八。

兄所見既異，不肯附從，以再圖第三次之革命，則弟甚望兄能
靜養兩年，俾弟一試吾法。若兄分途並進，以行暗殺，則殊礙
吾事也。蓋吾甚利袁之生而撲之，如兄計畫成功，袁死於旦夕，
則吾計畫必壞。……此後彼此可不談公事，但私交上兄實為我
良友，均勿以公事不投而間之也[98]。

黃興既對孫所草的中華革命黨章程和誓約有不同意見，而孫受其他同
志左右，又不能修改，如繼續留在東京，恐同志間意見日深，予敵以
挑撥離間之機，乃遠行美國，俾孫得行其所是[99]。實際上，孫黃在東
京發生齟齬後，與黃興接近的一批黨人欲乘機離開孫中山，後來一度
組「歐事研究會」，函請黃興參加，因該會規定「對於中山先生取尊敬
主義」，而不與之對抗，黃興才於一九一四年九月十二日回函表示應
允，但仍公開表示：「黨只有國民黨，領袖唯孫中山，其他不知
也」[100]。值得注意的是：黃興仍用「國民黨」之名。

黃興既決定赴美，於一九一四年六月二十七日在寓所備酒菜與孫
中山話別，孫寫了一幅對聯送給他：「安危他日終須仗，甘苦來時要共
嘗」，表達了他對老友的殷切希望[101]。是年六月三十日，黃興自橫濱啟
程[102]，七月九日抵檀香山，八月五日抵舊金山，九月十九日抵洛杉磯，

---

[98] 《國父全集》第四冊，頁三一四；《黃興集》，頁三六〇。

[99] 吳雁南，《儒學與維新》，頁二四九。

[100] 同註27，馮祖貽文，頁一九四四；同註41，郭世佑文，頁九六；同註9，彭國
興文，頁四九八。

[101] 同註23，趙矢元書，頁一三五。

[102] 同註9，彭國興文，頁四九八。

九月二十九日抵芝加哥，十月二日抵紐約，十一月下旬抵費城，即在費城養病。一九一六年四月上旬遷居紐約，四月二十二日由舊金山東返，五月九日抵日。此期間，孫中山在國內各地所策動的革命軍事繼續發動：一九一四年八月八日起於江蘇南通，九月八日起於奉天本溪，十、十一月間起於廣東惠州、博羅、佛山、電白，皆無所成。但一九一五年十一月十日陳其美派人刺殺上海鎮守使鄭汝成成功，十二月五日陳其美復在上海策動肇和軍艦起事，均造成很大的影響。到一九一五年十二月二十五日雲南護國軍起事後，倒袁逐漸成為全國反帝制的人共同努力的目標。此後，在護國軍一派的策畫下，一九一六年一月二十七日貴州獨立，三月十五日廣西獨立，四月六日廣東獨立，四月十二日浙江獨立，五月十六日陝西獨立，五月二十二日四川獨立，五月二十七日湖南獨立。另一方面，由孫中山策動的革命軍事亦繼續進行：一九一六年一月六日在惠州起事，二月七日在廣州起事，二月十八日在武昌起事，三月七日在廣州再起事，四月十四日在江蘇江陰起事，四月十七日在安徽大通起事，四月十八日在江蘇吳江起事，五月四日在山東濰縣起事，五月十日在湖南衡山起事。孫中山為指揮方便，於四月二十七日自日本返抵上海，但五月十八日陳其美在上海遇刺，使孫痛失臂助。黃興在美約兩年時間，除二十一條交涉期間表示對袁政府不予干擾，以及因身體不適（咯血）擇地休養外，繼續從不同的方向，為反袁革命而盡力。他所做的重要事務凡四：一是私下力謀孫中山接受他的意見，公開力闢他與孫中山有何過節，並力促同志團結；二是對僑胞及美人指斥袁世凱的罪惡、宣揚反袁的道理；三是以函電鼓勵國內反袁運動，並籌募款項支援國內反袁革命；四是阻止美國贊成袁世凱稱帝，阻止美國財團借款予袁。其間，黃興於一九一四年九

月曾託友人致函孫中山，希望修改中華革命黨章程中的「元勳公民」一節及誓約中的「附從」一語，未得孫之回應，黃從此不復談此事[103]。而陳其美、孫中山於一九一五年二、三月間先後致函黃興，除指責其於二次革命中之失外，復動之以革命情誼，希望其歸隊。陳其美函中說明「遵守誓約，服從命令」，「為當然天職而絕無疑義者」，要求黃興「剋日命駕言旋，共肩艱鉅」。孫函中則有云：

> 東渡以來，日夕共謀，非欲雪癸丑之恥，實欲竟辛亥之功。而公又與英士等互助齟齬，溥泉、海鳴復從而煽之。公不維始終之義，遂作中道之棄。離日以後，深虞失援，英士明遠，復以函問，而公又置不與復，是公不復以同志為念耶[104]？

黃興對此次陳其美和孫中山的指摘，均未置辯。至袁世凱於一九一五年五月九日接受二十一條要求後，益肆力於反袁工作。他曾於一九一五年十二月十四日致電美國駐華公使宣示討袁之義，並於十二月二十一日致電國內名流張謇、唐紹儀、伍廷芳等，望反對帝制，維護共和國體。又於十二月二十二日致書廣西將軍陸榮廷，勸其興師討袁[105]。值得注意的是，對正在獻身反袁的陳其美和孫中山以及在他們指揮下的反袁革命同志，竟約有兩年的時間不相存問。可能的原因是黃認為

---

[103] 同註4，頁三六七～四〇〇；同註8，羅書，頁三七五～四〇七。黃興在美有關函電（見《黃克強先生全集》，頁二三五～二五〇），亦可見其活動之一斑。

[104] 陳其美函，見《國父全集》第一冊，頁四〇〇；孫中山函，見《國父全集》第四冊，頁三五二。

[105] 同註4，頁三八七～三九五。

孫中山對他不諒解，而傳說陳其美覬覦協理一席，當亦為原因。但孫黃之間的誤會一直有人從中化解，周震鱗就是其中的一個[106]。

儘管中華革命黨成立前夕，孫贊同黃興遠走美國，俾自己能放手一搏，但黃興走後，得力的助手實只陳其美等少數人，而此少數人均已投入國內戰場，海外籌款購械無得力人士，特別在一九一六年四月二十七日孫中山自日返抵上海以後。一九一六年四月二十二日孫中山在致林森請代求黃興借十萬元濟急的電中謂：「事在必舉，弟決內渡，請代面求克強，借十萬濟急」[107]。四月二十四日，時黃興正自舊金山東返抵檀香山，孫又致電檀香山吳鐵城，請密交黃興及鄧家彥，請二人乘原船到滬相會[108]。五月九日黃興抵日本後，時孫中山方在滬交涉向日本借購軍械，乃於五月二十日託宮崎帶信給黃興，謂：

> 弟經以借購軍購之事，與青木（日本駐上海武官青木宣純）、松井（為青木屬官）商量，伊亦贊可。惟此事重大，外交上需有種種手續。此時兄尚在日本，惟兄足以助成此舉。……兄與弟有十餘年最深關係之歷史，未嘗一日相忤之感情，弟信兄愛我助我，無殊曩日。此事成否，關係全局。如上云云，望兄全力圖之，事有把握，仍企來滬一行，共商進行各事[109]。

黃興對孫中山相託之事，孫中山在五月二十四日致日本參謀本部

---

[106] 同註13，周震鱗文，頁三四○～三四一。

[107] 《國父全集》第四冊，頁四一二。

[108] 同上，頁四一三。

[109] 同上，頁四一八。

參謀次長的信中謂：「黃興兄亦表贊同」[110]，是因黃興已有覆電。覆電於五月二十二日發於東京，電文云：「電悉。械事請親電參部，並要求青木再電商當局，以便此間易於交涉，興養。」[111]據此孫中山除於五月二十日致函黃興外，另當亦有電。黃興的回電，應是自一九一四年七月離開孫中山以後，對孫的第一次回音。另外，在五月二十日，黃興有電致孫中山弔陳其美[112]，不算回電。自五月二十二日黃興有電回孫中山後，其後又為購械事，於五月二十七日、五月三十一日（兩電）、六月三日四次電孫中山[113]。黃此時願與孫再合作的可能原因有二：一是孫在致黃興函中告知陳其美已被刺，革命同志又少一人，黃為此曾電孫表示唁慰；二是孫中山此函情義逼人，不若一九一五年三月之函，訴於責備。當然革命黨人如周震鱗的調解等，也是一因素。

　　一九一六年五月九日至七月八日的兩個月，黃興在日，繼續函電國內各界及有關同志，同心討袁。六月初，當反袁勢力「多張旗鼓」、「各立宗盟」之際（引文為黃興語，當指護國軍一派排擠孫中山），孫中山在滬發表討袁宣言，卻除畛域之見，黃興對孫之「豁然大公」，表示「無任欽仰」。既而袁死黎繼，孫中山主以「復約法，召國會」向黎要求，電詢黃興意見，黃覆電贊同。此期間，周震鱗託人帶給黃興一封長信，言明孫中山對他完全諒解。七月八日，黃興由日返滬後，即與孫握手言歡。可能因為健康及志趣關係，黃興此時對國會、內閣及黨務問題繼續關懷，但對實際政治不再參與，甚至有「出塵之想」。至

---

[110] 同上，頁四二三。

[111] 薛君度、毛注青編，《黃興未刊電稿》（長沙，一九八三年），頁一。

[112] 《黃興集》，頁四三二。

[113] 《黃克強先生全集》，頁二五五～二五六。

十月三十一日，因嘔血病逝上海[114]。

黃興逝世後，孫中山主持喪事。凡發往海外訃告革命同志的電函，均由孫中山一人署名。如一九一六年十月三十一日致檀香山加拿大南美各支分部中華會館告黃興逝世電、致星洲轉仰光曼谷西貢等處同志告黃興逝世電、致澳洲紐西蘭同志告黃興逝世電，以及十一月一日悼傷黃興逝世致楊壽彭等函，皆由孫中山一人署名[115]。凡與治喪有關的電文，均由孫中山領銜，另附有少數重要黨中領袖，如一九一六年十一月孫中山與唐紹儀等聯名通告黃興出殯電，署名之主喪友人另有李烈鈞、蔡元培、譚人鳳；是月孫中山與唐紹儀等聯名致呂公望（浙江督軍）派員謁商黃興喪地電，署名者另有李烈鈞、鈕永建、張繼、胡漢民；十二月六日孫中山與唐紹儀等聯名致黎元洪及國務院告以黃興葬地改為湖南電，署名者另有李烈鈞、蔡元培、柏文蔚；十二月八日孫中山與唐紹儀等聯名致參眾議員請速發表黃興國葬事宜電，署名者另有李烈鈞、蔡元培。十二月二十六日孫中山與唐紹儀等為黃興喪事刊布謝啟，署名主喪友人另有柏文蔚、李烈鈞、蔡元培、譚人鳳[116]。無論共同署名者為誰，可以看出孫中山是黃興喪事的主辦人。

黃興與孫中山皆志於革命，在一九一三至一九一六年約三年多的時間，二人對革命領導的方式發生歧見，革命的目標仍然一致。尤其重要的是，黃興在反袁革命結束的前夕，又回到孫中山身邊。這使他

---

[114] 同註4，頁四〇〇～四一九；同註99，吳雁南書，頁二五一；同註13，周震鱗文，頁三四一；《黃興集》，頁四四一～四四二；《黃克強先生全集》，頁二六〇～二六三，頁二六二函文中提到「出塵之想」。

[115] 《國父全集》第四冊，頁四五六～四五七。

[116] 同上，頁四六一～四六五。謝啟見《國父全集》第九冊，頁五八五。

在國民革命歷史中有一個完整的經歷，與日後汪兆銘的遭遇，便截然不同。

八 餘 論

在清末民初的革命陣營中，領導階層有三個地域的差異：一為廣東，為興中會派的發祥地；二為兩湖，為華興會派的發祥地；三為江浙，為光復會派的發祥地。同盟會成立時，光復會未派人加入，故同盟會成立時所產生的領袖人物，是孫中山以總理為首席，黃興以庶務幹事為次席。光復會人未能躋身同盟會的領導階層，這也許是後來與孫中山鬧翻的原因，光復會人有時且罪及黃興。宋教仁與黃興接近，初未受孫中山重視，故宋不斷有另謀發展之傾向。直到一九一二年八月，宋欲推展政黨政治，孫無興趣，而當時黃的主要興趣是追隨孫，宋始代孫中山的理事長職。黃與宋關係密切，在調和政見、推動政黨政治上雖然分一部分精力助宋，但大部時間仍是配合孫的活動，故從同盟會成立，到二次革命前夕，革命派都是孫黃共同領導的局面。

孫黃自一九〇五年為共同致力於革命而結識，此後迄於一九一六年黃死，約有十年時間。在此十年中，孫黃在表面上維持長官、部屬或老長官、舊部屬的關係，實際上或為革命夥伴，或分途為革命奔走，二人的奮鬥目標從無二致。二人均為英雄人物，能維持友誼，頗為難得。主要因素，在孫中山一方面，他能看重黃興、信任黃興；在黃興一方面，他能不與人爭。黃興在性格上平易近人，與他同創華興會的章士釗說：「天下最易交之友，莫如黃克強」。與他忽友忽敵的章炳麟在黃興蓋棺論定時，說他「性剛果，而對人媕順如女子」[117]。另外，

黃興讀太平天國史有心得，隨時以太平天國內部「互爭權勢，自相殘殺，以致功敗垂成」相警惕。他說：「看到太平天國自金田起義之後，起初他們的弟兄頗知共濟，故能席捲湖廣，開基金陵。不幸得很，後來因為他們弟兄有了私心，互爭權勢，自相殘殺，以致功敗垂成。我讀史至此，不覺氣憤騰胸，為之頓足三嘆」[118]。

拿黃興與孫中山比較：在社會關係上，孫自幼在國外受教育，與官僚、士紳階層格格不入。由於早年的革命群眾多來自以三合會為主的下層社會，使他容易以「先知先覺」自許，希望黨員宣揚他的主張、實行他的計畫，對黨員的不同意見，則傾向於不接受。由於主觀性強，在當時的情形下，追求理想，易於訴諸武力。黃興出身諸生，從獻身革命起即折衝於官僚、士紳之間，只以聯絡者自居，不以領袖自居；只要目的相同，在實行的意見上容易屈從別人。又因身經革命諸役，深知軍事取勝不易，故在民國建立後，即不傾心於以武力解決問題。

在思想上，孫中山學貫中西，具世界眼光，受東西文化的雙重影響，對中國傳統文化與西洋文明並重，並能從中西不同的思想學說中發展出一套有系統的革命理論。黃興中學有根柢，受國學影響較大，愛國思想有時超過革命理想，雖認應學習西方的長處，在民國建立之初，即先後致電袁世凱、唐紹儀、蔡元培及各省都督，要求闡揚中國優良文化傳統。由於孫中山是革命思想的指導者，黃興偏重於實行，或兼對孫的思想如民生主義、實業計畫等，加以闡述。因此，黃對孫雖偶有意見不同，卻始終真誠支持，或屈身接受領導，或放手讓孫一

---

[117] 同註26，唐文權文，頁八六。

[118] 同上，頁八一。

搏，從未刻意阻撓，更不僭越[119]。

　　黃興在同盟會成立之前，是華興會的領袖，在兩湖地區及長江中下游各省有深厚的基礎。同盟會成立後，由於支持孫中山的邊區革命政策，在華南地區的聲望也日益隆盛。身為同盟會總理的孫中山，不長於軍事作戰，而自一八九五年廣州之役後即受清廷注目並為香港政府放逐，一九〇七年以後，又陸續為日本及中國東南部周邊國家及地區禁止入境，無法回國直接參與武裝起事的準備和發動工作，因此大部時間只能在美歐地區聯絡華僑、籌款、宣傳革命。在這種情形下，黃興便負起了國內起兵的重任，在一九〇七至一九〇八年間，黃興親自回國，主持了防城、鎮南關、欽廉、河口四次起兵，一九一〇年策動了廣州新軍之役，一九一一年又領導了廣州之役，並於武昌革命爆發後，趕赴前線，領導漢陽保衛戰[120]。另外一方面，同盟會成立之初，黃興在東京代行總理職權時，曾吸收在日本學習軍事的中國留學生百餘人（如李烈鈞、閻錫山、張鳳翽）。一九〇八年，他還在東京大森體育會，對部分同盟會員，實施軍事訓練（如孫武、焦達峰）。經過黃興的努力，同盟會培養了一批軍事幹部。辛亥武昌起事後，在南北各省舉兵響應，充任都督及軍、師、旅、團長的人，不少屬於黃興在東京所吸收或訓練的人才。因此黃興在革命軍人中能取得特殊地位，絕非偶然[121]。黃興在一九〇七至一九一一年間，可謂為國內實行革命的首席領袖。

　　由黃興的平易和誠懇，以及他在歷次起事中無人能與相比的經歷，

---

[119] 同註99，吳雁南書，頁二四四～二五五。

[120] 同註27，馮祖貽文，頁一九三二。

[121] 左舜生，《黃興評傳》，頁九〇～九二；趙矢元，《孫中山和他的助手》，頁一一七。

孫中山對他一直很依重。在黃興生前，孫中山對黃所領導的一九〇八年的河口之役，以及一九一一年的廣州之役等，都曾公開讚揚。黃興死後，孫中山對黃興對革命的貢獻，繼續加以肯定。一九一六年十一月一日孫中山在發布黃興逝世啟事中說：「黃克強先生自創立同盟會以來，與文同事，奔走艱難，迄於今日，凡我同志，諒均知悉。」[122]一九一七年四月十四日孫中山在祭黃興文中說：「公殫一生之心血，歷二十餘載之艱辛，身涉萬險，政經三變，國勢猶如此。」[123]喪祭之文，尚虛不尚實，在孫中山所留下的文字中，此類頌揚黃興的文字甚多，茲不備舉。

孫中山真正較為詳實的敘述黃興對革命的貢獻，是在一九一九年於上海撰寫《孫文學說》第八章〈有志竟成〉的時候，文中說：

> 予自連遭失敗之後，安南、日本、香港等地與中國密邇者，皆不能自由居處，則予對於中國之活動地盤已完全失卻矣。於是將國內一切計畫，委託於黃克強、胡漢民二人，而予乃再作漫遊，專任籌款，以接濟革命之進行。後克強、漢民回香港設南方統籌機關，與趙伯先、倪映典、朱執信、陳炯明、姚雨平等謀，以廣州新軍舉事[124]。

黃興的這些經歷，使他在革命陣營中，躍升為第二位領袖的地位，不僅是形式的，而且是實質的。關於此點，一九一四年二月陳其美在致

---

[122] 《國父全集》第九冊，頁五八一。

[123] 同上，頁五八七。

[124] 同上，第一冊，頁四一八。

黃興的信中即有所說明：「溯自辛亥以前，二三同志如譚、宋輩過滬上時，談及吾黨健者，必重推足下，以為孫氏理想，黃氏實行。」[125]可以看出黃興在黨內地位躍升的情形。但黃從無意超孫而過之，孫亦不曾有意抑黃，這是孫黃能夠維持友誼的重要原因。

值得注意的是，到了一九二○年代，孫中山欲放棄以政黨政治的方法和平競爭政權，擬用網羅群眾的方法將革命的事業從頭做起，始對黃興早年協助宋教仁等從事政黨政治的作法有所批評。影響所及，在一九二○年代以後的國民黨歷史中，民國建立之初由宋教仁等改組而成的國民黨，成為國民革命史中的異數。一九二五年六月，戴傳賢完成《孫文主義之哲學基礎》一書，書中指摘宋教仁將同盟會改組為國民黨，排去了「革命同盟會」的革命性，排除了三民主義的名實，用丟了革命性和主義的一群政治勢力集團為基礎，去與反革命的官僚妥協，並謂「公平的批判起來，革命黨的第一個罪人，實在是桃源宋漁父」[126]。在這樣情形下，協助宋教仁推展政黨政治的黃興，在國民革命史中的地位與評價，自然也受到影響。不過，學者的研究，從不忽視黃興對國民革命的貢獻，譬如薛君度說：「孫和黃的共同領導，是理解一九○五年以後十年間中國革命運動的關鍵。」[127]

---

[125] 同上，頁三九六。

[126] 左舜生，《黃興評傳》，頁一○○～一○一。

[127] 薛君度，《黃興與中國革命》，頁九。

第三篇

革命參與

學者對清季立憲運動的評估

一　前　言

　　自強運動、立憲運動和革命運動，是近代中國追求富強的三大運動。此三大運動雖發生於一八六〇到一九一二年間，距今不過八十年到一百三十年，學者對之已有廣泛的研究，雖然立憲運動是較被學者疏忽的一個。自強運動最早發生，學者對中國人在屢次對外失敗中開始講求外交、海防、鐵路、電線和兵工業，感到新鮮，故研究自強運動的人很多[1]。到立憲運動發生的時候，由於民族主義的不斷增強，許多中國人不但放棄了自強運動的老路，連立憲運動也覺得不切實際、非根本之圖，因此轉而致力於革命運動。學者的注意力，也因此由自強運動很快就轉向革命運動。

　　立憲運動與革命運動同時發生，競爭發展。兩派人士互相批評醜詆，革命派對立憲派的批評尤屬。後來由於革命派的得勢，民國建立

---

[1]　參考山根幸夫，〈洋務運動研究文獻目錄〉，《史論》第十九期（一九六八），以及 K. H. Kim, *Japanese Perspectives on China's Early Modernization*, The University of Michigan, 1974.

後，立憲派的歷史便掩沒不彰。再到後來中共佔據中國大陸，中共貶抑國民革命為資產階級的革命，更貶抑立憲運動為資產階級的改良主義，因此對立憲運動的歷史，也就更不注意。

雖然如此，由於近三十年來中國現代史日趨受到中外學者的重視，對清季立憲運動的研究，仍然有相當的成果；一般通論性的著作，對此一運動亦間有論述。中國立憲運動發軔於九十年前，中國行憲也將近有四十五年的歷史，此時此地，對此中國第一階段的立憲運動的研究成果作一評估，應具有重要的歷史意義[2]。

二　資料與研究狀況

學者研究立憲運動的困難之一是史料較為缺乏。民國建立以來，清末的立憲派人士大部蕭散，對政治有興趣的轉投到其他政治集團，少數領袖人物亦蹉跎在野。在這種情形下，立憲派本身的史料陸續散失，政府既少興趣蒐集典藏，散在民間的資料，其能留存於後者少之又少。

從最近四十年學者所使用的此類史料看來，常用的約有五類，即報刊資料、官書資料、檔案資料、傳記資料、一般著述。報刊資料在日報方面，有上海《時報》、《民立報》，北京《順天時報》等；期刊方面有《新民叢報》、《國風報》、《政論》、《東方雜誌》、《民報》等。官

---

[2] 中國立憲運動約可分為三個時期，第一期從一八九八年到一九一一年，為君主立憲時期；第二期從一九一二年到一九二三年，為民主立憲時期；第三期為一九二四年到一九四七年，為國民黨領導制憲時期。見張玉法，《中國近代現代史》，頁一四八～一四九。

書資料有《大清實錄》、《東華錄》、《光緒政要》、《清史稿》、《清朝續文獻通考》、《政治官報》、《內閣官報》等。檔案資料除藏於北京「第一檔案館」和臺北「故宮博物院」者外，另散見於各國使領報告。大陸於一九七九年編印有《清末籌備立憲檔案史料》一種，中華書局出版，一〇七四頁。傳記資料限於領袖人物者，如趙豐田《康長素先生年譜》、丁文江《梁任公先生年譜長編初稿》、劉厚生《張謇傳記》等。一般論著，重要的有伍憲子《中國民主憲政黨黨史》、蕭一山《清代通史》、李劍農《中國近百年政治史》等。此外，有關辛亥革命的史料中，間有立憲運動的史料，茲不多述。而日本方面的資料，如《宣統三年中國年鑑》，以及明治四十四年日本參謀本部所編的《清國憲政沿革略》等，亦為學者所常用。

　　主要利用前述的資料，亦或利用當日甚為普遍、現已喪失的資料，學者對清末的立憲運動，自宣統年間以來即不斷有所探討。就目前所知，一九一〇年代初期即有幾本書探討此一問題，如山西大學副校長貝文 (L. R. O. Bevan) 所著的《中國的制憲》(*Constitution Building in China*)，一九一〇年由上海字林西報 (*North China Daily News*) 社出版。如美國哥倫比亞大學博士研究生嚴鶴齡 (Hawkling Lugine Yen) 所寫的《中國憲政發展概略》(*A Survey of Constitutional Development in China*)，一九一一年在紐約出版。又如勃雷登 (Robert Bredon) 所著的《中國憲法的制訂及其問題》(*China's Constitution: Its Framing and Problems*)，一九一二年出版。這些書現已不易找到，嚴鶴齡的書尚存於哥倫比亞大學。

　　一九二〇年代，是否有專門研究此一論題的書出版，不詳。可知者，萬納克 (H. Vinacke) 寫過一本書，題名《中國現代憲政發展》

(*Modern Constitutional Development in China*)，一九二〇年在倫敦出版。此書哥倫比亞大學有收藏，檢討了清末民初的憲政運動。另外，吳宗慈的《中華民國憲法史》，一九二四年在北京出版，是偏重於民國時代的探討。

　　一九三〇年代，美國有專門探討此一論題的著作出版，即凱麥隆(Meribeth E. Cameron) 的《中國改革運動》(*The Reform Movement in China, 1898-1912*)，一九三一年由史丹佛大學出版，正文二〇四頁，共十章，除前三章有關戊戌變法與反動、末章為結論外，其餘六章分別論述教育改革、陸海軍、憲政改革、禁煙、其他改革、改革與革命。〈憲政改革〉(Constitutional Reform) 一章共三六頁，對清季立憲運動有全面的探討。此期間國內雖無專門探討此一論題的著作出版，但也有些書論及清季立憲運動，茲舉數本於下：⑴李劍農《最近三十年中國政治史》，一九三〇年在北平出版，一九三一年改由上海太平洋書店出版，一九四七年改由商務印書館出版，並改書名為《中國近百年政治史》。商務本全書六九〇頁，敘事起於鴉片戰爭，止於一九二八年北伐完成。該書有三十餘頁的篇幅論述一九〇五至一九一一年間的立憲運動，於立憲的原因、民間的立憲運動，以及預備立憲期間朝中的奪權鬥爭等，都有深入的論述。⑵顧敦鍒《中國議會史》，一九三一年在蘇州出版，全書三三六頁，正文二二五頁，論述清末到一九二七年間的議會演變，有十八頁的篇幅論及預備立憲、國會請願，和資政院的成立。⑶汪煌輝《中國憲法史》，一九三一年上海世界書局出版，全書一三一頁，敘事起於清末，止於一九二八年。該書第二章論及清季立憲運動，包括考察憲政大臣的派遣、預備立憲的宣布、「憲法大綱」及「十九信條」等。⑷陳茹玄《中國憲法史》，一九三三年上海世界書局

出版，一九四七年出增訂版。增訂版全書三〇一頁，另附錄一五六頁，第二章論及清季立憲運動，偏重在憲法大綱及十九信條之探討，約佔十頁篇幅。⑸潘樹藩《中華民國憲法史》，一九三五年商務印書館出版，全書六〇四頁，正文三二〇頁，餘為附錄。雖僅於緒論一章中約以六頁的篇幅簡單論述日俄戰爭以後的立憲運動，重點放在政府的立憲措施上，但附錄中將「憲法大綱」及「十九信條」全文載出。⑹吳經熊、黃公覺《中國制憲史》，一九三七年商務印書館出版，全書一〇四七頁，第一章論述「前清的立憲運動」，佔三十四頁，於立憲運動的萌芽、滿清之預備立憲、革命和君憲的論戰、立憲派的活動和憲法大綱的頒布，以及十九信條等都有論述。

　　一九四〇年代對此一論題的研究，在美國有較突出的表現。喬治 (Otto Lindemann George) 於一九四〇年在哥倫比亞大學完成一篇碩士論文，題名〈憲政之輸入中國〉(*The Introduction of Constitutional Government into China, 1905–1911*)。另外，潘維東 (Pan Wei-tung) 於一九四四年在華盛頓美國天主教大學 (Washington, D.C.: The Catholic University of America) 完成一篇博士論文，題名〈中國憲法：中國四十年制憲史的研究〉(*The Chinese Constitution: A Study of Forty Years of Constitution-Making in China*)，該論文次年由該大學出版，三二七頁。中國方面似乎沒有專門針對此一論題的研究或著作，一般著作間有涉及，譬如周異斌、羅志淵合著的《中國憲政發展史》於一九四七年在上海出版，全書附錄二十六頁，正文二七九頁，第一章論述了「清末之立憲運動」，佔三十六頁，包括憲政思想的萌芽、光緒末年之立憲運動、宣統年間之立憲運動、革命黨之立憲觀等。又如陳之邁的《中國政府》於一九四四至一九四五年間先後在重慶和上海出版，共三冊，

六二〇頁，論及清季立憲運動的有兩頁，包括對「憲法大綱」及「十九信條」的論述。

　　一九五〇年代，中共佔據大陸。中共史學界開始對中國歷史作全面的重新詮釋，對清末立憲運動也不例外。一九五五年陳旭麓的《辛亥革命》在上海出版，全書一二九頁，約以十五頁的篇幅論及立憲運動，該書指立憲派為改良主義者，為「擁護封建反對革命的頑固勢力」[3]。更能代表中共史學對立憲運動評價的是胡繩武、金沖及合寫的《論清末的立憲運動》，該書於一九五九年在上海出版，雖然是一本六十二頁的小冊子，把寫書的要旨已經表露無遺。該書內容提要云：「清末的立憲運動，是中國近代史上一次重要的政治運動。弄清楚這次運動的性質和作用，對理解辛亥革命時期國內的階級鬥爭有著十分重要的意義。本書詳細地論述了這次運動的階級基礎和背景，敘述了它的發展過程，分析了它的影響，並作出了對這一運動的評價。」不像大陸史學界，此期間臺灣史學界則把立憲運動視為一個客觀的歷史事件來敘述，譬如賈宗復的《中國制憲簡史》（臺北，一九五三），全書一四五頁，正文一二二頁，論述清末至一九四七年的制憲經過，第二章〈清季的立憲運動〉共十七頁，從戊戌變法敘起，於庚子以後的保皇會、政聞社、預備立憲公會，以及「憲法大綱」、國會請願、「十九信條」等都有論述。美國史學界，此期間對立憲運動的領袖人物張謇和梁啟超都有所研究，李文蓀 (Joseph R. Levenson) 的《梁啟超與近代中國思想》(*Liang Ch'i-Ch'ao and the Mind of Modern China*)，一九五三年由哈佛大學出版，全書二五六頁，正文二二三頁，以一百一十

---

[3] 原書頁三四。

餘頁的篇幅論述一八九八至一九一二年間梁在日本及美國的活動，及此期間的思想狀況，但於立憲運動的本身論述甚少。朱昌峻 (Samuel C. Chu) 的《近代中國的改革者：張謇（一八五三～一九二六)》(*Reformer in Modern China: Chang Chien, 1853–1926*)，一九五八年由哥倫比亞大學出版，全書二五六頁，約以二十頁的篇幅介紹了張謇與立憲運動的關係。

一九六○年代，中共史學界對清季立憲運動沒有什麼突出性的研究。臺灣史學界，張朋園先後出版了兩本書，都是中央研究院近代史研究所的專刊。一本是《梁啟超與清季革命》，一九六四年出版，全書三四五頁，偏重於梁啟超與革命運動的關係，於立憲運動的本身論述較少。一本是《立憲派與辛亥革命》，一九六九年出版，全書三五四頁，正文二四六頁，有一三○頁論及立憲運動的本身，包括清廷宣布預備立憲、諮議局選舉、立憲宣傳、國會請願、憲友會的組合等，餘為立憲派於武昌革命爆發後在各省響應革命的情形。此期間，美國史學界，對此一論題沒有專著出版，費正清、賴世和、克萊格 (John K. Fairbank, Edwin O. Reischauer, Albert M. Graig) 的《東亞——近代的變遷》(*East Asia: The Modern Transformation*) 於一九六○年出版，全書九五五頁，正文八八七頁，只三頁論及立憲運動，偏重於日本的影響、官制改革、滿漢權力鬥爭等。日本史學界對立憲運動的歷史甚少注意。一九六二年，池田誠的《中國現代政治史》在東京出版，正文四一五頁，從戊戌變法寫到中共政權的成立，可能受中共史學的影響，把一八九八至一九一八年間的政治改革與革命叫「舊民主主義革命的時代」，約以十頁的篇幅論述了一九○三至一九一一年間的立憲運動，包括立憲派的形成、清廷預備立憲、請願速開國會運動、皇族內閣、保

路運動等。一九六六年岩村三千夫的《現代中國の歷史》出版，全書
八六六頁，從鴉片戰爭寫起，於清末立憲運動全無敘述。

　　一九七〇年代，對此論題的研究有進一步的開展。臺灣史學界，
張玉法於一九七一年出版《清季的立憲團體》(中央研究院近代史研究
所專刊)，一九七五年出版《清季的革命團體》(中央研究院近代史研
究所專刊)，一九七八年出版《中國近代現代史》(臺北東華書局)，都
給清季立憲運動相當高的評價。《清季的立憲團體》，全書五五四頁，
其中頁二二四至五一六論述立憲運動的本身，特重推動立憲運動的各
種民間組織，包括保皇會、帝國憲政會、政聞社、預備立憲公會、憲
政公會、憲政預備會、粵商自治會、憲政籌備會、國會請願同志會、
各省諮議局聯合會，以及憲友會、帝國憲政實進會、辛亥俱樂部等。
《清季的革命團體》廣泛地探討辛亥革命，因《清季的立憲團體》專
探討立憲運動，此書對立憲運動在辛亥革命中的地位論述無多。但從
革命派與立憲派的論戰中 (原書頁三八一至四一〇)，可以看出立憲派
在民族主義的浪潮下推動維繫滿清政權的改革如何不易，故在結語中
云：「因為革命派的排滿運動當前，滿人欲維持其統治權的意望乃愈
強，憲政之不能迅速付諸實施，此為重要原因。」(原書頁七〇五) 至
於《中國近代現代史》，為通論性的著作，在全書四六四頁中，以十三
頁的篇幅，從思想、組織、宣傳、請願、成果等方面，論述了清季立
憲運動。此外，郭廷以的《近代中國史綱》，一九七九年由香港中文大
學出版，全書正文七九二頁，約以八頁的篇幅論及清季立憲，包括預
備立憲的宣布、官制改革、立憲團體的活動、滿漢權力鬥爭、國會請
願等。

　　此期間，臺灣各大學的研究生，對清季立憲運動也展開深入的研

究。陳豐祥的《日本對清廷欽定憲法之影響》，是一九七八年國立臺灣師範大學歷史研究所的碩士論文，對清廷預備立憲受日本憲政的影響，有廣泛的研究，包括日本憲政思想的輸入、日本憲法的特徵及其與中國制憲的關係等。劉汝錫的《憲政編查館研究》，是一九七七年國立臺灣師範大學歷史研究所的碩士論文，對督導預備立憲的中央機構憲政編查館作全面的研究，包括憲政編查館的組織、權責、人事、與政府各機構的關係、對預備立憲的貢獻等。姚光祖的《清末資政院之研究》，是一九七七年國立臺灣大學政治研究所的碩士論文，對預備立憲時期所成立的中央民意機構資政院作了深入的研究，包括議員的選舉、立法權的行使、與行政權的衝突、對政黨政治發展的影響等方面。劉紀曜的《預備立憲時期的督撫與士紳──清季地方主義的再檢討》，是一九七九年國立臺灣師範大學歷史研究所的碩士論文，探討了清季憲政意理的形成，以及諮議局和督撫的權力衝突。

美國方面，一九七〇年徐中約 (Immanuel C. Y. Hsü) 的《近代中國的興起》(*The Rise of Modern China*)，由牛津大學出版，全書八三〇頁，正文七九九頁，約以十三頁的篇幅論及清季立憲，包括官制改革、立憲宣傳、清廷預備立憲、滿漢權力衝突等。至於專題研究，有兩本關於梁啟超的書，一本為張灝 (Hao Chang) 所寫，題名《梁啟超與中國思想變遷》(*Liang Ch'i-Ch'ao and Intellectual Transition in China, 1890–1907*)，出版於一九七一年，全書三四二頁，正文三〇七頁，其有關一九〇二至一九〇七年間者，偏重於「新民」思想的介紹，與立憲運動本身關涉甚少。一本為黃宗智 (Philip C. Huang) 所寫，題名《梁啟超與近代中國自由主義》(*Liang Ch'i-Ch'ao and Modern Chinese Liberalism*)，一九七二年由西雅圖華盛頓大學出版，全書二三一頁，

正文一六五頁，以論述梁啟超的自由思想為主題，與清季立憲運動的本身關涉亦無多。另外，有一本研究康有為的書，蕭公權 (Kung-Chuan Hsiao) 撰，題名《一個現代中國和一個新世界：改革家和理想家康有為》(*A Modern China and a New World: K'ang Yu-Wei, Reformer and Utopian, 1858–1927*)，一九七五年由西雅圖華盛頓大學出版，全書六六九頁，以八頁的篇幅探討康有為與立憲運動的關係。

此期間，大陸史學界對立憲運動沒有進一步的研究，只在論及辛亥革命時，附帶提及立憲派的角色。譬如，一九七二年吳玉章出版了《論辛亥革命》的小冊，全書二十五頁，以四頁的篇幅評述了一九〇五至一九一一年間的立憲運動。一九七四年，林增平出版了《辛亥革命》的小冊，全書六十七頁，以六頁的篇幅，醜詆了立憲派人。

三　對倡導人物的評估

立憲運動的倡導人，在海外者以康有為、梁啟超為主，在國內者以張謇為主，在朝中者以考察憲政五大臣為主。學者對康有為、梁啟超和張謇都有廣泛而深入的研究，對他們在立憲運動中的角色則有不同的看法。

㈠康有為和梁啟超

康有為和梁啟超是立憲運動的最早倡始者，康在戊戌變法時期即主張立憲，一八九七年十一月德人佔據膠州灣，康有為上書清廷，主張「自茲國事付國會議行，……採擇萬國律例，定憲法公私之分」。梁啟超正式鼓吹立憲在一八九九年五月，時在戊戌政變後，梁亡命日本

辦《清議報》，他在是月出版的《清議報》上發表〈各國憲法異同論〉，就立憲君主國與共和國加以討論，即有提倡君主立憲之意。到一九〇一年五月，他於《清議報》發表〈立憲法議〉，正式提出君主立憲的主張，他並在該文中提出中國實行君主立憲的步驟：⑴請光緒皇帝詔告全國，定中國為君主立憲之國。⑵派重臣三人遊歷歐美各國及日本，考察其憲法之異同得失。⑶所派之員既歸，開一立法局於宮中，草定憲法，隨時進呈御覽。⑷草稿既定，未即以為定本，先頒之於官報局，令全國士民皆得辯難討論，如是者五年或十年，然後損益制定之[4]。日後清廷的預備立憲程序，大體和梁啟超的主張不差，雖然康梁一直被清廷視為戊戌罪魁。

由於康梁是立憲運動的倡始者，學者研究立憲運動，常以研究康梁著手，批評立憲運動也常以批評康梁著手。大體說來，一般史家都對康梁持同情和贊許的態度，因為康梁能在注重船砲的自強運動失敗後，首先從事政治改革運動，總是知所變通的。但大陸史家把辛亥革命時期的政治運動視為資產階級的，對改革運動也沒有好評，故認為「康梁為資產階級政治家，依靠政府採取改良的方式來完成政治改革」[5]；又認康梁的目的是升官發財，「謀做清朝的立憲功臣」[6]。

且不論學者對康梁的評價如何，康梁在清季立憲運動中的倡導地位是不容置疑的。雖然直到目前尚沒有「康有為與清季立憲運動」、「梁啟超與清季立憲運動」之類的專書或論文出版，有關康梁的傳記著作和檢討清季立憲運動的著作，已清楚地勾劃出康梁在立憲運動中

---

[4] 張玉法，《中國近代現代史》，頁一五〇～一五一。

[5] 吳玉章，《論辛亥革命》（北京，一九七二），頁一。

[6] 吳玉章，《辛亥革命》（北京，一九六二），頁八二～八五。

的倡導地位。據蕭公權的研究，康有為與清季立憲運動的關係可以分為兩個時期來觀察：從一八九九到一九〇五年，他的主要興趣在恢復光緒皇帝的政權，從而建立君主立憲政治，但在一九〇六至一九一〇年間，由於清廷已從事預備立憲，他努力於促使其早日實現[7]。一八九九至一九〇五年間的康有為，初時認為拳亂與八國聯軍會將朝中的保守派毀滅，從而可以實行政治改革。但慈禧太后又於一九〇一年回到北京，康認為是改革的阻力，乃一方面養俠士梁鐵君，謀暗殺慈禧；一方面又於一九〇三年上奏慈禧，請其歸政光緒皇帝。一九〇三年的請求沒有結果，而梁鐵君亦於一九〇六年謀洩被殺，適逢清廷宣布預備立憲，此後康不再謀除慈禧，轉以勸說的方法促慈禧早日實行憲政。一九〇六至一九一〇年間的康有為，不像梁啟超，一面抨擊革命，一面請求清廷立憲；康很少攻擊革命共和，專注在請求憲政上。一九〇六年八月三十一日清廷宣布實行預備立憲，康即於是年十月十日宣布，將保皇會改為國民憲政會，以促使中國早日成為立憲國家。一九〇七年康代表海外華僑向清廷遞請願書，要求立即召開國會，建立立憲政府，廢除滿漢界限，改大清國為中華國。康認為廢除滿漢界限是防止革命煽動的最好方法，但清廷不理康的要求。一九〇九年康又上書請求第二年秋天召開國會，同時也抨擊革命。康不贊同人民有太多的自由和平等，他希望民權與君權平衡，人民和君主都不要有絕對的權威[8]，這當然不能為清廷所接受。

　　康有為因為反對一九一一年的革命和一九一二年所建立的民國，

[7] Kung-Chuan Hsiao, *A Modern China and a New World: K'ang Yu-Wei, Reformer and Utopian*, pp. 234–235.

[8] 同上，頁二三七～二四五。

一直被認為是反動派。但蕭公權認為，康對中國所要追求的政府形式有至死不變的信念，即他認為君主立憲是中國政府最好的形式，共和不適於中國[9]。蕭公權像許多自由世界的史學家一樣，對康有為的歷史地位是肯定的，不像大陸史家那樣的一味否定。

康有為倡導憲政較梁啟超為早，但在戊戌政變後對立憲運動的宣揚與指導卻不如梁啟超多。所以有人說康有為是戊戌變法時期的領袖，梁啟超是立憲運動時期的領袖[10]。梁啟超所以能成為立憲運動的領袖，是因為他在一八九八至一九○六年間先後辦《清議報》和《新民叢報》鼓吹立憲，而在一九○七至一九一一年間一方面續辦《政論》、《國風報》等宣揚立憲，一方面對立憲運動作了實際的組織工作。梁甚至準備在必要時以武力奪權。徐中約認為，立憲運動能夠壯大的原因之一是梁啟超多年的鼓吹，認為中國實行君主立憲較民主共和更有效[11]。梁啟超反對暴力革命，認為「暴力革命必繼之以不完全之共和，不完全之共和則必至於亡國」。梁啟超和康有為都比較傾向於英國式的君主立憲和責任內閣。陳之邁認為，這個制度是對付一個不能更換的國家元首最好的辦法。不過，梁與康的理想，到武昌革命爆發後，清廷於一九一一年十一月三日公布「十九信條」，才算初步達成。惟不久清廷被推翻，並未能實行[12]。

梁啟超自戊戌時代隨康有為倡變法，此後直到一九一一年間大體與康是同隸一個政治集團的。其間梁雖在一八九九至一九○三年間傾

---

[9] 同上，頁二三四。

[10] 司馬長風，《中國現代史綱》，頁一七～一八。

[11] Immanuel C. Y. Hsü, *The Rise of Modern China*, p. 494.

[12] 陳之邁，《中國政府》第一冊，頁四～五。

心革命，並沒有真正脫離過康所組織的保皇會。不過，在一九〇六年清廷宣布預備立憲以後，由於康一直被視為戊戌罪魁，國內立憲派人士不敢與之接觸，梁乃徐圖擺脫因與康結合在一起而產生的阻力，自己另組團體。當一九〇七年初康正式將保皇會改為國民憲政會的時候，梁即於東京另組政聞社，欲聯合國內外的改革力量，共同推展立憲運動。郭廷以認為梁聯合各方改革力量組織政聞社，有類孫中山聯合各方革命力量組織同盟會。梁所以脫離康的國民憲政會另組政聞社，並不讓康參加政聞社，是因為康有為的目標太大，怕引起清廷與革命黨的注目。梁很想拉攏湖南立憲派的首領楊度參加，但楊卻於一九〇七年五月在東京自組憲政公會，後來楊更結袁世凱打擊政聞社。在國內大的立憲勢力當中，只有上海的預備立憲公會（張謇、鄭孝胥）是同情梁啟超的。一九〇八年政聞社遷上海活動，即與預備立憲公會一唱一和[13]。

　　政聞社結合國內士紳共同向清廷要求立憲是有效果的，即是貶抑康梁的大陸史家也不得不承認。一九〇八年七月三日，政聞社全體社員致電憲政編查館，請限三年召集國會。到這年九月，清廷即公布憲法大綱，並宣布預備立憲期限為九年[14]。但此時政聞社已被封禁。政聞社被封的原因，約有三點：其一，楊度一派的立憲勢力與梁啟超不和，楊既自組憲政公會，即結合袁世凱以打擊政聞社；其二，康有為的國民憲政會為政聞社助陣，康於一九〇七年七月聯合海外二百埠僑民上書，提出十二大請願，包括撤簾歸政、改大清國為中華國等，為

---

[13] 郭廷以，《近代中國史綱》，頁三八七～三八八。

[14] 胡繩武、金沖及，《論清末的立憲運動》，頁三〇～三一。

清廷所忌，清廷以康梁一體，對海外的國民憲政會無法究辦，乃以查禁政聞社為下手之地；其三，梁與康捲入了當時朝中的權力鬥爭，當時軍機領袖慶親王奕劻與直隸總督袁世凱相結，排擠軍機大臣瞿鴻磯及留補郵傳部尚書岑春煊，梁與康秘聯岑春煊謀倒袁世凱，康且自海外秘電某當道，請劾奕劻植黨攬權，袁與奕劻乃打擊政聞社，以打擊岑春煊[15]。

康梁是在戊戌政變中與慈禧和袁世凱結怨，康梁一直認為慈禧和袁世凱為改革的阻力，故康一度養俠士謀除慈禧，梁於假政聞社運動立憲時，在朝中亦謀結肅王善耆、良弼、鐵良等，以排袁世凱[16]。另一方面，庚子以後慈禧和袁世凱雖皆贊同改革和立憲，但仍排擠康梁。一九〇八年慈禧、光緒死後，宣統即位，載灃為監國。康梁與袁世凱的鬥爭繼續進行。當時梁啟超以載灃為光緒之弟，必能完成光緒改革之志，並報袁世凱於戊戌時出賣光緒之仇，乃透過載澤（一九〇五年載澤等五大臣考察憲政過日時，梁啟超曾代草建議採行立憲書）拉攏載灃，一面建議宣布袁世凱罪狀，明正典刑；一面建議於宣統元年元旦（一九〇九年一月）頒詔表明立憲決心，載灃似乎接受了梁啟超的建議，一方面將袁罷斥，一方面對立憲表示積極。一九〇八年十二月即定諭旨由軍機大臣署名之制，意即仿照君主立憲國由國務總理副署負責。一九〇九年三月又特下諭旨表示實行立憲的決心，並令各省諮議局一律成立，又命京外各大員督率所屬認真辦理預備立憲事宜。接著又把反對立憲最力的陝甘總督升允開缺，以示實行立憲的決心[17]。

[15] 張玉法，《清季的立憲團體》，頁三五六～三六一。
[16] 同上，頁三五四～三五六。
[17] 胡繩武、金沖及，《論清末的立憲運動》，頁三三。

梁啟超運用民間請願的力量，運用朝中權力鬥爭的矛盾，爭取立憲的早日實施，雖然屢受挫折，但也獲得不少成果。

如果沒有武昌革命的爆發，清廷按照九年或六年的預備立憲程序施行憲政，袁世凱無機會再排擠康梁的政治勢力，似乎已成定局。但由於武昌革命的爆發，清廷在慌亂中起用了退隱三年的袁世凱，這對梁啟超徐圖結合朝中力量推行憲政，構成了關鍵性的危機。故當清廷擬起用袁世凱時，梁啟超即急忙自日本赴奉天，擬運動吳祿貞、張紹曾、藍天蔚等人的新軍，控制北京外圍地區，阻袁世凱入京，逐奕劻、載澤，擁載濤為總理，以清廷名義立即召開國會，以壓制革命勢力。事不成[18]。

在清帝退位前，康梁一直想假清廷之力來實行憲政。他們的基本政治主張有二：⑴君民同治：認為中國人民沒有進行民主革命的能力。⑵滿漢不分：以國家主義代替民族主義[19]。此二政治主張，是康梁運動君主立憲的最後依據。

㈡張 謇

張謇倡導立憲較康梁為晚，但在國內的勢力，以及對清廷所發生的直接影響力，較康梁為多。張謇推動立憲，在方法上與康梁略有不同。康梁是先組織團體在民間運動，然後尋求適當的時機，與朝中的官僚勢力結合。張謇因出身狀元，與官僚的關係多，先謀藉朝中的官僚勢力推動立憲，及清廷宣布預備立憲，張謇可能要結合在野勢力俾

---

[18] 同上，頁五○。

[19] 陳旭麓，《辛亥革命》，頁三五～三六。

在將來的選舉中獲勝，才組織預備立憲公會，與江浙一帶的士紳結為一個團體。

據朱昌崚研究，張謇在一九〇一年時議會思想還很保守，他主張國會議員由四、五個尚書指定，而府和縣的議會議員則由士紳階層選出。但到一九〇三年，他到日本考察，對日本的憲政有了認識，歸來就大談憲政。一九〇四年五月，兩湖總督張之洞、兩江總督魏光燾請他起草奏稿，要求清廷立憲。是年七月，他出版《日本憲法》，分送當道，並致書袁世凱，要求推動憲政改革[20]。張謇所以遊日歸來後即推動立憲事宜，據郭廷以的了解，除了對日本的憲政有所認識外，最重要的還是受日俄戰爭的刺激。張在寫給袁世凱的信中說：「不變政體，枝枝節節之補救無益也。……日俄之勝負，立憲、專制之勝負也。」張謇希望袁作中國的伊藤博文，為中國制定一部憲法[21]。

一九〇六年清廷宣布預備立憲，張謇於是年十二月聯合江浙士紳組織預備立憲公會。預備立憲公會，選鄭孝胥為會長，張謇、湯壽潛為副會長。會員主要來自江蘇、浙江、福建、廣東各省，計凡二百七十四人，與會者多官界及實業界人士，在思想上屬於康梁一派，除注重發展實業外，以聯合諸政團請願速開國會為中心工作[22]。一九〇八年八月，預備立憲公會聯合政聞社，以及湖南的憲政公會、湖北的憲政籌備會、廣東的自治會等，向清廷請願速開國會，使清廷在這年九月公布了「憲法大綱」，並申明一種九年預備立憲的定期[23]。

---

[20] Samuel C. Chu, *Reformer in Modern China: Chang Chien, 1853–1926*, pp. 60–61.

[21] 郭廷以，《近代中國史綱》，頁三八四。

[22] 張玉法，《清季的立憲團體》，頁三六五～三七〇。

[23] 同註22，頁三八四～三八六。

　　一九○九年各省諮議局成立，張謇被選為江蘇諮議局議長。他不僅仿照日本國會建築江蘇諮議局，並聯絡其他十五省的諮議局，繼續要求清廷速開國會。在預備立憲公會的領導下，經過三次全國性的請願，清廷答應將預備立憲的年限縮短為六年，並答應召開國會前先組織內閣[24]。這不能不歸功於張謇的領導。但自經清廷此次讓步，預備立憲公會派即認為目的已達，不再請願，而湖北諮議局議長湯化龍、湖南諮議局議長譚延闓等則擬繼續請願。預備立憲公會派所以在國會請願運動中稍獲成就即感滿足，可能與江蘇的民性有關。據王樹槐研究，「江蘇民性較溫和」，「對於政治運動，期望於溫和的改革中求取進步」[25]。

　　張謇在清廷宣布縮短預備立憲年限為六年之後，雖然不再請願，但對清廷預備立憲的措舉並不滿意；皇族內閣成立後，張謇更感不滿。儘管如此，張謇眼見國會請願、皇族內閣、鐵路國有等風潮相繼發生，張謇也許不願再結合群眾向清廷施壓力，轉而使用傳統士紳影響政治的方法——向有關主政者勸說。一九一一年六月，醇親王載灃接見他，他勸載灃迅速建立立憲政府。是年十月武昌革命爆發，張謇從武漢趕到南京，勸兩江總督張人駿派兵援鄂，並請張奏請速設立憲政府，張不允。張謇於十月十六日到蘇州訪江蘇巡撫程德全，代程德全草一奏摺，由程德全和魯撫孫寶琦聯名上奏，奏摺內容要求解散皇族內閣，另成立真正能夠負責任的內閣，並要求迅速公布憲法。據朱昌崚研究，這可以說是張謇的最後立憲請求。到十一月四日，上海、蘇州、杭州宣布獨立，使張相信滿清的命運已無法挽回，乃放棄立憲主張，轉而

[24] 同註20，頁六六～六七。

[25] 王樹槐，〈江蘇民性與近代政治革新運動〉，《中央研究院近代史研究所集刊》第七期，頁九二～九三。

支持革命的共和主張。此後張曾多次以函電致袁世凱，要求他贊同共和[26]。立憲派由立憲轉而革命，表現在張謇身上的，可以說不是因為請願開國會失敗才傾向革命，而是見清廷的命運已無法挽回才轉向革命。拿張謇與康有為、梁啟超比較，康有為為君主立憲的信仰者，辛亥革命和民國建立都沒有改變他的信仰。梁啟超在中國有君主時倡君主立憲，無君主時擁護民主共和。張謇與革命無任何淵源，中國既然非革命不可，自然希望能夠在革命成功後的新政權中獲得發言權；這是張謇在勸說張人駿派兵攻剿湖北的革命黨不成，轉而說服袁世凱贊同革命的原因。

㈢考察憲政五大臣

論述立憲派，一般著作但指在民間運動立憲的人士，陳之邁以為立憲派有民間的和朝中的兩派，民間的立憲派以康有為、梁啟超為代表，朝中的立憲派以考察憲政五大臣載澤等為代表[27]。

一九○二年，辦理商務事務大臣盛宣懷奏請取法日、德國體，這是據目前研究所知，政府官員倡行立憲最早的。另一個主張立憲較早的是端方。端方在戊戌時代即傾向維新，其後常與梁啟超有書信往還。日俄戰後，梁為代草請立憲及赦黨人密奏，上之清廷，到一九○四年六月二十一日清廷下詔解除戊戌黨禁，除康梁等首要外，多獲赦。是年六至九月間，張謇先後刊刻《日本憲法》、《日本憲法義解》、《議會史》等分送當道，慈禧、軍機大臣瞿鴻機、兵部侍郎徐世昌等都為之

---

[26] 同註20，頁六七～七六。

[27] 陳之邁，《中國政府》第一冊，頁四～五。

動心[28]。其間,駐法公使孫寶琦、湖廣總督張之洞、兩江總督周馥、直隸總督袁世凱、兩廣總督岑春煊等都相繼奏請立憲[29]。清廷為了表示對憲政的重視,乃派遣五大臣分赴歐美考察。

五大臣的派遣,中間有些變化。一九〇五年七月十六日清廷命鎮國公載澤、戶部侍郎戴鴻慈、兵部侍郎徐世昌、湖南巡撫端方,分赴東西洋各國考求一切政治。至七月二十七日又派商部右丞紹英隨同出洋考察各國政治。是年九月二十四日,五大臣自北京啟程,革命黨人吳樾在北京正陽門車站以炸彈轟擊之,傷載澤、紹英,五大臣行程改期。之後,紹英以受傷不能行,徐世昌授巡警部尚書,至一九〇五年十月二十六日清廷改命山東布政使尚其亨、順天府丞李盛鐸,會同載澤、戴鴻慈、端方前往各國考察政治。此次五大臣出國分為兩批,第一批戴鴻慈、端方於十二月二日自北京啟程,次年一月五日抵美;第二批載澤、尚其亨、李盛鐸於十二月十一日自北京啟程,次年一月十六日抵日[30]。其後第一批轉歐,第二批又經美轉歐,展開考察活動。

考察政治五大臣,自以滿人載澤、端方為代表。一九〇六年五大臣歸國,載澤、端方等都上書主張立憲。端方主張十五至二十年頒布憲法、召開國會,載澤主張以二十年為預備立憲之期[31]。陳之邁以為,他們所提倡的憲政大體仿照日本之制,並仿照日本實行憲政的前例,擬訂九年預備立憲的計畫[32]。實際上預備立憲之期由原來的二十年改

---

[28] 張玉法,《清季的立憲團體》,頁三〇六～三一二。

[29] 陳旭麓,《辛亥革命》,頁五〇。

[30] 郭廷以,《近代中國史事日誌》,頁一二三二、一二三三、一二三九、一二四一、一二四三～一二四四、一二四六、一二四八。

[31] 胡繩武、金沖及,《論清末的立憲運動》,頁二六～二七。

為九年，是各方請願速開國會的一種結果，清廷的政策不可能比載澤、端方更激進。當然五大臣也不會比清廷更激進，朱昌崚認為，考察憲政五大臣在日、美、英、法、比、德的考察，目的不在由民選國會到民主政治，而是以憲政體制增強政府的行政效能。他們認為皇帝是借用憲法而統治，不是在憲法之下而統治[33]。對這一點，學術界大體是沒有異議的。

四　對立憲運動的評估

清季立憲運動，內容複雜，除倡導人物外，尚包括立憲派的性質、清廷採行立憲的原因、憲政的取向、實施的過程、預備立憲的內容、清廷的立憲誠意、立憲運動的貢獻、立憲運動的缺失、立憲派轉向革命的原因等方面，茲就目前的研究成果，分別檢討如下：

㈠立憲派的性質

對立憲派性質的評估，可從政治的與學術的兩方面來看。從政治方面看，以革命起家的國民黨和共產黨都憎恨改良主義的立憲派，而國民黨的前身同盟會且曾是立憲派的死對頭。所以國民黨和共產黨都對立憲派沒有好評[34]。

國民黨對立憲派的評價自然受早期同盟會與立憲派對抗的影響。同盟會的刊物對立憲派有各種不同角度的抨擊，《民報》指立憲派為滿

---

[32] 同註27。

[33] Samuel C. Chu, *Reformer in Modern China: Chang Chien, 1853–1926*, p. 64.

[34] 司馬長風，《中國現代史綱》，頁一七。

清政府的應聲蟲：

> 試觀今日出沒於京津、上海之間，日以組織政黨、發行機關報
> 號於眾，喔喔作雞鳴之聲者，非此曹也耶？聚狐狸豺狼為一群，
> 終日於憲改編查館中迎合民賊之意旨，制度種種擁護強權戕賊
> 人道之法律者，非此曹也耶？夤緣於各省諮議局之選舉，冀得
> 一當，以便其魚肉鄉民之私者，非此曹也耶[35]？

其後不少屬於國民黨一派的史學家，在處理立憲派或立憲運動的歷史時，繼續完全採取貶抑的態度。

大陸史學家指立憲派為資產階級改良派，謂以請願的方法來改良政治是「匍伏於皇帝腳下聽候賜予憲政」[36]。一本六十二頁的小書為了說明立憲運動是資產階級的改良運動，花了約二十一頁的篇幅論述了資產階級的形成。略謂一九〇一年後，中國有大批的地主階級份子向資產階級轉化，資產階級的改良主義也就慢慢發展傳播。資產階級興起的原因是自一九〇三年以後清政府設立商部，獎勵實業；另一原因是一九〇四年以後收回利權運動興起，為抵制外商，大批地主、官僚也投資於新式工業。而由於投資的獲利，益刺激了此類投資[37]。所以到二十世紀初，一個新興的資產階級就初步形成[38]。此一新興的資產階級所以要進行政治改良運動，大陸史家認為是：

---

[35] 引見陳旭麓，《辛亥革命》，頁五七。

[36] 林增平，《辛亥革命》，頁二三～二四。

[37] 胡繩武、金沖及，《論清末的立憲運動》，頁一～一〇。

[38] 吳玉章，《論辛亥革命》，頁三。

在不改變整個封建統治秩序的前提下，要求開放一部分權力，讓他們能夠直接地參與統治，使他們的利益既能得到一定的照顧，自然也就可以竭力和清政府合作，幫助清政府抵制革命，維持統治[39]。

所以他們認定立憲派的目的是升官發財，譬如選入議會、辦理實業。又認為立憲派只能在上層士紳中吸收黨羽，得不到群眾的支持[40]。因為立憲派誣蔑中國「國民惡劣」，沒有「共和國民」的資格[41]。

從學術方面看，立憲派也是一些熱誠的救國者，彼此之間存在著畛域之見，對清廷有不同程度的要求與妥協。張朋園在《立憲派與辛亥革命》中所論列的立憲派，主要是指各省諮議局的人士。全書十章，至少有七章或多或少論述了諮議局的角色。他認為這些以諮議局人士為主的立憲派人士，是一群篤信君主憲政救國論者的結合。他們大多是受過傳統教育的紳士，以儒家的思想為正宗。但其中亦有曾經留學日本，或進過新式學堂的，或多少具備了一些時代的知識與觀念。他們大多家道殷富，是社會中堅勢力。他們的年齡平均在四十歲上下，他們認為君主立憲是當前救國之道，他們要求早日召開國會，實現君民共治的理想。不幸因為再三受挫，轉而同情革命[42]。

朱昌崚把立憲派看得較廣泛，他認為立憲派包括三派人士，一派為流寓海外的康梁，一派為清政府，一派為各省的地方士紳，以張謇

---

[39] 同註37，頁二二。

[40] 吳玉章，《辛亥革命》（北京，一九六二），頁八二～八三、八五。

[41] 同註36，頁二六。

[42] 張朋園，《立憲派與辛亥革命》，頁二三七。

所領導的江蘇士紳為代表。清政府實行立憲，但鎮壓康梁派，一九〇
七年梁啟超聯合國內士紳組織政聞社，次年與張謇的預備立憲公會聯
合，與湖南的憲政公會、湖北的憲政籌備會、廣東的自治會，以及河
南、直隸、山東、四川、貴州的立憲派人士，請願速開國會。清廷面
對此壓力，於一九〇八年八月二十七日公布了「憲法大綱」，但也藉口
政聞社中有悖逆要犯，將政聞社封禁[43]。以各省地方士紳為代表的國
內立憲派，步調並不一致。一九一〇年第三次國會請願，清廷明諭天
下，縮短預備立憲年限，至一九一三年召集國會。國會請願同志會中
的預備立憲公會派，對此項詔令感滿足，不再進行請願；而執代表團
牛耳的湖北諮議局議長湯化龍、湖南諮議局議長譚延闓、四川諮議局
議長蒲殿俊等，則堅持翌年即開國會之說，再籌請願，仍留北京，非
議朝政，攻擊親貴內閣[44]。前述政治方面的解釋，謂立憲派完全與清
政府結合，與史實是不相符合的。

(二)清廷採行立憲的原因

立憲派自戊戌時期倡行立憲，目的無非是達成君民一體，共謀國
家富強。一八九八年康有為代內閣學士闊普通武擬〈請定立憲開國會
摺〉，要求清廷「立行憲法，大開國會，以庶政與國民共之，行三權鼎
立之制」[45]。一九一〇年四月「國會請願同志會」刊布意見書，以為
「我國貧弱之源，一在君民情感不通，二在官僚不負責任，三在財政
困窘。若能速開國會，則以上數弊皆可免除」[46]。

---

[43] Samuel C. Chu, *Reformer in Modern China: Chang Chien, 1853–1926*, pp. 64–65.

[44] 顧敦鍒，《中國議會史》，頁二八。

[45] 引見張玉法，《清季的立憲團體》，頁二二四。

　　民間的立憲派與朝中的立憲派在一九○六年一月有一次聯合的機會，當時考察憲政大臣載澤等到東京，由梁啟超、楊度為他們草就所謂考察報告及奏摺。考察憲政大臣又轉道美歐，於是年八月回國。載澤謂立憲可使皇位永固、外患漸輕、內亂可弭[47]。清廷即於九月一日宣示預備立憲。上諭有云：

> 現載澤等回國陳奏，皆以國勢不振，實由上下相矇，內外隔閡，官不知所以保民，民不知所以衛國，而各國之所以富強者，實由於行憲法，取決公論，君民一體。……今我國亦惟仿行憲法，大權統於朝廷，庶政公諸輿論，以立國家萬年有道之基[48]。

此一採行立憲的理由，如果不是梁啟超、楊度等所草，即是清廷採取「冠冕堂皇」的說法，實際上清廷所以採行立憲，是內外的情勢所逼成。

　　綜合學者對清廷採行立憲的理由，約有以下幾種說法：其一，梁啟超等多年鼓吹，認為中國實行君主立憲較民主共和更有效。慈禧太后既痛恨革命派倡行民主共和，乃同情君主立憲之論[49]；其二，革命排滿的空氣繼長增高，清廷不得不以立憲緩和革命。考察憲政五大臣之一的載澤謂「欲防革命，舍立憲無他」[50]；其三，日俄戰爭，日勝俄敗，使朝野上下，咸以立憲勝專制[51]。此一理由，最為學者所樂道。

---

[46] 同上，頁四○○。

[47] 郭廷以，《近代中國史綱》，頁三八五。

[48] 引見顧敦鍒，《中國議會史》，頁二五～二六。

[49] Immanuel C. Y. Hsü, *The Rise of Modern China*, p. 494.

[50] 陳旭麓，《辛亥革命》，頁五一；同註47，頁三八四。

李劍農認為：日本立憲，一勝於中國，再勝於俄國，中俄皆專制國，使人相信一紙憲法可抵百萬雄兵。而俄國也因戰敗，民間要求立憲，俄政府有立憲的表示，對中國自有很大的啟示[52]。顧敦鍒認為：日俄戰爭，俄敗日勝，使世界專制政體國無立足地之說，益以明顯。於是全國思想，為之一變，反對專制風潮，日益湧現，慈禧迫於眾議，不得已乃有預備立憲之舉[53]。凱麥隆 (Cameron) 認為，慈禧決定採取立憲政體，並非因為她贊同民主，目的乃在使中國富強。眼見立憲的日本戰勝了專制的俄國，而日本的立憲，雖庶政公諸輿論，但大權仍集中於朝廷，仿行日本立憲無何不可。這就是一九〇五至一九一一年清廷傾向立憲的底蘊[54]。

㈢憲政的取向

清廷預備立憲的過程仿自日本，立憲前先派大臣出國考察憲政，從決定起草憲法到公布憲法的期限為九年，以及憲法的內容注重不侵害皇權等，都與日本相似。一八八一年十一月日本天皇宣布一八九〇年公布憲法，五個月後，即到一八八二年三月，伊藤博文即奉命率團去歐洲考察憲政，當時日本決定摹仿德國，伊藤率團逕赴柏林，請德國政治學家 Rudolf von Gneist 講演德國憲法原理三個月，每週三次。Gneist 不贊同美國或法國憲法，他認為外交問題、建軍問題、皇室問題不應交由議會討論，議會的權要限制，內閣的權要加強。為了加強

---

[51] 同註47，頁三八四；同註49，頁四九三。

[52] 李劍農，《中國近百年政治史》，頁二三二～二三三。

[53] 顧敦鍒，《中國議會史》，頁二五。

[54] Meribeth E. Cameron, *The Reform Movement in China*, pp. 100–101.

此一憲政理論，之後伊藤又去奧國的維也納，聽奧國政治學者 Lorenz von Stein 的講演。伊藤並不贊同英國的制度，只象徵性的在英國聽了 Herbert Spencer 的一次講演。一八八三年伊藤一行回到日本，日本政府即依照伊藤的構想作行政變革，以求實現有限度的君主立憲。一八八四年三月「制度取調局」成立，由伊藤主之。次年樞密院改成內閣，伊藤任內閣總理（時年四十四歲）。一八八六年開始起草憲法，由井上毅主持。憲法的基本精神有三：⑴以德國的憲政理論為基礎，⑵天皇為國家的軸心，⑶條文籠統俾便於解釋中加以運用。起草憲法的人力求在給予民權時應限制自由，並不得侵犯天皇的權威。一八八七年春憲法起草完成。一八八八年五月樞密院開始開會討論，天皇亦在場。在九個月的時間中開會四十三次，始定案，到一八八九年二月十一日，神武天皇登位紀念日，正式公布了憲法[55]。

　　日本實行憲政的過程大體如此。當清廷決定實行憲政時，即仿照日本派伊藤博文赴歐考察憲政的先例，派載澤等五大臣出洋考察，後來又派達壽、汪大燮、于式枚等人出使。他們考察的主要對象，是英、日、德等國的君主立憲制度[56]。一九〇八年公布「憲法大綱」，內容分兩大部分，一關於君主大權，一關於臣民權利。據陳茹玄研究，「憲法大綱」完全脫胎於日本憲法，而君上大權，則較日本天皇之權更為增高。而「憲法大綱」附帶有議院法要領，規定「議員言論不得對朝廷有不敬之語及誣毀他人情事，違者懲罰」，以視日本議員在院發言投票不對院外負責者，其高下相去甚遠[57]。

---

[55] Hugh Borton, *Japan's Modern Century* (New York, 1955)，pp. 136–139, 141–142.

[56] 陳之邁，《中國政府》第一冊，頁四。

[57] 陳茹玄，《中國憲法史》，頁八～九、一一～一二。

除考察憲政、「憲法大綱」內容等仿照日本外，清廷於一九〇七年九月二十八日詔設資政院，又於一九〇七年十月十九日詔設諮議局，據凱麥隆的看法，目的也在仿照日本，由地方議會鍛鍊國會的成員，因為國會的成員來自各地方議會[58]。

㈣實施的過程

檢討立憲運動，大陸史家將之分為五期：第一期從一九〇三年開始到一九〇六年八月清政府宣布預備仿行立憲，是立憲派宣傳君主立憲、要求清政府實行立憲時期。第二期從一九〇六年八月清廷宣布預備仿行立憲，到一九〇八年九月清廷宣布九年預備立憲，是立憲派組織各種立憲團體，並發動第一次國會請願階段。第三期從一九〇八年九月清政府宣布九年預備立憲，到一九〇九年十月各省諮議局成立，是立憲派醞釀成立各省諮議局，並鞏固立憲派在各省的地方勢力，準備進一步全國大請願階段。第四期從一九〇九年十一月張謇倡議成立各省諮議局聯合會，到一九一一年一月第三次請願速開國會失敗，是立憲派連續發動全國三次請願要求速開國會成立責任內閣時期。第五期從一九一一年一月第三次國會請願失敗，到武昌革命爆發，是立憲派在各省鞏固諮議局，準備革命爆發時伺機奪權階段[59]。

此一分期，具有創造性；迄未見任何其他專書，對清末立憲運動有明確的分期。不過，此一分期，很明顯的，表現了兩個弱點：第一，它從一九〇三年作為立憲運動的開始之年，貶抑了康梁在一九〇三年

---

[58] Cameron, *The Reform Movement in China*, pp. 110–111.

[59] 胡繩武、金冲及，《論清末的立憲運動》，頁二四。

以前所作的努力。其二，它較注重地方士紳的請願活動及奪權衝動，忽視清政府在立憲運動的壓力下所作的政治改革，而此政治改革是立憲運動的主要目標。

如果把民間的立憲運動和清政府的憲政改革作一平衡的論述，清季立憲運動尚可作以下四個時期來觀察：第一期從一八九八年變法到一九〇五年十二月清廷派五大臣出國考察政治，主要為康梁一派的人在民間和海外組織團體鼓吹憲政時期，清政府無意採行憲政。第二期從一九〇五年十二月清廷派五大臣出國考察憲政到一九〇八年九月清廷宣布九年預備立憲，為清政府決定仿行立憲，研究決定實行步驟，國內外聯合請願速開國會時期。第三期為一九〇八年九月清廷宣布九年預備立憲，到一九一一年一月第三次國會請願結束，清廷縮短預備立憲時期為六年，並禁止再請願。此期間政府依照九年預備立憲程序推行，發展教育，成立各級法院，辦理地方自治，成立諮議局和資政院，國內外立憲團體進行兩次全國性的請願，要求立即召開國會。第四期從一九一一年一月清廷禁止國會請願中經武昌革命爆發，到一九一二年二月清帝退位，由於禁止請願、皇族內閣成立、鐵路國有政策宣布，立憲派大失所望，轉而謀求與革命派合作，共同推翻清政府[60]。

(五)預備立憲的內容

清廷預備立憲，有三個層次：第一個層次是依照預備立憲的程序清單，逐年作政治改革，直到憲法頒布、國會召開；第二個層次是以「憲法大綱」肯定皇權，使皇權不受憲政的影響；第三個層次是清廷

---

[60] 詳參張玉法，《清季的立憲團體》一書。

在憲政改革中，逐步鞏固滿人的政權，進行滿漢之間的權力鬥爭。

就第一個層次而言，清廷預備立憲，原定為九年，自一九〇八年始。依照憲政編查館所擬訂的施政綱領，其進度如下：第一年（一九〇八）籌辦諮議局，頒布城鎮地方自治章程，編輯國民必讀課本。第二年（一九〇九）舉行諮議局選舉，各省一律開辦諮議局，頒布資政院章程，籌備城鎮地方自治，頒布國民必讀課本。第三年（一九一〇）召集資政院議員，舉行開院；推廣廳州縣簡易識字學塾。第四年（一九一一）創設鄉鎮簡易識字學塾。第五年（一九一二）推廣鄉鎮簡易識字學塾。第六年（一九一三）城鎮鄉地方自治一律成立。第七年（一九一四）人民識字義者須得百分之一。第八年（一九一五）人民識字義者須得五十分之一。第九年（一九一六）宣布憲法，頒布議院法，頒布上下議院議員選舉法，舉行上下議院議員選舉，人民識字義者須得二十分之一。上述進度，到第三年（一九一〇）止，大體進行無誤，如各省諮議局及資政院都先後成立。但民間立憲各派人士，汲汲於召開國會，於一九〇八至一九一〇年間發動三次全國性大請願，清廷於一九一一年一月將預備立憲的年限縮短為六年，除前二年已實行者外，第三年（一九一〇）調整為釐定內閣官制，頒布新刑律，續辦地方自治，續辦各級審判廳。第四年（一九一一）調整為頒布內閣官制，設立內閣，續辦地方自治，續辦各級審判廳。第五年（一九一二）調整為宣布憲法，頒布議院法，頒布上下議院議員選舉法，舉行上下議院議員選舉，續辦地方自治。第六年（一九一三）調整為實行開設議院[61]。但迄武昌革命爆發止，內閣雖已草草設立，新刑律並未頒布，

---

[61] 同註60，頁四四二～四四五。

其他的準備工作亦多落後，終激起更多的不滿。

　　就第二個層次而論：一九○八年八月二十七日清廷頒布「憲法大綱」，因過度保障君權，自始廣受非議。當時同盟會機關報《民報》評云：「至於憲法，定君主之大權，專制之淫威，有憲法條文為之掩護，無所施而不可。」[62]憲法的內容，明訂永遠尊戴大清皇帝，君上神聖尊嚴不可侵犯，有制定法律權，有召集關閉解散議院權，有設官、黜陟權，有統率海陸軍及編定軍制權，有宣戰、戒嚴權，有總攬司法權；臣民在法律範圍內得為官吏、議員，有言論、集會、結社自由，有納稅、當兵義務。郭廷以謂，一言以蔽之，不外永保君主地位，極度提高君主權力[63]。陳茹玄亦謂，綜其「憲法大綱」全文，君上除不以命令廢止法律外，大權獨攬，毫無限制，官祿之設置、海陸軍之編制、對外宣戰媾和及締結條約諸大端，均歸其一人裁決，議院不惟無干涉之權，並且無參與之地，此種憲法，直一保障君權之憲法而已[64]。武昌革命爆發後，清廷在各方壓力下，頒布「十九信條」，規定責任內閣制度，對君上大權大加限制。君主雖仍存在，而憲法卻不為其頒定，起草議決之權，均由資政院行之，而修改提案之權，又規定屬之國會，非君主所能干預。總理大臣由國會公選，亦非君上所得自由指派。陳茹玄認為，此法如果實行，則必成純粹的議院政治，而君主則等同虛位。但他又認為，此不過在武昌革命爆發後，革命勢力已佔全國三分之二，執政諸人於張皇失措之餘，為此臨渴掘井之計，並無機會實行[65]。

---

[62] 引見陳旭麓，《辛亥革命》，頁五五。

[63] 郭廷以，《近代中國史綱》，頁三八八～三八九。

[64] 陳茹玄，《中國憲法史》，頁十一。

[65] 同上，頁一三、一五。

　　就第三個層次而論，任何政治改革運動，都含有權力重新分配的一面，清季立憲運動及滿清預備立憲也是如此。光宣之際，滿漢間充滿權力鬥爭，這種權力鬥爭，有的學者著眼於滿人對漢人，譬如有人認為，滿人當中有一部分視立憲為漢人推翻滿人政權的方法，不願意把大權讓出來，極力從中破壞[66]。有人認為，清廷預備立憲，對地方說是中央集權，對漢人說是滿人集權[67]。但再進一步探討，可以發現權力爭奪是雙方面的。李劍農認為預備立憲期間的滿漢權力爭奪，滿清貴族作排漢的集權中央之計，漢大臣則希望藉立憲打破滿人在政治上的優勢[68]。徐中約認為滿人想藉立憲集權中央，削弱漢人居多的督撫的權力，並把漢人排出中央權力圈之外。漢人想藉立憲爭取與滿人的平等[69]。大陸史家以階級利益來看這段歷史，亦注意到滿漢權力爭奪的問題。陳旭麓謂，滿人利用立憲來排斥漢人，保持滿洲貴族的專制統治；士紳利用立憲的幌子來爭取自己的地位[70]。胡繩武、金沖及謂，清廷立憲的真正目的是企圖以立憲之名行集權之實，以確保滿洲貴族的統治地位；而立憲派要求立憲的本意，則在於通過立憲取得部分參政權力，然後再利用政治上的權力，來確保並擴大他們的階級利益[71]。

　　權力爭奪是在官制改革的過程中進行的。一九〇六年九月一日清廷在預備立憲的上諭中云：「亟應先將官制分別議定，次第更張；並將

---

[66] 汪煊輝，《中國憲法史》（上海：世界書局，一九三一），頁八。

[67] 司馬長風，《中國現代史綱》，頁一九～二一。

[68] 李劍農，《中國近百年政治史》，頁二五〇～二五二。

[69] Immanuel C. Y. Hsü, *The Rise of Modern China*, p. 495.

[70] 陳旭麓，《辛亥革命》，頁五三～五四。

[71] 胡繩武、金沖及，《論清末的立憲運動》，頁三六。

各項法律，詳慎釐訂；而又廣興教育，清理財政，整頓武備，普設巡警，使紳民明晰國政，以備立憲基礎。」[72]清廷預備立憲，從改革中央官制做起，但影響滿人及保守士紳權力的改革受到反對，因此有「五不議」之舉。所謂五不議，即軍機處事不議，內務府事不議，八旗事不議，翰林院事不議，太監事不議[73]。這次中央官制改革，軍機大臣三人，各部尚書十一人，其中軍機大臣兼尚書一人，共十三人，其中滿七人，漢四人，蒙古一人，漢軍旗一人。蒙古及漢軍旗黨於滿，故滿派九人，漢派四人，漢人僅得三分之一。在此以前，六部尚書滿漢各半，現在在比例上有減少趨勢，李劍農等認為，這是滿清貴族有意排擠漢人的權力[74]。

當清廷從事中央官制改革時，日本報紙指出需要把地方督撫的權力集於中央，特別是軍權和財權。集權中央，所遇的反對勢力甚大，但清廷仍決然實行。一九〇六年設陸軍部，謀漸次吸收各省新軍，北洋四鎮即改歸陸軍部。一九〇七年四月，清廷將東北改制，設總督直轄之。是年八月，調兩湖總督張之洞、直隸總督袁世凱為軍機大臣，一九〇九年設清理財政監理官，謀吸取各督撫的財權[75]。這些可以說都是集權中央的例子。

㈥清廷立憲的誠意

清廷立憲，自立憲當時迄今，常被指為假立憲，意為清廷並無誠

---

[72] 引見顧敦鍒，《中國議會史》，頁二六。

[73] 同註70，頁五一。

[74] 同註68，頁二五四～二五六；同註69，頁四九七。

[75] Cameron, *The Reform Movement in China*, p. 108; 同註68，頁二五六～二五七。

意立憲,只是拿立憲來敷衍各方面的壓力。立憲當時,宋教仁有論云:

> 立憲者,絕非現政府所得成者也,現政府之所謂立憲,偽也,
> 不過欲假之行專制者也。⋯⋯其所謂「憲法大綱」者,不過欺
> 人之門面,賴人之口實,萬不可信者也[76]。

其後許多學者著書,每本此一觀點立論,如李劍農謂:「光宣之際,滿漢間充滿權力鬥爭,清廷所謂立憲,不過是一種愚弄漢人的虛文罷了。」[77]顧敦鍒謂:「籌備開國會,謂須經九年之久,政府於此,蓋純以敷衍搪塞出之也。」[78]徐中約謂:「清廷無意施行立憲,這由一九〇八年八月二十七日公布的『憲法大綱』,可知清廷立憲的目的在鞏固皇權,延長滿人統治[79]。」大陸史家的論點,亦大略如此,或謂日俄戰後,清廷感到立憲的形勢已無可避免,問題只是在於如何用立憲來欺騙人民,而不是禁止立憲[80];或謂預備立憲是醜劇,是一種姿態[81];又或謂一九〇六年清廷宣布預備立憲,想以欺騙的手段來緩和人民的革命情緒[82]。

作此類論斷,大體是站在民間的立場。清廷立憲,政府與民間的

---

[76] 宋教仁,〈希望立憲者其失望矣〉,辛亥六月十四日《民立報》。

[77] 李劍農,《中國近百年政治史》,頁二六一。

[78] 顧敦鍒,《中國議會史》,頁二七。

[79] Immanuel C. Y. Hsü, *The Rise of Modern China*, pp. 498–499.

[80] 陳旭麓,《辛亥革命》,頁五〇。

[81] 林增平,《辛亥革命》,頁二三。

[82] 吳玉章,《辛亥革命》(北京,一九六二),頁八三。

立場不同，皇室以固守權位為主，民間以改革政體為主。在預備立憲期間，民間希望參照各國憲法的優點，實行立憲，以有益於國；而清廷則採取保障君權的日本憲法而加以發揮，以便在給予民權時不妨害君權[83]。清廷對施行立憲本懷疑慮，當考察憲政大臣在日本考察時，伊藤博文告訴他們，實行君主立憲是保障皇權最好的辦法，因為日本的制度，憲法與人民自由規定皆由皇帝給予，皇帝自然在憲法與人民之上。考察憲政大臣歸國後，即建議採行日本的憲政制度，並訂定九年預備立憲的程序[84]。陳之邁評論清廷對立憲的基本態度謂：要是非有憲法來限制皇室的大權不可，君主之權越大越好，憲法之頒布越遲越好[85]。

　　雖然如此，若就政府一方面而論，漸進的憲政措施並非全無成就。首先，清廷能夠接納立憲，已經不易。池田誠認為，這是庚子以後，頑固派失勢，洋務派官僚再度得勢的一種結果[86]。清廷立憲既在洋務派官僚的左右之下，對憲政自非全無誠意。清廷對預備立憲的措施督導極為嚴峻，宣統年間曾把奏阻立憲的陝甘總督升允開缺，又把玩忽憲政的甘肅布政使毛慶蕃革職[87]。凱麥隆、張朋園等都發現，清廷對九年預備立憲並未故意拖延，包括諮議局和資政院在內的憲政預備措施，都在按部就班的進行[88]。所以立憲有它成功的一面，當然也有它

[83] 參考張玉法，《中國近代現代史》，頁一五二。

[84] Fairbank, Reischauer and Craig, *East Asian: The Modern Transformation*, p. 627.

[85] 陳之邁，《中國政府》第一冊，頁四。

[86] 池田誠，《中國現代政治史》，頁八七。

[87] 陳旭麓，《辛亥革命》，頁五五。

[88] Cameron, *The Reform Movement in China*, p. 135; 張朋園，《立憲派與辛亥革命》，

失敗的一面。

㈦立憲運動的貢獻

立憲運動的貢獻可分為兩方面說明：一是民間的運動，一是政府的措施：

就民間的運動而論：⑴立憲派利用組織群眾的方法，以集體的名義向皇帝及政府表示政治改革的意願，而不是用傳統中國以個人名義上書皇帝的方法，可以說是中國政治從傳統走向現代的一種趨勢。⑵立憲派利用報紙和雜誌作為宣傳，其報刊據有合法的地位，可以四處流布，不管是批評清政府的政治腐敗，還是號召群眾參與政治事務，可以說都對國民進行政治教育，此一教育乃為中國國民所需要。⑶立憲派的要求雖是漸進的，但不到止於至善不止，第一、二次請願，僅要求速開國會，第三次請願，兼要求組織責任內閣，而武昌革命爆發後，在立憲派要求下所頒訂的「十九信條」，已具有英國虛君共和的形式。⑷立憲派提倡國家主義，泯沒國內的民族界線，對日後的民族整合甚有助益。⑸立憲派在言論上對清廷的抨擊，影響了人心的向背，而武昌革命爆發後，立憲派主動響應革命，各省諮議局大都站在革命的一邊，各省迅速宣布獨立，促使了清帝的退位[89]。

就政府的措施而言：預備立憲的許多措施對中國政治發展都有良

頁四～六。

[89] 郭廷以，《近代中國史綱》，頁三九二，重視第三項貢獻；張朋園，《立憲派與辛亥革命》，頁二四〇～二四五，重視第二、五項貢獻；張玉法，《清季的立憲團體》，頁五〇九～五一一，重視第四項貢獻；張玉法，《中國近代現代史》，頁一五二，重視第一項貢獻。

好的影響：⑴清政府為訓練人民參政，著意發展現代教育。清季的教育改革，不管在學校及學生的數量上，還是在課程內容的更新上，都有相當成就。⑵立憲政治，當時以行政、立法、司法三權分立為規範，預備立憲期間，不僅於省設諮議局、中央設資政院，作為設立真正立法機構的預備，且陸續設立各級審判廳，謀使司法脫離行政而獨立。這對行政權獨高的傳統中國政治，未嘗不具有匡正作用。⑶清廷立憲，提高了民權觀念。此一觀念，不僅表現在政治改革運動上，且表現在革命運動和反抗帝國主義經濟侵略的運動上，對中國的現代化發展，甚有幫助[90]。在上述諸多貢獻中，學者對資政院，特別是諮議局的設立，非常留意。或謂諮議局可以伸張民權，約束地方督撫的權力，更成為請願開國會的新力量[91]。或謂中央設資政院，尤其各省設諮議局，可以揭露民隱，為民請命[92]。或謂諮議局具有提高民主主義覺悟的作用，做了革命的工具，不過也阻止了革命的繼續前進[93]。

　　清廷在預備立憲的施政上所以不敢玩忽，而有所成就，乃是民間及其他方面不斷給予壓力的結果。這可從兩方面了解：其一，一九〇八年，清廷恐實行立憲，將不利於滿族，欲將預備立憲上諭藉故取消，上海預備立憲公會乃聯合各省及海外勢力請願速開國會，以圖對抗，清廷遂下九年預備立憲的上諭。是後再經兩次全國性的請願，清廷又將預備立憲的年限，由九年縮短為六年[94]。其二，一九〇八年頒布之

---

[90] 張玉法，《中國近代現代史》，頁一六〇～一六一。

[91] Cameron, *The Reform Movement in China*, pp. 122–123.

[92] 司馬長風，《中國現代史綱》，頁一九～二一。

[93] 吳玉章，《論辛亥革命》（北京，一九七二），頁一〇～一二。

[94] 顧敦鍒，《中國議會史》，頁二八。

「憲法大綱」，擴張君權至無限大，早為輿論所不滿。及武昌革命爆發，立憲之呼聲驟高，資政院乘機上奏四條辦法，其一即憲法須由人民代表協贊。正於此時，屯兵灤州的陸軍第二十鎮統制張紹曾、協統藍天蔚等軍官突然發出要求高度立憲之電奏，清廷乃於十月三十日命資政院立即起草憲法，資政院以三日之功，議定「憲法信條十九條」，於十一月三日上奏，由清廷頒布。其中第三條：「皇帝之權，以憲法規定者為限。」第五條：「憲法由資政院起草議決，皇帝頒布之。」第八條：「總理大臣由國會公選，皇帝任命之；其他國務大臣由總理大臣推舉，皇帝任命之。皇族不得為總理大臣、其他國務大臣、並各省行政長官。」顧敦鍒認為，「十九信條」限制皇權，提高國會之權，並採取責任內閣制，不愧為吾國之大憲章[95]。

㈧立憲運動的缺失

立憲運動的缺失，可分兩方面論述：首就立憲運動的本身而論，失敗的原因，部分與中國的國民性有關，國民的政治態度保守，和平的改革常不易為功。另與民間的立憲派有關者三：⑴有革命派與之競爭，受到革命派的破壞，革命派的排滿主義，使當時的立憲派無可抗拒[96]。⑵立憲運動是士紳階層本身的運動，請願國會是士紳向當政者要求權力的運動，並未能激起全國人民的響應。⑶立憲派缺少一個統一的領袖，沒有為理想而奮鬥的使命感，只求早開國會，太重視權位[97]。與清政府有關者二：⑴九年預備立憲未能貫澈，由於一九〇八

---

[95] 同上，頁四〇。

[96] 張玉法，《清季的立憲團體》，頁五一一～五一二。

[97] 張朋園，《立憲派與辛亥革命》，頁三八～二四〇。

年慈禧、光緒相繼死，袁世凱去職；一九〇九年張之洞死，端方去職；而慈禧的有力支持者孫家鼐、戴鴻慈、鹿傳霖，亦相繼去世。由於醇親王的偏見和缺乏經驗，清廷缺乏值得信賴的中心[98]。(2)由於預備立憲在一九一一年一月受國會請願運動之迫，縮短三年，使清廷的措施突趨保守，不僅嚴禁再請願，且組皇族內閣，在此由開明而轉趨保守的關鍵中，人民的不滿特別升高。張朋園引述革命的理論，認為一個革命運動的發生，不在專制政治的敗壞或壓迫到了極點的時候，而是在統治者措意改善，壓迫已經減輕，政治趨向開明之後。清廷預備立憲，人民的政治意識已漸次開放，深藏於內心的不滿，終於形於表面而成狂潮，將清廷推翻[99]。

　　再就立憲運動與辛亥革命的關係而論，雖然有相長相成的一方面，但也有破壞的一方面。立憲派對革命的破壞，可以武昌革命爆發為界線，分為兩期。在武昌革命爆發前，許多人投入立憲運動，自然分散了革命的力量。一九〇九年六月十七日《民呼日報》有論云：「自頒布預備立憲之清單，而國民之志願遂償，向之攘袂振臂指責政府者，一變而為乞憐之狀態矣！向之口誅筆伐以監督政府者，一變而為服從之馴民矣！」[100]故日後學者有謂：立憲派提出君主立憲的主張為救國唯一良策，引部分熱心救國之士於迷途，妨害了革命運動的發展[101]。

　　在武昌革命爆發後，許多立憲派人捲入革命運動，使此一運動不能勇往直前，該破壞的未能破壞，該建設的未能建設。清廷保留帝位，

---

[98] Cameron, *The Reform Movement in China*, pp. 113–120, 135.

[99] 同註97，頁一～六。

[100] 見〈論趨時派之新迷信〉一文。

[101] 胡繩武、金沖及，《論清末的立憲運動》，頁五八。

以及袁出任民國元首，都是立憲派的安排，故使辛亥革命成為不徹底
的革命[102]。立憲派所以能左右辛亥革命，是因為剛好在武昌革命爆發
前夕，立憲派的全國性的統一組織已經完成。立憲派原來分散在海內
外，沒有統一的組織，到諮議局和資政院成立，特別是各省諮議局聯
合請願，把立憲派初步結合起來。到憲友會成立，使立憲派有了核心
組織。因此在武昌革命爆發前夕，立憲派不僅在各省已有鞏固的地盤，
而且也有了全國性的統一組織[103]。

㈨立憲派轉向革命的原因

一九一一年春天以後，在清廷的嚴厲彈壓下，國會請願運動停止，
而清廷為了鞏固自身的權位，又組織了皇族內閣。在清廷看來，如是
可保政權不受動搖，民間的立憲派卻在此時轉而傾心革命，特別在武
昌革命爆發以後。

立憲派轉向革命的原因甚多，學者的解釋大多集中在兩方面：其
一，由國會請願運動受挫而引起：由於一連三次請願速開國會的不准，
特別是由於第三次請願的失敗，參與請願諸人公開宣布開國會「非一
請願書可以力爭，又非復少數人奔走呼籲可以得請求也，惟諸父老實
利圖之」。郭廷以謂，所謂實利圖之，就是梁啟超所說的「誠能併力以
推翻此惡政府而改造一良政府，則一切可迎刃而解」[104]。池田誠謂，
第三次國會請願失敗以後，激進派計畫作第四次請願，清廷彈壓，此
急進派乃與同盟會接近[105]。其二，由滿人對立憲步驟的緩慢，以及在

---

[102] 同註97，頁二四五。

[103] 同註101，頁五九～六〇。

[104] 郭廷以，《近代中國史綱》，頁三九二。

立憲措施中的排漢政策而起：徐中約舉一九一一年五月八日所組織的皇族內閣為例，認為這使漢人相信，滿人把持政權一日，立憲乃不可能，故轉而同情革命[106]。

五　結　論

檢討學者對清季立憲運動的評估，基於八十年來學者的研究成果。將來學者如何評估，目前不能預知。

僅就此八十年的研究成果來看，學者對清季立憲運動的評估有兩個趨勢：其一、除大陸學者因採用唯物史觀而產生偏頗外，愈是接近立憲運動所發生的時代，學者對此運動的貶抑愈多；愈是遠離立憲運動所發生的時代，學者對此運動肯定愈多。可能的原因：僅就對清廷態度的評估而論，一方面愈接近立憲運動所發生的時代，官方資料愈不易看到，而民間的資料大體都是攻擊清廷的；另一方面早期學者可能受民間口耳傳聞史料的影響，輕易下了判斷。其二、愈是革命勢力高漲的時代，學者對立憲運動的貶抑愈多；愈是在承平的時代，學者對立憲運動的肯定愈多。可能的原因，無論國民革命，還是共產革命，基本上都是反對改革派的，此其一；而承平時代，學者每對現政府有改革的希求，故在史料處理的時候，無形中就同情改革派。

當然，由於研究成果眾多，有些成果今日已不易找到，故無法一一拿來檢討。拿來檢討的，如果不是因為無法找到，就是被認為在觀

---

[105] 池田誠，《中國現代政治史》，頁九三。

[106] Immanuel C. Y. Hsü, *The Rise of Modern China*, p. 500.

點上有代表性的。即就被拿來檢討的著作而論，由於卷帙浩繁，對內容及研究方向以及品質，都無法深入論述，本文以「評估」為著眼點，是把重點放在學者的觀點與態度上，這方面當然是見仁見智的。

光復會與辛亥革命

一　前　言

　　辛亥革命是推翻滿清、建立民國的革命，這個革命是透過各種集體的和個人的力量共同完成的。集體的力量有許多種，像一隊士兵、一個議會、一個報社，都能發揮集體的力量；其運動力較廣、影響較大者，則是特為推翻滿清而組織的革命團體。

　　清末特為推翻滿清而組織的革命團體，在一九〇五年以前重要者有三：一為興中會，一八九四年組於檀香山（火奴魯魯），勢力後來發展到香港、廣州、東京（日本）、河內（安南）等地；一為華興會，一九〇三年組於長沙，勢力後來發展到武昌、上海、東京等地；一為光復會，一九〇四年組於上海，勢力後來發展到浙江、安徽等地。一九〇五年，興中會與華興會合組同盟會，後來光復會人亦參加。此後興中會、華興會的名義不存，而光復會的名義仍在。一九〇五年以後的重要革命團體，有同盟會以及由同盟會分出的共進會，另並有光復會。

　　光復會主要是由浙江人所組織的革命團體，存在的時間是一九〇四年到一九一二年；活動的地區初在江蘇、浙江、安徽，後來發展到

日本和南洋；領袖人物在上層者先後有蔡元培、徐錫麟、秋瑾、陶成章、章炳麟、李柱中、蔣尊簋、朱瑞等人；革命的主義，諸領袖人物之間有不同的闡發，但以光復和仇滿為中心；運動的方向以秘密會社和新軍為主。

二　領袖人物

光復會沒有統一的領導人物。在一九○四～一九○五年間，為在上海初創時期，由蔡元培領導。在一九○六～一九○七年間，為在皖浙兩省運動時期，由徐錫麟、秋瑾領導。在一九○七～一九一一年，為在南洋、日本運動時期，由陶成章、章炳麟、李柱中領導。在一九一一～一九一二年，為運動光復蘇浙時期，由陶成章、李柱中、蔣尊簋、朱瑞領導。

光復會在蔡元培領導時期，是以運動上海學界為主，浙江學界和秘密會社亦受其影響，這與蔡元培是學界中人而又為浙江人有關。蔡元培，浙江紹興人，生於一八六八年一月十一日。父親為錢莊經理，家道小康。一八七七年（十一歲）喪父，賴母教養成人。一八八三年（十七歲）考取秀才，一八八五年（十九歲）赴杭州參加鄉試，不中。一八八九年光緒帝親政，舉辦親政恩科，元培參加浙江鄉試，中舉人。次年入京參加會試，中貢士；又次年入京補行殿試，中進士，授為翰林院庶吉士。旋南遊廣州、潮州，一八九四年入京應散館考試，升補翰林院編修。

蔡元培受完整的儒家教育，但由於喜歡涉獵譯書，加上一八九四～九五年中日戰爭的刺激，早年即有求變的思想。他對康有為的變法運

動深為同情，並於一八九八年在北京設立東文學社，召人研習日文，求取新知。是年九月政變發生，蔡棄職返里，任紹興中西學堂監督。可能是受了政變的刺激，蔡任中西學堂監督時，思想變得激烈。據蔣夢麟回憶，當時蔡已反對改革，主張革命。中西學堂分為新舊兩派，蔡由於主新抑舊，受人排擠，到一八九九年夏辭職赴上海。一九〇一年，蔡任南洋公學特班總教習，是年冬發起愛國女學。

一九〇二年，上海已成為中國激烈和不滿份子的集居地，是年春天，蔡聯合葉瀚、蔣智由等組中國教育會，此會欲透過教育改良以改變中國。是年十一月，南洋公學因教員壓抑學生言論自由，有數十學生退學，蔡假中國教育會之力，募款設愛國學社，聘吳敬恒、章炳麟等為教員。一九〇三年四月，蔡撰〈釋仇滿〉一文發表於《蘇報》，不贊同鄒容「殺盡胡人」的見解，只希望滿人能放棄其特權。六月，中國教育會與愛國學社發生衝突，加以清廷正謀逮捕上海激進人士，蔡往青島習德文。旋蘇報案發生，章炳麟等被捕入獄。是年八、九月間，蔡自青島返滬，十二月創刊《俄事警聞》。一九〇四年二月，《俄事警聞》改為《警鐘日報》。七月，蔡辭《警鐘日報》編務，轉任愛國女學校長。

蔡元培以進士出身和開明的作風，活躍於上海教育文化界，使他很容易成為激進派的領袖。一九〇三～一九〇四年間，留東學生紛紛回國運動革命。浙人龔寶銓初組暗殺團，既又擬擴大革命組織，找蔡元培和在獄中的章炳麟商議，遂於一九〇四年秋組光復會，推蔡為會長。蔡任會長後，曾拉攏幾位與秘密會社有關的人入會，對光復會日後的發展甚有影響。一是陶成章，曾運動金、衢、嚴、處諸府會黨；一是徐錫麟，曾運動嵊縣、天臺等地的會黨；一是敖嘉熊，為嘉興溫

臺處會館的會黨首領。一九〇五年春，徐錫麟又介紹秋瑾入會，由於徐錫麟、秋瑾、陶成章等人的運動力強，不久光復會的實際領導便落在他們身上，不過許多人所以加入光復會，還是受蔡元培聲望的號召。一九〇五年八月同盟會在東京成立，蔡被推為上海分會長。時中國教育會趨於渙散，愛國女學亦無法維持，蔡元培於一九〇六年春一度往紹興任學務公所總理，旋受反對而辭職。這年秋天，轉往北京譯學館教書[1]。此時光復會在徐錫麟、秋瑾等的運動下，在浙、皖已日有起色，蔡元培卻遠離那個地區，去追求另外的目標。

蔡元培雖然在一九〇六年秋天離開了光復會的活躍地區，他早年所吸收的光復會員，卻在那個地區能逐漸有所開展，徐錫麟和秋瑾兩人尤有成就。徐錫麟，浙江山陰人，一八七三年十二月十七日生，較蔡元培小六歲。出身副貢，一九〇三年遊覽日本，適留日學生組拒俄義勇隊，乃與陶成章、龔寶銓等相結，作革命活動。其後，錫麟歸國，於其鄉辦熱誠小學，並與平陽黨首領竺紹康等有所聯絡。一九〇五年一月，錫麟至上海訪蔡元培，時蔡已組光復會，邀徐錫麟參加，從之。是年二月，錫麟偕弟子數人遊諸暨、嵊縣等地，盡交會黨酋豪。四月，蔡元培從弟元康自上海至紹興，提議劫錢莊以助軍需之法，錫麟乃與陶成章、龔寶銓等在紹興創大通學堂，以為購槍彈、劫錢莊之掩護。然學堂成立以後，錫麟並未作劫錢莊之舉，一意予學生以軍事訓練，以六月為期。由是各地會黨首領麕集其間，而勢力益盛。

一九〇五年冬，陶成章提議捐官，俾便學習陸軍，以獲軍權，錫

---

[1] 陶英惠，《蔡元培年譜》（上）（臺北，民國六十五年），頁一～一八〇。William J. Duiker, *Ts'ai Yüan-Pei: Educator of Modern China* (The Pennsylvania State University, 1977), pp. 4–13.

麟、寶銓蹱之。錫麟求助於其戚俞廉三，俞曾任湖南巡撫，於官場有舊，因代納粟捐官。錫麟得道員，成章得知府，寶銓得同知。錫麟並得廉三之介，納賄於署浙江巡撫壽山，使批准彼等赴日學習陸軍之稟。一九〇六年一月，錫麟等至日，由於陸軍學生監督王克敏作梗，習陸軍不成。此時錫麟與成章在意見上發生參差，錫麟主張歸國，滲入警界、軍事學校或軍事機關，以謀發展，成章主張直接運動新軍，而加以控制。對大通學堂的發展，二人看法也不一致，成章主張第一班學生畢業後，即將學堂解散，以免事機洩露；而遣畢業生去各地訓練民團，以發展勢力。錫麟主張大通學堂盡量招收新生，以訓練更多志士。另外，錫麟主張自己幹，拒絕加入同盟會，而成章則加入同盟會。

事後，錫麟歸國，至湖北見俞廉三，廉三為錫麟言於兩湖總督張之洞，不得要領。錫麟歸浙見壽山，壽山為言於慶親王奕劻。安徽巡撫恩銘係奕劻之婿，與壽山為連襟，又前在山西為知府時，頗得俞廉三青目，相結為師生，錫麟遂被分發於安徽。一九〇六年冬，錫麟以道員赴安徽候補，以俞廉三引薦之力，初為武備學堂會辦，旋任巡警學堂會辦，並兼安徽巡警處會辦。錫麟既受恩銘信任，即力謀以巡警學堂為基礎在安徽起事，與之相犄角的是浙江紹興大通學堂。浙江紹興大通學堂為錫麟創辦，錫麟離浙時，校內經理事宜託之曹欽熙，到一九〇七年二月，校務由秋瑾主持[2]。因此一九〇七年光復會計畫在

---

[2] 馮自由，《革命逸史》（五），頁六六～六八、七八～八〇；《章太炎文鈔》卷三，頁七～八，《徐錫麟傳》；凌孔彰，〈徐錫麟安慶起義紀實〉，《辛亥革命回憶錄》（四），頁三九二～三九三；陳魏，〈光復會前期的活動片段〉，同上書；Mary Backus Rankin, *Early Chinese Revolutionaries* (Harvard University Press, 1971), p. 170.

皖、浙兩省起事時，兩地軍務分別由錫麟和秋瑾主持。

秋瑾，浙江會稽人，一八七五年十一月八日生。父益山，為仕宦中人。秋瑾自幼喜讀史書，吟詠詩歌，好騎馬飲酒，舞刀弄劍。早年隨父入湘，嫁湖南富紳王黻臣子廷鈞，夫婦感情不睦。後王廷鈞捐官部郎，秋瑾隨行至北京，曾遭八國聯軍之難。旋與丈夫分居，於一九〇四年四月赴日留學，肄業於中國留學生會館所設的日語講習所，不久即成為極活躍的革命人物。初組演說練習會，並發刊《白話報》，以為宣傳。又與劉道一等組「十人會」，以「反抗清廷，恢復中原」為宗旨。又參加馮自由等在橫濱所組織的三合會分部，受封為白扇（軍師）。

一九〇五年春，陶成章至日，秋瑾與之結識，得知浙江會黨情形。秋瑾欲返國有所聯絡，成章為書介紹函，一致上海蔡元培，一致紹興徐錫麟。秋瑾回國，先謁蔡元培於上海愛國女學堂，再謁徐錫麟於紹興熱誠小學堂，錫麟介紹其入光復會，時在一九〇五年六月。未幾，秋瑾返日，入青山實踐女學。八月，中國同盟會成立於東京，秋瑾加入，被推為浙江主盟人。是冬，日本文部省頒布取締中國留學生規則，秋瑾等憤而返國，設中國公學於上海，以安置歸國學生。一九〇六年九月，秋瑾與中國公學教員陳淵等試製炸藥，不慎爆炸，陳淵傷目，瑾傷手。十二月，瑾發起《中國女報》，鼓吹婦女解放。時萍瀏醴革命事起，各省志士集議上海謀響應，瑾以浙事自任，乃還紹興，入居大通學堂，與龍華會首領呂熊祥、平陽黨首領竺紹康等計畫起事。

一九〇七年二月，秋瑾被推為大通學堂督辦，乃設體育會，招金、處、紹三府會黨首領數十人來學兵操，瑾亦著軍服，乘馬出入城中。秋瑾與錫麟原有皖浙二省同時起事之約，一九〇七年五月，瑾在浙江運動成熟，各地會黨組成光復軍，對新軍方面亦有聯絡。秋瑾派陳淵

赴皖，約錫麟於七月六日舉事。嗣浙江方面因部分地區會黨事洩，起事延期至十九日。而錫麟因在安慶的身份已經敗露，乃準於七月六日安徽巡警學堂舉行畢業式時，擊斃巡撫恩銘，率眾起事，不成遇害。清廷亦偵知大通學堂密謀，而秋瑾不知，靜待於十九日起兵。但七月十三日，清兵即至大通學堂搜捕黨人，秋瑾抵拒不成，被捕遇害[3]。

徐錫麟和秋瑾先後遇害後，光復會的領導軸心解體，其他有力會員則繼續集結革命勢力。然在一九○七～一九一一年間，除熊成基曾於一九○八年十一月在安慶率砲隊起事外，主要的成就在日本和南洋，領導人為陶成章、章炳麟和李柱中。

陶成章，浙江紹興人，一八七八年一月二十七日生。幼讀經史，富民族思想。一九○二年（二十四歲）東渡日本，入成城學校習陸軍，由龔寶銓介紹，與浙省志士相識。留日學生監督汪大燮知成章志在革命，詐稱將授軍職，誘其歸國，並使成城學校開除其學籍，成章爭之不果。一九○四年一月，成章在滬與蔡元培等密商革命進行之方，旋至浙江仁和，訪會黨首領濮振聲於獄中。濮為成章書介紹函數十通，成章因得於浙江會黨中大張其勢力，組龍華會以聯絡之。之後，成章赴滬，與龔寶銓、蔡元培等組光復會。

一九○五年春，成章赴日，與秋瑾等商議進行之法，夏間歸國，復與徐錫麟、龔寶銓等入紹興，創大通學堂，以為各會黨薈萃之所。

---

3 鮑家麟，〈秋瑾與清末婦女運動〉，鮑家麟編，《中國婦女史論集》（臺北，民國六十八年），頁三四六～三八二；馮自由，《革命逸史》（二），頁一七八～一八○，（五）頁八○～九四；馮自由，《中華民國開國前革命史》中卷，頁一八三～一八五；《革命先烈先進傳》，頁七○～七九；《辛亥革命回憶錄》（一），頁六二六～六二七，（四）頁二○五～二一三。

是年冬，成章與錫麟等捐官赴日，欲習陸軍不果，成章旋在日加入同盟會，錫麟則回國自謀發展。皖浙之役失敗後，光復會勢力大衰，成章欲恢復光復會務，與東京同盟會人失和，乃於一九○八年往南洋籌款，並吸收會員，助之者有李柱中等。一九○九年冬，成章回東京聯合章炳麟，再設光復會。炳麟為會長，成章為副會長，同盟會人也有參加的。然東京究為同盟會的活動中心，陶成章無大施展，仍回南洋活動。

一九一○年九月，陶成章在南洋聯合原隸同盟會的李柱中等組榜甲島光復總會，同時發售江浙皖閩贛五省革命債券，從事集款。一九一一年四月，成章又與沈鈞業等組泗水光復總會。時同盟會謀於廣州大舉，成章等返國謀響應。廣州事敗，成章與尹銳志、尹維俊姐妹在滬組銳進學社，發刊《女界》雜誌，為內地交通機關。辛亥上海光復，同盟會人陳其美被推為都督，成章欲與同盟會競，持李柱中在上海所組的光復軍，和另一光復會員林述慶在鎮江所組的軍政府為奧援，欲爭浙江都督，然浙人則選另一光復會員蔣尊簋為都督。時章炳麟已自東京回上海，勸成章率軍援武昌，勿「與人爭權於蝸角間」，成章不從，旋遇刺[4]。

陶成章可以說是光復會的靈魂人物。他促成光復會成立，但推素孚重望的蔡元培為會長。同盟會成立，他與蔡元培都加入了同盟會，

---

[4] 張篁溪，〈光復會領袖陶成章革命史〉，《辛亥革命》第一冊；《中國革命記》第十五冊〈陶成章〉；〈太炎先生自訂年譜〉，一九五七年《近代史資料》，頁一二二～一二五；陶成章，《浙案記略》卷中，頁五六～五八；《辛亥革命回憶錄》（一），頁四四四；馮自由，《華僑革命開國史》，頁九五；Mary Backus Rankin, *Early Chinese Revolutionaries* (Harvard University Press, 1971), p. 211.

光復會的領導權落入徐錫麟、秋瑾之手。徐錫麟、秋瑾失敗後，適逢同盟會內部分裂，成章乃往來於東京、南洋間，力謀光復會的復興。在東京，他得到章炳麟的支持，吸收了部分同盟會員；在南洋，他得到同盟會員李柱中的幫助，發展組織，籌集款項。由南洋再回國內活動，陶成章與李柱中到了上海，而浙江方面則有朱瑞、蔣尊簋等人從事策動。當光復會在海外復興的階段，對陶成章的事業幫助最大的就是章炳麟和李柱中。

　　章炳麟，浙江餘杭人，一八六九年一月十二日生，累世耕讀傳家，早歲研知明清間掌故，故富民族思想。一八九五～一八九七年間一度同情康梁的維新運動，參與上海強學會及《時務報》事，終不以效忠清室為然。戊戌政變發生，炳麟以新黨嫌，避往臺灣，曾在《臺北新報》撰文，勸康梁辨別種族，勿再忠於清朝。當時梁啟超在橫濱辦《清議報》，方傾心革命，聞炳麟在臺，約炳麟前往。一八九九年五月，炳麟至日本，居梁啟超處，並在梁處與孫中山初次相見。時留東志士方欲聯合起事，炳麟乃著《訄書》，鼓吹排滿。是年八月返滬，原欲助唐才常起革命軍，及知才常有保皇意，乃與唐才常分，一度返里。一九〇一年任教於蘇州東吳大學，因鼓吹排滿，受到官方追查。一九〇二年春，炳麟避居日本，欲聯合志士發起「中夏亡國二百四十二年紀念會」，因受日警干涉，未能開會，炳麟旋返故里。

　　一九〇三年，蔡元培於上海設愛國學社，聘炳麟為教員。愛國學社為革命黨人聚集之地，炳麟常講述明清興廢故事，以激發學生民族思想。鄒容著《革命軍》，炳麟作序，刊於《蘇報》。旋蘇報案發生，炳麟被判監禁三年，鄒容二年。次年光復會成立，炳麟在獄中預聞其事。一九〇六年六月二十九日，炳麟期滿出獄東渡，由孫毓筠介紹入

同盟會，主編《民報》[5]，並設國學講習會，以結合志士。

　　一九〇七年因孫中山接受日本政府贈款，引起同盟會內部不和，章炳麟、陶成章自是與孫中山交惡，陶成章乘機運動恢復光復會，炳麟則據國學講習會自成一派勢力，皆與同盟會疏遠。一九〇九年，成章在東京設光復會，推炳麟為會長。然炳麟非政治運動家，於光復會的組織、籌款等事皆未親理。辛亥上海光復，炳麟於十一月自東京返滬，與張謇、程德全等發起中華民國聯合會，在政治主張上與同盟會所組的南京臨時政府相左。時光復會在上海與同盟會爭權，同盟會對炳麟多方安撫，臨時大總統孫中山延炳麟為樞密顧問，然炳麟仍居上海，時以言論攻擊南京政府[6]。

　　在光復會後期的領袖中，章炳麟雖居會長之位，但統而不治。其真正能從事組織和運動者，除陶成章外，有李柱中。李柱中，湖南安化人，出身貧家，早年肄業於長沙師範學堂。一九〇四年組黃漢會，與華興會相呼應。華興會事敗後，柱中於安化繼續密謀革命。一九〇六年春，事洩亡命上海，加入光復會，復東渡，入同盟會。是年秋，萍瀏醴事起，柱中返國謀響應，及抵上海，知事敗，乃走南洋，執教於榜甲島 (Banka) 檳港 (Panckul Pinang) 之中等學堂。一九〇七年十二月，於檳港立同盟會分機關部[7]。及光復會與同盟會分裂，柱中即以其在南洋的勢力歸光復會。武昌革命爆發，柱中回上海，運動湘籍新軍，致力於上海之光復。

---

[5]　張玉法，《章炳麟》（臺灣商務，民國六十七年），頁一〇～一五。

[6]　〈太炎先生自訂年譜〉，一九五七年《近代史資料》，頁一二四～一二五。

[7]　《辛亥革命》（一），頁五三〇～五三一；辛亥九月十八日《時報》五版，革命大家李燮和之歷史。

　　在上海光復之役中，李柱中最大的貢獻是爭取到駐在吳淞的新軍之支持。駐在吳淞的新軍，一部分是湘軍，柱中以同籍的關係，得到黃漢湘的幫助，使他們贊助革命。另一部分是黎天才所率領的粵軍，在柱中和黃漢湘的說服下，也保持中立。另外在進攻江南製造局之役中，陳其美因隻身勸降被拘，為李柱中率軍救出。當時陳屬意滬督，柱中勸使軍警支持，己則率軍駐吳淞，被推為吳淞都督。一九一二年一月十四日，光復會的實際領導人陶成章遇刺死，當時在上海的李柱中和章炳麟都無意重整光復會，光復會在上海的勢力遂告消散[8]。

　　在以陶成章為中心的光復會勢力消散以後，光復會的勢力尚能成為格局者只有浙江省，而由蔣尊簋、朱瑞領導。浙江為早年秋瑾運動會黨、新軍之地，秋瑾遇難後，其餘黨仍繼續活動。武昌革命事起，浙江震動。一九一一年十一月三日，新軍八十一標、八十二標，以及由光復會人王金發、尹志銳、尹維俊所組的敢死隊攻撫署，杭州光復，推湯壽潛為都督。十一月十五日，遣兵三千，以朱瑞為總司令，與蘇軍會攻南京[9]。

　　南京臨時政府成立，以湯壽潛為交通總長，湯檄各方選代表，公舉蔣尊簋為都督。尊簋，浙人，光復會員，日本士官學校畢業，一九〇七年歸國，任浙軍第二標標統。武昌革命爆發時，在廣東任標統，粵省光復，任臨時都督。及粵省正式舉胡漢民為都督，尊簋退職回浙。一九一二年一月十日被選為浙督，任職半年，至是年七月，朱瑞繼任為都督[10]。朱瑞，浙江嘉興人，光復會員，保定軍校畢業，一九〇六

8　Mary Backus Rankin, *Early Chinese Revolutionaries*, pp. 201–211.

9　《辛壬春秋》〈浙江〉第十四，頁一～三；《辛亥革命回憶錄》（一），頁一三九。

10　《辛壬春秋》〈浙江〉第十四，頁三；《各省光復》（中），頁一七一～一七三。

年浙江新軍成立時，蔣尊簋任第二標統，朱在該標任執事官。一九一
一年革命爆發前夕，任浙軍第八十一標代理標統。因與段祺瑞有師生
關係，早在南北議和之際，即向段密通消息，表示擁護袁世凱上臺[11]。
有此關係，故能繼蔣尊簋為浙督。

蔣尊簋、朱瑞雖在武昌革命爆發後，均以光復會員而先後任浙督，
並沒有發展光復會的勢力。另一方面，由於光復會在武昌革命爆發後
與同盟會爭權失敗，重要領袖都傾向於與袁世凱結合，包括朱瑞、李
柱中、章炳麟在內。

分析光復會的八個領袖人物，從籍貫上說，除李柱中以外，都是
浙江人。所以說，光復會是浙江人所組織的革命團體，並不為過。從
出身來說，先後任會長的蔡元培、章炳麟都是高等知識份子，但他們
統而不治，很少負實際組織和運動的責任。徐錫麟、秋瑾、陶成章、
李柱中都是普通知識份子，是實行家，與秘密會社有很深的聯繫。蔣
尊簋、朱瑞是中下級軍官，在軍中的關係多。從年齡上來說，蔡元培
任會長時三十八歲，章炳麟任會長時四十歲，陶成章任副會長時三十
一歲（死時三十四歲），徐錫麟死時三十四歲，秋瑾死時三十二歲。可
以說都是年輕而成熟的年齡。

三　革命的主義

光復會先後有不同的領袖領導，領袖間的思想並不一致，所以光
復會並沒有統一的主義。光復會的主義，僅可由各領袖人物的思想分

---

[11] 《辛亥革命回憶錄》（一），頁二〇〇～二〇一、六二五；勞偉孟述、莫冰子
記，〈浙江革命鉅子陶煥卿事略〉，民國四十五年九月十九日《華僑日報》。

析之。有些思想，雖然只是領袖人物的個人思想，但有些領袖人物的個人思想，也寫入革命宣傳文件，成為光復會的主義標誌。

光復會的第一個領袖蔡元培，是一個民族主義者。一九〇三年是其民族思想發揚的年代。是年，他參與各省旅滬紳商的集會，共謀阻止法國侵佔廣西利權；又主編《俄事警聞》，發起「對俄同志會」，喚起國民，共同抵制俄人侵佔東北的領土。這些可以說都是對外的民族主義之表現。至於對內的民族主義，他不贊同鄒容「殺盡滿人」的主張，只主張滿人放棄其特權。為了迫使滿人放棄其特權，元培擬採取兩個方法，一是暗殺，一是暴動。為了推動暗殺滿清政要的計畫，元培於愛國女學秘密試製炸彈，並訓練暗殺人才。為了策畫暴動，元培吸收浙江秘密會社的人物入光復會，以便組織群眾[12]。不過，由於他實際領導光復會的時間很短，對革命的主義闡揚不多，暗殺和暴動的計畫也都未實行。

繼蔡元培之後實際領導光復會的是徐錫麟和秋瑾。徐錫麟的革命主義，有排滿和共和二者，他在所擬的〈光復軍告示〉中說：

> 自滿夷入關，中原塗炭，衣冠掃地，文獻無遺。……禁止自由，殺虐志士，苛虐無道，暴政橫生，天下擾擾，民無所依，不可終日。推厥種種罪由，何莫非滿政府愚黔首、虐漢族所致。以是予等懷抱公憤，共起義師，與我同胞共復舊業。誓掃妖氛，重建新國，圖共和之幸福，報往日之深仇[13]。

---

[12] 陶英惠，《蔡元培年譜》（上），頁一二三～一二五、一四四～一四五、一五三～一五六。

[13] 馮自由，《中華民國開國前革命史》第二冊，頁五四。

告示中所提到的「重建新國」，自然是新共和國，而非恢復中國的舊帝國。

秋瑾的革命主義較徐錫麟為狹，她在手撰的〈光復軍軍制頒論文〉中有云：「今時勢阽危，確見其有不容己者，於是大舉報復，先以雪我二百餘年滿族奴隸之恥，復以啟我二兆方里天府之新帝國。……幸叨黃帝祖宗之靈，得以光復舊族，與眾更始，是我漢族自當共表同情也。」[14]她在另一篇未完稿的宣傳文件中亦說：「如真革命黨，惟以報祖宗的仇，光復祖宗的土地，為自己漢人造幸福。」[15]分析這兩個文件，秋瑾似只想把滿人的政權推翻，重建一個漢人的政權，而且此政權只是一個「新帝國」，並不強調一般革命志士所追求的共和國。

繼徐錫麟、秋瑾之後領導光復會的是章炳麟和陶成章。章炳麟是光復會中對革命理論發揮最多的一個領袖。他的政治思想約可分為三方面：其一是排滿革命，其二是反對代議制，其三是抑富振貧。章炳麟於一八九九年正式提倡排滿。一九○二年四月，章以刊行《訄書》，闡發排滿思想，得罪清廷[16]，亡命日本，日與革命志士討論宣傳排滿之策。他認為欲鼓吹民族革命，非先激起國人的歷史觀念不可，時距四月二十六日（陰曆三月十九日）明崇禎帝殉國之祭未遠，章提議於是日舉行一大規模的紀念會，眾贊成，推章起草宣言，由秦鼎彝、馮自由、朱茂芸、馬和（君武）、王家駒、陳猶龍、周宏業、李群、王思

---

[14] 陶成章，《浙案紀略》下卷，頁三；《秋瑾集》，頁二二稱此文件為〈光復軍起義檄稿〉。

[15] 《革命文獻》第一輯，頁一三四。

[16] 《訄書》，〈客帝匡謬〉篇有云：「自古以用異國之材為客卿，而今始有客帝。客帝者何也，曰如滿洲主中夏是也。……滿洲弗逐，欲士之愛國、民之敵愾，不可得也。」見原書頁二、六～七。

誠等署名發起，章於會敍中提醒國人光復故土的觀念，他首先舉出了明末志於光復的一些志士：「願吾滇人，無忘李定國；願吾閩人，無忘鄭成功；願吾粵人，無忘張煌言；願吾桂人，無忘瞿式耜；願吾楚人，無忘何騰蛟；願吾遼人，無忘李成梁。」並引用外國事例，以勵民志：「昔希臘隕宗，卒用光復；波蘭分裂，民會未弛。以吾中夏方幅之廣，生齒之繁，文教之盛，曾不逮是偏國寡民乎？」[17] 一九〇三年，他在〈革命軍序〉裏說：「同族相代，謂之革命；異族攘竊，謂之滅亡。改制同族，謂之革命；驅逐異族，謂之光復。今中國既滅亡於逆胡，所當謀者光復也，非革命云爾。」[18] 其後，他於《民報》發表〈排滿平議〉，公言「舉一綱而眾目張，惟排滿為其先務」[19]。

章炳麟的排滿革命思想，只是「光復」二字，即在主編《民報》時期，仍堅持其說。其〈革命之道德〉一文有云：「吾所謂革命者非革命也，曰光復也。光復中國之種族也，光復中國之州郡也，光復中國之政權也。」[20] 〈箴新黨論〉一文有云：「滿洲之亡，不亡於漢人，或亦亡於他族，則漢亦與之同盡。……若吾黨之狂狷者不疾趣以光復，日月逝矣，高材捷足者將先之。」[21] 觀此，章炳麟志在光復，這可以說是一種狹義的民族主義思想。

除民族思想外，章炳麟亦有民權思想。炳麟的民權思想，可能是受孫中山的啟發。大約在一九〇三年前後，孫與章論國事，章問成功

---

[17] 《革命逸史》（一），頁八六。

[18] 馮自由，《中華民國開國前革命史》第一冊，頁一三三。

[19] 《民報》第二十一號，頁一二。

[20] 《民報》第八號，頁一三。

[21] 《民報》第十號，頁一五～一六。

之後建何政體，孫主共和，章為詫異，蓋異乎孫何以不帝制自為[22]。
亦大約在那個時候，章曾主張共和，平民執政，但後來對代議制度發
生懷疑，其〈代議然否論〉一文有云：

> 與其教立憲而使民有貴族黎庶之分，不如王者一人秉權於上，
> 規模廓落，則苛察不徧行，民猶得以紓其死。……選舉法行，
> 則上品無寒門，而下品無膏粱，名曰國會，實為姦府，徒為有
> 力者傳其羽翼，使得腰膁齊民，甚無謂也。……遠西諸國……，
> 其議院始牙蘗，本為微稅，而稅實出於地主。既有地主，一人
> 足以攝千萬人，是故就此訪之，不必與無稅之佃客議也。中國
> 土地農圃自主者太半，逮地權平均以後，全國無地主矣，豈有
> 一人足以表六十萬人，七百人足以表四萬萬人者[23]。

炳麟認為：財富平均則不必行代議制度。其〈官制索隱〉一文中有云：
「光復者，義所在、情所迫也；光復以後設共和政府，則不得已為之
也，非義所任、情所迫也。」[24]
　　就前文所引觀之，章炳麟似贊同平均地權，孫中山平均地權之議，
謂革命成功之日，土地國有，地主宜廢，農須自耕，田須領種。章頗
有同感，撰〈均田法〉，其言云：

> 凡土，民有者無得曠，其非歲月所能就者，程以三年，歲輸其

---

[22] 葉夏聲，《國父民初革命紀略》，頁一八～一九。

[23] 《民報》第二十四號，頁一、四、一七。

[24] 《民報》第十四號，頁三。

　　稅什二，視其物色而衰征之。凡露田，不親耕者使鬻之，不鬻
　　者鬻諸有司。諸園圃有薪木而受之祖父者，雖不親蒔，得有其
　　園圃薪木，無得蝥買，池沼如變田之法[25]。

炳麟痛清世馮桂芬等豪族以佃為奴，主張懲治，並沒收其田產[26]。在
他所主編的《民報》上，刊登劉師培的〈悲佃篇〉、黃侃的〈哀貧民〉，
大事鼓吹。黃侃以「富人奪之而我乃貧，非平之道」，主張「寧以求平
等而死，毋汶汶以生」[27]。劉師培的態度更為激烈，主張「盡破貴賤
之階級，沒豪富之田，以土地為國民所共有」，為了「籍豪富之田」，
他甚至鼓動「農人革命」[28]。炳麟在《民報》上對財富問題的主張，
與劉、黃等人無多出入，他在〈代議然否論〉一文中說：

　　田不自耕植者不得有，牧不自驅策者不得有，山林場圃不樹藝
　　者不得有，鹽田池井不自煮暴者不得有[29]。

其法與共產鬥爭的主張無異，與孫中山平均地權的制度，仁暴迥殊。
　　章炳麟是光復會的理論家，陶成章是光復會的實行家。一般而論，
實行家較不注重理論，即有理論亦較遷就現實，但陶成章則否。陶成

---

[25] 《訄書》，頁一四五，〈均田法〉附於〈定版籍〉篇之後，該篇載孫中山與章炳
　　麟就土地問題的答對情形，章贊同孫的均田之義。

[26] 葉夏聲，《國父民初革命紀略》，頁二一～二二。

[27] 《民報》第十七號，頁三二。

[28] 《民報》第十五號，頁三四。

[29] 《民報》第二十四號，頁一二～一三。

章在民生、民權、民族方面，都有一套自己的想法。成章的民生思想，與章炳麟相近，較孫中山的「平均地權」主張為激烈。一九〇四年二月，他在「龍華會章程」中說：「趕去了滿洲韃子皇家，收回了大明江山，並且要把田地改作大家公有的財產，也不准富豪霸佔。」他的民權思想，超過章炳麟，比同盟會的民權主義還激烈，「龍華會章程」有云：

> 無論什麼君主立憲，共和立憲，總不免於少數人的私意，平民
> 依舊喫苦。……成功以後，或是因為萬不得已，暫時設立一總
> 統，由大家公舉，或五年一任，或八年一任，年限雖不定，然
> 而不能傳子孫呢！或者用市民政體，或者暫定為無政府，不設
> 總統，也未可知。

他的民族思想，是一意排滿，謂「滿洲是我仇人，各國是我朋友」[30]。他的主張與章炳麟的光復舊物和孫中山的排除滿人政權不同，他說：「為我仇者，不僅清帝一人，凡滿洲人，皆我仇也；勢無兩立，必盡殺之。」[31]

陶成章的革命思想，約成長於一九〇二～一九〇三年間。其間，陶曾滯留日本[32]，而孫中山亦在日本宣揚其革命主張，如一九〇三年將青山軍事學校的誓詞定為「驅除韃虜，恢復中華，建立民國，平均地權」，陶是否受孫的影響，不得而知。

光復會的領袖中，章炳麟和陶成章的革命思想較廣闊，徐錫麟和

---

[30] 龍華會章程，見《辛亥革命》（一），頁五三四～五四四。

[31] 羅爾綱編，《天地會文獻錄》，頁六三。

[32] 《辛亥革命》（一），頁五二一～五二二。

秋瑾都比較狹隘，蔡元培則無多發揮。其他如李柱中、朱瑞、蔣尊簋等都是純粹的實行家，他們志在推覆滿清，沒有資料證明，他們另外還有什麼想法。清季重要革命團體的革命主義，同盟會標榜民族、民權、民生三大主張，發揮最多的是民族主義和民生主義。共進會放棄了同盟會的民生主義，只標榜民族和民權二者，但發揮亦不多。光復會標榜光復主義，即狹隘的民族主義，在這方面發揮不少，另對土地問題曾有激烈的主張，接近共產主義，惟對民權主義亦無多發揮。各派革命人士所以對民權理想少有發揮，可能是當時立憲派於民權理論發揮甚多之故。

四　內部結構

光復會的內部結構，可分為三方面論述，一為平面組織，從地理上來區分；一為層次建構，從指揮系統上來區分；一為會員成分，從參與者的出身上來區分。

平面組織以光復會本身為主體。光復會本身的組織，非常單純，一九〇四年於上海創立之初，只有會長、會員之分。會員以「光復漢族，還我河山，以身許國，功成身退」為誓詞，配戴金質徽章，中鏤一「復」字篆文，旁刻真楷[33]。會長蔡元培。本部在上海設聯絡處，初在新聞路仁和里，由王廉主持，後移至浙江旅滬學會，由沈祖緜主持，地點在四馬路益智社樓上，繼遷於三馬路寶安里。一九〇五年一月陶成章赴東京，成立東京分部，推王嘉榘負責[34]。是年同盟會成立，

---

[33] 《辛壬春秋》第三十三，上。

[34] 李書華，〈吳稚暉先生從維新派成為革命黨的經過〉，《傳記文學》，第四卷第

光復會一度渙散，但少數會員如徐錫麟，仍於同盟會之外單獨活動。

　　一九〇九年，陶成章在東京重振光復會，推章炳麟為會長，自任副會長，其主要組織發展在南洋。一九一〇年九月，陶成章在南洋聯合李柱中、沈鈞業、王文欽等在榜甲島組織光復總會，把李柱中所主持的同盟會支部改為光復會支部，並於榜甲島組織教育會，舉當地華僑溫慶武為會長，沈鈞業為視學員，以為運動機關。是年十二月，沈鈞業承黃蕭方、田桐、張雲雷之介，主爪哇泗水《漢文新報》筆政。一九一一年四月，成章重至爪哇，與沈鈞業、張雲雷聯絡泗水富商蔣伊芳及各書報社社員陳少諒、王少文等組泗水光復總會。其間，成章一度謀支應同盟會在廣州所發動的起事。廣州事敗，成章與尹銳志、尹維俊姐妹在滬組織銳進學社，發刊《女界》雜誌，為內地交通機關。是年七月，成章復與陶文波、李一民等往南洋各埠組光復分會[35]。

　　光復會的平面組織，除前述者外，尚有許多。在光復會醞釀成立前夕，杭州的浙會（成立於一九〇〇年）、上海的中國教育會（成立於一九〇二年）、東京的軍國民教育會（成立於一九〇三年）、嘉興的溫臺處會館（成立於一九〇四年），以及上海的愛國女學和愛國學社（均成立於一九〇二年）等，都與後來的光復會有密切的關係。光復會成立後，其領袖人物在各地運動，成立的團體和學校不少。團體方面，東京的國學講習會（成立於一九〇六年）、東亞亡國同盟會（成立於一九〇七年）和雲南獨立會（成立於一九〇八年），上海的浙江旅滬學會

三、四期。

[35] 馮自由，《華僑革命開國史》，頁九五；《辛亥革命回憶錄》（一），頁四四四；勞偉孟述、莫冰子記，〈浙江革命鉅子陶煥卿事略〉，民國四十五年九月十八日《華僑日報》。

（成立於一九〇六年）、神交社（成立於一九〇七年）、秋社（成立於一九〇八年）和銳進學社（成立於一九一一年），蕪湖（成立於一九〇六年）、安慶（成立於一九〇七年）、南京（成立於一九〇七年）等地的岳王會，以及岳王會會員在無錫所組的開明會（一九〇六年）、在安慶所組的維新會和同心會（均組於一九〇七年）等，均與光復會有密切的關係。學校方面，紹興的大通學堂（成立於一九〇五年）、安慶的巡警學堂、台州的耀梓體育學堂，以及南洋檳港的中華學堂（三校均成立於一九〇七年）等，均與光復會有密切的關係[36]。

光復會的層次建構，可從兩方面分析：一從光復會結合的性質來看，一從光復軍的建制來看。光復會的結合，非常鬆散，其一，沒有一貫的領袖，在不同時期，由不同的人來領導。其二，由於同盟會的成立，在一九〇六～一九〇八間一度渙散。其三，學界、秘密會社、軍界、華僑各有不同的領導人物。由於組織鬆散，想找出光復會的層次建構，並不容易。不過，除廣大的會員群不計外，僅就領導階層而論，可以分為上、中、下三層。前面所論述的領袖人物，從蔡元培、徐錫麟、秋瑾，到章炳麟、陶成章、李柱中、蔣尊簋、朱瑞，可以說都是上層的領導人物。中層的領導人物較為複雜，約可分為五類：

其一，本會的聯絡人：光復會成立之初，在上海本部任聯絡人者先後二人，即王廉和沈祖緜。王廉，字清夫，浙江定海人，商人出身。沈祖緜，字迪民，亦書祗民，求是書院教習，浙會會員，曾留學日本。

其二，分會的主持人：光復會創立時期，僅在東京設分會，由王嘉榘負責。王嘉榘，字偉人，浙江秀水人，求是書院肄業，浙會會員，

---

[36] 張玉法，《清季的革命團體》，頁六五八～六九〇。

留學日本，在早稻田大學肄業。光復會復興時期，陶成章曾在南洋榜甲島、泗水兩地都組有光復總會，對章炳麟在東京主持的本會來說，都是分會性質。榜甲島光復總會的重要負責人有王文欽、屠景曾、張雲雷、許紹南等，他們都是南洋華僑。泗水光復總會的重要負責人有蔣伊芳、陳少諒、王少文、莊少谷等，蔣為富商，陳、王、莊皆經營書報社。

其三，秘密會社的領袖：秘密會社的領袖均為浙江人，大部在浙江活動。重要的有龍華會正會主沈榮卿、副會主張恭、周華昌，平陽（平洋）黨黨魁竺紹康，祖宗教首領敖嘉熊，溫臺處會館總理魏蘭等。沈榮卿，山陰人，出身學界。張恭，金華人，舉人出身。周華昌，縉雲人，廩生出身。竺紹康，嵊縣人，文童出身。敖嘉熊，平湖人，秀才出身，浙會會員，愛國學社肄業，溫臺處會館創辦人。魏蘭，雲和人，曾留學日本。

其四，軍中的軍官：多為江浙皖三省新軍中的光復會重要負責人，包括石人俊、林述慶、陳肇英、常恒芳、范傳甲、熊成基、劉之絜等。石人俊，安徽人，日本陸軍學校畢業，岳王會員，徐錫麟聘為安徽巡警學堂教練。林述慶，福建人，第九鎮第三十五標管帶，辛亥光復任鎮江都督。陳肇英，浙江人，浙江弁目學堂畢業，砲兵將校專科畢業，浙軍第一標營司務長，辛亥在寧波響應革命。常恒芳，安徽人，安徽騎兵學校畢業，日本同文書院畢業，安慶新軍馬營排長，在軍中辦岳王會，聯絡同志，與徐錫麟往還。范傳甲，安徽人，安徽弁目養成所肄業，充新軍正目，辦自治會聯絡同志，並入岳王會，於熊成基所領導的安慶之役中遇害。熊成基，江蘇人，安徽砲營隊官，岳王會員，率安徽砲隊起事不成，復在東北謀刺載洵，事洩遇害。劉之絜，直隸

人，日本陸軍士官學校畢業，辛亥光復時任蘇軍司令。

其五，各地次級團體（包括學校、報社）的負責人：包括無錫開明會的華玉梁、蕪湖岳王會的陳獨秀、上海銳進學社的尹銳志和尹維俊、上海中國公學的陳淵、泗水《漢文新報》的沈鈞業等。華玉梁，南京陸軍小學肄業。陳獨秀，安徽人，秀才出身。尹銳志、尹維俊為姐妹，後參與杭州光復。陳淵，浙江人，大通學堂肄業，曾遊學日本，中國公學教員，於徐錫麟所領導的安慶之役中遇害。沈鈞業，浙江人，徐錫麟的學生，曾任大通學堂教員。

下層的領導人物，不易考查。主要包括上、中層領導人物與會員之間的一些直接聯繫人。如丁嶸，浙江人，商人出身，隸會黨，為溫臺處會館的執事員；如李造鍾，浙江人，商人出身，隸龍華會，為溫臺處會館幹事；如呂榮，浙江人，任職清軍，充哨弁，龍華會紅旗，皖浙之役殉難；如徐順達，浙江人，戲班司帳，龍華會紅旗，助秋瑾編光復軍；如陳威濤，原任南洋中興報執事，被辭退後，助陶成章在南洋發展光復會務；又如闕石原，浙江人，隨陶成章在浙江聯絡會黨[37]。

從光復軍的建制來看光復會的層次建構比較清楚。光復軍有兩種，一種是一九○七年秋瑾就浙江各地的會黨所編，一種是一九一一年上海光復之際，李柱中在上海組成。李柱中的光復軍，純為軍隊編制，茲不多論，秋瑾的光復軍，是對浙江秘密會社的重新組合，分為八軍，以「光復漢族、大振國權」八字冠之，茲以光字軍為例，列其編制如下：

---

[37] 前述光復會領袖人物之出身，散見張玉法，《清季的革命團體》，頁四九二～五○八。

- 統帶光字軍大將 / 統帶光字軍副將 / 行軍參謀 / 行軍副參謀
  - 光字中軍
    - 光字中佐
      - 光字中尉
      - 光字左尉
      - 光字右尉
    - 光字左佐：同上
    - 光字右佐：同上
  - 光字左軍
    - 光字中佐：同上
    - 光字左佐：同上
    - 光字右佐：同上
  - 光字右軍
    - 光字中佐：同上
    - 光字左佐：同上
    - 光字右佐：同上

軍中幹部分為十六級，以「黃禍源溯浙江潮，為我中原漢族豪，不使滿胡留片甲，軒轅依舊是天驕」七絕一首為表記，從黃字至使字皆有職位，如黃字為首領，推徐錫麟等五人；禍字為協領，秋瑾自居其一；源字為分統，以會黨頭目竺紹康、呂熊祥、張恭、葉頌清等任之[38]。上述八軍的大將，可能即為分統。

　　光復會的會員，據初步調查，得二百七十一人，其中婦女五人。就籍貫論，可知者浙江一〇四人，另有籍貫不詳之浙江軍界人士三十三人，學界人士九人，警界人士五人，大部當為浙江人，故浙江人至

---

[38] 馮自由，《革命逸史》（二），頁一八〇；（五），頁六八～六九；馮自由，《中華民國開國前革命史》（三），頁六八；陶成章，《浙案紀略》下卷，頁三～四；中華書局編，《秋瑾集》，頁二二～二四、一八一～一八二；秋燦芝，《秋瑾革命傳》，頁七五；《辛亥革命回憶錄》（一），頁一三八，（四）頁二一四。

少佔一半以上。其他各省的人士所佔的比例不大，可知者安徽十二人，江蘇十人，湖南六人，廣東三人，福建二人，湖北、雲南、四川、江西、直隸各一人。就出身論，可知者軍界八十九人，約佔 33%；學界五十八人，約佔 21.5%；商界十三人，約佔 5%；其他各種行業約佔 3.3%。尚有 37.2% 的人職業不詳。又在調查所得的二七一人中，會黨四十三人，約佔總人數的 16%；留日學生二十九人，約佔總人數的 10.4%。就年齡而論，可知者五十二人，其中十至十九歲者八人，二十至二十九歲者二十九人，三十至三十九歲者十二人，四十至四十九歲者二人，五十歲以上者一人。就活動區域分，浙江一三六人，江蘇三十二人，安徽三十人，南洋十六人，日本九人，直隸二人，往來於數省或國內外者十五人，不詳三十人。

　　無可否認的，前述統計不足以代表光復會員的內涵。光復會的成員，可知者以秋瑾在浙江所聯絡的秘密會黨為主，這些會黨，大部分為農民，少部分是市井間的游民，統計而得的會黨成員，大部屬於會黨的領導階層，其中不少為知識份子。光復會的第二大勢力在南洋，為陶成章、李柱中等所聯絡，為華僑中的工商階層。光復會的第三勢力為蘇、浙、皖一帶的新軍，統計中的軍中成員大部為領袖人物，軍中實際會員數目不可知。上海為光復會的發源地，可知的會員雖多為知識份子，市井流民必亦有參加的，辛亥之役，李柱中等人在上海組織光復軍，即以無業市民為主要兵源。

　　光復會訴於秘密會社的成分較同盟會為大，但其領導階層像同盟會一樣，大多為知識份子，統計所得的光復會成員雖不代表整個光復會成員的內涵，大體可以看出光復會領導階層的大概。此一領導階層年齡大部在二十歲至四十歲之間，籍貫主要來自浙江。如屬會黨，不

少得有舊功名；如屬新軍，多受過新式學堂或留學教育；如屬純知識份子，大部為新舊知識交替之間的人物[39]。

光復會的領導人物，嚴格說來，只有影響力或運動力大小的區別，沒有層級系統可言，即是秋瑾所組的光復軍，其層級組織也是形式大於實質。各領導人物，好像是各自網羅各自的群眾，彼此很少聯繫，也不能充分合作。在蔡元培任會長的時期，只有會長、會員之分，沒有分組活動的記載。同盟會成立後，有的會員加入同盟會，像蔡元培、陶成章、秋瑾，有的拒絕加入同盟會，說同盟會的領袖不配領導他，像徐錫麟。參加同盟會的光復會員並不在同盟會的指導下工作，仍是各做各的革命活動，看來有個人英雄主義存在其間。徐錫麟謀在安慶起兵，陶成章認為時機不成熟，不支持他，謂徐是個人英雄主義。徐錫麟決定在安慶起兵，卻沒有與秋瑾聯絡，讓秋配合。徐在安慶起兵，靠的是巡警學堂的學生，徐平時雖向學生傳布革命思想，並沒有把學生吸收為黨員，在學生畢業典禮時，徐擊殺了安徽巡撫恩銘，就號召學生往攻軍械庫，學生在疑惑間勉強起兵，終於失敗。徐錫麟失敗後，秋瑾的部下催秋瑾迅速發動，但秋堅持等待約定的時間。秋雖然把各地的會員組成光復軍，但他們並不聽指揮，有的提前發動，破壞了整體的行動計畫，有的到秋瑾被捕殺後才發動，自然都沒有成功。

五　運動方向

光復會的運動方向，可從兩方面說明，即擴充勢力和發動革命。關於擴充勢力，在光復會成立之初，以運動會黨為主，由陶成章、徐

---

[39] 張玉法，《清季的革命團體》，頁四九二～五一〇。

錫麟、秋瑾等負責，主要的成就在浙江。浙江的會黨，有衢州一帶的
終南會，處州一帶的雙龍會，溫州、嚴州、處州一帶的白布會，台州
一帶的伏虎會，金華府一帶的龍華會，以及嵊縣一帶的平陽黨等，皆
哥老會的一支。在光復會成立前夕的一九〇三～一九〇四年間，這些
會黨已由陶成章、魏蘭、敖嘉熊等運動成熟，到一九〇四年十、十一
月間，敖嘉熊在嘉興成立溫臺處會館，推魏蘭為總理，與各地會黨加
強聯絡。光復會成立後，蔡元培欲介紹敖嘉熊入會，陶成章想介紹魏
蘭入會，就是想借助在他們掌握下的會黨勢力，敖、魏二人當時雖未
正式入會，但一直參與光復會的活動[40]。

　　一九〇五年夏，溫臺處會館因缺乏資本無法維持，辦事諸人星散。
適徐錫麟在紹興所籌設的大通學堂於是年九月成立，該堂設有體操專
修科，目的在訓練各地團練人才，陶成章等乃遍遊諸暨、永康、縉雲、
金華、富陽各縣，邀各會黨頭目至大通學堂習兵操，使各地會黨得繼
續與光復會保持聯繫。是年冬天，錫麟赴日，後又轉赴安徽任巡警學
堂會辦，大通學堂經理屢易其人，但仍繼續訓練各地會黨領袖，到一
九〇七年二月，大通學堂改由秋瑾主持，秋即進一步組織各地會黨，
成立光復軍。秋瑾成立光復軍的目的，是欲與徐錫麟在浙皖二省同時
起事，但徐錫麟在安慶因事洩先發失敗後，秋瑾旋亦被捕殺，與秋瑾
約期舉事的會黨諸人，僅台州裘文高揭竿而起，屢敗清軍，餘多無所
表現[41]。

---

[40] 馮自由，《革命逸史》（五），頁四九～五五、六二；《清稗類鈔》，（二七）會黨
　　類，頁五六、七〇～七九。

[41] 馮自由，《革命逸史》（二），頁一七八～一八一；（五），頁五五、六五～六九、
　　七八～九四。

光復會在一九〇四～一九〇七年是運動會黨的時期，在一九〇七～一九〇八年則是運動新軍的時期。光復會運動新軍始於蔣尊簋、熊成基、秋瑾等人，秋瑾在主持大通學堂期間，除組織會黨外，並聯絡新軍，督練公所的許耀、夏超、虞霆，武備學堂的黃鳳之、張敢忱、呂公望，弁目學堂的吳斌、徐雄、柯制明、潘知來、邢復，及新軍第二標的朱瑞、葉頌聲、周鳳岐等都加入了光復會，惟新軍在皖浙之役中並無值得注意的表現。蔣尊簋運動新軍較秋瑾為早，一九〇五年他在杭州創辦弁目學堂，鼓勵學生參加革命，該校學生徐光國、陳肇英、裴繼美、呂和音、呂煥光等都加入了光復會。熊成基運動新軍的時期亦較秋瑾為早，他是江蘇甘泉人，初在安徽練武軍武備學堂肄業，後轉入南京礮兵速成科學堂肄業。熊在南京畢業後，被派到安徽馬營當隊官。當時南京、安慶、蕪湖等地軍中有岳王會的革命組織，會員中以范傳甲、常恒芳、倪映典等最為活躍。熊成基初加入光復會，又加入岳王會，其運動新軍，頗借用岳王會在軍中的勢力。一九〇八年十一月，熊成基在安慶率砲隊起兵，參加諸人如范傳甲、薛子祥等皆岳王會會員。安慶之役失敗後，熊成基走日本，旋又往東北活動，一九一〇年春，因謀刺清海軍大臣載洵，被捕遇害[42]。

熊成基在安慶起兵失敗後，國內的光復會聲勢減弱，陶成章、章炳麟在海外運動日本留學生和南洋華僑重振光復會，成為一九〇八年到一九一一年年初光復會的主要活動。陶成章、章炳麟皆以光復會員入同盟會，一九〇七年同盟會領導階層因兩江總督端方的偵探汪公權

---

[42] 梁惠錦，《光復會》油印本，頁五四～五六；陳旭麗，《辛亥革命》，頁四四；陳肇英，《八十自述》（臺北，民國五十六年），頁四十一；《辛亥革命回憶錄》（一），頁六二六～六二七。

的挑撥發生分裂，陶、章等乃謀復興光復會。汪公權係光復會員兼同盟會員劉師培妻何震的表弟，一九〇七年春與劉師培、何震同由上海至東京，伺機分化同盟會人。適孫中山私受日人贈款一萬五千元，未能作合理分配，可能是由於汪公權撥弄，舊光復會人章炳麟、陶成章、劉師培等，以及舊華興會人宋教仁、譚人鳳、張繼等乃掀動風潮，後雖經黃興、劉揆一等多方維持，風潮漸平，但裂痕已生。最使章炳麟不能繼續留在同盟會的，是劉師培不久投靠端方，公開指章炳麟亦早欲投靠端方，而章此時又與另一重要同盟會員吳敬恒交惡，謂吳於蘇報案中出賣同黨。在這種情形下，章在同盟會中陷於孤立是可以想見的。一九〇九年二月，汪兆銘免去章炳麟《民報》編輯的職務，並拒絕其投稿，亦引起章炳麟的不滿。

在章炳麟、陶成章與同盟會關係惡化時，他們自然想到另立門戶。一九〇八年陶成章奉章炳麟之命往南洋為《民報》籌款，即準備恢復光復會，把徐錫麟、秋瑾起事事件編成〈浙案紀略〉，在仰光《光華日報》發表，以資宣傳，並聯合因濫支公款被《中興日報》革退的陳威濤，在南洋英屬、荷屬各地極力運動。時李柱中在南洋濱港設有同盟會分部，頗得華僑信任，陶往濱港聯絡李柱中，並糾合江、浙、湘、楚、閩、粵、蜀七省在南洋的部分華僑，散布文件，攻擊孫中山以革命之款為私用。南洋華僑受其影響，對同盟會頗為不滿，一九〇八年河口之役，孫中山派汪兆銘到荷屬汶島籌款，即遭當地華僑的激烈反對。如前所述，一九〇九年冬，陶成章回到東京，即與章炳麟正式恢復了光復會。光復會恢復後，章炳麟繼續在東京開國學講習會，網羅留日學生，但運動力不強。陶成章則往南洋發展會務，在李柱中等人的協助下，在華僑社會中建立了許多革命組織，並募集不少款項[43]。

這是一九一一年上海光復前後，陶成章、李柱中等能夠獲得一時成就的主要原因。

一九〇八～一九一一年章炳麟、陶成章在海外的運動，對一九一一年江蘇及浙江的光復都有不少貢獻。但對江蘇、浙江的光復，貢獻最大的還是分布在兩省新軍中的光復會員。上海、蘇州、鎮江、杭州、南京等的光復，光復會員都建了不少功勞。除光復軍司令李柱中外，在一九一一～一九一二年間，滬軍司令洪承典、蘇軍司令劉之絜、浙軍司令朱瑞、鎮軍第一師團長柏文蔚等皆光復會員[44]。

浙江的光復，始於一九一一年十一月三日。是夜浙江新軍起事，顧乃斌擒得浙撫增韞，朱瑞率領的新軍第二標和張伯岐所率領的敢死隊，對撫臺衙門的攻擊最著功勞。四日，諮議局正副議長陳黻宸、沈鈞儒等議請滬杭甬鐵路督辦湯壽潛為都督，時陶成章偕沈鈞業、陳陶遺自南洋返國，被舉為浙江都督府參議。成章為助浙軍攻取南京，設籌餉局於上海。南京光復，湯壽潛轉任臨時政府交通部長，浙人推蔣尊簋為都督[45]。顧乃斌、張伯岐、沈鈞儒等皆光復會員。浙江的光復，除杭州外，各地方的光復，光復會人亦參與其事，譬如在杭州光復前夕，省城光復會人派人去寧波與當地光復會人浙軍第一標營務司長陳肇英和任職於督練公所的許耀聯絡，他們終於在十一月六日一舉光復寧波[46]。

---

[43] 張玉法，《清季的革命團體》，頁四七三～四八四。

[44] 《支那に於ける政黨團體紀要》，頁二三。

[45] 馬敘倫，《我在六十歲以前》（重慶，民國三十六年），頁三三；《辛亥革命回憶錄》（一），頁六二五、六二九～六三三。

[46] 陳肇英，《八十自述》，頁一九。

　　江蘇的光復，以上海為起點。一九一一年李柱中歸國，任光復會上海總幹事，除與中部同盟會主持人陳其美策畫革命外，並往來於長江一帶。及武昌事起，黎元洪委李為長江下游招討使。李乃與陳其美協商，定於十月二十三日分路進攻江南製造局。又因上海新軍多為湖南人，同盟、光復兩會為了便於策反新軍，推李柱中主持起事，並約定起事成功後，由李出任滬軍都督。十一月三日，陳其美率商團等攻製造局不克，又徒手入製造局勸降，被捕，李柱中乃於四日率光復軍攻之，下製造局，出陳其美於險。六日，起事各軍議組政府，李柱中因病未往開會，陳其美被舉為滬軍都督。之後，李別樹一幟，率部到吳淞組軍政分府，自稱中華民國光復軍總司令，以仇鰲為秘書長。其部將黎天才曾率師會同蘇浙聯軍進攻南京，建有功勞[47]。

　　上海的光復，是光復會和同盟會合作的結果。除前述軍事上的聯合以外，在經費上亦互通有無。李柱中、王文欽等在上海起事，其經費多由陶成章在南洋募集，募款之接濟徐紹楨、陳其美者亦不少。但光復前後，由於二會在上海都有勢力，雙方難免明爭暗鬥。代表同盟會勢力的是陳其美和宋教仁，代表光復會勢力的是陶成章和李柱中[48]。史家有論云：辛亥成功，同盟會人出組南京臨時政府，而沿江各省及上海浙江恢復，光復會黨人功為多，同盟會、光復會不和，所在互相

---

[47] 馮自由，《革命逸史》（二），頁九九；（五），頁二七〇～二九二；《各省光復》，（上），頁三八六～三九〇；《辛亥革命回憶錄》（四），頁三一～三四；李燮和，〈呈請孫大總統准予辭卸吳淞光復軍總司令〉文，民國元年三月十日《臨時政府公報》第三十四號。

[48] 《辛亥革命回憶錄》（四），頁一〇；勞偉孟述、莫冰子記，〈浙江革命鉅子陶煥卿事略〉，民國四十五年九月十九日《華僑日報》。

仇殺。一九一一年十二月十二日，陳其美殺鎮江軍政府參謀陶駿葆於都督府，陶乃光復會員[49]。一九一二年一月十三日，陶成章亦在上海被刺。因為當時同盟會和光復會有摩擦，一般認為陶成章是陳其美派人暗殺的[50]。

陶成章被殺後，光復會在上海的要人章炳麟已與舊立憲派結合，以政黨鬥爭的方法，作反對同盟會之舉。李柱中軍餉無法解決，乃將李炯帶領的軍隊二千名交給胡瑛率領，去青島做山東都督；張鵬帶領的軍隊二千名交黎天才訓練統率；女子軍任其自行解散。事後，李辭職退居上海，嗣由袁世凱委任為長江水師總司令，不久辭職赴京，成為袁世凱的死黨[51]。此不能不說是因與同盟會爭權失敗有以激成之。

六 結 論

光復會崛起於同盟會成立的前一年，同盟會成立後，部分會員加入同盟會，但光復會的名義仍存。光復會在反滿革命的陣營中持分裂主義始於徐錫麟，繼起者為陶成章和章炳麟。

光復會在革命運動的後期採取分裂主義，對推翻滿清的大目標來說沒有多大影響；對革命陣營的整合來說，則產生了極大的破壞力。孫中山的革命主義之被局部接納（偏重民族主義），使民權、民生的革命主張不能貫徹。光復會最大的失策是在武昌革命事起後圖謀與同盟

---

[49] 尚秉和，《辛壬春秋》〈上海〉第十二、〈革命源流〉第三十三，下。

[50] 《辛亥革命回憶錄》（四），〈辛亥上海光復前後〉。

[51] Mary Backus Rankin, *Early Chinese Revolutionaries*, pp. 210–211；《辛亥革命回憶錄》（四），頁三七。

會爭奪地盤，此事不僅導致部分光復會領袖喪失性命與權位，更促使另一部分光復會人謀結合舊官僚以抗同盟會。同盟會在成立南京臨時政府後，未能將舊日的革命黨人作一整合，使光復會和共進會人大都倒向袁世凱一邊，此為同盟會與袁世凱鬥爭失敗的重要原因。

由光復會的革命歷史略可看出，辛亥革命的成功部分應歸功於革命志士分途發展，爭功向上；而辛亥革命未能貫徹其終極目標，亦由於各具懷抱、缺乏有效的共同領導。從事革命的人如何擴大勢力而不失去駕馭，如何整合內部而不影響團結，實在是任何革命運動中的重要課題。

會黨與辛亥革命

一　前　言

　　辛亥革命的社會參與是廣闊的，有知識份子，有工商界人士，有軍人，有官僚，有改革派份子，有華僑，也有會黨。知識份子是辛亥革命的領導階層，商人和華僑主要的表現在捐款方面，官僚和改革派份子推波助瀾，軍人和會黨則為革命所借助的主要武力。作為革命武力，軍人的表現主要在武昌革命爆發及其以後，會黨則自始與革命運動相結合，但因為會黨缺乏具有遠見的領袖，其群眾又為烏合，不為正統社會所容，到民國建立，軍人因參與革命而獲政權，會黨則退回幕後，成為其他政治和社會運動的群眾。

二　會黨及其早期反滿活動

　　會黨是清代南方秘密會社的一系（另一系為北方的白蓮教），初名洪門，一名天地會，又叫三點會，或稱三合會。天地會或訛為添弟會，又改稱哥老會，其別派有清水會、匕首會、雙刀會、鉢子會、告化會、

小紅旗會、小刀會、劍仔會等目。會中人自稱洪門或洪家，別稱洪幫，世訛為紅幫。

洪門成立的宗旨是「反清復明」，其起源已不可詳考。一說一六六一年（順治十八年）鄭成功在臺灣開金臺山，遣人回國作復國活動，其中陳永華到四川雅州開精忠山，後精忠山為清軍攻破，陳逃到湖北，與其他反清勢力合流。據清末革命諸子的了解，洪門為明末遺臣力圖復國所組織的秘密團體，洪秀全曾語人云：「三合會之目的，在覆清復明，其創始在康熙時。主義雖正當，然必至二百年後如今日，始可為覆清之舉。」孫中山在〈建國方略〉中說：

> 洪門者，創設於明末遺老，起於康熙時代。蓋康熙以前，明朝之忠臣烈士，多欲力圖恢復，誓不臣清，捨生起義，屢起屢蹶，與虜拚命；然卒不救明朝之亡。迨至康熙之世，清勢已盛，而明朝之忠臣亦死亡殆盡。二三遺老，見大勢已去，無可挽回，乃欲以民族主義之根苗流傳後代，故以反清復明之宗旨，結為團體，以待後起者可籍為資助也。

陶成章在〈教會源流考〉中亦說：「何謂洪門？因明太祖年號洪武，故取以為名。指天為父，指地為母，故又名天地會，始倡者鄭成功，繼述而修整之者，則陳近南（永華）也。」鄭成功為明末主要抗清勢力的領導人，他的活動區域在臺閩（福建領臺灣），洪門最早成立於福建，策畫人為鄭成功的部將陳永華，似有極大的可能性。

洪門成立後，勢力向外發展，為避清廷耳目，乃有各種不同的名稱。大概說來，由福建北至浙江、江蘇，西至江西、湖南，南至廣東、

廣西，有天地會之名。由廣東、廣西，至於江西邊境，有三點會之名。由廣東、廣西、福建、江西邊境擴及湖南南境，有三合會之名。太平天國初起時，洪秀全及其將帥林鳳翔、石達開、楊秀清、馮雲山等皆會黨中人，雖然由於教義關係，洪秀全後來又清除太平軍中的會黨份子。其後會黨勢力滲入湘軍，避去天地、三點、三合之名，易名為哥老會（因會黨首領有老大哥之別號）。於是凡湘軍所到之處，無不有哥老會的傳布。其勢力由湖南及於湖北，西南至四川、貴州、雲南，東至江西、浙江，北至安徽、江蘇、河南、山西、陝西、甘肅、新疆、山東、直隸。天地會發展到南洋，有三合會或三點會之目，美洲的致公堂為其餘緒。

洪門的勢力，以山堂為中心。清代的山堂，據初步調查，得四十七個。以成立年代分，光緒朝二十七，嘉慶朝四，道光朝二，順治、康熙、咸豐、同治朝各一，不詳十。以成立省區分，湖南十一，四川六，甘肅、湖北、浙江、山東各三，福建、江蘇、雲南各二，廣東、臺灣、貴州、直隸、山西各一，不詳七。

從山堂的省區分布，可以窺知洪門勢力的地理分布。另從洪門在各省起事的頻數來觀察，亦可窺知洪門勢力的地理分布。據初步統計，自一六七三年至一九〇九年，洪門策動或參與起事八十五次，有些起事蔓延數省，故就洪門在各省起事的次數來統計，廣東三十四次，湖南十四次，江西十二次，廣西六次，湖北六次，臺灣四次，雲南、貴州、浙江、福建、江蘇各三次，四川、安徽、河南、直隸、吉林各一次，共九十六次。

由上述二統計可知，洪門的主要勢力雖然在中國南部及中部地方，它的觸角實已伸展到全國各地。外人華特 (J. S. M. Ward)、斯泰領 (W.

G. Stirling) 二氏在調查報告中說：「有中國人的地方就有洪門。」

　　洪門的組織既分布於全國各地，反抗滿清政府的事件乃層出不窮。自傳說中的一六七三年（康熙十二年）陳永華率洪門之眾在襄陽起事，至一八九五年（光緒二十一年）三合會與孫中山的革命組織聯合起事，二百二十三年間，會黨之起事，據初步統計，得五十六次，計自一六七三年至一八四九年（道光二十九年，即太平軍起事的前一年）的一百七十六年中二十三次，平均每七‧六年一次。自一八五〇年（道光三十年，即太平軍起事之年）至一八九四年（光緒二十年，孫中山借用會黨力量起事的前一年）的四十四年中三十三次，平均每一‧三年一次。但自會黨與孫中山所倡導的革命運動結合後，起事的頻率更緊，計自一八九五年至一九〇九年的十五年中二十九次，平均每〇‧五年一次。

　　洪門起事的次數愈來愈頻仍，此種趨勢，與洪門山堂建立的頻數略同。山堂的建立，年代可知者，一八四九年以前八個，平均每二十二年建立一個。一八五〇～一八九四年八個，平均每五‧五年建立一個。一八九五～一九〇七年二十一個，平均每〇‧六年建立一個。除統計上可能發生的偏差外（如年代愈遠資料愈不全），可能的解釋有許多種，值得強調的有兩個因素：其一，自一八五〇年太平軍起，激起了全國性的反滿情緒；其二，自一八九四年興中會成立，孫中山所領導的革命運動，把洪門的反滿活動再度激發起來。

　　洪門的反滿活動，早期（前一百九十四年中）以天地會（添弟會）和三合會為主，後期（四十二年中）以哥老會為主，約以一八六七年（同治六年）為分界。是年清廷諭令各省取締哥老會。在前述洪門起事的統計資料中，一八六七年以前的三十九次尚無以哥老會名義起事

或運動者,以三合會名義者十六次,以天地會名義者十五次,以洪門名義者二次,以三點會名義者一次,不詳(但言會黨)五次。一八六七年以後的四十六次起事或運動中,以哥老會名義者十九次,以三合會名義者十五次,以天地會及洪門名義者各一次,不詳(但言會黨)十次。

洪門的反滿活動,其方式大都是傳統的,此處不一一論述。惟在一八九四年以後,當洪門的勢力與孫中山的革命運動結合時,許多反滿事件都具有新的意義。雖然如此,清末革命黨人與會黨之間只有時斷時續的聯盟關係,藉用他們的武力雖然常有,從沒有想把他們變成真正的革命隊伍。

三　會黨與清季革命運動的結合

會黨所以與清季革命運動建立上關係,是革命黨人策動的結果。清季革命黨人所以運用會黨,一方面因為會黨具有反滿意識,容易接受革命黨人的民族主義,至少會黨與政府是對立的,容易與革命黨人接近。另一方面,會黨對群眾有組合的力量,革命運動可以透過會黨組織,建立群眾基礎。

孫中山所領導的革命運動,可以說脫胎於前此二百年的會黨反滿活動。孫中山的故鄉廣東省,為會黨活動最烈的省分。會黨視反抗滿清為義舉,在一般社會以革命為大逆不道的情形下,孫中山倡導革命之初,不得不引會黨為主要革命武力。檀香山興中會的創立,得力於三合會首領鄧松盛(蔭南)的幫助。香港、廣州、惠州一帶革命群眾的聯絡,得力於三合會首領鄭士良的幫助。興中會的其他重要幹部,

如陳少白、尤列、程奎光、朱貴全、丘四、謝纘泰等，多為會黨中的重要份子。當時孫中山的左右，可以說多半是會黨中人。

興中會成立後，革命運動逐漸展開，不少革命黨人投入會黨，從中聯絡；亦有不少會黨，與革命勢力合流。聯絡會黨的各派革命志士，在廣東有鄭士良、陳少白、謝纘泰、洪全福，在兩湖有畢永年、平山周、劉揆一、黃興，在浙江有徐錫麟、秋瑾、龔寶銓、陶成章。為聯絡會黨方便起見，孫中山於一九〇三年在檀香山加入洪門組織。

在同盟會成立前，各派革命志士所發動的重要起事，共有五次：一為一八九五年的廣州之役，二為一九〇〇年的惠州之役，三為一九〇三年謝纘泰在廣東所策動的反滿活動，四為一九〇四年黃興在湖南所策動的反滿活動，五為一九〇五年許雪秋在潮州所策動的反滿活動。這五次反滿活動，均曾藉用會黨的力量。

一八九五年的廣州之役是興中會策動的，主之者為孫中山，助之者為鄭士良、陸中桂（皓東）、鄧松盛（蔭南）、陳少白、楊衢雲、黃詠商、謝纘泰等。重要武力，除北江、西江、汕頭、順德的綠林，三元里的鄉團，廣州的防營及水師以外，有香港和順德的會黨。此役未及發動，即為清軍偵破。在被捕遇難的革命志士中，丘四、朱貴全等皆為會黨份子。

一九〇〇年的惠州之役也是興中會策動的，主之者為孫中山，助之者有鄭士良、陳少白、史堅如、楊衢雲等。鄭士良為三合會首領，所有惠、潮、嘉各屬會黨，俱受節制。陳少白曾加入三合會聯絡廣東會黨，加入哥老會聯絡長江會黨，哥老會首領楊洪鈞、李雲彪、張堯卿等此時都與興中會建立了關係。史堅如曾去長江一帶聯絡會黨，當亦為會黨中人。此後主要由鄭士良所統屬的會黨發動，於歸善縣的三

洲田出發，戰於永湖、三多祝、白沙等地，因外援不至，部眾解散，結束戰事。

一九〇三年謝纘泰在廣東所策動的反滿活動，與興中會沒有直接關係。謝雖曾入興中會，此時已脫離興中會，另謀發展。謝出身三合會世家，為謝規劃起事的洪全福為洪秀全從姪，在洪門中有勢力。另兩位重要參與人宋居仁和馮通明，都負責在粵北聯絡會黨。原擬於一九〇三年一月二十八日襲擊廣州，因事洩而敗。

一九〇四年黃興在湖南所策動的反滿活動，是華興會的事業。華興會為黃興所組，黃為了籌備起兵，遣劉揆一聯絡哥老會頭目馬福益，黃並親與馬見面，決定由馬任少將，掌理會黨事務，並擔任起事軍的組織工作。原擬於一九〇四年十一月十六日大舉，因先期事洩而敗。

一九〇五年許雪秋在潮州所策動的反滿活動，原為會黨的單獨事業。許於一九〇六年與孫中山所領導的革命運動相結合，增加了許前此反滿活動的重要性。許出身三合會，他所聯絡的重要同志余丑、陳湧波、余通等皆出身會黨。原擬於一九〇五年四月十九日起事，因先期事洩而敗。

同盟會成立後，雖然許多革命領袖重視留學生的聯絡，但重要的革命起事，仍多運用會黨的力量。一九〇六至一九一一年間，重要的革命起事凡二十四次，確知利用會黨力量起事者，最少十二次：

⑴一九〇六年十二月四日，哥老會眾三萬人起於萍鄉、瀏陽、醴陵一帶，哥老會首龔春臺於檄文中號召漢族同胞起而「建立共和民國」，「使地權與民平均，不致富者愈富，成不平等之社會」。東京同盟會本部曾派寧調元、孫毓筠等回國圖響應，事均敗。

⑵一九〇七年二月十九日，同盟會員兼三合會首領許雪秋等謀起

事於潮州府城，以風雨大作，同志集合不便，中止。事後，孫中山曾派留學生喬義生、方漢城及日人萱野長知、池亨吉等前往協助。

(3)一九〇七年五月二十二日，廣東革命軍由許雪秋策畫起於潮州黃岡，眾約千餘人，全為會黨，初由余丑（會黨）率領，以「驅除韃虜，恢復中華，建立民國，平均地權」為幟，歷週餘而敗。

(4)一九〇七年六月二日，同盟會員鄧子瑜（三合會）等聯絡會黨數百人起於惠州七女湖，以響應許雪秋在黃岡方面之行動，與清軍戰十餘日而敗。

(5)一九〇七年七月一日、三日，浙江武義、金華兩地光復軍事洩。光復軍為光復會人秋瑾聯絡會黨所組，謀於皖、浙大舉。光復軍事洩後，另一光復會首領徐錫麟在安慶起兵不成，秋瑾以此被捕殺，各地光復軍起事者亦敗。

(6)一九〇七年九月一日，孫中山派王和順（三合會）在廣東防城策動會黨、民團起事，新軍亦有響應者，眾約千餘人，一度佔有防城，旋以彈盡而敗。

(7)一九〇七年秋，許雪秋擬於汕尾起事，因孫中山運往之武器未能順利交卸，遂不得舉事。

(8)一九〇七年冬，同盟會四川支部負責人謝持、余英、熊克武、張培爵等，擬於江安、瀘州、成都等地聯絡哥老會起事，至是年十一月二十五日事洩而敗。

(9)一九〇七年十二月二日，同盟會人黃明堂（三合會）等聯絡三合會黨八十餘人起於鎮南關，曾佔清軍砲臺，樹青天白日旗。孫中山先生且親歷戰地視察，至十二月九日砲臺失守。

⑽一九〇八年四月二十九日，黃明堂起於河口，初以會黨及流民
三百餘人為主，復又收降兵六營，計約三千人。黃興在安南欲
組隊往援，被法國扣留。黃明堂因失去外援，與清軍相持二十
餘日後，退往安南。

⑾一九〇八年冬，粵籍同盟會員葛謙、譚馥、嚴國豐在廣州散發
保亞票，聯絡軍中哥老會員，密謀起事，事洩死之。

⑿一九〇九年，共進會人劉英率會黨起於湖北京山，事敗。

清季革命運動，在中國南方及長江流域得以迅速擴展，得力於會
黨者至多。而會黨經過革命黨人的組織與宣傳，在性質上也發生轉變。
清季會黨顯著的轉變有二：其一，會黨的宗旨，原為「反清復明」，但
在滿清政權逐漸穩定之後，此一宗旨漸不被強調。會黨受革命黨人運
動，參與反滿起事以後，漸漸恢復了民族主義的宗旨。有些會黨，至
少在表面上，一度接受了革命的主義，如孫中山在加入三合會之後，
將其「驅除韃虜，恢復中華，創立民國，平均地權」的革命宗旨納入
三合會，三合會人未聞有反對者。其二，清季的會黨，受本土文化的
驅使，有排外的傾向，清季許多反教、反洋運動，都與會黨有關。但
會黨與革命黨人接觸後，即逐漸放棄排外之想，再回復到排滿，如一
九〇六年哥老會所發動的萍醴瀏之役，教堂及牧師均一律保護。

四　會黨對辛亥各省光復的貢獻

會黨參與辛亥革命的層面，相當廣闊。武昌革命爆發後，在各省
響應革命的，除原有的革命團體如同盟會、共進會、光復會以外，還
有新軍、立憲派人士、舊官僚，以及會黨。雖然在大部分省分，會黨

只是居於從屬的地位，但在貴州、四川、陝西三省，會黨卻扮演了主要角色。

㈠貴　州

貴州在武昌革命爆發前，為革命、立憲兩派鬥爭之地。同盟會員有楊藎誠、于德坤、凌霄、張銘、彭述文、張先培等約四十人，與之接近者有張百麟所組織的自治學社。自治學社為哥老會的組織，有黨員數萬，分社遍全省，又有《西南日報》為之喉舌，並有公立法政學堂、法官養成所等為培養人才之地。另一個哥老會的組織，是黃澤霖的光復公會。光復公會到武昌革命爆發後，與自治學社接近，與之合組全黔保全會，實為運動革命的組織。

立憲派除楊昌銘等所組的憲友會支部、陳元棟等所組的憲政實進會支部、雷述等所組的政學崇實會以外，以任可澄所組的憲政預備會勢力最大。任可澄另組有憲群社，為運動哥老會的組織。與立憲派接近者另有耆老會，該會為退職的官僚和地方士紳組成，負責人郭重光，原任安徽蕪湖道。

革命、立憲兩派勢力，以自治學社和憲政預備會為主，大體言之，憲政預備會控制了行政機構、教育會、商會和農會，但諮議局議員的選舉，自治學社卻能在三十九席中得三十三席。故其後資政院議員選舉，由自治學社籍諮議局議員劉榮勣當選；北京各省代表組織國會請願同志會，由自治學社選蔡嶽、彭述文、李澤民三人代表貴州教育總會參加；北京各省諮議局聯合會成立，由自治學社籍諮議局議員楊壽籛代表參加。自治學社原為運動君主立憲的團體，因受憲政預備會人劉顯世、任可澄、唐爾鏞，以及熊範輿、陳國祥等人排擠，才與同盟

會人接近。

武昌革命爆發後，自治學社謀響應，憲政預備會人任可澄等虛與委蛇，旋告密於巡撫沈瑜慶。時憲政預備會一派的人郭重光參預沈瑜慶機要，建議調屬於憲政會的防營管帶劉顯世晉省保衛，擬俟劉顯世一到，即捕戮同盟會員及自治學社社員。一九一一年十一月四日，張百麟、黃澤霖等率哥老會人，聯合新軍教練官同盟會員楊藎誠、隊官趙德全等宣布獨立，舉楊藎誠為都督，趙德全為副都督，成立軍政府。

軍政府人員網羅了革命派和立憲派的重要人士，也網羅了重要的地方官紳：行政總長周培藝（報界），民政部長陳永錫，財政部長蔡嶽（自治學社），學務部長譚璟，實業部長黃德銑，交通部長孫鏡，參謀處長文崇高，軍政部長廖謙，執法部長藍鑫，秘書廳長陳廷棻。另置樞密院，院長張百麟（自治學社），副院長任可澄（憲政預備會），樞密員楊昌銘（憲友會）、陳元棟（憲政實進會）、雷述（政學崇實會）、周培藝、平剛（同盟會，自治學社）。黃澤霖擁哥老會黨萬餘人，自稱巡防大統領。時張百麟與黃澤霖相結，張百麟控制樞密院，黃澤霖擁兵多。都督楊藎誠懼，揚言援鄂，率兵入湘，趙德全攝行都督事。

自治學社勢力既盛，貴州省政為其控制。時獨立各省選代表商組臨時政府，自治學社人平剛、文崇高膺選。憲政預備會人嫉自治學社日深，一面派戴戡等向雲南都督蔡鍔（梁啟超的學生）求援，一面向立憲派首領梁啟超獻「定滇黔以併西南以一天下」之策，意在請梁啟超命蔡鍔出兵貴州，驅逐自治學社和同盟會的勢力。蔡鍔以出師無名，命參謀次長唐繼堯陳兵黔邊。旋憲政會人策動防營兵變，殺黃澤霖，張百麟逃。至一九一二年二月二十七日，唐繼堯率兵入黔，三月一、二日與黔軍第四標統帶劉顯世等抵省城，耆老會人遂推唐繼堯為黔督。

唐繼堯任都督後，貴州哥老會勢衰，惟其對貴州光復的貢獻，仍值記憶。

(二)四　川

四川為哥老會活躍之地，同盟會在四川策動革命，即以聯絡哥老會為重要目標。一九〇五年秋，東京同盟會本部派黃金鰲回四川聯絡哥老會，是後迄於武昌革命爆發，四川各地哥老會常起兵。如一九〇七年余英、楊兆蓉所策動的江安、瀘州之役，即曾運用哥老會的力量。一九一一年四川保路風潮起，哥老會乘機蠢動，地方官甚為擔心。一九一一年九月二日署四川總督趙爾豐致內閣協理大臣那桐電云：「川人性本浮囂，易生滋擾，會匪遍地，素好結社。」趙爾豐對四川哥老會的活動，自然素有所知，而哥老會參與爭路風潮以及四川獨立，各種公私文件均不諱言。

官方文件，除前引趙爾豐電中所言者外，如一九一一年九月二十日御史蕭丙炎請派王人文安撫川局奏摺云：「川省所屬資州境內之糖坊，向有壯丁數萬；敍州場內之灶戶，有壯丁數十萬，現聞相率罷工。若有智謀之士，部署驅使，不日成軍。加以哥老會之煽惑愚民，一時何能撲滅？」民間文件，如四川保路同志會，公然號召哥老會，與之約期進攻成都，其於各地張貼之白話通告云：「八月中旬，圍攻省垣，團有數萬，哥老幾千。」後來修志書的人，對於哥老會在四川由爭路到獨立中的角色亦有所述，如《名山縣志》卷十六云：「趙爾豐以邊務大臣調署川督，……拘請願紳首，槍殺跪香市民，川人忿極，始謀獨立，卭州陸軍倡之，哥老和之，檄文所到，袍澤四起，川局於是大紊。」證諸實際情形，爭路風潮起後，四川各地起兵，多運用哥老會

的力量，如崇寧縣自九月九日至十一月二十三日共起兵十二次，號召起兵者除同盟會員張達三等人外，並有各哥老鉅子。又如十一月二十二日南川縣宣布獨立，獨立之前，教員談毅曾聯絡同志會會黨三百餘人，為武裝準備。

重慶、成都兩地的獨立，皆藉重於哥老會，雖然重慶獨立由同盟會人策動，成都獨立由立憲派人策動。重慶同盟會人聯絡防軍和會黨的力量，於一九一一年十一月二十一日宣布獨立，成立蜀軍政府，推中學堂監督張培爵為都督，夏之時為副都督，二人皆同盟會員。是月二十七日，立憲派人據成都獨立，成立大漢四川軍政府，推諮議局議長蒲殿俊為都督，新軍統制朱慶瀾為副都督。十二月八日成都兵變，蒲殿俊出走，舉新軍標統陸軍小學堂總辦尹昌衡為都督，羅綸為副都督。尹昌衡、羅綸都與哥老會有密切關係，周善培〈辛亥四川爭路親歷記〉云：「尹昌衡、羅綸公開號召袍哥在街成立公口，幾百年來的秘密組織，從此公開了。大家想保身家，都爭著出錢來捐個大爺。公口又派人到處勸人入會。」《中國國民黨四川黨史史料》（民國二十九年三月出版）亦云：「成都亂後，同志軍列屯首會，首領多會黨，競置公口，許人民入會。尹昌衡初執政，以同志軍有鎮懾之勞，未能禁格，異服嘵言，廁雜都市，滇軍遂以此為口實，滇湘黔三省通電，認蜀軍都督為四川都督，詆成都軍政府為哥老政府。」近人孫震撰《參加辛亥革命見聞錄》亦云：

> 尹、羅兩氏既繼任正副都督，重組四川軍政府後，首要即為安定軍心與民心。在當初號召各府縣組織保路同志會，及進而組織同志軍，進軍成都，或以革命手段在外縣起義獨立，雖多數

> 由知識份子領導，但傳檄而動，瞬即匯為洪流，此仆彼起，以
> 浩大聲勢威脅滿清政府者，實賴有哥老會之組織，發揮其傳播
> 運用之力。

凡此，均可看出哥老會在成都獨立中所扮演的角色。

尹、羅為了安撫哥老會眾，一面允許哥老會於省城內外遍設公口，且親身參加，一面將他們編入正規軍隊。一九一二年三月十一日，重慶、成都兩軍政府合併，舉尹昌衡為都督，張培爵為副都督。統一後的四川都督府，取消了哥老會在軍中的公口組織，哥老會的勢力始漸收斂。

㈢陝　西

光宣之際，陝人于右任在上海辦報宣傳革命，風聲所播，影響鄉里至大。陝西的革命勢力有兩派，一派為同盟會，其會員任軍官、教員及政府職務者不少；一派為哥老會，其會員多農工群眾及下層士兵。由於哥老會人多不識字，他們的組織和宣傳方法與同盟會異，只有排滿的目標是一樣的。一九一〇年七月，同盟會人和哥老會人在西安大雁塔結盟，共謀革命，他們的領袖人物分布於陝西新軍中。

一九一一年十月二十二日，新軍督隊官錢鼎（同盟會兼哥老會）、二標一營管帶張鳳翽（同盟會）、三營管帶張益謙等起兵，陸軍學堂號兵張雲山（哥老會首）率其徒數千人助戰，巡撫錢能訓走避，遂組織軍政府，設大統領：

　　秦隴復漢軍大統領張鳳翽（陝人，日本士官學校畢業，同盟會員，
　　　新軍管帶）

秦隴復漢軍副統領錢鼎（陝人，陸軍速成學堂畢業，同盟會員，
　　哥老會員，新軍督隊官）

秦隴復漢軍副統領張益謙（日本士官學校畢業，新軍管帶）

大統領以下的官員，若軍政部長黨自新、財政部長張靖遠、民政部長
楊鼎臣、外交部長宋相臣、教育部長曹雨亭、實業部長張聚庭、司法
部長黨松年、交通部長南雪亭，以及總務府的參政處長郭希仁、秘書
廳長李子逸、銓敍局長張衡玉等，多為同盟會員。軍官方面，則多為
哥老會人：

調遣兵馬都督張雲山（哥老會首，司號），副都督吳世昌（哥老會
　　員，新軍正目）

糧餉都督馬玉貴（哥老會員，新軍正目），副都督馬福祥（哥老會
　　員，新軍隊官）

軍令都督劉世杰（哥老會員，新軍工程隊正目），副都督郭勝清
　　（哥老會員，新軍正目）

第一標統劉剛才（哥老會員，新軍正目）

第二標統朱漢庭（哥老會員，新軍正目）

第三標統郭錦鏞（哥老會員，新軍正目）

第四標統丘彥標（哥老會員，巡防隊哨官）

第五標統鄧占雲（哥老會員，任職巡防隊）

第六標統余晉海（哥老會員）

四路總稽查朱福勝（哥老會員，新軍伙夫）

大統領衛隊統帶陳殿卿（哥老會員，新軍護兵）

獨立後的陝西，大體言之，軍事操於哥老會之手，政治操於同盟
會之手，雙方明爭暗鬥，同盟會人井勿幕等曾請湖北方面派軍驅逐哥

老會的勢力，沒有結果。清帝退位後，張鳳翽逐漸平定各方，完成陝西統一，哥老會的勢力才逐漸衰息。

五　結　語

清代的會黨，是革命運動的潛在勢力之一。孫中山所領導的革命運動發生於南方，而且主要在南方發展，這益增加了會黨的重要性，因為會黨的主要勢力在南方，與革命運動活動的地區相合，容易與革命黨人接近。

在革命被視為大逆不道的時代，從秘密會社中去吸收革命的群眾是一種不得已的手段。興中會時期和同盟會初期，借用會黨的力量發動革命起事幾達二十次，但都相繼失敗。自一九〇八年以後，由於新知識份子投入革命者增多，同盟會逐漸把注意力轉移到運動新軍上。新軍既為受過訓練的武力，又富民族思想，作為革命運動的群眾，較會黨為佳。

在武昌革命爆發前夕，革命黨人在運動新軍上有極大的成就。他們像早年的革命志士投入會黨從中運動一樣，也紛紛投入新軍從中聯絡。武昌革命爆發和各省先後光復，主要是新軍的力量，除在少數省分如貴州、四川、陝西外，會黨不過為一助力。新軍不僅作為革命的群眾，且產生政治領袖，民初政壇上的顯要人物，多為新軍出身。另一方面，會黨到民國成立，則又為新政府所壓止。

（本文依據拙作《清季的革命團體》、周開慶《四川與辛亥革命》、尚秉和《辛壬春秋》等書，以及拙著〈洪門及其反滿活動〉、鄧嗣禹〈海內外會黨對於辛亥革命的貢獻〉等文，撰寫而成。）

外人與辛亥革命

一 前 言

　　清季國勢不振，當革命運動開始的時候，外人的勢力早已進入中國。列強在中國獲有特殊利益和勢力範圍，外國教士和商人、銀行家和外交界人士，參與中國政治和社會事務[1]。中國革命運動與他們的在華利益息息相關，他們的態度也直接關係著中國革命運動。列強的態度，一般說來，可分為三種：其一，維護清政府的存在，以維護其既得的利益；其二，鼓勵革命，造成混亂，俾進一步干涉中國內政；其三，希望中國建立強有力的政府，以穩定中國秩序，使商務不受妨害。這三種態度，僅係某些國家所一度持有，並非固定的政策。大體說來，列強或同情革命，或同情滿清政府，悉以其本身的利益為依歸。不過，革命黨人每利用租界或外國為宣傳和策畫革命的基地，外國勢力無形中成為革命運動的翼助者。許多外國人，或以私人資格，或受其政府之命令，協助或參與了中國革命運動；雖然他們大多是出於利

---

[1] Edwin J. Dingle, *China's Revolution* (London, 1912), p. 269.

己的動機，對革命的助力也是很大的。

二　列強對辛亥革命的態度

　　清季革命運動，自始與列強發生關係。其原因有三：(1)革命黨人希求列強在精神和物資上予以協助；(2)清政府常利用外交關係，打擊庇身於租界或外國的革命勢力；(3)列強伺機擴張其所獲有的特殊利益和勢力範圍，既欲利用清政府，又欲利用革命派。革命派為爭取國際同情，並避免外力干涉，重排滿而輕排外，並宣言保護外人生命財產及其既得的利益[2]。職是之故，革命運動所受到的主動外力干涉甚少；大部分干涉，來自清政府的外交壓力。另外一方面，列強有欲乘中國革命之機以獲漁利者，間亦對革命黨人表示友好。

　　檢討列強對辛亥革命的態度，可分為兩個時期來觀察。在武昌革命爆發前，革命黨人與列強的接觸以英、日、法三國為主。三國與革命黨人，無友善、不友善可言，大部是一種互相利用的關係。武昌革命爆發後，革命政府所面臨的問題較複雜。列強或主干涉，或主中立；革命政府初欲列強保持中立，繼求世界各國的承認。袁世凱異軍突起，代原有的革命派而為外交的核心人物，茲分述於下：

㈠武昌革命爆發前

　　最早與中國革命發生關係者為英國，其接觸點初在香港。一八九五年（光緒二十一年）十月的廣州之役是從香港策動的。事敗之後，

---

[2] 同盟會成立之初，發表對外宣言，保護外人生命財產及其既得權利。見馮自由，《中華民國開國前革命史》第一冊（世界書局民國四十三年影印），頁二三四。

革命領袖孫中山逃香港，因不知香港政府的態度，旋即轉赴日本[3]。孫中山離港的次日，粵督譚鍾麟要求香港政府把孫交出。港督羅賓遜 (Sir William Robinson) 表示不願引渡政治犯，事遂終止[4]。然香港政府並無意庇護革命黨人；為了維護香港的治安，羅賓遜於一八九六年三月四日發布了將孫中山放逐五年的命令，不欲孫再來香港[5]。

一八九六年十月，倫敦清使館拘禁孫中山，英國輿論以清使館侵犯英國法權，大加非難，如英國法學家賀蘭德 (T. E. Holland) 投書倫敦《泰晤士報》(*The Times*)，謂孫之被禁於清使館，是對英國皇權的重大侵犯[6]。英國政府以此出面干涉，迫使清使館釋孫。孫誤以英國朝野對中國革命有同情之心，他於一八九七年九月離英經加拿大抵日後，聞香港政府對他有放逐之令，即寫信給香港總督府秘書洛克哈 (J. H. Stewart Lockhart) 抗議此事，信中有云：

> 據可靠消息，由於我企圖從滿洲慘酷的枷鎖中解放我可憐的同胞，香港政府已有令將我放逐。在倫敦時，我曾詢及幾個英國朋友，問他們對這件事的看法如何，他們以為這不合英國的法律與慣例。但在香港的中國朋友卻告訴我，這是千真萬確的事。可否請你告訴我這件事是否屬實？如果真有其事，我將訴之於英國大眾和世界各文明國家[7]。

---

[3] Sun Yat-Sen, "My Reminiscences," *The Strand Magazine*, No. 255, April, 1912.

[4] Harold Z. Schiffrin, *Sun Yat-Sen and the Origins of the Chinese Revolution* (University of California Press, 1968), pp. 98–99.

[5] 同上書，頁一三三。

[6] John C. H. Wu, *Sun Yat-Sen: The Man and His Ideas* (Taipei, 1971), p. 109.

一八九七年十月四日，洛克哈率然覆孫一信，對孫威脅之詞視若無睹，
信中有云：

> 我奉命告訴你，英國政府無意使香港殖民地被陰謀顛覆友好鄰邦
> 者用為庇護所。鑒於你的行為有這種記錄，即你在信中所曲意表
> 達的，你要從滿洲的枷鎖中解放你可憐的同胞。如果你要在香港
> 登陸，我們將依據一八九六年對你的放逐令，將你逮捕[8]。

洛克哈這種不友好的態度，頗影響孫的革命活動。此後數年，孫大部
分時間滯留日本，以大亞細亞主義，爭取日本朝野的同情與協助。

一九〇〇年中國發生拳亂，英國人欲運動粵督李鴻章據兩廣獨立，
港督卜力 (Henry A. Black) 推動此事。然以時機未熟，李鴻章不應，港
督亦未能解除對孫的放逐令[9]。

英國對中國革命的態度，尚表現於另一例證上。光、宣之際，居
正在仰光辦《光華日報》，倡言革命。清駐仰光領事蕭永熙電致外務
部，謂居正在緬甸鼓吹無政府主義，請設法制止。外務部據此，請英
公使電緬甸政府，將居正等押交粵省大吏懲辦，英使從之。幸舟過新
加坡，該埠革命黨人延律師抗爭，始改為自由出境[10]。

次於英國而與中國革命發生關係的是日本。孫中山於一八九五年
廣州之役失敗後逃抵日本，時雖與日本官方尚無接觸，日本報刊已喧

---

[7] Harold Z. Schiffrin, pp. 144–145.

[8] 同上書，頁一四五。

[9] 馮自由，《革命逸史》第四集（商務印書館民國五十四年影印），頁九二～一〇〇。

[10] 楊玉如，《辛亥革命先著記》（北京：科學出版社，一九五七年），頁三八。

騰廣州革命的壯舉，並稱孫為「支那革命黨」[11]。日本甫於一八九五年戰勝中國，但在心理上還是懼怕西方帝國主義，故對亞洲國家的獨立運動，每寄以同情。同時，一八九五年的中日戰爭以後，清政府聯俄，日政府欲在中國尋求新的友誼，亦需要聯絡民間的新興勢力。一八九八年康梁的維新運動，日本是支持的；次年孫中山欲協助亞奎諾多 (Emilio Aquinaldo) 的菲律賓獨立運動，也受到日本政府人力和物力的支援。一八九八年後，日本政府對革命與維新兩派的逋客同予庇護，並謀求他們之間的合作。當時日本憲政黨人大隈重信和犬養毅傾向維新派，而許多急進之士則同情孫中山[12]。然所謂傾向或同情，不全在協助中國新興勢力的發展，半含有利用的味道。一八九八年十一月，大隈重信和板垣退助的憲政黨內閣倒臺，繼起的山縣有朋內閣傾向於軍事冒險。一九○○年，中國發生拳亂，列強乘機在中國北方角逐；臺灣總督兒玉源太郎認為日本有機可乘，建議政府在福建發展。兒玉的建議得到海軍大臣山本權兵衛的支持，日本遂作佔領廈門的準備。當時孫中山正擬在惠州起事，因自香港謀求英國的協助不成，轉而與兒玉接觸。兒玉不僅允許臺灣為策動革命的基地，並準備助以軍事物資和顧問人員。兒玉策動佔領廈門的陰謀，後為伊藤博文得悉；伊藤極力反對。伊藤是日本文治派的領袖，時正掌理樞密院。他的對華政策是反對南進而側重北進，反對分割而側重保全。他認為日本如佔廈門，列強將會採取干涉行動，因促使外務大臣青木周藏反對此事。兒玉原奉命於八月二十九日採取行動，卻在此前一日又奉命停止。一九

---

[11] 馮自由，《革命逸史》初集，頁一。

[12] Marius B. Jansen, *The Japanese and Sun Yat-Sen* (Stanford University Press, 1970), pp. 59, 67, 80.

○○年九月二十六日，山縣內閣辭職，伊藤出而組閣。一週以後，惠州之役爆發。又二週，兒玉奉命取消孫中山在臺灣的指揮部，並驅逐孫中山及日人平山周等離臺，軍事物資和顧問人員的援助自然也歸泡影。兒玉援孫的目的，在配合其佔領廈門的計畫，今計畫既然中止，惠州戰役又陷於彈盡援絕，他自然無須再作不必要的冒險[13]。

惠州之役以後，日本朝野對中國革命運動漸失同情之心。其原因約有數點：一，中國的憲政運動逐漸展開，日本是實行君主立憲的國家，自然希望中國也實行君主立憲。中國為了推行改革，已開始雇用日本的法律專家和軍事顧問，並派了許多留學生到日本學習。如是，則日本將大為中國所倚重。二，日本的政治領袖們已逐漸年老、保守，而中國的革命黨人，則由於留日學生的增加，變得更年輕、更激烈。不少中國革命黨人吸收了西方社會主義的思想，他們與日本左派人士接觸頻繁，使日本政府警覺，三，由於俄國在中國東北對日本構成威脅，許多早年同情中國革命的志士，都轉移注意力於對俄上，他們以去除俄國在東方的威脅為第一義；成立於一九○一年的黑龍會，即致力於將俄國勢力驅出黑龍江以南[14]。

日俄戰後，日本愛國之士滿足於日本在戰爭中所得，認為日本可以其所獲得的強國地位達到慾望，不必再假手於中國革命黨人。同時，許多保守派的人士和軍人認為，中國革命黨人的共和主義，會腐蝕日本的精神。一九○六年初，日本文部省頒布規則，限制中國留學生的

---

[13] 同上書，頁八三、九七、一○○～一○三；菊池貴晴，《現代中國革命の起源》（東京，昭和四十五年），頁六九；L. K. Young, *British Policy in China, 1895–1902* (Oxford University Press, 1970), pp. 189–190.

[14] Marius B. Jansen, pp. 100–110.

活動。一九〇七年，日本政府受清廷之請，驅逐孫中山出境。是後，在東京的中國革命黨人與日本社會主義份子聯絡益密，更惹起了日本政府的注意。由於日本政府對社會主義份子加以鎮壓，中國革命黨人的活動自然大受影響。不久，《民報》被封，孫中山及其日籍友人宮崎寅藏、萱野長知等的行動亦受監視[15]。一九一〇年（宣統二年）春，孫中山於廣州新軍之役失敗後自美東來，擬重整旗鼓。過日本時，曾潛行登陸，事為日警探悉，不准居留，孫不得已，由橫濱往檳榔嶼[16]。

當日本對中國革命黨人的活動加以限制後，革命領袖孫中山等即轉往安南，將其在東京的總部，移往河內。時安南為法國屬地，革命黨人也就與法國發生了密切關係。

法國與中國革命發生關係，約始於一九〇五年（光緒三十一年）秋。時孫中山由日赴滬，船泊吳淞，有法國武官布加卑者，奉其陸軍大臣之命往見，謂法政府有贊助中國革命之意，問以革命勢力如何？孫略告以實情。又問以各省軍隊之聯絡如何？謂若聯絡成熟，法國政府立可相助。孫請彼派員協同辦理調查、聯絡之事，彼乃於駐紮天津之參謀部派定武官七人，歸孫調遣。孫命廖仲愷往天津設立機關，命黎仲實與某武官調查兩廣，命胡毅生與某武官調查川、滇，命喬義生與某武官往南京、武漢。事為湖廣總督張之洞偵悉，奏報清廷；清廷乃與法使交涉。法使不知情，請命於政府，問何以處分布加卑等，政府飭勿問；清廷亦無可如何。未幾，法政府變更，新內閣不贊成是舉，遂將布加卑等撤調回國[17]。

---

[15] 同上書，頁一二一～一三〇。

[16] 中國國民黨黨史會編，《國父全集》（二）（臺北，民國四十六年），頁九三。

[17] 《國父全集》（二），頁八八～八九；許師慎，《國父革命緣起詳註》（臺北，民

革命黨人所以能在安南建立基地，得力於安南總督韜美 (Doumer) 的協助。韜美的目的，無非想在中國南部擴展法國勢力。一九〇七至一九〇八年間，革命黨人曾以安南為基地，在雲南發動過幾次革命暴動，得到法國文武官員的協助，安南的法國報紙對革命活動也大事報導，並加讚揚。清廷知革命黨人以河內為基地，乃向法國提出抗議，要求驅逐孫中山出境。由於革命起事的連次失敗，法國政府也就改變了態度，把孫中山逐出安南。後來孫中山到了歐洲，謀請韜美（時已卸任）協助，以便在安南重建基地，但未獲法國官方的支持[18]。

㈡武昌革命爆發後

在武昌革命爆發前，列強對中國革命運動大都不很重視，前述英、日、法三國，間與革命黨人有接觸，不是打擊革命黨人，就是利用革命黨人。助力是偶然的，並沒有把革命勢力視為中國的希望而予以持久的協助；限制是起於清廷的外交壓力，並沒有把革命勢力視為列強在中國發展的重大威脅而予以徹底破壞。武昌革命爆發後，革命有成功之望，列強的態度轉趨積極。此可就國內和國外兩方面的反應來觀察。國內方面，自黃花岡之役後，各地清吏恐慌，湖廣總督瑞澂與德國領事相約，請彼調兵船入武漢，倘有革命黨起事，則開砲轟擊。及武昌革命爆發，瑞澂至漢口見德領事，謂義和團再起，要求踐約開砲。德領事以《辛丑條約》，一國不能自由行動，要求領事團開會討論。法國領事羅氏 (Ulysse-Raphaël Reau) 為孫中山舊友，於會中力言革命軍

國五十四年），頁一二二～一二五。

[18] 同註 12 書，頁一二五～一二六；Ta-ling Lee, *Foundations of the Chinese Revolution, 1905–1912* (St. John's University Press, 1970), p. 183.

以改良政治為目的，非義和團，沒有排外色彩，反對干涉。美國領事以革命軍秩序井然，並盡力保護外人生命財產，贊成羅氏主張。英國代理總領事戈費 (Herbert Goffe) 以英美關係密切，俄國領事敖康夫 (Ostroverkhov) 以俄法關係密切，均贊成羅氏主張。當時德、日二國領事雖主干涉，亦無能為力。一九一一年十月十二日，革命軍政府照會漢口領事，承認清廷前此與各國所訂之條約，繼續擔負外債及賠款，保護外人生命財產及既得權利。各國領事及公使當將此情報告各該國政府。十月十七、十八日，漢口各國領事及北京各國公使先後宣布嚴守中立，並依據國際公法，杜絕武力干涉。此期間，瑞澂見德領事失約，無所依恃，逃往上海；武漢失其統馭，秩序大亂，乃予革命軍以可乘之機[19]。丁格爾氏 (Edwin J. Dingle) 檢討武昌革命所以未受外力干涉，乃因它是文明革命，保護外人生命財產，與太平軍和義和團完全不同[20]，洵為的論。

國外方面，據孫中山的了解：美國政府對中國革命無成見，一般輿論則同情革命。法國方面，民間和政府對革命均有好感。英國則民間表同情，而政府的政策追隨日本。德、俄兩國頗傾向於清政府，革

---

[19] 羅香林，《國父與歐美之友好》（臺北，民國四十年），頁一一八～一二一；陳三井，〈法國與辛亥革命〉，見《中央研究院近代史研究所集刊》，第二期，頁二四一～二四三，惟謂與瑞澂有約者為英領事，不知其所據。據菊池貴晴，《現代中國革命の起源》，頁二○○，要求領事團開會者是英領事，但不知英領事是否與瑞澂有約。又據郭廷以，《近代中國史事日誌》第二冊（臺北，民國五十二年），頁一四○五，十月十一日，革命軍攻佔湖廣總督衙門，瑞澂走上兵艦，請英艦阻革命軍渡江，但不知是否為援約要求。

[20] Edwin J. Dingle, *China's Revolution*, pp. 276–277.

命黨人與其民間接觸亦少。日本方面，民間表同情，政府的態度則不太友善。孫中山時在美國，他認為，在革命軍的對外關係上，美、法兩國不必擔心，德、俄兩國無由干涉，而日本則因拒絕其登陸，無法前往。孫為促進革命軍的外交助力，乃借美人荷馬李 (Homer Lea) 赴英交涉。時清政府與英、美、法、德四國銀行團訂有川漢鐵路借款六千萬元，幣制借款一萬萬元；日本以純粹民主政體不適用於中國，欲助清廷保有其統治權；而英國各屬地尚禁絕孫中山入境。孫乃委託維加砲廠總理向英政府要求三事：一、止絕清廷一切借款，二、制止日本援助清廷，三、取消各處英屬政府對孫之放逐令。三事皆得英國政府允許[21]。

如前所述，英國對中國革命的態度，自始以自身的利益為依歸。武昌事起後，繼以各省獨立，英僑為保持其在長江流域及中國南部的商業起見，對革命表同情，英國的外交政策亦隨此而改變[22]。惟英國政府對君主、民主並無成見，欲中國有一強固政府[23]，以穩定中國局勢而已。時英國所注目的，不是滿洲的王朝，也不是基礎未固的革命黨，而是擁有實力的袁世凱。袁世凱於庚子拳亂期間，參加東南互保，使英國在長江流域的利益不受波及；於一九○五年全國抵制美貨期間，庇護美國商業，並協助美國向東三省投資；可謂為親英美的人物（日本之反袁以此）。據說，在武昌革命爆發的次日，英、美、德、法四國

---

[21] 許師慎，《國父革命緣起詳註》，頁一八四～一八五，惟將川漢路借款誤為一萬萬元，今據張忠紱，《中華民國外交史》（臺北，民國五十九年），頁二三修正為六千萬元。

[22] 楊玉如，《辛亥革命先著記》，頁二四○。

[23] 羅香林，《國父與歐美之友好》，頁一一五～一一六。

銀行團理事會即建議清廷，起用強有力人物，鎮壓革命。所謂強有力人物，即指袁世凱，為了向清廷推薦袁世凱，北京公使團曾經開會，由美國公使提議而獲得多數國家的贊成。十月十四日，清廷任袁為湖廣總督，繼又任袁為內閣總理，部分係受外交影響所致。十一月十二日，英國公使朱爾典 (Sir John Jordan) 曾致電英國外交部，建議政府積極支持袁世凱，英外相格雷 (Edward Grey) 於十五日覆電贊成[24]。格雷認為，只有袁世凱始能收拾中國混亂之局；朱爾典則聯合美、德、法、日、俄等國公使，努力促成南北議和[25]。

---

[24] 菊池貴晴，《現代中國革命の起源》，頁二〇一～二〇三。

[25] 陳三井，〈法國與辛亥革命〉，《中央研究院近代史研究所集刊》第二期，頁二四七～二四八。關於南北議和，早在一九一一年十月二十七日，袁世凱的代表蔡廷幹、劉承恩即持駐漢英領事的介紹函與黎元洪有所接觸。其後，袁世凱與革命軍政府之間的和平交涉，即在朱爾典的指導下進行，日、德、美、俄、法等國，亦與英國採取同一步驟。在上海和議進行之際，列強不僅予革命軍政府以外交壓力，各國輿論亦多袒護袁世凱，如倫敦《泰晤士報》以袁所主張的君主立憲較共和政體更適合中國國情，《紐約前鋒報》(New York Herald) 也以中國向無民主政府，孫中山的理想不易實行，不如讓袁世凱出山。及孫被選為臨時大總統，和議破裂，各國報紙更對南京臨時政府加以指摘，認為孫無行政經驗，不能恢復和平。為了支持袁世凱，四國銀行於一九一一年十二月開始對袁借款；另一方面，即予革命軍的行動以種種不便，如十一月三日，上海革命軍佔領滬寧車站，列強即以中立為藉口，阻止革命軍使用鐵路。又如京奉鐵路的北京至山海關一段，列強亦依據辛丑條約予以佔領，對革命勢力的發展，頗為不利。又如一九一二年二月，英國向香港增兵二千三百人，雖未必謀對中國革命有所干涉，其對革命軍政府維持中國秩序的能力是深表懷疑的。參考菊池貴晴，《現代中國革命の起源》，頁二〇四～二〇八、二一三～二一四、二一七～二一八。

　　法國方面，除前述駐漢領事羅氏同情革命外，駐滬領事拉巴蒂 (Dejean de la Bâtie) 亦同情革命，惟法國公使畢柯 (Francois Georges-Picot) 同情袁世凱。畢柯的態度可能影響了巴黎的外交政策，法國外長保安卡累 (Raymond Poincaré) 曾照會各國，主張由列強推薦袁世凱為中國總統的候選人[26]，其支持袁世凱的立場是很明顯的。

　　當時法國國內的報刊，對中國革命有廣泛的報導和評論。急進派人士（多隸社會黨）認為，革命軍紀律嚴明，保護外人生命財產，應予援助或同情，反對德國報紙瓜分中國的建議。保守派人士（多隸王黨）認為，中國革命將給歐洲帶來「黃禍」，不僅革命軍會驅逐甚至殺絕外國人，日本且乘機獨霸中國，進而侵略西方國家，故主張維護清政府。中間派人士贊同中國革命，但不認為革命黨有維持中國秩序的能力，主張支持袁世凱[27]。法國外交界、財經界和工商界大體是同情袁世凱的，這三界人士與中國關係最大，故法國政府繼英國政府之後，採取了支持袁世凱的外交政策。

　　日本方面，民間及輿論頗同情中國革命。一九一一年十一月，新聞和實業界人士小川平吉、內田良平、三和作次郎、宮崎寅藏、福田和五郎、古島一雄、尾崎行昌、平山周、伊東知也、頭山滿、浦上正孝、中野正剛、小川運平等組織有鄰會，以支持中國革命。有鄰會曾派人赴中國各地與革命黨聯絡；革命黨方面，也派何天烱赴東京，通過有鄰會，與日本各界有力人士接觸（有鄰會受玄洋社的資助，可謂

---

[26] 陳三井，〈法國與辛亥革命〉，《中央研究院近代史研究所集刊》第二期，頁二四九。

[27] 張馥蕊原著，何珍蕙摘譯，〈辛亥革命時的法國輿論〉，吳相湘編，《中國現代史叢刊》第三冊（臺北，民國五十年），頁四五～七二。

為玄洋社的附屬機構）。十二月二十六日，新聞和法學界人士波貞吉（《萬朝報》）、淺田工村（《太陽》）、工藤日東（《日本新聞》）、鵜崎鷺城（《日日新聞》）、上島長久（《報知新聞》）、古島一雄（《萬朝報》）、福田和五郎（《二六新聞》）、岩佐溪電（《萬朝報》）、浮田和民（《東京朝日》）、松山忠次郎（《東京日日》）、鹽谷恒太郎（《法學界》）、加瀨禧逸（《法學界》）、平松市藏（法學界）、石山彌平太等組織支那問題同志會，要求日本政府保障中國領土完整，並尊重中國民意，不隨便干涉中國政體。支那問題研究會一面與何天烔取得聯絡，一面派平松、工藤、鵜崎、岩佐等歷訪首相、外相，表示對中國革命同情，並反對政府的干涉方針。十二月二十七日，根津一（東亞同文會）、河野廣平、杉田定一、頭山滿、小川平吉、白岩龍平等組織善鄰同志會，亦致力於中國革命的支援工作。不可否認的，這些團體多與推展日本的大陸政策有關。為推展此一政策所組織的團體，前此已甚多，如黑龍會、玄洋社、東亞同文會、太平洋會等，它們無時不找機會在中國和亞洲大陸建立勢力。以太平洋會為例，當武昌革命軍興之際，曾議定了「保全中國並支援革命軍」的方針。該會中心人物如大竹貫一、五百木良三、中野二郎等，與革命軍和滿清官僚方面都有直接或間接的來往。當革命軍佔領上海後，該會曾遣法學博士寺尾亨為革命軍政府的法律顧問[28]。

日本政府方面，其一貫政策是助長中國內亂，以坐收漁利。武昌革命爆發以前的情形，前已述及，茲不多論。武昌革命爆發以後，日

---

[28] 曾村保信，《辛亥革命與日本輿論》，李永熾譯，《歷史與思想》（臺北，民國五十八年），頁六七～六九。

本政府對清軍與民軍兩方，均派有助戰之人[29]，冀圖事態擴大，以利干涉。早在四川爭路風潮初起時，日本政府即派齋藤季治郎赴長江一帶活動。武昌革命爆發時，齋藤在漢口，曾派人前往上海，協助革命黨起事。及革命軍勢力擴大，日本政府乃思有以干涉之[30]。一九一一年十月十五日，日本政府致電美國國務卿諾克斯 (Knox)，謂清政府曾要求日本派兵平亂，因日本在華利益尚未受到嚴重威脅，列強亦未作如是籲請，故暫不採取行動。但如革命勢力波及滿洲地區，日本將不經列強同意，逕行派兵前往中國平亂。日本預計派二萬人至北京[31]。十一月二十八日，日本外相內田康哉訓令日本駐英公使，申明干涉革命、支持清廷的主張。內田以中國不宜實行共和制度，期望英國政府同意，以改良主義的君主立憲制，為調停清廷與革命軍衝突的方針[32]。十二月七日，內田通知美國駐日大使白里安 (Bryan)，謂如南北的敵對行為不能中止，日本政府認為有干涉的必要。十二月十八日，日本駐華盛頓代辦致書美國國務院，提議由列強共同維護滿清政權的名義存在。一面為中國制定憲法，以限制清廷的獨裁權力；一面消除共和思想，使革命黨人了解建立共和的不合實際。日本政府的立場，不為美、德、英國所同意；英國政府的立場尤為堅定（可能與孫中山在英國的活動有關）。駐日英使竇納樂 (Sir Clande MacDonald) 曾三次奉命阻止日本的非中立行動，第一次抗議日本駐華公使伊集院的維持清廷聲明，第二次抗議日本擬貸款給清廷，第三次抗議日本擬用武力干涉革命。

---

[29] Frederick McCormick, *The Flowery Republic* (New York, 1913), p. 332.

[30] 楊玉如，《辛亥革命先著記》，頁二一四。

[31] C. T. Liang, *The Chinese Revolution of 1911* (St. John's University Press, 1962), p. 44.

[32] 同註28，頁六七。

英國的強硬態度，使日本不便輕舉妄動[33]。

　　日本政府對中國革命的態度是不友善的。前已述及，代表日本政府的外務省支持清廷實行君主立憲，反對共和。一九一一年十二月犬養毅訪華，內田外相告訴他說：「如中國這樣的國家，怎能施行共和政治？帝國政府絕對反對革命黨的主張，決意以武力援助清政府推行君主立憲。你可把這方針轉告南方革命黨。」日本政府干預革命的政策，與一批元老重臣的態度相表裏。山縣有朋要求干預中國內亂，派兵保護滿蒙；桂太郎認為日本應與英國聯合，迫使中國實行君主立憲政體；大隈重信建議日、英聯合，以謀中國秩序之恢復。但由於日本政府干預政策未能獲得列強的支持，持重的西園寺公望內閣不得不另外謀求發展[34]，而發展的方向之一則為聯合革命黨，以打擊袁世凱。

　　一九一一年十二月十九日，犬養毅偕同松平康國、柏原文太郎、柴田鄰次郎、寺尾亨、副島義一等抵上海，頭山滿、古島一郎、美和作次郎等隨後亦到。他們是否為日本政府的說客，不得而知，惟確有意左右革命黨的革命方略。一九一二年一月八日，犬養毅與孫中山、黃興會於南京臨時大總統府，建議聯合岑春煊、康有為以對抗袁世凱。此種意見與革命黨的傳統與方略格格不入，自難被採納。孫中山表示：岑、康素與革命為敵，不會真心協助革命。二月二十五日，黃興亦向犬養表示，不能與袁世凱斷絕關係[35]。

---

[33] 同註31，頁二六～二七、四四～四五；同註30，頁二四一～二四二。

[34] 彭澤周，〈辛亥革命與日本西園寺內閣〉，吳相湘編，《中國現代史叢刊》第六冊（臺北，民國五十三年），頁三四～三五；Marius B. Jansen, *The Japanese and Sun Yat-Sen*, pp. 134–136.

[35] 註34引彭澤周文，吳書，頁三五～三七。黃興以革命軍多烏合之眾，無法與袁

　　犬養等人的活動無所成就，日本政府的干涉政策無由實現。此後，日本漸與列強協調進行，以謀在華利益之發展。

　　此期間，日本志士對中國革命的態度陷於分歧：一派以川島浪速為首，主張讓革命軍佔有黃河以南，扶植滿人於黃河以北，把袁世凱的勢力消除。他決定在中國東北建立一個受日人左右的滿洲國，並與蒙古王公訂約，使日本在內蒙享有優越勢力，以軍火、物資和經濟的援助為交換條件。後以日本參加銀行團，準備對袁政府借款，始制止了川島的陰謀。另一派人欲力助革命黨人的成功，當初孫中山雖遠在美、歐，由於宋教仁的聯絡，不少日人前往武漢助戰。孫中山歸國後，得到日本志士的幫助，向日本實業界貸得三筆款項[36]。惟因日本政府初欲支持清廷，繼以打擊袁世凱不成、又隨同列強支持袁世凱，南京臨時政府自日本所獲的援助是微弱的。

　　由上所述，日本政府與民間均在廣泛地參與辛亥革命，或思有以促成之，或思有以左右之或干涉之。英國因懼怕日本干涉，乃使朱爾典支持南北議和；與英國採取相同政策的各國，則用了各種方法，使此一議和達成協議[37]。

　　圖謀干涉辛亥革命的國家，除日本外，尚有俄國。俄國與日本相結，初欲支持清廷，以保有其在中國既得的利益[38]。既見中國局勢混亂，乃乘機窺伺滿蒙，進佔呼倫；俄蒙協約，由是成議[39]。惟俄國這

　　世凱對抗，故主聯袁，見胡去非，《孫中山先生傳》（臺北，民國五十八年），頁一四三。

[36] 註34引 Jansen 書，頁一四七～一五七。

[37] 同上，頁一五二。

[38] 見註34引彭澤周文，吳書，頁二九。

種乘火打劫的行為，限於邊疆，於中國大局，尚無多大影響。

另如德國，曾派兵在漢口登陸，企圖干涉革命[40]。或謂清軍利用德租界運送軍火[41]，或謂德人有以私人資格幫助清軍者，使武昌、南京、上海等地的輿論為之譁然。惟德政府極端否認干涉，且促使美國聲明「尊重中國主權」[42]。

辛亥革命所以未受外國的武力干涉，一因無論清軍及革命軍皆努力保護外人生命財產，使外人無所藉口；一受美國門戶開放政策的影響，列強曾屢次發表宣言，表示尊重中國主權及領土完整[43]。有一點不容忽視的，是英、法等國在外交上的折衝；它們為早日恢復中國秩序，置原有的革命黨人於不顧，而傾向擁有實力的袁世凱。此一傾向，使財力匱乏而又缺少外援的革命黨人無法抗拒，不得已而採取了聯袁政策[44]。聯袁是辛亥革命中的一個重大錯誤，這錯誤是在外力的影響下造成的。恰如俄國革命後，中國國民黨在俄國影響下，實行容共；抗戰勝利後，在美國影響下，與共黨和談。

---

[39] 楊玉如，《辛亥革命先著記》，頁二四五。

[40] 張馥蕊著，何珍蕙摘譯，〈辛亥革命時的法國輿論〉，吳相湘編，《中國現代史叢刊》第三冊，頁五三。

[41] 見註34引彭澤周文，吳書，頁四～五。

[42] 王光祈譯，《辛亥革命與列強態度》（中華書局，民國十八年），頁四。

[43] 同上，頁二〇；楊玉如，《辛亥革命先著記》，頁二四二、二四五～二四六。

[44] Y. C. Wang, *Chinese Intellectuals and the West, 1872–1949* (The University of North Carolina Press, 1966), p. 304.

三　參與辛亥革命的外國人

在清季革命運動中，革命領袖大部活動於海外，或托庇於租界，其與外國人接觸是很自然的。外國人與中國革命發生關係，或基於其與革命領導人的友誼，或基於其個人的興趣與抱負，有些則是奉其政府之命與革命黨人聯絡的。

外人與革命黨人接觸，初以孫中山為主要對象；陳少白、謝纘泰、宋教仁、黃興等，也與外人有往來。外人以其特殊身分，幫助革命黨人解決了不少難題。然外人援助革命，每有其官方的或私人的企圖，使中國革命蒙其利，亦受其害。

探討外人與中國革命的關係，此處採取兩個途徑：其一為個別的觀察，其二為統計分析。茲據初步統計所得，將直接、間接參與清季革命的外國人表列如下[45]：

---

[45] 本表所依據的資料：A. 羅香林，《國父與歐美之友好》（臺北，民國四十年）。B. 陳固亭，《國父與日本友人》（臺北，民國五十四年）。C. 馮自由，《中華民國開國前革命史》（臺北，民國四十三年）。D. 宋越倫，《總理在日本之革命活動》（臺北，民國四十二年）。E. Marius B. Jansen, *The Japanese and Sun Yat-Sen*, Harvard University Press, 1954. F. 宋教仁，《我之歷史》（臺北，民國五十一年）。G. 許師慎，《國父革命緣起註》（臺北，民國五十四年）。H. 中國國民黨黨史會，《國父全集》（二）〈孫文學說〉。I. 馮自由，《革命逸史》。J. 左舜生，《黃興評傳》（臺北，民國五十七年）。K. 曾村保信，《辛亥革命與日本輿論》。L. 胡百華譯，《雙十・荷馬李的故事》（臺北，民國五十九年）。M. 日人杉山龍丸於一九四五年蒐集與中國革命有關之日本人，共得二八三人，因未悉是否均為參加辛亥革命者，僅錄已知逝於一九一一年以前者。名單見彭澤周

姓　名	國　籍	出　身	與革命之關係	資料來源
工藤日東	日本	《日本新聞》記者	同情革命	K
久原房之助	日本	礦業家	資助革命	B. Q
三上豐夷	日本	實業家	資助革命，運送彈藥	B. R
三和作次郎	日本	「有鄰會」會員	武昌事起後至中國協助革命	K
三原千尋	日本		參與汕尾之役及武昌革命	C. D. P
山下稻	日本	退職軍人	參與庚子惠州之役	C. I
山田良政	日本	退職軍人，教師	於庚子惠州之役遇難	B

〈宮崎滔天與中國革命〉附，吳相湘編，《中國現代史叢刊》，第五冊，頁五一～七九。N. 彭澤周，〈辛亥革命與日本西園寺內閣〉。O. 張馥蕊原著，何珍蕙摘譯，〈辛亥革命時的法國輿論〉。P. 宮崎滔天，《支那革命軍談》（東京，一九六七年）。Q. 中國國民黨中央黨史史料編纂委員會編，《贊助中國革命之日本友人名錄》（民國六十年，油印），此名錄略同前述杉山龍丸所蒐集者，惟間有數人注明其革命事蹟，可參證其是否參加辛亥革命。R. 萱野長知，《中華民國革命秘笈》（東京，昭和十六年）。S. 據刻正研究《韓國獨立與中國革命》的胡春惠先生示知，韓人參與或同情辛亥革命者有申檉、金凡齋、曹成煥、朴泳孝等人。T. Tse Tsan Tai, *The Chinese Republic: Secret History of the Revolution*.

山田純三郎	日本	上海日本商店店員	武昌事起，為革命籌款	B
山座圓次郎	日本	政務局長	協助革命	D
上島長久	日本	《報知新聞》記者	同情革命	K
下田歌子	日本	「東洋婦人會」創辦人	為中國革命籌募資金	Q
大石正己	日本	進步黨領袖	同情革命	B
大竹貫一	日本	「太平洋會」會員	同情革命	K
大松源藏	日本		參與武昌革命	D. R
大原武慶	日本		參與武昌革命	D. R
大原信	日本			M
大崎	日本		參與庚子惠州之役	I
大隈重信	日本	進步黨領袖	同情革命	B
大塚原太郎	日本	美國日僑，業商	協助革命，參預機密	D
川村	日本		參與武昌革命，助辦外交	D. R
小川平吉	日本	「有鄰會」會員	同情革命，曾至中國活動	K
小川運平	日本	「有鄰會」會員	同情革命，曾至中國活動	K

小山田劍南	日本	記者	同情革命	D. R
小池張造	日本	政務局長	協助革命	B
小長谷政治	日本	船員	隨宋教仁去東北調查革命	F
小室健次郎	日本		助日野辦青山軍事學校	C
小幡虎太郎	日本		辛亥在天津活動，謀助革命	D. R
小鷹	日本		參與武昌革命	D. R
久原房之助	日本	礦業家	資助革命	R
中久喜信周	日本	記者	以文字同情革命	D. R
中島勝次郎	日本	實業界人	資助革命	R
中野二郎	日本	「太平洋會」會員	同情革命	K
中野正剛	日本	「有鄰會」會員	同情革命，曾至中國活動	K
中野德次郎	日本	實業家，眾議員	資助革命	B
水野梅堯	日本		同情革命	D. R
犬養毅	日本	進步黨領袖	協助革命，辛亥曾至中國活動	B. L. R
犬塚信太郎	日本	實業家	資助革命	B
太田信藏	日本	浪人	同情革命	R

五百木良三	日本	「太平洋會」會員	同情革命	K
戶水寬人	日本		參與庚子惠州之役	C
內田良平	日本	學者,「黑龍會」會員	資助革命,並參與革命活動	B. K
日野雄藏	日本	少校軍官	助孫中山辦青山軍事學校	E
田中舍身	日本		同情革命,參與辛亥之役	D. R
田野橘次	日本	新聞界	同情革命	M
甲斐靖	日本	步兵中尉	參與武昌革命,受傷	D
布施茂	日本		參與武昌革命	D. R
本庄繁	日本	駐滬武官	協助革命	R
加藤夫	日本			M
加藤清藏	日本		參與武昌革命	D. P
加瀨禧逸	日本	法學家	同情革命	K
平山周	日本	外務省職員	同盟會員,參與革命活動	B. K
平松市藏	日本	法學家	同情革命	K
平岡浩太郎	日本	礦業家,眾議員	資助革命,並參與革命活動	B. Q

北一輝	日本	國社主義運動家	同盟會員，參與革命活動	C. N
可兒長一	日本		協助革命，提供武器	B
石山彌平太	日本	「支那問題同志會」會員	同情革命	K
石丸鶴吉	日本		參與武昌革命	P
石間	日本		參與武昌革命，死於漢水	D. R
末永節	日本	退職軍人，船員	參與革命，助辦外交	B. Q
白岩龍平	日本		同情革命	K
古川清	日本	役於東北馬賊	助宋教仁聯絡馬賊	F
古島一雄	日本	記者，眾議員	協助革命，參與辛亥之役	B. K. R
古賀廉造	日本	警保局長	協助革命，《民報》借屋保證人	D. R
玉水常喜	日本		參與庚子惠州之役	P
伊東正基	日本	退職軍人	參與庚子惠州之役	C. I
伊東知也	日本	「有鄰會」會員	同情革命，曾至中國活動	D

吉田	日本		武昌事起後，助辦外交	D. R
寺西	日本	駐漢武官	同情革命	R
寺尾亨	日本	法學博士，教授	協助革命，任法制顧問	K. L
池亨吉	日本		同盟會員，參與鎮南關之役	G. Q
安川敬一郎	日本		資助革命	B. H
安永藤之助	日本		參與庚子惠州之役	M. P
佐佐木象山	日本		同情革命，參與辛亥之役	D. R
佐藤正	日本	「東亞同文會」會員	同情革命	B
谷村幸平太	日本		參與辛亥革命，在天津陣亡	D. R
尾崎行昌	日本	「有鄰會」會員	參與惠州之役	K. P
尾崎行雄	日本	進步黨領袖，議員	同情革命	B
杉田定一	日本	「善鄰同志會」會員	同情革命	K
杉浦和介	日本		參與武昌革命	P
坂本金彌	日本		資助並協助革命	D

岡木柳之助	日本			M
的野	日本	經營糧食店		I
近藤五郎	日本		參與庚子惠州之役	P
松山忠次郎	日本	《朝日新聞》記者	同情革命	K
松方幸次郎	日本		同情革命	R
松木壽彥	日本	日本軍官	協助運械	C. Q
定平伍一	日本		協助運械	C. M
河野廣平	日本	「善鄰同志會」會員	同情革命	K
金子克己	日本	步兵大尉	參與武昌革命，戰死	C. K. R
金子新太郎	日本			M
岩田愛之助	日本		參與武昌革命，受傷	D. R
岩佐溪電	日本	《萬朝報》記者	同情革命	K
岩崎	日本		參與庚子惠州之役	C
兒玉源太郎	日本	臺灣總督	謀助庚子惠州之役	C. M
和田一郎	日本		同盟會財務委員	D
和田三郎	日本			D

相島勘次郎	日本	《日日新聞》記者	同情革命	K
前田九二四郎	日本	日本軍官	協助運械	D. Q
後藤幸吉郎	日本			D
後藤新平	日本	臺灣民政長官	謀助庚子惠州之役	C. M
南方熊楠	日本	任職大英博物館	助孫中山脫倫敦之難	B
美和作次郎	日本		同情革命，辛亥曾至中國活動	R
垣內喜代松	日本	在香港業醫	資助並協助革命	C. R
秋山定輔	日本	眾議員	為革命籌款購械	B
原二吉	日本		參與武昌革命	D. R
原口聞一	日本	學者	參與庚子惠州之役	C
原槙	日本		參與庚子惠州之役	P
神尾茂	日本	記者	以文字同情革命	D. R
神鞭知常	日本			M
柴田麟次郎	日本		參與惠州之役及辛亥之役	P. R
高橋謙	日本	學者，「東亞同文會」會員		I

根津一	日本	「東亞同文會」會員	同情革命	K
浮田和民	日本	「支那問題同志會」會員	同情革命	K
浦上正孝	日本	「有鄰會」會員	同情革命，曾至中國活動	K
浦上淑雄	日本		同情革命，曾至中國活動	Q. R
宮崎民藏	日本	「土地復權同志會」會員	辛亥任革命黨軍需	B. Q
宮崎寅藏	日本	民藏弟，「有鄰會」會員	同盟會員，參與革命	B. K
宮崎彌藏	日本	民藏弟	同情革命	B. Q
島田經一	日本	退職軍人，「玄洋社」社員	參與庚子惠州之役及武昌革命	C. I. P
淺田工村	日本	記者	同情革命	K
掘井覺太郎	日本	明德中學教員	助華興會造炸彈	J
望月三郎	日本		助運軍械	C
梅屋莊吉	日本	商人	協助革命	B
陸奧宗光	日本	「東亞同文會」會員	同情革命	B

陸實	日本			M
副島義一	日本	早稻田大學教授	協助革命，任法制顧問	H. L
副島種臣	日本	內務大臣	同情革命	B
清藤幸七郎	日本	退職軍人	參與惠州及武昌之役	B
清藤秋子	日本	清藤幸七郎之姊	為中國革命籌募資金	Q
野中保教	日本	步兵大尉	參與武昌革命	D. R
斯波貞吉	日本	《萬朝報》記者	同情革命	K
菅原傳	日本	基督教士	同情革命	B
曾根俊虎	日本	退役海軍大尉	同情革命	B
菊池良一	日本	眾議員	參與革命活動	B. Q
鈴木久五郎	日本	股票商人，眾議員	資助革命	B
萱野長知	日本	退職軍人	同盟會員，籌款購械	B
福本誠	日本	學者	參與庚子惠州之役	C
福田和五郎	日本	《二六新聞》記者	同情革命	K
遠藤隆夫	日本	退職軍人	參與庚子惠州之役	C

頭山滿	日本	「黑龍會」會員	協助革命，辛亥曾至上海	B. K. R
櫛引武四郎	日本		參與庚子惠州之役	P
澤村幸夫	日本	記者	以文字同情革命	D. R
龜井祥晃	日本	和尚	參與武昌革命	D
齋藤	日本	工兵軍曹	參與武昌革命	D. R
鵜崎鷺城	日本	《日日新聞》記者	同情革命	K
藤瀨政次郎	日本	上海三井洋行支店長	資助革命	R
鹽谷恒太郎	日本	法學家	同情革命	K
金玉均	朝鮮	宮崎寅藏之友	同情革命	B. P
申檉	朝鮮	軍官	同盟會員，參與武昌革命	S
金凡齋	朝鮮		任革命聯絡及保管文件	S
曹成煥	朝鮮		同情革命	S
朴泳孝	朝鮮		同情革命	S
貝魯斯托斯基	俄國	革命黨人	同情革命	F
蓋魯西約尼	俄國	革命黨人	同情革命	R
芙蘭・諦文 Frank Damon	美國	教師	同情革命	A

喜嘉理 Rev. Hager	美國	傳教士	同情革命	I
奇列	美國	化學師	乙未在廣州助製炸彈	A
香汴文	美國	傳教士	乙未廣州之役協助革命	I
嘉約翰 John G. Kerr	美國	廣州博濟醫局醫生	乙未庇護革命黨人	C
荷馬李 Homer Lea	美國	軍事學家	辛亥隨孫中山赴歐辦外交	A
莪班尼恩 Ansel O'Banion	美國	退役軍官	孫中山在美時充侍衛	L
彭西 Mariano Ponce	菲律賓	菲獨立黨駐日代表	以巨款資助革命	I. P
柏氏 Victor Bache	丹麥	練兵教習	在檀島教興中會同志兵操	A
考萊凱 A. Kollecker	德國	傳教士	同情革命	T
卜力 Henry A. Black	英國	香港總督	同情革命	A
康德黎 James Cantile	英國	香港西醫書院教務長	協助革命，救助孫中山	A
加銀根 Archibald R. Colquhoun	英國	記者	以文字宣揚革命方略	A

高文 Tom Cowen	英國	記者	乙未廣州之役， 起草英文宣言	A
克銀漢 Alfred Cuningham	英國	記者	參與洪全福之 役，救助黨人	A
鄧勤 Chesney Duncan	英國	記者	乙未廣州之役， 草英文宣言	A
孟生 Patrik Manson	英國	香港西醫書 院教務長	助孫中山脫倫敦 之難	A
格斯科因 Gascoigne	英國	武官	同情革命	T
哈斯頓 J. Scott Harston	英國		同情革命	T
馬里遜 G. E. Morrison	英國	記者	助洪全福之役	A
摩根 Rowland J. Mulkern	英國	軍事家	參與庚子惠州之 役	A
黎德 Thomas Reid	英國	記者	參與乙未廣州之 役	A
司麥脫 Colin Mcd. Smart	英國	記者	同情革命	T
史密斯 D. Warren Smith	英國	記者	同情革命	T

凱可斯 Robert de Caix	法國	學者	發表演說，介紹中國革命	O
克雷孟梭 G. E. B. Clemenceau	法國	首相	同情革命	A
狄氏	法國	砲兵上尉	參與鎮南關之役	A
韜美 M. Paul Doumer	法國	安南總督	同情革命	A
都倫 Dureng	法國	學者	著書介紹中國革命	O
法郎士 Anatole France	法國	文學家	同情革命	O
李安利 Leoni	法國		在西貢助賣軍債券	I
賴根第 Legendre	法國	學者	發表演說，介紹中國革命	O
麥朋 A. Maybon	法國	學者	著書介紹孫中山思想	O
米爾 Pierre Mille	法國	文學家	同情革命	A
歐極樂 Oxil	法國	駐天津武官	協助調查革命	A
畢恭 Stephen Pichon	法國	外交部長	同情革命	A
布加卑	法國	駐天津少校軍官	遣武官助孫中山調查革命	A

伯希和 Paul Pelliot	法國	漢學家	同情革命	O
羅氏 Monsieur Reau	法國	駐漢口領事	贊助革命，請各國勿加干涉	A
路茲 J. Rodes	法國	記者	著書介紹中國革命	O

上列共一九四人，以國籍、出身及其對革命的態度分，可如下表[46]：

國　　籍		日本	法國	英國	美國	朝鮮	俄國	菲律賓	德國	丹麥	總計
出	政　界	16	4	1	0	0	0	0	0	0	21
	軍　界	18	3	2	1	1	0	0	0	1	26
	工商界	11	0	0	0	0	0	0	0	0	11
	學　界	12	7	2	3	0	0	0	0	0	24
	新聞界	15	1	8	0	0	0	0	0	0	24
	其　他	5	0	0	3	0	2	1	1	0	12
身	不　詳	69	1	1	0	4	0	0	0	0	75
對革命的態度	直接參與	75	2	1	2	2	0	0	0	0	82
	協　助	22	4	7	4	0	0	1	0	1	39
	同　情	39	5	2	1	3	2	0	1	0	53
	不　詳	10	5	4	0	0	0	0	0	0	19
總計		146	16	14	7	5	2	1	1	1	194

---

[46] 以出身分：由工商界入政界者以工商界計，由新聞界入政界者以新聞界計，「其他」包括傳教士、僑民、船員、浪人、革命黨人。以對革命的態度分：直接參與指直接加入革命組織或直接參加籌劃、暴動、籌款、購械、運械者；協助指不直接參與革命組織與活動，但提供金錢、活動場所，並予革命活動以便利者；同情指以文字偏袒革命或常與革命黨人往還者。

　　此一統計，並不完全。據胡漢民調查，孫中山的日本知友約近三百人，事蹟多已不可詳考[47]；又一九○七至一九○八年間的鎮南關、河口等役，法人參與者亦多[48]，惟多無姓名可查；而同情中國革命者，則更無法確切統計。

　　在調查所得的外人當中，日人約佔 80%，對革命的參與最多。如犬養毅，以政黨領袖支持革命，一八九七年孫中山至橫濱，犬養遣宮崎寅藏與平山周往迎，並介紹孫與大隈重信、大石正己、尾崎行雄等相見，使孫得結交日本政要，其後宮崎寅藏前往中國之一切費用，皆由犬養供給；大隈重信內閣之同情革命，亦犬養所主張[49]；武昌革命爆發後，犬養且促使日本國會承認南京政府[50]。如宮崎民藏，其土地均享說影響孫中山的平均地權論，武昌事起後，且駐上海，任革命黨軍需[51]。如宮崎寅藏，於庚子惠州之役，代表孫中山入廣州，謀兩廣獨立。一九○五年，介紹黃興、宋教仁等與孫中山見面，促成同盟會成立。一九○六年創《革命評論》，時為中國革命作宣傳；次年，孫中山委在日本全權辦理籌資購械，以接濟革命[52]。如池亨吉，曾充孫中山英文秘書，並參與丁未鎮南關之役[53]。如末永節，於武昌事起後，偕黃興至武漢，力勸日本駐漢口領事松村及海軍武官大中，勿干涉革

---

[47] 萱野長知，《中華民國革命秘笈》，頁五九。

[48] 馮自由，《中華民國開國前革命史》第二冊，頁一九一～二一九。

[49] 宋教仁，《我之歷史》，頁六三；萱野長知，《中華民國革命秘笈》，頁五九。

[50] Frederick McCormick, *The Flowery Republic*, p. 324.

[51] 陳固亭，《國父與日本友人》，頁四；野澤豐，《孫文と中國革命》，頁二七。

[52] 同上陳固亭書，頁六～七；宮崎滔天，《支那革命軍談》，頁二四一。

[53] 馮自由，《中華民國開國前革命史》第一冊，頁三○九。

命軍事[54]。如山田良政，參與庚子惠州之役，為清兵所捕殺[55]。法國方面，如砲兵上尉狄氏，於襲取鎮南關時連佔三要塞，作戰頗為驍勇[56]。如駐河口領事羅氏，協助河口革命軍事；轉任駐漢口領事後，適武昌革命事起，曾力勸各國勿加干涉。另如英人康德黎之營救孫中山脫倫敦之難，美人荷馬李於武昌事起後隨孫中山赴英辦理外交等，均為重要的革命助力。惟外人支援中國革命，大部有如曾村保信所指斥日人者──純出於利己動機[57]。中國革命所獲得的利益，大多為外人利益之餘，不足以自豪。

四　租界在辛亥革命中的地位

清季外力入侵，外人為便於在中國居住、通商，要求於各商埠劃定一特定區域，俾各國商民得租地建屋，設立行棧：此即租界的由來。租界的設立，始於一八四五年的上海英租界。一八四九年，法國亦於上海設租界。一八六○年後，英、法等國復於廣州、鎮江、九江、天

---

[54] 同註52陳書，頁七二～七三。

[55] 同上書，頁五一～五三。

[56] 羅香林，《國父與歐美之友好》，頁一一二。

[57] 曾村保信，〈辛亥革命與日本輿論〉，李永熾譯，《歷史與思想》，頁七一。所謂利己的動機者，如頭山滿、內田良平是執行日本的大陸政策，平岡浩太郎、大石正己是欲使日本的產業資本在中國取得一席地。只有急進派的民權主義份子如宮崎寅藏、萱野長知等，是站在亞洲人自救的立場來參與中國革命的。見彭澤周，〈宮崎滔天與中國革命〉，吳相湘編，《中國現代史叢刊》第五冊，頁二四～二五。

津、寧波等地設租界。至甲午戰後，日、俄等國亦加入劃設租界的行列，而有漢口、杭州、廈門等租界的設立[58]。租界以內的事宜，由各國自設機關管理，中國無權干涉，造成中國領土內的「政治孤島」。這些政治孤島，一方面是外力入侵的基點，中國主權被剝奪的象徵；另一方面也是西洋文化的櫥窗，中國改革的借鑑，政治犯的庇身所。如果撇開國家主權問題不談，這些政治孤島對近代中國政治運動有其積極的意義。

一九一三年，國民黨發動二次革命，以租界為策動革命的基地，並以租界為逋逃藪。《北京日報》(Peking Daily News) 著論云：若無上海、長江各處租界，尤其是日本租界的庇匿，則一切革命黨人業已被捕，而革命運動亦早為政府削平。又云：所有各種策畫革命之舉，其線索無不發自上海、漢口租界。該報述及江西都督李烈鈞被袁世凱撤職後，如何逃避上海租界，又如何由上海租界策畫江西起事；預計李於失敗後將再逃上海，重新鼓動。該報並謂：中國政府一日不能逮捕租界內之革命份子，革命事件將永無停止[59]。此一論述，透出了租界在革命運動中的地位；清末的情形，和民初一樣。

利用租界的庇護從事反政府活動，至遲起於太平天國時代。一八五三年，劉麗川率小刀會眾起於上海，與官軍對峙年餘。上海法、英、

---

[58] 外人先後於各地劃設租界事，散見郭廷以，《近代中國史事日誌》(臺北，民國五十二年) 一書，依陳三井，〈租界與中國革命〉(中華民國史料中心編，《中國現代史專題研究報告》第二輯) 和鄭合成，《中國經濟史研究》，頁三九六～三九七合併統計，外國在中國劃設租界二十七處，其中英、日各一五，美六，法五，俄、德各四，比、意、奧各一。

[59] 王光祈譯，《辛亥革命與列強態度》，頁六八～六九。

美國租界當局初持中立政策，允許劉麗川的部屬出入租界。後因戰事延長，影響商務，法國租界當局首先作干涉之舉，不僅杜絕劉麗川的部屬進入租界，且派兵幫助清軍，至一八五五年二月，上海乃為清軍克復[60]。

論及租界在革命運動中的地位，不是說租界當局贊助中國革命，也不是說他們允許革命黨人從事暴亂活動；只是租界與滿清統治下的區域比較起來，較便於革命的活動而已。這可分為幾方面來說：其一，租界內有較多的言論自由，革命黨人可於租界內刊發報紙，從事革命宣傳。其二，於租界內從事革命活動，如涉及擾害治安，通常僅受租界當局的取締與懲處，不至直接受清政府的迫害。其三，租界內有集會結社之自由，革命志士集結較易，可以造成一股勢力。

中國報紙在租界出版的，當以一八七二年創刊的《申報》為最早。其後較為重要的有創於一八九三年的《新聞報》，創於一八九六年的《蘇報》，創於一九〇三年的《國民日日報》和《俄事警聞》，創於一九〇四年的《警鐘日報》和《時報》，創於一九〇九年的《民呼日報》和《民吁日報》，創於一九一〇年的《民立報》等。地點均在上海。這些報紙都享有相當的言論自由，對於中國政治的評論通常不受干涉。對革命黨人所辦的報紙，清政府常欲竭力壓制，甚至想不經會審公廨（一八六四年創設）的判決，封閉某些報紙，但為租界當局所反對。租界當局堅持，任何報紙的封閉，均須經過會審公廨的判決。以一九〇三年的蘇報案為例，若非租界當局的堅持，首事諸人可能遭清政府

---

[60] L. F. Comber, *Chinese Secret Societies in Malaya* (New York, 1959), pp. 25–27；岑德彰，《上海租界略史》（上海，民國二十年），頁三三～四二。

的處決[61]。

《蘇報》於一八九六年由胡璋創辦，以其日籍妻子生駒悅的名義，在日本領事館註冊，後由陳範承辦。一九〇三年六月，蔡元培、章炳麟、吳敬恒、鄒容、章士釗等假《蘇報》宣傳革命，言論激烈。章炳麟直呼清廷為小醜，鄒容著《革命軍》，排滿尤力。清廷忌，命蘇撫及上海道等向工部局交涉，要求引渡首事者，租界當局不允。嗣在會審公廨設額外公堂，由上海縣令會審，並延律師聲述案由。先後會審四次，由上海縣下諭，謂「章、鄒等照律治罪，當處決。今逢萬壽開科，宣布皇仁，援照擬減，定為永遠監禁」。上海領事團對此判決持異議，乃移北京交涉。至次年五月，改判章炳麟監禁三年，鄒容監禁二年[62]。

租界作為革命宣傳的機關所在地，其言論自由是有其限度的。一方面租界當局可徇清政府之請，封閉報館，逮捕記者；另一方面，人身攻擊和對列強的批評則不被允許。同時，報刊亦不得公開鼓吹暗殺等暴力活動。一九〇四年，租界當局拘捕《警鐘日報》記者，並沒收印刷機器，即因其譯述俄國虛無黨歷史、鼓吹暗殺所致[63]。一九〇九年七月，上海《民呼日報》的停刊，主筆于右任、陳飛卿的被捕，為一連串的「毀壞名譽」案所牽連。同年十二月，《民吁日報》的被封，則出於日本駐滬領事的脅迫；因為《民吁日報》不斷揭發日本侵華的陰謀，並聲援韓國革命運動[64]。

---

[61] F. L. Hawks Pott, *A Short History of Shanghai* (Shanghai, 1928), pp. 179–180.

[62] 許師慎，《國父革命緣起詳註》，頁六一。

[63] 陳三井，〈租界與中國革命〉，《中國現代史專題研究報告》第二輯，頁二三二。

[64] 陳祖華，《于右任先生創辦革命報刊之經過及其影響》，頁七四～八九、一三三～一四四。

　　租界作為策畫暴動的根據地，在革命運動的初期尚不重要。革命運動的中心初在南方，與孫中山有關的十次革命，是以香港或安南作為策動基地的。惟香港的地位如同租界：其一，它距廣州很近，對於以廣州為中心的革命活動，有指使之便。其二，香港以中國居民佔多數，便於革命的聯絡及革命勢力的擴展。而且香港對外交通便利，更適合作為革命運動的聯絡站。

　　租界之用為革命活動基地者，以上海與漢口兩地為最重要。上海租界，一九一〇年約有六十萬中國人，一萬三千外國人，幾佔上海總人口的一半[65]，故為革命活動的重要區域。除革命報刊如《蘇報》、《國民日日報》、《民立報》等設於租界外，吳敬恒等演說革命的張園在租界，以培養革命幹部為目的的「愛國學社」設於租界。愛國學社教員及學生於張園演說革命時，巡捕對首事諸人如吳敬恒、蔡元培等也加以傳詢，但每次皆言：倘不藏軍火，必予保護，不聽華官捕人[66]。華興會與光復會於上海租界設立機關，同盟會在上海的組織與活動，亦集中於租界。辛亥上海光復，陳其美、李柱中等以租界為策動處所。以漢口論，租界向為革命黨人集聚之地，或開報館，或秘密集議，或製造炸彈。武昌革命的爆發，即因孫武在俄國租界製造炸彈，不慎爆發，為俄警所覺而起[67]。武昌革命爆發後，各省都督府代表聯合會，亦假漢口英租界順昌洋行開會，討論臨時政府組織事宜[68]。

---

[65] 岑德彰，《上海租界略史》，頁二六六～二六七。

[66] 吳稚暉，〈中山先生年系〉，《國父與江蘇》，頁三三九。

[67] 俄警告知俄領事，俄領事通知清吏，於是兩國會同搜查爆炸地點，獲革命黨文件多種，於是清吏於城中大事搜捕革命黨，革命黨人人自危，遂起事。見宮崎滔天，《支那革命軍談》，頁九二～九四。

　　清季革命運動的主要動力在海外，其在中國大陸建立基地，始於香港。由香港滲入華南各省，秘密組織雖有之，而無法公開活動，原因之一為缺少適當的租界[69]。上海被用為革命的基地在一八九九年以後，由上海而滲入華中各省，其易於建立革命基地者，以上海、漢口等地有租界。漢口租界在掩護革命的地位上僅次上海，同為兩大革命活動的中心點。惟革命運動之借助於租界者，乃偶然之事，非必然之事。即無租界，革命亦可進行，惟其組織與宣傳的方式或將略有變更而已。

五　結　論

　　一種政治或社會運動，常發自一人或少數人；其能成長、擴大與否，除客觀的條件外，端視此一人或少數人運動的力量與幅度而定。就清季革命運動而論，革命領導人網羅了各方面的勢力；外人的勢力不過為其中之一。惟新勢力的加入，容易促使革命運動的本質與方向發生變化；最顯著的事實是，在同盟會成立以後不久，孫中山已無法掌握整個的革命局勢，光復會只強調種族大義，共進會和中部同盟會放棄了平均地權的主張。

　　外人或外國作為革命的助力，是有其條件與限制的。就外國政府而論，大多是為己國之利益，與革命黨人作有限度的合作。一旦與清廷或另外一派勢力相結較為有利，即置革命黨人於不顧。一九〇〇年，

---

[68] 菊池貴晴，《現代中國革命の起源》，頁二〇六～二〇七。

[69] 廣州之河南、廈門之鼓浪嶼雖有租界，然地位孤立。

革命黨人為爭取外援，曾作過兩方面的努力，但均勞而無功。其一，英國計畫促使李鴻章據兩廣獨立，欲引孫中山助之，因李不願背棄清廷，香港政府乃繼續執行放逐孫中山的政策。其二，日本計畫佔有廈門，欲結合廣東方面的革命黨人，乃與孫中山有所聯絡；既而計畫中止，即驅孫離境。武昌革命爆發後，列強初頗同情革命，惟助力很快轉移到袁世凱身上，革命黨人之趨於妥協，辛亥革命之不能徹底，與此甚有關係。自此以後，歷次革命之變質與失敗，幾均與外國勢力的參與有關。

參與辛亥革命的外國人，除部分係基於其與革命領袖的友誼外，大多係為己國或個人之利益，在中國革命運動中找機會。這可以日本的志士為例子。日本志士在中國活動，大體可分為三派：一是執行政府政策的，二是誘導或協助政府向亞洲大陸發展的，三是為個人意圖或團體意圖而工作的。第三派人中不少有以協助中國革命為事業的，但亦盡量不違背政府的政策。如武昌革命爆發後，日本政府初採排袁政策，川島浪速、松本菊熊一派即在中國北方作排袁活動。時孫中山、黃興等已在外交的壓力下採取了聯袁政策，惟少數革命黨人如白逾桓、程克、孫鐘等仍在北方作打擊袁世凱的活動。孫中山的密友平山周及小幡虎太郎等此時卻在天津加入了川島的排袁工作[70]，雖可能是配合北方革命黨人的活動，也許是執行日本政府的政策，因為平山周是為日本外務省工作的。

租界作為革命的助力，有如外國地區；它是革命黨人的庇護所。在一個專制國家，政治犯容易找到庇護所，對政治和社會運動的推進，

---

[70] 萱野長知，《中華民國革命秘笈》，頁一六八。

是有其積極意義的。清季革命黨人利用租界，是偶然的，不是有計畫的。上海、漢口等地有革命黨人聚集，便利用了上海、漢口等地的租界；革命黨人似無利用租界將革命勢力，擴張及於全國的計畫。雖是如此，革命勢力的擴張，如有租界可資利用，是易於為功的。武昌革命爆發前後，北方革命黨人集於天津，原因之一，即為天津設有租界之故。惟租界當局對革命黨人並無偏愛，亦不過維護租界之法權而已。

革命運動或任何其他政治和社會運動，是需要網羅或借助於各方面的力量的。但在吸收各種助力的同時，如何能不失原來的立場與目標，乃是任何運動的領導人所宜注意並設法防阻的。

第四篇

革命理論

興中會時期的理論與宣傳

一　前　言

　　興中會成立於光緒二十年（一八九四），至光緒三十一年（一九〇五）改組為同盟會，共歷十一年。興中會時期的革命理論，以民族主義和民權主義為主；革命宣傳以口頭和印刷品為媒介。當時宣傳活動遍布於國內外，不僅闡揚革命的主義，且警醒帝國主義侵略的危險，抨擊清廷的失政和保皇派的謬誤，終使同情革命者日多，革命運動日益壯大。下面分為革命的主義、宣傳的媒介、各地區的宣傳概況、宣傳的內容、宣傳的效果五方面，加以論述。

二　革命的主義

　　興中會時期的革命主義，初以民族主義和民權主義為主。關於民族主義，光緒二十年孫中山在檀香山組織興中會時，已經有所主張。檀香山興中會章程云：

近之辱國喪師，強藩壓境。堂堂華夏，不齒於列邦，文物冠裳，被輕於異族。……乃以庸奴誤國，荼毒蒼生，一蹶不興，如斯之極。……用特集會眾以興中，協賢豪以共濟，抒此時艱，奠我中夏[1]。

文中的民族主義思想，實包括對外和對內兩部分；對內部分即檀香山興中會誓詞所標舉的「驅除韃虜，恢復中華」。

興中會時期的民族主義思想，其來源有二：一為傳統中國的民族思想，包括二百年來滿漢間的仇恨；一為百年來西方的民族革命思想。傳統中國的民族思想，為清季革命運動的重要動力。從現存宣傳革命的書報看來，至遲在光緒二十七年（一九〇一）創刊於東京的《國民報》，即公開揭示以排滿為中心的民族主義宗旨。該報〈亡國篇〉有云：

彼韃靼之入我中國也，其始既橫加殺戮，慘毒不忍聞；其繼也分其醜類，遍我中國，名之曰駐防。夫駐防云者，則豈不以防我漢族哉！不使之自謀其生，而坐食我膏腴。婚姻有滿漢，官階有滿漢。夫豈惟此，粵亂之起也，以漢攻漢，疊尸山積，所以保者滿洲也；團匪之起也，以漢攻夷，血流津京，所保者滿洲也。且二百兆之償，取我漢民之錢，以保彼宴游之地。臺灣之割，夷我漢種之人，以保彼根本之地。今日又至矣，勝敗惟漢之是禍，而滿人坐享其利[2]。

---

[1] 馮自由，《革命逸史》第四集，頁五。
[2] 《國民報彙編》，頁二六。

〈說漢種〉篇有云：

> 今日之漢土，其為漢種之土地乎？抑為非漢種之土地乎？今日之清國，其為漢種之清國乎？抑為非漢種之清國乎？……彼新倡一說曰：漢人強，滿人亡；漢人瘠，滿人肥。於是滿人對漢人之手段愈毒而辣矣[3]！

　　光緒二十八年（一九〇二），章炳麟在日本發起「支那亡國二百四十二年紀念會」，稱引明末抗清名將李定國、鄭成功、張煌言、瞿式耜、何騰蛟、李成梁等人，激勵國人光復故國[4]。留東學界復有「青年會」之組織，明白宣示以民族主義為宗旨，以破壞主義為目的，認為「異族政府之不足有為」，而主張革命[5]。故這年十月，立憲派的梁啟超在寫給康有為的信中有云：「今日民族主義最發達之時代，非有此精神，絕不能立國。弟子誓焦舌禿筆以倡之，絕不能棄去也。而所以喚起民族精神者，勢不得不攻滿洲。」[6]

　　光緒二十九年（一九〇三）元旦，留東學生舉行新年團拜，馬和（君武）、劉成禺等演說革命，倡言排滿。有滿學生二人，聞而大懼，作書數十通，以遺當道，陳激烈、和平二辦法，激烈法主多殺漢人，和平法主殺演說排滿者；且令此後毋使漢人學陸軍、警察[7]。上海《蘇

---

[3] 同上，頁二二。

[4] 馮自由，《革命逸史》第一集，頁八四～八九。

[5] 蔣永敬，〈興中會時期革命言論之演進〉，《中華學報》一卷二期，頁一〇〇～一〇一。

[6] 丁文江，《梁任公先生年譜長編初稿》（上），頁一五七。

報》曾為此發表社論，指明漢人受滿族壓迫，力倡民族主義[8]。《蘇
報》為在國內宣揚民族主義的急先鋒，是年六月九日發表章士釗〈讀
革命軍〉一文，謂「今日世襲君主者滿人，佔貴族之特權者滿人，駐
防各省以壓制奴隸者滿人；夫革命之事業，豈有外乎去世襲君主、排
貴族特權、覆一切壓制之策者乎？」六月十日，發表章炳麟〈序革命
軍〉一文，歷數滿漢世仇，力主驅逐滿人、殺盡滿人[9]。《革命軍》為
是年出版的宣傳小冊，鄒容作，倡導激烈的排滿主義，其言有云：「張
九世復仇之義，作十年血戰之期，磨吾刃、建吾旗，各出其九死一生
之魄力，以驅逐凌辱我之賊滿人、壓制我之賊滿人、屠殺我之賊滿人、
姦淫我之賊滿人，以恢復我聲名文物之祖國。」[10]

　　革命黨人的民族思想並不完全淵源於中國的歷史傳統，革命書刊
對近代西方的民族主義和民族獨立運動亦廣為介紹。光緒二十九年二
月二十八日《蘇報》社論有云：

　　　　致十九世紀競爭之風潮者誰乎？民族主義為之也。其上焉者，
　　　　若德意志之聯邦，若意大利之統一；其次焉者，若匈牙利之自
　　　　治，若希臘人之獨立；其下焉者，若飛獵賓之戰美，若脫蘭斯

---

[7] 光緒二十九年二月二日、十一日，《蘇報》，〈學界風潮〉；二月十六日《蘇報》，
　　〈異哉滿學生！異哉漢學生〉；《黃帝魂》，頁一一二～一一三，〈滿學生與漢學
　　生〉。

[8] 光緒二十九年二月二十八日《蘇報》，〈論東京留學生滿漢之衝突〉。

[9] 引見張建國，〈辛亥前上海地區革命運動之研究（一九〇三～一九一一）〉，頁
　　七〇，民國六十六年，國立政治大學三民主義研究所碩士論文。

[10] 張玉法編，《晚清革命文學》，頁一二五。

之抗英，雖成敗不同，而其為民族主義所驅使則一也。風潮所
趨，漸及東亞，二十世紀之中國，為民族競爭之一大舞臺，無
疑也[11]。

當時留東學界所辦的刊物，對西方的民族主義和民族獨立運動介
紹尤多。許多文章的論點，都集中在民族國家的鼓吹上。如《湖南遊
學譯編》第十冊〈民族主義之教育〉一文，引述西方革命史實，提倡
民族建國主義，即以種族為立國之根據地。《浙江潮》第一期社論謂凡
立於競爭世界之民族而欲自存者，當以建民族的國家為獨一無二義；
〈民族主義論〉一文謂斯拉夫主義之蔓延，德意志之建國，義大利之
統一，皆以民族主義為動力，由民族主義而建民族國家，以發揮其民
族之特性。《江蘇》第三期社論謂同民族之人，語言同、習俗同、歷史
同、地理同，以之建國家，則其民與國休戚相關、利害相同，並心一
力以禦異族，故其國強。第七期〈民族主義〉一文謂國際公法之出發
點，不在國家而在民族，故欲集人類而構成一合法永久平和組織體，
在分各國家以成一完全的國家，即民族的國家；又謂視察古今歷史之
大現象、人類之大運動，無不以建立民族的國家為原動力[12]。

淵源於傳統的民族思想，是狹隘的種族思想，種族思想只爭取種
族利益，沒有把國境內的民族看為享有共同命運的整體。來自西方的
民族思想，蘊育民族國家的觀念，此一觀念雖有反滿的意味，但其終

---

[11] 光緒二十九年二月二十八日，《蘇報》，〈論東京留學生滿漢之衝突〉。

[12] 引見張玉法，〈興中會時期的革命宣傳〉，《臺北市立女子師範專科學校暑期部
學報》第四期，頁三八七～三八八；張建隆，〈革命的歧見，一八九五～一九
一一〉，頁二八～二九，民國六十九年，中國文化學院史學研究所碩士論文。

極目標在求中國民族獨立。孫中山的民族主義思想體系始闡發於這個時期，這個體系後來被歸納為兩點，即中國民族自求解放，國內各民族一律平等。

民權主義在興中會初期闡述無多。思想淵源部分來自傳統，部分來自西方。來自傳統者為民本思想，孫中山在〈上李鴻章書〉中提到「國以民為本」，在〈創立農學會徵求同志書〉中提到「朝野交孚，君民一體」，在檀香山興中會宣言中提到「民為邦本，本固邦寧」，這些都是中國傳統的民本思想。來自西方的民權思想初以美國為藍本，檀香山興中會誓詞中有「創立合眾政府」一語，合眾政府實即美國的聯邦政府，孫中山早年求學檀香山，熟悉美國制度，而興中會在檀香山創立時，華僑亦傾心美國制度，故以美國式的民權為號召。此一美國式的民權，到光緒二十六年（一九〇〇）孫中山策動惠州之役時在致香港總督書中有所發揮，其方式是：「於都內立一中央政府以總其成，於各省立一自治政府以資分理。」「所謂中央政府者，舉民望所歸之人為之首，統轄水陸各軍，宰理交涉事務，惟其主權，仍在憲法權限之內。設立議會，由各省貢士若干名，以為議員。省之一切政治徵收正供，皆有全權自理，不受中央政府遙制，惟於年中所入之款，按額撥解中央政府，以為清洋債、供軍額，及供宮中府中費用。省內之民兵隊及警察部，俱歸自治政府節制。以本省人為本省官，然必由省議會公舉。至於會內之代議士，本由民間選定，惟新定之始，法未大備，暫由自治政府擇之，俟至若干年，始歸民間選舉。」到興中會後期，由於宣揚民權者漸多，以民主共和不以美國制度為限，始將誓詞中的「創立合眾政府」改為「創立民國」[13]。

興中會時期宣揚民權主義者自然不限於孫中山和其他興中會員，

除康、梁一派的人對西方的民權思想和制度有廣泛的闡釋外，其他革命派的人士也注意到民權思想的鼓吹。光緒二十七年（一九〇一）創刊於東京的《國民報》，屢為文攻擊中國的專制政體，倡導西方的民權制度。關於攻擊中國專制政體，一則謂：「嬴秦暴興以降，獨夫民賊無代不作，率皆敝屣公理，私土地人民為己有，使天下之人，知有朝廷不知有國家，又恐其民之秀傑者不滿於己之所為，乃施以種種牢籠束縛壓制威脅之術，以便私圖。」再則謂：「馴服於二千年專制政體之下，習為傭役，習為奴隸，始而放棄其人權，繼而自忘其國土，終乃地割國危，而其民幾至無所附屬。」關於倡導西方的民權制度，一則謂：「世界萬國，以有民權而興，無民權而亡。……美之獨立，美之自治為之也；法之革命，法之民氣為之也。」再則謂：「凡國之所以因禍而為福、轉敗而為功者，必賴千百志士，不畏艱難以肩鉅任，殺身以易民權，流血以購自由，前仆後興，死亡相繼，始能掃蕩專制之政治，恢復天賦之權利。」[14]光緒二十九年（一九〇三）在上海宣傳革命的《蘇報》，亦有文鼓吹民權思想，譬如〈釋仇滿〉一文中有云：「世界進化已及多數壓制少數之時期，風潮所趨，絕不使少數特權獨留於亞東之社會。……夫民權之趨勢若決江河，沛然莫禦，而我國官於政界者，猥欲以螳臂當之，以招他日慘殺之禍，此固至可憫嘆者也。」[15]

　　一般而論，興中會時期革命報刊宣傳民權思想的文字，在比例上並不多。如《浙江潮》載文一九七篇次，鼓吹民權思想者只十篇次；《江蘇》載文三八五篇次，鼓吹民權思想者只八篇次。而鼓吹民權思

[13] 孫子和，〈興中會的政治主張〉，《中華學報》三卷二期，頁六～九。

[14] 引見前引張建隆文，頁三〇～三一。

[15] 光緒二十九年三月十四日、十五日，《蘇報》。

想的文字，論述亦不深入。所以如此之故，部分原因可能是立憲派人思圖運動君主立憲，對民權思想不斷闡發之故。《時務報》、《清議報》、《新民叢報》介紹和鼓吹西方民權思想和民權政治的文字，遠較革命的報刊為多。

民生主義的宣傳，在興中會時期亦不受重視。光緒二十八年（一九○二）孫中山把「平均地權」的主張加入興中會的誓詞，但在《民報》創刊前（一九○五），並沒有公開闡述「平均地權」的意義。至於「民生」一詞，光緒三十年孫中山過舊金山時，曾與劉成禺提到過，以此包括俄國的虛無共產、德國的國家社會政策，和英美法的社會主義[16]。但當時一般革命黨人都把與平均財富有關的思想和主張稱為社會主義，並不稱為民生主義。

革命報刊對社會主義的介紹也很少。《浙江潮》介紹西方社會主義和社會黨的文字只有十一篇次，佔總篇次的 3.8%；《江蘇》介紹西方社會主義和社會黨的文字只有二篇次，佔總篇次的 0.51%。而介紹社會主義像介紹民權思想一樣，都是在宣傳性的文字中順便提及的。當時革命派的報刊，似乎還沒有以社會主義為題，作廣泛而深入的討論的。比較突出的是載於《浙江潮》的兩篇文字，一篇同時提出了民族、自由、社會三大主義：

> 波（蘭）人若曰民族主義哉，彼日耳曼、義大利亦猶是人也，皆能獨立，而胡為我則奴、我則奴？嘻！獨立！獨立！俄人若曰自由主義哉！彼奧大利、日耳曼亦猶是國也，皆得憲法，而

---

16 蔣永敬，《國父革命運動史要及其思想之演進》，頁七三。

> 胡為我則無、我則無？咄！革命！革命！此二端外，又有社會
> 主義者勃興其間，社會主義者何？均貧富問題也[17]。

另一篇同時提出社會、自由、博愛三主義：

> 法國革命之大震動，波及於歐羅巴全洲，有直接之影響。當其
> 主腦，曰社會的平等也，曰政治的自由也，曰四海同胞之大主
> 義也。此理想，此主義，遂刺激於世界國民之腦，其功德遂飛
> 揚社會政治之實際界，永無沒時[18]。

此三主義，當為孫中山三民主義思想的部分來源。惟在興中會時期，一般革命黨人所熱中的為民族主義，其次為民權主義（與民主、政治自由等詞相近），對民生主義（社會主義）有認識者較少。《湖南遊學譯編》中有一篇文字介紹了歐洲各國的社會、民主、民族三主義，最後只提倡民主主義和民族主義[19]。

三　宣傳的媒介

所謂宣傳媒介，指宣傳所運用的工具而言。興中會時期的革命宣傳，就媒介而論，可分口頭宣傳、印刷書冊、發行報刊、印發傳單等方面言之。

---

[17] 《浙江潮》第二期，頁九二，〈斯拉夫人種與條頓人種之競爭〉。

[18] 同上，第六期，頁二六，〈最近三世紀大勢變遷史〉。

[19] 《湖南遊學譯編》第十二冊，〈十九世紀歐羅巴歷史之壯觀〉。

　　口頭宣傳是最方便的，也是最親切的。革命黨人常利用閒談、討論、勸說和講演從事宣傳。以孫中山為例，興中會成立前的十年（一八八五～一八九四），可以說完全是口頭宣傳時期。孫中山在求學時期所結交的革命同志，可以說都是透過閒談、討論和勸說而獲致的。光緒十二年（一八八六）孫中山在廣州博濟醫院 (Canton Hospital) 所附設的醫科學校讀書時，以口頭宣傳，結交了鄭士良。據他回憶：

> 當予肄業廣州博濟醫學校也，於同學中物色有鄭士良號弼臣者，其為人豪俠尚義，廣交遊，所結納皆江湖之士，同學中無有類之者。予一見則奇之，稍與相習，則與之談革命，士良一聞而悅服，並告以彼曾投入會黨，如他日有事，彼可為我羅致會黨，以聽指揮云。

　　次年孫中山轉入香港西醫書院 (College of Medicine for Chinese, Hong Kong) 讀書，又在課餘之暇，利用口頭宣傳，結交了陳少白、尤列（少紈）、楊鶴齡、陸中桂（皓東）等人，據他回憶：

> 予在廣州學醫甫一年，聞香港有英文醫校開設，予以其學課較優，而地較自由，可以鼓吹革命，故投香港學校肄業。數年之間，每於學課餘暇，皆致力於革命之鼓吹。常往來於香港、澳門之間，大放厥詞，無所忌諱。時聞而附和者，在香港祇陳少白、尤少紈、楊鶴齡三人，而上海歸客則陸皓東而已[20]。

---

[20] 《國父全集》第一冊，頁四九一，〈孫文學說〉。

　　光緒十八年（一八九二），孫中山自香港西醫書院畢業，先後在澳門及廣州行醫，時革命同志尤列假廣州城南廣雅書局抗風軒為同志談話之所，經常參加的有程耀宸、程奎光、陸中桂、魏友琴、鄭士良、尤列、陳少白、周昭岳及孫中山等，中間常有辯論，如陸中桂以為外患日亟，重在治標；而孫中山主張顛覆滿清政府，重在治本。連日辯解，終從孫中山之議[21]。

　　光緒二十年（一八九四）中日戰起，孫中山赴檀香山鼓吹革命，並組織興中會。歸國途中，於橫濱船上演說革命，得與陳清相識，奠定了橫濱興中會的基礎。光緒二十一年廣州之役失敗，孫中山亡命海外，經日本、檀香山赴美洲。孫自舊金山登陸，橫過美洲大陸抵紐約，所至皆說以祖國危亡、清廷腐敗，非從民族根本改革，無以救亡，然其時風氣未開，歡迎革命者，每埠不過數人至數十人而已[22]。光緒二十六年（一九〇〇）以後，革命風氣漸開。光緒二十九年孫中山至檀香山，革命同志李昌、何寬等先後請孫至荷梯厘街戲院及利利霞街戲院講演革命真理，到者「座為之滿」。希爐埠華僑毛文明等亦電邀孫前往演講，假耶穌教堂，「聽者二、三千人」[23]。光緒三十一年（一九〇五）秋，孫中山自歐洲返日本，留東學界開會歡迎，到者千三百餘人。孫於會中講演民族主義，兼闢中國只能行君憲、不能行共和之說[24]。在教育及大眾傳播工具未甚普及的當日，此種口頭宣傳的價值，實值注意。

---

[21] 蔣永敬，〈興中會時期革命言論之演進〉，《中華學報》一卷二期，頁九〇。

[22] 鄒魯，《中國國民黨史稿》，頁四五九～四六〇。

[23] 馮自由，《革命逸史》第四集，頁二一。

[24] 過庭，〈紀東京留學生歡迎孫君逸仙事〉，《民報》一號，頁六八～七三。

　　印刷書冊，從事革命宣傳，當始於光緒二十一年（一八九五）。廣州之役失敗後，孫中山亡命日本，訪馮鏡如於橫濱文經印刷店。時孫帶有宣傳品二種：一為《揚州十日記》，末附史可法及多爾袞二人往還書札；一為〈原君〉、〈原臣〉篇，即黃宗羲《明夷待訪錄》之選本。均由文經印刷店代印萬冊，分送海外各埠[25]。光緒二十二年，孫中山在倫敦為清駐英公使館拘禁，經英人營救脫險。次年，孫撰《倫敦被難記》(*Kidnapped in London*) 一書刊行。該書原本係英文，分被難原因、被誘狀況、被禁詳情、幽囚求援、師友營救、訪求偵探、英政府之干涉、省釋等部分敘述[26]。此書不僅暴露清廷之腐敗狀況，且使孫的革命事蹟大白於世。日人宮崎寅藏及平山周等之傾慕孫中山，從而變為革命的密友，部分是受了這本書的影響[27]。此後，革命黨人常印刷革命書冊，從事宣傳。如光緒二十五年（一八九九），章炳麟屢次刊印其所著《訄書》，宣揚民族主義。光緒二十九年，馮自由在日本募集資金印刷鄒容的《革命軍》和章炳麟的《駁康有為政見書》十萬冊，分寄海內外各處[28]。光緒三十年初，孫中山抵舊金山，曾託《中西日報》印刷《革命軍》一萬一千冊，分贈美國各地僑胞[29]。是年，孫在紐約撰《中國問題之真解決》(*The True Solution of the Chinese Question*)，要求美國人民協助中國革命，以「改良滿洲往日專制政體，變為中國共和政體」。此文先在美國報紙發表，後印為宣傳小冊。

---

[25] 馮自由，《華僑革命開國史話》，頁一一。

[26] Sun Yat-sen, *Kidnapped in London*, Reprint. London: The China Society, 1969.

[27] 羅家倫編，《國父年譜初稿》上冊，頁七六。

[28] 馮自由，《中華民國開國前革命史》第一冊，頁一四六。

[29] 馮自由，《革命逸史》第四集，頁二二。

　　宣傳革命的書冊，就文字分，有中文、日文、英文三種；就作者分，有革命領袖和一般革命黨人，有進步的知識份子，有一度贊助革命的立憲派人，有同情中國革命的外國人。據初步調查所得，撰寫並出版於興中會時代的，著名的有四十九種，除前述者外，包括梁啟超的《新中國未來記》（一九〇二）、宮崎寅藏的《三十三年落花夢》（一九〇二，由日文譯出）、楊守仁的《新湖南》（一九〇二）、歐榘甲的《新廣東》（一九〇二）、金天翮的《女界鐘》和《自由血》（一九〇三）、陳去病的《清秘史》（一九〇三）、章士釗的《黃帝魂》（一九〇三）、張繼的《無政府主義》、劉師培的《中國民族志》（一九〇三）、蘇玄瑛的《慘世界》（一九〇三）、陳天華的《猛回頭》和《警世鐘》（一九〇四）、陶成章的《中國民族權力消長史》（一九〇四）、宋教仁的《滅漢種策》（一九〇五）等。以出版年代分，光緒二十三年（一八九七）、二十五年（一八九九）、二十七年（一九〇一）各一種，光緒二十八年（一九〇二）六種，光緒二十九年（一九〇三）二十一種，光緒三十年（一九〇四）八種，光緒三十一年（一九〇五）十一種；以出版地區分，華中三十一種，華南二種，海外十五種（其中日本十三種），不詳一種[30]。

　　與革命書冊有關者為印售革命書冊的書局或書報社，著名者除馮鏡如所主持的橫濱「文經印刷店」外，上海有陳競全的「鏡今書局」、金天翮的「東大陸書局」，陶濬然的「國學社」、徐敬吾的「青蓮閣」，紹興有徐錫麟的「特別書局」，均創於光緒二十九年[31]。

---

[30] 張玉法，〈興中會時期的革命宣傳〉，《臺北市立女子師範專科學校暑期部學報》第四期，頁三九一～三九四。

[31] 散見馮自由，《中國革命運動二十六年組織史》。

報刊的宣傳效果，應在口頭的和書冊的以上。在興中會時代，與孫中山有直接關係的報刊主要有三個：其一，香港《中國日報》，此報為孫中山於光緒二十五年秋派陳少白所組，所有機器、鉛字，概由孫在橫濱購得。正式出版在是年十二月（一九○○年一月），地址在士丹利街二十四號。陳少白自任社長，初期助理筆政者有洪孝允、陸伯周、楊肖歐、陳春生、黃魯逸等人[32]。《中國日報》對革命的宣傳，據陳少白自述，頗為有力，所著《興中會史要》有云：

> 《中國報》者，唯一創始之公言革命報，亦革命過程中一繼往開來之總樞紐也。自乙未（一八九五）廣州事敗，同志星散，團體幾解。《中國報》出，以懸一線未斷之革命工作，喚醒多少國民昏睡未醒之迷夢，鼓吹中國乃中國人之中國之主義，戰敗康氏保皇之妖說，號召中外，蔚為大革命之風。不數年，國內商埠，海外華僑，聞風興起，同主義之報林立。而惠州之役（一九○○），固亦以《中國報》館為機關之地也[33]。

實際上，《中國日報》把注意力集中在暴露政治黑幕、攻擊廣東省政的貪污腐化，革命的言辭並不鋒利，因此富有改革思想的兩廣總督陶模，曾令其督署訂閱二百份。如果公然宣傳革命，何能在廣東自由流通[34]？可以確定的是，《中國日報》確為香港地區，革命黨人所辦的

---

[32] 馮自由，《華僑革命組織史話》，頁一五。

[33] 引見陳孟堅，《民報與辛亥革命》（臺北，民國七十五年），上冊，頁六五～六六。

[34] Edward J. M. Rhoads, *China's Republican Revolution: The Case of Kwangtung, 1895–1913*, pp. 66–67.

第一家報紙。

其二，檀香山《隆記報》，此報創於光緒七年（一八八一），程蔚南辦，原無明確的政治立場。光緒二十九年，孫中山至檀香山，當地保皇會的《新中國報》對孫及革命黨人加以醜詆，孫乃改《隆記報》為黨報，並親自撰文與《新中國報》大開筆戰。夏威夷各島僑胞自有此報鼓吹革命，耳目為之一新，而一度為保皇會所奪的興中會勢力，亦漸復興[35]。

其三，舊金山《大同日報》，此報原為美洲致公堂的機關報，為保皇會人歐榘甲所創。光緒三十年（一九〇四）初孫中山遊美，因其曾在檀香山與《新中國報》筆戰，歐為接應同門起見，於孫抵舊金山時肆加攻擊，謂洪門人士不應為革命黨所愚弄。致公堂大佬黃三德及該報社長唐瓊昌勸歐與孫合作，歐不從，乃逐之，聘孫暫代筆政。孫又函馮自由轉聘劉成禺，成禺於光緒三十年春夏間抵美，《大同日報》之陣容為之一新[36]。

除與孫中山有直接關係的報刊外，其他桴鼓相應的革命報刊亦多。這些報刊的主持人，雖然像前述革命書冊的撰寫人一樣，彼此之間或有組織上或友誼上的關係，或無組織上或友誼上的關係，其革命的目標則大體一致。據初步調查，光緒二十五年至三十一年間，宣傳革命的報刊有三十六種。以創刊年代分，光緒二十五年（十二月，一九〇〇）一種，光緒二十六年四種，光緒二十七年二種，光緒二十八年四種，光緒二十九年十四種，光緒三十年八種，光緒三十一年三種。以

[35] 《革命文獻》第六十四輯，頁二〇〇～二〇一。

[36] 同註32，頁二七。

分佈地區分，華中十四種（其中上海十一種），華南五種，海外十七種（其中日本十三種，九種在東京）[37]。可以看出，光緒二十九年（一九○三）是革命宣傳勃興的年代，上海和東京為兩大宣傳的中心。

印發傳單，宣傳革命，一度任興中會長的楊衢雲曾行之。光緒二十五年，楊在日本，用「中國合眾政府社會」的名義，印製各種傳單，分寄長江沿岸各省及海外各埠，以廣宣傳[38]。

除前述外，革命黨人尚利用種種機會從事革命宣傳。茲僅以孫中山為例，加以說明。光緒二十三年（一八九七），孫在應英國劍橋大學教授翟爾斯 (Herbert Giles) 之請所作的自傳中說：

> 夫僕也，……心傷韃虜苛殘，生民憔悴，遂甘赴湯火，不讓當仁。糾合英雄，建旗倡義，擬驅除殘賊，再造中華，以復三代之規，而步泰西之法[39]。

光緒二十五年（一八九九），他在〈支那現勢地圖跋〉中說：

> 邇來中國有志之士，感慨風雲，悲憤時局，憂山河之破碎，懼

---

[37] 張玉法，〈興中會時期的革命宣傳〉，《臺北市立女子師範專科學校暑期部學報》第四期，頁三九五～三九八。

[38] 馮自由，《中華民國開國前革命史》第一冊，頁十四，謂楊自南非東歸途中印發傳單，據謝纘泰的記載，楊於一八九九年七月二十七日把傳單寄給他，於八月十九日的函中說明散發的情形 (Tse Tsan Tai, *The Chinese Republic, Secret History of the Revolution*, p. 15.) 時楊早在日本。

[39] 《國父全集》第六冊，頁二○九。

種族之淪亡，多欲發憤為雄，乘時報國，捨科舉之詞章，而講治平之實學矣。……此圖從俄、德、法三國及英人海圖輯繪而成，……昔人詩云：「陰平窮寇非難禦，如此江山坐付人。」擲筆不禁太息久之[40]。

由此兩件早期的文獻亦可看出，孫中山的民族革命思想，已分為對內和對外兩部分，惟對內較對外為強烈。光緒二十六年惠州之役期間，孫中山致書香港總督，歷數滿清政府罪狀，並擬訂治平章程六條，欲實行民主政治，要求轉商各國贊助中國革命[41]，便是這種對內民族主義的具體表現。

此後，孫中山繼續利用各種媒介，闡述排滿重於排外的民族主義。光緒二十九年（一九○三），他在〈太平天國戰史序〉（書為劉成禺著）中說：

滿清竊國二百餘年，明遺老之流風遺韻，蕩然無存。士大夫又久處異族籠絡壓抑之下，習與相忘，廉恥道喪，莫此為甚！雖以羅、曾、劉、郭號稱學者，終不明春秋大義，日陷於以漢攻漢之策，太平天國遂底於亡。豈天未厭胡運歟？抑漢子孫不肖歟[42]？

是年，他在《江蘇》月刊上發表〈支那保全分割論〉，力闢東西洋政論家保全中國和分割中國之說，孫以為：中國為一專制國家，政府

---

[40] 同上，頁二一一～二一二。

[41] 同上，第五冊，頁一六～一九。

[42] 同上，第六冊，頁二一九。

與人民隔絕；自滿人入關，政府與人民間的距離尤大；此種國家，實無保全的必要。然中國人民均有愛國之心、忠義之氣，更受各國自由、民主之啟迪，人皆有奮發獨立之思，則分割亦不易為。故「惟有聽之支那人民，因其勢、順其情，而自立之，再造一新支那而已」[43]！孫之意，是希望列強不要保全大清，也不要分割中國，讓中國人民自覺，建立新國。

就某一意義言，革命組織之章程，亦可視為宣傳文件。興中會章程，前已論及，茲不復贅。以光緒三十年（一九〇四）孫中山手訂的〈致公堂新章〉而論，實概括了革命的主義，並可作為有力的宣傳文件。孫在章程序言中說明聯合大群、團集大力的目的在捍禦禍害，賙恤同人，光復祖國，拯救同胞，先清內奸（指保皇派），後除異種。他在十七條章程中，除詳細規定組織辦法外，並明確標明驅除韃虜、恢復中華、創立民國、平均地權的宗旨[44]。此一章程，當時在美國華僑社會廣為傳佈，日後美國華僑之傾心革命，與致公堂的改組及此一章程的廣佈，有不可分的關係。

除口頭和文字的宣傳外，行動的宣傳 (propaganda of deeds) 尤為重要。言論可以鼓動人的情緒，行動可以示人以典範。光緒二十一年的廣州之役和光緒二十六年的惠州之役，其在宣傳的效果上，實勝於數十百焦舌禿筆，此處不多論。

---

[43] 《江蘇》第六期，頁一三～二一。

[44] 《國父全集》第六冊，頁二三二～二三六。

四　各地區的宣傳概況

興中會時期的革命宣傳，以東京和上海為兩大中心，香港、橫濱次之。其他國內各地如浙江的杭州、福建的福州、安徽的安慶、湖南的長沙、湖北的武昌、廣東的廣州、雲南的昆明、貴州的貴陽、臺灣的臺北和臺南；海外各地如美洲的檀香山和舊金山、南洋的新加坡和仰光，以及歐洲的布魯塞爾、柏林、巴黎等地，無不有宣傳活動。

東京所以成為革命宣傳中心，約有兩個原因：其一，東京為留日學生集居之地，留學生富新思想，傾心革命者不少。其二，東京為革命志士亡命之所，革命志士亡命東京後，多以留學生為對象，從事宣傳活動。興中會時代，在東京創刊的宣傳革命的報刊，重要的有九種：(1)《譯書彙編》：創刊於光緒二十七年，戢翼翬、楊廷棟、楊蔭杭、雷奮等主之，係月刊，以介紹西洋法政知識為主。(2)《國民報》：創刊於光緒二十七年，秦鼎彝、戢翼翬、沈翔雲、楊廷棟、楊蔭杭、雷奮、王寵惠等主之，係月刊，宣傳革命，反對保皇。(3)《湖南遊學譯編》：創刊於光緒二十八年，楊守仁、陳天華、黃興等主之，係月刊，湖南留學生辦，宣傳革命。(4)《江蘇》：創刊於光緒二十九年，秦毓鎏、黃宗仰、汪榮寶等主之，係月刊，江蘇留學生辦，鼓吹革命。(5)《浙江潮》：創刊於光緒二十九年，孫翼中、蔣智由、蔣尊簋、蔣方震等主之，係月刊，浙江留學生辦，鼓吹革命。(6)《湖北學生界》：創刊於光緒二十九年，王璟芳、劉成禺、藍天蔚、李書城等主之，係月刊，湖北留學生辦，鼓吹革命。(7)《女子魂》：創刊於光緒三十年，抱真女士主之，鼓吹女權及革命。(8)《白話報》：創刊於光緒三十年，秋瑾主

之，鼓吹女權及革命。(9)《二十世紀之支那》：創刊於光緒三十一年，白逾垣、田桐、程家檉、宋教仁、陳天華等主之，係月刊，鼓吹革命[45]。上述報刊九種，《譯書彙編》態度溫和，其能開留東學界革命之先河者為《國民報》，《國民報》可以說是革命亡命客（秦鼎彝，參加庚子勤王之役不成）和留學生（戢翼翬等）共同創辦的革命刊物，雖只出四期即因款絀停辦，但每期輸往上海者二千份，影響東南各省青年，為力至鉅[46]。

上海能成為革命宣傳的另一中心，原因有三：其一，上海為中國國際航線的中心，海外的革命刊物輸往國內，多以上海為第一目的地。其二，上海人文薈萃，與西方文化接觸多，出版事業發達，人民富新思想。其三，上海有廣大的租界，為革命志士庇身之所，許多革命報刊，皆在租界登記出版。興中會時期，創刊於上海的革命報刊，重要的有七種：(1)《大陸報》：創刊於光緒二十八年，是繼承東京《國民報》的統緒，戢翼翬、秦鼎彝等主之，係月刊，鼓吹革命，反對立憲。(2)《中國白話報》：創刊於光緒二十九年，林獬、劉師培等主之，係半月刊，後改旬刊，宣傳革命。(3)《俄事警聞》：創刊於光緒二十九年，蔡元培、劉師培等主之，鼓吹民族主義。(4)《蘇報》：原創刊於光緒二十三年，光緒二十九年改為革命機關報，蔡元培、吳敬恆、章炳麟、章士釗等主之，係日刊。(5)《國民日日報》：創刊於光緒二十九年，章士釗、陳去病等主之，係日刊，繼《蘇報》而起。(6)《警鐘日報》：創

---

[45] 張玉法，〈興中會時期的革命宣傳〉，《臺北市立女子師範專科學校暑期部學報》第四期，頁三九五～三九八。

[46] 張建國，〈辛亥前上海地區革命運動之研究〉（民國六十六年國立政治大學三民主義研究所碩士論文），頁三二。

刊於光緒三十年，劉師培、林獬、陳去病、蔡元培等主之，由《俄事警聞》改組而成。⑺《國粹學報》：創刊於光緒三十一年，劉師培、章炳麟等主之，係月刊，倡民族主義[47]。

前述諸報刊，其宣傳革命最能轟動一時者為《蘇報》。《蘇報》所以能於光緒二十九年成為革命的機關報，是因為它與愛國學社和中國教育會建立了關係。光緒二十八年十一月十六日，上海南洋公學學生二百餘人集體退學，得中國教育會負責人蔡元培、黃宗仰等之助，成立愛國學社以容納之，教員有章炳麟、吳敬恆、章士釗、陳去病等。愛國學社師生議論時政，放言無忌，隱然成為東南各省學界革命之大本營。光緒二十九年一月，因學社幫忙人徐敬吾的建議，每禮拜借張園安愷第開會演說，倡言革命，其演說詞即由《蘇報》刊載[48]。六月一日，《蘇報》改由章士釗為主筆，當天即刊出〈康有為〉一文，揚言「革命之宣告，殆已為全國之所公認，如鐵案之不可移」。六月三日，發表章炳麟的〈客民篇〉，謂「客民者，實客帝逼拶而出者也，此客帝盤踞之久也，悉取其主人而奴之」。六月九日，發表章士釗的〈讀革命軍〉，謂「今日世襲君主者滿人，佔貴族之特權者滿人，駐防各省以壓制奴隸者滿人，夫革命之事業，豈有外乎去世襲君主，排貴族特權，覆一切壓制之策者乎」。六月十日，發表章炳麟的〈序革命軍〉，該文歷數滿漢世仇，力主驅逐滿人，殺盡滿人。六月二十九日，又選載章炳麟的〈駁康有為政見書〉，指光緒皇帝為「載湉小醜」。

前引章士釗所讀之《革命軍》，和章炳麟所序之《革命軍》，為鄒容所作。光緒二十九年四月由上海大同書局出版。書約兩萬言，為一

---

[47] 同註45。

[48] 同註21，頁一〇二。

宣傳革命小冊，其宗旨在驅逐滿族，光復中國。書出後，兩江總督魏光燾即飭查禁，及愛國學社諸人假《蘇報》宣傳革命，魏乃出面向上海租界會審公廨提出控訴，謂蔡元培、章炳麟、陳範、吳敬恆、黃宗仰等六人「侮辱元首，挑詆政府」。六月三十日，上海工部局出票拘人，有關諸人聞訊多走避，惟章炳麟不肯去，謂「革命必流血」，遂入獄。次日，鄒容亦自動投案。至光緒三十年三月，由會審公廨判決章監禁三年，鄒二年。此即有名的蘇報案。章後刑滿出獄，鄒則於出獄前一月病故[49]。

香港是第三個革命宣傳的中心地區。香港所以能成為宣傳的中心，原因有二：⑴興中會時期在廣東策動革命，以香港為基地。⑵興中會的重要領袖皆廣東人，香港的居民以廣東人為多。香港地區的宣傳得力於陳少白和鄭貫公的拓展。在陳少白主持下的有《中國日報》和《中國旬報》，《中國日報》創刊於光緒二十五年十二月（一九〇〇年一月），由李柏、李煜堂資助，參與工作者另有陳春生、鄭貫公、馮自由等。《中國旬報》為《中國日報》的附刊。在鄭貫公主持下的先後有《世界公益報》和《廣東日報》。《世界公益報》創刊於光緒二十九年，《廣東日報》創於光緒三十年[50]。鄭貫公原由日本至香港幫助陳少白辦理《中國日報》，因與陳少白不睦，於光緒二十九年得到一些基督徒的幫助，另創《世界公益報》。未及一年，鄭因不滿出資人的干涉編務，離開《世界公益報》，另創《廣東日報》。值得注意的是，由於英國當局的干涉，香港地區的革命宣傳是相當溫和的[51]。

---

[49] 同註46，頁七〇～七二。

[50] 同註45。

[51] 同註34。

橫濱為第四個革命宣傳的中心地區，橫濱所以能成為宣傳的中心地區，主要因為光緒二十四年到二十九年間，立憲派人梁啟超一度同情革命。此期間，他先後在橫濱辦《清議報》、《新民叢報》和《新小說月報》，時宣揚保皇，時宣揚革命。《清議報》助理編輯鄭貫公，思想激烈，傾心革命，於光緒二十五年別創《開智錄》半月刊，發揮自由、平等、天賦人權之理，並假《清議報》為印刷及發行機關，後因受保皇會人的反對，《清議報》經理馮紫珊將鄭免職。時孫中山居橫濱，與鄭早有往還，乃介紹鄭給陳少白，使任《中國日報》記者，鄭因得至香港從事革命宣傳工作[52]。

除前述四個革命宣傳中心外，國內浙江、安徽、湖南、湖北、廣東、雲南、貴州、福建等省，海外檀香山、舊金山、南洋、歐洲等地，均有宣傳活動。

浙江最早倡言革命的刊物為光緒二十九年孫翼中在杭州所創辦的《白話報》。孫原為杭州求是書院的教習，光緒二十八年（一九〇二）赴日留學，曾入東京青年會，並參與《浙江潮》的編輯工作。光緒二十九年夏返國，主持杭州《白話報》，倡言革命，為清吏所忌，欲繫之於獄，逃走得免。浙江另一宣傳革命的刊物為金華的《華新報》，係旬刊，張恭等主之，亦創於光緒二十九年。浙江為光復會的活躍之地，孫翼中、張恭皆與光復會有關聯。另一與光復會有關的敖嘉熊，原為上海愛國學社學生，光緒二十九年愛國學社解散後，敖回嘉興倡設演說會及教育會，鼓吹革命。光緒三十一年用白話文編《新山歌》一書，運動下級社會，曾引起黨案[53]。

---

[52] 同註21，頁九七～九八。

安徽亦為光復會活躍之地。安徽之有革命宣傳，始於光緒二十九年五月。時拒俄運動起，安徽留日學生陳由己（獨秀）回國，在安慶開演說會，並發行《愛國報》。光緒三十年，陳由己又創《白話報》半月刊，宣傳革命，報旋遷蕪湖[54]。

湖南之有革命宣傳活動，始於光緒二十七年。是年陳作新等在長沙成立碧螺詩社，邀省會文人，共詠傷時感事詩，並常利用此種集會，鼓吹革命。次年武昌聖公會牧師黃吉亭調長沙開堂，在吉祥巷會所附設日知會，藉布道演說革命。光緒二十九年，黃興被推為軍國民教育會運動員，回湘運動革命。假明德學堂為宣傳革命運動之所。譬如張繼教西洋歷史，開章即講法蘭西大革命；黃興在上歷史課時，亦引申孟子「民為貴，社稷次之，君為輕」之言，發揮民權思想[55]。

湖北地區的革命宣傳，始於光緒二十八年。是年三月，吳祿貞自日本士官學校畢業，先後執教於湖北將弁學堂及普通中學堂，曾翻印《猛回頭》、《警世鐘》、《黃帝魂》等散布到軍學各界[56]。光緒二十九年，黃興自日本返湘運動革命，道經湖北，曾在武昌兩湖書院演說滿漢界限，主張推翻滿清專制政體，收回漢人主權，聽者為之動容[57]。

廣東地區的革命宣傳除香港以外，以廣州最為重要。光緒二十八年（一九○二）前後，曾任廣州《嶺海報》主筆的胡衍鴻（漢民），及

---

[53] 同註21，頁一○三～一○四；同註12，頁三九六～三九七。

[54] 同註21，頁一○四；同註12，頁三九七。

[55] 柯惠珠，〈辛亥前湖南地區革命運動之研究〉，頁二一一～二一三，民國六十九年，國立政治大學歷史研究所碩士論文。

[56] 《革命人物誌》（二），頁二二七。

[57] 《革命先烈先進傳》，頁二九四。

曾任廣州《亞洲日報》主筆的謝英伯，均鼓吹新學，與保皇派對壘。加以香港《中國日報》等亦在廣東各地流行，粵中風氣大開[58]。

雲貴地區的革命宣傳，其動力來自留日學界。光緒三十年，昆明人楊振鴻遊學日本，寄回〈告滇中父老書〉一紙，學生中具熱血者讀楊書後，痛恨清廷斷送滇省，遂有李伯東等設誓死會，密謀革命。次年，楊又自日本寄《革命軍》一書給誓死會，李伯東等暗中宣傳，排滿思想漸盛。貴州方面，光緒二十九年冬張百麟自日本歸，組自新學社，印革命書刊暗贈同情革命人士，組織日益擴大[59]。

福建地區的革命宣傳倡於鄭權。光緒二十八年初，鄭自南京水師學堂畢業回閩，著《瓜分慘禍預言記》及《福建之存亡》等書，以為宣傳，並在福州組益聞社，暗為革命機關。其後續有益聞學堂、侯官高等小學堂、長樂益群社之設，皆為宣傳革命之所。光緒三十一年（一九〇五）春，更聯合各社團、各學校革命份子，組漢族獨立會，中堅份子另有方聲濤等[60]。

臺灣地區的革命宣傳，以報刊為媒介者，始於光緒二十四年（一八九八）。是年浙江志士章炳麟因戊戌政變發生，以新黨嫌被清政府通緝，逃至臺灣，《臺北日報》延充主筆，時作排滿之論，並忠告康梁，早日脫離清室，同倡革命。光緒二十六年，臺灣志士連雅堂在臺南創刊《臺南日報》，連原籍福建，自臺灣割日，久抱亡國之痛，故《臺南日報》時作睠懷故國及反對滿清言論，與香港《中國日報》通聲氣[61]。

---

58 同註21，頁一〇五。

59 同上。

60 同上。

61 《革命文獻》第六十四輯，頁一七七。

　　海外方面，最早有革命宣傳的地區是檀香山。檀香山為興中會策源之地，初以口頭宣傳為主。以書報為媒介從事宣傳，始於光緒二十九年。是年九月，孫中山至檀，見保皇會的《新中國報》反對革命甚力，乃將興中會人所辦的《隆記報》改為黨報，親撰〈敬告同鄉論革命與保皇之分野書〉、〈駁保皇報〉等文，駁斥保皇之說。孫中山並在各島向華僑演說革命，且散發《革命軍》一書，以為宣傳。孫中山離檀後，《隆記報》筆政先後由許直臣、張澤黎等主持，續與《新中國報》筆戰[62]。

　　較檀香山尤為重要的宣傳地區為舊金山。舊金山原於光緒二十七年（一九〇一）由致公堂大佬黃三德創刊《大同日報》，以三合會人歐榘甲為總編輯。歐雖屬保皇會，初時言論頗近革命，曾以太平洋客筆名在《大同日報》撰〈新廣東〉一文，鼓吹廣東獨立，主張粵省脫離清廷。其後思想漸變，光緒三十年（一九〇四）孫中山自檀香山抵舊金山，歐為文攻之。黃三德勸歐與孫中山合作，共復漢業，歐不聽，乃令其辭去《大同日報》總編輯之職，請孫中山薦人承乏。後孫中山薦劉成禺主持《大同日報》筆政，《大同日報》的革命旗幟乃張。孫中山在舊金山，曾翻印《革命軍》一萬一千冊，分寄美洲及南洋各地華僑；復重訂致公堂章程，以「驅除韃虜、恢復中華、創立民國、平均地權」為宗旨。之後，即偕黃三德赴美國各地宣傳革命[63]。

　　檀香山和舊金山為美洲兩大宣傳中心，新加坡和仰光則為南洋兩大宣傳中心。光緒二十七年，興中會員尤列至新加坡宣傳革命，並設

---

[62] 同註21，頁一〇七。

[63] 同上，頁一〇八。

中和堂以網羅志士，商界中表同情者有陳楚楠、張永福二人。光緒二
十九年上海蘇報案起，陳、張二人致電上海英領事，要求勿引渡章炳
麟、鄒容二人於清廷，以重人權。陳復措資翻印《革命軍》五千冊，
改名《圖存篇》，散播南洋各地。光緒三十年，陳、張二人又創刊《圖
南日報》，宣傳革命。訂閱者僅三十餘份，後增至二千餘份。仰光原為
保皇會勢力範圍，保皇分會長莊銀安辦有《仰光新報》。光緒三十一年
（一九〇五）六月，秦鼎彝自香港到仰光，歷陳康梁混騙華僑情形，
莊豁然覺悟，遽宣布脫離保皇會。秦因著《革命箴言》二十四章凡六
萬餘言，在《仰光新報》逐日發表，刊至十六章，受該報守舊董事反
對而止[64]。

　　歐洲方面，興中會時代的宣傳大多是口頭的。光緒三十一年春，
孫中山至比利時首都布魯塞爾，與留學生胡秉柯、賀之才、朱和中等
討論革命方略及建國事業，揭示三民主義及五權憲法以號召之，辯論
多次，意見接近，有三十餘人願意加盟。其後又到柏林、巴黎兩地宣
傳，柏林留學生有二十餘人加盟，巴黎留學生有十餘人加盟[65]。革命
勢力，遂由亞洲及於美洲又及於歐洲矣。

五　宣傳的內容

　　革命宣傳的內容，可以分為兩方面：一方面是純理論性的，以革
命的主義為主；另一方面是實務性的，以暴露或鼓吹有助於革命的實
際事物為主。關於革命的主義，即民族主義、民權主義（或民主主

---

[64] 同上，頁一〇九。

[65] 羅家倫編，《國父年譜初稿》上冊，頁一八七～一八九。

義)、民生主義（或社會主義），前已論述，茲不多贅。此處介紹暴露或鼓吹有助於革命的實際事物。這一方面的資料非常瑣碎，舉其犖犖大者，可分暴露滿清政府虐政、鼓吹分省獨立和革命暴動、鼓動學界風潮、號召女子參加革命、駁斥保皇立憲之說、反對帝國主義侵略等方面論述。

暴露滿清政府虐政，可以從多方面下手；常見者有下列幾種：其一，指控滿人不以平等待漢人：如章炳麟〈駁康有為〉云：

> 夫所謂奴隸者，豈徒以形式言耶？曾左諸將，倚俾雖重，位在藩鎮，蕞爾彈丸，未參內政；且福康安一破臺灣，而遂有貝子郡王之賞。曾左反噬洪氏，挈大圭九鼎以付滿洲，爵不過通侯，位不過虛名之內閣。曾左在日，猶必諮事官文，始得保全首領。較其輕重，計其利害，豈可同日而道[66]？

又如鄒容《革命軍》有云：

> 今試以東官滿漢缺額觀之，自大學士、尚書、侍郎滿漢二缺平列外，如內閣衙門，則滿學士六，漢學士四；滿蒙侍讀學士六，漢軍侍讀學士二；滿侍讀十二，漢侍讀二，滿中書九十四，漢中書三十[67]。

---

[66] 張玉法編，《晚清革命文學》，頁五三～五四。

[67] 同上，頁一一二～一一三。

其二，指控清廷不能保護中國領土和人民，甚至專以賣國賣民為能事。
如〈興中會宣言〉云：

> 近之辱國喪師，強藩壓境，堂堂華夏，不齒於列邦，文物冠裳，
> 被輕於異族。……方今強鄰環列，虎視鷹瞵，久垂涎於中華五
> 金之富，物產之饒，蠶食鯨吞，已效尤於接踵；瓜分豆剖，實
> 堪慮於目前[68]。

如歐榘甲〈新廣東〉云：

> 且夫朝廷頑固黨推翻新政以後，日以賣國賣民為事。揚子江諸
> 省，則許為英吉利勢力圈矣；雲南兩廣，則許為法蘭西勢力圈
> 矣；山東則許為德意志勢力圈矣；東三省則許為俄羅斯勢力圈
> 矣……有如敗家之子，將其祖父汗血辛勤、錙銖聚歛所得之無
> 限良田美宅，而一旦盡畀他人，求其回頭一顧，而亦不可得[69]。

如鄒容《革命軍》云：

> 不見乎殺一教士而割地賠款，罵一外人而勞上諭動問，而我同
> 胞置身海外，受外人不忍施之禽獸之奇辱，則滿洲政府殆盲於
> 目、聾於耳者焉[70]。

---

[68] 《國父全集》第四冊，頁五五。

[69] 張玉法編，《晚清革命文學》，頁一五～一六。

[70] 同上，頁一一七。

如陳天華《猛回頭》云：

> 俄羅斯，自北方，包我三面；英吉利，假通商，毒計中藏。法蘭西，佔廣州，窺伺黔桂；德意志，膠州領，虎視東方。新日本，取臺灣，再圖福建；美利堅，也想要，割土分疆。這中國，那一點，我還有份，這朝廷，原是個，名存實亡；替洋人，做一個，守土長官；壓制我，眾漢人，拱手降洋[71]。

又如《國民日日報》有文云：

> 各國之爭中國也，以攬奪鐵路為急先鋒，開礦與通航為左右兩翼，傳教者為游擊隊，而工商二者則大統帥也。二者之所在，則大本營也。中國雖暫免瓜分之禍，而此無形之瓜分，較之有形者，尤為酷烈，此人所能言者也。獨奈賣國賣種之徒，其嘗嘗無所知[72]。

其三，指控滿人用苛刑於中國：如鄒容《革命軍》云：

> 賊滿人之用苛刑於中國：言之可醜可痛。天下怨積，內外咨嗟。華人入籍外邦，如避水火；租界必思會審，如禦虎狼。乃或援引故事虛文，而頓忘眼前事實。不知今無滅族，何以移親及疏？

---

[71] 同上，頁一五一。

[72] 《國民日日報彙編》第三集，頁五七三～五七五，〈論商約〉。

今無肉刑，何以斃人杖下？今無拷訊，何以苦打成招？今無濫苛，何以百毒備至？至若監牢之苛，獄吏之慘，猶非筆墨所能形容，即比以九幽十八獄，恐亦有過之無不及[73]。

其四，指控滿清政府官吏貪污納賄：如《國民日日報》有文云：

北京諸大臣皆構築其安樂窩，其所以安樂者曰多財，其所以多財者曰賄賂。……嗚呼！纍纍清官儿上銀，滴滴漢人心頭血[74]。

凡此，皆為暴露清政府虐政的重要例證。

滿清政府既然暴虐，漢人的革命和獨立乃是必然要走的路。欲擺脫滿人的暴虐，有兩條道路可走，其一是分省獨立，這方面的宣傳，有兩個重要的文件，一是歐榘甲的《新廣東》，一是楊守仁的《新湖南》。《新廣東》有論云：

自中日戰爭以後，天下皆知朝廷之不可恃，有志之士知非急圖自立，不足救亡國亡種之禍；而其屈指各省之可以自立，不至為西人犬馬奴隸之籍、刀俎魚肉之場者，莫不曰：其廣東哉！其廣東哉[75]！

《新湖南》有論云：

---

[73] 張玉法編，《晚清革命文學》，頁一一八～一一九。

[74] 《國民日日報彙編》第一集，頁二五九～二六〇，〈北京之賄賂金〉。

[75] 張玉法編，《晚清革命文學》，頁三。

> 吾四萬萬人之血，尚足以沒胡人之頂，請自我湖南始。吾四萬
> 萬人之血，尚足以薰白人之腦，請自我湖南始[76]。

又有論云：

> 建天心閣，為獨立之廳；闢湖南巡撫衙門，為獨立之政府。開
> 獨立之議院，選獨立之國會員，制定獨立之憲法，組織獨立之
> 機關，擴張獨立之主權，規畫獨立之地方自治[77]。

除獨立之外，第二條道路就是革命暴動。關於革命，各種宣傳物均不
諱言，如《革命軍》有論云：

> 嗚呼！我中國今日不可不革命！我中國今日欲脫滿洲人之羈縛，
> 不可不革命；我中國欲獨立，不可不革命；我中國欲與世界列
> 強並雄，不可不革命；我中國欲為地球上強國、地球上之主人
> 翁，不可不革命。……革命者，天演之公例也；革命者，世界
> 之公理也；革命者，爭存爭亡過渡時代之要義也；革命者，順
> 乎天而應乎人者也；革命者，去腐敗而存良善者也；革命者，
> 由野蠻而進文明者也；革命者，除奴隸而為主人者也[78]。

關於暴動，各種宣傳物亦普遍言及，如《新湖南》有論云：

---

[76] 同上，頁七三。

[77] 同上，頁九九。

[78] 同上，頁一〇九。

法蘭西者,《民約論》之出生地也,自由權之演武場也。其行之也,以暴動而已矣!一千七百八十九年之革命,慘矣,烈矣!繼之以一千八百三十年之革命;一千八百三十年之革命,慘矣!烈矣!繼之以一千八百四十八年之革命。馘獨夫民賊之首,以徇於巴黎市,舉國之人,莫不為之拊髀雀躍,而呼自由萬歲也。三逐其君,十四更其憲法;縻肉流血,如沸如羹,有地獄之悲焉,然卒為強國。不如是則法蘭西必仍為奴隸國,不足成今日之法蘭西也。諸君不見義大利之事乎?內受那頗利諸國王之壓制,外受法、澳諸國之陵逼,無復統一之期矣!然而燒炭黨傾熱淚以救之,加里波的、瑪志尼之徒刳心鏤腎以謀之,義旗屢舉,喋血無數,卒收功於嘉富洱,而大業遂成。夫義大利者,民族建國槃根錯節之場,而獨立之枯窘題也。然而以暴動二字,摧堅陷陣,用為首功,不如是必仍為奴隸國,而附庸於澳、法,絕不足以成今日之義大利也。……是故暴動云者,開闢新局面之愛牟乾也,築造新國家之塞門得土也[79]。

獨立、革命、暴動,實為革命宣傳中最激切、最聳動之名詞。

鼓動學界風潮,目的在喚起知識青年反抗清廷,參加革命運動。報刊中以鼓動學界風潮著名者為《蘇報》。在蘇報案發生前夕,《蘇報》有相當多的篇幅報導或鼓動學潮,如光緒二十九年(一九○三)五月六日的〈江南陸師學堂退學始末記〉、〈江西武備學堂之腐敗〉,五月七日的〈嘉興塘家灣蒙養學堂徐教習之野蠻〉,五月八日的〈杭州美國浸

---

[79] 同上,頁九六。

禮會蕙蘭書院學生退學始末記〉，五月十日的〈廣方言館風潮始末記〉、〈敬告學界志士〉，五月二十一日的〈南京高等學堂腐敗之起點〉、〈山陰縣學堂壓制達材學堂〉，五月二十二、三日的〈廣方言館舒高第罪狀〉，五月二十五日的〈江西大學堂教習冶遊之歷史〉，五月二十八日的〈江寧水師學堂之腐敗〉，六月四日的〈紹興腐敗學界雜志〉，六月七日的〈蘇州武備學堂之腐敗〉，六月八日的〈常昭學堂之腐敗〉，六月九日的〈寧波學堂之腐敗〉、〈武陽學堂監起居黃雋之劣狀〉、〈無錫竣實學堂之衝突〉，六月十一日的〈天津民主第一小學之風潮〉，六月十五日的〈南菁學堂學生不腐敗〉，六月十八日的〈江寧野蠻學界之大特色〉，六月十九日的〈杭州武備學堂之腐敗〉，六月二十四日的〈山西武陽學堂最近之歷史〉，七月四日的〈皖南中學堂腐敗之現象〉，七月五日的〈學務腐敗叢談〉等，或攻擊學堂教習惡劣，或披露學堂行政腐敗，或報導學潮經過，或分析學潮原因[80]，目的乃在激起學生不滿現狀的心理，從而參與革命運動。

鼓吹女權，號召女子參加革命，也是革命宣傳的一個注意點，如《警世鐘》有論云：

> 現在是擴張女權的時候，女學堂也開了，不纏足會也立了，凡我的女同胞，急急應該把腳放了，入了女學堂，講些學問，把救國的擔子，也擔在身上，替數千年的婦女吐氣。你看法蘭西的革命，不有那位羅蘭夫人嗎？俄羅斯虛無黨的女傑，不是那位蘇菲尼亞嗎？就是中國從前，也有那木蘭從軍，秦良玉殺賊，

---

[80] 引見張建國，〈辛亥前上海地區革命運動之研究〉，頁一五五～一五九。

都是女人所幹的事業，為何今日女子就不能這樣呢[81]？

不過，興中會時期，號召婦女參加革命的宣傳並不多，婦女被作為革命者的運動對象，到同盟會時期才較普遍。

駁斥保皇立憲之說，是革命黨人爭取政治新勢力的一種途徑。當時救國之士，可大別為革命排滿與保皇立憲兩派。保皇立憲派勢盛，則革命排滿派勢消；革命排滿派勢盛，則保皇立憲派派勢消。前已述及，孫中山曾於檀香山、舊金山等地假報刊為宣傳，痛斥保皇立憲之說。其他地區的革命報刊，痛斥保皇立憲之說者亦多。光緒二十九年五月間，上海《蘇報》發表多篇攻擊保皇黨的文章，如五月六日的〈康有為〉、五月十七日的〈駁革命駁議〉、五月二十六日的〈嗚呼保皇黨〉、五月二十八日的〈反面之反面說〉、閏五月九日的〈康有為與覺羅君之關係〉等。〈反面之反面說〉一文有論云：

> 謂滿人與我皆同種之人也，則亞洲黃種居其太半，日本為最強，使日本而入帝我國，公等亦將戴之為君父歟！謂革命則不免外人干涉，……不知立憲者當與國人共立之，非一、二人掩飾國人之舉，可謂之立憲也。君不見泰西立憲之國乎？人民與政府之爭何等慘烈而後得，此則立憲亦須成於兵事之後[82]。

此不過為駁保皇立憲之一例，到同盟會時期，革命與君憲大論戰，例

---

[81] 張玉法編，《晚清革命文學》，頁二○五。

[82] 同註80，頁一五○～一五一。

證更多。

鼓吹反對帝國主義，目的在暴露清廷無力應付外患，並激盪國人民族主義的情緒。上海《警鐘日報》，因揭露德人經營山東密謀，經由德駐滬領事向清廷交涉，而於光緒三十一年二月二十二日停刊。《警鐘日報》的前身為《俄事警聞》於光緒二十九年發刊，目的全在對抗帝國主義。發刊告白中有云：

> 同人因俄佔東三省，關係重大，特設警聞，以喚起國民，使其注意於抵制此事之策。

是年廣西哥老會頭目陸亞發、王和順起兵，清軍攻剿不利，報載廣西巡撫王之春擬借法兵平亂，且向亨達利洋行借款，許以事平之後，酬以廣西全省路礦權。旅滬廣西紳商以後患不測，發起阻法會，中國教育會之愛國學社同仁對此大力支持，蔡元培、吳敬恆、鄒容等都於會中發表演說，並捐款作為張園會場場地費[83]。

至於一般革命書報，宣傳反對帝國主義之旨者，尤為普遍。如《新湖南》有論云：

> 俄人之踞東三省，英美新聞之論之者，不以為惡名，而以為正義也。英人以辰州教案，欲襲用德國佔膠州之手段，英美新聞之論之者，不以為暴行，而以為公理也。以日本區區島民，日日研究支那問題者，亦悍然以染指大陸為正當應行之天職

---

[83] 同上，頁一六五、一六九～一七〇。

也。……哀我生民，獨奈何不癡不聾，墮於罟擭陷阱之中，無
術以自脫也[84]。

又如《猛回頭》亦有論云：

> 痛只痛，甲午年，打下敗陣；痛只痛，庚子歲，慘遭殺傷。痛
> 只痛，割去地，萬古不返；痛只痛，所賠款，永世難償。痛只
> 痛，東三省，又將割獻；痛只痛，法國兵，又到南方。痛只痛，
> 因通商，民窮財盡；痛只痛，失礦權，莫保糟糠。痛只痛，辦
> 教案，人命如草；痛只痛，修鐵路，人扼我吭。痛只痛，在租
> 界，時遭凌踐；痛只痛，出外洋，日苦深湯[85]。

此類宣傳，不僅能激發民氣，同心對外，且能讓國人了解滿清政府喪
權辱國。撇開民族大義不講，一個喪權辱國的政府就足以使革命的行
動合法化。

六　宣傳的效果

　　革命宣傳為革命運動所不可缺少的活動，至少與革命組織和革命
起事同等重要。特別在興中會時期，革命運動方興，革命的組織和運
動，都需要革命的宣傳來壯大。沒有革命宣傳，革命勢力不易由海外

---

[84] 同註81，頁八〇。

[85] 同上，頁一五二。

滲透到國內，由華南傳布到華中；沒有革命宣傳，十年之間不會有數以百計的革命團體，此伏彼起。

國民革命運動至光緒三十一年（一九〇五）同盟會成立之後，日益壯大。壯大的原因，從光緒三十一年以前十年的發展看來，不在革命起事能震動清廷，也不在革命的組織不斷成長，最重要的是由於持久而普遍的宣傳。成功的宣傳可以使人傾心革命，如光緒二十九年黃興由滬赴湘，經武昌時在兩湖書院演說革命，主張推翻滿清專制，收回漢人主權。時宋教仁肄業武昌文普通學堂，聞黃興之言，深為悅服[86]。成功的宣傳也可以爭取民心。如光緒二十九年孫中山至檀香山，攜有《革命軍》一書廣為散發，據孫在致朋友函中提及，此書宣傳效果甚大，使「昔日無國家種界觀念者，亦因之而激動歷史上民族之感慨」[87]。由於革命宣傳的深入而普遍，使革命思想滲入僑界、留學界、城鎮各階層，以及秘密會社，使革命的組織和起事都易於網羅群眾。

革命宣傳的目的，通常分為三方面：其一，抨擊客體的弱點，使人民發生離心力；其二，闡揚主體的主張，以爭取志同道合之士；其三，誇張主體的聲勢，以削弱客體的氣志。在興中會時期，革命的聲勢很弱，在這方面無從發揮，但只要有革命的或反抗清廷的活動，無不盡量報導。宣傳革命的主義，暴露清廷的弱點，為興中會時期宣傳的主要內容。在宣傳媒介中，報刊和書冊是最重要的。由革命報刊的主持人和革命書冊的作者來分析，革命在當時已成為愛國之士所關心的事業，留東學界和上海的知識界尤其佔重要地位。東京和上海是清季革命運動的軸心，從興中會時期即如此。

---

[86] 《革命先烈先進傳》，頁二九四。

[87] 《國父全集》第三冊，頁三〇。

　　光緒二十九年是革命宣傳最蓬勃的一年，時在日俄戰爭前夕，日本的民族主義刺激了中國民族主義的成長。革命志士或向傳統中找例證，或向前此數年的革命史蹟中找例證，或從西方的革命思潮和史實中找例證，大力鼓吹排滿主義。自此，革命的活動從華南蔓延到華中，更蔓延到日本、美洲、南洋；從秘密會社擴及知識階層；終使革命運動日益壯大，而有光緒三十一年中國同盟會的誕生。同盟會成立的基礎，建基於革命的主義之普及人心，此乃宣傳之功。

同盟會時期的理論與宣傳

一　前　言

　　同盟會時期的革命理論，體系較興中會時期為完整，宣傳的聲勢亦較興中會時期為壯闊，這當然與革命力量的成長有密切的關係。為了與興中會時期比較，本文論述同盟會時期的革命理論與宣傳，亦分為五部分：(1)革命的主義，(2)宣傳的媒介，(3)各地宣傳概況，(4)宣傳的內容，(5)宣傳的效果。

二　革命的主義

　　同盟會時期的革命主義，以孫中山的三民主義為主流，較此主流保守的有章炳麟、秋瑾等的光復主義，較此主流激進的有吳敬恆、劉師培等的無政府共產主義。

　　孫中山的三民主義，源於興中會時期。興中會後期，以及同盟會成立時，均以「驅除韃虜，恢復中華，建立民國，平均地權」為誓詞，此一誓詞即包括民族、民權、民生三大主義。但孫中山正式把民族、

民權、民生三主義同時提出，是在光緒三十一年（一九○五）十月所出版的《民報》發刊詞中，文云：

> 余維歐美之進化，凡三大主義：曰民族，曰民權，曰民生。羅馬之亡，民族主義興，而歐洲各國以獨立。洎自帝其國，威行專制，在下者不堪其苦，則民權主義起。十八世紀之末，十九世紀之初，專制仆而立憲政體殖焉。世界開化，人智益蒸，物質發舒，百年銳於千載，經濟問題繼政治問題之後，則民生主義躍躍焉動，二十世紀不得不為民生主義之擅場時代也[1]。

當時世界各國並無民生主義一詞，文中所用民生主義實指社會主義，惟孫中山對解決社會經濟問題，自有一套看法，特名為民生主義，而不叫社會主義，以免混淆。

孫中山提出民族、民權、民生三主義後，革命報刊即循此加以闡述。最早以三民主義簡稱民族、民權、民生三主義的，為香港《中國日報》。因當時該報在廣告上介紹民族、民權、民生三主義時覺得冗長不便，乃簡略稱之為三民主義，以資號召。胡漢民曾以此簡稱為不當，但一紙流行，各刊通用，孫中山亦以適合而加採用，遂成確定不易之名詞[2]。

對於三民主義思想的發揮，當時以《民報》最為詳盡。《民報》所鼓吹的民族主義，可以汪兆銘的〈民族的國民〉和胡漢民的〈排外與

---

[1] 《民報》第一號，頁一。

[2] 馮自由，《革命逸史》第二集，頁一四一～一四二。

國際法〉二文為代表。汪兆銘論述民族主義的對內部分，提倡民族的
國家主義，主張以一民族建立一國家。所謂民族，包括同血系、同語
言文字、同住一自然區域、同習慣、同宗教、同精神體質等要素。汪
以為中國有史以來都是少數民族同化於多數民族，而建立國家；滿族
與中國不同血系，復絕婚姻，無意同化於漢族，欲使漢族歸化亦無效，
故二百餘年來，滿漢二族的精神體質不少混淆；汪主張「執民族主義
以對滿洲，滿洲既夷，蒙古遂而傾服，以同化力吸收之」[3]。此主張，
與民國建立以後民族主義綱領中「中國境內各民族一律平等」的政策
迥異。《民報》所標舉的六大主義[4]，關於民族主義的對內部分，只有
「顛覆現今之惡劣政府」一項，蓋當時的目的在「驅除韃虜」，將漢民
族從異族的統治下解放出來[5]。

　　胡漢民論述民族主義的對外部分，他依據國際法上的領土主權、
國家平等權、國家獨立權、國家自衛權等說，反對外人在中國租借土
地、劃分勢力範圍。胡氏認為中國之排外，如像往日抱著內中國而外
夷狄或仇外賤外的態度，自不合國際法；但中國是主權國家，自有權
回復、保持、並伸張中國的權利。時滿政府恐妨害國交，禁止排外，
胡指出滿政府無禁止排外之資格，並聲言：「欲達吾人主張權利之目
的，則莫如撲滿革命！」[6]胡氏的想法，較當時從事收回利權運動的

---

[3] 汪精衛，〈民族的國民〉，《民報》一號，頁一～三、一一、二二、三〇。

[4] 民報社社章中載有《民報》之主義六條：一、顛覆現今之惡劣政府，二、建設
　共和政體，三、土地國有，四、維持世界之真正和平，五、主張中國日本兩國
　之國民連合，六、要求世界列國贊成中國之革新事業。見《民報》一號封底裡。

[5] 陳孟堅，《民報與辛亥革命》，上冊，頁一九二～一九三。

[6] 胡漢民，〈排外與國際法〉，《民報》，四、六～一〇、一三號。

人為激烈，蓋收回利權運動者，大多只注意到收回開礦權和鐵路建築權，而胡氏則提出了國家的領土權、平等權、獨立權和自衛權。民國建立後民族主義綱領中的「中國民族自求解放」，當可追源到〈排外與國際法〉一文。不過，胡漢民和《民報》其他作者，絕不是激烈的排外主義者，在《民報》所標舉的六大主義中，有三個主義是對外的，而此三個對外的主義，都是主張與世界各國和平相處或協和一致的。這三個主義的內容是：(1)維持世界真正之和平，(2)主張中國日本兩國國民的連合，(3)要求世界列國贊成中國革新之事業。所以如此之故，在減少國際阻力，爭取國際支持，以順利推動革命[7]。

　　《民報》所鼓吹的民權主義，以共和、民權、民主等詞表之。所謂共和，胡漢民謂係與君主專制相反的國體，有貴族政體、民權政體和民權立憲政體三種形態，而中國革命的目標是民權立憲政體[8]。由於共和的含義過於廣泛，汪兆銘亦主張用「民權立憲」一詞，他說：「所以不云共和立憲者，以共和一語，有廣狹二義，其廣義，則貴族政治亦包含在內，故不用之。」中國要實行民權立憲政體的理由，汪兆銘認為：「中國自堯舜以來已知以民為本，三代之書，莫不勗王者以敬天，而又以天意在於安民，王者當體天之意，求有以安其民者，不然，則降之大罰。」[9]孫中山從君主專制的缺點和時代需要來看，他說：「中國從來當國家作私人財產，所以凡有草莽英雄崛起，一定彼此相爭，爭不到手，寧可各據一方，互不相下，往往弄到分裂一、二百

---

[7] 同註5，上冊，頁一八八～一八九。

[8] 胡漢民，〈民報之六大主義〉，《民報》三號，頁一一～一三。

[9] 《民報》四號，頁二八、三一，引見張建隆，〈革命的歧見，一八八五～一九一一〉，(民國六十九年)中國文化學院史學研究所論文，頁一四二～一四三。

年，還沒有定局。」又說：「中國數千年來都是君主專制政體，這種政體，不是平等自由的國民所堪受的。」[10]陳天華是《民報》作者中把民權視為與民主同義的人，他在〈中國宜改創民主政體〉一文中認為中國國民有資格行民權，無需有君主，故主張立憲應從興民權、改民主入手[11]。

《民報》所鼓吹的民生主義，當時主要集中在土地問題上。孫中山對土地問題的討論，始於興中會時期，但限於私人談話，沒有公開宣揚。光緒二十五年（一八九九）孫中山在橫濱與梁啟超討論土地問題，主張革命成功後，對於土地採國有制度，直接授田，直接納稅。光緒二十八年（一九〇二）孫中山在日本與章炳麟討論土地問題，謂貧富懸殊為革命的媒介，但工業界的貧富不可以平均，因為彼等所得多寡，是按其材力巧拙而定，故只能從土地著手。土地屬於天然物，不屬於材力，凡不自行耕種的不得有土地。地上之物，凡以勞力所成者得為其所有，為天然所作者不得佔用，故土地只能償其勞力所得，不能買賣。不耕者不得有尺寸耕土，縱使不設賦稅，而田自均。次年，孫中山在答覆一位同志的長函中，再度闡釋平均地權的意義。光緒三十年（一九〇四），孫中山在舊金山與劉成禺談革命的主義問題，即正式把此平均地權的主義定名為民生主義[12]。

《民報》創刊後，對民生主義有兩方面的發揮，胡漢民特別強調土地國有，他認為社會主義以平經濟的階級為目的，分為共產主義和

---

[10] 民意，〈紀十二月二日本報紀元節慶祝大會事及演說詞〉，《民報》十號。

[11] 見《民報》一號。

[12] 蔣永敬，〈興中會時期革命言論之演進〉，《中華學報》一卷二期，頁一一七～一一八。

國產主義兩類，土地國有制為國產主義的一部分，中國古代的井田制度已見其規模。他並認為：土地國有的理由是土地為生產的要素，非人為造成，同於日光、空氣，本不當私有，故革命之後，人民不得有土地所有權，但經國家許可，有使用權[13]。胡漢民所謂的國產主義，即國家社會主義 (state socialism)，馮自由在香港《中國日報》著文，曾譯為國家民生主義，馮解釋土地國有即平均地權。他並認為：附屬於土地的森林、礦山及交通機關等亦應國有[14]。《民報》對民生主義另外一方面的發揮是孫中山所闡明的，為什麼要解決土地問題，以及如何解決土地問題。孫認為：歐美不能解決社會問題，是因為沒有解決土地問題。土地或田被富人移作牧場、獵場而生產不足，或因地價暴漲，使富者日富，貧者日貧，因而中國要先求解決土地問題。孫中山提出的解決土地問題的辦法是定地價之法和漲價歸公[15]，這較胡漢民在《民報》中所強調的土地國有較有彈性。民國建立以後，孫中山對定地價和漲價歸公有進一步的發揮，並增加照價收買的辦法，以取代土地國有的硬性主張[16]。

《民報》創刊之初，無論對民族主義、民權主義，還是民生主義，均不斷著文闡揚，所以孫中山在《民報》創刊週年紀念會的演說中說：「《民報》發刊以來，已經一年，所講的是三民主義。」[17]不僅如此，

---

[13] 胡漢民，〈民報之六大主義〉，《民報》三號，頁一一～一三。

[14] 馮自由，〈民生主義與中國政治革命之前途〉，原載《中國日報》，《民報》四號轉載之。

[15] 同註5，上冊，頁二二二～二二三。

[16] 同註5，上冊，頁二二五。

[17] 同註5，上冊，頁二一七。

孫中山在這次講演中，對三民主義有全面的發揮，講演稿並於《民報》十號中刊載，以廣宣傳，事後被定題目為：〈三民主義與中國民族之前途〉[18]。關於民族主義，講演中有謂：

> 民族主義是從種性發出來的，不必要什麼研究才會曉得，譬如一個人，見著父母總是認得，絕不會把他當作路人，也絕不會把路人當作父母。漢人見著滿人，不會把他當作漢人，這是民族主義的根本。但並非遇著不同種族的人便要排斥他，而是不許那不同種族的人來奪我民族的政權。有人說，民族革命要盡滅滿洲民族，語亦大錯。只要滿洲人不滅我們的國，不主我們的政，不阻害我們實行革命，絕無尋仇之理。

關於民權主義，講演中有謂：

> 民權主義是政治革命的根本，我們研究政治革命的工夫，煞費經營，至於著手之時，卻同民族革命並行。推倒滿洲政府，從驅除滿人一面說，是民族革命；從顛覆君主政體一面說，是政治革命。政治革命的結果，是建立民主立憲政體，不然就是漢人為君主，也不能不革命。定要由平民革命，建國民政府；這不止是革命之目的，並且是革命所萬不可少的。

---

[18] 孫子和，〈中國同盟會之政治主張〉，《中華學報》五卷一期（民國六十七年一月），頁九五～九六。

關於民生主義，講演中有謂：

> 民生主義，千條萬緒，不是十分研究，不得清楚。社會問題，患在將來，不像民族、民權兩問題之急在燃眉，所以很少人理會他。社會問題，在歐美是積重難返，中國卻還在幼稚時代，但將來總會發生，到時收拾不來，又要弄成大革命。革命萬不得已才用，不可頻頻用之，以傷國民元氣，實行民族革命、政治革命之時，須同時設法改良社會經濟組織，防止後來的社會革命，真是最大的責任。民生主義所以發生的原故，係因文明愈發達，人力不能與資本力相抗，農工諸業均在資本家之手，貧富不均，善果被富人享盡，貧民反食惡果，總由少數人把持文明幸福，故成此不平等的世界。歐美不能解決社會問題，因為沒有解決土地問題，所謂土地問題，就是地主因土地漲價不勞而獲暴利，乃為形成貧富懸殊的主要原因，解決之道，就是定地價及漲價歸公，如此則文明越進，國家越富。中國行了社會革命之後，私人永不納稅，但收地租一項，已為舉世最富之國。這社會的國家，絕非他國所能及，將為文明各國所取法。

最後，講演中說：

> 我們革命的目的，是為眾人謀幸福，因不願滿洲少數人專利，故要民族革命；不願君主一人專利，故要政治革命；不願少數富人專利，故要社會革命。達到這三個目的之後，中國當成為至完美的國家。

孫中山這篇演講，可以說是同盟會革命時期，對三民主義最完整的闡發。

章炳麟、秋瑾等的光復主義，主張光復舊物，驅逐滿人。章炳麟間亦談民權及土地問題，但最重光復主義，他說：「吾所謂革命者非革命也，曰光復也；光復中國之種族也，光復中國之州郡也，光復中國之政權也。」[19]章嫻於掌故，以滿族為異族，滿族入主中國，中國即為亡國；排滿乃是因為滿人「覆我國家，攘我主權」[20]。章所提倡的是種族主義，他認為滿族既代漢族而有國家，漢族即當起而復仇，排除滿人[21]。秋瑾的想法，與章炳麟相似，她在手撰的〈光復軍軍制頒諭文〉中說：「今時勢阽危，確有見其不容己者，於是大舉報復，先以雪我二百餘年滿族奴隸之恥，復以啟我二兆方里天府之新國，……幸叨黃帝祖宗之靈，得以光復舊物，與眾更始，是我漢族共表同情者也。」[22]她在另一篇未完稿的宣傳文件中亦說：「如真革命黨，惟以報祖宗之仇，光復祖宗的土地，為自己漢人造幸福。」[23]

所謂光復、復仇，即狹義的排滿。章炳麟在光緒二十五年（一八九九）提倡排滿之始，即抱光復主義，在同盟會時期，亦假民報宣傳此主義。秋瑾似乎沒有借用報刊宣傳光復主義，她的革命主張，主要見於組織光復軍時的一些宣傳文件。因為以排滿為主義簡明易曉，清季宣傳革命的刊物大都只言排滿，如《洞庭波》一號所載之〈仇滿橫議〉[24]、《中興日報》所載之〈急逐滿虜為今日救亡之無二法門〉和

---

[19] 章太炎，〈革命之道德〉，《民報》八號，頁一三。

[20] 章太炎，〈中華民國解〉，《民報》十五號，頁六。

[21] 章太炎，〈定復仇之是非〉，《民報》十六號。

[22] 陶成章，《浙案紀略》下卷，頁三。

[23] 《革命文獻》第一輯，頁一三四。

〈種族革命之必要〉[25]等文，均發揮此義。

吳敬恆、劉師培等所提倡的無政府主義，為當時社會主義中的激烈派，鼓吹的機關為巴黎的《新世紀》和東京的《天義》。《天義》為劉師培及其妻何震所辦，為「社會主義研究會」的機關報，以宣揚無政府共產主義為宗旨。「社會主義研究會」於光緒三十三年（一九〇七）五月成立於東京，參與者有劉師培、章炳麟等。劉在該會的第一次講演會中致詞稱，該會的目的不僅要研究社會主義，並且以無政府主義為目標。劉認為，中國人只知道民族主義，不知道人民的痛苦，應求根本的革命。他的意思是說，反滿就是反政府和反特權，不是要把特權轉給漢人[26]。當時有人認為：中國只當講種族革命，不當講無政府主義；劉以無政府主義並不妨害種族革命之進行，因為無政府主義者的目的也在推翻滿清。惟無政府主義者認為：滿清政府必須推翻的原因，並非因為滿人是異族，乃是因為他們是特權階級[27]。

《新世紀》創刊於光緒三十三年五月，與《天義》宗旨相似，主要撰稿人有李煜瀛、褚民誼、吳敬恆等。李翻譯有關無政府之著作甚多，褚著文闡揚無政府革命之原理，吳以較平易之文從事革命宣傳[28]。褚民誼曾著文攻擊《民報》所闡述的革命原則，以為民族主義和民權

---

[24] 《洞庭波》第一號（光緒三十二年九月一日出版）。

[25] 前文見丁未十二月二十一日該報，後文見戊申五月二十一、二十二日該報。

[26] Michael Gasster, *Chinese Intellectuals and the Revolution of 1911*, pp. 166–167.

[27] 劉師培，〈論種族革命與無政府革命之得失〉，《天義》第六卷，一九〇七年九月一日出版。

[28] Chang Yü-fa, "The Effects of Western Socialism on the 1911 Revolution in China," Master Thesis, Columbia University, pp. 95–96.

主義皆屬自私，民族主義在反滿和排外以追求漢族利益；民權主義有如西方的民主，只為富人爭權利；至於民生主義，亦未若無政府主義可以進世界於大同[29]。

作為同盟會時期革命主義的三民主義、光復主義和無政府主義有共通之處：三者都主張排除滿人的政權。光復主義止於把滿人的政權排除，無政府主義主張把滿人的政權排除以後，不建立政府，而代以企業組合。三民主義主張把滿人的政權排除以後，建立共和國體，並透過國家力量，實行平均地權，消除經濟的不平等[30]。各種主義並進，原有助於革命運動，但由於無政府主義、光復主義等的宣傳，使孫中山的民權和民生主義在光緒三十三年到宣統三年（一九一一）間，淹沒而不彰。及武昌革命爆發，孫雖將此二主義重新提出，但一般革命黨人多以倒滿為滿足，這是辛亥革命不能貫徹革命目標的最大原因。

三　宣傳的媒介

同盟會時期的宣傳媒介，有口語、報刊、書冊、宣傳文件等種。口語作為宣傳媒介最為簡便，有講演、談話、演戲等方式。講演如光緒三十二年（一九〇六）《民報》在東京舉行創刊週年紀念大會，參加者數千人，章炳麟致祝詞，勸國人同心戮力，掃除腥羶，建立民國；孫中山闡述三民主義和五權憲法的精義。據《民報》記者報導，「聞孫

29　〈申論民族民權社會三主義之異同雜答來書論新世紀發刊之旨趣〉，《新世紀》第六號，頁三～四。

30　張玉法，〈同盟會時代的革命宣傳〉，《國立臺灣師範大學歷史學報》第二期，頁二〇八～二〇九。

先生、章先生之言論者，人咸肅穆而端靜」，「眾慷慨泣下」，「拍掌聲如雷」[31]。談話如宣統三年（一九一一）十一月孫中山抵香港，胡漢民等往迎於舟次，時南北議和正在進行，孫告胡云：如能以和平收革命之功，即不必用兵[32]。戲劇如程子儀等於光緒三十一年（一九〇五）在廣州組采南歌戲班，公演「黃帝征蚩尤」、「文天祥殉國」等；陳鐵軍等於光緒三十四年在香港組振天聲劇團，公演「博浪沙擊秦」、「剃頭痛」等；陳少白等於宣統三年在香港組振天聲白話劇社，公演「自由花」、「賭世界」等[33]；均宣傳革命。

報刊指報紙和期刊（雜誌）。宣傳革命的報刊，創於同盟會時期者，據初步統計，得九十三種。依創刊年代分：光緒三十一年六，光緒三十二年一五，光緒三十三年一八，光緒三十四年一二，宣統元年九，宣統二年一七，宣統三年一六。依出版地點分：南部地方二二，中部地方一七，北部地方五，東北地方二，南洋一八，日本一七，美洲八，澳洲三，歐洲一[34]。南部地方因為有香港，中部地方因為有上海租界，革命報刊特多，為國內宣傳革命的中心；日本因多留學生，南洋因多華僑，革命報刊亦多，為國外宣傳革命的中心。

宣傳革命的報紙、期刊，此處無法一一論述，僅舉重要者數種如下。報紙方面，除創於興中會時期的香港《中國日報》外，以新加坡

---

[31] 同註5，下冊，頁一三～一四；《民報》十號，〈紀紀元節〉。

[32] 《國父全集》第四冊，頁四五三。

[33] 馮自由，《革命逸史》第二集，頁二四一～二四六；《中國革命二十六年組織史》，頁二〇〇。

[34] 張玉法，〈近代中國書報錄〉，《新聞學研究》第八、九期；馮自由，《革命逸史》第三集，頁一四二～一四六、一四八～一五〇。

的《中興日報》和上海的《民立報》最為有名。《中興日報》創於光緒三十三年（一九○七）八月，主持者為同盟會星洲分會正副會長陳楚楠和張永福，實際負籌集資金與經營者先後有林義順、鄧慕韓等人，曾任筆政者有胡漢民、汪兆銘、陶成章、田桐、居正和孫中山等。主要宣揚民族、民權、民生三主義，銷數在光緒三十四年時約四千多份，到宣統二年（一九一○）因資盡停刊[35]。《民立報》創刊於宣統二年九月，幕後主持人為于右任（名伯循）、沈懋昭、柏惠民、張人傑等，社長兼總編輯為吳忠信，編輯有宋教仁、范光啟、馬君武（名和）、呂志伊、葉楚傖、徐天復等，記者有章士釗、陳其美等，英文翻譯為周錫三，日文翻譯為張季鸞[36]。《民立報》在表面上是以喚起國民責任為宗旨，實則鼓吹民族獨立，寓排滿之意。于右任在發刊詞中提倡「國民自立精神」及「國民獨立思想」，一則謂「有獨立之民族，始有獨立之國家，有獨立之國家，始能發生獨立之言論」；再則謂「有獨立之言論，始產獨立之民族，有獨立之民族，始能衛其獨立之國家」[37]。該報因在國內發行，言論較為溫和，直到民國二年（一九一三），始因鼓吹二次革命而停刊。

　　雜誌方面，著名的有東京的《民報》、巴黎的《新世紀》和留東學界所辦的一些刊物。《民報》為同盟會本部的機關報，其前身《二十世紀之支那》雜誌為華興會人宋教仁等所創辦的刊物，於光緒三十一年五月出第一期，嗣華興會與興中會合組為同盟會，該雜誌亦併入同盟

---

[35] 同註5，下冊，頁一四八～一六○。

[36] 陳祖華，《于右任先生創辦革命報刊之經過及其影響》，頁一五七、一五八、一六八～一六九；馮自由，《革命逸史》第三集，頁三四六～三五○。

[37] 庚戌九月九日《民立報》。

會，但第二期因抨擊日本侵略中國，為日本警廳查扣，乃決定改名《民報》出版，於當年十月（陽曆十一月）出第一期，以闡揚三民主義為宗旨，共出二十六號，到宣統二年停刊。先後任編輯人兼發行人者有張繼、章炳麟、陶成章等，執筆政者有胡漢民、汪兆銘、劉師培、朱執信（名大符）、廖仲愷等[38]。《新世紀》創刊於光緒三十三年（一九〇七）五月（陽曆六月），為旅法同盟會員李煜瀛、張人傑、吳敬恆等人所創，為週刊，共出一百二十一期，至宣統二年四月停刊，是鼓吹無政府主義的著名刊物[39]。留東學界多以省籍相結合，所辦刊物亦多富區域性，這對各省區的宣傳有很大幫助。如雲南留學生呂志伊、李根源等於光緒三十二年創刊《雲南》雜誌，共出二十三期，到宣統三年停刊；山東留學生丁惟汾、蔣衍升等於光緒三十二年創刊《晨鐘》週刊，次年停刊，只出二十多期；河南留學生劉積學、張鍾端等於光緒三十三年創刊《河南雜誌》，共出十期，次年停刊。其他山西、陝西、四川、湖南、湖北、直隸、廣西等省留學生，皆辦有宣傳革命的刊物[40]，茲不多述。

　　書冊包括書籍和小冊，出版於同盟會時期的書冊，約分為兩類：其一為革命黨人所寫，用於宣傳者；其二為報導革命史蹟，以滿足一般人之好奇心者。此類書冊，據初步統計，得三十九種，計出版於光緒三十一年（一九〇五）者二，光緒三十二年者十，光緒三十三年者九，光緒三十四年者九，宣統元年（一九〇九）者三，宣統二年者四，

---

[38] 張玉法，《清季的革命團體》，頁三八五～三八六及頁四一一註22。

[39] 安嘉芳，〈新世紀之始末及其言論之分析〉（民國六十六年，中國文化學院歷史研究所碩士論文），頁二九～三〇。

[40] 同註5，下冊，頁八五～一四三。

宣統三年者二。出版地可知者，上海十，東京八，漢口、巴黎各三，香港、新加坡各二，仰光、檀香山各一，茲表列十數種作為示例如下[41]：

書　名	出版年代	出版地	作者或出版者
滅漢種策	光緒三十一年	東京	宋教仁
虛無黨女英雄	光緒三十一年	上海	江西一青氏
盧梭魂	光緒三十一年	上海	懷仁
作新民	光緒三十二年	漢口	日知會
革命箴言	光緒三十二年	仰光	秦鼎彝
孔孟心肝	光緒三十二年	上海	吳之銓
亡國慘記	光緒三十二年	東京	田桐
中國民族史	光緒三十三年	東京	陶成章
徐錫麟	光緒三十三年	上海	畢志社
自由言論	光緒三十四年	檀香山	盧信
革命與外交問題	光緒三十四年	新加坡	胡漢民
新世紀叢書	宣統元年	巴黎	新世紀社
浙案紀略	宣統二年	東京	陶成章

就革命書冊出版地看革命氣勢，亦如就革命報刊出版地看革命氣勢，上海、東京為軸心地區。

宣傳文件主要隨武裝起事而散發，以「革命方略」為主。同盟會制定革命方略，始於光緒三十二年，其後屢加修訂，主要有下列各種[42]：

---

[41] 馮自由，《革命逸史》第三集，頁一五六～一五八；張玉法，〈近代中國書報錄〉，《新聞學研究》第八、九期。

⑴軍政府宣言：申明革命的目標為驅除韃虜、恢復中華、建立民國、平均地權，經軍法之治、約法之治、憲法之治三時期達成之。

⑵軍政府與各處國民軍之關係條件：規定各處國民軍每軍立一都督，全權掌理軍務，但關於重大外交及國體之制定，當受命於軍政府。

⑶軍隊之編制：以八人為一排，三排為一列，四列為一隊，四隊為一營，四營為一標。排設排長，列設列長，隊設隊長，營設營長，標設標統。

⑷將官之等級：分為九級，即都督、副督、參督；都尉、副尉、參尉；都校、副校、參校。

⑸軍餉：軍政府未發佈前，由標統自定。

⑹戰士賞恤：賞典方面，凡率先起義、攻克城鄉鎮村者記大功。恤典方面，凡交戰受傷，以致殘疾不能任職者，其退伍後，照本人現俸現餉賞給終身；凡在軍身故者，無論將校兵士，均查明本人之父母妻子女，每月給贍養費，父母妻養至終身，子女養至二十歲。

⑺軍律：有不聽號令者殺、洩露軍情者殺、殺外國人焚拆教堂者殺、私鬥殺傷者論情抵罪、私入良家民宅者罰、喫鴉片者罰等二十二條。

⑻略地規則：由我軍攻取而得者，樹立國旗，繳收敵人軍器糧食，收取官印文憑及其文書冊籍，設安民局；凡義民響應者，必將該處地方官誅戮，或捕送至軍隊之前，始為響應之實據，凡反

---

42 馮自由，《中華民國開國前革命史》第一冊，頁二一八～二四四；鄒魯，《中國國民黨史稿》，頁四三～七一。

正之官，必將其官印文書及具有永遠降服誓表送至軍隊之前，始為反正之確據。

(9)田糧規則：設田糧局為軍隊籌糧餉，用充公、收買、借債、捐輸、發行軍事用票等方法。

(10)安民布告：申明將滿洲政府所有壓制人民的手段，專制不平的政治，暴虐殘忍的刑罰，勒派加抽的捐稅，及滿洲政府所縱容的虎狼官吏，一切掃除。

(11)對外宣言：宣言所有中國前此與各國締結之條約皆繼續有效，但外人有協助清政府以妨害國民軍政府者，概以敵視。

(12)招降滿洲將士布告：凡以城鎮鄉村或軍隊反正來歸者，除按賞典論功行賞外，並照現任廉俸加倍賞給，至於終身。軍到即降者，保護其身家。

(13)掃除滿洲租稅釐捐布告：凡租稅釐捐一切不便於民者，悉掃除之，租稅由國會議定。

(14)招軍章程：招募對象為十八歲以上，四十歲以下，親填誓表，發誓遵守國民軍宗旨，服從民國軍軍律，並按指模。

(15)招降清朝兵勇條件：帶軍械來降者記功一次，並照軍價加四倍賞給，投降後與義軍同一看待。

此十五種革命方略，部分曾用於潮州黃岡、惠州七女湖、欽廉、鎮南關、河口、黃花岡等役，對武昌革命爆發後的各省革命軍，亦略具約束力[43]。

---

[43] 如辛亥十月，重慶〈蜀軍政府對內宣言〉，即本同盟會的〈軍政府宣言〉而草，標明驅除韃虜、恢復中華、建立民國、平均地權四綱及軍法、約法、憲法之治三期，見《各省光復》（下），頁九七～九九。

作為革命宣傳的媒介，除前述者外，尚有行為的宣傳，即革命黨人發動群眾起事或暗殺，本身即具宣傳價值。據初步統計，同盟會時期，群眾起事事件二十四次，暗殺事件八次，共三十二次。依年代分，光緒三十一年一次，光緒三十二年二次，光緒三十三年十二次，光緒三十四年四次，宣統元年二次，宣統二年六次，宣統三年（武昌革命爆發前）五次。依地區分，發生在華南者十六次，發生在華中者十一次，發生在華北者三次，發生在東北及國外者（暗殺）各一次[44]。此類革命事件，不僅作為文字或口頭宣傳的素材，本身即為有志革命者提供了範例。

四　各地宣傳概況

同盟會在國內外的宣傳機關甚多，宣傳活動亦廣。聲勢較大的地區，在國外以東京、新加坡、檀香山、舊金山、香港為主，在國內以上海、廣州、武昌、長沙為主。

東京是同盟會早期的宣傳中心，因為同盟會的本部設在東京，同盟會本部辦有《民報》為宣傳機關。《民報》創刊於光緒三十一年十月，初以陳天華為經理，張繼為編輯。是年十一月，陳天華以憤日本文部省頒布取締留學生規則事自殺，第二期改由谷思慎經理。光緒三十二年（一九○六）夏，因蘇報案入獄的章炳麟獲釋，東京同盟會本部派龔鍊百、時功玖、仇亮等往迎之。《民報》第六期起改由章炳麟主編，以董修武為經理。第十八期（光緒三十三年十一月），章氏因腦病

---

44 張玉法，《清季的革命團體》，頁四二七～四二九。

就醫，由張繼續編一期。張繼旋往巴黎，二十、二十一、二十二期由陶成章編輯。至二十三期，再由章炳麟主編，湯增璧副之。湯鑒於革命工作難行，慕俄國虛無黨的作風，撰〈崇俠篇〉（二十三期）及〈革命之心理〉（二十四期）等文鼓吹暗殺。適清廷遣唐紹儀為中美聯盟專使，道經日本，章炳麟撰〈清美同盟之利病〉一文評之，唐乃運動日本政府將《民報》封禁。宣統元年（一九〇九），汪兆銘由南洋至日本，於次年秘密刊行《民報》兩期，著〈革命之決心〉一文，繼續鼓吹暗殺。未幾，汪北上謀刺攝政王，《民報》亦停刊[45]。

　　《民報》既為同盟會本部的機關報，發行量甚大。據估計第一期五萬七千份，第二、三、四期各四萬二千份，第五期四萬份，第六期三萬二千份，第七、八期各二萬二千份，第九期四萬四千份，第十期四萬八千份，第十一期二萬四千份，第十二期一萬二千份，第十三期二萬四千份，第十四至二十六期各一萬二千份[46]。發行網遍於國外各地，包括日本、美國、香港、澳門、安南、新加坡、馬來亞、加拿大、印尼、菲律賓、比利時、德國、法國。《民報》也滲進內地各省，據記載，四川、貴州、雲南、廣西、廣東、湖南、湖北、安徽、江蘇、福建、直隸、江西、山西、河南、甘肅、奉天、吉林、黑龍江、內蒙等地，皆有《民報》流傳[47]。這說明《民報》雖發刊於東京，但為全國性的宣傳刊物。

　　新加坡為南洋一帶的革命宣傳中心。南洋各地，革命報刊頗多，

---

[45] 曼華，〈同盟會時代民報始末記〉，《革命文獻》第二輯，頁七八～八四；〈東京報界〉，《新世紀》第七十九號；〈民報的歷史〉，《黨義研究》第四期。

[46] 同註 5，下冊，頁六三～六六。

[47] 同上，下冊，頁三七四～三九二。

如光緒三十二年（一九○六）創刊於曼谷的《華暹新報》，光緒三十四年創刊於仰光的《光華日報》等都很有名，但革命宣傳的中心則在新加坡。新加坡最早宣傳革命的報刊是《圖南日報》，光緒三十年由陳楚楠、張永福二人創辦，銷路二千餘份，到光緒三十一年冬因資金週轉不靈停刊。《圖南日報》停刊後兩月，陳、張二人不欲宣傳事業中斷，復募集資金創刊《南洋總匯報》，但股東中有陳雲秋者，思想頑固，力誡編輯人不得登載激烈文字，不為編輯部接納。至光緒三十二年春，陳雲秋提議拆股承讓，後改為抽籤，結果為陳雲秋一派所得，《南洋總匯報》遂變為保皇會的機關報。《南洋總匯報》改變宗旨後，陳楚楠、張永福等重新組織宣傳機關，於光緒三十三年（一九○七）七月創刊《中興日報》，並與《南洋總匯報》展開革命與立憲的論戰，一時銷路激增，光緒三十三、四年間，日銷四千餘份，但至宣統二年，因資盡歇業。《中興日報》歇業後，新加坡的宣傳靠創刊於宣統元年的《星洲晨報》支持，不久《星洲晨報》亦因資盡停刊，其後直到宣統三年夏，黃吉辰、盧耀堂等始創刊《南僑日報》，以為《中興日報》之繼。《南僑日報》出刊後，大博英荷兩屬華僑歡迎。出版後數月，武昌革命事起，僑胞多根據是報所傳播之消息為言行的趨向[48]。

　　檀香山是革命組織的策源地，然有革命黨報是光緒二十九年以後的事。是年，孫中山將程蔚南的《檀山新報》改為興中會的機關報，與保皇會一派的報紙論戰，先後主筆政者有許直臣、張澤黎等。到光緒三十三年夏秋間，程蔚南以年老力衰，無意續辦報業，由同志曾長福等措資接辦，易名《民生日報》，主筆政者，先後有張澤黎、盧信

---

[48] 馮自由，《革命逸史》第四集，頁一四五～一五四。

等。《民生日報》到光緒三十三年冬改組為《自由新報》，隔日出刊，先後主持筆政及編務者有盧信、孫科、溫雄飛、吳榮新等人。自光緒三十三年到宣統三年間，《自由新報》幾無日不與保皇派報紙論戰。該報至民國十三年以後猶存[49]。

舊金山為美洲大陸的革命宣傳中心。美洲大陸的革命報刊，如宣統二年創刊於加拿大溫哥華的《大漢日報》、宣統二、三年間創刊於秘魯利馬的《民醒報》等，都很有名。但舊金山與檀香山相犄角，該地的革命報刊較易造成宣傳聲勢。舊金山於宣統元年（一九〇九）有青年志士李是男、黃芸蘇、黃伯耀、溫雄飛等十餘人組織一革命小團體，名「少年學社」，初用油印版刊行一種雜誌，鼓吹革命排滿，以風氣未開，銷數無多。宣統二年正月，孫中山至舊金山，少年學社會員開會歡迎，即由孫中山主盟，使一律加入同盟會，並將雜誌改為日報，定名《少年中國晨報》，作為美西同盟會的機關報。先後任筆政者有李是男、黃芸蘇、黃超五、崔通約、張靄蘊、黃伯耀等人，鼓吹排滿革命，收效甚著，與《少年中國晨報》相應的有《大同日報》，該報原為美洲致公堂的機關報，一度受保皇會人控制，到光緒三十年劉成禺任筆政後，始大倡革命排滿。同盟會成立後，《大同日報》續為重要宣傳機關，先後主持筆政及任編輯者有唐瓊昌、朱三進、蔣夢麟、馮自由等。民國成立後，該報改名《中華民國公報》[50]。

香港為同盟會南方支部的所在地，雖列入海外範圍，但為華南的革命宣傳中心。光緒三十二年，香港有三家報刊紀念明崇禎皇帝殉國，

---

[49] 同上，頁一三五～一三八。

[50] 同上，頁一三六～一四一。

即陳少白的《中國日報》，以及鄭貫公的《唯一趣報》和《世界公益報》。《世界公益報》留下的資料無多。《中國日報》創於興中會時期，除宣傳革命的主義外，不斷與保皇派的《商報》論戰。光緒三十二年夏，曾因誹謗康有為的女兒，被罰款五千港元。幸有李柏及時資助，始免破產。之後，《中國日報》即由李柏之婿馮自由主編。在光宣年間，李柏及富商林直勉曾不斷給予《中國日報》資助。《唯一趣報》創刊於光緒三十一年夏，是繼《廣東日報》而起，較《中國日報》為激烈。次夏鄭貫公死，其徒另創《東方日報》繼其志，但光緒三十三年春亦停刊。光緒三十三年秋冬，黃世仲又創《少年報》承其統緒，出版一年亦停刊。《中國日報》和《唯一趣報》最初皆能在廣東各地流通，到光緒三十二年初，才為粵督岑春煊禁止在廣東流通[51]。

香港的革命宣傳品除日報外，尚有畫報及書冊等。畫報方面，宣統元年（一九○九）秋同盟會人謝英伯、潘達微等創刊《時事畫報》，共出版十期左右。書冊方面，以黃世仲撰著最多，光緒三十四年出版《洪秀全演義》，以傳布革命思想，又出版《大馬扁》，即大騙之意，攻擊康有為；宣統元年出版《宦海升沉錄》，藉袁世凱的被黜，暗斥滿人不信任漢人、仇視漢人、不給漢人任何獨立的權力[52]。

武昌革命爆發以後，香港的九家中文報紙，有三家立即贊同革命，五家態度中立，只有保皇派的《商報》反對共和。《商報》由於立場保守，因此被拒絕加入香港的報業公會[53]。一般說來，香港的報紙即不

---

[51] Edward J. M. Rhoads, *China's Republican Revolution: The Case of Kwangtung, 1895–1913*, pp. 107–109.

[52] 同上，頁一八二～一八三。

[53] 同上，頁二一○。

公開宣揚革命，也多同情革命，加上其他革命書刊的傳布，以及劇社的宣傳等，革命的勢力在香港，可以說已造成一種聲勢。

　　上海是華中一帶的革命宣傳中心，也是國內的宣傳中心。到同盟會晚期，由於于右任（名伯循）先後在上海創辦了三種刊物，上海在宣傳上的地位更趨重要。于右任曾於光緒三十三年三月與楊守仁、汪允中等在上海創辦《神州日報》，刊行未久，因鄰居失火殃及，報館付之一炬。到宣統元年（一九○九）四月復創刊《民呼日報》為之繼。《民呼日報》的出資人有龐青城、柏惠民、張人傑等，編輯人除于右任外，有范光啟、楊千里、汪允中、戴傳賢等，以「大聲疾呼為民請命」為宗旨，發行三月，銷數逾萬。《民呼日報》常抨擊時政，因于右任為陝西人，亦常攻擊陝西吏治，陝西大吏恨之，適陝甘人士與于右任組有甘肅籌賑會，辦事處在民呼日報社，陝吏指于侵吞賑款，于因此繫獄，報社同仁乃將報紙停刊，于則被判「逐出租界」[54]。

　　《民呼日報》停刊一月餘，報社諸人於宣統元年七月創刊《民吁日報》。于右任不出面，由朱葆康為發行人，范光啟為社長，擔任編輯者有李孟符、汪允中、景耀月等。該報標明「以提倡國民精神，痛陳民生利病，保存國粹，講求實業」為宗旨，其鼓吹革命如故。惟國內報紙鼓吹革命，多不直言，僅旁敲側擊，激發國人的仇滿之心。如借對日外交失敗以責清廷昏庸無能，指借外債為滅國主義，嘲笑立憲措施為收攬人心，登載虛無黨事蹟以鼓吹暗殺等。由於內容深合民心，大受海內外歡迎，上海地區的銷數即達五千份以上。至是年十月以報

導日本伊藤博文為韓人安重根暗殺事件，為日本駐滬領事所控，上海道蔡乃煌乃乘機予以封禁。此事曾引起海內外人士的反對，然亦無之何[55]。

《民吁日報》停刊約一年，到宣統二年九月，于右任再創刊《民立報》。《民立報》的創刊，受到滬上商學各界的廣泛支持。前已述及，茲不多論。《民立報》創刊不久，中部同盟會總部成立，宋教仁假《民立報》大力宣傳革命，使上海的宣傳聲勢超越《民呼》、《民吁》時期，時當廣州黃花岡之役以後，《民立報》一面承襲《民呼》、《民吁》的作風，從抨擊外交失敗及立憲失當著手，一面則極力報導革命事蹟及革命黨人的嘉言懿行，大大聳動視聽。武昌革命爆發後，《民立報》為廣泛報導革命消息，曾停刊廣告數星期之久[56]。

長沙並無革命書報發刊，其成為湖南的革命宣傳中心是由於革命黨人在長沙有多方面的宣傳活動。首先是《民報》在長沙及湖南其他各地的流傳。據宋教仁日記的記載，《民報》創刊之初即在長沙開有派報所。光緒三十二年春，禹之謨受黃興的委託，在長沙辦理湖南同盟會，並推銷《民報》。禹之謨在長沙辦毛布廠和唯一學堂，是長沙商會會長兼教育會會長，甚有影響力，據說《民報》由禹之謨「一手代理，銷路甚盛」。湖南同盟會員擔任《民報》之運銷工作者有仇鰲、彭枚生、覃振等[57]。

其次，光緒三十二年閏四月，禹之謨等迎葬湖南留日自殺學生陳

---

[55] 同上，頁一○六～一一○。

[56] 同上，頁一一一～一一七。

[57] 柯惠珠，〈辛亥湖南地區革命運動之研究〉（民國六十九年國立政治大學歷史研究所碩士論文），頁一七○、二一八～二一九；同註5，下冊，頁二七○～二七六。

天華、姚宏業。光緒三十一年十一月，陳天華因日本報界污辱中國留學生「放縱卑劣」、日本文部省公布取締留學生規則而投海自殺。姚宏業於日本公布取締規則後歸國，在上海辦中國公學，感於「人心已死」，於光緒三十二年四月自沉於黃浦江。湘人把陳天華、姚宏業的靈柩運回湖南，禹之謨發動學界加以迎葬，到者數萬人，結隊護送陳、姚二柩於嶽麓山頂，沿途高唱哀歌，隊伍綿延十餘里。公葬儀式舉行時，禹之謨當眾演說，萬眾振奮，民氣大張。禹之謨原與湖南舊紳不合，至是乃以革命黨嫌為清吏捕殺[58]。

再次，上海《民呼》、《民立》等報，既抨擊滿清政府之失政，復揭發湖南吏治之腐敗，加以湘省志士宋教仁等為之主筆，益增加湘省革命志士的閱讀興趣。因此，湘省志士曾向上海訂購此二報，流布於新軍各營隊，以廣宣傳[59]。

武昌是湖北的革命宣傳中心，當地的革命團體甚多，以日知會所辦的宣傳活動最多。日知會原為基督教聖公會附設的閱報社，組於光緒二十七年（一九〇一），到光緒三十一年由劉大雄改為革命機關[60]。日知會改為革命機關後，在軍學兩界發展。每逢星期日，為大規模的集會演講，或根據孟子、王船山、黃宗羲諸家之說，闡發民族、民權思想；或分析時局、批評政府。經常負責主講的有金華祝、余德元、梁耀漢、李亞東、馮一等人。光緒三十二年五月八日，同情中國革命之法國武官歐極樂 (Captain Ozel) 應孫中山之請，調查中國革命勢力，抵武昌時，於日知會會所講演世界革命情勢與中國革命之需要，軍學

---

[58] 同註 5，下冊，頁二七六～二八七。

[59] 同註57，柯惠珠文，頁二二二。

[60] 張玉法，《清季的革命團體》，頁六六二。

界來聽者數百人。

演講之外，經常的宣傳活動是散發革命書刊，當時軍學界流行的革命書刊有《揚州十日記》、《嘉定屠城記》、《革命軍》、《民報》、《警世鐘》、《猛回頭》、《孔孟心肝》等。光緒三十二年至宣統二年間在武昌讀中路小學的李健侯回憶說：

> 辛亥革命的前幾年間，在我們學校裡，很多禁書都很流行。……當時一些禁書和進步刊物如《揚州十日記》、《嘉定屠城記》、《革命軍》、《民報》等，同學們爭先閱讀，重視之過於正課。

另一項記錄謂：

> 軍中……更廣布宣傳文籍，如《民報》及《警世鐘》、《猛回頭》、《革命軍》、《孔孟心肝》諸書，幾於各軍兵士人手一本矣。

其中《孔孟心肝》一書，為吳之銓所著，辯論種族關係，闡揚共和政體，作者自己曾「印刷數萬部，以廣宣傳」[61]。

廣州為革命的策源地，密臨香港，自始與香港同為華南的革命宣傳中心。在同盟會早期，廣州有兩個宣傳革命的刊物出版，一為《時事畫報》，光緒三十一年高劍父等創辦，係雜誌性質，每期銷三千份，次年因資盡停刊。一為《群報》，創刊於光緒三十一、二年間，日出一

---

[61] 引見蘇雲峯，〈武昌學界與清季革命運動〉，《中國現代史專題研究報告》第四輯，頁二九一～二九二；同註5，下冊，頁七七九～七八二。

張，約維持半年，改組為《二十世紀報》，日出二張，光緒三十二年四月時，日銷一千份。光緒三十三年一月，該報社有四人因革命罪嫌被捕，報紙當即停刊[62]。同盟會中期，廣州有《南越報》的出現。該報創於宣統元年（一九〇九）五月，主持人為盧博郎、蘇棱楓，因為態度較溫和，直到宣統三年初仍繼續刊行[63]。

同盟會晚期，宣統二、三年間，廣州的革命報刊勃興，著名的有鄧悲觀的《國民報》、潘達微的《平民報》、陳耿夫的《人權報》、盧諤生的《軍國民報》、陳炯明的《可報》、楊計白的《中原報》、鄧警亞的《齊民報》等。此類報紙，對辛亥黃花岡之役，以及孚琦、李準、鳳山被刺事件，記載周詳，讚揚備至。及武昌革命軍興，清吏張鳴岐、龍濟光、李準等欲負嵎自固，詎淈電謠傳「京陷帝崩」，港粵各報相率登載，廣州民心大奮。粵督張鳴岐知人心已去，無可挽回，倉皇出走，龍、李亦乞降。論者謂「使廣東省城得以不流血而獲光復者，報紙之力為多」[64]。

除前述者外，內陸各省區有革命黨人活躍的地區即有革命宣傳。如四川，光緒三十二年同盟會員蕭德明、陳鳳石等自日回川，在大竹組織四川書報社，傳布《民報》等宣傳品。如安徽，光緒三十一年冬同盟會人吳暘谷自日回皖，攜回革命書刊，供學生閱讀，以此吸收黨員八十餘人。如江西，吳鐵城、林森等在九江設立「潯陽閱書報社」，訂購中外書報供人閱覽，因此將《民報》、《復報》、《民呼日報》、《民

---

[62] Edward J. M. Rhoads, *China's Republican Revolution: The Case of Kwangtung, 1895–1913*, p. 109.

[63] 同上，頁一八三。

[64] 馮自由，《革命逸史》第一集，頁一六九。

吁日報》、《民立報》等普及於內地。又如廣西，莫繼甫、雷在漢等在南寧設「南寧書報社」，銷售《民報》等書刊；朱漢典在桂林開設「翰芳齋文具雜貨店」及「石渠書局」，秘密銷售《民報》、《天討》、《革命軍》、《揚州十日記》等革命刊物[65]。其餘省區不備舉。

五　宣傳的內容

革命宣傳的目的，一方面在暴露清廷的弱點，以及與清廷有關事物的醜惡；另一方面在闡揚革命的主義，以及顯示與革命有關的各種力量。前者可視為「滅清廷的威風」，後者可視為「長革命的志氣」。在「長革命志氣」方面，包括闡揚革命主義、喚醒民族意識、報導革命活動、鼓吹反帝國主義等，在「滅清廷威風」方面，包括抨擊清廷施政、批評君憲份子及其理論，揭發吏治黑暗等。

關於闡揚革命主義，闡揚最力者為《民報》。《民報》創刊的目的，即在宣揚革命的主義，包括民族、民權、民生三大主義，初期之撰稿者如胡漢民、汪兆銘、朱執信、汪中等，為文立論，莫不以闡發此三大主義為任。由於民生主義是一種社會主義，許多革命黨人也借《民報》宣揚社會主義，包括無政府主義在內。《民報》的內容，計全部二十六期約載文三八九篇，其中與民族主義有關者一〇四篇，與民權主義有關者十七篇，與民生主義有關者十一篇，與西方社會主義和社會黨有關者十六篇，與無政府主義和無政府黨有關者四十二篇，報導外國革命活動者四十四篇，報導中國革命活動者三十九篇，其他一一六

---

[65] 主要參考註 5 書，頁三八〇～三九二。

篇[66]。另外,《民報》載有圖畫七十五幅,其中與三民主義有關者六幅,與民族主義有關者三十九幅,與民權主義有關者十七幅,與社會主義有關者一幅,與無政府主義有關者十幅,其他二幅[67]。

由於無政府主義也是當時很重要的革命理論,特別在光緒三十三年以後,此處再將光緒三十三、四年間於巴黎發行的《新世紀》,作一內容分析,《新世紀》共約載文六七三篇,闡述一般革命理論者六十四篇,報導外國革命活動者一二六篇,報導中國革命活動者二十篇,介紹無政府共產主義及虛無主義者一〇七篇,介紹社會主義和無政府黨者一九篇,介紹中國社會黨人活動者四篇,鼓吹女權者六篇,倡導世界語者十二篇,其他三一五篇[68]。

宣傳革命主義的文字,在前述「革命的主義」部分曾有引證,部分將於〈革命與立憲的論戰〉一文中再引述,此處不多贅。重要的文字,如發表於《民報》的〈專一之驅滿主義〉、〈論中國宜改創民主政體〉、〈土地國有與財政〉[69],如發表於《中興日報》的〈種族革命之必要〉、〈革命之急進主義〉、〈急逐滿虜為今日救亡之無二法門〉[70],又如發表於《新世紀》的〈無政府主義說〉、〈無政府主義可以堅決革命黨之責任心〉、〈無政府主義以教育為革命說〉[71]等,茲不多舉。

---

[66] Chang Yü-fa, "The Effects of Western Socialism on the 1911 Revolution in China," Master Thesis, Columbia University, 1970, p. 78.

[67] 同註 5,上冊,頁五三九。

[68] 同註66,頁九六~九七。

[69] 鄒魯,《中國國民黨史稿》,頁四七一~四七二。

[70] 張玉法,〈同盟會時代的革命宣傳〉,《國立臺灣師範大學歷史學報》第二期,頁二一七、二二〇。

關於喚醒民族意識，此類文字或圖畫普遍刊布於國內外各種革命書刊。雖未必公然倡言反滿，但字裡行間能激發漢族的自覺，從而對統治中國的滿族感到不滿。如發表於《民報》的〈中國革命史論〉、〈辨滿洲非中國之臣民〉、「世界第一之民族主義大偉人黃帝」（圖畫）、「太平天國戰勝清兵之真景」（圖畫）[72]，如發表於《中興日報》的〈嗚呼載湉死〉、〈滿人排漢之政策進步歟退步歟〉[73]，如發表於《新世紀》的〈中國人之腐敗病〉、〈辮子〉、〈豬生狗養之中國人〉[74]，又如《民呼日報》宣言書、《民立報》發刊詞[75]等，皆注重激發民族意識，使讀者有仇滿之思想。

刊於《民呼日報》創刊號中題名為《勢不兩立》的三幅漫畫，最富喚醒民族意識的藝術意義。第一幅是穿戴朝服的滿清官吏把漢人打倒在地下，喻滿人欺壓漢人；第二幅是滿漢握手言歡，喻滿人籠絡漢人；第三幅是漢人打倒滿人，喻推翻滿清統治，漢人抬頭[76]。

報導革命事蹟，分為外國的與中國的兩方面，報導外國的革命事蹟，如發表於《民報》的〈法國革命史詮〉、〈虛無黨小史〉、〈歐美社會革命運動之種類及評論〉、「法蘭西第一次大革命之真景」（圖畫）、

---

[71] 安嘉芳，〈新世紀之始末及其言論之分析〉（民國六十六年中國文化學院歷史研究所碩士論文），頁三五。

[72] 同註69，頁四七一、四七二、四七四、四七五。

[73] 同註70，頁二一〇、二二三。

[74] 同註71，頁三三、三四。

[75] 同註70，頁二二八、二三四。

[76] 張建國，〈辛亥前上海地區革命運動之研究〉（民國六十六年國立政治大學三民主義研究所碩士論文），頁一〇四。

「虛無黨女傑蘇菲亞肖像」（圖畫）[77]，如發表於《中興日報》的〈社會主義年表〉（列舉歐洲革命及社會主義份子活動情形）[78]，如發表於《新世紀》的〈俄羅斯暗殺歷史之一〉、〈法蘭西暗殺歷史之一〉、〈義大利暗殺歷史之一〉、〈葡國革命將至〉、〈俄國革命〉、〈世界暗殺表〉、〈朝鮮烈士安重根〉、〈萬國革命風潮〉等[79]，又如發表於《民立報》的〈波瀾壯闊之革命黨〉、〈幸德秋水之歷史〉、〈俄國與社會黨〉、〈社會主義之大活動〉、〈日人大審社會黨〉、〈日本女社會黨記〉、〈歐美社會黨記〉等[80]，皆為代表性的文章。

報導中國革命事蹟，如發表於《民報》的「徐錫麟烈士」（圖畫）、「秋瑾女士肖像」（圖畫）、「爆烈後之吳樾烈士」（圖畫）等[81]，如發表於《中興日報》的〈革命軍與響應軍〉（宣揚河口之役）、〈革命軍神速之原因〉（宣揚河口之役）、〈雲南革命軍之前途〉（宣揚河口之役）、〈清領事承認河口之失敗〉（宣揚河口之役）等[82]，如發表於《新世紀》的〈議開追悼徐伯生先生會〉、〈犧牲己身己利以求公益之代表徐錫麟〉、〈徐秋二君事略〉等[83]，又如發表於《民立報》的〈暗殺與人道〉（評論溫生才刺殺廣州副都統孚琦）[84]、〈天乎……血〉（評論黃花

---

[77] 同註69，頁四七二～四七五。

[78] 己酉九月二十二、二十三、二十九、三十日，十月四、八、十五、十七日《中興日報》。

[79] 同註71，頁三七～三八。

[80] 同註70，頁三一～三二。

[81] 同註69，頁四七六～四七七。

[82] 同註70，頁二一八～二一九。

[83] 同註71，頁三三。

岡之役）[85]、〈近事感言一〉（評論林冠慈、陳敬岳謀刺廣東水師提督李準）[86] 等，皆為代表性的文章。至於革命報刊對革命軍消息的披露，所佔篇幅更多，茲不贅述。

反帝國主義的宣傳，一則可以暴露清廷的弱點，謂其不能抵制外患；一則可以鼓舞民氣，使仇視侵略中國之異族異國。刊載這方面的文字最多的是上海的《民吁日報》和《民立報》。《民吁日報》反帝國主義的言論偏重在對日關係上，其重點包括各地抵制日貨、日本對華策略、清廷對日交涉之不當、外債問題、中日懸案問題、安奉鐵道問題等。反日本帝國主義的言論肇始於抵制日貨，《民吁日報》曾發表〈買日貨者看著〉、〈解除抵制日貨之善後〉等文，以配合國內各地的抵制日貨運動，並促使國人對此問題之注意[87]。

《民立報》的反帝國主義言論較《民吁日報》為廣闊，包括反對日侵東北、俄侵蒙古、英侵西藏各方面。此類文章的主要撰寫人為宋教仁。宋於宣統二年自日歸國任《民立報》主筆，於宣統三年初發表了一連串的反對帝國主義的文章。反對日本帝國主義的有〈東亞最近二十年時局論〉等文，反對俄國帝國主義的有〈蒙古禍源篇〉、〈二百年來之俄患〉、〈討俄橫議〉等文，反對英國帝國主義的有〈滇西之禍源論〉等文[88]。蓋以當時邊患嚴重，滿清政府不能拒、不能守，宣揚愛國主義的革命報刊，自不能不大聲疾呼。

---

[84] 辛亥三月二十三日《民立報》。

[85] 辛亥四月三日《民立報》。

[86] 辛亥七月四日《民立報》。

[87] 同註 76，頁一〇七。

[88] 同上，頁一一四～一一五。

　　抨擊清廷施政的文字，集中在醜詆立憲措施上，對一般施政，亦時作批評。批評一般施政的，如發表於《民報》的〈清政府決意賣送漢人之礦產〉[89]、發表於《新世紀》的〈告窮凶極惡極無人理之滿清政府於萬國以伸中國革命之公理〉[90]、發表於《神州日報》的〈籌劃八旗生計果為解決滿漢問題之唯一條件乎〉[91]、發表於《中興日報》的〈清廷復以科舉愚民之怪劇〉[92]、發表於《星洲晨報》的〈清廷對藏之失策〉[93]等都是。

　　批評清廷憲政措施的文字較多，如發表於《民報》的〈論滿政府雖欲立憲而不能〉[94]、〈預備立憲之滿洲〉[95]，如發表於《中興日報》的〈泣告同胞之希望立憲者〉（指滿人無立憲誠意）[96]、〈嗚呼滿洲所謂立憲大綱〉[97]，發表於《新世紀》的〈評預備立憲之上諭及中外日報論立憲〉[98]，發表於《神州日報》的〈設資政院果足以為議院基礎乎〉[99]，發表於《民呼日報》的〈論政府行為之矛盾〉（指立憲為敷衍籠絡）[100]、〈論趨時派之迷信〉（指清廷陽託立憲，陰施壓制）[101]，發表

[89] 見《民報》四號。

[90] 見《新世紀》十三號。

[91] 見丁未八月二十二～二十三日《神州日報》。

[92] 見己酉三月十七日《中興日報》。

[93] 見庚戌三月十四、十六、十七、十九日《星洲晨報》。

[94] 見《民報》一號。

[95] 見《民報》十九號。

[96] 戊申二月十八、十九、二十一～二十四，二十九日《中興日報》。

[97] 戊申八月二十六～九月十五日《中興日報》。

[98] 《新世紀》十號。

[99] 丁未八月十五日《神州日報》。

於《民吁日報》的〈中國改革談〉(指清廷借改革收攬人心)[102]，發表於《民立報》的〈憲法問題〉(斥滿人用親貴草憲法)[103]、〈論憲政館之禍國殃民〉[104]、〈論近日政府之倒行逆施〉(斥皇族內閣)[105]、〈希望立憲者其失望矣〉[106]、〈立憲與清政府〉[107]等，皆為代表性的文章。

抨擊立憲派份子，指對向清廷請求立憲的人加以指斥，如是可使贊助清廷的人減少，參加革命的人加多。此類文字多見於革命派與立憲派的論戰中，即無論戰發生，革命派人亦時時指斥立憲派人。如發表於《民報》的〈希望滿洲立憲者盍聽諸〉[108]、〈論立憲黨與中國國民道德前途之關係〉[109]、〈請看立憲黨之真相〉[110]、〈哀政聞社員〉[111]，發表於《中興日報》的〈駁政聞社宣言書〉(斥立憲派人)[112]、〈天下古今之無廉恥當以今尚希望清廷立憲者為最〉[113]、〈正保皇黨之罪〉[114]、

---

[100] 己酉五月十四日《民吁日報》。

[101] 己酉四月三十日《民吁日報》。

[102] 己酉八月二十三日《民吁日報》。

[103] 庚戌十月六日《民立報》。

[104] 庚戌十一月七日《民立報》。

[105] 辛亥五月九日《民立報》。

[106] 辛亥六月十四日《民立報》。

[107] 辛亥九月十九日《民立報》。

[108] 見《民報》三號、五號。

[109] 《民報》十八號。

[110] 《民報》二十號。

[111] 《民報》二十三號。

[112] 丁未十二月二～十一日《中興日報》。

[113] 戊申一月九、十日《中興日報》。

〈忠告聯名上請願書於滿洲者〉[115]、〈保皇康黨之末路〉[116]，發表於《新世紀》的〈與贊成立憲之同胞一談〉[117]、〈嗚呼立憲黨〉（兩篇）[118]、〈支那立憲黨之模型〉[119]等，皆為具有代表性的文章。值得注意的是，國內革命報刊對立憲派的攻擊較少；海外的革命派人，由於與立憲派競爭華僑與留學生的支持，故對立憲派人作無情的攻擊。

揭發宦場黑暗腐化，是激起人民不滿的一種方法，海內外革命報刊都很重視。海外報刊方面，如《民報》載有〈滿洲總督侵吞賑款狀〉[120]、〈載灃之私其親〉[121]等文，均發揮此義。惟海外對政情的了解不如國內，在揭發官場黑暗腐化方面，不如國內報刊得心應手。國內革命報刊恃此為一種編輯和評論政策者為《民呼日報》。《民呼日報》所宣示的「報界信條」中有言：「《民呼日報》願自今以後，天下無復貪官污吏恣其殘毒之心，苛罰暴斂，以責苦百姓。」又在其「報界誓條」中有言：「《民呼日報》如見官吏行蠹政於民，若見議論將以剝害民眾，而不敢直切宣示其罪狀者，天厭之。」據此，《民呼日報》常指名痛責清廷的官吏，最突出者有二：一是郵傳部侍郎汪大燮，一是陝甘總督升允。汪大燮反對蘇杭甬鐵路民辦，主張以嚴苛的條件舉外債，

---

[114] 戊申七月三十日《中興日報》。

[115] 戊申八月八、十、十二日《中興日報》。

[116] 己酉六月十～十三日《中興日報》。

[117] 《新世紀》十六號、十七號。

[118] 《新世紀》三十三號、六十一號。

[119] 《新世紀》六十六號。

[120] 《民報》二十二號。

[121] 《民報》二十五號。

自是損害國家利權，出賣人民利益，於是《民呼日報》為浙民請命，著論痛斥。而後遇有官紳賣路賣礦者，即以汪大燮第二、第三、第四、第五、第六名之，以警醒民賊。對升允之漠視災荒，罔顧民命，亦大盡口誅筆伐之責，未嘗稍有假借。社論中如〈論升督漠視災荒之罪〉、〈甘督升允開缺感言〉等，均其著者[122]。

六　宣傳的效果

革命宣傳能否發生效果，與革命的主義、宣傳的媒介、宣傳的內容，以及區域的廣佈性有密切關係。前述同盟會時期的革命主義，非常壯闊，從狹義的排滿，到反權威的無政府主義都有，而能代表十九世紀以來世界思潮主流的民族主義、民生主義和社會主義，也都被革命志士引介進來，作為革命所要追求的理想。革命領袖孫中山，又超越此世界思潮的主流之上，提出三民主義，並大力闡揚。這些主義和理想，雖不一定能全部被宣傳的對象所接受，總有一部分對一些人有號召力，這是革命勢力能夠日益壯大的一種原因。

不過，壯大的革命勢力，只是各種反滿思想的臨時結合，到滿清政府被推翻，這種臨時結合便無法維持。對抱持光復主義的章炳麟一派人來說，推翻滿清是其革命目標的全部實現，故章炳麟、李柱中等，於武昌革命爆發後，一度傾心與袁世凱合作，使革命陣營的裂痕擴大。另一方面，滿清政府的被推翻是無政府主義的部分實現，早年鼓吹無政府主義的吳敬恆、李煜瀛等為表示不背棄主義，於民國初年表示「不

---

[122] 同註76，頁一三九～一四〇。

作官、不作議員」，此代表革命陣營中的另一裂痕。對同盟會的原來主張而言，滿清政府的被推翻只是實行民族主義的一個過程，並非民族主義之全部實現，而民權主義和民生主義尤待實現。惟同盟會員中，真正篤信此三大主義而又有志於貫徹實行的，當時確為少數，故辛亥革命止於滿清的被推翻和共和政體的建立。就此點而論，革命主義的宣傳，只有一部分對宣傳的對象有滲透力，至少民生主義在當時還沒有深入民心。

就宣傳的媒介而論，口頭的宣傳較為普遍，口頭宣傳所常用的公開演說和私下說服兩種，公開演說不如私下說服的影響力大，主要原因有三：其一，公開演說的聽眾，有的是受邀而來，有的是慕演說者之名而來，有的是好奇而來，除已傾心革命者外，偶爾聽一次演說，不容易改變思想。其二，當時沒有擴音設備，口耳可及的聽眾不過數百人，又因中國方言複雜，有機會發表演說的革命領袖，與聽眾之間不一定完全能溝通。其三，能發表公開演說的場合，通常只有僑界、留學界和國內的租界地區，不易施於滿清政府控制的地區。惟發表演說，亦可達到宣傳革命、網羅志士的目的。如光緒三十一年（一九〇五）七月十三日，留東學界開會歡迎孫中山，到者六、七百人，孫以〈中國應建設共和國〉為題發表演說[123]，時同盟會已開始吸收會員，當日加盟者有粵人梁揆通、張舒夏、劉思復、李君舉、何鐵群、劉越杭、張傅霖、蕭楚碧，鄂人張仲文、周尚赤、吳崐、呂嘉榮，川人許行慟等[124]，彼等可能係受孫演說影響而加盟。又如宣統元年（一九〇

---

[123] 羅家倫編，《國父年譜初稿》上冊，頁一五一～一五二。

[124] 「中國同盟會成立初期之會員名冊」，《革命文獻》第二輯，頁三五、五六、六三。

九）十二月十一日孫中山自紐約赴舊金山，途過芝加哥，華僑開會歡
迎，孫於席間演說革命之必要，歷數小時之久，當日加盟者有蕭雨滋、
羅泮輝、程天斗、曹陽三、李雄、梅喬林、梅就、梅天宇、梅賜璧、
梅友、梅彬等十餘人，即成立同盟分會[125]。

　　私下說服為從事秘密運動的必要手段。使不傾心革命的傾心革命，
使傾心革命的加入組織，常需要面對面的聯絡與說服。如光緒三十三
年（一九〇七）廣東欽廉兩府有抗捐之事發生，兩廣總督周馥派廣東
新軍統領郭人漳、趙聲二人各帶新軍三、四千人往平之。時孫中山正
謀在廣東欽州謀起事，乃命黃興隨郭人漳營，命胡毅生隨趙聲營，而
遊說之，使贊成革命，二人皆首肯，許以若有堂堂正正之革命軍起，
彼等必反戈。後因革命軍頓挫，郭、趙皆未敢響應[126]。趙原係革命份
子，郭則並無誠意，其後趙續為革命而努力。另如秋瑾在浙江陸軍學
堂、弁目學堂、督練公所及新軍中聯絡俞韋、朱瑞、葉頌清、夏超等，
黃郛在浙江新軍中聯絡顧乃斌等[127]，姚雨平、姚萬瑜、鄒魯等在廣東
聯絡新軍等[128]，都是經由私下勸說。

　　就文字方面的宣傳而論，一般借重於報紙、雜誌和書冊。當時出
版的革命報紙、雜誌和書冊很多，但這些出版物的宣傳效果如何，首
要看些出版物如何被發行出去，如何讓讀者看到。革命書報的發行，
在海外可以採公開方式，除贈送者外，可借用華僑社會的書報社，或
留學界的社團，把書報發行出去。在國內，除租界地區外，一般只能

---

[125] 同註[123]，頁二一六～二一七。

[126] 許師慎，《國父革命緣起詳註》，頁一三八～一四〇；劉揆一，《黃興傳記》，頁九。

[127] Mary Backus Rankin, *Early Chinese Revolutionaries*, pp. 195–196.

[128] 《姚雨平先生革命史》，頁九～一〇。

採取秘密的方式寄售或散發。分布在各省區的革命黨人，不少開辦有書報社或組織秘密團體，透過書報社和秘密團體，把革命的書報散發出去。革命書冊的散發，有的多達數萬份以上。宣傳革命的雜誌，以《民報》發行最多，每期銷萬餘份至數萬份，不僅廣布海外各地，內陸各省幾乎都有《民報》的流傳。南洋及上海地區的革命報刊，銷數常達數千份。南洋華僑社會據初步調查，有書報社一四九個[129]，可以作為書報的銷售站。上海地區的報刊，可以輸送到內陸各省，影響更大。革命的書冊，有些在海外或租界刊行，流布於海外或租界，或更秘密運入內地。內地的革命黨人也秘密刊印書冊，以為宣傳，如吳之銓在湖北黃岡縣城開設私塾，著《孔孟心肝》、《作新民》、《破夢雷》等以為宣傳，其甥殷子衡辦有閱報社，二人負責校印革命書冊如《猛回頭》、《警世鐘》等，分送各處[130]。從革命的聲勢觀察，凡革命報刊、書冊出版多或流通多的地區，革命的勢力就盛；革命報刊、書冊出版少或流通少的地區，革命的勢力即弱。當時宣傳革命的人都有一種「文字收功日，全國革命潮」的信念，證諸實際情形也是如此。

就宣傳的內容來說，在外患頻仍、民不聊生的狀況下，對滿清政府的施政作批評，是容易獲得同情的。尤其革命黨人所提出的民族主義，不管對反外國侵略還是對反滿洲統治的民情來說，都是很有吸引力的。革命報刊的宣傳內容雖然不一，但無不宣揚排滿以及所以排滿之故，他們企圖使讀者相信：滿清政府一日不除，中國一日不能自救。光復主義、無政府主義、民族主義和民權主義，都使滿政權在理論上

---

[129] 鄒魯，《中國國民黨史稿》，頁八九～九七；馮自由，《華僑革命開國史》，頁八九～九四。

[130] 《辛亥首義回憶錄》第一輯，頁八一。

無繼續存在的餘地。一個政權一旦其存在的法理基礎動搖，其存在即不能久。

　　就宣傳的廣布性來說，在海外，凡有華僑及留學生的地方，幾乎都有宣傳，而華僑愈多、留學生愈多的地方，宣傳也愈多。在內地，由於全國大部省份都有革命黨人活動其間，宣傳活動雖不一定遍布各省區，至少宣傳的滲透力可以遍布各省區。這是武昌革命爆發後，各省能夠迅速響應的重要原因。馮自由有言：

> 三二九之役雖不幸失敗，《民立》、《神州》二報反藉此宣傳民族主義，鼓盪革命精神，競載殉義烈士之嘉言軼事，如數家珍，遂令全國之革命風潮，有黃河一瀉千里之勢。是歲八月，武昌首義，不數月而各省絡繹響應，清祚以亡，則兩報文字之功，不可沒矣[31]！

將清祚之亡，歸功於《民立》、《神州》二報，也許失之誇張，如歸功於國內外所有宣傳革命之報刊和書冊，庶乎近之。

---

[31] 馮自由，《革命逸史》第三集，頁三五〇。

革命與立憲的論戰

一　前　言

　　前兩篇論述興中會和同盟會時期的革命宣傳，在宣傳的過程中，不斷遇到反宣傳。此反宣傳，不是來自滿清政府，而是來自企圖擁護滿清政府從事改革的君憲派。君憲派和革命派皆以救國為目標，但他們的作法並不相同，因此有相當長的一段時間，兩派處於對立的狀態。

　　君憲派以康有為、梁啟超、張謇等為首，他們企圖以滿漢合作的方式，改革中國的現況，建立國富兵強的國家，期能在列強競逐之中，恢復並維護中國主權，保衛中國的土地和人民。努力的方針，包括建立現代化的軍隊，發展工業和商業，求取西方的法政及科學新知，而以引進憲政制度為中心工作，因為他們要擁護滿清的君主從事立憲，故稱他們為君憲派或立憲派。君憲派引進憲政制度的目的，在使中國成為法治和民主國家，重要的內容是立憲法、開國會、實行地方自治。早在戊戌時期以前，鄭觀應、湯壽潛、陳虬、何啟、胡禮垣等人已認為議會是西方國家富強之本。戊戌變法時期以及後來的立憲運動時期，康有為、梁啟超、張謇等都鼓吹立憲法、開國會，也主張實行地方自

治。光緒三十一年（一九〇五）奉命出國考察憲政的五大臣，在歐美及日本考察之後，肯定了憲政的價值，他們在奏摺中說：「各國之所以富強者，實因共遵憲法，取決公論。」憲政運動的最大成就，是光緒三十四年以後清廷開始試行地方自治，以訓練人民行使政權；宣統元年（一九〇九）於各省設諮議局，以為省議會的預備；宣統二年於北京設資政院，以為國會的預備；甚至在宣統三年四月開始實行德、日式的內閣制度，以建立責任政府，但立憲法則沒有成就[1]。

革命派擁孫中山為領袖，重要人物有黃興、宋教仁、汪兆銘、胡漢民等。他們認為滿清為異族所建，應先予推翻，否則一切富國強兵的措施，徒足以延長中國受滿人的統治。中國應先把滿清推翻，建立民族國家，再從事民權和民生主義的建設，俾與列強競立於世界。當時努力的主要方針是宣傳革命思想、結納革命志士、策動革命起事[2]。由於立憲派人企圖增強滿清的國力，在網羅支持者的時候與革命派處於競爭的地位，故革命派人自始與立憲派人不相容。在行動上的互相破壞，此處不論，僅就言論上彼此的辯駁加以論述。

言論上的彼此辯駁，除人身攻擊外，立憲派無非指斥革命之害以及革命理論上之不當，革命派無非指斥立憲之害以及立憲理論之不當。當時兩派報刊分布於海內外，大概光緒二十七、八年，香港革命派的《中國日報》與廣州君憲派的《嶺海報》論爭；光緒二十九、三十年，香港革命派的《中國日報》與君憲派的《商報》論爭，檀香山革命派的《民生日報》與君憲派的《新中國報》論爭，舊金山革命派的《大

---

[1] 張玉法，《中國現代史》，頁四四～四七。
[2] 同上，頁四七～四八。

同報》與君憲派的《文興報》論爭；光緒三十一、二、三年，東京革命派的《民報》與橫濱君憲派的《新民叢報》論爭；光緒三十三、四年，新加坡革命派的《中興日報》與君憲派的《南洋總匯報》論爭，檀香山革命派的《自由新報》與君憲派的《新中國報》論爭；宣統年間，雲高華（溫哥華）革命派的《大漢報》與君憲派的《日新報》論爭，舊金山革命派的《少年報》與君憲派的《世界報》論爭[3]。

茲將革命派與君憲派的論爭，分為論戰的序幕、論戰的高潮、論戰的延續、論戰的結局四方面論述之：

二　論戰的序幕

論戰的序幕，始於興中會晚期，當時兩派言論機關，分布於香港、上海、新加坡、東京、橫濱、檀香山、舊金山等地。香港方面：革命派於光緒二十五年創刊《中國日報》，於光緒二十九年（一九〇三）創刊《世界公益報》；君憲派於光緒三十年創刊《商報》，與創於光緒二十七年的廣州《嶺海報》相呼應。上海方面：創刊於光緒二十三年的《蘇報》原同情於變法與君憲，至光緒二十九年春夏間，因與愛國學社主持人蔡元培、吳敬恒、章炳麟等相結，始變為革命報紙。是年六月，《蘇報》被封後，章士釗復創《國民日日報》，以繼承《蘇報》宗旨，然不久停刊。繼《蘇報》者尚有蔡元培的《俄事警聞》，後改為《警鐘日報》。君憲派方面，有汪康年的《中外日報》，曾於光緒二十九年與《蘇報》論戰。

---

[3] 馮自由，《中華民國開國前革命史》第一冊，頁五二～五三。

　　新加坡方面：革命派於光緒三十年（一九〇四）春創刊《圖南日報》，與君憲派的《天南新報》對抗，兩年後停刊。

　　日本方面：光緒二十七年創刊於東京的《國民報》，可謂為第一份言論激烈的刊物，大倡革命仇滿，開公詆斥君憲。其後留東學界所創辦的刊物若《湖北學生界》、《浙江潮》、《江蘇》等雜誌，均鼓吹革命。君憲派的梁啟超於光緒二十四年（一八九八）在橫濱創刊《清議報》，至光緒二十七年十一月停刊；光緒二十八年一月復創刊《新民叢報》。

　　檀香山方面：梁啟超於光緒二十六年創刊《新中國報》，倡保皇立憲；孫中山於光緒二十九年秋改《隆記報》為革命黨的機關報，與《新中國報》對抗。

　　舊金山方面：創刊於光緒二十八年的《大同報》原倡君憲，光緒三十年孫中山至舊金山後改組為革命報紙。是年君憲派創刊《文興報》，以為機關報 [4]。

　　革命與君憲兩派的論戰序幕在日本揭開。光緒二十七年，秦鼎彝、王寵惠、沈翔雲等於東京辦《國民報》，持論與《清議報》交綏 [5]，然尚未激烈。光緒二十八年，康有為發布〈南海先生最近政見書〉，闡述君憲理論，反對革命排滿，始引起兩黨在海內外的廣泛論爭。

　　〈南海先生最近政見書〉的主要論點有二：其一謂排滿為不當，其二謂革命可召亂亡。關於第一點，康有為認為世界上本無純種民族，滿漢種界難以劃定，並援引《史記・匈奴列傳》，謂淳維出於夏禹之後，推定北方之人皆為同種。且春秋所謂夷，皆五帝三王之裔，故「舜

4　張玉法，《清季的革命團體》，頁三八一～三八二。

5　同上，頁三八二。

為東夷之人，文王為西夷之人，入主中國，古今稱之」。滿之於漢，不過如土籍、客籍之別，更非純屬異種。滿洲入關二百餘年，已同化於漢族，滿漢已合為一國，團為一體，相忘已久，不應無端以別種族，同室操戈。關於第二點，他認為滿漢並無主奴的形式，政權亦甚平等，漢人有才智者，匹夫可以為宰相，且自同治以後，舉國之政權皆在漢人，滿洲王侯不過拱手待成而已。若謂政治專制之不善，則全依漢唐宋明之舊，而非滿洲特制。故不必待革命以求政權自由，且四萬萬人之有政權自由，亦不必待革命而得之。若謂滿洲入關，曾屠戮漢人，則揚州十日之事，為古時文明未開、敵國相攻之常，一如項羽坑秦、白起坑趙，不足以此而復九世之仇。今大地既通，諸族並遇，滿之於漢，若同父異母之兄弟，以同父之子而惡異母之兄弟之襲爵而欲逐之，當眾強環伺之時，不顧外患，惟事內訌，無端釀此大波，立此亂說，於倫理為悖而不順，於時勢為反而非宜。且中國人民程度不夠，不足以與言革命，因為人心公理未明，舊俗俱在，若倡革命自立，非惟不能得政權自由，且割而為臺灣，亡而為印度、波蘭，將永為奴隸，永無自立之日[6]。

　　自〈南海先生最近政見書〉發表，到光緒三十一、二年《民報》與《新民叢報》展開更廣泛的論戰以前，革命與君憲兩派的論爭，是以康有為所提出的問題為主題。當然，除主題以外，還有許多枝枝節節的辯論。無論主題的論爭還是枝節問題的論爭，都以光緒二十九年（一九〇三）的討論最為熱烈。光緒二十九年可以說是論爭序幕中的一個高潮期。

---

[6] 引見亓冰峯，《清末革命與君憲的論爭》，頁一一七～一一八。

　　香港方面：因光緒二十八年除夕洪全福、李紀堂等謀在廣州起兵失敗，廣州《嶺海報》詆革命排滿為大逆不道，香港的《中國日報》嚴詞駁擊，雙方論辯達一個月以上。光緒二十九年，黃世仲在香港出版《辨康有為政見書》，以闢康有為的君主立憲之論。光緒三十年，康有為命徐勤在香港創辦《商報》，大倡保皇扶滿主義，《中國日報》對其痛加攻擊，陳少白所撰駁斥君憲派的文字，續稿達數十回[7]。

　　上海方面：光緒二十九年鄒容刊布《革命軍》，章炳麟發表〈駁康有為政見書〉，均鼓吹革命。鄒容訴於感情，主張中國為中國人之中國，不許異種人侵佔中國絲毫權利，驅逐居住於中國之滿洲人，或殺以報仇；誅殺滿洲人所立之皇帝，使不復有專制之君主。章炳麟兼訴於理性，爰引史實，說明滿人為異種，指出中國必須革命的理由[8]。章炳麟認為：排滿乃激發於種性，因為民族主義為生民良知本能，自太古原人之世其根性固已潛在，至近世始為發達。滿洲本屬東胡，與匈奴殊類，而匈奴亦與華夏相去甚遠，語言、政教、居處一切異於域內，何得謂之同種？至言同化，當「以己族為主人，使而彼受吾統治」。今滿洲「堂子妖神，非郊丘之教；辮髮瓔珞，非弁冕之服，清書國語，非斯邈之文。徒以尊事孔子，奉行儒術，崇飾觀聽，斯乃不得已而為之。而即以便其南面之術，愚民之計，若言同種，則非使滿人為漢種，乃適使漢人為滿種也」。至於「援引《春秋》謂其始外吳楚，終則等視」，然「不悟荊揚二域，禹貢既列於九州，國土種類，素非異質，徒以王化陵夷，自守千里，遠方隔閡，淪為要荒，而文化語言，無大殊絕，世本譜繫，猶在史官，一旦自通於上國，則自復其故名，

---

[7] 同上，頁一○七～一○八；同註4，頁三八三。

[8] 同註4，頁三八三。

豈滿洲之可與共論者乎？」因之，康有為的種族之論，在章炳麟看來，無異巨繆極戾。而且徵諸史實，外夷入據中國，其政權根本不能成立，驅除韃虜，光復河山，乃為必然之事。由是，排滿非惟正當，亦屬必要。關於康書所謂革命可召亂亡一點，章炳麟認為「革命非天雄大黃之猛劑，而實補瀉兼備之良藥」。且所謂人民程度不夠，絕非不能革命之因，因為「人心之智慧，自競爭而後發生，今日之民智，不必恃他事以開之，而但恃革命以開之」。且「公理之未明，即以革命明之；舊俗之俱在，即以革命去之」。由是可知，革命不但不會召致亂亡，而且可以救國。此外，章炳麟並歷述滿漢間的不平等，以及滿洲凌虐漢族、漢人受制於滿人的種種現象，以破康氏滿漢政權甚為平等之說。至於康有為以白起坑趙、項羽坑秦，而比揚州十日之事，謂不可復九世之仇一說，章炳麟據歷史事實與種族關係，加以駁斥。他說：「豈知秦趙白項本非殊種，一旦戰勝而擊坑之者，出於白項二人之指麾，非出於士卒全部之合意。若滿洲者，固人人欲盡漢種而屠戮之，其非為豫酋一人之志可知也。是故秦趙之仇白項，不過仇其一人；漢族之仇滿洲，則當仇其全部。」因此，章炳麟繼續指斥康有為說：「明知其可報復，猶復飾為瘖聾，甘與同壞，受其豢養，供其驅使，寧使漢族無自立之日，而必為滿洲謀其帝王萬世祈天永命之計，何長素（康有為號）之無人心一至於是！」[9]

在鄒容刊布《革命軍》、章炳麟發表〈駁康有為政見書〉的同時，上海《蘇報》的言論轉趨激烈。光緒二十九年五月六日刊出〈康有為〉一文，申明革命已為全國公認的事實，為天下大勢所趨，且為中國必

---

[9] 同註6，頁一一九～一二〇。錯字頗多，依多種版本校改之。

經的道路。不論康有為如何倡言「胡漢一家」、「天王聖明」，以邀清廷的歡心，對中國前途已毫無影響。

《蘇報》的言論引起《中外日報》的辯駁，光緒二十九年五月十三、十四日，刊出〈革命駁議〉一文，反覆說明中國萬不能行革命的道理，就外情而言，中國若行革命，則革命黨與官兵勢必相戰，當此之際，西人必出而干涉，或助官兵，或助革命黨，以俟戰爭停止，則必索酬於我。由是觀之，則不啻我為鷸蚌，而讓西人坐待其利，而瓜分我國土，甚或外人不必借助我平亂索酬為詞，以佔領我國領土，即當革命之際，內亂踵起，外人亦可借保護財產為口實，乘虛而入，以擴張其權利，中國勢必土裂而亡。〈革命駁議〉一文認為，當此中國「正如鄉村富戶，值群盜在門之時，其主人與僕從，惟有齊心協力，抵禦外侮。若無端內訌，則兩造同堂操戈，先以筋疲力盡，迨至群盜破門而入，即更不復能抵禦」。就內情而言，尤不可講革命，因為中國人民一向「以鑿井耕田為本分，輸租納稅為常職，受教於君父為人民之當然，苟不致飢寒交迫，窮極無賴，即斷不生作亂之思想。至於何者為自由，何者為不自由，彼初不知之。故以自由之說召中國細民而導其革命，是由享爰居以鐘鼓，衣沐猴以文繡，徒覺其無益而已」。而且中國人心不齊，對政府又無怨尤之念，更不能煽以革命之說。總之，《中外日報》反對革命的理由有二：其一，革命必啟外人干涉之心，而導瓜分之禍；其二，中國民智錮塞，不辨自由，無足以與言革命之資格。究其要旨，不外奉皇上親大政，以行君主立憲而已。

針對〈革命駁議〉的論點，《蘇報》於五月十六日發表〈駁革命駁議〉一文加以批駁。對於革命必啟外人干涉之心，〈駁革命駁議〉一文認為不足懼，其言云：

夫干涉何足懼？使革命思想能普及全國，人人挾一「不自由毋寧死」之主義，以自主於搏搏大地之上，與文明公敵相周旋，則炎黃之胄，冠帶之倫，遺裔猶多，雖舉揚州十日，嘉定萬家之慘劇，重演於二十世紀之舞臺，未必能盡殲我種族。不然，逆天演物競之風潮，處不適宜之位置，奴隸唯命，牛馬唯命，亦終蹈紅夷棕蠻之覆轍而已。

至以群盜在門，主僕應齊心禦外為喻，更不切當。因為中國國民為全國的主人，政府為全民的公僕。清廷不但不能盡公僕的天職，且日日摧夷辱戮國民以為快，直群盜弗如。因此，〈駁革命駁議〉一文以清廷比作內盜，內盜不去，盤堂踞奧，而言拒外盜，是縛手足與人鬥，未有不敗之理。

對《中外日報》指中國人民不辨自由、人心不齊，以及對政府無怨尤之念，〈駁革命駁議〉一文認係長期壓抑於專制政體之下所致，並非生來即具有奴隸牛馬的性格。革命的目的，即在決此藩籬，使人民明瞭自由的大義。且人心不齊，不辨自由，因而構成推行革命之困難，但此二者亦為實行憲政的障礙。因為憲政的基礎，必在人人能守法治，人人有擔任憲政的資格，以中國當前民智而論，恐遲十年、數十年後仍不能行。但外患日亟，恐不數十年而國已亡。故欲挽救危亡，惟有訴諸革命一途。即言立憲，亦非從容晏坐所能得到；義大利、土耳其、日本、英國等國新政，無不從革命成。況滿清根本沒有立憲誠意，仰望滿洲立憲，純屬癡夢。

繼〈駁革命駁議〉一文以後，《蘇報》又發表〈嗚呼保皇黨〉、〈反面之反面〉、〈康有為與覺羅君之關係〉等文，對保皇立憲之論提出反

駁。〈嗚呼保皇黨〉一文發表於五月二十六日，除斥保皇黨宗旨不當外，直言「革命之宣告殆已為全國之所公認，如鐵案之不移」。〈反面之反面〉一文發表於五月二十八日，續對〈革命駁議〉提出反駁，有言云：

> 謂滿人與我皆同種之人也，則亞洲黃種居其大半，日本為最強，使日本人而帝我國，公等亦將戴之為君父歟！謂革命則不免外人干涉，……不知立憲者當與國人共立之，非一、二人掩飾國人之舉，可謂之立憲也。君不見泰西立憲之國乎？人民與政府之爭，何等慘烈而後得，此則立憲亦須成於兵事之後。

〈康有為與覺羅君之關係〉發表於閏五月五日，係摘錄章炳麟的〈駁康有為政見書〉[10]，茲不多論。

　　日本方面：梁啟超假《新民叢報》鼓吹新民、立憲之說，革命派的報刊時批評之。如光緒二十九年《浙江潮》著論，謂中國非完全的民族國，不宜談新民、立憲[11]。同年，《江蘇》著論，謂立憲雖為神聖不可侵犯之事，中國只宜言光復、破壞，不宜言改革、立憲[12]。《新民叢報》對革命刊物的挑戰間有答辯，革命派的刊物當時尚無繼續論戰的跡象。

---

[10] 轉引諸文見張建國，〈辛亥前上海地區革命運動之研究〉（國立政治大學三民主義研究所碩士論文，民國六十六年），頁一五〇～一五四；同註6，頁一一三～一一六。

[11] 飛生，〈近時二大學說之評論〉，《浙江潮》第八、九期。

[12] 亞盧，〈中國立憲問題〉，《江蘇》第六期，頁一～二、五。

　　檀香山方面：君憲派於光緒二十六年創刊《新中國報》，鼓吹君憲，並以保皇即革命之說混淆視聽。光緒二十九年冬孫中山抵檀，《新中國報》著文醜詆革命黨，並涉及孫中山個人。孫中山乃假《隆記報》為機關，著文抨擊保皇立憲的主張，其〈敬告同鄉論革命與保皇之分野書〉云：

> 公等以為革命、保皇二事名異而實同，謂保皇者不過借以行革命，此實大誤也。……請讀康有為所著之最近政見書，此書乃康有為勸南北美洲華商，不可行革命，不可法革命，不可思革命，可死心塌地以圖保皇立憲，而延長滿洲人之國命，續長我漢人之身契。……梁為保皇會中之運動領袖，閱歷頗深，世情寰熟，目擊近日人心之趨向，風潮之急激，毅力不足，不覺為革命之氣所動盪，偶爾失其初心，背其宗旨，其在《新民叢報》之忽言革命，忽言破壞，忽言愛同胞之過於恩光緒，忽言愛真理之過於其師康有為者，是猶乎病人之偶發囈語耳；非真有反清歸漢、去暗投明之實心也[13]。

　　此書發表後，《新中國報》發表〈敬告保皇會同志書〉，以作辯駁。〈敬告保皇會同志書〉的論點有二，其一謂中國瓜分，在於旦夕，外人窺伺，乘間即發，當此之際，不應當提倡革命，其二謂立憲為共和的過渡，保皇黨的最終目的也是共和，但共和不能一蹴可及，故主先行立憲。針對此二點，孫中山再撰〈駁保皇報〉一文，首謂瓜分的主要原因，是滿清政府不知振作，人民不知奮發：「政府若有振作，則強

橫如俄羅斯，殘暴如土耳其，外人不敢側目也。人民能奮發，則微小如巴拿孖（巴拿馬），激烈如蘇成亞，列強向之承認也。蓋今日國際，惟有勢力強權，不講道德仁義也。」然而滿清政府沒有振作的希望，惟一的辦法是人民奮發，起來革命，推倒滿清，免除瓜分之禍：

> 滿清政府今日已矣！要害之區盡失，發祥之地已亡，浸而日削百里，月失數城，終歸於盡而已。倘有一線生機之可望者，惟人民之奮發耳。若人心日醒，發憤為雄，大舉革命，一起而倒此殘腐將死之滿清政府，則列國方欽我敬我之不暇，尚何有窺伺瓜分之事哉？……今日之作內政，從何處下手？必先驅除客帝，復我政權，始能免於今日簽一約割山東，明日押一款賣兩廣也。……故欲免瓜分，非先倒滿洲政府，則無挽救之法也。

在申述免除瓜分的道路後，孫中山進一步指出以立憲為共和過渡的荒謬，認為政體的變更，非經革命不可，如照保皇黨的說法，則必須經過兩次革命，才能進到共和。革命是萬不得已的事，不可一再舉行：

> 今彼以君主立憲為過渡之時代，以民主立憲為最終之結果，是要行二次之破壞，而始得至於民主之域也。與其行二次，何如行一次之為便耶？夫破壞者，非得已之事也，一次已嫌其多矣，又何必故意以行二次？夫今日專制之時代也，必先破壞此專制，乃得行君主或民主之立憲也。既有力以破壞之，則君主、民主隨我所擇，如過渡焉，與其滯乎中流，何不一棹而登彼岸，為一勞永逸之計也。

孫中山除以文字駁擊保皇黨之外，並在夏威夷其他各埠，發表公開演說，鼓吹革命，力闢保皇之說。至是，該地僑胞方知革命與保皇二者截然不同，乃紛紛脫離保皇黨，歸向革命。孫中山在致黃宗仰書中謂：「弟刻在檀島與保皇大戰，四大島中已肅清其二，餘二島想不日可以成功。」[14] 可以想見革命與君憲在彼地論爭的概況，以及民心之歸趨。

新加坡、舊金山等地，雖有兩黨機關報分別從事宣傳，但論戰尚無可述，茲不多論。

三　論戰的高潮

論戰的高潮，發生在同盟會成立初期。革命派和立憲派對壘的兩個宣傳機關，則為東京的《民報》和橫濱的《新民叢報》。《民報》是同盟會的機關報，創刊的目的在鼓吹民族、民權、民生三大主義。當《民報》創刊時，梁啟超正藉《新民叢報》鼓吹君憲，二報難免發生爭論。梁啟超大力鼓吹君憲，在光緒二十九年（一九〇三）秋天以後，初於《新民叢報》第三十八、九號合刊，發表〈政治學大家伯倫知理之學說〉，力主君憲，排斥革命。其後梁又於《新民叢報》四十二、三號合刊中引述斯賓塞進化論之公例，指證中國實行共和之非。梁以中國國民程度不足，實行共和，非徒無益，而又有害。

《民報》創刊後，對《新民叢報》反對革命共和、主張君主立憲的說法，立予反擊。《民報》第一號，汪兆銘發表〈民族的國民〉；對梁啟超之排斥民族主義，暨引伯倫知理 (Bluntschli)、波倫哈克

---

[14] 同註6，頁一三五～一三八。

(Bornhak) 二氏學說，謂中國國民無立國資格，均予駁斥。陳天華發表〈論中國宜改創民主政體〉，頌揚共和，力言中國國民資格，不亞於條頓、大和諸族，認為歐美可以行民主，中國亦可行民主[15]。

梁啟超受到《民報》的挑戰後，撰了一篇極有系統的宣揚君憲的文字，即〈開明專制論〉，以表明他的基本主張，並反擊《民報》。該文連續載於第四年第一、二、三、五號《新民叢報》，其基本論調有三：其一，中國今日萬不能行共和立憲，其二，中國今日尚未能行君主立憲，其三，中國今日當以開明專制為立憲之預備。梁引據波倫哈克之說，謂「革命絕不能得共和，而反以得專制」。又謂「與其共和，不如君主立憲；與其君主立憲，又不如開明專制」[16]。

實際上，梁啟超所謂「開明專制」（據梁解釋：「以所專制之客體『國民』的利益為標準，謂之開明專制。」），與同盟會的「約法訓政」（汪兆銘在〈民族的國民〉、陳天華在〈論中國宜改創民主政體〉中對約法訓政均有闡釋）頗有相通處。無論君主立憲也好，民主立憲也好，雙方都認為必須有一個預備時期，惟一主君主政體，一主民主政體。梁啟超在駁論中雖鼓勵革命黨實施約法訓政，但懷疑革命軍皆能遵守約法，故有「萬一破壞約法，以凌踏吾民，奈何」之語。梁亦懷疑訓政能陶冶共和國民資格，認為非長期孕育不為功[17]。

在論戰初期，梁啟超的另一篇重要論文是〈申論種族革命與政治革命之得失〉，刊於第四年第四號《新民叢報》，他認為政治革命為救

---

[15] 張玉法，〈同盟會時代的革命宣傳〉，《國立臺灣師範大學歷史學報》第二期，頁二一一。

[16] 《新民叢報》第四年第三號，頁一○～一四。

[17] 張朋園，《梁啟超與清季革命》，頁二三二～二四○。

國之唯一手段，實行政治革命的唯一手段是要求而非暴動革命。梁在
該文中並對汪兆銘的〈民族的國民〉（《民報》一號）、汪東的〈論支那
革命必先以立憲〉（《民報》二號）提出答辯，重申種族革命不可達政
治革命之目的、異族君主未嘗不可以立憲、革命足以引起列強干涉等
義，同時對《民報》的六大主義作全面的攻擊[18]。按《民報》的六大
主義是：(1)傾覆現今之惡劣政府，(2)建設共和政府，(3)土地國有，(4)
維持世界之真正和平，(5)主張中國日本兩國國民的連合，(6)要求列強
贊成中國革新之事業。胡漢民曾於《民報》三號撰文闡釋之。

　　針對梁啟超的論點，汪兆銘於《民報》四號對〈開明專制論〉提
出反駁。〈開明專制論〉以波倫哈克的學說為依據，汪首先指出，波氏
認君主為國家，以人民為統治客體，實屬荒謬，汪並引德國學者耶陵
尼 (Jellinek)、拉攀 (Raband) 等人的言論，說明國會為國家之總機關，
而國會代表國民全體。汪於文中繼續駁斥梁氏所謂約法不足恃、革命
不能得共和，暨種族革命有專制無共和等論點，堅持其「不革命絕不
能立憲」的說法[19]。《民報》五號，汪兆銘再對〈申論種族革命與政治
革命之得失〉一文加以駁辯。汪舉奧地利為例，以民族與政治有深厚
之關係，種族問題未解決，各民族勢同水火，立憲徒具虛名。他指出：
滿洲非漢族，亦未同化於漢族；滿洲立憲，目的在鞏固其政治上的勢
力。滿洲與漢族利害衝突，中國種族問題不解決，政治問題亦無由解
決，故主張種族革命與政治革命並行[20]。

---

[18] 原刊，頁二六～四〇、四七～五八、六四～六九。

[19] 汪精衛，〈駁新民叢報最近之非革命論〉，《民報》四號，頁一～三九。

[20] 汪精衛，〈希望滿洲立憲者盍聽諸〉，《民報》五號，頁四～五、一〇～一三、
一八、二八。

　　關於種族革命與政治革命的問題，梁啟超與汪兆銘等續有文相駁，朱執信、汪東等也為汪兆銘助威，其對壘情形，可如下表：

作　者	篇　名	出　處	要　點
梁啟超	答某報第四號對於本報之駁論	《新民叢報》四年七號	駁汪兆銘〈駁新民叢報最近之非革命論〉
汪兆銘	希望滿洲立憲者盍聽諸	《民報》三號、五號	附駁梁啟超前文
汪兆銘	駁革命可以召瓜分說	《民報》六號	評梁啟超前所主張
梁啟超	暴動與外國干涉	《新民叢報》四年十號	駁汪兆銘前文
朱執信	就論理學駁《新民叢報》論革命之謬	《民報》六號	駁梁啟超所主張
汪兆銘	再駁《新民叢報》論革命之謬	《民報》六號、七號	駁梁啟超前所主張
梁啟超	雜答某報	《新民叢報》四年十二至十四號	答《民報》諸駁論
汪兆銘	駁革命可以生內亂說	《民報》九號	續駁梁啟超前所主張
汪　東	答《新民叢報》	《民報》九號	駁梁啟超對〈論支那立憲必先以革命〉一文之非議
汪兆銘	雜駁《新民叢報》	《民報》十至十二號	駁梁啟超〈雜答某報〉

梁啟超	中國不亡論	《新民叢報》四年十號	駁汪兆銘前文
汪　東	《新民叢報》雜說辨	《民報》十一號	駁梁啟超前所主張

因論辯的主題和內容大體不逾前所徵引，茲不多論。孫中山在《民報》週年紀念會的演說中，對民族革命與政治革命問題有簡單的說明，他說：民族革命並非純為排斥不同族的人，而是「不許那不同族的人，來奪我民族的政權。」又說：「民族革命的原故，是不甘心滿洲人滅我們的國，主我們的政。」所以「定要撲滅他的政府，光復我們民族的國家」。於此可見，種族革命並非狹義的民族復仇主義，而是政治革命的條件。滿洲政府，腐敗惡劣，此一惡劣政府，乃為野蠻無知的滿人，用以統治漢人、奴役漢人的工具，如果不從根本上排去滿人，而望其政府能實行立憲改革，無異是與虎謀皮[21]。

在種族革命與政治革命論爭的過程中，由於梁啟超認為救國之道在「合全國民之力，從種種方面，用種種手段，以監督改良此政府」[22]，而反對革命，並提出反對革命的理由。引起論辯最多的，一為中國國民程度不足，一為革命足以召瓜分。關於中國國民程度不足，前已論述，茲不多贅。關於革命足以召瓜分，梁啟超所提的幾種理由，亦為革命黨人所破[23]。雙方論戰的焦點，見梁啟超〈申論種族革命與政治革命之得失〉（《新民叢報》四年四號）、〈暴動與干涉〉（《新民叢報》四年十號）和汪兆銘〈駁革命可以召瓜分說〉等文。首先，梁啟

---

[21] 同註 6，頁一八二。

[22] 同上，頁一七六。

[23] 下引諸文，同上，頁一六九～一七四。

超認為：「暴動之起，主動者無論若何文明，不能謂各地方無鬧教案、殺西人之舉」，所以列強干涉是必然的事。關於此點，汪兆銘駁云：「革命軍之起，倘如義和團之高倡扶清滅洋之幟，則自取干涉，使各國雖欲不干涉而不能。若夫革命之目的，單純在於國內問題者，而謂義師一起，即與各國政府有妒，此則稍知各國大勢者，皆能斥其妄。」又云：

> 革命之目的，排滿也，非排外也。建國以後，其對於外國或外國人，於國際公法上，以國家平等為原則；於國際私法上，以內外人同等為原則；盡文明國之義務，享文明國之權利，此各國通例也。而革命進行之際，自審交戰團體，在國際法上之地位，循戰時法規慣例以行，我不自侮，其孰能侮之？

其次，梁啟超認為「以暴動之故，全國商業界大受影響」，外人自不能不出而干涉，發兵平亂。汪兆銘駁云：「革命軍起，各國派兵保護商民，意中事也，然此基於國際法上之自衛權，不可謂非。至於謂各國保護商務之故，而聯萬國之眾以來干涉，而實行瓜分，則真如小兒觀劇，而歎戰事之易也。」再次，梁啟超復懸想法國革命曾經引起列國干涉，認為中國革命也會遭到列國干涉，汪兆銘駁云：

> 法蘭西大革命而各國群起干涉者，以欲抵抗民主之思潮故也。蓋法之革命，實播民權、自由之主義於全歐，各國君主思壓抑之，故集矢於法，其共同干涉，實抱此目的也。爾後之神聖同盟，亦本斯旨。故比利時之獨立，亦被遏制，令卒建君主立憲

政體而後已。由其時各國以撲滅民主思想為目的故也。若今日
之情勢，與昔大殊，中國革專制而為立憲（指民主立憲），與各
國無密切之利害關係，不能以法之前事為例也。

雖然汪兆銘從各方面來破除「革命足召瓜分」的疑惑，並非革命黨懼
怕列國干涉，汪認為即干涉亦不足懼，屆時我全體國民「必痛心疾首，
人人敢死，無所置疑。」所以汪堅定地說：「干涉之論，吾人聞之而壯
氣，不因之而喪膽。」梁啟超雖詆之「大言壯語，聊以自豪」，終不能
挫革命黨人的氣志。

　　在論戰中，有一主要問題，宜特為提出，即民生主義問題。孫中
山在《民報》發刊詞中標出民生，《民報》之六大主義包括土地國有。
梁啟超在〈開明專制論〉中攻擊民生主義是「摭拾布魯東 (Proudhon)、
仙士們（聖西門，Saint Simon）、麥喀（馬克思，Marx）等架空理想
之唾餘，欲奪富人所有，以均諸貧」，並謂如社會革命與政治革命並
行，必歸失敗，因富人反對社會革命必同時反對政治革命[24]。其間馮
自由於香港《中國日報》發表〈民生主義與中國政治革命之前途〉一
文，《民報》四號轉載之，主張不許人民私有土地，森林、礦山及交通
機關國有，實行單稅法 (Single taxation)[25]。至五號《民報》，朱執信發
表〈論社會革命當與政治革命並行〉，始對梁啟超的攻擊提出反駁。朱
歸納梁前此評論民生主義者凡四：一、社會革命非千數百年之內所能
致，二、行土地國有於政治革命時形同攘奪，三、利用下等社會必無

---

[24] 《新民叢報》四年三號，頁二、二〇、四五。

[25] 《民報》第四號，頁一一四、一一八。

所成而荼毒一方，四、社會革命與政治革命並行後，無產之下等握權，秩序不得恢復，而外力侵入，國遂永淪。朱以社會革命之原因為社會經濟組織不完全，貧富懸殊；中國貧富雖不懸殊，亦當行社會革命，以使社會不平不得起。社會革命並非強奪富人之財產而分之，只在杜絕富人集積將來之財產。至梁所謂無產下等者握權則秩序不能恢復云云，朱舉西方議院為例，以為可定選舉資格[26]。

《民報》五號同時刊載了胡漢民的〈斥新民叢報的謬妄〉，對梁氏攻擊民生主義「足以煽下流」及「欲奪富人所有以均諸貧民」諸點，提出反駁，謂均富方法至夥，日本鐵道國有案即為一例，所謂「奪富」及「煽下流」云云，實梁於民生主義一無所知[27]。

當《民報》與《新民叢報》就民生主義展開辯論之際，孫中山於《民報》週年紀念會上發表演說，於社會革命的意義有所闡述。他說：「我們革命的目的，是為眾人謀幸福，因不願少數滿洲人專利，故要民族革命；不願君主一人專利，故要政治革命；不願少數富人專利，故要社會革命。」孫以歐洲社會革命家只講資本問題，不談土地問題，無法解決社會問題。他以為隨著經濟發展，地價必增，如不設法補救，則富者愈富，貧者愈貧。孫主張規定地價，漲價歸公，按地價徵土地稅，他稅皆廢止[28]。

孫中山明確揭櫫了社會革命的主張與辦法，引起梁啟超的注意，梁於《新民叢報》第四年十四號發表〈社會革命果為中國今日所必要乎〉一文，對民生主義施以全面的攻擊。梁啟超的基本論點有三：一、

---

[26] 原刊，頁四四、四七、五〇、五九～六一。

[27] 原刊，頁六七～七〇。

[28] 《民報》十號，頁八八～九二。

中國不必實行社會革命，二、中國不可實行社會革命，三、中國不能實行社會革命。他認為在工業革命前歐洲的土地與資本即集中於少數人之手，而中國自秦以後無貴族壟斷土地，無長子繼承制使財產不得分散，亦無貴族和教會代收賦稅之事，故中國不必行社會革命。他又認為：中國需要資本以與外國資本競爭，假如中國無資本家，外國資本家將侵入中國，妨害中國經濟，因此中國不可實行社會革命。梁進一步指出：解決土地問題，並不能解決整個社會問題。徹底的社會革命，為將所有生產工具國家化，此乃不可能，而且無競爭即無進步，報酬相同即無法鼓勵上進，故中國不能實行社會革命。梁表示：他同情社會改革而反對社會革命；他並認為中國所需要的是國家主義，而非民族主義和社會主義[29]。

　　針對梁啟超的攻擊，胡漢民在《民報》十二號上發表長達四萬五千餘字的〈告非難民生主義者〉，該文可謂為《民報》闡揚民生主義最重要的著作。胡認為：梁以歐洲史實為立論基礎而忽略了美國，美國無貴族壟斷土地，無長子繼承制使財產集中，無貴族與教會代徵賦稅，但社會問題更嚴重，如托拉斯制度的橫暴、大企業的壟斷、地租的高漲、工人境遇的困難等，在胡看來，美國的史實猶如歐洲，少數人先壟斷土地，然後壟斷資本。美國本無封建貴族制度，然「以天然獨佔性之土地，放任於私有，且以國家獎勵資本之故，而多所濫與」，「故美之土地亦入於少數人之手，而資本亦附焉」。兩相比較，「歐洲之得為大地主者，以貴族之資格；而美之得為大地主者，不以貴族之資格，而以平民資格而已。其以土地入於少數人之手，釀為貧富懸隔，陷社

會於不能不革命之窮境則一」。中國的情況並不比美國為佳,故中國必須實行社會革命,而以土地國有為優先,他說:「吾人以為欲解決社會問題,必先解決土地問題,解決土地問題,則不外土地國有,使不得入於少數人之手。」

從另外一方面看,梁以社會革命會阻礙中國資本發展,導致外資的入侵。梁認為:中國經濟的前途,「當以獎勵資本家為第一義,而以保護勞動者為第二義」。「自今以往,我中國若無大資本家出現,則將有他國之大資本家代而入之。」當此之時,外國大資本家既佔勢力,中國人無資本,或有資本而不大,必將宛轉瘓死於外國大資本家之腳下,而永無蘇生之日。「中國今日欲解決此至危極險之問題,惟有獎勵資本家,使舉其所貯蓄者結合焉,而採百餘年來西人所發明之新生產方法以從事於生產,國家則珍惜而保護之,使其事業可以發達以與外抗,使他之資本家聞其風、羨其利而相率以圖結集,從各方面以抵擋外競之潮流,庶或有濟。」因此,梁氏認為中國不可行社會革命,而應獎勵資本家以排斥外資。胡漢民舉日本為例,不以拒斥外資為第一考慮,認為外資可以幫助中國經濟發展。即以對抗外資的觀點而論,中國實行土地國有之後,國家既為地主,又為資本家,其勢足以與外國資本抗。進而利用外資,發展路、礦、郵、電等事業,綽綽有餘,故中國可以實行社會革命。

胡漢民進一步批評梁的中國不能行社會革命之說,梁所持中國不能行社會革命的主要理由,是因為中國沒有行圓滿社會革命的程度。在他看來,圓滿的社會革命,不外舉生產機關而歸諸國有,土地乃附屬於生產機關的要素,自當歸諸國有。以歐美社會之程度,歷經百年猶未能行,何況中國。而且生產機關除土地之外,並非沒有其他要素,

其中以資本為最重要，近世地價所以騰漲，是由於都會發達的結果，都會所以發達，是由於資本膨脹的結果。所以「欲解決社會問題者，當以解決資本問題為第一要義，以解決土地問題為第二要義」。除土地之外，若工場道具，其與土地性質相近，皆為資本之附屬。必將一切生產機關悉歸國有，始可稱為圓滿之社會革命。不然，僅將土地收歸國有，而其他大部分仍為私有，則社會革命目的終不能達。此外，今日歐美行社會主義而感困難者，尚有「自由競爭絕而進化將滯怠」、「平均報酬將遏絕勞働動機」等問題，無法解決，以與中國相較，更知社會革命不能行。胡漢民舉紐西蘭與歐美比較，以為愈是經濟落後的地區，愈易實行社會革命。土地國有雖非社會問題的全部，但較解決資本問題更重要。梁所謂使所有生產工具國有，乃是使社會主義不易行，並非使社會主義更完善。民生主義所主張者只是土地和大資本國有，小企業仍聽自由競爭。而「均富」云云，並非使財產平分，乃是使人民機會均等，依其才能而定酬勞，如是推行社會革命的心理障礙便可消除。

　　據胡漢民描述，當時民生主義的遠景，預計土地收歸國有、核定地價之後，僅地租一項，每年可以有八十萬萬的財稅。因為當時課於人民的地稅僅為地租的二十分之一，據赫德 (Robert Hart) 說，如中國經營得法，每年地稅可達四萬萬，因此全國地租總額有八十萬萬。將來新中國成立，土地收歸國有，核定地價，十年之後，文明發達，地租的進率，絕不止一倍，此一倍的八十萬萬的增加之數，即全歸國有。以此經營鐵道、礦山、郵電、自來水等一切事業，可不慮不足[30]。

---

[30] 《民報》十二號，頁四六～四八、五七～六○、六六、六九～七五、八九～一

　　胡漢民的辯解雖極有力，梁啟超繼續對民生主義加以批評。自四年十八號《新民叢報》起，他連續刊載〈再駁某報之土地國有論〉，欲從財政、經濟、社會問題等方面攻擊民生主義，列舉三十九種理由，尚不能自已。但此時梁啟超漸留意於國內憲政運動之開展，似無暇再與革命派從事理論的鬥爭，故四年二十號以後即不見續文。已發表的部分係就財政問題指出民生主義的不可行性，梁以英國的地租為例，指出單一稅的收入不能應付國家的需要[31]。

　　梁啟超對單一稅的批評再受到朱執信的反擊，朱於《民報》十五號起發表〈土地國有與財政〉一文，指梁所根據的英國地租統計不可靠，朱的估計較梁高出三倍以上。朱提出土地漲價歸公的辦法，並主張在土地國有化完成以前，其他的稅目並不廢止，以增加國家稅收[32]。至《民報》十七號出版，《新民叢報》已停刊，朱執信未有續文發表。有署名太邱者，於《民報》十七號發表〈斥新民叢報駁土地國有之謬〉，亦未終篇，有關民生主義的辯論，就此停止。

　　《民報》與《新民叢報》的論戰，先後兩年餘。雙方論戰之文，估計不下百餘萬言。《民報》方面，動員了所有的才智之士，以全力應戰。胡漢民、汪兆銘、朱執信、汪東等人為主要執筆者，孫中山為駁論要點的指導人。《新民叢報》則僅梁啟超一人應戰。雙方的論辯，最先集中在革命與不革命問題上，梁啟超以流血與破壞為不祥之事，認為破壞後建設不易，流血則難免殺人怵目，所以只強調和平改革，以

　　○二；同註6，頁二一三～二二三。

[31] 《新民叢報》四年十八號，頁一～一三。

[32] 《民報》十六號，頁三三～三五、四七、五九～七一；十七號，頁六四～六五、七一～七三。

立憲以達到政治革命的目的。革命黨方面，認為中國政治已經敗壞到
了極點，非推翻滿清政權，不足以徹底革新。論辯繼續發展，所引發
的問題很多，如革命的手段有無不良的後果、革命以後能否實現民主
政治、民主政府如何運用國家財稅等。歸納雙方的立論原則，《民報》
方面認為：⑴政治革命與種族革命必須齊頭並進，⑵社會革命必須與
政治革命同時完成，⑶革命絕不至於召瓜分，⑷革命絕不至於生內亂。
《新民叢報》方面認為：以中國的現況，只能行政治革命，不能行種
族革命，不能行社會革命；若行流血的革命，將召瓜分亡國的慘禍，
即不亡國，也將產生內亂，而亂無已時[33]。

　　詳細言之，兩報辯駁之綱領，據《民報》三號所發之號外，凡十
二條：⑴《民報》主共和，《新民叢報》主專制。⑵《民報》望國民以
民權立憲，《新民叢報》望政府以開明專制。⑶《民報》以政府惡劣，
故望國民以革命；《新民叢報》以國民惡劣，故望政府以專制。⑷《民
報》望國民以民權立憲，故鼓吹教育與革命以求達其目的；《新民叢
報》望政府以開明專制，不知如何方副其希望。⑸《民報》主張政治
革命，同時主張種族革命；《新民叢報》主張開明專制，同時主張政治
革命。⑹《民報》以為國民革命，自顛覆專制而觀，則為政治革命，
自驅除異族而觀，則為種族革命；《新民叢報》以為種族革命與政治革
命不能相容。⑺《民報》以為政治革命必須實力，《新民叢報》以為政
治革命只須要求。⑻《民報》以為革命事業專主實力不取要求，《新民
叢報》以為要求不遂繼以懲警。⑼《新民叢報》以為懲警之法在不納
稅與暗殺，《民報》以為不納稅與暗殺，不過革命實力之一端，革命須

---

[33] 張朋園，〈梁啟超與清季革命〉，頁二〇八～二〇九。

有全副事業。(10)《新民叢報》詆毀革命，而鼓吹虛無黨；《民報》以為凡虛無黨皆以革命為宗旨，非僅以刺客為事。(11)《民報》以為革命所以求共和，《新民叢報》以為革命反以得專制。(12)《民報》鑒於世界前途，知社會問題必須解決，故提倡社會主義；《新民叢報》以為社會主義不過煽動乞丐流民之具[34]。

　　《民報》與《新民叢報》的論戰，對革命主義的闡揚有積極的作用。論戰停止，孫中山的三民主義即無進一步的發揮。另一方面，在兩報論戰後期，由於梁啟超的筆鋒轉到對預備立憲措施的批評上，《民報》亦大力攻擊清廷無立憲誠意。對救國方法革命與立憲兩派雖有不同主張，其對清廷的不滿則一。

四　論戰的延續

　　在《民報》與《新民叢報》結束論戰之後，革命與君憲的論戰又在其他地區展開，光緒三十三、四年間，以南洋為中心，到宣統年間，中心又轉到美洲。

　　南洋地區的論戰，以新加坡為主。革命派於光緒三十一年（一九〇五）冬在新加坡所創的《南洋總匯報》，至光緒三十二年春為君憲派所奪。受君憲派控制的《總匯報》對革命派極力攻擊。到光緒三十三年七月十二日，革命派創刊《中興日報》，與《總匯報》對抗，兩報遂展開論戰。執《南洋總匯報》筆政者有歐榘甲、伍莊（憲子）、徐勤等，執《中興日報》筆政者有田桐、居正、胡漢民、汪兆銘及孫中山

---

[34] 亓冰峯，〈清末革命與君憲的論戰〉，頁一五二～一五三。

等。此時國內革命舉事屢次失敗，清廷預備立憲緊鑼密鼓，君憲派欲乘機反攻，以《南洋總匯報》為陣地；東京方面《民報》與《新民叢報》的論爭既已漸息旗鼓，革命派亦能集全力於此。

《中興日報》與《總匯報》的論戰，未出《民報》與《新民叢報》論戰的範圍，且未若《民報》與《新民叢報》能心平氣和作理論上的論爭。《中興日報》與《南洋總匯報》內容淺鮮，論爭亦多人身攻擊的味道。這與南洋的社會環境有關，南洋多華僑，知識程度不高，空談理論無益；東京多留學生，知識程度高，非以理論取勝不能爭取讀者。

《中興日報》與《總匯報》的論戰，重點有二：一為繼續討論革命是否召瓜分問題，一為深入討論預備立憲的本身。

對革命是否召瓜分的討論，主要是因徐勤在《總匯報》上發表〈論革命必不能行於今日〉所引起，該文重申革命將召瓜分及革命排滿不如滿漢同心禦外之說。《中興日報》討論革命與瓜分問題的重要文字，有發表於光緒三十三年十二月二十二日、二十四日的〈非實行革命之急進主義不能杜瓜分之禍〉（闢偽），主張速革命，建新國，以杜瓜分。有發表於光緒三十四年一月二十五日、二十六日、二十七日的〈排滿與瓜分〉，認為瓜分不肇因於排滿，不能排滿必遭瓜分，能排滿即杜絕瓜分。有發表於光緒三十四年六、七月間（凡十九續）的〈申論革命絕不致召瓜分之禍〉（精衛），認為革命與瓜分無關，中國未至於瓜分者，以各國維持勢力平均之故。有發表於光緒三十四年七月二十三日、二十四日、二十六日的〈駁總匯報懼革命召瓜分說〉（漢民），謂不言種族大義者不當懼瓜分之禍，惟革命能使國家振興，免瓜分之禍。有發表於光緒三十四年八月一日的〈革命可以杜絕瓜分之實據〉（精衛），以土耳其、摩洛哥等為例，說明革命可以免瓜分。有發表於光緒三十

四年八月十七日的〈論懼革命召瓜分者乃不識時務者也〉（南洋小學
生），斥「革命召瓜分」說者之無識[35]。

　　南洋小學生，是孫中山的筆名，他所撰的〈論懼革命召瓜分者乃
不識時務者也〉一文，像汪兆銘所撰的〈革命可以杜絕瓜分之實據〉
一文一樣，都是以土耳其和摩洛哥的革命為例，證明革命不但沒有召
致歐洲列強的干涉，反而拯救了國家被瓜分的厄運。孫中山指出：土
耳其本近東病夫，其在歐洲領土，幾為列強瓜分殆盡。但土耳其革命軍
起，各國反作壁上觀，並未出而干涉。及革命成功，列強皆撤其政官，
退其警察，任革命黨自由，且致慶土耳其國民，讚揚其能發憤為雄。

　　至於摩洛哥，本無名之國，受法國與西班牙控制。摩國人民不甘
滅亡，乃奮起革命，謀推翻王室自立，於是內外受敵，久戰不已，歐
洲各國恐以此蔓延而形成列強間的勢力衝突，皆心焉憂之。但至革命
軍擊潰王室軍隊之後，各國皆額手稱慶，如釋重負，各國報紙且主張
承認革命軍之政權，於是摩洛哥不復受到列強干涉。孫中山之徵引史
實，旨在說明列強所以干涉他國政事，是因為該國內亂或發生勢力的
衝突，不得不出而干涉。但列強視此干涉為重負，如該國能自行解決
其國內問題，則列強便欣然釋此重負，不願再加干涉。土耳其與摩洛
哥皆以革命解決了國內紛亂，亦皆以革命解決了列強瓜分問題與干涉
問題。中國自歐勢東漸以後，成為列強勢力爭逐的場所，國內紛亂將
達百年；觀於土耳其與摩洛哥之前事，則中國欲阻止列強干涉，杜絕
瓜分之禍，亦必訴諸革命一途。所以革命將召致干涉或瓜分之說，便

---

[35] 張玉法，〈同盟會時代的革命宣傳〉，《國立臺灣師範大學歷史學報》第二期，
　　頁二一六～二二二。

可不攻自破。

此外，孫中山又指出列強瓜分中國之說，原醞釀於庚子之前。拳變以後，外人咸知中國人民有敢死之氣，同時革命軍又起於南方，以推倒滿清為志，行動文明，毫不排外，各國早已「盡戢其野心，變其政策，不倡瓜分，而提議保全支那之領土，開放支那之門戶」。不意中國人士尚泥於拳變以前之言，以為革命將召致瓜分，真可謂不識時務[36]。

對革命是否召致瓜分之辯，論戰的結果，《中興日報》似佔上風。光緒三十四年九月二十三日《中興日報》有論云：

> 徐勤作革命不可行於今日說，文未終篇而逃；亞勇駁革命不致召瓜分說，本報詰其心術上之無恥與文字上之無恥，亦終塞口。最後有平實者，其初最無忌憚，而本報巽言君正之，則遂三難流涕，自謂凡有心肝者，無不諒革命黨之志（見《南洋總匯報》八月二十一日論文）。自是以來，該報反舌無聲者一月，詎昨日亞枒忽欲作死灰復燃之勢，為文論排革命可以救中國[37]。

同年十二月二十三日又有論云：

> 初天山祝虜廷立憲，崑崙擊之，即伏兵不敢動，仍其後易去天山之名，又不時竊作，是其如鼠者一也。三月間，龍騰論抵制日貨，文已登十餘天，該報不敢置喙，迨偵知龍騰已旅行，始

---

36 引見註34，頁一二六～一二七。
37 辯姦（胡漢民），〈誅袒護非種之枒〉，戊申九月二十三日，《中興日報》。

誣以他端，裝成約戰之貌；後龍騰出叨，痛擊之，該報「某」記者不能駁，龍騰明登廣告，然後旅行，及龍騰去後，該報則又肆口漫罵，目下無人，至龍騰復出叨，痛罵「鋤全無心肝」，則又未見該報與詰駁，竟學金人之三緘其口矣，是其如鼠者二也。六月間，精衛申論革命絕不至召瓜分，該報始以喪敗而口塞，是其如鼠者三也。至九月，「鋤」記者忽竊發，謂「排革命實以救中國」，經本報一擊，竟亡命而逃。至十月，則「恐恐然」案之一敗塗地，「北京通訊」案之不敢出一聲，「明揭該報有意造謠之罪」案之棄甲曳兵而走。計該報白晝畏人，伏而不動者，今已一月有餘矣，不料前數日該報復竊發，漫罵準理氏，蓋又偵知準理氏之已旅行也[38]。

　　由《中興日報》十二月二十三日之論可以看出，《中興日報》與《總匯報》之間的筆戰，多有關清廷施政之瑣事，甚或人身攻擊。重要的問題，除革命是否召瓜分外，即為對清廷預備立憲本身的爭論。此一爭論起於光緒三十四年春，當時《中興日報》記者何虞頌（筆名天漢世民、桑滄舊生、玄理）跳槽到《總匯報》任主筆，以「天山」為筆名，著文要求清廷立憲。是年一月十六、十七日，《中興日報》發表〈本報全體主人致總匯報大主筆天山書〉，加以駁斥，論戰乃開始[39]。《中興日報》評論君憲措施的文字，重要的有發表於光緒三十四年一月九日、十日的〈天下古今之無廉恥當以今尚希望清廷立憲者為

---

[38] 辯姦，〈總匯報之技如鼠〉，戊申十二月二十三日，《中興日報》。

[39] 同註34，頁一二八。

最〉（崑崙），認為同種族之國可行君主立憲，不同種族之國不可行君主立憲。有發表於光緒三十四年一月十六日、十七日的〈本報全體主人致總匯報大主筆天山書〉（崑崙），認為十九世紀為政治革命時代，二十世紀為社會革命時代，處政治革命時代，行君主立憲尚可堵其潮流，處社會革命時代，政府猶將不存，何況君主？有發表於光緒三十四年二月十五日的〈革命論〉（興黃），指清廷禁結會演說，禁學生干預國事，均與立憲政治成反比例。有發表於光緒三十四年五月二十日的〈國會組織之原理與現今之附和立憲者〉（恨海），駁《總匯報》世界之立憲者多強國、立憲成功可以消革命等說。有發表於光緒三十四年五月二十一日、二十二日的〈種族革命之必要〉（耀星），從公理、人情、國家、社會、政治等方面說明種族革命之必要，並評清廷的「憲法大綱」。有發表於光緒三十四年七月十四至二十五日的〈駁總匯報論國會之趨勢〉（去非），駁國會成立可以轉弱為強的看法，以為立憲為一種排漢的陰柔政策。有發表於光緒三十四年七月十七日、十八日的〈怪怪請開國會之陳景仁且坐罪耶〉（希），評法部主事陳景仁因請開國會革職，證明清廷無立憲誠意。有發表於光緒三十四年七月二十四日的〈哀求滿清開國會之無恥〉（恥俠），指滿人以預備立憲愚弄漢人，既稱國人程度稍弱，必不允開國會。有發表於光緒三十四年八月二十一日、二十四日、二十九日的〈正總匯報定期開設國會為中國自強之基礎〉（宅仁），攻擊國會制度之缺點。有發表於光緒三十四年八月二十六日至九月五日的〈嗚呼滿洲所謂憲法大綱〉（漢民），指滿洲立憲純為擁護其無上獨佔之大權。有發表於光緒三十四年九月二十八日的〈駁總匯報論國會與君主之關係〉（辯姦），斥中國實行君憲之無當。有發表於光緒三十四年十一月二十一日至十二月二十五日的〈滿清立

憲實成專制〉（紹軒），指清廷假立憲之名，行專制之實[40]。

《中興日報》對滿清預備立憲的抨擊，集中在「憲法大綱」及國
會制度上，關於對「憲法大綱」的抨擊，光緒三十四年五月二十一日、
二十二日的《中興日報》有論云：

> 近有諱言種族革命、而藉口於政治革命，欺國民以供拍馬尾之
> 資者，其學識卑鄙，吾無責焉，即使虜政府受若輩之請願，開
> 國會、行立憲，政治可謂革新矣，試問政治之根本所在，如成
> 文憲法何自定乎？吾知必以日本憲法進呈御覽矣！夫日本憲法
> 第一條曰：「日本帝國，天皇萬世一系統治之。」虜族立憲，若
> 輩亦必以「萬世一系」推之愛新覺羅氏矣；猶得曰此形式的，
> 而非實質的也。夫憲法上之大權，為君主所總攬，此實質的也；
> 君主有解散國會之權，國會無更選君主之權，此又實質的也。
> 以西太后現攬大政者之荒瀆，載湉之昏憒，使之總攬統治權，
> 其不能勝任無疑矣！若輩可曲其辭曰：君主無責任；再則曰：
> 責任在內閣。試問內閣之行動，果可以不受君主之節制乎？如
> 不受君主之節制，則是立憲國之原動力機關在內閣，不在君主，
> 有是理乎？若猶是在君主也，則內閣不能直接執行，必待命於
> 君主，君主既麻木不仁，則執行機關，直一麻木不仁之機關耳。
> 若輩又將曲其辭曰：有國會以為監督機關。夫所謂監督者，不過
> 議論上之監督，事實上無代執行之強制力，此君主立憲之特色，
> 盡人皆知者也。不寧惟是，國會如為激烈之反對，老婦癡兒，解

---

[40] 同註35，頁二一七～二二三。

散國會，固優為之矣！試問監督機關之權力，將何所施乎[41]？

是論發表時，清廷尚未頒布「憲法大綱」，因知立憲將仍日本之制，乃就日本之制預為抨擊。是年八月，清廷下詔預備立憲，定九年為期，並頒布「憲法大綱」。胡漢民於八月二十六日至九月十五日在《中興日報》發表〈嗚乎滿洲所謂憲法大綱〉的長文，逐條駁斥「憲法大綱」的荒謬，認為這個「憲法大綱」完全是保障君權的條文，完全不合於國民公意的本旨。痛斥滿人「妄意欲借憲法以箝制漢人，使永為奴隸，而歷劫不復」。他並引用汪兆銘的話，揭露滿洲立憲的陰謀：「滿洲政府以立憲為表，以中央集權為裏；以立憲為餌，以中央集權為鉤。陽收漢人虛望，陰殖滿人實權。以立憲間執人口實，每畫一策、立一法，必號於眾，謂為立憲制度所有事，天下之人不得不俛而從命者也。」[42]

對於國會問題的辯論，主要發生在光緒三十四年七、八月間。如光緒三十四年七月，《總匯報》刊載〈論國會之趨勢〉一文，聲言「國會，富強之基礎，治安之本原；國會立，則憲政可成；憲政成，則百廢興」。《中興日報》為此著論擊之，其言云：「憲政之成，為民權所製造，……未有民權不發達而憲法發達者，即未有真正憲政之成立，而不由民權戰勝之結果也。」[43]其後，《總匯報》復著文申論〈定期開國會為中國自強之基礎〉，光緒三十四年八月二十日至二十九日《中興日報》再以長文駁之云：「夫一國之國民，有實力則強，無實力則弱，非與於國會之有無也。……義大利，新造之強國也，然自開國會以來，

---

[41] 耀星，〈種族革命之必要〉，戊申五月二十一日、二十二日《中興日報》。

[42] 引見註34，頁一二八～一二九。

[43] 去非，〈駁總匯報論國會之趨勢〉，戊申七月十四日～二十五日《中興日報》。

未及六十年，其陵夷已至於此。」[44]如前所云，《中興日報》與《南洋總匯報》的論戰，不出《民報》與《新民叢報》的範圍，故至光緒三十四年九月二十八日，胡漢民有文告《總匯報》之作者云：「汝屢拾《新民叢報》之說以自飾門面，而不知其說久為人所擊破。汝盡取《民報》第四期以至十二期伏案細讀，上者可望汝之悔過，次者可望汝之藏拙。」[45]

　　大體說來，在南洋地區的論戰，君憲派仍屈居下風。《南洋總匯報》的狼狽，可以其主筆徐勤的境遇為旁證。徐勤於光緒三十四年五月自香港南行，入《總匯報》為主筆，並派蔡俊赴暹羅籌組《啟南報》，以相應援。如前所述，徐於《總匯報》撰〈論革命必不能行於今日〉，《中興日報》著論駁之，勤與奮戰，自謂「苦甚」。徐勤又開會演說，幾為革命黨人所毆；文未終篇，即返香港，為《啟南報》代辦機器。十月，《啟南報》開辦，徐復著〈革命斷不適用於今日之中國〉，為《華暹新報》所駁，徐雖謂主持《華暹新報》的「陳景華力倡革命，大攻吾黨，為所惑者，僅下等社會」，其難以招架的情形，可以其託「殷商數人，向《華暹新報》求和停戰，請嗣後各守其宗旨，不相侵犯」為證[46]。其行徑與梁啟超向《民報》求和停戰者如出一轍[47]。按《華暹新報》原名《華暹日報》，創於光緒三十年（一九○四），主之

44　宅仁，〈正總匯報定期開國會為中國自強之基礎〉，戊申八月二十日～二十七日《中興日報》。

45　辯姦，〈駁總匯報論國會與君主之關係〉，戊申九月二十八日《中興日報》。

46　〈保皇黨徐勤又到〉，己酉十月二十六日《中興日報》；〈徐勤致劉士驥函稿〉（光緒三十四年九月三十日），己酉七月六日《中興日報》。

47　同註34，頁二三一。

者為蕭佛成、陳景華等，出版一年，漸倡革命，更名《華暹新報》。其〈駁啟南報之駁論〉云：「吾人宗旨持民族革命主義，則以驅除韃虜，恢復中華為目的；持政治革命主義，則以創立民國為目的；持社會革命主義，則以平均地權為目的。」[48]

徐勤在曼谷不得展其志，於宣統元年（一九〇九）一月十六日乘輪返新加坡，再與伍莊等聯合宣揚君憲之論[49]。惟因受《中興日報》攻擊，其詞不張。

南洋地區的論戰除新加坡、曼谷兩地外，重要者尚有仰光。仰光同盟分會於光緒三十四年八月一日創刊《光華日報》，由居正任主筆，大倡革命排滿，抨擊康梁尤不遺餘力。嗣清廷駐仰光領事蕭永熙向《光華日報》各股東施壓力，以抄沒本籍財產相威脅，《光華日報》遂停刊拍賣。《光華日報》拍賣後，為君憲派購得，易名《商務報》，宣揚君憲理論。

《光華日報》為君憲派所奪後，革命派復集資於是年十一月一日再創《光華日報》，仍以居正為主筆，並與《商務報》展開筆戰。未及數月，《商務報》主筆張石朋自認理屈，願皈依革命真理，毅然脫離該報；另一主筆李牙聰亦緘口無聲。其後，《商務報》遂以寡助停閉[50]。

南洋地區的論戰，大體在光緒三十三、四年，相當於同盟會的中期。同盟會中晚期，即光宣年間，其他地區亦有論戰興起，如光緒三十四年八月，檀香山《自由新報》發刊，與由《隆記報》改組的《民

---

[48] 己酉一月二十六日，《中興日報》。

[49] 〈保皇黨徐勤又到〉，己酉十月二十六日《中興日報》。

[50] 郭芳美，〈居正與中國革命〉（國立政治大學歷史研究所碩士論文，民國六十八年），頁六六～六九。

生日報》（光緒三十二年）並肩，對君憲派的《新中國報》展開筆戰。
又如溫哥華的《大漢日報》，宣統二年以馮自由為主筆，與當地君憲派
的《日新報》筆戰，延續一年以上[51]。

五　論戰的結局

　　清末的政治救國論，分為改革與革命兩大派，大概說來，在中日
甲午戰後到庚子拳亂的一段時間，即光緒二十一年至二十六年間，改
革派佔絕對的優勢，革命黨當時的活動限於海外，且尚未十分注意宣
傳，還被一般人視為大逆不道的造反者。庚子以後，民族主義漸盛，
掀動戊戌維新的領袖人物梁啟超也大倡民族主義，革命排滿一時幾成
為政治救國派的共同道路，然一些拘泥於君臣大義的人尚跟著康有為
走，認為無論如何改革，不能危及皇上。所以君憲派在國外和國內都
形成一派勢力。

　　君憲派初無與革命派論爭之意，由於贊成君憲的光緒皇帝在戊戌
政變中被幽，君憲派企圖以武力救援光緒皇帝，其手段與革命派無異。
直到庚子勤王事敗，君憲派逐漸放棄了武力勤王之想，專以要求為手
段，謀使清廷施行憲政，才在海內外與革命派展開理論的鬥爭。主要
的目的，在爭取華僑與留學生的支持，以推動和平請願運動。而革命
派認為請願是一種「搖尾乞憐」、「與虎謀皮」、「忝事夷人」的作法，
自始與君憲派立於相反對的地位。

　　君憲與革命的論戰，主要是由光緒二十八年康有為的〈辯革命書〉

---

[51] 同註34，頁一三九、一四一。

引起，當時革命派與之抗衡的重鎮是章炳麟，但康、章只為論辯揭幕，其後連續將近十年的論戰，主要由分布於國內外各地的其他革命派和君憲派人士擔任。興中會晚期的論戰，內容較為單純，大體為排皇與保皇之爭，即革命與非革命之爭。當時革命的理論尚沒有完成，君憲派的領袖亦以亡命之身，以武力推翻慈禧太后、保救光緒皇帝，抑以要求為手段望清廷立憲，政策尚未完全決定。到同盟會成立，革命的理論漸完成，君憲派亦因清廷準備實行君憲制度，而決定了和平請願的方針，雙方才展開學理性的、而非純感情式的論戰。

　　論戰中最有深度的多在《民報》與《新民叢報》，由於參與論戰的皆兩派的領袖人物，地點又是中國知識份子集中地的日本，這次論戰的成敗，實可決定革命或立憲的前途。這次論戰的結果，革命派的胡漢民認為《民報》全勝，他說：「筆戰之結果，為《民報》全勝，梁棄甲曳兵，《新民叢報》停版，保皇之旗，遂不復見於留學界。」但梁啟超則有相反的說法，在《新民叢報》停刊的前一月，梁寫信給康有為，謂「革命黨之勢，在東京既已銷聲匿跡，民報社各人互相噬嚙，團體全散，至於停報而不能出，全學界人亦無復為彼所蠱惑者。蓋自去年《新民叢報》與彼血戰，前後殆將百萬言，復有晳子（楊度）所辦《新中國報》、旗人所辦《大同報》為我張目，故其勢全熄」[52]。雙方都將論戰的息止歸咎在對方的失敗上，其實不然。《新民叢報》的停刊，主因梁轉移注意力於國內預備立憲措施的指導上，《政論》及《國風報》先後創刊，梁在其上發表許多指導憲政實務的文字可為證明。同盟會的內訌，純為人事衝突，與革命理論的被駁無關，而《民報》的停刊，

---

[52] 同上，頁二二九～二三○。

遠在《新民叢報》停刊一年以後。不過，雖然就理論上，《民報》與
《新民叢報》各有優點，但在感情上說，讓漢人擁戴滿人改革，總不
如讓漢人團結以排斥滿人的政權，更能引人。

　　《民報》與《新民叢報》論戰結束以後，其他地區的論戰，包括
《中興日報》與《南洋總匯報》的論戰，都是延續性的，在內容上了
無新義，但一樣是革命派能在民族感情上佔上風。論者謂《民報》與
《新民叢報》筆戰，《新民叢報》失敗，而東京革命黨日多；《中國日
報》與《商務報》筆戰，《商務報》失敗，而香港內地之革命黨愈盛；
《中興日報》與《總匯報》筆戰，《總匯報》失敗，而南洋各埠僑民表
同情於革命者日眾[53]，可為的論。

---

53 禦胡次郎，〈咄咄虜廷創設華字日報果能解散革命黨耶〉，己酉三月二十八日，
　　《中興日報》。

第五篇

革命目標

辛亥革命與中國民主制度的建立

一 前 言

辛亥革命，被許多學者介定為「資產階級民主革命」，前此的論述及對此一觀點的反駁，多集中在資產階級一方面，對民主方面甚少討論[1]。如撇開資產階級不談，辛亥革命與民主的關係確極密切。本文即專討論此一關係。

追求民主，是辛亥革命的目標之一。對革命領袖孫中山來說，民主革命是三民主義革命的一支；對大部分其他革命志士來說，革命的目標，除了推翻滿清以外，就是建立民主制度。

民主為近代以來莫之能禦的潮流。古典的民主為代議制度，到十八、九世紀加上人權條款，成為西方民主的正統。辛亥革命時期傳到中國來的民主，即為這種民主。其後到五四時期，受俄國革命的影響，又引進社會主義民主；再到一九三○年代，受意、德等國法西斯主義

---

[1] 參考 Yu-Fa Chang, *The Nature and Significance of the Revolution of 1911: A Retrospective After 70 Years*，《辛亥革命研討會論文集》，中央研究院近代史研究所，民國七十二年。

的影響，復引進民主集中制；這些，都與原典的西方民主不同，甚至相反。

　　本文論述辛亥革命時期的民主理想與民主制度，係就當時對民主的理解為準，不涉及五四及其以後的各種民主理念。原典的民主制度，運作極為複雜。本文所欲討論的，是民主憲政下的人權條款及代議制度。人權條款除憲法中所列舉者外，有賴維護人權條款的司法；代議制度，首需有不同的政黨傳揚不同的政見，次需將具有受人支持政見的人選入議會，俾督促政府實行其政見，再次需有實行政見的責任內閣。因此本文討論民主制度有關法律的制定，分人權條款、國會與內閣、以及政黨制度等方面論述。

二　有關法律的制定

　　在辛亥革命時期，以及辛亥革命稍後，國人討論憲政，有民主立憲與君主立憲之別。最初君主立憲派佔優勢，但在光宣年間，當君主立憲的步驟遲緩、政治改革不滿人意之際，民主立憲的勢力轉盛，終有革命的成功。革命成功之後，民主憲政逐漸實施，因不合政治舊習，朝野時有怨聲，君主立憲的暗流又起，終因時過境遷，國人續在民主立憲的道路上盤旋。

　　從國民革命史的角度來看，民主立憲的觀念可追源至一八九四年孫中山在興中會秘密誓詞中所提出的「建立合眾政府」，但第一篇具有宣示性的文書，則為一九〇三年鄒容所寫的《革命軍》。他在《革命軍》中提出建立「中華共和國」的構想，此「中華共和國」，「立憲法悉照美國憲法」、「自治之法律悉照美國自治法律」[2]。此後，孫中山

時常在講演中提出「共和國」的主張[3]，甚至在一九〇七年一月十日〈丙午萍鄉之役致革命軍首領照會〉中，逕用「中華共和國」之名[4]。但在武昌革命爆發前，孫中山以及其他革命黨人，對民主憲政最具體的宣示，還是一九〇六年同盟會所發布的〈軍政府宣言〉，此宣言對同盟會的「驅除韃虜」、「恢復中華」、「建立民國」、「平均地權」四句誓詞，分別有所闡釋。對「建立民國」的闡釋是：「今者由平民革命，以建立民國，凡為國民皆平等以有參政權。大總統由國民公舉，議會以國民公舉之議員構成之，制定中華民國憲法，人人共守。敢有帝制自為者，天下共擊之。」[5]

武昌革命爆發後，各省都督府代表聯合會於一九一一年十二月三日在武昌議決臨時政府組織大綱二十一條。該大綱僅對行政權和立法權有較詳細的規定，行政權歸臨時大總統，臨時大總統由各省都督府代表選舉，有統治全國之權（統理外交、內務、財政、軍務、交通各部）、有統治海陸軍之權；得參議院同意，有宣戰媾和及締結條約之權、有任用各部長及派遣外交專使之權、有設臨時中央審判所之權。立法權歸參議院，參議院以各省所派之參議員組織之，有議決臨時政府預算之權、有議決暫行法律之權、有議決宣戰媾和及締結條約之權、有議決設臨時中央審判所之權、有承認任用各部長及派遣外交專使之權[6]。此臨時政府組織大綱，為行政、立法兩權分立的總統制。

---

[2] 張玉法編，《晚清革命文學》（臺北：新知雜誌社，民國六十一年），頁一三九。

[3] 國父全集（臺北：近代中國出版社，民國七十八年）第三冊，頁一、二、四、七。

[4] 同上，第二冊，頁七。

[5] 同上，第一冊，頁二三四。

[6] 國史館編，《中華民國史事紀要》，民國紀元前一年，頁一〇三八～一〇四〇。

此臨時政府組織大綱，為武昌革命後民主建制的雛型。但此大綱匆匆草就，缺點甚多，譬如採美國總統制，卻無副總統之設置；又譬如行政部門僅有五部，亦不足用。於是修改臨時政府組織大綱之議起，在各省都督府代表聯合會中，一向主張內閣制的湖南代表宋教仁，持之尤力。宋教仁先求之於章炳麟，章於《神州日報》發表宣言，謂臨時政府首領當稱元帥不當稱大總統，又謂首領委任內閣總理當推宋教仁。十二月二十五日孫中山歸國抵上海，二十六日黃興、宋教仁等一致同意推孫為大總統，宋堅持內閣制，孫力持不可。二十七日，黃、宋同往南京召集各省代表會，黃提議政府組織取總統制，宋仍持前議。二十八日，宋宴集各省代表，發表修改臨時政府組織大綱主張，歷二時之久，然應之者寡，總統制卒獲多數通過。二十九日孫中山當選為大總統，訂期就職，感於組織大綱有修改必要，派黃興向代表陳說，宋教仁、居正即時提出修正案，經多數通過，其修改重點為增設臨時副總統，及臨時大總統得自由制定官制官規，無需經參議院同意。時宋謀為內閣總理之說仍盛，臨時大總統既得自由制定官制官規，即隨時可以命令設總理，一九一二年一月二日，蘇、浙、皖、閩、桂五省代表馬君武等因復提出再修正案，將日前之修正案推翻[7]。宋在南京臨時政府內任法制局長，孫囑法制局擬定中華民國臨時政府組織法。一月三十日，孫將此組織法咨送參議院審議，次日，參議院改臨時政府組織法為「中華民國臨時約法」，並推馬君武、景耀月等另行起草。此期間，宋教仁續宣揚內閣制，適清帝於二月十二日退位，孫中山以臨時大總統讓袁，三月八日通過之「中華民國臨時約法」[8]，終於採

---

[7] 吳相湘，《宋教仁：中國民主憲政的先驅》，頁一〇九～一一三。

行內閣制。

「臨時約法」共七章五十六條，為行政、立法、司法三權分立的國家根本大法。對司法權的規定較為簡單，但第五十一條規定：「法官獨立審判，不受上級官廳之干涉。」則為司法權獨立的象徵。而第四十一條規定：「臨時大總統受參議院彈劾後，由最高法院全院審判官互選九人組織之特別法庭審判之。」尤表明三權分立的精神。

對行政權的規定：第三十條：「臨時大總統代表臨時政府總攬政務、公布法律。」第二十九條：「臨時大總統副總統由參議院選舉之。」其他有關條文的規定是：臨時大總統統率全國海陸軍隊、任免文武職員、得提出法律案及官制官規於參議院、依法律宣告戒嚴及發布命令、得宣告特赦減刑及復權；得參議院同意，任命國務員及外交大使公使、宣戰媾和及締結條約、宣告大赦。輔佐臨時大總統者為國務員，國務總理及各部總長均稱國務員，國務員於臨時大總統提出法律案、公布法律及發布命令時，須副署之；國務員及其委員，得於參議院出席及發言。從有關規定來看，對參議院負責者似為臨時大總統，約法具有總統制的精神，但大總統提出法律案、公布法律及發布命令，須國務員副署，確有內閣制的特質。

對於立法權的規定，第十六條：「中華民國之立法權，以參議院行之。」第十八條：「參議員每行省、內蒙古、外蒙古、西藏各選派五人，青海選派一人。其選派方法，由各地方自定之。」參議院的主要職權除前述者外，是議決法律案、臨時政府之預算決算、全國之稅法幣制及度量衡之準則，對國務員提出諮詢、對政府提出建議，並受理

8　劉紹唐主編，《民國大事日誌》第一冊，頁六、十。

人民之請願[9]。

　　「臨時約法」第十四條規定：「中華民國之憲法由國會制定；憲法未實施以前本約法之效力與憲法等。」一九一三年四月，國會開幕，兩院即選舉憲法起草委員會，開始制定中華民國憲法。憲草委員會擬定內閣制之憲法，大總統袁世凱謀改為總統制而不得，乃透過解散反對黨，使國會停頓，制憲終無成[10]。因此，「臨時約法」成為開國初期規劃民主憲政最完整的根本大法。

三　人權條款的提出

　　近代以來，世界各國推行民主憲政，對人民的公權和私權均極重視。公權是指參政權，在辛亥革命時期泛稱為民權；私權是指基本人權，在辛亥革命初期並未廣受重視。

　　在革命志士中，注意人權較早、而作較有系統宣揚的，仍推鄒容。他在一九〇三年所寫的《革命軍》中屢屢訴求：「以復我天賦之權利」、「以復我天賦之人權」。在鄒容看來，天賦權利或天賦人權，既包括公權，也包括私權。革命權是一種公權，鄒容說：「革命者，國民之天賦也。」自由、平等權，既為公權，也為私權。鄒容說：「有生之初，無人不自由，即無人不平等。」在他所舉的二十五條「革命獨立之大義」中，屬於基本人權者，約有下列數條：(1)凡為國人，男女一律平等，無上下貴賤之分。(2)各人不可奪之權利，皆由天授。(3)生命自由及一

---

[9] 前引有關臨時約法之規定，見孫曜編，《中華民國史料》，頁一〇四～一〇八。
[10] 張玉法，《民國初年的政黨》，頁四二二～四三八。

切利益之事，皆屬天賦之權利。⑷不得侵人自由，如言論、思想、出版等事[11]。

武昌革命爆發後，各省都督府代表在武昌所訂之「臨時政府組織大綱」，並無人權條款的規定。參議院在南京所制定的「臨時約法」，對人民的公權和私權均有列舉，私權即基本人權，包括平等權和自由權兩方面，第五條列平等權：「中華民國人民，一律平等，無種族、階級、宗教之區別。」第六條列自由權：一、人民之身體，非依法律不得逮捕、拘禁、審問、處罰。二、人民之家宅，非依法律不得侵入或搜索。三、人民有保有財產及營業之自由。四、人民有言論、著作刊行及集會結社之自由。五、人民有書信秘密之自由。六、人民有居住遷徙之自由。七、人民有信教之自由。

公權列於第七至十二條：第七條：「人民有請願於議會之權。」第八條：「人民有陳述於行政官署之權。」第九條：「人民有訴訟於法院受其審判之權。」第十條：「人民對於官吏違法損害權利之行為，有陳述於平政院之權。」第十一條：「人民有應任官考試之權。」第十二條：「人民有選舉及被選舉之權。」

前述人民權利有限制條款，第十五條：「本章所載人民之權利，有認為增進公益、維持治安，或非常緊急必要時，得依法律限制之。」[12]

實際上，當時國家初行民主，政府對「臨時約法」保障人權的精神並不重視，而於人民之公權和私權，時以法律、通例或行政命令限制之。譬如自由權中的「言論、著作、刊行及集會結社之自由」，即時受限制。法律的限制如一九一二年公布之「戒嚴法」第十四條規定：

---

[11] 張玉法編，《晚清革命文學》，頁一〇六～一四〇。

[12] 同註9，頁一〇二～一〇三。

戒嚴區內司令官有執行停止與時機有妨害之新聞雜誌圖書等權。一九一三年七月，國民黨發動二次革命，袁世凱宣布京師戒嚴後，京內的國民黨機關報及《京話日報》、《愛國報》等反袁報刊，皆相繼被查禁。袁更密電各省都督宣布戒嚴，以致杭州、成都等地，皆藉行戒嚴令大封國民黨機關報[13]。浙江的《天民》、《天鐘》、《浙聲》、《浙報》、《浙江民報》等五家報館，皆被查封[14]。通例的限制如一九一三年五月交通部引「萬國電報通例」第七款：凡礙及國家治安或滋生亂端等電，電局有權截留不發。因此當是月七日鄂督黎元洪（兼副總統）為防止贛督李烈鈞起兵而向鄂東武穴增兵時，上海《時報》駐地記者欲發電至報館，電報局即以其詞涉及軍務，拒絕傳發。同樣，交通部又於一九一三年八月三日明令各郵局，一律禁止遞送上海《民立》、《民權》、《民強》等各國民黨機關報，致使該報等因銷售受阻、經濟難以維持，而自動停刊[15]。行政命令的限制，如一九一三年三月二十日陸軍部傳知各報，自次日起，凡報章刊載軍事、外交秘密事件者，將科以軍法，無可稍寬[16]。因此，一九一三年七月，廣州《華國報》因報導二次革命在江西的情形而遭到勒令停刊；是年九月，常州《公言報》亦因載袁世凱請求外交團助其壓制民軍而勒令停刊[17]。其他因批評時政、揭發時事而觸怒當道，致使報館被干擾、被停刊，甚至當事人被捕、被

---

[13] 謝蕙風，〈民國初年新聞自由的研究（一九一二～一九二八）〉（民國七十五年七月國立臺灣師範大學歷史研究所碩士論文），頁六七。

[14] 同上，頁五〇。

[15] 同上，頁六一～六二、六五。

[16] 同上，頁六四。

[17] 同上，頁六八。

罰的事例尚多[18]，茲不備舉。

又譬如公權中的「人民有選舉及被選舉之權」。一九一二年八月十日公布的「眾議院議員選舉法」卻規定：眾議院議員之選舉權，屬於凡有中華民國國籍之男子，年滿二十一歲以上，在選舉區內居住滿二年以上，具有下列資格之一者：㈠年納直接稅二元以上者。㈡有值五百元以上之不動產者，但於蒙藏青海，得就動產計算之。㈢在小學以上畢業者。㈣有與小學校以上畢業相當之資格者。有眾議院議員之被選舉權者，為凡年滿二十五歲以上有中華民國國籍之男子；於蒙藏青海，並以通曉漢語為限。此為關於選舉權資格及被選舉權資格之積極規定，另外尚有消極之規定：即㈠褫奪公權尚未復權者，㈡受破產之宣告確定後尚未撤銷者，㈢有精神病者，㈣吸食鴉片煙者，㈤不識文字者，均不得享有選舉權及被選舉權。又㈠現役陸海軍人及在徵調期間之續備軍人，㈡現任行政、司法官吏及巡警，㈢僧道及其他宗教師，均停止其選舉權及被選舉權，而小學教員及各校肄業生，則停止其被選舉權[19]。在這種情形下，當時全國有人口四〇八、八八一、七五六人，有選舉權者只有四二、九三三、九九二人，佔全人口的 10.5%[20]。最不合理者，為對於婦女、無資產者、無學歷者選舉權之剝奪。

四　國會制與內閣制的確立

辛亥革命後的政治，以國會和內閣為運作的樞紐。首先出現的為

---

[18] 同上，頁四二～四三、四九、六七～六八。

[19] 謝振民，《中華民國立法史》，頁六八～六九。

[20] 張玉法，《民國初年的政黨》，頁二八四。

國會。

民國初年的國會，是經過三個階段才建立完成。第一個階段為各省都督府代表聯合會時期，始於一九一一年十一月十一日，止於十二月三十一日。武昌革命爆發後，獨立各省謀組聯合機關，一九一一年十一月十一日，江蘇都督程德全、浙江都督湯壽潛，聯電滬軍都督陳其美，提議在上海設立臨時會議機關，並附有集議方法：各省舊諮議局各舉代表一人，各省都督府各派代表一人，到上海開會，討論有關公認外交代表、對於軍事進行的聯絡方法，以及對於清室的處置等問題。十一月十五日，陸續報到的十省代表開第一次會，定名為各省都督府代表聯合會。此聯合會的職權，並無法定的約束，其重要的議決有：十一月二十日議決承認武昌為民國中央軍政府，以湖北都督黎元洪執行中央政務，並請以中央軍政府名義委任各省代表所推定之伍廷芳、溫宗堯為民國外交總副長。十一、二月間在漢口開會，於十二月二日議決如清內閣總理大臣袁世凱反正，當公舉為臨時大總統。十二月三日議決中華民國臨時政府組織大綱二十一條，並決定以南京為臨時政府所在地。十二月十四日，代表會在南京開議，選湯爾和為議長、王正廷為副議長。十二月二十九日選孫中山為臨時大總統[21]。一九一二年一月一日，孫中山就臨時大總統職，並組織臨時政府。

臨時政府組織大綱規定臨時政府設參議院為立法機關，參議員由各省都督府派遣。一九一二年一月三日，孫中山電各省派參議員組織參議院。在參議院未組織前，各省都督府代表聯合會於一月二日決議代行參議院職權。在代行參議院職權期間，代表會曾議決中央各部權

---

[21] 同上，頁二四七～二八四。

限、對任用國務員行使同意權、議定參議院議事規則、提議臨時政府組織大綱追加人民權利義務一章，而政府之例行向代表會提出施政報告、大總統向代表會提出諮詢案，以及與會代表向政府提出質詢案等[22]，皆表示代表會無論是單獨行使職權期間，抑代行參議院職權期間，均具有國會性質。

第二個階段為參議院時期，始於一九一二年一月二十八日，止於一九一三年四月八日。如前所述，參議院的設立，是依據臨時政府組織大綱。該大綱第七條規定：「參議員每省以三人為限，其派遣方法由各省都督府自定之。」開幕於一九一二年一月二十八日的南京臨時政府之參議院，即依據此兩條規定而設立。南京參議院成立後，制定「中華民國臨時約法」，「臨時約法」對設立參議院的規定，與臨時政府組織大綱稍異。第十七條：「參議院以第十八條所定各地方選派之參議員組織之。」第十八條：「參議員每行省、內蒙古、外蒙古、西藏各選派五人，青海選派一人。其選派方法，由各地方自定之。」「臨時約法」於三月十一日公布，袁世凱已於先一日在北京就任臨時大總統職。三月十八日，袁依據「臨時約法」，通令各省及各地方迅速選派參議員赴會，並通令各省選舉省議會。時民主氣氛高漲，先已成立的湖北臨時省議會倡行參議員由民選產生。袁世凱於三月二十二日通電各省區，於一月內由民選產生五名參議員。三月二十八日又通電各省，以臨時省議會為選舉機關。三月二十七日通過、四月一日公布的參議院法，並未規定參議員由民選產生，僅對參議員的資格有所限制。該法第五條規定：「中華民國之男子年齡滿二十五歲以上者，得為參議員；但有

---

22 同上，頁二五二～二五三。

左列條件之一者，即失其資格：一、剝奪公權及停止公權者，二、吸食鴉片者，三、現役海陸軍人，四、現任行政職員及現任司法職員。」[23] 參議院法對「臨時約法」所規定的參議院職權，在立法權、財政議決權、任免國務員及大使公使同意權、大赦同意權等方面沒有補充規定，對選舉臨時大總統權、彈劾臨時大總統權、質問權、建議權、受理請願權等有補充規定。特別值得注意的是也對國務員與參議院的關係加以規定。第七十五條：國務員及政府委員無論何時得到院發言，但不得因此中止議員之演說。第七十六條：國務員及政府委員於（參議院）委員會審查議案時，得到會陳述意見。第七十七條：委員會得經議長要求國務員或政府委員之說明。第七十八條：國務員及政府委員於各會議，均不得參與表決[24]。

一九一二年四月二十九日，參議院改在北京開會，進入北京參議院時期。參議院在南京開會時，是依臨時政府組織大綱組成；臨時政府組織大綱採總統制，參議院職權較小。「臨時約法」公布後，政府依「臨時約法」而改組；「臨時約法」採內閣制，參議院職權較大。有關參議院的職權，前已列舉，茲不多論。

國會的主要職權為立法，參議院自一九一二年一月二十八日開院，至一九一三年四月八日結束，先後開會二百二十次，議決之案二百三十餘，通過法律五十五種，所有重要的開國法制，可以說都是參議院完成的[25]。

第三個階段為參眾兩院國會時期，始於一九一三年四月八日，止

---

[23] 同上，頁二六五。

[24] 國史館編，《中華民國史事紀要》，民國元年一至六月份，頁三九七～四〇五。

[25] 張玉法，《民國初年的政黨》，頁二八〇。

於十一月四日。依照一九一二年三月十一日所公布的「臨時約法」第五十三條：「本約法施行後，限十個月內，由臨時大總統召集國會，其國會之組織及選舉法，由參議院定之。」依照此規定，國會本應在一九一三年一月十一日前召集，因參議院未能如期制定國會組織法及選舉法，以致遷延時日。到臨時政府北遷後，參議院加速從事各種立國法制的制定。政府於一九一二年八月十日公布國會組織法二十二條、眾議院議員選舉法一百二十一條、參議院議員選舉法四十四條，九月二十日公布眾議院議員選舉法施行細則，十月八日公布參議院議員選舉法施行細則[26]。以後的國會組織及選舉，即依此類法規而辦理。

依照八月十日公布的國會組織法：(1)民國議會由參議院、眾議院構成之。(2)參議院由各省省議會、蒙古選舉會、青海選舉會，及中央學會分別依規定名額選出。(3)眾議員依各省人口多寡所定之名額選出。(4)參議員任期六年，眾議員任期三年。(5)民國議會之議定，以兩院一致成之；一院否決之議案不得於同會期內再行提出。(6)有關建議、質問、請求查辦違法官吏、答覆政府諮詢、受理人民請願、許可逮捕議員、制定院內法規之權，兩院得個別行使。(7)民國憲法未定以前，「臨時約法」所定參議院之職權，為民國議會之職權[27]。其他有關參眾兩院議員選舉法等之規定，不備舉。由於在開國初期，憲法一直未能制定完成，前述有關參議院，以及參眾兩院的各種規定，即為有關國會的開國法制。

國會掌國家立法權，與立法權相對待者為行政權。依照「臨時約

---

[26] 同上，頁二八一。

[27] 國史館編，《中華民國史事紀要》，民國元年七～十二月份，頁九三～九五。

法」，行政權在國務院。有關國務院的規定，除前述者外，一九一二年六月二十六日，政府曾公布國務院官制十二條，要點如下：(1)國務院以國務員組織之，國務員包括國務總理及外交總長、內務總長、財務總長、陸軍總長、海軍總長、司法總長、教育總長、農林總長、工商總長、交通總長。(2)臨時大總統公布法律、發布教令及其他關於國務之文書，關於各部全體者，由國務員全體副署；關係一部或數部分者，由國務總理會同該部總長副署；其專屬國務總理所管者，由國務總理副署。(3)下列事項，應提國務會議：(a)法律案及教令案，(b)預算案及決算案，(c)軍隊之編制，(d)條約案，(e)宣戰媾和事項，(f)各部權限爭議。(4)國務總理及各部總長有臨時事故，得呈請臨時大總統，以其他國務員代理[28]。

五　政黨制度的創行

政黨制度是政治制度的一部分，它是西方憲政運動的產物；當中國發生憲政運動的時候，國人把它移植進來。民國建立之初，中國引進西方的民主制度，政黨制度為其中的一部分。

政黨制度起於英國，行於世界各國，有三種制度，即一黨制、兩黨和多黨制。民國建立之初，一黨制尚未出現，英、美兩國的兩黨制，和法、奧兩國的多黨制，為國人引介政黨制度的主要藍圖。

在辛亥革命未成功以前，革命黨人對西方的政黨制度興趣不大，主要因為改革派在全力引介西方的國會、內閣、政黨等制度。雖然如

---

[28] 同上，民國元年一～六月份，頁五八七～五八八。

此，透過政學界的努力引介，到武昌革命爆發前夕，國人對政黨制度已有各種不同的看法。除反對引介政黨制度者外，一般都肯定「政黨為憲政之子」，認為中國不立憲則已，果其立憲，不論何國，無不有政黨者。至於建立政黨之目的，約有四種看法：㈠「對抗政府」說：謂我國政府，政權重大，往往不顧輿論，行專制之舊習。將來國會成立，烏合之議員，渙散無力，絕不足以限制政府之權勢、督促政府之進步，故必集合政黨，以輿論為後援，與政府對抗。㈡「政黨政治」說：認為政黨之目的，在實行政黨政治，以議會之多數黨，組織內閣，以實施政黨之政策。㈢「統一輿論」說：謂政黨之目的在統一輿論，使黨員棄其小異以就大同。㈣「調查政務，研究政策，指導國民」說：認為一國之民，對國家之政治，以利害關係之切，既不能置若罔聞，又以各有職業之故，誓不能以政治為生涯；而政治之狀態紛繁，學理深邃，絕不可以輕率鹵莽之意見，妄談國是，不得不賴熱心之政治家考察之、討論之，而以利害之結果，指示一般之國民，以為利者，則羅列其利之所在，使得從而贊成之；以為害者，則備舉其害之所極，使得從而反對之。至於政黨政治的種類，約有三方面的意見，皆主兩黨制，一為吏民兩黨，二為南北兩黨，三為保守進步兩黨[29]。

武昌革命爆發後，繼以共和政體建立，國人對移植政黨制度的努力乘此益進。原有的革命團體和立憲團體紛紛改為政黨，而國人之從事政治運動者，亦大都列名黨籍，或利用不黨之名，三五結合，俯仰於諸黨之間[30]。

---

[29] 杜亞泉，〈政黨論〉，《東方雜誌》八卷一號，宣統三年二月二十五日出版。

[30] 樸庵，〈責不黨者〉，民國元年十月一日，《中華民報》。

　　建立政黨制度，與立憲法、開國會、組內閣不同，後三者是政府的事，前者主要是民間的事。一九一二至一九一三年間，以黨會為名的團體，據初步統計有六八二個，其中政治類三一二個。在政治團體中，具有健全政綱者三十五個[31]，當時國人但知共和國家，人民有集會結社之自由，此一自由在「臨時約法」中亦加以規定。因此政學界人士，甚至一般人民，自由組織各種目的不同的團體。有些團體，以政黨自居，卻不具備政黨之條件。在這種情形下，政學界人士乃企圖對政黨加以規範。

　　當時政府並無政黨法的制定，政學界人士只能藉用言論來指導政黨制度的建立。首先，言論界的人給政黨下了不少定義，如梁啟超云：

> 政黨者，人類之任意的、繼續的、相對的結合團體，以公共利害為基礎，有一貫之意見，用光明之手段，為協同之活動，以求佔優勢於政界者也[32]。

邵元沖云：

> 政黨者，以永久結社之性質，而以其一致之政見，為政治上之活動，以期其政見之得實行為目的者也[33]。

　　其次，政學界剖析組織政黨的方法，主要在討論政黨的組成，黨

---

[31] 張玉法，《民國初年的政黨》，頁三三、三六。

[32] 梁啟超，〈敬告政黨及政黨員〉，《庸言》一卷七號，民國元年三月一日出版。

[33] 邵元沖，〈政黨泛論〉，《國民》月刊一卷一號，民國二年五月出版。

綱重要？黨魁重要？抑二者皆重要？當時一般政論，對政黨組成問題，約有三派意見：一為黨魁派，一為黨綱派，一為黨綱黨魁並重派。

黨魁派認為，政黨成立的最大關鍵在於有全黨崇信之首領，能指揮號召，以喚起一黨的精神。此首領必在全國中有相當名望，必確有卓越之手腕智識，必堅苦卓絕，百撓而不離其宗。名記者黃遠庸曾作如是主張[34]。

黨綱派強調政綱在政黨運動中的重要性。國民黨理事長孫中山謂「政黨天職，在恪守黨綱」[35]。國民協會幹事長溫宗堯認為「政黨以主義相結合，以政綱相號召」[36]。《獨立週報》記者章士釗認為政黨乃實行政綱的團體，而政綱又必不與人同；倘兩黨之政綱未嘗差異，則理論上實無兩黨並立之必要[37]。

黨綱黨魁並重派認為，組織或參加政黨者，必確守唯一之政見，以與別黨相對立；為政黨黨魁者，必確守唯一之宗旨以為諸黨員所附隨[38]。

在前述政黨制度討論的過程中，各種大小政黨先後成立。在南京參議院時期，同盟會一黨獨大；在北京參議時期，國民黨與共和黨為相對立的兩大黨；在正式國會前期，國民黨與進步黨為相對立的兩大黨；後期民憲黨與公民黨為相對立的兩大黨。由於政府一直扶植大黨，以與反對黨對抗，而政黨領袖亦多主張建立兩黨制度，故民國初建時期，看來是小黨林立，實際上在參議院或參眾兩院的國會中對政治運

---

34 黃遠庸，《遠生遺著》卷一，頁二一三。

35 《國父全集》第五冊，頁一六〇。

36 郭孝成，《中國革命紀事本末》第三篇，頁六二。

37 章行嚴，〈政黨與政綱〉，民國元年二月二十四日，《民立報》。

38 微塵，〈論政黨變幻及其價值〉，民國二年十一月二日，《時報》。

作發生作用的，主要只有兩黨。惜袁世凱為阻止制憲，於一九一三年十一月將反對黨解散、將國會停頓，使其他黨派無存在價值、亦無政治運作場所，遂使建國初期的政黨政治中止[39]。雖然如此，民國初年的政黨，確在制定國家根本大法及一般法律，以及在監督政府方面，發揮了一定的功能。

六　結　論

辛亥革命，革命主流派同盟會的設計，原欲透過軍政、訓政、憲政的程序，完成革命建國的工作。但武昌革命爆發後，各派反滿勢力並起，同盟會內部步調亦不一致，因此從武昌革命成功開始，即著手建立民主憲政制度，並無訓政之設計。此民主憲政制度，由臨時政府組織大綱，到「臨時約法」，再到參議院法、國務院官制、「國會組織法」、眾議院議員選舉法、參議院議員選舉法等的制定，加上政壇上已在混沌摸索中，建立了兩黨制度，不待「中華民國憲法」制定完成，民主制度已經建立起來。這可以說除民族革命以外，辛亥革命最大的成就。後來雖然袁世凱為阻止不利於己的憲法獲得通過，鎮壓了反對黨，破壞了國會，使政黨政治暫為中止，但開國初期所建的民主傳統，不僅左右了此後十餘年間的國家政治動向，而在近六十年試行一黨制度引起極大不滿之後，再度成為國人追求的目標，這是辛亥革命留下來的最珍貴的經驗。

---

[39] 詳參考張玉法，《民國初年的政黨》。

二十世紀初年的中國自由主義運動

一　前　言

　　自由主義自個人主義衍生而來，基本上是重視個人的自由與權利，使免受外力干涉與限制。十八、九世紀的自由主義主張限制政府的權力，二十世紀注重權力和財富的廣泛享有，反對生產和分配的集體控制[1]。

　　本文所討論的自由主義，偏重於政治方面的意義，大概說來，其內含約有以下各點：(1)個人比社會為優先，凡不侵害國家或社會的行為皆應自由；(2)容忍各種意見和行為，使社會的各種力量互相制衡，以免權力、財富和影響力過度集中而造成腐化；(3)進步基於個人的努力與創造，自由就是使負責而自立的個體能夠發展；(4)批評現狀，主張漸進的改革；(5)實行代議政治，使人民能參與官員的選舉，參與制定法律，參與決定稅率；(6)訴於良心的自由、發表意見的自由、結合

---

[1]　*The New Encyclopaedia Britannica, Micropaedia, 15th edition*, Vol. 6, p. 195; D. J. Manning, *Liberalism*, p. 106.

團體的自由，以便應合社會成員的需要和想法；(7)勞動的自由，貿易的自由，財產的自由；(8)法律之前人人平等[2]。

自由主義是英國的產物，傳播到各國，有不同的意義。在英國，自由就是免於國家的限制；在法國，自由就是參與國家事務的決策；在美國，自由就是民主政治、不受限制的資本主義和理想的社會主義。並沒有世人所公認的自由主義，每一個自由主義的作者，都對自由主義有不同的闡釋[3]。自由主義傳到中國來也是如此。

二　自由主義的由來

自由主義起源於英國。十七世紀的英國哲學家所強調的宗教寬容和學術自由，就是自由主義的雛型。培根 (Francis Bacon, 1561–1626) 強調學術自由，霍布士 (Thomas Hobbes, 1588–1679) 和洛克 (John Locke, 1632–1704) 強調宗教寬容，洛克且認為人只與上帝有從屬關係，有權反抗專制政府。十七世紀的歐陸，也有自由主義的出現，譬如法國哲學家迪卡兒 (RenéDescartes, 1596–1650) 亦主張學術自由[4]。

自由主義的真正發展在十九世紀，當時歐洲的自由憲政運動促使了自由主義的成長。在德國，洪寶德 (Baron Von Humboldt) 因為對普魯士實行開明專制不滿，於一八五二年出版《論國家行動的限制》(*On the Limits of State Action*)，認為一個具有獨立性格的公民，較與人協同一致的臣民，更能發揮他個人的才能[5]。在英國，彌勒 (John

---

[2] D. J. Manning, *Liberalism*, pp. 14, 17, 21–23, 25, 32, 114–115, 143.

[3] 同上，頁五七～五九。

[4] 同上，頁三四、四五～四六、一二五～一二七。

Stuart Mill, 1806–1873) 受一八三二年改革運動的影響，於一八五九年出版《自由論》(*On Liberty*)，對自由主義有進一步的發揮。

彌勒是英國自由主義的大師，他的思想不僅影響到歐美各國，也影響到中國。彌勒不僅是思想家，也是政治改革家。彌勒的改革事業開始於一八二〇年代，當時英國的選舉權還沒有擴張，教育還沒有普及，大學的研究仍受教會的控制，工會的活動也為一種自私的法律所限制，彌勒主張義務教育，立法限制工時，國家資助研究，公共事務由政府控制，政府救濟窮人。經過多年的努力，這些都獲得完全的或部分的改善，民權在政治事務中受到新的尊重[6]。對世界其他各國的人來說，彌勒最著名的還是他對個人主義和自由主義的鼓吹。他主張公民應給予充分的機會能儘量保持自己，因此他重視人與人之間分歧的重要性，也重視人類心靈中所保有的東西，不受外來的干擾。為了此一理由，他所擬建構的社會是建基在容忍上，甚至鼓勵標新立異。不過，他對國家和社會的期許也很高，他認為只有國家和社會才能保護個性，因此他強調合作。他雖為民主鬥士，但對民主的弊病有嚴厲的批評；他雖是個人主義者，但最反對過於放任。他的最終目的，是提高人類的靈性[7]。

彌勒對自由主義的闡揚，主要見於一八五九年所發表的《自由論》。彌勒認為自由可以促使進步，只接受一種權威意見非常危險，私權和公權應該劃清界限，個人的良心不容侵犯。彌勒在《自由論》中

---

[5] 同上，頁九四～九五。

[6] *Autobiography*, by John Stuart Mill (Oxford University Press, 1955), Introduction by Harold J. Laski, p. xiv, xvi.

[7] 同上，頁 xv, xvi, xviii.

申明，個人的行為只有在侵犯到他人自由時才應受限制，國家的價值在於它包容許多個體。彌勒認為自由包括意識的自由、思想和感受的自由，對任何事物發表意見和表示愛憎的自由、嘗試與追求的自由，安排個人生活計畫以適合個性的自由，以及在不妨害別人的情況下，為所欲為的自由。為了建立此類自由，彌勒認為應該抵拒大多數人在政治上的專制傾向，以及個人非容忍的傾向和反社會的傾向；應該抵拒群眾強求一致的壓力，應該抵拒官僚政府減低個人創意的做法[8]。

在自由主義的影響下，英國在一八三九年有自由黨的出現，至一八六八年，自由黨在議會中佔多數，由格萊德斯同 (W. E. Gladstone) 組自由黨內閣，此後至一九一六年間又獲得六次選舉的勝利。英國自由黨相信理性、相信進步思想、堅守個人主義、重視人權，表現在政治上的是傾向改變，主張政治改革、進步立法，支持政治自由與民主[9]。在英國自由黨開始執政的第四年，即一八七二年，美國辛辛納提 (Cincinati) 有自由共和黨 (Liberal Republican Party) 的出現，自由共和黨是一批脫離共和黨的人組織而成的，主張行政改革、地方自治、人類平等，其勢力旋為民主黨所吸收[10]。

西方的自由主義和自由黨運動，實為中國自由主義思想的來源，也是中國自由黨運動的典範。清末民初的政學界，或透過西書的翻譯和閱讀，認識了西方的自由主義，或透過對英國政治的了解，認識了

---

[8] D. J. Manning, *Liberalism*, pp. 50–55.

[9] *The New Encyclopaedia Britannica*, 15th edition, Vol. 6, p.196; *The Encyclopaedia Britannica*, 11th edition, Vol. 16, p. 538; *Encyclopedia Americana* (1975), Vol. 17, p. 293.

[10] *Encyclopedia Americana* (1975), p. 294.

英國自由黨的組織與運動。部分人寫文，即闡述西方自由主義思想，有的甚至組織自由黨，從事政治運動。介紹進來的自由主義雖然有些扭曲，自由黨運動時間也不長，但對中國政治思想的影響還是很深的。

三　清末的自由主義思想

清末民初的中國政學界，在改革和革命運動的激盪下，常有闡揚自由思想的著作出現。當時宣傳的自由思想，有許多不同的背景，有的起於宣揚虛無主義，有的起於宣揚女權，多數則起於宣揚政治革命或政治改革。一篇宣揚虛無主義的文章說：

> 十九世紀中，歐洲之若民若君，相搏於腥風血雨中，甘拋無量數之頭顱鮮血，以與一二獨夫民賊為仇者，何為也？曰去專制求自由而已。自由者，人類之權利也，失此權利則為奴隸[11]。

一篇宣揚女權的文章說：「夫天賦之自由，天定之平等，天授之同胞，固與人類同時而生也。……故凡奪人之自由者，即得罪於天矣！」[12]一篇宣揚政治革命的文章說：

> 今之所謂自由、所謂平等者，以其獨立不羈完全無缺也。於一

---

[11] 轅孫，〈露西亞虛無黨〉（寫於一九〇三），《辛亥革命前十年間時論選集》，（下）頁五六五。

[12] 陸秀貞，〈論自由平等同胞為生人原理〉（寫於一九〇四），《近代中國女權運動史料》（下），頁一〇三〇～一〇三一。

國之內，言論自由、出版自由、遷徙自由、集會自由、本身自
主、家宅自主，下及訴求請願、私密書函、干涉行政之得失、
選舉議員之資格，無不有焉，此自由也[13]。

可以看出，當時一般書刊，對於自由的涵義已有相當廣泛的認識。

在宣揚政治革命的文件中，著名的如鄒容的《革命軍》、楊守仁的
《新湖南》，均曾發揮自由主義。鄒容在《革命軍》中提出許多革命的
目標，一方面指出「生命自由及一切利益之事皆屬天賦之權利」，另一
方面則標明：「不得侵人自由，如言論、思想、出版等。」[14]當時許多
人受盧梭影響，認為權利得自天賦，故楊守仁亦有云：「放棄其自由權
者，失人格者也；侵害他人之自由權者，損傷他人之人格者也。失人
格與損傷人格者，皆亂術也。」[15]

除一般報刊著述對自由觀念所作的宣揚外，政學界中以宣揚自由
思想著名者，當推譚嗣同、嚴復、梁啟超三人。譚嗣同是近代中國思
想解放的一個典型，他在一八九八年為變法而犧牲，實在受他衝決網
羅思想的影響。他在《仁學》自序裏說：

吾將哀號流涕，強聒不舍，以運其衝決網羅。初當衝決利祿之網
羅，次衝決俗學若考據詞章之網羅，次衝決全球群學之網羅，次
衝決君之網羅，次衝決倫常之網羅，次衝決天之網羅，終將衝決

[13] 〈為外人之奴隸與為滿洲政府之奴隸無別〉（寫於一九〇三），《辛亥革命前十
年間時論選集》（下），頁五二六。

[14] 《辛亥革命前十年間時論選集》（下）頁六七五。

[15] 同上，頁六三六。

佛法之網羅。然既可衝決自無網羅，真無網羅乃可言衝決[16]。

譚嗣同要衝決利祿、俗學、君主、倫常的網羅，就是要思想自由。他反對名教，反對三綱五常，要推翻一切中國傳統思想[17]。譚嗣同的自由思想不來自西方，可能來自老莊或佛學。他在《仁學》中說：

> 莊曰：「聞在宥天下，不聞治天下。」治者，有國之義也；在宥者，無國之義也。曰在宥，蓋自由之轉音，旨哉言乎！人人能自由，是必為無國之民。無國則畛域化，戰爭息，猜忌絕，權謀棄，彼我亡，平等出，且雖有天下，若無天下矣[18]！

又說：

> 五倫之中，於人生最無蔽而有益，無纖毫之苦、有淡水之樂者，其惟朋友乎？所以者何？一曰平等，二曰自由，三曰節宣惟意，總標其義曰：不失自由權而已[19]。

可以看出，譚嗣同的自由思想，有激進的和溫和的兩方面，激進的近於虛無主義和無政府主義，溫和的近於西方的平等、自立等說。

---

[16] 引見殷海光，〈自由主義的趨向〉，周陽山編，《自由主義》，頁二七；黃公偉，《中國近代學術思想變遷史》，頁六一。

[17] 郭湛波，《近代中國思想史》，頁一一三。

[18] 引見郭湛波，《近代中國思想史》，頁七八～七九。

[19] 引見黃公偉，《中國近代學術思想變遷史》，頁六三。

　　嚴復以翻譯西方思想名著著名。西方名著啟迪嚴復自由思想，主要為一九〇二年翻譯出版的亞當斯密 (Adam Smith) 的《原富》(*An Inquiry into the Nature and Causes of the Wealth of Nations*)、一九〇三年翻譯出版的斯賓塞爾 (Herbert Spencer, 1820-1903) 的《群學肄言》(*Study of Sociology*)，和約翰彌勒 (John Stuart Mill) 的《群己權界論》(*On Liberty*)，以及一九〇六年翻譯出版的孟德斯鳩 (Moutesquieu) 的《法意》(*Spirit of Law*)。嚴復在斯賓塞爾的著作中，獲得人類自由的觀念，就是要使個人能力獲得解放[20]。但真正對自由有進一步的認識，還是在翻譯彌勒的《群己權界論》和孟德斯鳩的《法意》以後。

　　《群己權界論》的翻譯完成於一八九九年，初名《自由論》，到一九〇三年出版時，才改名《群己權界論》。認為「學者必明乎己與群之權界，而後自繇之說乃可用耳」[21]。嚴復在該書〈譯凡例〉中對自由的要義頗有發揮，他說：

　　　　自繇者，凡所欲為，理無不可。此如有人獨居世外，其自由界域，豈有限制，為善為惡，一切皆自本身起義，誰復禁之？但自入人群而後，我自繇者人亦自繇，使無限制約束，便入強權世界，而相衝突，故曰：人得自繇而必以他人之自繇為界[22]。

可以看出，嚴復認為群體中的個人自由是有限制的，而不是無限制的。

---

[20] Benjamin I. Schwartz, *In Search of Wealth and Power*, p. 72.

[21] 引見胡映芬，〈評介『尋求富強──嚴復與西方』〉，周陽山等編，《自由主義》，頁一二六。

[22] 引見王爾敏，《晚清政治思想史論》，頁二二六。

所以他在〈主客平議〉一文中說：「自由者，各盡其天賦之能事，而自承其功過者也。」[23] 又在〈論世變之亟〉一文裏說：「故人人各得自由，國國各得自由，第務令無相侵損而已。」[24]

彌勒的《群己權界論》和亞當斯密的《原富》，是西方闡述自由思想和個人主義的經典之作，也許因為嚴復認為個人自由不符合中國的需要，故在翻譯的時候往往加以曲解。據史華滋 (Benjamin Schwartz) 研究，彌勒視個人自由的本身即為一種目的，嚴復卻把個人自由變成促進民德和民智的工具，並進而達到國家的目的[25]；亞當斯密主張經濟自由最終的目的是為了個人幸福，而嚴復則認為經濟自由有助於國家計畫的擴大[26]。

嚴復對國人濫用個人自由，頗不謂然，他在一九〇六年所翻譯出版的《法意》中說：

> 十數載以還，西人之說，漸行於神州。年少者樂其去束縛而得自主也，遂往往盪決藩籬，自放於一往而不可收拾之域。揣其所為，但凡與古舛馳而自出己意者，皆號為西法，然考之事實，西人固無此，特汝曹自為法耳[27]。

---

[23] 引見郭湛波，《近代中國思想史》，頁四八。

[24] 引見殷海光，〈自由主義的傾向〉，周陽山等編《自由主義》頁二五。

[25] Benjamin Schwartz, *In Search of Wealth and Power*, p. 141.

[26] 同上，p. 121.

[27] 引見劉富本，〈戊戌政變後嚴復對中西文化的看法〉，周陽山等編，《自由主義》，頁一七五。

故云：「小己自由，尚非所急」，「所急者，乃國群之自由，非小己之自由。」[28]民國建立後，中國危弱不堪，嚴復想集中政府權力以期能對內統一，對外抵抗侵略，乃於一九一四年在《庸言》雜誌第二十五、二十六期上發表〈民約平議〉，批評盧梭的《民約論》，反對個人的自由平等[29]。

梁啟超是一八九〇年代以後中國思想的解放者，早在戊戌變法時期，即假上海《時務報》和湖南時務學堂倡民權自由。戊戌東渡後，受英國自由思想影響益深，一八九八至一九〇三年的著作，常引用邊沁 (Jeremy Bentham, 1748–1832)、彌勒、斯賓塞爾的學說，闡述「最大多數的最大幸福」、「思想與討論的自由」、「生存競爭」、「適者生存」等義[30]。

對初抵日本的梁啟超來說，日本的新聞自由與獨立給他很深的印象。一八九九年他在所撰的〈自由書〉中對日本的思想自由、言論自由、新聞自由深表讚賞，並引彌勒之言，謂在人類的進步中，沒看比思想自由、言論自由和出版自由更重要的[31]。在這種情形下，他批評其師康有為的保教思想，認為保教束縛思想自由，他在一九〇二年寫給康有為的信中說：「思想不自由，民智更無進步之望也。……弟子意欲破網羅，選出新思想自任。」[32]因此他在一九〇二至一九〇三年間

---

[28] 亦《法意》中之案語，引見徐高阮，〈嚴復型的權威主義及其同時代人對此型思想之批評〉，周陽山等編，《自由主義》，頁一四九。

[29] 劉富本，〈戊戌政變後嚴復對中西文化的看法〉，周陽山等編，《自由主義》，頁一七七。

[30] Philip Huang, *Liang Ch'i-Ch'ao and Modern Chinese Liberalism*, p. 68.

[31] 同上，pp. 53, 73.

所撰的〈新民說〉一文中，要求每個國民要有獨立的思想，不要以古聖先賢的思想為思想，不要為環境、風俗、情慾所役使[33]。

梁啟超所重視的當然不限於思想言論自由，他在一九〇一年所寫的一篇文章中，公開指出中國人沒有任何自由，他說：

> 自由者，權利之表證也。……我中國謂其無自由乎？則交通之自由官吏不禁也，居住行動之自由官吏不禁也，置管業之自由官吏不禁也，書信私密之自由官吏不禁也，集會言論之自由官吏不禁也，信教之自由官吏不禁也（近雖禁其一部分，然比之前世紀之法、普、奧等國相去甚遠）。凡各國憲法所定形式上之自由皆有之。雖然，吾不敢謂為自由者何也？有自由之俗，而無自由之德也。自由之德者，非他人所能予奪，乃我自得之而自享之者也。故文明國之得享用自由也，其權非操諸官吏，而常操諸國民，中國則不然，今所以幸得此習俗之自由者，恃官吏之不禁耳，一旦有禁之者，則其自由可以忽消滅而無復踪影[34]。

一九〇二年，他寫〈新民說〉，對西方的自由思想有多方面的發揮。他說：

> 自由者，奴隸之對待也。綜觀歐美自由發達史，其所爭者不出四端：一曰政治上之自由，二曰宗教上之自由，三曰民族上之

---

[32] 引見郭湛波，《近代中國思想史》，頁一二三。

[33] Philip Huang, p. 65.

[34] 〈十種德性相反相成義〉，原文刊《清議報》八十二、八十四期，引見《辛亥革命前十年間時論選集》（上），頁一〇～一一。

自由，四曰生計上之自由。政治上之自由者，人民對於其政府
而保有其自由也；宗教上之自由者，教徒對於教會而保其自由
也；民族上之自由者，本國對於外國而保其自由也；生計上之
自由者，資本家與勞力者相互而保其自由也[35]。

又說：

自由者，團體之自由，非個人之自由也。……然則自由之義，
竟不可行於個人乎？曰：惡！是何言！團體自由者，個人自由
之積也。人不能離團體而自生存，團體不保其自由，則將有他
團體焉自外而侵之壓之奪之，則個人之自由更何有也[36]。

　　梁啟超在〈新民說〉中對自由的看法，與彌勒在《群己權界論》
中對自由的看法不同。彌勒認為自由可以使個人發展個性，使個人得
到幸福，梁啟超對發展個性並不重視，僅認為自由可以使個人的潛能
發揮出來，可以增加國家的力量。研究《梁啟超與現代中國自由主義》
的黃宗智認為，梁啟超之所以讚許彌勒，因為他與彌勒有些相似處，
彌勒和梁啟超都認為自己生當過渡時期，需要思想自由、言論自由，
讓人民能自由接觸各種思想，俾便有所選擇，而形成新的時代。所以
梁主張容忍異見，並隨時準備修改自己的意見[37]。
　　不過，梁在一九〇三年遊美後，眼見居於自由社會的華僑紛亂無

[35] 引見《辛亥革命前十年間時論選集》（上），頁一三六。

[36] 同上，頁一四〇。

[37] Philip Huang, pp. 74–76.

秩序，覺得中國人無共和國民資格，遂不再倡導自由。像一九○三年前梁常引用彌勒和日本自由主義者福澤諭吉之言一樣，一九○三年以後梁常引用瑞士政治思想家伯倫知理 (Johann Kaspar Bluntschli) 之言。伯倫知理強調國家的權力，適合一九○三年以後梁在思想上的需要。此時他像嚴復一樣，也不再贊成盧梭的思想。他說：如果盧梭是十九世紀的思想來源，伯倫知理就是二十世紀的思想來源[38]。

思想改變以後的梁啟超認為，人民能得自由與否，與國民素質有關，不是革命、獨立就可以求得到的，他說：

> 論者動曰：美國人離英獨立而得自由，此知其一不知其二也。謂美國人之自由，以獨立後而始鞏固則可；謂美國人之自由，以獨立後而始發生則不可。……彼法蘭西以革命求自由者也，乃一變為暴民專制，再變為帝政專制，經八十餘年而猶未獲如美國之自由。彼南美諸國皆以革命求自由者也，而六、七十年來未嘗有經四年無暴動者，始終為蠻酋專制政體，求如美國之自由者更無望也[39]。

當時中國革命黨人正宣揚革命、獨立、自由等義，梁啟超因反對革命，從而亦反對自由。

自清末以來，中國知識份子多喜歡新觀念，介紹新觀念，甚至希望國人接受新觀念，很少考量到此新觀念是否為中國所必需，是否真

---

[38] 同上，pp. 80-81；梁啟超，〈新大陸遊記〉，引見《辛亥革命前十年間時論選集》（下），頁七八九。

[39] 梁啟超，〈美國政治略解〉，引見《辛亥革命前十年間時論選集》（下），頁七九三。

能改良中國現狀。但也有不少知識份子常對新觀念加以反省，若一種新觀念不適用於中國，再設法引進另一種新觀念，甚或重建舊觀念。譚嗣同為新觀念殉身，不及自我反省。嚴復、梁啟超皆經歷過一個較長的時代，對西方的自由主義思想，一度嘗試引進之後，旋又放棄。當然，一些人放棄不代表另外的一些人也放棄，一些人放棄也許另外的一些人正要拾起。所以在清末改革失敗、革命黨人建立民國之後，不但自由主義的思想繼續有人闡揚，而且有人正式組織政黨，作自由主義運動。

四　民初的自由主義運動

清末民初，中國人對於個人自由的需求並不迫切。少數知識份子，具有新思想，渴望思想、言論、著作、出版的自由；少數政界人士，見自由為新觀念，取此以吸引群眾。對大多數中國人來說，自由並不具備太多的吸引力。

民國初年的政黨和社團雖多，以推動自由為宗旨的只有中華民國自由黨。中華五大民族協和會以聯合五族、鼓吹自由、協助共和為宗旨，但在推動自由運動上並無若何具體表現。女子自由黨為自由黨的女黨員所組，不能算是獨立的組織。除此之外，在民國初年的政黨和社團中，再也找不到以自由為名，或以宣揚自由為宗旨的組織[40]。所以論述民國初年的自由主義運動，當以論述中華民國自由黨的活動為主。

中華民國自由黨於一九一二年二月三日成立於上海，為同盟會的

---

[40] 參考張玉法，〈民初政黨的調查與分析〉，《中央研究院近代史研究所集刊》第五期。

別派，但較同盟會為激進。發起人王鉞、趙銓章、蔡之韶、謝樹華、林輿樂、楊鴻春、徐麟寰、高冠吾、梁舜傳、梁炳麟、羅傳，或為留學生，或為新聞記者，或為政學界中人[41]。該黨標榜天賦人權、自由，以「維持社會自由，掃除共和障礙」為宗旨，以「提倡男女平等，監督共和政府，督促實業發展，以期厚利國計民生」為主義[42]。初由李懷霜任臨時主裁，代表自由黨全體，繼推孫中山為正主裁，黃興為副主裁，李懷霜則以臨時副主裁名義綜理全黨事務。本部負責人有正部長林輿樂，副部長徐虎臣，總務科長陳篠雲，政治科長張克恭，交際科長徐麟寰，調查科長季鳴，經濟科長沈時傑，文牘科長梁奧魂，參議部長俞松笠等。另有支部組織。參加成員有胡漢民、馬君武、張錫鑾、金漢聲、伍崇敏、冷公劍、汪兆銘、陳其美、戴傳賢、方若、趙鐵、孫炳文、周浩、溫宗堯、賀培相、李繼膺、毛邦偉、漆運鈞等[43]。

李懷霜，廣東人，一八七五年生，時年三十七歲。初任《民立報》記者，一九一一年任《天鐸報》編輯，參與革命宣傳工作。一九一二年二月，與中國社會黨首領江亢虎等聯合，反對優待清室條款。是年二月，加入譚人鳳、陳其美所組的工黨促進會。一九一三年一月，與江亢虎、李提摩太 (Timothy Richard) 等組中美英協會 (China-America-England Association)，以促進三國友誼[44]。李懷霜是一位社會主義者，

---

[41] 民國元年一月八日《時報》五版，〈自由黨緣起〉；《支那二於ケル政黨團體紀要》，頁四四。

[42] 《近代史資料》一九五七年第六期，頁一四一，自由黨簡章。

[43] 同上，頁一四二～一四三；竹內克己，《支那政黨結社史》，頁一七四。

[44] Martin Bernal, "The Tzu-yu tang and Tai Chi t'ao," *Modern Asian Studies*, Vol. I, Part 2 (April 1967), pp. 133–134, 137.

也是中國社會黨的重要幹部，他所主持的《天鐸報》，是宣傳社會主義的重要刊物。一九一三年七月二次革命發生以後，袁政府壓制過激派的活動，李懷霜走南洋，在爪哇發刊《蘇門答臘報》，繼續宣傳社會主義[45]。社會主義與自由主義是相反的東西，李懷霜以社會主義的信仰者出任自由黨的主裁，可以看出當時中國知識份子對新思想的偏好，但對新思想的真義和彼此間的界限，並不一定能認識清楚。

除李懷霜以外，對自由黨務最熱心的當為戴傳賢。戴為四川廣漢人，一八九〇年生，時年二十二歲。一九〇五年留學日本，一九〇九年回國，初在蘇州地方自治研究所任職，旋轉任上海《天鐸報》編輯，與李懷霜同事。戴因批評清廷，為官廳追捕，一度逃往新加坡。武昌革命爆發後往東北佐新軍協統藍天蔚，策畫革命，一九一一年底回上海。一九一二年二月，隨迎袁專使北上，並於此時加入一個接近無政府主義的組織——進德會。是年九月，孫中山任全國鐵路督辦，戴任機要秘書。一九一三年二月，孫中山赴日，戴隨行任翻譯。一九一二至一九一三年間的戴傳賢，大部時間都主編《民權報》，並為《民立報》撰文[46]，批評時政，對自由主義的鼓吹無多。

至於被推為正副主裁的孫中山和黃興，很少參與實際黨務。然自由黨既為同盟會的別支，孫中山初頗扶持之。一九一二年四月，孫中山辭臨時大總統後至上海，自由黨開會歡迎，欲擁孫就正主裁之位，孫因急欲赴粵，未就，然未拒絕，請馬君武代其職。孫所以扶持自由黨，因自由黨亦為反政府的黨派，孫欲結之以壯大反對黨的勢力，所以他在歡迎會的講詞中說：

---

[45] 伊藤武雄，《現代支那社會研究》（東京同人社，一九二七），頁二〇八。

[46] 前引 Martin Bernal, pp. 134, 138.

中華民國成立後，黨會林立，若非從政治上研究，以監督政府，扶助政府，則雖夥無益。鄙意當聯合各黨會，成一有勢力之民黨，與政府對峙，應不悖立黨之旨[47]。

是年九月，自由黨天津支部發生糾紛，孫中山曾於自晉返津時，為之調停[48]。

自由黨以孫中山關切自由黨務，欲假孫中山名義擴充黨務。時孫方欲就全國鐵路督辦，事務繁忙，而同盟會方改組為國民黨，身為國民黨的負責人，且不欲理國民黨務，自無法分身兼理自由黨務，當自由黨總部函請孫贊助黨務時，孫即囑朱執信回信拒絕，朱回信云：

自由黨總部諸君公鑒：敬啟者，頃接王君樹谷來函，囑請孫中山先生贊助黨務，弟經即將原信呈中山先生閱過，中山先生謂此次各報紛紛載孫中山先生恢復自由黨等新聞，實深詫異。自由黨務此次實未與聞，今雖有信請助，而現時事務紛繁，斷難兼顧。贊助之事，無從答允。以後貴黨事務，自己萬不能負責，囑將此意轉達諸君，希為查照，以後貴黨行動自有光榮，不必更列孫中山先生名義[49]。

此函可以看出，孫中山對自由黨的扶持態度，已趨冷淡。

---

[47] 民國元年四月二十日《民立報》。

[48] 民國元年九月二十二日《民立報》，天津電報。

[49] 〈朱執信致自由黨總部諸君函〉稿，所見係黨史會抄件，192/241 號史料，未具日期。

　　自由黨是一個具有社會主義性質的激進政黨，它的目的在監督政府，並不志於在選舉中爭取議席[50]。一九一二年三月下旬曾發表政見，闡明自由、平等的真義，民生、民權的關係，並提倡人道主義，主張地方自治[51]。至於對一般國是問題的主張，有反對優待滿清皇室、反對建都北京、反對外蒙獨立、主張以武力保全外蒙領土等[52]。

　　自由黨的活動，依照簡章規定，是發行新聞雜誌，公開自由講演，組織律師團體，創立學校，振興實業，以期傳播自由種子，厚利國計民生[53]。實際情形除創立學校無所聞外，其他皆有成就。在發行新聞雜誌方面，組有新聞團，在各地出版報刊，重要的如奉天營口支部出版的《民舌報》、安徽懷寧支部出版的《民愛報》、江西贛州支部出版的《自由鐘》、江蘇松江支部出版的《自由月報》、江蘇崑山支部出版的《崑鋒報》、江蘇太倉支部出版的《太倉民報》、江蘇常熟支部出版的《常熟自由黨》，而上海本部出版的《天鐸報》和《民權報》尤為著名[54]。《天鐸報》創刊於一九一〇年三月十一日，民國成立前後任筆政者有戴傳賢、李懷霜、柳亞子、陳布雷等。《民權報》創刊於一九一二年三月二十八日，戴傳賢辦，周浩為主筆。二報言論激烈，批評袁政府甚力，一九一三年二次革命後被封[55]。

　　在公開自由演講方面，組有宣講團，以講演方式，宣傳自由黨的

---

[50] Martin Bernal, p. 135.

[51] 《支那ニ於ケル政黨結社》，頁五三。

[52] 竹內克己，《支那政黨結社史》，頁一七三。

[53] 《近代史資料》一九五七年第六期，頁一四二，自由黨簡章。

[54] 前引竹內克己書，頁一七五～一七六。

[55] 張玉法，〈近代中國書報錄〉（下），《新聞學研究》第九集，頁四四七、四六三。

主義。無論本支部,均置宣講所。如一九一二年四月,鎮江自由黨員曾集會講演英國的自由主義,聽講者達六、七百人[56]。

在組織律師團體方面,選擇黨員中精通法律者組織律師團,專為黨員訴訟事件辯護。

在振興實業方面,由黨員中的實業家及資本家組織實業團,以提倡實業、厚利民生、補助黨費為目的[57]。

除前述者外,自由黨的主要活動是擴展支部,吸收黨員。自由黨是一個運動群眾的黨,黨員資格不分種族、宗教、階級、性別。據該黨黨章規定:

> 凡與本黨宗旨不相背謬及贊成宗旨者,無論漢、滿、蒙、回、藏,凡政、學、軍、警、農、工商等各界,不分階級,不分宗教,不分男女,凡年滿十五歲以上,能了解本黨宗旨,並能恪守黨規者,一律皆得入黨,終身享受本黨保護之權利[58]。

在這種寬鬆的入黨條件下,黨員人數迅速增加。一九一二年二月,黨員人數不過五千[59]。三個月以後各地支分部七十餘處,黨員達八萬人[60]。再後,各地支部四百餘處,黨員五十萬人[61]。各地支部可知者,

---

[56] 民國元年四月九日《民立報》。

[57] 前引竹內克己書,頁一七五～一七六。

[58] 《近代史資料》一九五七年第六期,頁一四一,自由黨簡章。

[59] 民國元年三月一日《順天時報》七版,自由黨李懷霜之要電。

[60] 《近代史資料》一九五七年第六期,頁一四三,自由黨簡章。

[61] 竹內克己,《支那政黨結社史》,頁一七四。

江蘇有蘇州支部（汪紹芳主持，一九一二年四月一度被法院查封，旋經抗議恢復）、鎮江支部（許公武、鄭權、胡義慶主之）、常州支部（一九一二年三月成立，丁錫齡主之）、松江支部、崑山支部、太倉支部、常熟支部、南京支部、吳江支部、揚州支部、支塘支部[62]，安徽有懷寧支部，奉天有營口支部，江西有贛州支部[63]，浙江有杭州支部（一九一二年一月二十三日成立，羅傳主之）、寧波支部、蕭山支部，福建有福州支部（陳毓祺、劉宗彝主之），四川有重慶支部（何覲光、賈尚甫主之），雲南有昆明支部（趙銓章主之）[64]，廣東有廣州支部[65]，湖北有武昌支部（一九一二年四月成立，蔡濟民、吳醒漢、劉權主之）、漢口支部、武穴支部、江陵支部、沙市支部（一九一三年七月被取締）、荊州支部（一九一三年七月被取締），直隸有北京支部（一九一二年七月成立，黨員二百餘人，杜勛曾、陳勿畏主之，一九一三年八月被取締）、保定支部（劉應鏞主之）、遵化支部、東陵支部（一九一三年五月成立，孟崇義、張鴻庥、趙泌主之）[66]。在已知的自由黨支

---

[62] 以上十一支部見民國元年三月十六日《民立報》、四月二十日《民立報》；《支那二於ケル政黨團體紀要》，頁四四；竹內克己，《支那政黨結社史》，頁一七六；《近代史資料》一九五七年第六期，自由黨材料選輯；Martin Bernal, "The Tzu-yu tang and Tai Chi t'ao, 1912–1913," *Modern Asian Studies*, Vol. I, Part 2, pp. 136–137.

[63] 以上三支部見竹內克己，《支那政黨結社史》，頁一七六。

[64] 以上六支部見民國元年一月二十九日《民立報》、二月七日《民立報》；《支那二於ケル政黨團體紀要》，頁四四；《近代史資料》一九五七年第六期，自由黨材料選輯；Martin Bernal, pp. 136–137.

[65] 民國元年四月十日《天鐸報》，自由黨支部紀盛。

[66] 以上十支部見前引自由黨材料選輯；Martin Bernal, pp. 136–137.

部中，江蘇十一，湖北六，直隸四，浙江三，安徽、奉天、江西、福建、四川、雲南、廣東各一。自由黨武昌支部給湖北都督的呈文中謂「自由黨各省所屬，蒸蒸日上，江浙尤居優勝」[67]，略與此處所列舉者相符合。

自由黨是一個激進的政黨，它的活動自始受到地方官的注意，前述蘇州支部曾於一九一二年四月為法院查封，東陵支部成立時，地方官恐其「斂財煽惑」，亦函詢內務部是否准其成立。對自由黨壓制最大的地區是湖北，自由黨於一九一二年四月在武昌和漢口設機關（發起者三十八人，中有婦女十二人），各府州縣亦設支部，大概由於自由黨的活動受到地方官的干涉，自由黨曾呈請湖北都督黎元洪通飭所屬官廳保護。黎於一九一二年十一月二十五日致函內務部，詢及自由黨有無立案，嗣黎知自由黨並未在內務部立案，乃對自由黨肆加摧殘。一九一三年五月二日，自由黨在江陵張貼通告，以自立、自治為爭取自由之道，黎元洪疑其「與政府為敵」，於六月二十六日致函大總統袁世凱，請通飭禁止，袁將此事交國務院，內務部於七月十二日函詢湖北當局，自由黨有無不法實據？時值國民黨發動二次革命，黎以「現值戒嚴期內，各種集會結社均已停止」，遂將湖北省的自由黨組織全面取締。事後，湖北民政長夏壽康將取締經過呈報內務部，指自由黨擅用印文，侵犯行政職權，並指自由黨黨員多下等社會之人，易生事端。內務部據此，遂通令各省將自由黨解散[68]。

自由黨之被解散，導因於與國民黨聯合進行二次革命。二次革命

---

[67] 《近代史資料》一九五七年第六期，頁一四五，黎元洪咨北洋政府內務部文。
[68] 《近代史資料》一九五七年第六期，頁一四三～一五四，自由黨材料選輯。

發生以後，國民黨在國會中勢力尚大，袁世凱欲加利用，暫未被取締，與國民黨相唱和的民間小黨，皆被袁剪除，自由黨不過其中之一。自由黨被解散後，自由主義運動暫被壓止，直到一九一五年《青年雜誌》（後改《新青年》）創刊後，自由主義才在思想啟蒙和文化更新的潮流中再度發皇。

五　結　論

自由主義作為政治信條，是指國家的法律和施政都要增進個人自由，以使個人的理性意志 (rational will) 得以實現。自由主義者主張民意政治、司法獨立，以及循法律途徑的改革，透過這種改革，使政府儘量少干涉私人事務。

西方自由主義於十九、二十世紀之交傳到中國，嚴復對西方名著的翻譯、梁啟超對西方政治理論的介紹，都是傳布自由主義的重要媒介。至少在一九〇〇年代初期，進步的知識份子對西方的自由主義和自由主義者已經耳熟能詳。屬於革命派的人物，如鄒容在《革命軍》一書中云：「吾幸吾同胞之得盧梭《民約論》、孟德斯鳩《萬法精理》、彌勒約翰《自由之理》、《法國革命史》、《美國獨立檄文》等書譯而讀之也，是非吾同胞之大幸也夫。」[69] 介於改革與革命派之間的人物，如沈翔雲在〈復張之洞書〉中云：

　　列國著名之士，如法國之愛耳喜斯、孟德斯鳩、福祿特爾、盧

---

[69] 引見《辛亥革命前十年間時論選集》（下），頁六五二～六五三。

騷、康德爾賓，英國之陸克、彌勒約翰、斯賓塞爾，德之康德
諸人，其所著之書，何一不言自由？何一不言平等？何一不言
民權？……法國之革命也，天賦人權之說載於憲法；美國之獨
立也，權利自由之書布之列邦，其他各省所有者，曰人民言論
思想之自由權，曰出版之自由權，曰從教之自由權，曰身體之
自由權，曰住所之自由權，曰書信私密之自由權，曰產業之自
由權，載之憲法，布之通國，人人實享其利益[70]。

此二文件皆刊於一九〇三年。一九〇三年為近代中國自由主義第一個
高潮之年，這年之後，早年熱心自由主義的嚴復、梁啟超等都對自由
主義採取保留態度或作有利於國權伸張的曲解，革命派人雖仍以自由
為口頭禪，但因缺乏理論上的闡釋，和來自改革派的支持，影響力大
減。直到一九一一年武昌革命爆發後，自由主義才再獲伸張的機會。

　　一九一一年的革命把中國建為民主國家，政學界繼續鼓吹自由、
民主、人權，許多政黨和社團組織起來為這些目標奮鬥。自由黨的組
織與宣傳，可以代表民初自由主義運動的具體而微，雖然它在各地受
到壓制，其對自由、民主、人權等思想的宣傳，對久處專制下的人民
仍有廣泛的教育作用。如果沒有二次革命的發生，使自由黨受到牽連
而禁止；如果沒有帝制運動發生，使各種自由、民主的思想都被禁止；
假以時日，自由黨雖未必能在議會中爭得多少席次，但推助政府和有
力政黨向保障個人自由的道路上走，仍然會有其貢獻的。

---

[70] 引同上書，頁七六五～七六六。

民國初年的中國社會黨

一　前　言

　　在清朝結束以前的十餘年，中國在政治上是改革與革命時期，在文化上是西方各種思想、主義引進時期。引進西方思想、主義，部分是基於改革與革命的需要，因此，部分思想、主義即轉化為政治運動，民國初年的中國社會黨運動，即為各派社會主義輸入的一種結果。此處無意對早期的社會主義輸入作全面的檢討，僅就民國建立之初，中國政黨運動興盛時期的中國社會黨加以論述；為幫助了解中國社會黨的性質，對中國社會黨發展時期的其他社會主義勢力也略作介紹。各派社會主義和各派社會黨運動，在一九一三年秋後，因受到袁世凱政府的嚴厲制壓，一度消隱，但各派社會主義活動，或明或暗，並未息止，到五四時期及其以後，再度展開。

　　西方社會主義思想傳入中國，約始於十九世紀晚期。一八七三年至一八八二年間刊行的《西國近事彙編》，逐週譯載各國重要時事，包括無政府主義者的暗殺事蹟，以及德國社會民主黨的活動。一八七三年至一八八三年間所刊行的《萬國公報》，對西方社會主義、無政府主

義以及虛無主義者的行動，亦有報導。一八九四年十二月至一八九九年五月，馬凱林 (W. E. Macklin) 更在《萬國公報》發表〈以地租徵稅論〉、〈再論以地徵租之利〉、〈富民政策〉、〈各家富國策辨〉、〈地工本之說〉等文，討論亨利喬治 (Henry George) 的學說[1]。另一方面，一八九○年，《北華捷報》(*North China Herald*) 有文介紹德國社會主義。一八九五年，嚴復在〈原強〉一文中提到均貧富之黨。一八九九年，梁啟超於《清議報》介紹馬克斯主義[2]。這些，都是十九世紀晚期，西方社會主義輸入中國的少數例證。

二十世紀初年，由於中國革命風潮日緊，報刊介紹社會主義的文字日多。一九○三年，《政藝通報》在〈論社會主義〉一文中，稱社會主義是打破二十世紀經濟不平等的主義。同年。《浙江潮》在〈新社會之理論〉一文中，稱新社會的兩大主義為共產主義和極權民主主義，後者乃指無政府主義。同年，《譯書彙編》在〈社會主義與進化論比較〉一文中，指社會黨在打破勞資階級，使社會為「共和資本，共和經營」，以達平等世界。同年，《新世界學報》介紹久松義典的《近世社會主義》，謂社會主義欲均貧富為一體，合資本為公有，即廢私有財產而為社會共有財產。一九○五年，同盟會的機關報——《民報》——創刊，此後至一九○七年，廖仲愷、朱執信、宋教仁、葉夏聲等人於《民報》為文，介紹社會主義、馬克斯主義、無政府主義以及虛無黨的活動，並大力闡述亨利喬治的單稅制[3]。

---

[1] 萬麗鵑，〈辛亥革命時期的社會主義思潮（一八九五～一九一三）〉（民國七十六年一月國立政治大學歷史研究所碩士論文），頁八八～八九、一一八。

[2] Chang Yu-fa, "The Effects of Western Socialism on the 1911 Revolution in China," Master thesis, Columbia University, 1970, Chapters II–IV.

　　一九○七年以後的二、三年，除一般報刊陸續介紹西方各派社會主義及各派社會黨的活動以外，有兩個專門宣傳無政府主義的刊物出現。一為一九○七年六月一日創刊於日本東京的《天義》，主持人為劉師培及其妻何震。一為一九○七年六月二十二日創刊於法國巴黎的《新世紀》，主持人為張人傑、李煜瀛和吳敬恒。《新世紀》和《天義》的宗旨均在宣揚無政府共產主義 (anarcho-communism) [4]，因現存《天義》不全，無法對其內容作整體的觀察。《新世紀》共載文六七三篇，介紹無政府共產主義及虛無主義者一○七篇，介紹社會主義和無政府黨者十九篇[5]，對社會主義及無政府主義的傳揚，有其一定的貢獻。

　　除報刊介紹各派社會主義以外，另亦有不少專書介紹各派社會主義，多譯自日文。如一九○三年趙必振譯福井準造著《近世社會主義》，由廣智書局出版。同年侯士綰譯村井知至著《社會主義》，由文明書局出版。同年周子高譯西川光次郎著《社會黨》，由廣智書局出版。又如一九○四年金崧岑譯煙山專太郎著《近世無政府主義》出版，題名〈自由血〉等[6]。

　　由上所述，在清朝結束前的數十年，各派社會主義陸續介紹到中國，而介紹的深度與廣度，隨著時間的推移，亦愈深愈廣。民國初年組織中國社會黨的江紹銓（亢虎），清末亦宣揚社會主義。民國初年的社會主義運動，即承襲此一潮流而來。

[3] 萬麗鵑，頁八九～九二。

[4] 張玉法，《清季的革命團體》，頁三六一～三六三。

[5] 教育部編，《中華民國建國史》第一篇第四章，〈理論與宣傳〉，頁四～九。

[6] 萬麗鵑，頁四二～四三。

二 中國社會黨的創建

民國初年的社會主義運動，除孫中山宣傳民生主義外，有無政府主義運動，劉師復等主之；有介於無政府主義和共產主義之間的「純粹社會主義」運動，沙淦等主之。然均不過為一種思想運動。其具有社會主義政綱，且以接近政權為目的者，則以江紹銓所領導的中國社會黨為最著。

江紹銓，字亢虎，江西弋陽人，一八八三年生。一九〇〇年，紹銓留學日本。時日本社會主義運動方興，一八九七年片山潛、幸德傳次郎等組「社會問題研究會」，一八九八年村井知至等組「社會主義研究會」。社會主義研究會每月舉行講演會，闡述西方各派社會主義思想。一九〇〇年，社會主義研究會改名社會主義協會，從事社會主義之宣傳。一九〇一年，安部磯雄等組「社會民主黨」[7]。江紹銓受到這些影響，即對社會主義大感興趣[8]。一九〇一年冬歸國，任職北洋編譯局。未及一年，復去日本。倡三無主義，指出有國家之苦，有家庭之苦，有宗教之苦[9]。一九〇三年，江回國，任刑部主事，嗣調充京師大學堂東文教習[10]，兼編譯教科書，時年二十歲[11]。一九〇五年，

---

[7] Chang Yu-fa, pp. 16–17.

[8] 《江亢虎博士演講錄》第四集，頁二八，〈社會主義運動之今昔〉。

[9] 江紹銓，《洪水集》，頁三七；吳相湘，〈江亢虎與中國社會黨〉，《中國現代史叢刊》第二冊。

[10] 《京師大學堂同學錄》，教習題名。

[11] 《江亢虎博士演講錄》第一集，頁三〇謂二十歲在京師大學堂任教授；頁三六

江辦「京師女學傳習所」，一九〇七年，復在北京發起「女學慈善會」，
募款賑濟江北水災。時學部奏定女學堂章程，規定男子非五十歲以上
不得充當女學堂職員。一九〇九年，江遂將女學傳習所交學部接辦[12]，
己則赴歐留學。江在留歐期間，旅行於英、法、俄、德、比等國，研
究社會主義，並與各國社會黨人往來[13]。一九〇九年四、五月間，以
「徐安誠」為筆名，屢投稿於巴黎《新世紀》，表白其社會主義思想。
〈無家庭主義〉文中有云：「無家庭主義為無政府主義及均產主義之基
本。」[14]〈自由營業管見〉文中有云：

> 凡未成人自初生後，即由公共社會教之、育之。至年齡及期，
> 普通畢業，乃縱令自謀生計，富貴貧賤，一其人之自為位置，
> 而不必他人強加揚抑於其間。迨天年既終，乃籍其一生所得者，
> 仍歸公共社會中，更以教育後之人，如此則無家庭，無夫婦、
> 父子、兄弟諸關係，憑自己之能力，求一身之幸福。未成人以
> 前，受公共社會之恩意，及其死也，還以所得者報之，而不獨
> 親其親，不獨子其子，庶幾所謂大同者矣[15]。

一九一〇年七月，復發表〈無家庭主義意見書〉，反對有家庭夫婦，以

謂二十歲編譯教科書，二十二歲在大學當教員；頁三七謂一九〇五年二十歲，
「五」可能為「三」之誤。
[12] 同上，頁三二、八六。
[13] 《江亢虎博士演講錄》第一集，頁五〇、一二四。
[14] 《新世紀》九十三號（一九〇九年四月十七日），頁一一。
[15] 《新世紀》九十七號（一九〇九年五月十五日），頁九。

為「欲求親愛自由平等快樂者必先破家庭」。一九一一年，江回國，於
上海、蘇州、杭州等地講演社會主義，並曾為文介紹亨利喬治地稅歸
公之學說。在杭州「女學聯合會」的一次講演，題名〈女學和社會主
義之關係〉，事為浙江巡撫增韞參劾，奉旨查拏，江以此回上海[16]。

江在上海，任《天鐸報》記者。平日發表主張，倡絕對平等自由，
及女子參政。一九一一年八月九日，江組「社會主義研究會」[17]，並
發刊《社會星》。九月二日又組「社會主義宣傳會」[18]。江於此時另組
有「社會主義同志會」，後改名「中國社會民主黨」，至武昌革命爆發
後，改名為「中國社會黨」[19]。

一九一一年十一月五日，中國社會黨於上海開成立大會，宣言在
不妨害國家存在的範圍內，主張純粹社會主義，訂黨綱八條：一、贊
同共和；二、融化種界；三、改良法律，尊重個人；四、破除世襲遺
產制度；五、組織公共機關，普及平民教育；六、振興直接生利之事
業，獎勵勞動家；七、專課地稅，罷免一切稅；八、限制軍備，並力
軍備以外之競爭。此八條政綱，於一九一二年十一月一日第二次聯合
大會時加以重申。第二次聯合大會並在中國社會黨辦的事務方面，列
舉六條：一、發行雜誌、新聞、傳單、小冊；二、常時或臨時開講演
會；三、開社會主義研究會及傳習所；四、流動鼓吹；五、交通各國

---

[16] 吳相湘，〈江亢虎與中國社會黨〉，《中國現代史叢刊》第二冊；《江亢虎博士演
講錄》第一集，頁五○、一二四。

[17] 《支那二於ケル政黨團體紀要》，頁四五；吳相湘，〈江亢虎與中國社會黨〉，
《中國現代史叢刊》第二冊。

[18] 楊幼炯，《中國政黨史》，頁二一二。

[19] 謝彬，《民國政黨史》，頁四一～四二。

社會黨，加入世界社會黨大會；六、聯絡中外宗旨相近之團體。他如教養、經濟、慈善及農工各事業，皆須籌設模範的公共機關。另外並規定在組織上，於上海設本部，各地設支部，皆置主任幹事；支部主任幹事由黨員公舉，本部主任幹事由聯合大會代表選舉。支部黨員會每月一次，聯合代表大會每年一次。主任幹事得委託書記、會計、交際、庶務幹事及編輯、講演專員[20]。

　　中國社會黨本部組織簡單，計主任幹事江紹銓，幹事王文典、趙錦清、邵廷玉、張克恭、程鐘伊、張弼俠、韓濟時、徐安鎮。常駐幹事王識哉（會計、內務）、滋生（庶務、交際）、樂勒（書記）、王烱吾（書記）[21]。因江經常在外活動，其本部職務由張克恭代理。中國社會黨的中堅人物，除江紹銓外，有張繼、李懷霜、陳翼龍、沙淦、葉夏聲等。張繼，直隸滄州人，同盟會員，篤信無政府主義，曾居巴黎新世紀社。歸國後雖仍為同盟會員，但對中國社會黨的黨務特別盡力。李懷霜，廣東人，《天鐸報》編輯，為自由黨首領[22]。陳翼龍為北京支部負責人，葉夏聲在廣東活動，沙淦後別組「社會黨」。此外，列名黨籍者尚有吳敬恒、陳布雷、何海鳴、顧實等。孫中山自歐歸國後，對中國社會黨亦多方贊助。一九一二年元旦，曾贈該黨書籍四種：一、

---

[20] 中國歷史第二檔案館編，《中國無政府主義和中國社會黨》，頁一七三～一七四。

[21] 竹內克己，《支那政黨結社史》，頁一八○；本部幹事於一九一二年七月有一次調整，計主任幹事張克恭，書記幹事張樹霖、王烱吾，會計幹事王文典，內務幹事徐安鎮，外務幹事沙實琛，見七月六日，《民立報》，頁八；又《民聲》，第十二號，頁一二謂本部幹事有客公、白蘋洲、徐安真。

[22] 《支那二於ケル政黨團體紀要》，頁四五～四六；及川恒忠，《支那政治組織の研究》，頁三○二；蔡寄歐，《鄂州血史》，頁二一三。

《社會主義概論》，二、《社會主義之理論與實行》，三、《社會主義發達史》，四、《地稅原論》。書皆歐美最新出版的名著，孫囑該黨同志加以通譯。蓋孫垂念民生疾苦，願此主義貫徹國人之心目，為建設國家之預備[23]。

三　中國社會黨的發展（上）

中國社會黨成立後，首要工作為宣傳黨義及發展組織，一方面在報上刊登廣告，積極吸收黨員，一方面派人四出活動，成立支部。先後見於一九一一年十一月二十三日及一九一二年一月七日的廣告詞云：

> 中國社會黨現已完全成立，本部設在上海英大馬路虹廟對門樓上。凡願入黨或接洽者，希於每星期日午前十時至十二時前來，並訂每月第一星期開黨員常會，第二、第四星期開講演會，每月二十發行《社會雜誌》，為本黨進行之第一步[24]。

廣告詞雖簡，略可窺知中國社會黨成立之初的活動方向。

中國社會黨的主要活動之一，是召開各種會議，包括黨員常會、講演會、談話會、聯合大會等種。黨員常會以報告並討論黨務為主，如一九一二年一月二十一日，中國社會黨假上海六馬路仁濟堂開會，到者數百人，本部主任幹事江紹銓時方自南京支部回滬，在會中提出

---

[23] 辛亥十一月十四日《天鐸報》載〈中國社會黨本部誌謝〉啟及布雷〈社會主義大總統〉短評。

[24] 見一九一一年十一月二十三日，《時報》；及一九一二年一月七日，《民立報》。

報告，其要點如下：

　　⑴各地支部發起者凡二十七，約共黨員四千餘人。

　　⑵南京機關刊物業經出版，本部擬設社會日報。

　　⑶女子參政同志會欲辦女子法政講習所，現由黨員陳婉衍將宗孟
　　　女學備充校址，不日開辦。

　　⑷有關社會銀行一事，倡議者張泉甫逝世，擬設法繼續辦理。

另有留比回國學生洪得之在會中演說社會銀行組織方法；林宗素在會中
演說主張發起運動，要求女子參政。江紹銓於會中提議於一月二十七日
在上海開聯合大會，函請各支部派代表出席，籌商該黨未來事務[25]。

　　談話會不拘形式，或為講演，或報告黨務，或研究問題。茲表列
上海本部談話會數次，作為示例：

日　期	內　容
1911 年 12 月 3 日	由蔡元培演說，到者百人[26]。
1911 年 12 月 31 日	黨員徐茂均於會中介紹德國社會黨之主張：一、人生必勞苦自給，二、土地公有，三、教育由黨中主持，四、宗旨及進行方法必須和平。新自英倫歸國之馬駿，講演英國社會黨之源起及鼓吹方法，並謂英國社會黨深信中國社會黨必能持極端人道主義，維持世界和平。由爪哇歸國之社會學家白蘋洲起而演說，謂社會主義為中國所固有。與會者另有日本社會黨人仲由等[27]。

---

[25] 民國元年一月二十二日，《天鐸報》，社會黨常會誌聞；同日，《時報》，社會黨常會誌聞；宣統三年十二月十三日，《順天時報》，社會黨之開常會。

[26] 宣統三年十月二十二日，《順天時報》，四版。

[27] 辛亥十一月三日，《天鐸報》，社會黨進行誌。

1912 年 1 月 14 日	副部長報告蘇州支部開成立會及《南京人報》辦理情形，並謂光復軍來函，願就軍隊所至地發起支部，請黨員擔任隨軍宣講者。黨員陳布雷演說，謂一般人受法政教育家之蒙蔽，對社會主義及社會黨人無好評，將來必由中國社會黨辦各種大學，以社會黨人之眼光從事教育，社會主義始易普及人心。李懷霜演說人類進化及社會階級之變遷，謂不宜視共和為郅治，當以國家社會主義為過渡，達到極端的社會主義[28]。
1912 年 6 月 2 日	到者三十餘人，張克恭報告派余菊農赴湘交涉情形，徐安鎮報告世界語暨俄人蘇特孟約中國社會黨發起租地研究會情形[29]。
1912 年 6 月 9 日	某君倡設破除家庭制度會，徵求同意；赴湘代表余菊農報告即將啟程赴湘[30]。
1912 年 6 月 15 日	由張克恭講演共產主義及廢止金錢辦法，謂天然產業，本為公有，自國家制度興，而共產之制破。今宜實行人力合作之共產，各盡所能，各取所需[31]。
1912 年 6 月 22 日	徐安鎮代表張克恭報告與工黨進行聯合事，並報告江紹銓取道煙臺北上[32]。

　　講演會以宣揚社會主義為主，以未入黨者為對象。關於宣傳主義，中國社會黨經陳翼龍提議，原設有流動部，以流動鼓吹、擴充中國社

---

[28] 民國元年一月十六日，《天鐸報》，社會黨進行誌；同日，《時報》，社會黨進行誌。

[29] 民國元年六月三日，《民立報》，頁八，社會黨消息。

[30] 民國元年六月十日，《民立報》，頁八，社會黨消息。

[31] 民國元年六月十七日，《民立報》，頁八，社會黨消息。

[32] 民國元年六月二十五日，《民立報》，頁八，社會黨消息。

會黨範圍，使社會主義普及一般人民為宗旨。辦理事務如下：一、印送傳單、規章及宣告；二、隨所到地擇日開講演會；三、隨時隨地招集同志入黨；四、保護黨人法律範圍內之自由；五、組織言論機關，編譯各種社會主義書籍；六、徵求黨員及非黨員意見書及各種文牘，以補中國社會黨之不逮；七、未經發起支部處即發起支部。流動部一度派蕭翼如、陳翼龍等流動宣講，嗣以經費無著解散。有關社會主義之宣傳，仍以個人鼓吹為主[33]，由本部舉辦之講演會，茲表列數次於下，作為示例：

地　點	日　期	內　容
上　海	1911 年 12 月 3 日	講演者有江紹銓、殷仁安、梅竹廬、黃子通、翁問樵、王志松、殷抱山、陳洪鸞、王如春、梁廷柱、鍾元、黃洪殿、楊洪賡等，聽者五、六百人[34]。
南　京	1912 年 1 月 6 日	到者數百人，江紹銓演說平均地權之旨，林宗素演說謂臨時大總統孫中山允將來女界有參政權[35]。
上　海	1912 年 7 月 2 日	孫中山、吳敬恆、戴傳賢、李懷霜、劉藝舟及西人李立德、史特孟、馬林等講演社會主義及專徵地稅問題[36]。

[33] 民國元年三月十八日，《民立報》，頁一二，社會黨流動部章；民國元年三月二十日，《民立報》，頁一〇，社會黨之歡送會；民國元年七月三十日，《民立報》，頁八，社會黨消息。

[34] 宣統三年十月二十二日，《順天時報》，四版。

[35] 民國元年一月十日，《時報》，三版。

[36] 民國元年七月一日，《民立報》，頁八，社會黨消息；按此次講演原安排在六

上　　海	1912 年 7 月 9 日	曹亞伯演說，以社會主義為人類之福音，到會者有褚民誼、吳敬恆、林宗素、章水天等[37]。

聯合大會是各支部派代表與本部聯合舉行，討論黨內重大問題。首次大會於一九一二年一月二十八、二十九日在上海英租界仁濟堂中國社會黨本部舉行。當時該黨黨員約四千餘人，各地支部三十餘處[38]。到會代表計有：

女黨員代表——李靜梧、裴桂珍

蘇州代表——陳翼龍、詹天雁

南京代表——高觀潮

揚州代表——李志雲、馮叔鸞

淮安代表——陳少侯、湯鈴

鎮江代表——趙欽漢、吳豹卿、陶德源、馬鳳池

常熟代表——王冀如

平湖代表——沈懋學

常州代表——劉嶸昌、楊游

紹興代表——楊無我

嘉興代表——朱銘勛

月，預備講演者尚有江紹銓、林宗素、蔡渼俠、褚松雪、丁季元、張克恭、王文典、張弼俠、沙淦、徐安鎮等，因事改期，見民國元年六月十六日，《民立報》，頁八，社會黨消息。

[37] 民國元年七月十日，《民立報》，頁八，社會黨消息；七月十六日，《民立報》，頁八，社會黨特別記事。

[38] 民國元年一月二十五日，《民立報》，頁五，中國社會黨聯合大會通告。

杭州代表──張浩、陳澹、王蘭芝

廣東代表──譚民三、葉夏聲、易俠

其餘長沙、天津等二十餘支部，均有電函報告狀況，提供意見。

到會者千餘人，討論問題頗為廣泛，其重要決議如下：

⑴入黨資格問題：以能了解及信從該黨宗旨為合格，不用介紹人。

⑵維持經費問題：各黨員經常費按月自由交付，惟至遲以三月為
　度，屆時由常駐幹事函催。

⑶職員名稱之規定：各支部取消正副部長名義，改稱主任。主任
　以下，設會計、庶務、書記各員。

⑷鼓吹機關之統一：以本部出版物為標準。

另對發起支部之資格、調查機關之建立等問題亦有討論，惟未獲結論[39]。

四　中國社會黨的發展（下）

中國社會黨的其他重要活動，尚有發行宣傳刊物、擴張支部組織、擴展附屬事業、以及與各國革命志士或社會黨人聯絡等。

就發行宣揚刊物而論，除《社會雜誌》（後更名《社會月報》）外，尚有《社會星》（僅出三期即被禁）、《社會世界》（上海黨部發行，似為月刊，一九一二年六月出第三期，七月出第四期，該社並函授「世界語講義」）、《人道週報》、《社會黨月刊》、《人權報》（日刊）等。另《天鐸報》附刊之〈社會黨日刊〉，以及《民立報》、《中華民報》中之

---

[39] 民國元年一月三十日，《天鐸報》，社會黨聯合大會誌；一月三十一日，《時報》，社會黨聯合大會誌；《支那二於ケル政黨團體紀要》，頁四六。

「社會黨消息」欄等，均協助中國社會黨宣傳。各支部出版之刊物，有嘉興的《人道雜誌》、紹興的《新世界》、南昌的《大聲報》、《救生船》、煙臺的《東亞日報》、崇明島的《崇明報》等[40]。

在擴張支部組織方面，中國社會黨究有多少支部，因統計時間不同，彼此頗有出入。一九一二年一月的統計是支部三十餘，黨員四千人[41]。四月的統計是支部九十餘，黨員三萬五千人[42]，六月的統計是支部二百餘，黨員五萬餘人[43]。七月的統計是支部三百餘，黨員八萬五千人[44]。八月的統計是支部近四百，黨員近二十萬人。一九一三年一月的統計是支部四百九十餘處，黨員五十二萬三千餘人[45]。支部可查者，據本文附表統計，除流動部外，共一八九個，計江蘇四十七個，浙江三十六個，安徽三十三個，福建十五個，湖北十三個，四川十個，江西、廣東各六個，湖南、直隸各四個，山東二個，奉天、河南、山西、雲南、日本各一個，不詳八個。

在推展附屬事業方面，中國社會黨主張成立公共教育機關，並將育英堂、蒙養院編入強迫教育中；創辦地稅研究會，專門研究亨利喬治的地稅理論；組織中國社會黨實業團，以普及實業知識及擴張生產事業；成立世界語學校，欲以文字大同為世界大同的嚆矢；成立萬國社會黨上海俱樂部，以研究社會主義學理、輔助社會主義實行；延請

[40] 萬麗鵑，頁一二六。

[41] 民國元年一月二十五日，《民立報》，頁五，中國社會黨聯合大會通告。

[42] 江亢虎，〈中國社會黨重大問題〉，民國元年四月四日，《天鐸報》。

[43] 民國元年六月十九日，《民立報》，頁八。

[44] 中國歷史第二檔案館編，《中國無政府主義和中國社會黨》，頁一八四、一九〇。

[45] 〈江亢虎君致袁總統書〉，民國元年七月三十日，《民立報》，頁八。

英俄人士演講，鼓吹專徵地稅及遺產歸公；籌辦貧兒院，並欲以崇明島及外蒙古為社會主義試行地[46]。附屬機構皆為實行黨策的機構，除上述者外尚包括學校[47]、社團、劇社[48]、工廠、貧兒院、圖書館、閱報社等。支部辦附屬事業者，南京支部曾有妥善之計畫，擬組責任團，除原有之「實行共產團」外，分為講演、教育、新劇、編譯、實業、慈善、交際、法律八團[49]。責任團或為各支部的共同組織，如本文附表所列，杭州支部亦有責任團，而來安支部亦有實業團。實業團尤為中國社會黨實行地產歸公、以期實現共產主義的門徑。其入手方法，則為先以國家固有之公產關社會固有之利源，由是移資以購辦私產，化私產為公產[50]。此團於一九一二年七月發表宣言，十月正式在上海成立，任發起者有王文典、費志豪、趙錦清等，以「普及實業智識、擴張產業」為目的，其主要事業是：發行《實業月報》，改良種植及製造，組織實業學校及農工傳習所，調查國內物產土質及公共土地以準備擴張實業，設立農工試驗所以備團員實地傳習，設立實業銀行以期

---

[46] 萬麗鵑，頁一一一。

[47] 除附表中所列者外，尚有馬良所主持的「平民公學」（一九一二年一月六日，《天鐸報》）、黨員王文典等在本部所組的「世界語傳習所」（民國元年六月十二日，《民立報》）、陸澄溪及李善宜等在上海所組的「女子工藝傳習所」（六月二十二日，《民立報》），以及「女子法政講習所」（辛亥十一月二十二日，《天鐸報》）等。

[48] 如「女子參政同志會」、「社會演劇團」等，見辛亥十一月二十二日，《天鐸報》，〈社會黨開幕矣〉。

[49] 〈社會黨南京部組織責任團宣言書〉，民國元年四月十一日，《順天時報》，第四版。

[50] 〈中國社會黨實業調查團宣言〉，民國元年七月十二、十三日，《民立報》。

發展實業。當時本部團員百餘，另有支團三十一個[51]。

另外，中國社會黨尚與各國革命志士或社會黨人聯絡，可知者，朝鮮遺民曾至社會黨本部求援，以便聯絡同志，光復祖國。越南人士亦於《天鐸報》發表公開信，要求中國社會黨援助越南獨立，次及緬甸、印度、朝鮮。另外，日本社會黨人士半田一郎等曾至上海與江紹銓長談，而俄國社會黨人亦有三名加入中國社會黨[52]。

中國社會黨勢力日漸龐大，內部份子亦日漸複雜。有極端主張無政府主義者，有極端主張國家主義者，皆與該黨原來宗旨不符。蓋後者熱中政權，主張組成民主社會黨，以運動政權、實行黨綱；前者則堅持社會主義理想，祈望該黨為純粹的社會黨，以達到無家庭、無政府、無宗教的理想世界。該黨領袖江紹銓鑒於這種情形，曾於一九一二年四月四日於《天鐸報》《社會黨日刊》中發表〈中國社會黨重大問題〉一文，就黨名、黨綱、黨規、黨魁等問題提出討論：

(1)黨名：若改為完全政黨，則應改名為「中國的社會黨」或「中國民主社會黨」。

(2)黨綱：若改為完全政黨，則原有黨綱中之「破除世襲遺產制度」一條應予刪除。

(3)黨規：若改為完全政黨，綱領條目，必重新詳定。蓋該黨因非純粹政黨，原訂規章極簡單，為遵從天然秩序、尊重個人自由之故。

(4)黨魁：該黨原不置黨魁，若改為完全政黨，必擁戴一黨魁而聽其指揮，以為進行。

---

[51] 竹內克己，《支那政黨結社史》，頁一八○～一八一。

[52] 吳相湘，〈江亢虎與中國社會黨〉，《中國現代史叢刊》第二冊。

四月二十五日《社會黨日刊》刊載江紹銓致袁世凱書一紙，述社會主義之主張及中國社會黨的做法凡十：

⑴社會主義乃光明正大、和平幸福之主義，其目的在使人人同登極樂、永慶昇平。

⑵社會主義之無政府派乃謂個人自治，萬國大同，政府自退歸於無用，並非即須推倒一切政府，破壞一切國家。

⑶自全世界觀之，社會主義在學理上已成最有根柢之科學，在政治上已成最有聲援之黨派。

⑷社會主義有溫和、激烈兩種，大抵隨各國政府之待遇為轉移，壓制愈甚，爆發愈烈。

⑸社會主義與共和主義之根本精神皆在自由、平等、博愛。

⑹中國社會黨雖主張世界主義，惟「贊同共和，融化種界」並不妨害國家之存在。

⑺中國社會黨提倡教育平等，遺產歸公，原三代周孔固有之理想。

⑻中國社會黨並非政黨，凡事均自社會入手，不欲干預政府之行為。

⑼中國社會黨發生較早，可預防國內大地主、大富豪之產生，免蹈歐美覆轍。

⑽中國社會黨獎勵勞動家，振興直接生利事業，正為國人對症下藥。

江紹銓謂孫中山及唐紹儀均贊同該黨，要求袁世凱予以同情。

中國社會黨在當時確已獲得廣泛的支持。如前所述，孫中山曾贈書該黨，蓋該黨所倡社會主義，與同盟會「採用國家社會政策」的政綱，頗有相合之處，故孫中山熱心贊助[53]。唐紹儀時任國務總理，曾

---

[53] 民國元年五月一日，《天鐸報》，〈熱心社會主義者〉。

允江紹銓往崇明島試驗無政府主義[54]。不僅如此，該黨在國際上亦獲響應，如前所述，朝鮮、越南革命志士及日本社會黨人士均與中國社會黨有所聯絡[55]。最可注意者為俄國，除中國社會黨成立之初，即有俄國黨員二、三人參加外，一九一二年五月，俄國社會主義者克瑟林至滬，與江紹銓會晤，對中國社會黨政綱「遺產歸公」一條大加激賞，認較共產、均產、集產為切實可行[56]。

五　內部分裂與政治禁阻

中國社會黨既獲國內有力人士贊助，又有國際聲援，發展似頗有望。然以其持論過激，反對者亦不乏人。早在一九一一年八月，宋教仁即曾於《民立報》上著論，謂無政府主義及共產主義不能行於中國[57]。宋氏所主張者為國家社會主義，其後同盟會改為政黨之後，納入政綱，故同盟會之穩健份子，如《民立報》的一些作者，對江氏之主張再三質詢[58]。而統一黨領袖章炳麟對社會黨尤為不滿，指其為下流社會[59]。湘鄂兩省則對其發展採禁抑手段，湘督譚延闓曾派軍警封閉中國社會黨湘支部，並拘捕其主持人[60]。鄂督黎元洪亦曾下令解散

---

[54] 《社會黨月刊》期二，頁一六。

[55] 吳相湘，〈江亢虎與中國社會黨〉，《中國現代史叢刊》，第二冊，頁五七。

[56] 民國元年五月六日，《天鐸報》，〈中俄社會黨之談話〉。

[57] 漁父，〈社會主義商榷〉，一九一一年八月十五日，《民立報》。

[58] 吳相湘，〈江亢虎與中國社會黨〉，《中國現代史叢刊》第二冊，頁五六～五七。

[59] 一九一二年五月十四日，《天鐸報》，沙淦，〈章炳麟之十大罪狀〉。

[60] 民國元年五月九日，《天鐸報》，〈長沙獄中社會黨之報告〉。

該黨，並緝捕該黨支部主任何海鳴[61]。

　　一九一二年七月，江紹銓往北京謁袁世凱，期望袁能實行國家社會主義，即利用國家勢力以推行社會主義。江氏認為，如袁政府能標揭國家社會主義，則與同盟會所主張之政綱相合。一方面可與同盟會提攜並進，一方面有中國社會黨員二十萬在社會上為之鼓吹[62]。袁世凱則認為中國社會黨為同盟會之同黨，自無法採納其意見。八月二十日，江紹銓離京赴漢口，在漢口下車後，被湖北當局逮捕[63]。

　　江之被捕，一說為人構陷，一說黎元洪挾嫌，幸賴自由黨、大同民黨、民生國計會、俠團、工黨實業團、國民黨、女子參政同盟會、競進會、東亞大同社、女界協濟會、伶界聯合會、工業同盟會等黨會之支持，李懷霜、鄧家彥、戴傳賢、何海鳴、王博謇、章佩乙、殷人菴等報界人士之聲援，蔡元培、張克恭等之設法營救[64]，黎元洪旋將江紹銓釋放。

　　江紹銓雖主無政府，其實際行動，則熱中名利。一九一二年十月，中國社會黨在上海開聯合大會，一部分主張國家社會主義之黨員，提倡改為政黨，一部分主張無政府之黨員，則提倡刪改黨綱，期合於真正社會主義。爭論至為激烈。江紹銓為調停計，於章程中加入不妨害國家存在範圍內，主張純粹社會主義及黨員得以團體或個人從事政治之活動二語，倡導純粹社會主義之沙淦因而退出，另組「社會黨」[65]。

[61] 民國元年八月二十四日，《中華民報》，〈社會黨開會紀事〉。

[62] 民國元年七月三十日，《天鐸報》，〈社會主義〉。

[63] 民國元年八月二十四日，《中華民報》，〈社會黨開會紀事〉。

[64] 同上。

[65] 師復，〈政府與社會黨〉，《晦鳴錄》期二，頁三～四。

　　沙淦是無政府主義者，其主張在消極方面是無政府、無家庭、無宗教，在積極方面是個人自治、世界大同；以及各盡所能、各取所需[66]。社會黨以「純粹社會主義」為宗旨；以無政府主義為主義；以「消滅階級」、「破除界限」為黨綱；以「不作官吏」、「不作議員」、「不入政黨」、「不充軍警」、「不奉宗教」、「不稱族姓」、「不結婚姻」為戒約。其消滅階級之法為實行共產（消滅貧富階級）、尊重個人（消滅貴賤階級）、教育平等（消滅智愚階級）；其「破除界限」之法為無遠近（破除國界）、無親疏（破除家庭制度）、無迷信（破除宗教）。至其實行之手段，一則藉雜誌（辦有《新世界》雜誌）、報紙、書籍、講演從事鼓吹，一則從事育嬰院、幼稚院、學校、醫院、養老院、農工場、公園等之實際建設[67]。先後並組織「俠團」及「漢流唯一社」，以運動會黨人士[68]。

　　此事發生，江紹銓曾代表中國社會黨發表宣言，力事調和，終無效果。一九一二年十一月二十一日聲明中國社會黨與社會黨之異點凡十，提醒社會人士注意：

　　⑴名稱之異：一名「社會黨」，一名「中國社會黨」。

　　⑵主義之異：社會黨主張極端社會主義；中國社會黨在不妨害國家存在範圍內，主張純粹社會主義。

　　⑶地址之異：社會黨交通機關在上海法大馬路自來火行西街；中國社會黨本部在上海雲南路仁濟堂。

　　⑷份子之異：社會黨入黨必須黨人介紹，務求純粹；中國社會黨

---

[66] 萬麗鵑，頁九九、一〇一。

[67] 民國元年十一月二日，《民立報》，〈社會黨緣起及約章〉。

[68] 萬麗鵑，頁一〇七。

號召黨徒，不厭濫多。

⑸組織之異：社會黨但設交通機關，無本部支部之區別，無主任
　幹事，各項幹事憑黨員自由擔任；中國社會黨有本部支部之分，
　各部皆有主任幹事，各幹事皆由主任委託。

⑹標識之異：社會黨旗幟約章書籍皆用紅色；中國社會黨多用綠色。

⑺圖記之異：社會黨圖記用地球式，刊世界語；中國社會黨圖記
　用橢圓式，刊英文。

⑻收費之異：社會黨入黨費常年費由黨人量力擔任；中國社會黨
　月費以收入百分之五為斷。

⑼性質之異：社會黨純粹屬社會主義性質；中國社會黨含有政治
　性質。

⑽進行之異：社會黨以急進緩進各方法，使世界不完善制度盡歸
　淘汰；中國社會黨應用較完善之制度，以作彌縫補苴之計[69]。

新組之「社會黨」，或名「萬國社會黨」，奉沙淦為領袖，黨員四、
五十人，多用化名。如沙淦，湖南人，化名憤憤；周繼香，浙江紹興
人，化名鄧鄧。他如樂無（原化名大虛，杭州人）、煮塵（浙江紹興
人，《新世界》主筆）、重遠、隨隨、絮因、白濤、笨伯、愛愛、天真、
寄寄、離浪、木鐸、自然等[70]，其原名多無法查考。

社會黨之主張在無政府與共產主義之間，當時鼓吹無政府主義的
劉師復，以理念不合，拒絕加入社會黨[71]。袁政府以其「意在破壞現
在之秩序」於一九一二年十二月下令禁止[72]。其後，社會黨仍秘密活

---

[69] 民國元年十一月二十一日，《民立報》，〈社會黨與中國社會黨之十大異點〉。

[70] 竹內克己，《支那政黨結社史》，頁一八三。

[71] 中國第二歷史檔案館編，《中國無政府主義和中國社會黨》，頁一〇五。

動，於上海辦《良心》雜誌為機關[73]。國民黨發動二次革命，社會黨人亦參與其事，沙淦並為革命被槍殺於通州[74]。

另一方面，江紹銓的「中國社會黨」則活動如故。一九一二年十一月，江紹銓又發起「三二學社」，研究三無二各學說。所謂三無，指無宗教、無政府、無家庭；所謂二各，指各盡所能、各取所需[75]。國會選舉期間，江紹銓為獲較多選票，曾分派黨員，在浦口等地組織工人團體[76]。俄人至外蒙訂條約之際，江亦發表〈社會黨籌邊策〉[77]，主張蒙回藏與內地分離，於其地實行社會主義，兼充無政府主義之試驗場。一九一三年三月宋教仁被刺案發生，江於四月十四日發表宣言，主張「大總統以次均親身到案，公開審判，以伸法權」。袁政府嫌其太激烈，斥為國民黨之前驅。國民黨二次革命期間，中國社會黨亦參與活動。一九一三年七月二十五日，其北京支部主任幹事陳翼龍在北京被捕。陳為湖北羅田人，時年二十八歲，原在江蘇活動，於一九一二年八月抵京，組織社會黨支部。既被捕，受軍法審判，處以死刑，於八月四日被鎗斃，袁政府遂於八月七日下令解散中國社會黨[78]，令云：

---

[72] 《中華民國新文牘》第十冊，內務部咨。

[73] 劉師復，〈政府與社會黨〉，《晦鳴錄》期二，頁三～四。

[74] 〈我輩向前進〉，《民聲》第四號，頁一；張西曼，《歷史回憶》（上海東方書社，民國三十八年），頁五九。

[75] 萬麗鵑，頁九五。

[76] 趙親，〈辛亥革命前後的中國工人運動〉，《歷史教學》一九五九年，期二，頁七～八；鄧中夏，《中國職工運動簡史》，頁五。

[77] 文見《洪水集》。

[78] 吳相湘，〈江亢虎與中國社會黨〉，《中國現代史叢刊》第二冊，頁六一～六二；劉師復，〈政府與社會黨〉，《晦鳴錄》期二，頁三～四。

查近日匪徒，每藉政黨名義，迫脅官吏，魚肉鄉愚，殊足以妨
礙政務，擾害治安，甚且蓄意煽亂，潛謀不軌，全國人士，無
不疾首蹙額，深以為病。茲據京師、天津等處呈報，破獲社會
黨秘密機關，搜出種種犯內亂罪證據，並查有勾通外國虛無黨
妨礙國際和平情事，顯係倡亂行動，迥非文明各邦所稱社會黨
研究學理者可比。若不從嚴禁除，必至釀成巨患，破壞大局。
著各省都督民政長各軍司令官，將所有社會黨本部暨支部一律
嚴行查禁。此外一切黨會，如有擾害煽亂，與該黨相類似者，
亦准由各該都督民政長及司令官勒令解散，分別懲治，以維秩
序而保公安[79]。

江紹銓在國內無法活動，旋即逃亡美國，至一九二〇年，始由美
返國，繼續宣揚社會主義。到一九二四年六月，標舉新民主主義、新
社會主義。所謂新民主主義，要目有三：⑴選民參政，⑵立法一權，
⑶職業代議。所謂新社會主義，要目亦有三：⑴資產公有，⑵教養普
及，⑶勞動報酬（各盡所能，各取所值）。圖謀恢復之中國社會黨擬在
北京設本部，在上海設通信處，在各地方設支部，旋遭查禁。此後迄
於一九二六年五月間，江紹銓或以中國社會黨名義，或以中國新社會
民主黨名義，或以個人名義，對時局發表意見[80]，所獲反響無多。

---

[79] 上海掃葉山房北號發行，《政府公報分類彙編》，「弭亂」，〈臨時大總統民國二
年八月七日令〉。

[80] 中國第二歷史檔案館編，《中國無政府主義和中國社會黨》，頁二一〇～二四七
有關資料。

六　失敗原因的檢討

民國初年，中國社會黨的發展，所以困難重重，主要有三個原因：其一，中國社會黨以黨綱激進，未獲得合法地位。其上海本部曾在南京臨時政府立案，主要因為當時臨時大總統孫中山贊同社會主義。但到一九一二年四月，臨時政府北遷，袁世凱主政以後，即不准立案。在天津辦《大風日報》的中國社會黨黨員郭究竟，在一九一一年武昌革命爆發後，即擬在天津設立天津支部，但為警道批駁。一九一二年四月三日，郭究竟以上海本部已在南京臨時政府立案，復請求設天津分部，警道疑其與無政府主義有關，仍不允許。嗣經上海本部來函，證明該黨主張與無政府主義不同，並送呈中國社會黨規章，但到七月十八日，內務部仍不准立案，主要理由為規章有破除世襲遺產制度等語，與「中華民國臨時約法」第六條第三款，人民有保有財產之自由之規定相牴觸。其後在一九一二年八月間，上海本部、紹興支部、南昌支部、蘇州支部、新市支部、重慶支部、流動部、上海黨員徐安鎮、王文典、韓濟時三人，以及盛澤黨員施澤民等八人，或以函，或以呈，或以電，紛向內務部陳情，並就破除世襲遺產制度之主張加以解說，均不得要領。另一方面，江紹銓、陳翼龍等於一九一二年八月十八日在北京成立支部，陳翼龍等於一九一三年二月二日重組天津支部，均不獲准立案，擬在北京辦平民學校和世界語傳習所，亦不見下文。在天津的活動且遭阻止，其主要理由，見於一九一三年五月二十六日直隸行政公署咨者，仍為「規章有破除世襲遺產制度等語，核與『中華民國臨時約法』第六條第三款，人民有保有財產之自由之規定牴觸」[81]。

其二，它的主義不純，無法匯集各派無政府主義人士。江紹銓以無政府主義相號召，實則作法妥協，對政權熱衷，距無政府主義的理想甚遠。如前所述，宋教仁在《民立報》撰文，批評江氏所倡導的是社會民主主義或國家社會主義，不能算做社會主義[82]。劉師復在《民聲》撰文，謂江氏不主張生產機關公有，不主張廢私產，違背社會主義原則，又對政治主張限制軍備、採用單稅，對產業主張營業自由、財產獨立，皆屬國家社會政策[83]。在這種情形下，沙淦一派與江紹銓合而復離，劉師復一派對江紹銓的社會主義理論與行動一直採取批判的態度。由於江紹銓並非為某一派社會主義堅持理想，只是以激進主義號召不滿人士，而凡事與現實妥協，一遇政治高壓，江即遠走美國。

其三，政治環境不良，激進黨派無發展條件。當時民國初成立，政治結社一度自由，稍予中國社會黨及其他黨派以活動空間，但在袁世凱政權鞏固以後，刻意壓制各種過激的或擾害政治和社會秩序的黨派，使沙淦的社會黨、劉師復的無政府主義派、孫中山的國民黨等均無法生存，中國社會黨亦是在這種環境下受到摧折。

---

[81] 中國第二歷史檔案館編，《中國無政府主義和中國社會黨》，頁一六九～一九九。

[82] 萬麗鵑，頁九六。

[83] 俞忠烈，〈民國初年的無政府主義運動——劉師復與民聲〉（民國七十五年六月國立政治大學歷史研究所論文），頁一八八。

附表　中國社會黨支分部一覽表

名　　稱	地　點	成立時間	主持人物	重要活動	備　註
江北分部	江蘇淮安	1912 年 1 月	華林	宣揚貧富不均。	84
南京支部	江蘇南京	1912 年 1 月 6 日	高觀瀾、無吾、符定一、廖世淦、朱郁生[85]	成立之日，到會者約千七、八百人，江紹銓於會中發表演說，略述社會主義之起源、近世各國社會主義之學說及其現況、中國社會黨之宗旨及方法（從鼓吹入手，以實行團為試驗模範）、中國社會黨成立之略史、中國需要社會主義之原因等。會中決定創辦《南京人報》，以事宣傳[86]。1 月 14 日，開星期談話會，到會者四百餘人，	

---

[84] 辛亥十一月九日，《天鐸報》，〈江北之社會黨〉；民國元年一月六日，《民立報》，頁二。

[85] 《民聲》第十二號，頁一二；民國元年六月五日，《民立報》，頁八；六月六日，《民立報》，頁八；六月八日，《民立報》，頁八。

[86] 辛亥十一月二十二日，《天鐸報》，〈社會黨開幕矣〉；民國元年一月十二日，《民立報》，頁八。

				除報告黨務外，並由殷仁、沙淦、李謙若、陳婉衍等演說社會主義[87]。	
蘇州支部	江蘇蘇州	1912 年 1 月 14 日	龐敦敏、李二我、黎封	江紹銓參加成立會，曾開辦平民學堂，並籌辦乞丐習藝所。1912 年 8 月 9 日曾致電內務部抗爭其對「破除世襲遺產制度」之解釋。	88
湖南支部	湖南長沙		殷兆洲、張倬漢、張毓麟、袁超、常吟池	辦有《湘漢新聞》、《天民報》，都督譚延闓禁止開會，拘禁代表殷兆洲等五人，江紹銓曾謁臨時大總統孫中山請電飭維持，蘇州等支部電請袁世凱查辦[89]，五代表旋被釋，事息[90]。	

---

87 民國元年一月十八日，《天鐸報》，〈社會黨之發達〉。

88 一九一一年一月十六日，《申報》，第三版；民國元年四月十八日，《民立報》，頁八；七月六日，《民立報》，頁八。

89 民國元年二月六日，《民立報》，頁六；六月一日，《民立報》，頁八；六月八日，《民立報》，頁八。

90 民國元年六月二十五日，《民立報》，頁八。

海安鎮支部	江蘇海安鎮	1912 年 2 月 24 日		成立之日，會員及來賓到者千餘人，由本部代表沙寶琛演說社會主義之起源、社會上之不平等、社會黨之支派、社會主義之目的等。	91
漢口支部	湖北漢口	1912 年		以「教育平等、產業歸公」為主義。	92
鎮江支部	江蘇鎮江		趙恕平、趙紹霖、柳衍齋、吳豹卿、黃秋海	辦有《興漢報》，曾於 1912 年 4 月 10 日開常會，到者二百餘人。	93
嘉興支部	浙江嘉興		駱惟良	辦有《人道雜誌》，曾發起貧兒院。	94
梁園鎮支部	安徽合肥				95
新市支部	浙江新市		陳文勤、鍾澹水	黨員百餘人。1912 年 8 月 9 日曾致電內務

91 民國元年三月七日，《民立報》，頁一二。

92 民國元年四月五日，《民立報》，頁二。

93 民國元年四月十四日，《民立報》，頁八；《支那二於ケル政黨團體紀要》，頁四七。

94 民國元年四月十八日，《民立報》，頁八。

95 梁園鎮、新市、通州、九江、福州、建寧、太倉各支部，均見民國元年六月一日，《民立報》，頁八。新市支部另見中國第二歷史檔案館編，《中國無政府主義和中國社會黨》，頁一八二。

				部，抗議其對「破除世襲遺產制度」之解釋。
通州支部	直隸通州		宋翰飛、尤希謝、單子廷	
九江支部	江西九江		曹安、紀振綱	
福州支部	福建福州			[96]
建寧支部	福建建寧			另發起建安、東鄉、建南、茶市支部。
太倉支部	江蘇太倉		楊毓庚、葉抱綠、王笏如[97]	另發起沙溪、雙鳳鎮支部。
如皋支部	江蘇如皋			[98]
寧波支部	浙江寧波		趙伯樂、張祖華[99]	曾開講演會，到者千餘人[100]。又辦有公共小學，徐崧任校長[101]。

---

[96] 民國元年七月一日，《民立報》，頁八。

[97] 民國元年七月二日，《民立報》，頁八。

[98] 民國元年六月二日，《民立報》，頁八。

[99] 民國元年六月二十四日，《民立報》，頁八。

[100] 另見民國元年六月七日，《民立報》，頁八。

[101] 民國元年六月二十七日，《民立報》，頁八。

南陵支部	安徽南陵				
松江支部	江蘇松江		王任	擬辦《白話社會報》。	
東京通訊機關	日本東京		丁以仁		
安慶支部	安徽安慶		李蔥	組織布工廠以為黨員勞動之地，並籌辦《社會月刊》，皖督孫毓筠、軍政司桂丹墀各捐二百元，以為辦《社會月刊》之用[102]。	
常熟支部	江蘇常熟		愛真[103]	又在南鄉楊樹園發起支部。	[104]
常州支部	江蘇常州				
太平支部	安徽太平		郭璇		
泰縣支部	江蘇泰縣			黨員張光炎有招搖之事[105]。	

---

[102] 另見民國元年六月三日，《民立報》，頁八。

[103] 另見《民聲》第十二號，頁一二。

[104] 常熟、常州、太平、泰縣支部，均見民國元年七月五日，《民立報》，頁八。

[105] 另見民國元年六月五日，《民立報》，頁八。

紹興支部	浙江紹興	1912 年 8 月 4 日以前	劉大白、吳又符、李守極、何悲夫	辦有《新世界雜誌》、平民學校、施藥所，並從事戲曲改良，提倡國民捐。	[106]
平望支部	江蘇吳江	1912 年 5 月 26 日	夏寒士、王伯華、沈伯雄、張鎮惠、蒯歐寒	成立之日，與會黨員曾分別講演人道主義、遺產歸公、平等教育、男女平權等主義。	[107]
黎里支部	江蘇蘇州		徐康		
六合支部	江蘇六合			擬辦平民學校。	
舒城支部	安徽舒城				
潁州支部	安徽潁州			黨員約一八〇人，組演說團，附設圖書館、閱報社[108]。	
十二圩支部	江蘇十二圩				

---

[106] 民國元年六月二日，《民立報》，頁八。紹興支部另見中國第二歷史檔案館編，《中國無政府主義和中國社會黨》，頁一八〇～一八一。

[107] 平望、黎里、六合、舒城、潁州、十二圩、寧國、蕩口鎮支部，均見民國元年六月四日，《民立報》，頁八。

[108] 民國元年七月十六日，《民立報》，頁八。

寧國支部	安徽寧國			擬辦醫學團。
蕩口鎮支部	湖南蕩口鎮			曾集議對付湘督。
鎮海支部	浙江鎮海		張雲龍[109]	
開封支部	河南開封			
濟南支部	山東濟南	1913 年 1 月		
正陽關支部	安徽正陽關		鍾鼎新	
台州支部	福建台州			
海州支部	江蘇海州			
路橋支部	浙江路橋鎮			
廬州支部	安徽廬州			
杭州支部	浙江杭州			組責任團,演講鼓吹[111],黨員朱宗良發

[110]

---

[109] 民國元年七月二日,《民立報》,頁八。

[110] 鎮海、開封、濟南、正陽關、台州、海州、路橋、廬州、杭州等支部,均見民國元年六月五日,《民立報》,頁八。

				起《天民報》[112]。	
慈溪支部	浙江慈溪	1912 年 6 月 30 日[113]			[114]
蒲支部	山西蒲縣				
景德鎮支部	江西景德鎮				
梅州支部	廣東梅州			擬辦造紙工廠，獎勵勞動家。	
揚州支部	江蘇揚州		郭堅忍、馮叔鸞	擬辦平民小學[115]。	
象山支部	浙江象山		朱彬[116]		
武昌支部	湖北武昌		萬鈞[117]		
西塘	江蘇西	1912 年 6	倪蔚之	本部代表陳翼龍、褚	[118]

[111] 民國元年六月十四日，《民立報》，頁八。

[112] 民國元年六月二十四日，《民立報》，頁八。

[113] 民國元年六月二十六日，《民立報》，頁八。

[114] 慈溪、蒲、景德鎮、梅州、揚州、象山、武昌支部，均見民國元年六月六日，《民立報》，頁八。

[115] 民國元年六月二十一日，《民立報》，頁八。

[116] 民國元年六月十三日，《民立報》，頁八。

[117] 另見民國元年六月十日，《民立報》，頁八。

[118] 西塘、重慶、匯支部均見民國元年六月七日，《民立報》，頁八；重慶支部另見

支部	塘鎮	月9日		松雪（女）主持成立，褚演說均富濟貧、階級不分、同享勞動權利。	
重慶支部	四川重慶			辦《國事報》，1912年8月5日曾致電內務部抗爭其對「破除世襲遺產制度」之解釋。	
匯支部	不詳		姜棟臣		
皖南查村支部	安徽		查志舒		119
青浦支部	江蘇青浦				
嘉善支部	浙江嘉善				
盛澤支部	江蘇盛澤鎮	1912年6月12日[120]	施澤民、仲錫鋆、楊震、錢杰、葉雄、	1912年8月7日部分黨員曾呈內務部，抗議其對「破除世襲遺產制度」之解釋。	121

中國第二歷史檔案館編，《中國無政府主義和中國社會黨》，頁一八二～一八三；西塘支部另見六月十五日，《民立報》，頁八，浙江、直隸亦有西塘鎮。

[119] 查村、青浦、嘉善支部均見民國元年六月八日，《民立報》，頁八。另江蘇、福建亦有青浦鎮。

[120] 民國元年六月十三日，《民立報》，頁八。

[121] 盛澤、蕭山支部均見民國元年六月十日，《民立報》，頁八。盛澤支部另見中國第二歷史檔案館編，《中國無政府主義和中國社會黨》，頁一八一。

			吳其楨、王恩普、張廷獻		
蕭山支部	浙江蕭山			辦貧民院，並擬在富陽發起支部[122]。	
廈門支部	福建廈門		曹育文、朱道猛	辦有《社會新報》。	123
上虞支部	浙江上虞	1912 年 6 月 15 日[124]			
高郵支部	江蘇高郵				
錢江支部	浙江錢江		汪濤、黃卓人、王安伯		
桐城支部	安徽桐城		方毋我、張爰生		
和州支部	安徽和州				125
石浦支部	江蘇石浦鎮	1912 年 6 月 9 日[126]			127

---

[122] 民國元年七月十日，《民立報》，頁八。

[123] 廈門、上虞、高郵、錢江、桐城支部均見民國元年六月十一日，《民立報》，頁八。

[124] 民國元年六月十三日，《民立報》，頁八。

[125] 民國元年六月十二日，《民立報》，頁八。

[126] 民國元年七月四日，《民立報》，頁八。

南通支部	江蘇南通				
荊門支部	湖北荊門		黃世忠		128
宿松支部	安徽宿松				
長安鎮支部	浙江長安鎮				129
瑞州支部	江西瑞州				
萬縣支部	四川萬縣				130
周家崗支部	安徽周家崗				
平湖支部	浙江平湖	1912 年 6 月 22 日			
青神支部	四川青神	1912 年 5 月 2 日	吳鴻材		131
分水支部	浙江分水				

---

[127] 石浦、南通支部均見民國元年六月十三日,《民立報》,頁八。浙江亦有石浦鎮。

[128] 荊門、宿松支部均見民國元年六月十四日,《民立報》,頁八。

[129] 長安鎮、瑞州支部均見民國元年六月十五日,《民立報》,頁八。

[130] 萬縣、周家崗、平湖支部均見民國元年六月十七日,《民立報》,頁八。

[131] 青神、分水、新豐、興化、南翔支部均見民國元年六月十八日,《民立報》,頁八。

新豐支部	浙江新豐鎮		計又卿		
興化支部	江蘇興化		余保仁		
南翔支部	江蘇南翔	1912 年 6 月 30 日[132]		布業中人居多，本部代表徐安鎮曾於 6 月 16 日來講演。	
江陵支部	湖北江陵				[133]
黃州支部	湖北黃州				
莘塔支部	江蘇莘塔鎮	1912 年 6 月 9 日			[134]
鎮海穿山支部	浙江鎮海				[135]
黃陂支部	湖北黃陂	1912 年 7 月 10 日[136]			
嘉禾事務所	湖南嘉禾			出刊《人道雜誌》。	[137]

---

[132] 民國元年七月二日，《民立報》，頁八。

[133] 江陵、黃州支部均見民國元年六月十九日，《民立報》，頁八。

[134] 民國元年六月二十日，《民立報》，頁八。

[135] 穿山、黃陂支部均見民國元年六月二十一日，《民立報》，頁八。

[136] 民國元年七月六日，《民立報》，頁八。

[137] 民國元年六月二十二日，《民立報》，頁八，廣東亦有嘉禾鎮。

奉天支部	奉天		吳天民		138
杭州湖墅支部	浙江杭州				
和縣支部	安徽和縣				
江陰支部	江蘇江陰				
肥東支部	安徽肥東				
邳縣支部	江蘇邳縣				139
新建支部	江西新建		高十斌		
成都支部	四川成都	1912 年 5 月		另發起支部十餘起，黨員數千人。	140
海門支部	江蘇海門				141

---

[138] 奉天、湖墅、和縣、江陰、肥東支部均見民國元年六月二十三日，《民立報》，頁八。

[139] 邳縣、新建支部均見民國元年六月二十四日，《民立報》，頁八。

[140] 民國元年六月二十五日，《民立報》，頁八；七月二十日，《民立報》，頁八。

[141] 民國元年六月二十六日，《民立報》，頁八。

孝感支部	湖北孝感				142
宿遷支部	江蘇宿遷		任亞東		
嵊縣支部	浙江嵊縣				
巢縣支部	安徽巢縣	1912年7月2日	湯銘		143
泰興支部	江蘇泰興				144
北江支部	四川北江				
太湖縣支部	江蘇太湖				145
含山支部	安徽含山	1912年6月1日	李主元		
梁山支部	四川梁山	1912年5月9日			146
東溪支部	四川東溪	1912年6月10日		成立時黨員二二六人。	

---

142 孝感、宿遷、嵊縣支部均見民國元年六月二十七日，《民立報》，頁八。

143 民國元年六月二十八日，《民立報》，頁八；七月十三日，《民立報》，頁八。

144 泰興、北江二支部均見民國元年六月二十九日，《民立報》，頁八。

145 太湖、含山支部均見民國元年六月三十日，《民立報》，頁八。

146 梁山、東溪支部均見民國元年七月一日，《民立報》，頁八。

滁州支部	安徽滁州		吳葆森	辦有平民公學、苦民棲宿所、衛生清道局、《社會日報》，另籌辦蠶桑傳習所、牧養公司。	147
都昌支部	江西都昌				148
普陀支部	浙江普陀			設有講演所。	149
湖口支部	湖北湖口				150
餘姚支部	浙江餘姚				151
崇明支部	江蘇崇明			辦有地稅研究社及《崇明報》。	
奉化支部	浙江奉化		王雲龍		
烏衣支部	安徽烏衣				

---

[147] 民國元年七月一日，《民立報》，頁八。

[148] 民國元年七月二日，《民立報》，頁八。

[149] 民國元年七月三日，《民立報》，頁八。

[150] 民國元年七月四日，《民立報》，頁八。

[151] 餘姚、崇明、奉化、烏衣支部均見民國元年七月五日，《民立報》，頁八。

皖北支部	安徽	1912 年 6月 17 日		成立時黨員三百多人。	152
大柘支部	廣東大柘鄉				
泉州支部	福建泉州				
煙臺支部	山東煙臺	1913 年 1月	朱純夫	辦《東亞日報》，曾於1912 年 6 月 27 日開會歡迎江紹銓，到者千餘人。	153
沙溪支部	江蘇沙溪鎮	1912 年 6月 29 日[154]		另發起平塘支部。	155
沙河集支部	安徽沙河集		章其鄉	另發起福灣支部。	
東臺支部	江蘇東臺			由南京支部黨人發起。	
澤關鎮支部	不詳				156

---

152 皖北、大柘、泉州支部均見民國元年七月六日，《民立報》，頁八；皖北支部另見七月七日，《民立報》，頁八。

153 民國元年七月七日，《民立報》，頁八。

154 民國元年七月十日，《民立報》，頁八，福建、江西、廣東亦有沙溪鎮。

155 民國元年七月九日，《民立報》，頁八；發起平塘支部，見七月二十七日，《民立報》，頁八，廣東亦有平塘墟。

156 澤關鎮、安居、臨北支部見民國元年七月十日，《民立報》，頁八。

安居 支部	四川 安居			
台州 臨北 支部	福建 台州			
涇縣 支部	安徽 涇縣			157
夔州 支部	四川 夔州			
巴東 支部	湖北 巴東			
全椒 支部	安徽 全椒			創設醫院,發起石沛 支部。
來安 支部	安徽 來安			滁州支部發起,籌辦 平民公學、織布場、 實業團、牧畜公司。 158
天長 支部	安徽 天長			159
六安 支部	安徽 六安	高駿		
福清 支部	福建 福清			

---

157 涇縣、夔州、巴東支部見民國元年七月十二日,《民立報》,頁八。

158 民國元年七月十三日,《民立報》,頁八;七月十六日,《民立報》,頁八。

159 天長、六安、福清支部見民國元年七月十四日,《民立報》,頁八。

平遠支部	廣東平遠				160
三朵鎮支部	不詳				
臨浦支部	浙江臨浦鎮	1912 年 7 月 20 日			
瑞安支部	浙江瑞安		葉士青		161
蘆墟支部	江蘇蘆墟鎮				162
綏定壩林鎮支部	四川綏定				
七里鎮支部	福建七里鎮	1912 年 5 月		成立時黨員二百餘人。	
大通支部	安徽大通				
清江支部	江蘇清江				163

160 平遠、三朵鎮、臨浦支部見民國元年七月十六日，《民立報》，頁八。

161 民國元年七月十七日，《民立報》，頁八。

162 蘆墟、壩林鎮、七里鎮、大通支部見民國元年七月二十日，《民立報》，頁八。

163 清江、臨海支部見民國元年七月二十一日，《民立報》，頁八，江西、江蘇均有清江鎮。

臨海 支部	福建 臨海				
沈家門 支部	浙江沈 家門				164
蘭溪 支部	浙江 蘭溪			另發起金、蘭、陽、 義四支部。	
亳州 支部	安徽 亳州		韓競		165
辛豐 支部	江蘇辛 豐鎮				166
漳州 支部	福建 漳州				167
楊林 支部	雲南 楊林				
瀏河 支部	江蘇 瀏河				168
葛隆鎮 支部	不詳				169
南昌	江西	1912 年 8	葉紉芳[170]	辦《大聲報》、《救生	171

---

[164] 民國元年七月二十三日，《民立報》，頁八。

[165] 民國元年七月二十四日，《民立報》，頁八。

[166] 民國元年七月二十五日，《民立報》，頁八。是否與註131資料所稱之新豐相同，
待考。

[167] 民國元年七月二十七日，《民立報》，頁八。

[168] 民國元年七月二十九日，《民立報》，頁八。

[169] 民國元年七月三十日，《民立報》，頁八。

支部	南昌	月 6 日以前		船》。
廣州支部	廣東廣州			
海鹽支部	浙江海鹽			
漢陽支部	湖北漢陽			
餘杭支部	浙江餘杭			辦《漢民日報》。
蕪湖支部	安徽蕪湖			
嘉應支部	廣東嘉應			
中洲鎮支部	不詳			
無錫支部	江蘇無錫			
崑山支部	江蘇崑山			
汕頭	廣東			

---

[170] 《民聲》第十二號，頁一二。

[171] 《支那二於ケル政黨團體紀要》，頁四六～四八。天津支部另見中國歷史第二檔案館編，《中國無政府主義和中國社會黨》，頁一九七～二〇二；南昌支部另見上書頁一八一。

支部	汕頭			
浦口 支部	江蘇 浦口			
丹陽 支部	江蘇 丹陽			
沙市 支部	湖北 沙市			
烏青鎮 支部	不詳			
石門 支部	浙江 石門			
黟縣 支部	安徽 黟縣			
邵武 支部	福建 邵武			
天津 支部	直隸 天津	1913 年 2 月 2 日	陳翼龍、 劉瑞和、 傅文郁	辦《大風日報》，4 月 20 日支部開黨員常 會時被取締。
雋陽 支部	不詳			
新篁鎮 支部	不詳			
浦東 支部	江蘇 上海			
蘄水	湖北			

支部	蘄水				
蒲圻 支部	湖北 蒲圻				
菱湖 支部	浙江 菱湖				
湖州 支部	浙江 湖州				
岳州 支部	湖南 岳州				
北京 支部	直隸 北京	1912 年 8 月 18 日	陳翼龍、 吳魯陶	成立之日，黨員及各 界至者四千餘人，江 紹銓親自主持，次日 選陳翼龍為主任幹 事。	172
張家口 支部	直隸張 家口	1913 年 2 月			173
流動部			陳亨	1912 年 8 月 13 日曾 致電內務部抗議其對 「破除世襲遺產制度」 之解釋。	174

172 民國元年八月二十四日，《中華民報》，〈社會黨開會紀事〉；中國歷史第二檔案館編，《中國無政府主義和中國社會黨》，頁一九六。

173 中國歷史第二檔案館編，《中國無政府主義和中國社會黨》，頁一九六。

174 同上，頁一八二。

第六篇

二次革命

辛亥革命時期的南北問題

一 引 言

　　中國南北民性習俗不同，學術政風有異，歷史的發展，是南北取向的。就經濟、人才、戶口等方面而論，隋唐以前北勝於南，隋唐以後南勝於北。所謂南北，大體以江淮為界。近代以來，西洋文化侵入，其主要接觸區域在東南沿海。此一接觸，對中國的政治、經濟、社會和文化影響至大。如果把西洋文化的介入與承受稱為新勢力，中國傳統的延續與衛護稱為舊勢力，自鴉片戰爭以至辛亥革命的七十年間，南方新勢力不斷加強，並不斷向北伸展，成為重要的歷史動力。

　　代表中國新勢力主流的是洋務運動、憲政運動和革命運動，此三運動均起於南方而漸進於北方。當洋務運動和憲政運動向北伸展時，雖曾引起北方的抗拒，尚沒有造成南北問題。到辛亥武昌革命爆發，由於南北相爭激烈，形成南北問題，更演成是後十餘年的南北之爭。本文僅就辛亥革命時期南北問題的本質和演變過程加以探研，二次革命以後的情形，不予討論。

二　南北問題與南北議和

　　辛亥革命時期的南北問題，由武昌革命引發而來，一九一二年二月五日《民立報》云：「民國之未建也，南北無界；民國之既建也，南北有界。」[1] 一九一三年四月二十日《民國日報》亦云：「洎乎漢幟初張，雄踞鄂渚，民國奠定，肇於南京。北軍侵陵，傳之漢上；議和之口實，遍於國中。南北之稱，斯為嚆矢。」[2] 據此，南北問題的發生，在武昌革命爆發以後。推其原因，當武昌革命軍起，清廷派軍南下，「倡義者多南人，而作梗者多北人」[3]。

　　所謂「倡義者多南人，而作梗者多北人」，是指地域而言。河南〈北伐軍宣言〉云：「革命旗幟已遍東南諸省，所難崛起者，祇此北方二、三省耳。」[4] 在這種情形下，南方各省革命軍均倡言北伐。湖北軍政府都督黎元洪〈北伐誓師詞〉云：「春旅揚鄂渚之輝，劍氣褫燕雲之魄。」[5] 中華民國軍政府〈檄北直同胞文〉云：「惟茲北直之邦，尚在為戎之列，……及早自拔以南朝，俾共盟成以北向。」[6] 學生北伐隊宣告文云：「今者群醜雖殲，而元兇未戮，犬羊異族之酋，猶發政施令於北方，……是以同人聯合學界青年，組成北伐隊，誓期北伐。」[7]

---

[1] 周浩，〈南北統一之動機〉，民國元年二月五日，《民立報》。

[2] 木公，〈闢南北二字之謬〉，民國二年四月二十日，《民國日報》。

[3] 同上。

[4] 時事新報館編，《革命文牘類編》第五冊（辛亥十一月出版）布告類，頁四～五。

[5] 上海自由社編，《革命文牘類編》第八冊（民國元年二月出版）布告類，頁五。

[6] 中國國民黨黨史會藏二〇七／三五六號史料，黃帝紀元四千六百零九年十月發。

另如北伐聯軍總部宣言書，亦申明五點，說明「北伐宜急」[8]。

革命軍雖倡言北伐，最初並不自稱南軍，僅以北軍稱清軍。以北軍稱清軍的原因，除革命軍與清軍有南北對抗的形勢以外，可能因為與革命軍對抗的清軍為北洋軍之故。武昌事起後，黎元洪曾謂：「北軍已與吾等通消息，……北洋軍隊若全數南下，則北京亦增危險。」[9]清軍最初亦不稱革命軍為南軍，而稱「匪黨」[10]。至南北議和發生，清軍始稱革命軍為南軍。

南北議和，始於一九一一年十一月十日。是日，袁世凱在信陽派蔡廷幹、劉承恩二人為代表，到武昌都督府議和，主擁溥儀為虛君，實行立憲，罷兵息爭，以杜外人覬覦；黎元洪不允，希望袁世凱「返旆北征，克復冀汴」，並謂「將來大功告成，選舉總統，當首推項城（袁世凱）」[11]。其後到十一月三十日，由駐漢英領事出為介紹，兩方商議停戰，一為長期停戰，以全國為範圍，應與清內閣電商；一為短期停戰，只就武漢一隅而言。武漢一隅，雙方曾於十二月一日起停戰三日，三日期滿，又續三日。至十二月五日，清內閣電開條件至漢口：⑴停戰三日期滿，續停戰十五日；⑵北軍不遣兵向南，南軍亦不遣兵

7　時事新報館編，《革命文牘類編》第二冊（辛亥十月出版）布告類，頁一一。

8　同註4，頁九～一〇。

9　天恨生輯，《中華民國軍》（民醒學社印行）子集，頁九。

10　李廉方，《辛亥武昌首義記》，頁二〇九。

11　天恨生輯，《中華民國軍》丑集，黎元洪與袁使之談話；吳相湘，《宋教仁》，頁一一六～一二一。一九一一年十二月十五日羅癭公致梁啟超書云：「梁（士詒）謂君位共和，項城與梁均同此旨，……惟察南中情形，似非民主不可。」見《梁任公先生年譜長編初稿》，頁三五六。

向北；(3)總理大臣派北方居留各省代表人，前往與南軍各代表討論大局；(4)唐紹儀充總理大臣之代表，與黎軍門或其代表人討論大局；(5)以上所言南軍，秦晉及北方土匪不在內[12]。

　　清內閣於議和之初，提出「南軍」、「北軍」對立的觀念，對響應革命的秦晉及其他北方各省來說，是一種分化之術。當日，民軍各省代表會在漢口開會，除討論議和綱要外，並審慎使用南軍、北軍等詞。會中決定議和綱要為：(1)推倒滿清政府，(2)主張共和政體，(3)禮遇舊皇室，(4)以人道主義待滿人。會中並決定以伍廷芳為民軍代表，與唐紹儀對待。次日，各省代表討論清內閣所提之條件，不承認清內閣所派北方居留之各省人有代表資格，並認為不得以區域方向混稱南軍、北軍，應改稱民軍、清軍，遂決議三條電覆清內閣：(1)停戰三日期滿，續停戰十五日，全國民軍、清軍，均按兵不動，各守其已領之土地。(2)清總理大臣派唐紹儀為代表，與黎大都督或其代表人討論大局。(3)以上停戰條件，與秦晉蜀三省無涉，惟停戰期內，兩軍於三省各不得增加兵力或軍火[13]。約在同時，豫晉秦隴四省協會發表宣言謂：「今日和議之界說，為民軍與清政府締約，非南省與北省締約。」[14]

　　民軍各省代表雖於議和開始之際，即曾力謀糾正南北分界的謬誤，然民軍與清軍既在地理上略有南北之別，南北之稱遂難避免。南京臨時政府成立以後，臨時大總統孫中山發表〈勸北軍將士文〉，仍謂：「凡我籍隸北軍諸同胞，同為漢族，同為軍人，……南北軍人同為民國干城，絕無敵視。」[15]

---

[12] 李廉方，《辛亥武昌首義記》，頁二〇九～二一〇。

[13] 同上。

[14] 時事新報館編，《革命文牘類編》第六冊（民國元年正月出版）布告類，頁二。

　　一九一一年十二月十八日，全國性的南北議和正式在上海舉行，民軍代表為伍廷芳，清軍代表為唐紹儀。至十二月三十一日，共開會五次，主要討論的問題，一為湖北、山西、陝西、山東、安徽、江蘇，奉天各省一律停戰，彼此不得進攻；一為召開國民會議，解決國體問題[16]。和議進行期間，君憲與共和之爭甚為激烈，伍廷芳曾提議，必須清內閣承認共和，雙方始有開議餘地[17]，但清內閣初不允，雙方劍拔弩張。蒙古博爾吉特培等組織義勇勤王敢死隊，君主立憲黨亦宣告成立。宗社黨上書內閣總理大臣袁世凱云：「欲將我朝天下斷送漢人，我輩絕不容忍，願與閣下同歸澌滅。」民軍方面則倡言斷不容留君主餘孽，以作第二次革命之資料，謂「吾寧亡國亡種，絕對不認君主政體，有背此義者吾黨當以頭顱濺之」[18]。其間南北對峙之勢既成，清軍利用京漢、津浦兩路以為合縱，民軍利用長江之險以為連橫，陝西、皖北、徐州等處仍有戰爭[19]。

　　當時頗有主張南北分治者，約有兩派意見：一謂滿人入關二百餘年，一旦逐之，良復不忍，不若割北方數省以界之；一謂中國幅員遼闊，戶口繁多，發政施令，周轉不靈，不若劃分南北，使兩國並峙[20]。

---

[15] 上海自由社編，《革命文牘類編》第八冊（民國元年二月出版）布告類，頁三～四。

[16] 伍廷芳致孫大總統等電，見民國元年二月三日《臨時政府公報》第六號。

[17] 谷鍾秀，《中華民國開國史》，頁四三。

[18] 廖少游，《新中國武裝解決和平記》（陸軍編譯局，民國元年六月），頁二〇、二二、六四。

[19] 俠樵，〈北伐之策略〉，辛亥十一月十六日《天鐸報》。

[20] 朱實綬，〈闢南北分治之謬說〉，見頤嗣民編，《滿夷猾夏始末記》（上海：新中華圖書館，民國元年一月）第十二本，外篇「通論」下。

推翻滿清，原無所謂南北，北方秦晉等省響應革命都很早，分治之說一出，使袁世凱得所藉口，一面煽惑北方同胞，使與南方為敵，並於議和之際，擯秦晉於民軍之外[21]。傳說若和議不成，袁世凱即擬劃分南北，挾隆裕太后及宣統皇帝避居洛陽，以守北方[22]，似有南北分立之意。實則，袁世凱不過想挑起南北之釁，以全力撲滅西北，然後專心一志，與南方對壘[23]。

當時南方所慮者，為「西北可以制東南，而東南不能制西北」，上海光復軍總司令李柱中曾上書臨時大總統孫中山，對此表示異義：

> 一月以來，最足為失機誤事之尤者，莫如議和一事，……有持重之說者，以為戰線延長，非吾民之福，南人北伐，非地勢所宜。……至於南人北伐，泥於歷史之見者，徒以西北可以制東南，而東南不能制西北，遂謂地利實然，恐徒勞而無功。……其謬者且倡為南北分治論之，以離間我南北人之心[24]。

但也有人認為，洪楊之所以敗，即在株守東南，不以全力進取北京，故南方宜出其全力，協助北方光復；北方同胞，亦宜洗心滌志，不為奸奴作倀；則南北自歸統一[25]。

當南北問題熱烈討論之際，南北和議繼續進行。當時北方有人盼

---

[21] 血兒，〈孰敢言南北分立者〉，辛亥十一月一日《民立報》。

[22] 丁文江編，《梁任公先生年譜長編初稿》，頁三五七。

[23] 血兒，〈論今日亟宜消滅南北問題〉，辛亥十一月十日《民立報》。

[24] 民國元年一月十九日《時報》。

[25] 同註23。

望和議成立，君位存在；南方則有人想破壞和議，鋤去滿清[26]。但另有折衷派存在，他們謀求滿清退位，推袁世凱為總統，南北合一。一九一一年十二月三日，雲南總參議靳雲鵬、保定陸軍預備大學堂總辦張鴻逵、保定姚村陸軍小學堂監督廖宇春遇於京漢鐵路車中（廖由京赴保），靳云：

> 余於共和，素所贊成，余於大總統一席，則不能無猶疑，竊揆北軍之趨向，必不甘聽命於南政府耳。……北軍之主動在袁，北軍將士之感情亦在袁，倘南軍果能贊成推袁之舉，則最後之問題，某雖不敏，尚可以利害陳說當道，從此迎刃而解，亦未可知。

張云：「靳君為運動北軍之主力，廖君為運動南軍之主力，各盡其責，何患無成？」靳云：「吾當先作漢渚之行，兼酬段公數年知遇之雅，段公天分絕高，不同流俗，必當有以報命。」[27]是後，靳雲鵬至漢口，任第一軍（軍統段祺瑞）司令部參議，廖宇春約北京紅十字會會員夏清詒南下，先至漢，與靳雲鵬有所磋商，然後赴京滬一帶活動，希望南軍答允擁袁為臨時大總統，然後北軍通電贊成共和，迫清帝退位。

廖宇春偕夏清詒至上海後，得其門生蘇浙聯軍先鋒隊隊長朱葆誠介紹，於十二月十九日與蘇浙聯軍總參謀長顧忠琛、民軍大元帥秘書俞復會於文明書局。廖云：「今北軍諸將所以喋血與民軍戰者，非為清

---

[26] 宣統三年十月三日羅慶公，〈致任公先生書〉，《梁任公先生年譜長編初稿》，頁三五〇。

[27] 廖少游，《新中國武裝解決和平記》，頁五～八。

廷效死也，為袁項城耳。」俞云：「信如君言，則南北之爭，已不在滿
而在漢。」夏云：「若連兵不解，作鷸蚌之持，俾列強收漁人之利，吾
恐四萬萬神明之冑，將為奴為隸，萬劫不復矣！」顧云：「項城贊成共
和，則兵弭而中國可以不亡，⋯⋯項城能傾覆清廷，願以大總統相
屬。」廖云：「吾輩密室私議，其何以取信天下？倘得黃元帥（興）、
程都督（德全）同意，與顧參謀委任書，訂立條約，僕歸攜以示北方
諸將，天下事可指日定。」顧忠琛應允。

十二月二十日，顧忠琛攜大元帥黃興委任書，偕俞復與廖宇春、
夏清詒會，宇春提出議和條件凡四事：(1)優待皇室；(2)組織共和政體，
公舉袁世凱為大總統；(3)優待滿漢兩方面之將士，並不負戰時害敵之
責任；(4)開臨時國會，恢復各省秩序。顧忠琛謂：袁世凱傾覆清室，
即推為大總統，遂修訂為五條：(1)確定共和政體；(2)優待清皇室；(3)
先推覆清政府者任大總統；(4)南北滿漢軍出力將士各享其應得之優待，
並不負戰時害敵之責任；(5)組織臨時議會，恢復各地之秩序。議成，
乃各書一紙，忠琛與宇春簽名互換。之後，宇春致電靳雲鵬謂事有成，
請如約，乃有第一軍軍統段祺瑞於一九一二年一月二十六日，聯合北
方諸軍統兵大員四十二人兵士四十萬人，電請清廷宣布共和之事[28]。

當顧忠琛與廖宇春訂約之日，上海南北議和開第二次會議。可能
是受顧、廖之約的影響，伍廷芳於會中申明兩點：(1)成立共和政體，
選舉總統；(2)優待皇室，並設法維護滿人生計。唐紹儀時頗傾心共和，
但不敢自作主張，於十二月二十七日電內閣建議召開國民會議，解決
國體問題[29]：

---

[28] 錢基博，〈辛亥南北議和別記〉，《江蘇革命博物館月刊》第十七期。

查民軍宗旨，以改建共和政體為目的。若我不承認共和，即不允再行開議。默察東南各省民情，主張共和已成一往莫遏之勢。……出都時總理大臣以和議解決為囑，故會議時曾議召集國會，舉君主民主問題付之公決，以為轉圜之法[30]。

次日，內閣總理大臣袁世凱依此奏請清廷召集宗支王公會議，會中反對召開國民會議者載濤、毓朗，不反對者奕劻。隆裕皇太后終諭袁世凱電令唐紹儀，准召集國民會議解決國體。接著十二月二十九日唐紹儀與伍廷芳開第三次會議，決定開國民會議，解決國體問題。十二月三十日第四次會議，決定國民會議召集辦法四款。十二月三十一日第五次會議，伍廷芳要求國民會議於一九一二年一月八日在上海舉行，唐紹儀將此意電達袁內閣。但另一方面，孫中山已自海外歸國，於十二月二十九日被在南京集會的各省都督府代表會舉為臨時大總統，並於一九一二年一月一日就職。袁世凱於議和中迅速答允民軍方面的要求，原在得民國大總統之位，今孫中山既就總統職，認為議和目的未得達，乃對唐、伍間的議決通電不許，且斥唐紹儀逾越權限，准其辭去議和代表的職務，而南北議和破裂[31]。

此一議和破裂，錯在南方者是孫中山就職過早，錯在北方者是袁世凱的權位心太重。對袁世凱來說，迫清帝退位，早有決定，但何時迫之，視何時能得民國大總統之位而定。據羅癭公的了解，遠在武漢議和之前，袁即決定迫清帝退位，然以實力不逮，未敢率爾從事。為

---

[29] 谷鍾秀，《中華民國開國史》，頁四三～四四。

[30] 李廉方，《辛亥武昌首義記》，頁二二一。

[31] 同註28；同註30，頁二二二；同註29，頁四三～四七。

收禁衛軍，先將禁衛軍砲隊全數調援山西，再將彈藥運送南伐之軍，京中所留僅三、四千人，無砲無彈，又調馮國璋為軍統。至京師局勢可以控制，乃派使赴武漢議和[32]，之後又派使赴上海議和。武漢議和之際，黎元洪曾許推袁為總統；上海議和之初，南方亦曾密允推袁為總統[33]，但須袁迫清帝退位。和議之所以進行順利，可以說與袁覬覦此位有關。及孫就臨時大總統之位，袁恐此種默契中斷，始否認唐紹儀所議一切以為退路。

　　袁世凱的懷疑是多餘的。早在孫中山當選臨時大總統的第二日，即一九一一年十二月三十日，即有電致袁世凱云：「文雖暫時承乏，而虛位以待之心，終可大白於將來，望早定大計，以慰四萬萬人之渴望。」[34]在就臨時大總統職的第二日，即一九一二年一月二日，又有電致袁世凱云：「文不忍南北戰爭，生靈塗炭，故於議和之舉，並不反對。雖民主君憲，不待再計，而君之苦心，自有人諒之。倘由君之力，不勞戰爭，達國民之志願，推功讓能，自是公論。」[35]孫中山既坦誠表示虛位以待之心，袁乃要求繼續停戰，繼續議和，但為增強自身在議和中的地位，一面又授意段祺瑞等聯合北方將校電請維持君憲[36]。

---

[32] 宣統三年十月二十三日羅癭公，〈致任公先生書〉，《梁任公先生年譜長編初稿》，頁三五五。

[33] 除前述密約外，議和之初，黃興有電致袁內閣云：「若能贊同共和，必可舉為總統。」此電由汪兆銘轉楊度代達袁氏，見蕭一山，《清代通史》（四），頁二六八三。

[34] 《國父年譜初稿》，頁二八九。

[35] 同上，頁二九八。

[36] 李廉方，《辛亥武昌首義記》，頁二二二。

　　此後的議和，是南方代表直接與清內閣電商，實則不過由南方續提優惠條件，以待北方之應允而已。南方的作法是先由伍廷芳以清帝退位後，優待清皇室條件及優待滿蒙回藏人條件正式通告清內閣，以示民國政府優容之度；繼由臨時大總統孫中山以參議院之同意通告袁世凱，謂袁若能於清帝退位後發表贊同共和之政見，由駐北京外交團通告臨時政府，則孫大總統當即辭職，由參議院公舉袁為大總統[37]。此期間，關於民主君主問題及國民會議問題亦復討論，而北軍襲取潁州，進攻陝州，並未履行停戰諾言[38]。

　　北軍的進攻，自然只是袁世凱的一種姿態。南方雖與北方議和，但戰爭的態勢仍然存在。當袁世凱撤銷唐紹儀代表使議和一度破裂之後，南京臨時政府籌議六路進攻北軍，以湘鄂為第一軍，由京漢鐵路進；寧皖為第二軍，向河南進，與第一軍會合於開封、鄭州間；淮揚為第三軍，煙台為第四軍，向山東進，會於濟南；秦皇島合關外之兵為第五軍，山陝為第六軍，向北京進。武昌方面為各路援軍所集，準備尤急[39]。一九一二年一月四日上海《天鐸報》發表社論，鼓吹北伐：「今和局之必歸破裂，此所敢斷言也。然則當我大總統蒞任之初，捨一鼓而討二百六十年來滿夷猾夏之罪，其何以哉！故今日吾臨時政府所亟於經營者，當以北伐為唯一之政策。」[40]其他革命軍方面人員繼

---

[37] 伍廷芳致孫大總統等電，民國元年二月三日《臨時政府公報》。

[38] 滇督蔡鍔致孫大總統等電，民國元年二月八日《臨時政府公報》。宣統三年十一月二十二日羅癭公〈致任公先生書〉謂：「北軍異常激昂，非戰不可。」見《梁任公先生年譜長編初稿》，頁三六二。

[39] 李廉方，《辛亥武昌首義記》，頁二二三；谷鍾秀，《中華民國開國史》，頁六二。

[40] 俠樵，〈北伐之策略〉，辛亥十一月十六日《天鐸報》。

續倡議北伐者尤不在少數，如滇督蔡鍔電云：「一再停戰，曠日持久。……我再株守議和，大局必為所動也。將使我赫然震怒，長驅北伐，直搗虜廷。」[41]皖蕪北伐軍司令官劉祺電云：「今值停戰期滿，北伐在即。……趄期北伐，先以電聞。」[42]惟南軍所謂北伐，亦只表現一種聲勢，並沒有與北軍有大規模的戰鬥。

當時南北既在議和，南軍倡言北伐，目的只在逼清帝退位。北方的意見約分為兩派，擁清廷者贊同君主立憲或虛君共和；擁袁世凱者贊同共和，主張清帝退位，如是袁可任民國大總統。初靳雲鵬於一月八日謁見袁世凱，力陳大局利害，謂人心為大勢潮流所趨，非共和不能維繫群情，袁曰：「段軍統之意若何？」靳曰：「第一軍全體一致主張共和，並議推舉宮保為臨時大總統。」[43]此段談話可以反映擁袁派的活動，但另一方面，禁衛軍極力反對清帝退位，蒙古王公亦極不贊同。一九一二年一月二十四日那彥圖等致梁啟超電云：「民軍主張共和，排斥君位，欺人孤寡，攘奪非分，稍有人心，能不髮指？」[44]至一月二十六日武漢前敵將領段祺瑞聯合各路統兵大員四十二人，奏請清廷早日宣布共和以定大局，北方君憲黨人則遍發傳單，誣北軍將校所上之電奏為革命黨偽造[45]。

---

[41] 蔡鍔致孫大總統等電，民國元年二月四日《臨時政府公報》。按《蔡松坡先生遺集》頁九八載此電，文略異：「一再停戰，曠日太久。……我再承守議和，大局必為所誤，伏乞大總統赫然震怒，長驅北指，直倒虜廷。」

[42] 劉祺致孫大總統等電，民國元年二月四日《臨時政府公報》。

[43] 廖少游，《新中國武裝解決和平記》，頁五一。

[44] 《梁任公先生年譜長編初稿》，頁三六六。

[45] 民國元年二月一日《國風日報》。

袁世凱及其北洋軍是北方的主力，擁袁派既贊同共和，北京君憲派的聲勢大衰。就報刊言論而論，僅資政院議員所辦的《民視報》尚持君憲論。對袁世凱來說，雖然因身居內閣總理，尚不便改口言共和，但其親信人物，如唐紹儀、梁士詒、楊度等皆主共和[46]。在這種情形下，革命黨又在北京以暗殺相恫嚇，清帝遂於二月十二日下詔退位，詔中有云：「今全國人民心理多傾向共和，南中各省既倡議於前，北方諸將亦主張於後，人心所嚮，天命可知。」[47]由於革命黨方面在權位上讓步，使北方官僚派在政見上與南方妥協，暫時結束了南北議和及南北戰爭。

三　從南北之爭到建都之爭

清帝雖退位，南北之間並不和諧。北方官吏有反對共和慘殺民黨的事[48]，南方部分軍隊亦不滿意袁世凱任總統，聲言決意北伐[49]。大體而論，此後的南北問題，已暫由軍事鬥爭轉為政治鬥爭，惟情況較前更為複雜。

南北從軍事鬥爭轉為政治鬥爭起於清帝退位，召袁世凱組織政府。時孫中山既已在南京組織臨時政府，因而產生臨時大總統屬南屬北之爭。一九一二年二月十二日清帝宣布退位之日，天津方面致袁世凱電

---

[46] 宣統三年十二月九日及十八日羅癭公，〈致任公先生書〉，《梁任公先生年譜長編初稿》，頁三六四、三六五。

[47] 宣統三年十二月二十六日《臨時公報》。

[48] 孫文致袁大總統電，民國元年二月二十八日《臨時政府公報》。

[49] 陸軍部致鎮軍柏軍長等電，民國元年二月二十八日《臨時政府公報》。

云：「南北合一，政府臨時大總統，非我公力任其難，不足以濟時艱而饜群望。」[50]同日，山西方面致袁世凱電云：「南北合一，臨時大總統，非公不能膺。」[51]其他如徐州[52]、濟南[53]等地，以及蒙古王公聯合會等團體[54]，均通電擁袁。

二月十五日，南京臨時參議院接受孫中山的推薦，票舉袁世凱為臨時大總統。天津順直諸議局於慶賀袁大總統電中，有「臨時大總統匪我公無所歸，北方電推於前，南京票舉於後」之語[55]。

袁世凱迫清帝退位，南京臨時政府以總統之位讓袁，雖係南北議和時的秘密交換條件，但各方確亦承認袁世凱有調和南北、統一南北之功，應獲臨時大總統之位。二月十三日孫中山於參議院提出辭職書時曾謂：「此次清帝退位，南北統一，袁君之力實多。」[56]及二月十五日袁世凱當選為臨時大總統，各地祝賀電呈，均以袁有統一南北之功。雍和宮喇嘛奇特木雲丹敖思爾等上袁大總統呈云：「非我公信義素孚，德威無量，何能包羅南北，載戢兵戎。」（二月十五日）[57]和碩莊親王載功等上袁大總統呈云：「其臨時大總統非我公力任其難，無以協南北雙方政府之宜。」（二月十五日）[58]上海國民協會致袁大總統電云：「南

---

[50] 宣統三年十二月二十八日《臨時公報》。

[51] 同上。

[52] 十二月二十六日電，見十二月二十八日《臨時公報》。

[53] 十二月二十六日電，見十二月二十九日《臨時公報》。

[54] 十二月二十二日電，見十二月二十九日《臨時公報》。

[55] 民國元年二月二十二日《臨時公報》。

[56] 文公直，《中華民國革命史》，頁八〇。

[57] 民國元年二月二十日《臨時公報》。

北統一，允賴明公。」（二月十六日）[59]上海紅十字會沈敦和及全體會員慶賀袁大總統電云：「統一已見明文，南北戰禍永息。」（二月十六日）[60]宿遷孫岳慶賀電云袁大總統：「南北統一，共和鞏固」（二月十六日）[61]。浙軍統制朱瑞慶賀袁大總統電云：「五族同心，南北一體，公之功、民之福也。」（二月十六日）[62]天津張金坡慶賀袁大總統電云：「今者南北一致舉公為臨時大總統，可見遺大投艱，非公莫屬。」（二月十九日）[63]大通軍政分府黎宗嶽致袁大總統電云：「從此大局底定，四海一家，人民共享共和之福，南北永無衝突之虞。」（二月十九日）[64]香港孔遂華等致袁大總統電云：「南北統一，實公斡旋。」（二月二十一日）[65]此類電呈，來自全國各地，來自南方及民軍者亦不少，可見南京臨時政府以總統之位讓袁，是一種尚能符合輿情的妥協。

南京臨時政府以總統之位讓袁，有一附屬條件，即「臨時政府地點設於南京，為各省代表所議定，不能更改」[66]。此一條件，為孫中

---

[58] 民國元年二月二十一日《臨時公報》。

[59] 同上。

[60] 同上。

[61] 同上。

[62] 同上。

[63] 民國元年二月二十二日《臨時公報》。

[64] 同上。

[65] 民國元年二月二十五日《臨時公報》。

[66] 二月十三日孫中山向臨時參議院辭職時，提出三項辦法：一、臨時政府地點設於南京，為各省代表所議定，不能更改。二、辭職後，俟參議院舉定新總統親到南京受任之後，大總統及國務各員乃行辭職。三、臨時政府約法為參議院所制定，新總統必須遵守；頒布之一切法律及章程非經參議院改定，仍繼續有

山於二月十三日在臨時參議院提出辭職時提出，次日臨時參議院討論
此一問題時，谷鍾秀、李肇甫等主張臨時政府地點改設北京，略謂南
北既經統一，即應籌全國所以統一之道，臨時政府地點為全國人心所
繫，應設於足以統馭全國之地，使中國能成完土，庶足維繫全國人心，
並達我民國合五大民族而為一大中華民國之旨。前經臨時政府地點設
於南京，係因當時大江以北尚在清軍範圍，不得不暫定臨時政府適宜
之地，今情勢既異，自應因時制宜。討論結果，用投票表決，以二十
票對八票通過臨時政府地點設於北京。翌十五日，臨時大總統孫中山
咨交覆議，仍主張臨時政府地點設於南京，蓋恐袁世凱別抱野心，不
得不以此防範之，於是議員之大半更改前議，贊成都南京之說，爭論
甚激，用投票表決，以十九票對七票通過臨時政府地點仍設南京[67]。
袁世凱聞訊，通電各方，表示無法南下就職：

> 北方軍隊，意見尚有紛馳，隱患實繁。皇族受外人愚弄，根株
> 潛長。北京外交團向以凱離此為慮，屢經言及。秦江兩省，時
> 有動搖，外蒙迭來警告。內憂外患，遞引互牽。若因凱一去，
> 一切變端立見，殊非愛國救世之素志。

袁派軍人段祺瑞、姜桂題、馮國璋三軍統亦通電主張定都北京，以內
憂外患忧惕國人，歸宿於臨時政府必設北京，大總統受任必暫難離京

效。見李廉方，《辛亥武昌首義記》，頁二二五及谷鍾秀，《中華民國開國史》，
頁八〇。各省代表會致上海各省代表聯合會告臨時政府設於南京電，見《革命
文獻》第一輯，頁七。

67 谷鍾秀，《中華民國開國史》，頁八〇。

一步[68]。

但另一方面，臨時參議院既復公決臨時政府設於南京，故選袁為臨時大總統之後，即派教育總長蔡元培為歡迎專使，偕同宋教仁、汪兆銘、唐紹儀等，前往北京迎袁。袁早於孫中山辭職前即以「北方秩序，不易維持；軍旅如林，須加布置；而東北人心，未盡一致；稍有動搖，牽涉各國」為由[69]，不欲南下。及臨時參議院正式議決臨時政府設於南京之後，袁再度表示不能南下。孫中山雖曾致電相勸，謂「惟國民勞公以全局，德有所存；在北在南，無不可以全副精神相統攝」[70]，袁亦無動於衷。二月二十五日，蔡、宋、汪等到北京，袁陽示歡迎，陰使各團體反對之[71]。

自南京臨時政府決定以總統之位讓袁，並決定國都設於南京，都南都北之爭成為政治上的熱門問題。僅就各方電呈而論，主都北京者聲勢頗為浩大，茲列重要電報如下：

⑴全體回族上袁大總統呈（二月十七日）[72]。

⑵蘇州莊都督（薀寬）通電[73]。

⑶江北都督蔣雁行致孫大總統袁大總統等電（二月十八日）[74]。

---

[68] 李廉方，《辛亥武昌首義記》，頁二二八～二二九。

[69] 袁世凱致孫大總統電（二月十一日），民國元年二月十四日《臨時政府公報》。

[70] 南京孫逸仙致袁大總統電（二月十八日），民國元年二月二十二日《臨時公報》。

[71] 李廉方，《辛亥武昌首義記》，頁二二九。

[72] 民國元年二月二十日《臨時公報》。

[73] 陳春生，〈開國時各方對於建都地點之主張〉，毛筆抄件，中國國民黨黨史會藏三四／三五九號史料。

⑷杭州浙軍都督蔣尊簋致袁大總統電。

⑸天津國民共進會致袁大總統電（二月十九日）[75]。

⑹直晉豫三省諮議局致袁大總統電（二月二十一日）[76]。

⑺浙軍司令朱瑞、粵軍司令姚雨平、第一軍團長柏文蔚、光復軍
司令李燮和（柱中）、第七師長洪承點、江北都督蔣雁行、鄂軍
代表傅人傑等電（二月二十三日）[77]。

⑻奉天諮議局致袁大總統電（二月二十三日）。

⑼陝西旅京職官薛寶辰等上袁大總統呈。

⑽裁缺吏部主事范寶昌、余寶齡等上袁大總統呈。

⑾齊齊哈爾宋撫臺致袁大總統電（二月二十四日）。

⑿上海民國公會致袁大總統電（二月二十四日）[78]。

⒀天津張鎮芳、張懷芝、張錫鑾暨各司鎮道將領通電。

⒁雲南都督蔡鍔通電。

⒂鄂軍都督黎元洪致各省各機關電。

⒃北京段（祺瑞）姜（桂題）馮（國璋）三軍統通電。

⒄長沙譚都督（延闓）通電[79]。

⒅北京喇嘛印務處暨三十一處寺廟得木奇格斯貴等率僧眾數千餘
名公請坐鎮京都呈（二月二十五日）。

---

[74] 民國元年二月二十二日《臨時公報》。

[75] ⑷、⑸兩電見民國元年二月二十三日《臨時公報》。

[76] 民國元年二月二十五日《臨時公報》。

[77] 民國元年二月二十六日《臨時公報》。

[78] ⑹、⑺、⑻、⑼、⑽各電見民國元年二月二十六日《臨時公報》。

[79] ⑾、⑿、⒀、⒁、⒂各電，同註73。

⒆共和實進會全體會員上袁大總統呈[80]。

⒇太原閻都督李撫臺等來電（二月二十七日）[81]。

(21)留奧郵電畢業謝式瑾請速商南使奠都北京呈（二月二十八日）[82]。

(22)齊齊哈爾黑省諮議局請袁大總統定都北京電（二月二十八日）。

(23)馬廠第四鎮全鎮軍官公請袁大總統在北京受任電（二月二十八日）[83]。

(24)盛京趙制臺等來電（三月三日）[84]。

(25)蒙古聯合會代表蒙古懇求袁大總統勿去北京函[85]。

分析各電呈主張建都北京的理由，不外下述諸點：其一，北京由陸路直達歐洲，交通便利。其二，北京文物豐富，可資草創時期憑藉，且北京已有都城規模，不須另用經費。其三，北京足控南北滿，內外蒙，建都北京不僅便於移民實邊，且足以謀五族統一；倘一遷移，控制失宜，既不便殖民，且易招內訌外侮。其四，北京未靖，倘一搖動，難保不生意外之變；且北京專制餘孽尚有死灰復燃之慮，必須坐鎮。其五，北京使館林立，若遷都，使館須遷，各國未必贊同。各國公使對此嘖有煩言，稍有不慎，便生交涉。其六，宗社黨結合日本從事復滿活動，遼東一帶正在蠢動，風聲吃緊。其七，庚子亂後，與外國訂

---

[80] ⒃、⒄兩呈見民國元年二月二十八日《臨時公報》。

[81] 民國元年二月二十九日《臨時公報》。

[82] 民國元年三月一日《臨時公報》。

[83] ⒇、(21)電見民國元年三月二日《臨時公報》。

[84] 民國元年三月六日《臨時公報》。

[85] 民國元年三月四日《臨時公報》。

有使館通道之約，若移南京，則江陰、吳淞等處砲臺必須撤毀，利害關係甚大。其八，北方軍隊，麕集如林，一聞遷都之信，皆懷觀望，設必堅持成見，則一搖足便生他變。其九，就我國歷史觀察，都南不如都北，建都南京為偏安之計。主張都北京者聲勢所以如是之大，約有兩個原因：⑴袁世凱已被選為大總統，各方自以投袁所好者為多。⑵民黨名士章炳麟、宋教仁等力主都北京，使原主張都南京以制袁者改變立場[86]。

　　當主張都北京者列舉理由電呈交馳之際，部分以袁拒不赴南京就職為憂者亦發電加以反駁。南京臨時政府陸軍總長黃興提出兩點：其一，袁與清帝共處一城，若民國政府移北京，有民軍投降之嫌，軍隊必大噪。其二，若政府北遷，必移南軍以鎮北京，此將引起猜疑[87]。山東都督胡瑛的反駁要點有四：其一，袁世凱能維持北方秩序，係因其德望，非因其身在北京。若謂袁氏一出北京，北京秩序即不能維持，未免低估袁氏。其二，中國歷史，向無共和制度，今昔勢殊，古時建都及控制之說，於今日已不適用。其三，外國公使斷無干涉遷都之理，若此事尚不免干涉，則此項改革已無布設餘地。至使館遷移耗費之說，則外人尤不致以此小費而輕啟交涉。其四，此次舉義以改革政治為目的，北京為專制朝都會，綿歷千載，專制時代人材政事之積習，非一時少數人之所能捐除。倘目前繼續以北京為都會，則專制時政治之蟊虫，勢將播種繼續蕃殖於共和政治之中心，即此流毒一端，已無以鞏固共和基礎。惟胡瑛雖反對都北京，並不贊同把國都永遠設於南京，

---

[86] 黃毅，《袁氏盜國記》，頁一一；吳相湘，《宋教仁》，頁一二三～一二四。

[87] 《黃克強先生全集》，頁一四二。

他認為永久國都應設於武漢[88]。主張都武漢者可能謀求緩和都南京、都北京之爭，但主張都武漢者多湖南、湖北人，可能尚含有鄉土的感情在內。二月二十八日，湖北都督黎元洪電請都武漢[89]；三月二日，藍天蔚在煙臺亦電請都武漢[90]。胡瑛為湖南人，黎元洪、藍天蔚皆湖北人。

南北建都之爭，因二月二十九日北京兵變的發生，使南方趨於讓步。滯留北京的迎袁專使於三月一、二、三日連電南京臨時政府及參議院，為袁不能南來就職解說[91]。二日電云：「北京兵變，外人極為激昂，日本已派多兵入京，設使再有此等事發生，外人自由行動，恐不可免。培等睹此情形，集議以為速設統一政府，為今日最要問題，餘儘可遷就，以定大局。」三日電云：「敢請尊處迅開會議，如贊同袁君不必南行就職及臨時統一政府設在北京之議，請即電覆，並宣布中外，以拯危局。」[92]四日袁世凱又電南京臨時參議院，表示不能南來，南京臨時參議院遂於三月六日決議允袁在北京就職，次日致袁電云：

> 支電悉。京師亂已平，群情欣慰。惟經此次動搖，君勢難即時南來；對內對外，又非君早日受職不可。本院連日得蔡專使等來電，正在籌劃良策，冀鞏固基礎。昨得鈞電，知事機更不容緩，遂於今日開會議允君在北京受職，決定辦法六條如下：一、

---

[88] 山東都督胡瑛致孫總統等電，民國元年二月二十三日《臨時政府公報》。

[89] 民國元年三月二日《臨時公報》。

[90] 民國元年三月四日《臨時公報》。

[91] 《三水梁燕孫先生年譜》（上），頁一一四。

[92] 同註73。

由參議院電知袁大總統允其在北京受職。二、袁大總統接電後，即電參議院宣誓。三、參議院接到宣誓之電後，即覆電認為受職，並通告全國。四、袁大總統受職後，即將擬派國務總理及各國務員姓名電知參議院求其同意。五、國務總理及各國務員任定後，即在南京接受臨時政府交代事宜。六、孫大總統交代之日始行解職[93]。

迎袁專使蔡元培布告全國文亦云：

總統就職於政府神聖不可侵犯之條件也，臨時統一政府之組織不可以旦夕緩也。而袁公際此時會，萬不能即日南行，則又事實之不可破者也。於是袁公提議請副總統黎公代赴南京就職，然黎公之不能離武昌，猶袁公之不能離北京也。於是孫公提議於參議院，為參議院議決者，為袁公以電宣誓，而即在北京就職，其辦法六條如麻電。由是袁公不必南行，而受職之式不違法理，臨時政府又可以速立，對於今日之時局，誠可謂一舉而備三善者矣[94]。

南北建都之爭，因南京臨時政府允袁在北京就職而終止。這是南方繼讓袁為總統後第二次讓步，這種讓步，在南方是迫於時勢，不得不爾。日本報紙有論云：

---

[93] 民國元年三月九日《臨時公報》。

[94] 周谷城，《中國通史》下冊，頁一一二五。

共和建設之目的，南北雖相一致，而國都與南北統一諸問題，雙方尚多爭執。袁氏假口於外交團反對遷都，北方難保無變，不肯南來。孫氏急急於南北合同，不難舉參議院之主張而拋棄之。惟南京政府之重要人物，多主張建都南京，不屑受袁氏之支配，中途難保不再有波瀾。智計武力兩相較，各不相下，則有妨南北合同之大局。其終也，恐南不得不合於北。支那局面變化莫測，事前雖未易懸揣，而其為袁氏之天下，則無疑也[95]。

《中華民報》亦有論云：國都問題，當滿清退位之初，全國議論沸然，在北京者主張都北京，在南京者主張都南京，在武昌者主張都武昌，皆欲以所在之地為國都，各執一說，相持不下，臨時政府無由組成。時國家百事待理，南方新聞記者及各團體因北方軍界贊成共和，以驕子視之，不能因國都地點爭執不決，致來反對之心而生統一之礙，於是多數主張以北京為臨時政府地點[96]。

　　以北京為臨時政府地點，對民黨來說，本是袁世凱不能南下就職的暫時之計。及北京臨時政府成立，舊染之污日積，孫中山北上目擊情形，復倡遷都之說，民黨報紙附和之。九月四日《中華新報》著論闡明北京不可為都，其理由凡二：其一、外人逼處，其二、地方污濁。所謂外人逼處，因北京外人勢力深厚，一旦有事，必處處受人牽制，可以制我死命。所謂地方污濁，因北京為舊都，舊染已深，純正潔白之人到北京，即變得刁詭圓滑。是論並以日本改革之初即遷都東京以新氣象為例，呼籲國人從容討論國都問題[97]。

---

[95] 民國元年二月二十六日《民立報》，〈日紙論南北統一〉。

[96] 樸庵，〈國都問題〉，民國元年九月四日《中華民報》。

九月六日,《中華民報》續著論討論國都問題,首將主張都北者所
持的理由加以駁斥:

> 主張都北者所持之理由謂可控制邊鄙,撫綏北軍,便利外交。
> 今何乎滿蒙風雲日亟,科城失守,洮南淪胥,烏泰猖厥,奉吉
> 戒嚴,治藏則鞭長莫及:此不能控制邊鄙者也。京津保兵變於
> 前,往者無論矣,近則北通州兵變,莫敢嚴懲禍首,小站為袁
> 氏練兵之地,今軍人亦思蠢動,天津又有軍警之衝突:此不能
> 撫綏北軍者也。兵變一次,外交困難一次,東交民巷之防兵未
> 撤,津地則藉口於保護租界,以外兵出防,因之人心危懼,北
> 京戒嚴:此不能便利外交者也。所言之利益如此,而其現象適
> 與相反,主張都北者可以已矣!

其次將都南都北的優劣加以比較,認為南勝於北:

> 猶憶臨時政府前在南京時,雖漢陽為滿虜所下,武昌危在旦夕,
> 猶能閒閒不驚,人民安堵,大局毫無影響;此與北京一有變亂,
> 則元首蒙塵,足以搖動國本者所去不可以道里計也。即以前次
> 兵變論,外人有自由進兵消息;南京亦曾兵變矣,固未見此危
> 象也。……使國都遷南,凡諸恐怖,當可消滅。即讓一步言之,
> 邊鄙仍不能控制,兵變仍不能消弭,外交仍不能便利,而南人
> 之程度似較北人稍高,籌邊可力圖進行,兵變則防範較易,附

---

[97] 同上。

和者亦少。……既不都北，則北京一重鎮耳，雖有禍亂，不能
危及全國，補救正自易易。

該論認為，「使政府不在北京，今日之共和當不至偽態如斯」；又認為
「袁之必欲都北，以袁之勢力衹及於北不及於南」[98]。

孫中山所指的遷都地點，除南京外，尚有開封、西安二處，並不
完全如前文所論的都南都北問題。不過，北京為袁世凱的勢力中心所
在，孫中山遷都之議一出，北京方面即群起反對，以為民生凋敝之餘，
經濟困難之日，與其遷都而傷財，不如仍舊都而省事[99]。建都地點問
題日後續有討論，但終無結果[100]。

四　南北統一之初的南北衝突

清帝退位前，南北最大的衝突是國體之爭。南北議和之際，袁世
凱覆張謇電云：「但在北不易言共和，猶之在南不易言君主。」[101]清帝
退位之初，袁世凱接任大總統之前，南北衝突轉為孫、袁政治勢力之
爭，即所謂「臨時大總統之教令不能越江而行於北，新舉大總統之教
令不能越江而行於南」[102]，而南北建都之爭尤烈。又及袁在北京就臨

---

[98] 民畏，〈遷都問題〉，民國元年九月六日《中華民報》。

[99] 同註96。

[100] 除民國元、二年續有討論外，民國六年張勳復辟事件，復有遷都南京之議，見
民國六年七月十一日《中華民報》。民國十七年北伐成功後，又有都南都北的
討論，見當時《國聞週報》、《東方雜誌》等。

[101] 劉厚生，《張謇傳記》，頁一五○。

時大總統職，論者認為國家統一，南北問題結束，實則並不如此。

就對共和國體的認識而論，南方人對共和多抱熱望，北方人多不知共和為何物，當時公開反對共和者雖不多，卻有愛共和與不愛共和、真愛共和與假愛共和之別[103]。

就俗服而論，南北初時亦多差異，一九一二年八月十九日，上海《中華民報》有論云：「南方人民有不剪髮者共鄙笑之，雖下等之苦力，亦幾剪髮；北方人民有剪髮者，眾共驚異之，雖上等之財政總長，亦不肯剪髮。」[104]按剪髮之令頒於孫中山任臨時大總統時，當時曾頒令曉示人民一律剪髮，凡未去辮者，於令到之日，限二十日一律剪除淨盡，有不遵者，以違法論[105]。其時南北尚未統一，政令不及於北，且北方風氣未開，故剪髮者少。

關於南北在俗服上的差異，一九一二年七月日本貴族院遊歷團來中國考察，亦有所見。該團人員曾謂：

> 旅行中國最注目之事，為中國南北人心風俗之截然不同。南方以推滿故，舊式帽多委棄於道，服裝變化亦極迅速。及至京漢道中，一入河南，則婦人猶盡著滿洲服。更至北京，則反有維持舊俗之傾向。人心如此，故政治上亦有此傾向[106]。

---

[102] 同註 73。

[103] 張繼在南昌國民黨支部歡迎會致詞，民國元年十月二十二日《民立報》。

[104] 樸庵，〈南北統一之夢話〉，民國元年八月十九日《中華民報》。

[105] 《革命文獻》第一輯，頁四二。

[106] 民國元年七月二十六日《天鐸報》。

此種俗服之異，亦可表明政治心態。由於南北在觀念上不易溝通，故易造成隔閡。

　　就官制而論，南京臨時政府時期，北方各省長官仍稱總督或巡撫，南方則以革命之故，多稱都督。袁世凱任臨時大總統後，於一九一二年三月十五日下令將北方各省總督、巡撫改稱都督，以一觀聽。如東三省總督改為東三省都督，直隸總督改為直隸都督，陝甘總督改為甘肅都督，河南、山東、吉林、黑龍江、新疆等巡撫，均改為都督。惟官名雖改，職權仍舊[107]，且對都督人選，南方行公舉制，北方行委任制。當時國民共進會以南方各省都督概由公舉，呈請袁世凱將北方各省亦一律從同，袁不贊同，覆電云：「今南之聽其地方公舉，與北之仍由中央委任，皆為維持現狀，不欲以紛更，更生枝節。各守舊規，以待新制，未嘗有成見於其間。」[108]除都督體制南北不同外，都督以下的官吏，南北亦大異其趣。民政南方曰民政司，北方仍名布政使；教育南方曰教育司，北方仍名提學司；司法南方曰司法司，北方仍名提法使；實業南方曰實業司，北方仍名勸業道；巡警南方曰警察廳長，北方仍名巡警道；軍政南方曰軍長、師長，北方仍名統制、協統[109]。論者謂北方官制不改，為袁世凱不贊成共和的確證[110]。就日後的情形看來，都督均改為委任，是南從於北；都督以下官吏北方放棄舊名稱，是北從於南。但在袁世凱掌握政權之初，未肯遽然接受民黨倉卒間的創制，似為事實。

---

[107] 民國元年三月十六日《臨時公報》。

[108] 袁大總統覆國民共進會函，民國元年三月二十七日《臨時公報》。

[109] 同註104。

[110] 同上。

再就人事而論，北京臨時政府成立，內閣閣員多南方新進，與北方舊官僚不相容。一九一二年七月二十四日上海《天鐸報》有論云：

> 南來諸員以為北京政府產生於南京，我輩皆有功革命之人，當佔優點。其原有之舊人員，又自為老熟手，且薄視南來者為少年新進，事事睥睨之。於是一部之中，各司員斷無和衷共濟者。大抵其長官為新人，則新者勝；長官為舊人，則舊者勝。咨嗟怨望之聲，訑訑施施之態，各有所聞。其為長官者，日日調停於驕妻悍妾之間，頗亦難以為情[111]。

財政總長熊希齡為示用人大公，曾在該部宣布云：「本總長用人一視其人之賢否，不論其新來舊在；諸君苟有所長，自不患人之不己知。」[112] 司法總長王寵惠對該部亦有令云：「顧自共和宣布以來，全國統一，在北在南，凡經服務之人，均屬盡力民國，本總長同深敬佩，毫無歧視。除薦任官外，所有應行委任各官，即當另行通告，定期考試，以示大公。」[113]

南北人事紛爭，在南京臨時政府時代已經發生。一九一二年一月三日孫中山任命各部首長；陸軍總長兼參謀總長黃興，次長蔣作賓；海軍總長黃鍾英，次長湯薌銘；內務總長程德全，次長居正；外交總長王寵惠，次長魏宸組；司法總長伍廷芳，次長呂志伊；財政總長陳錦濤，次長王鴻猷，教育總長蔡元培，次長景耀月；實業總長張謇，

---

[111] 民國元年七月二十四日《天鐸報》，〈官海將成醋海〉。

[112] 民國元年五月二十三日《天鐸報》，〈專作和事老〉。

[113] 民國元年五月八日《政府公報》。

次長馬君武；交通總長湯壽潛，次長于右任。以上僅陸軍、外交、教育三總長為同盟會員，其他皆清末顯宦名流新同情革命者，惟次長悉為黨員。可能由於原不屬革命黨諸總長不易與大部為同盟會員的官員相處，張謇、湯壽潛僅一度就職，參列各部會議，即出住上海租界；程德全在租界臥病；伍廷芳以議和代表名義，不管理部務；陳錦濤以經營借款名義，亦常居租界；故五部悉由次長代理。總長負責者，僅黃興、王寵惠、蔡元培三同盟會員而已[114]。嗣後《民立報》有論云：「孫總統蒞任之始，……人才濟濟，皆一時之彥，……不欲以政權私於一黨。……然閣員若張謇、湯壽潛之流，竟挾非黨之嫌，或屢屢辭職，或終不履任，以故南京政府實有意見不一之象。」[115]

不僅內閣中有人事衝突，南京臨時參議院中亦有人事衝突。南京臨時參議院議員谷鍾秀有論云：

> 自臨時政府成立後，各省代表會即依臨時政府組織大綱之規定，代行參議院之職權。嗣各省參議員陸續至，達過半數，遂於正月二十八日開參議院正式成立大會。開會之前一日，有一問題發生，最足以起南北之惡感者，即未獨立省分之代表代理參議員者，無有表決權。先是各省代表會集於武昌時已有是決議，未獨立省分之代表因組織臨時政府之迫切，初不之計較，而事實上亦未施行。故發布臨時政府組織大綱，共同簽字。臨時大總統副總統之選舉、國務員組織之商權時，亦皆與投票。至是

---

[114] 《國父年譜初稿》，頁二九九～三〇〇。

[115] 血兒，〈民國元年政局變遷之回顧〉，民國二年一月三日《民立報》。

發生此問題，勢在必爭，於是直隸、奉天兩省代表相繼辭職，
其結果一律有發言表決權乃已[116]。

至北京臨時政府成立時，此類人事上的衝突益富有南北色彩，一九一
二年三月十九日《民立報》有論云：「且使盡北人而組織政府乎？南人
必疾首蹙額而相告曰：此北人專制政府，必將謀不利於我，弗顛覆之
弗措也。盡新少年而組織統一政府乎？老成人必疾首蹙額而相告曰：
此新少年專制政府，必將謀不利於我，弗顛覆之弗措也。」是論認為，
「欲調和各黨派之意見，在於統一政府中必須位置各黨派之一二重要人
物，得以代表各黨派之意見」[117]。實則，由於當時南北衝突甚烈，政府
用人，已無法完全顧及智愚賢否，一以調和南北為事，為各部所同[118]。

　　除人事問題外，南北的衝突復表現在猜疑和排擠兩方面。一九一
二年四月十四日《天鐸報》有論云：「雖共和成立，南北一家，猜忌之
心，……兩方面之心理依然；各懷疑貳，積不相能。」[119]舉例言之，
當臨時政府北遷之際，南方擬派王芝祥（原任廣西都督，後率軍出廣
西北伐）統重兵護送，此事頓使北方驚惶失措，於是函電交馳，群起
反對。袁世凱致內閣總理唐紹儀電云：「現今大局稍定，南北不容再有
衝突。倘今日復見糜爛之象，中國難保不亡。」京師商務總會總董事
會致唐紹儀電云：「聞國務員參議員北來，有帶軍護送消息，人民異常
驚駭。現秩序甫定，忽又來兵，稍形衝突，不堪設想，祈力阻。」同

---

[116] 谷鍾秀，《中華民國開國史》，頁六三。

[117] 空海，〈調和的統一政府法〉，民國元年三月十九日《民立報》。

[118] 民國元年五月二十二日《天鐸報》，〈專作和事老〉。

[119] 亞雲，〈南北之疑忌〉，民國元年四月十四日《天鐸報》。

志聯合會致唐紹儀電云：「聞國務員將帶兵北來，人心惶駭，請婉阻。」京師商會董事會上袁世凱呈云：

> 如軍隊北來，商民惶恐，懇請力阻，以安人心而維大局事。竊
> 京師自前此變亂之後，經各方面維持，秩序粗安，人心漸定。
> 近忽傳國務員與參議員有帶軍隊萬餘北上消息，聞訊之下，不
> 勝惶駭。伏思統一政府成立，南北一家，北來就職，有何猜疑？
> 況北方軍隊，足敷分佈，各地方組織之保衛隊已碁布星羅，著
> 有成效，而京師自責成巡警後，商民亦皆安堵，營業漸復舊觀。
> 今聞軍隊北來，異常驚恐，復群思歇業。如不設法力阻，竊恐
> 險象復生，土匪乘之，則南北軍心尚未一致，若稍形衝突，大
> 局何堪設想？懇祈大總統竭力主持，急電阻止，以安人心而維
> 大局。不勝盼禱，須至呈者。

禁衛軍統馮國璋以為南軍北上，既在保護參議員及國務員，乃聯合警界會銜致唐紹儀一電，力任保護之責，請唐阻止南軍，電中有謂：「以後凡南來之人，俱由北方軍警協同保護。」[120]袁世凱為阻止王芝祥率軍北上，調王為新疆督辦，令其即速來京，協商一切，所轄軍隊，暫留原處，不必北上。

當時南方想把軍隊調去北方，一方面因為革命軍興以來，南方苦患兵多，且許多立功將領無法安置。另一方面，南方不信任北方真贊同共和，思有以彈壓。唐紹儀組閣不久，曾接受臨時參議院的提議，

---

[120] 前引各電，均見民國元年四月十二日《天鐸報》，〈北邊人大驚小怪〉。

建議袁委柏文蔚為山東都督，王芝祥為直隸都督，某某為河南都督。
唐紹儀謂：細審南方情勢，非採用此政策，大局將不可聞問，故請總
統以次委任，並請收回前任周自齊為山東都督的成命，否則只好辭總
理職。惟北方各省亦深以兵多為患，主客不容，有妨地方治安，挑起
南北惡感，乃紛紛提議反對[121]。

　　唐紹儀為廣東人，本為袁系人物。當南北議和之際，與同盟會人
頗洽，至抵南京組閣時，又加入同盟會。因其與南方共和派接近，甚
為舊官僚所忌。陸軍總長段祺瑞、內務總長趙秉鈞等原與南方共和派
意見未盡融洽，就任之後即首先排斥唐紹儀。及唐入北京，排唐之風
益熾，報紙從而附和之，風潮愈演愈烈[122]，終使唐內閣倒臺。

　　唐內閣是南北統一後的第一屆內閣，其倒臺可以說是由於南北之
爭。初南京臨時參議院議決接收北方統治權案，有公舉都督的規定。
直隸士紳屬意王芝祥，諮議局並為正式之公舉。時唐紹儀方於南京組
織內閣，亦建議袁以王芝祥督直。唐回北京後，袁面許以王督直，遂
電王來京。唐意此事當無中變，於直紳晉謁時告以總統已許可，俟王
到京即發表。及王至京，直隸五路軍界由袁授意，通電反對，袁以軍
界反對為詞，改派王赴南京遣散軍隊。唐拒絕副署，謂政府不當失信
於直人。嗣袁逕以唐未副署之委任狀交王芝祥受領，唐知事無可為，
遂辭職赴津[123]。

　　唐內閣倒臺後，內閣為北方官僚派控制。民黨領袖孫中山、黃興

---

[121] 民國元年四月七日《天鐸報》，〈北人反對唐紹儀〉。

[122] 民國元年五月六日《民立報》，〈唐內閣之不統一〉（少白譯自《大阪朝日新
　　聞》）。

[123] 《三水梁燕孫先生年譜》（上），頁一二一。

力泯南北界限，尋求袁世凱的合作，期能實行民生主義。一九一二年十月六日孫中山在上海張園演說云：

> 自統一以來，黨爭日劇，外人謂我中華民國有南北分治之勢，余頗不謂然。我南人對於國利民福，甚為注意。余在北京，見北方人愛國之熱度，與南人無異。余在彼日與袁大總統晤談國事，觀袁所行一切政事，用新思想舊方法，對於民國革新時代甚為相宜[124]。

但另一方面，以宋教仁為首的一批國民黨人，則力圖由國民黨組織內閣，實行政見，與北方官僚處於一種對抗狀態。

宋教仁的努力步驟凡三：第一步以同盟會為基礎，聯合志趣相近的各黨派組織國民黨，盡量擴大黨勢。第二步爭取國民黨在國會選舉中的勝利。第三步爭取由國民黨組織政黨內閣，甚至由國民黨推出總統，以獲政治實權。前兩個步驟均達成，宋向第三個步驟推進，引起了北方官僚派的緊張。官僚派一方面聯合國民黨的反對派組進步黨與國民黨抗，一方面分化國民黨，並派人刺殺宋教仁。這又引起了國民黨方面的緊張，認為國會在北京易受袁世凱脅迫，主將國會遷上海，並從各方面與袁對抗，南北之爭又進入白熱化。康有為有論云：

> 問選總統之法，必由國會多數決之。則今茲選舉，國民黨已佔多數矣，南中虞北方之軍隊脅迫國會也，紛紛議移國會於上海

---

[124] 民國元年十月七日《大共和日報》，〈孫對袁之高山景行〉。

矣！又有議令各省議局同舉矣！總統適誤發官制令，召各省之
攻，有請交大理訊問之者矣！加蒙藏失萬里之土地，借債受六
國之監理，失敗太劇，國民咸憤，咸重盡失，召辱取侮已甚矣！
然北中將校，皆前清之將帥高官也，昔者大總統之獲公舉也，
以撫有北方八鎮之兵，而南方無人能與之敵故耳。今諸鎮豈輕
易俯首以聽總統之易人哉！將聽國會及各省以多數決所舉耶？
則舊者在所必除，新者在必別舉，而舊者未易去也，又北方未
易服也。或且真如上海所疑軍隊之事，則南方必將憤起，如是
則南北又爭，吾國必將分裂[125]。

與康有為之論相應和的是當時一片南北調停之聲。在北方官僚派看來，
宋教仁是加深南北衝突的焦點人物，民黨則認他力事調和南北。如宋
遇刺身死後，張昭漢誄云：「懼方興之麻裂而不一兮，又調和乎南
北。」[126] 商界王炳慶輓云：「功蓋宇宙光耀湘都，調和南北星強滬
軍。」[127] 國民黨河南支部致東京支部函云：「本黨理事宋先生……此次
北上，確係調和南北意見，解決國會問題。」[128] 可以看出無論袒政府
一方還是反政府一方，多從南北衝突的觀點看各種問題。

　　但所謂南北衝突，在本質上是民黨與政府間的衝突。在民黨力求
政府容納時，不便舉黨與政府相對立，凡有衝突，輒以南北衝突含混
之。及宋教仁被刺，民黨醞釀二次革命，為號召各方人等反政府，並

---

[125] 康有為，〈憂問〉，《不忍》第一冊（民國二年二月十五日，上海）。

[126] 見《國民月刊》一卷一號（民國二年五月）。

[127] 見《國民雜誌》第一年第二號（民國二年五月十五日東京發行）。

[128] 同上。

呼籲各方慎防政府以消除南北衝突為名破壞共和，乃直接將南北衝突
的底蘊闡明。一九一三年六月東京《國民雜誌》有論云：「至謂南北戰
爭，試問黨政府者皆北人乎？何以解於南省官僚。黨國民者皆南人乎？
何以解於北省諸民黨。故與其謂南北戰爭，毋寧謂官民戰爭；與其謂
官民戰爭，毋寧謂邪正戰爭。」[129] 又有論云：

> 南北調停，向無是說，有之自袁世凱為總統始。……自袁世凱
> 為總統，假名共和實行專制，民黨反對則曰南北破壞，於是南
> 北調停之聲起矣！……袁氏為人，陰險狡詐，……能鋤而除之，
> 則南北問題真能解決矣。非然者，袁氏今日假南北二字以行專
> 制，他日假南北二字而為皇帝，南北感情，不惡而自惡矣！雖
> 然，吾確認今日之調停為政府與國民之調停，非南北人民之調
> 停，蓋政府欲專制，國民欲共和，因所欲不同，政府遣兵南下，
> 大肆兇威，國民為人道計，特遷就調停耳。

觀該論所提調停之條件，如袁世凱繼續為總統，須遷都南京或武昌，
須將北方軍隊將領馮國璋、張懷芝、段芝貴、倪嗣冲一律更易或責令
征蒙藏，須將一般舊官僚完全不用；如袁退職，可每年供袁休養金數
萬，可用袁黨有才識者數人[130]。可以看出，所謂南北之爭，是民黨與
政府之爭，也是權位之爭。

---

[129] 陳寬，〈官邪論〉，《國民雜誌》第二年第三號（民國二年六月十五日東京發行）。

[130] 偉生，〈南北調停問題之解決〉，同上。

五 結 論

　　民初南北問題，由來甚久。清季新興勢力起於南方，北方雖亦欲徐圖接受新事物，步調終較緩慢。至武昌革命發生，由於革命者的理想與舊官僚的權位不相容，頓成南北對立之局。一九一二年四月二十日上海《民國日報》有論云：

> 革命之本，袁期於推倒專制政體，建設完全平民政治，乃事不旋踵，而遂大定者，雖由先覺者之有以提倡於前，各志士之有以命拚於後，其成立也，實主因於四萬萬之一心，而為之首者，厥維孫黃黎宋。故孫黃黎宋者，實代表新興之豪傑，成為民黨，而隱然重鎮於南方也。民軍鼎沸，清室傾危，袁世凱起自謫戍之餘，乘機竊位，以攫取大總統之徽號。……袁世凱者實代表腐敗之官僚，……而顯然跋扈於北方也[131]。

此種南北對立之局，並未因清帝退位、南北統一而消失。南派人士指南北界限係北方腐敗官僚造成，並責其藉之為政爭的工具[132]。但南北

---

[131] 木公，〈闢南北二字之謬〉，民國二年四月二十日《民國日報》。

[132] 民國二年四月十七日《民國日報》所載〈非南北界限〉一文云：「所謂南北界限者，即少數爭權奪利之徒，假地域主義之勢力，圖遂其私利，乃持南北界限之危詞，以試其恫喝之術。曰某事如此則南北勢力不均衡，曰非某人則北方軍警不服從，曰某事遷就則南北惡感將挑動，曰某也當選則南北戰爭當起始也。」

問題一直存在，則為事實。

南北問題最早發生者為南方欲建共和，而北方欲維繫君主。嗣後清帝退位，建共和政體，可謂南方的一大勝利。其次發生的問題是臨時大總統誰屬。清帝退位，囑袁世凱組織政府，似清帝直接將權位讓與袁。但清帝退位時，南京已有臨時政府，如袁逕組政府，將使南北對立無由化解。好在此期間有南北議和，一切在和議中折衝，如袁能促使清帝退位，並贊同共和，孫中山即以臨時大總統之位讓袁。此為政治交換條件，南北無所謂誰佔優勝。接著發生的問題是臨時政府地點設於何處。孫中山將臨時大總統之位讓袁時，有一附帶條件，即袁須至南京就職，亦即臨時政府須設於南京。但袁當選為臨時大總統後，藉口北方未靖，拒絕南下就職，新政府遲遲不能成立。南方以國家百事待理，乃允袁在北京就職。其後民黨雖又倡言遷都，並無成就。此種情形，確由於北方實力派擁袁，亦南方多事妥協有以致之。

自袁世凱在北京成立臨時政府，南方在政爭中已居於下風。此種態勢，南方民黨並非無所覺，故調和南北之聲布聞全國。所謂「孫黃二公繼踵北遊，宋教仁隻身南下」，雖名為「調和」[133]，實欲增長民黨勢力。孫欲造鐵路，黃欲拉攏所有國務員入國民黨，袁均虛與委蛇；及宋運動國會選舉有成，民黨乃不見容於袁氏，終釀成宋教仁的被刺和國民黨的二次革命。

實則所謂南北問題，並非完全是地域之爭。北方的晉秦響應革命都很早；參加革命的閻錫山、張鳳翽、張榕、張繼、溫壽泉等都是北方人[134]。南軍當中，北人甚多，南人推誠相待，毫無疑忌[135]。南北地域

---

[133] 同註[131]。

的差異當然是有的，俗服的不同，證明南北的政治心態並不一致；官制的參差，代表南北政治理想與現實的衝突。不過，這些都是比較短暫的。

南北相爭的真正原因是民黨與官僚派之間的權力爭奪。當時民黨爭取政權的途徑凡二，一為爭取組織政黨內閣，一為爭取國會選舉的勝利。後者進行甚順利，前者終未重現。及宋教仁遇刺，民黨發動二次革命，予袁以武力彈壓的口實。二次革命的武力主要起於南方，其後袁世凱謀稱帝，反帝制的武力亦多起於南方，但革命者的理想一直不能順利實現。袁世凱倒臺後，民國政權仍在北方舊官僚之手，承襲袁世凱權勢的段祺瑞，且有「北方軍人才是國族中堅」的偏見[136]。段祺瑞對革命黨人所建的民國法統毫不尊重，迫使孫中山赴廣州組織護法政府，終釀成南北分裂的局面。

---

[134] 同上。

[135] 南北軍人聯合會致北京姜軍門桂題等電，民國元年二月十四日《臨時政府公報》。

[136] 《吳鐵城回憶錄》，頁五五。

二次革命的根源

一　前　言

　　一九一一年十月十日武昌革命爆發，各省紛紛宣布獨立。一九一二年一月一日，獨立各省在南京組織臨時政府，孫中山任臨時大總統。二月十二日，在北京的清帝遜位，將國事委內閣總理大臣袁世凱。次日，孫中山辭臨時大總統職，臨時參議院選袁世凱為臨時大總統。三月十日，袁世凱在北京就職，南北統一。辛亥革命，也就是被近代中國史家所稱的第一次革命告成[1]。

　　清帝退位後的一年半，也就是在一九一三年七月十二日，國民黨在江西發動二次革命，謀推翻袁世凱。二次革命的根源，實起於辛亥南北議和之際，當時革命派中有人不願意用妥協的方法使清帝退位，而使袁世凱奪取革命的果實。這一派人，加上在民國建立後欲享受而未享到革命利益的人，成為南北議和後武力反袁的主要策動者。當然，

---

[1]　Mary C. Wright, ed., *China in Revolution: The First Phase, 1900–1913*, Yale University Press, 1968.

許多革命黨人所以未能打消繼續革命的想法，是因為袁世凱在任臨時大總統之後，常不遵行民主共和的體制，甚且迫害舊日革命黨人；而地方政治之專制腐化，尤令人失望。故在袁世凱就任臨時大總統後的一年多期間，二次革命的風聲時有所聞。及一九一三年三、四、五、六月間，袁世凱因國民黨（由推動辛亥革命的主力同盟會改組而成）在國會選舉中獲勝，而採取一連串的反制措施，包括暗殺國民黨黨務的實際負責人宋教仁、未經國會同意向五國銀行團實行借款（以充實政府財源）、未經國會同意而簽訂「中俄協約」（以協和外交），以及將江西、安徽、廣東三省國民黨籍的都督免職。在這種情形下，國民黨領袖孫中山只好號召舊日革命同志，以及在辛亥革命成功後對袁世凱政權不滿的人士，再起革命。

　　本文除前言、結論外，分三方面論述：首論辛亥南北議和時期的反議和言論，次探討南北議和後各省革命活動的持續，最後分析國民黨領導階層對繼續革命的努力。

二　辛亥南北議和時期的反議和言論

　　辛亥南北議和，始於一九一一年十月下旬。十月二十七日，袁世凱奉命為欽差大臣，節制援鄂水陸各軍。十月二十九日，道員劉承恩（鄂人）奉袁世凱之命致書黎元洪，以實行立憲、赦開黨禁、下詔罪己、皇族不問國政為條件，與民軍言和。十一月一日，袁世凱奉命為內閣總理大臣，仍節制派赴湖北陸海軍。十一月二日，袁世凱再命道員劉承恩致書黎元洪言和。十一月八日，黎元洪覆書袁世凱，勸贊助民軍，並以推為總統相許[2]。十一月十日，袁世凱在河南信陽（自漢

口督師北返抵信陽）派蔡廷幹、劉承恩二人為代表，到武昌都督府議
和，主擁溥儀為虛君，實行立憲，罷兵息爭；黎元洪不允，希望袁世
凱「返斾北征，克復冀汴」，並謂「將來大功告成，選舉總統，當首推
項城（袁世凱）」[3]。其後到十一月三十日，由駐漢英領事介紹，兩方
商議停戰。武漢地方，雙方曾於十二月一日起停戰三日，三日期滿，
又續三日。至十二月十五日，清內閣電開條件至漢口：⑴停戰三日期
滿，續停戰十五日；⑵唐紹儀充總理大臣代表，與黎都督或其代表人
討論大局。當日，各省都督府代表聯合會在漢口開會，會中決定議和
綱要為：⑴推倒滿清政府，⑵主張共和政體，⑶禮遇舊皇室，⑷以人
道主義待滿人。會中並決議以伍廷芳為民軍代表，與唐紹儀對待[4]。
一九一一年十二月十八日，南北議和正式在上海舉行，民軍代表為伍
廷芳，清軍代表為唐紹儀[5]。和議進行期間，君憲與共和之爭甚為激
烈。伍廷芳提議，必須清內閣承認共和，雙方始有開議餘地[6]；但清
內閣不允，堅持君主立憲。民軍方面倡言，斷不容留君主餘孽，以作
為第二次革命之資料，「有背此義者，吾黨當以頭顱濺之」[7]。

　　武昌革命爆發以後的南北議和，倡自清內閣總理大臣袁世凱。袁

2　郭廷以，《近代中國史事日誌》（臺北，民國五十二年），頁一四一四～一四二三。

3　王恨生輯，《中華民國軍》（出版地不詳，民國元年）丑集，〈黎元洪與袁使之
　談話〉；吳相湘，《宋教仁》（臺北，民國五十三年），頁一一六～一二一。

4　李廉方，《辛亥武昌首義記》（武昌，民國三十六年），頁二〇九～二一〇。

5　郭廷以，《近代中國史事日誌》，頁一四四五。

6　谷鍾秀，《中華民國開國史》（上海，民國三年），頁四三。

7　廖少游，《新中國武裝解決和平記》（陸軍編譯局，民國元年六月），頁二〇、
　二二、六四。

的最初意旨，在以虛君立憲制度為號召，以平息獨立各省，並藉此獲取在清政府中的實權。以黎元洪為首的一些缺乏革命理想的民黨人士，則欲藉袁世凱的兵力，逼清帝退位，建立漢人的民主政權。黎元洪這一派人的想法，最初同盟會的主流派並不贊同。當武漢傳出南北議和的消息後，作為同盟會活動中心的上海，屢有言論反對議和，如一九一一年十一月二日《民立報》社論〈議和駁謬〉、十一月六日《民立報》社論〈和平解決之殷鑑〉，均反對議和。漢口方面，革命軍司令黃興，因袁世凱向黎元洪提出媾和條件，於十一月九日向九江都督馬毓寶送達通告一件，指斥袁係漢奸，絕不可聽信其邪說[8]。

其後，反議和的言論陸續提出。一九一一年十二月四日，上海《申報》中的〈清談〉一文，力言「慎勿墮袁賊彀中，而留二次革命之種子」。十二月二十五日，同盟會總理孫中山自海外歸國經香港抵上海，發表宣言，認為「革命之目的不達，無議和之可言」，謂革命者的任務是「長驅河朔」、「建立民國」[9]。

孫中山的堅決態度，益使南方反議和的言論升高。一九一一年十二月二十六日，南京各省都督府代表聯合會作出決議，通電各省繼續進行作戰計畫。十二月二十七日，《民立報》發表〈和乎？戰乎？〉的評論，除指明議和之非計以外，並鼓吹北伐：「願我將士勿少希望於和議之可成，急整軍旅，俟一旦停戰期滿，即率大軍北進，以慰國民之熱望。」[10]一九一二年一月一日，孫中山在南京就臨時大總統職，各

[8] 一九一一年十一月九日日本篠本警士致日本駐漢口總領事松村貞雄報告，《辛亥革命史料》，頁五六五。

[9] 章開沅、林增平主編，《辛亥革命史》下冊，頁二九九～三〇〇。

[10] 同上，頁三〇〇。

方續有反對議和的言論發表，一九一二年一月四日，上海《天鐸報》題名為〈北伐之策略〉的社論中有云：「今和局之必歸破裂，此所敢斷言也。然則當我大總統蒞任之初，舍一鼓而討二百六十年來滿夷猾夏之罪，其何以哉！故今日吾臨時政府所亟於經營者，當以北伐為唯一之政策。」一月二十八日雲南都督蔡鍔的電中有云：

> 現民國中央政府已成立，大總統已舉定，民主君主問題無復有研究之價值。……仍擁戴滿清為君主，固現所必無；即別以漢人為君主，亦事勢所不容，故君主國體為中國今勢所萬不能行，必強留存此物，將來仍難免第二、三次之革命。……故此時直無議和可言，惟有訴諸兵力耳。至作戰計畫，孫、陳各都督所見甚是，滇處僻遠，未敢遙度，惟有親率精兵，結合黔鄂，長驅河洛，期共戮力中原[11]。

其他反對議和的言論不備舉。

儘管南方有反對議和的呼聲，最後仍以議和為手段，完成了推翻滿清之舉。其中原因甚多，重要的約有兩點；其一，南京臨時政府的財政困難：南京臨時政府成立以後，各方需款孔急，曾以漢冶萍公司、蘇浙鐵路、招商局作抵，向日本貸款二千八百萬元，據外國觀察家估計，每日以一百萬元計，最多只夠一個月之用[12]。臨時政府雖然盡量撙節開支，一九一二年三月份的支出概算只列了九百七十五萬多元[13]，

---

[11] 民國元年二月八日《臨時政府公報》第十號，電報。

[12] Frederick McCormick, *The Flowery Republic* (London, 1913), pp. 310–311.

[13] 見《南京臨時政府公報》，第四三號。

就此計算，也不過可足三個月之用。南京臨時政府只維持了三個多月，即不結束，財政亦很難維持。其二，重要革命領袖傾向以和平解決：一九一一年十二月二十一日孫中山自歐抵香港，廣東都督胡漢民欲留孫於粵，整軍經武，準備北伐。時南北和議正在上海進行，孫頗思假袁世凱之力，先推翻滿清，再圖其他，謂漢民云：「袁世凱不可信，誠然；但我因而利用之，使推翻二百六十餘年貴族專制之滿洲，則勝於用兵十萬。縱其欲繼滿洲以為惡，而其基礎已遠不如，覆之自易，故今日可先成一圓滿之段落。」[14]其後，孫中山至滬、寧，為鼓舞士氣，雖倡言北伐，未嘗不欲假手袁世凱以推翻清廷。另一方面，黃興在立憲派和官僚派的影響下，也放棄了北伐的主張，而汪兆銘、章炳麟等，原即贊同與袁妥協[15]；黎元洪則是南方最早贊同與袁世凱議和的人。

三　南北議和後各省革命活動的持續

南北議和的基本條件是袁世凱贊同共和，迫清帝退位；臨時大總統孫中山辭職，由袁世凱組織統一政府。一九一二年二月十二日，在袁世凱的安排下，清帝宣布退位。十三日，孫中山向臨時參議院辭臨時大總統職，並薦袁自代。十五日，臨時參議院選袁世凱為臨時大總統。此期間，南北軍政各界，電呈交馳，一片擁袁之聲[16]。

雖然如此，清帝退位後，革命黨人與袁世凱政權之間並不和諧，

---

[14] 羅家倫主編，《國父年譜初稿》上冊，頁二八六～二八七。

[15] 章開沅、林增平主編，《辛亥革命史》下冊，頁三七四。

[16] 張玉法，〈辛亥革命時期的南北問題〉，《中國歷史學會史學集刊》第十三期，頁二○三～二○四。

北方官吏有反對共和、慘殺民黨之事[17]，南方部分軍隊，亦不滿意袁世凱為總統，聲言決意北伐[18]。此類憤激之言、急切之行，不久雖隨南北統一政府建立，為袁世凱所抑止，但許多革命黨人，或覺革命理想未達，或覺革命利益未獲，加上袁世凱日行專制，舊軍人、舊官僚、舊士紳反動日深，革命的衝動是很難完全平息的。

難平息的革命衝動，最初由革命黨中的下層爆發出來，可能的原因，在南北議和後，屬於革命黨一方的民軍先後被遣散，使他們有革命落空的感覺。二次革命的風聲，首先在武昌傳出來，時間是一九一二年二月中旬，清帝甫退位以後。武昌為二次革命的鼓動之地，論者以為與湖北的地理位置有關：「鄂郢為天下之中樞，武昌有事則長江之交通中斷，而京師之威令遂不能達於粵蜀滇黔，以故亂徒取事必以是為根據，一次革命之未已，而至再至三，然終無出此一城地者，職是故也。」[19]實則，湖北醞釀二次革命，最初是地方事件，並非革命領導階層的統一策畫。此一地方事件發生的原因，是地方政權在革命之後仍在舊官僚、舊軍人之手，革命派的官兵則多已解甲。在這種情形下，革命的理想和革命的利益兩失。

一九一二年二月中旬，武昌傳出二次革命的風說，謂三十一標將於二月十五日起事，專殺湖北都督府軍務部長孫武及各協標營之長官。此事實由革命黨人張振武（共進會員，湖北軍政府軍令部副部長）、方維（共進會員，將校團團長）等主持，彼等欲窺鄂督之位，為孫武所泥，故張、方恨之。湖北都督黎元洪為此曾邀集各部長、軍官開會協

---

[17] 孫文致袁大總統電，民國元年二月二十八日，《臨時政府公報》。

[18] 陸軍部致鎮軍柏軍長等電，同上。

[19] 一九一三年四月十四日《順天時報》一版，〈山東兵變風說索隱〉。

調，擬遇有軍官出缺，先儘三十一標的畢血會、近衛軍、教導團成員充補[20]。但到二月二十七日，革命黨人（文學社、共進會人士等）所組的近衛軍、將校團（團長為方維）、義勇團、畢血會等合組群英會，以推倒孫武為名，「集合暴動，槍彈亂放，刀械橫施」[21]。聲言逐黎元洪、覆湖北都督府，城內大亂[22]。

其後，湖北方面的局勢一直不穩。一九一二年四月，發生密謀刺殺黎元洪事件，涉嫌的二人被捕殺；七月，文學社員祝制六、江光國等組織秘密團體，以「推翻軍政府，改革政治」為口號[23]，嗣以事機洩露，祝、江等被捕殺。黎元洪對此一連串的騷亂，採取進一步的反制措施，一九一二年八月八日，張振武、方維至北京調和黨見，黎元洪於八月十一日及十三日，兩度電袁世凱，謂張、方蠱惑軍士，破壞共和，圖謀不軌，請予正法。八月十五日，袁世凱將張、方捕殺。此事雖引起革命黨人的抗議，但到八月二十六日，由於黎元洪表示願自負責任[24]，此事亦不了了之。黎元洪不但陷殺張、方，且逼走文學社

---

[20] 民國元年三月一日《順天時報》四版，〈二次革命之消滅〉；尚秉和，《辛壬春秋》（北京，民國十三年），〈湖北〉第三，頁五五上。

[21] 民國元年三月二十日《順天時報》二版，〈湖北前軍務部長孫武宣言書〉。

[22] 尚秉和，《辛壬春秋》，〈湖北〉第三，頁五五上。

[23] 李時岳，《辛亥革命時期兩湖地區的革命活動》（北京，一九五七），頁一一五。

[24] 郭廷以，《中華民國史事日誌》第一冊，頁五九～六一。一說慫恿袁世凱殺張、方者為阮忠樞，張、方在京，自恃革命功高，觸阮忠樞之怒，阮詭言於袁，謂張、方將有不軌行為，請袁殺之，以遏亂萌。袁自揣驟殺革命元勳，必受輿論攻擊，乃欲假黎元洪為己分謗，因電鄂，謂將任張、方重任，惟不知其品詣及心術如何？黎元洪以茲事體大，乃歷述張、方二人在鄂專橫情形；袁據此，即執張、方殺之，並據黎覆電，宣布張、方罪狀。見貢少芹，《黎黃陂軼事》，頁

副社長王憲章，查封《大江報》。此類事件又激起革命黨人的反擊。一
九一二年九月二十五日發生南湖事變，一批武昌駐軍，以「除暴、安
良、定國」為口號，原準備由城內教導團圍攻都督府，城外南湖砲隊、
馬隊赴援。雖因城內機關被破獲，教導團未攻都督府，南湖馬隊仍然
攻城，事為黎軍所敗。一九一二年年底，一些失業的革命黨人發起組
織「同志乞丐團」，要求「因革命而致暴富者……周濟衣食」，參加者
達四、五千人，為黎元洪所驅散[25]。

　　一九一三年三月，湖北軍隊大批裁汰，退伍士兵組織「改進團」，
推文學社幹部季雨霖、曾尚武、熊秉坤等為首，「席改革之餘風，以推
倒黎元洪為宗旨」，並「遍送傳單，約期起事」。黎元洪電請袁世凱派
兵彈壓，並將有嫌疑者大事捕殺，迫使部分革命黨人離開武昌[26]。黎
元洪在通緝季雨霖的文件中說：

> 近日鄂軍遵辦改編退伍，匪徒乘機倡亂，宣言推翻政府，私舉
> 文武各官，遍送傳單證券，專收退伍軍人，許以官祿，約期舉
> 事。……據首要各犯供稱，季雨霖、曾尚武為原動發起，並有
> 軍人熊秉坤為之聯絡，證據極為確鑿。查季雨霖原充第八師長，
> 尚未交卸。……曾尚武原充實塔州稅局總理，交代後既不來省
> 報銷，並且捲逃鉅款。熊秉坤原充旅長，甫經給資退伍[27]。

三二。

[25] 李時岳，《辛亥革命時期兩湖地區的革命活動》，頁一一六～一一七。

[26] 同上，頁一一七。

[27] 《庸言》第一卷第十二號，〈時事彙報〉（四月）。

由此一文件了解，清帝退位後，湖北一地革命黨人不斷再謀革命，可能與革命的利益和革命的理想喪失有關。

由於此一心理狀態及處境，至少從南北議和成功後就存在，所以湖北的革命事件不斷發生。一九一三年三、四月間，由於宋教仁被刺案和大借款案相繼發生，革命黨人詹大悲等在漢口召開「國民大會」，在武昌召開「公民大會」，加以抗議，事為黎元洪派兵壓止。是年六月，季雨霖等組織「公民討賊團」，秘密機關遍布湖北各大城市，預定二十五日起事，宣布討伐袁世凱。漢口機關先一日破獲。二十五日，章裕昆等率天門、潛江駐軍如期舉事，次日京山、沔陽等處駐軍響應，章裕昆稱總司令，但以內部不統一，旋即失敗[28]。這是二次革命正式爆發前湖北的情勢。

在清帝退位、袁世凱獲取民國政權以後，各地醞釀二次革命，以湖北地區和湖北人最為活躍。這種情形，也反映在湖北革命黨人的傳記資料裏。如呂槐庭的傳記中說：「和議成，料袁氏必叛國，赴滬，說同志以利害，共討袁，蘇督逮捕下上海獄。」[29] 又如李亞東的傳記中說：「和議成後，亞東料袁氏終必叛國也，辭職東下（時任豫南總司令），說同志以利害。」[30] 再如趙鵬飛的傳記中說：「和議成後，知袁氏有異志，走滬（時任湖北都督府顧問），與彭養光、蔡濟民等謀討袁。」[31]

除湖北省外，湖南省也很早就有革命活動。一九一二年八月，湖

[28] 李時岳，《辛亥革命時期兩湖地區的革命活動》，頁一二〇。
[29] 張難先，《湖北革命知之錄》，頁五八。
[30] 同上，頁一〇〇。
[31] 同上，頁一〇二。

南盛傳推倒都督譚延闓的「革命謠」，革命黨人組織了「暗殺黨」、「政治改進黨」，以「暗殺政界蟊賊、改良一切政治」為宗旨。洪江會首領潘鼎新在岳州以南各重要地方遍設秘密機關，宣言不日起事。譚延闓先後捕殺十人，但並未能平息革命風潮。一九一三年三月，革命的謠言更盛，有一個名為「湘政改良會」的革命團體發布告示，謂「湘省自前年反正以來，我輩死力經營，皆為同胞起見。不料政界當道諸人皆昏謬用事，成此腐敗局面」；為了「建造共和」，「準於日內實行改造湘政府」、「推翻湘軍都督，改設各司」。此外，寧遠退伍軍人周榮川集合二千餘人，江華李得標聚眾至二萬，準備實行革命；麻陽也有黃梅清等組織革命黨。長沙在民國建立後的一年半以內，發現「炸彈案」達七次之多。一九一三年七月三日，在一個因炸彈爆裂受傷致死的無名屍體上，搜得有如下的信件：「湘政府人物異常黑暗，先殺首義志士焦（達峯）、陳（作新）、楊（任）三傑，我等應同伸公憤，共剪湘政府一切虎踞肉食之輩。」[32]

　　湖南的革命活動，到宋案、大借款案等發生後，更為明朗化。一九一三年五月，劉崧衡等組織「公民會」，鄒代藩等組織「政府聯合會」，周召期等組織「公民團」，三團體又聯合成立「湖南公民聯合大會」，一致主張徹查「宋案」、抵制「大借款案」、湖南脫離袁世凱而宣告獨立；並且強硬表示：如果譚延闓等希圖一人利祿，敢於違反眾意，便將給予「相當對待」[33]。這是二次革命正式爆發前，湖南省的情勢。

　　除兩湖地區外，其他各省亦很早就有二次革命的風說。這可由一

---

[32] 李時岳，《辛亥革命時期兩湖地區的革命活動》，頁一一七～一一八。

[33] 同上，頁一二一。

九一二年十一月二十六日臨時大總統袁世凱對各省都督、民政長的訓令中看出：「近據廣東都督胡漢民電稱，各省立心不正之徒，每以二次革命為口實，若不嚴誅一、二，將何以遏止亂萌，請諭知各省，現在國本已定，如有倡言革命者，政府定予嚴辦，奸人知所斂迹等語。指陳剴切，洵為弭亂要圖。」[34] 由此一訓令及前述兩湖地區的革命活動，可以窺知南北議和後，各省的革命活動是持續未斷的。

四　國民黨領導階層對繼續革命的努力

在滿清退位、袁世凱任臨時大總統之後，一般革命黨人，安於現實，漸與袁政權結合。少數革命黨人，如前所述，持不同的理由，醞釀二次革命。至於革命領導階層，在政治言行上，有與袁世凱協和的一面，也有與袁世凱對抗的一面，僅以孫中山、黃興和宋教仁的態度，作一說明。

孫中山是革命目標的追求者，他在一九一一年十二月自歐返國後，接受了革命軍與清內閣總理袁世凱議和的構想，即利用袁世凱的力量，逼使清帝退位，建立共和國家。孫與一般革命黨人不同的地方，是一般革命黨人以為只要清帝退位，民國建立，即達到革命的目的；而孫中山則認為這是初步目的，進一步的目的要在初步目的的基礎上繼續追求。從資料上看，孫中山對循序漸進的革命程序是相當能掌握的。當孫中山以臨時大總統之位讓袁，海外華僑及廣東等方面紛電相爭時，

---

[34] 上海掃葉山房北號發行，《政府公報分類彙編》，弭亂。到民國元年五、六月間，上海、湖北、湖南、河南、浙江等地，革命活動益盛；見郭斌佳，〈民國二次革命史〉，《國立武漢大學文哲季刊》，四卷三期，頁六二一～六二九。

孫中山有電覆譚人鳳及《民立報》，電中說：

> 清帝退位，民國統一，繼此建設之事，自宜讓熟有政治經驗之
> 人。項城（袁世凱）以和平手段達到目的，功績如是，何不可
> 推誠？且總統不過國民公僕，當守憲法、從輿論，文前茲所誓
> 忠於國民者，項城亦不能改。若在吾黨，不必身攬政權，亦自
> 有其天職，更不以名位而為本黨進退之徵[35]。

孫中山謂「不必身攬政權，亦自有其天職」，所指為何？可從他辭去臨時大總統以後的言行中看出。

　　一九一二年四月一日，孫中山解臨時大總統職，出席同盟會餞別會，即席講演「民生主義與社會主義革命」，謂民國成立，民族、民權兩主義已達，惟民生主義尚未著手，為今後致力之重要目標；並謂社會革命為防患未然，一須平均地權，一須預防資本家壟斷，中國當採用國家社會主義政策，將國家一切大實業皆歸國有，不使一人獨享其利[36]。其後，孫於各地宣揚民生主義，四月四日，孫告訴上海《文匯報》記者謂：政治革命以後，宜繼以和平的社會革命[37]。五月四日，孫在廣州新聞界歡迎會演講平均地權的要義，提出照價納稅及土地國有二策[38]。六月九日，孫在廣州寓所對各界談話，暢論平均地權之理[39]。

---

[35] 民國元年二月二十日《臨時政府公報》第十七號，附錄。

[36] 《國父全集》第三集，頁二〇。

[37] 同上，第四集，頁四六〇。

[38] 同上，第三集，頁三三～四六。

[39] 同上，頁四六～四九；第四集，頁四七一～四七四。

在同盟會成立之初,孫中山堅持將政治革命與社會革命同時完成;但到武昌革命爆發後,基於現實的考慮,擬利用袁世凱的力量逼使清帝退位,建立共和,先完成政治革命,再徐圖推展社會革命,這可由孫中山辭去臨時大總統職位後,旅行全國各地,鼓吹社會革命看出。像政治革命曾借助於袁世凱的力量一樣,孫推展社會革命,也是想借用袁世凱的力量。好在孫的社會革命綱領只是平均地權、節制資本,是用和平的方法,而不是用激烈的方法,勸使袁世凱贊成,不是沒有可能。

一九一二年八月二十四日,孫中山應袁世凱之邀至北京,滯留約一月,與袁會談十餘次,談及鐵路、外交、實業各問題。其間,孫中山在北京一面宣傳鐵路建設,一面宣傳民生主義。譬如九月二日對北京報界講「鐵路建設政策」,擬募集外債,於十年內修築鐵路二十萬里。九月四日在北京共和黨歡迎會講「民生主義與國家社會主義」,謂民生主義並非均貧富之主義,乃以國家之力,發達天然實利,防資本家專利,故主張鐵路國有。可能由於平均地權的主張太過敏感,孫到北京的宣傳重點似在鐵路國有或大企業國營上。九月十一日,袁政府授孫以籌劃全國鐵路全權。此後五個多月,孫集中全力在鐵路的籌築上,包括旅行各地,考察地勢;訪問日本,尋求外資等[40]。

孫中山由和平地推動社會革命,到激烈地再訴於政治革命,起於一九一三年三月宋教仁的被暗殺。此後,孫主動起而號召二次革命,以推倒袁世凱為職志。對孫來說,手段可以激烈,亦可以和平,但革

---

[40] 張玉法,〈國民黨與進步黨的比較研究〉,《中央研究院近代史研究所集刊》第十期,頁六九～七○。

命的目標不能放棄。由於孫一直是革命目標的掌握者，所以在南北議和後，繼續為革命的目標而奮鬥。

次於孫中山的革命領袖是黃興。黃是孫中山的追隨者，孫於辭去臨時大總統後，宣揚社會主義革命、提倡實業建設，黃亦宣揚社會主義革命、提倡實業建設。一九一二年六月十三日，黃在上海同盟會夏季常會的演講中說：「本會本有特別之黨綱，⋯⋯所謂特別之黨綱者，即孫中山先生夙行主持之民生主義。雖此主義，在他黨人多未認為必要，或且視為危險，實則世界大勢所趨，社會革命，終不可免。」[41] 六月三十日，又在代表孫中山出席中國同盟會上海支部夏季常會的演講中說：「民生主義，孫先生屢次演說，惟外間尚未明晰。以世界大勢觀之，社會革命岌岌不可終日；吾人此次革命，即根據社會革命而來。民生主義繁博廣大，而要之則平均地權；反而言之，即是土地國有。」[42] 九月十八日又在北京社會黨歡迎大會的演講中說：「我國此次革命，非但種族上革命，非但政治上革命，其結果乃是社會上革命。⋯⋯望諸君將社會革命包在政治革命之內，抱定國家社會主義，免去歐洲將來社會革命之事。提倡土地國有，使多數國民皆無空乏之虞。」[43] 這些都是黃興追隨孫中山宣揚社會主義革命的例子。

關於興辦實業，黃像孫中山一樣，認為當以修築鐵路為當務之急。一九一二年九月十六日，他在北京湖南同鄉公會的歡迎會上說：「欲興實業，當謀鐵路，鐵路不發達，實業即不振。」[44] 九月十八日又在北

---

[41] 羅家倫主編，《黃克強先生全集》（臺北，民國五十七年），頁二二。

[42] 同上，頁二四。

[43] 同上，頁三六。

[44] 同上，頁三四。

京西北協進會歡迎大會上說：「鐵道政策，實為今日必要之圖。」[45]黃興鼓吹鐵路修築，實即支持孫中山透過鐵道修築以達到大企業國營，隨而推進民生主義。黃為了在實質上幫助孫中山的鐵路修築計畫，自己又想在礦業上有所致力。一九一二年九月二十二日，他在北京鐵道協會的歡迎會上說：「現政府發表之鐵道政策，即是中山先生之鐵道政策。……鐵路修成，必有以供養鐵道者，而後鐵道乃能充實，故兄弟專注重於礦學。蓋礦學者，鐵道之滋養料也。」[46]如前所述，九月十一日，袁政府已授孫中山以籌劃全國鐵路全權。黃興也許想致力於礦業，以協助鐵路建設，但未能如願。十一月二十八日，黃受任為漢粵川鐵路督辦，直接參加了孫中山所提倡的鐵路建設事業。不幸的，由於政局動盪、經費無著，孫、黃獻身於實業的計畫皆落空。

　　黃興對於袁政府，部分像孫中山一樣，欲以和平方法要求其推動社會革命；部分像宋教仁一樣，欲以選舉方法向其爭回失去的政權，但黃究為革命黨中的軍事領袖，其與袁政府的關係，也有軍事對抗的一面。袁政府方面懷疑，許多軍事對抗的事件，都與黃興有關，譬如當時代表袁政府立場的一本有關二次革命的書上說：

> 及袁總統就任北京，孫文退居上海，黃興則力阻閣員北上，並要求直隸、山東、河南各都督，悉以其私黨充任，計未得，遂求為南京留守，擁兵自利。……
> 興及（陳）其美乃謀二次革命，運動鄂軍為變，黎元洪知之，

[45] 同上，頁三七。
[46] 同上，頁四二。

電告中央，政府捕誅張振武、方維，興黨大憤，乃力攻袁黎。……及國會成立，國民黨人欲於上海開院，冀舉孫文為總統，議既不成，圖亂日益[47]。

書中所述，多不合史實：(1)孫中山退位、唐紹儀組閣後，南京臨時參議院建議唐將直隸、山東、河南三督的位置，畀予民黨人士，以增加民黨對袁之信任度，並非黃興出面要求[48]。(2)張振武、方維在湖北謀倒黎元洪，尚無資料證明與黃興有直接關係，惟張、方被殺後，舊日革命黨人表示關切和同情是必然的。(3)正式國會召集之初，國民黨人有倡議在上海集會者，只是懼國會在北京受袁脅制，並無選孫中山為總統的計畫[49]。

　　黃興在一九一二～一九一三年間似乎屬於法制派，即對宋教仁的被暗殺，亦擬循法律途徑向袁政府交涉。但袁政府一直把黃興視為革命派與之對抗的軍事領袖。當宋案證據宣布，上海地方法院欲傳內務總長趙秉鈞到案時，袁政府為圖對抗，謂在北京發現暗殺總統機關，係由黃興主持，欲傳黃興到案[50]。袁政府的浸浸相逼，加上孫中山在宋案發生後力主再起革命，黃興乃再一次追隨孫從事武力革命。

　　在革命黨領袖中，看來最富妥協性的是宋教仁。實際上，宋在與袁世凱對抗上，較孫、黃更為積極，只是手段不同而已。宋於民國建

---

[47] 《亂黨之真相》，頁三。中國國民黨黨史會藏六／七一三號史料。

[48] 張玉法，〈辛亥革命時期的南北問題〉，《中國歷史學會史學集刊》第十三期，頁二〇。

[49] 張玉法，《民國初年的政黨》（臺北，民國七十四年），頁三〇二～三〇三。

[50] 張玉法，《中國現代史》（臺北，民國六十六年），頁一〇九。

制主內閣制，將「臨時約法」定為內閣制，擬制定的憲法，亦擬採內閣制。宋欲藉國會選舉勝利，組織責任內閣，獲政治實權，與袁世凱抗。唐祖培云：「南北統一，人皆爭言文治，同盟會議員在都者，以農林總長宋教仁為魁，教仁睹世凱兵盛，不可與爭鋒，欲因議會多數以撓之。」[51] 由於是用和平的方法競爭政權，而孫、黃初時又以和平的方法推展社會革命，故一九一二～一九一三年間的政壇，看來相當平靜[52]。

一九一二～一九一三年間的政壇所以看來平靜，一方面因為一九一二年八月、九月間，孫中山與黃興先後去北京與袁世凱會談，並分別接受了全國鐵路督辦和漢粵川鐵路督辦的位置。另一方面，一九一二年九月，趙秉鈞繼為內閣總理，趙曾入同盟會，又為袁世凱的心腹，趙且在黃興的勸說下，組織國民黨內閣，國民黨與袁政府看來一團和氣。

袁世凱與國民黨的關係惡化，始於一九一二～一九一三年間國會選舉以後。國民黨在選舉中獲得優勢，使袁世凱的政治權力受到威脅。國民黨與袁世凱的關係惡化，始於一九一三年三、四月間宋教仁的被暗殺以及經調查後袁政府的涉嫌。其後，由於大借款案、俄蒙協約案、

---

[51] 唐祖培，《民國名人小傳》（香港，民國四十二年），頁一四八，〈黎元洪傳〉。

[52] 民國元年十月初，英國方面對中國政象有兩則報導，一則說：「革命的風暴與壓力，以及夏初各省的犯禁和劫掠風潮，突然平靜下來。報紙上說，中國人民目前的狀況是『異乎尋常的平靜』；許多關鍵性的問題都奠基在這種樂觀的情況上，新政權極可能即穩定下來。」見 J. O. P. Bland, *Recent Events and Present Policies in China* (London, 1912), p. 458。另一則說：「此間的情況大為改善；人民對民國甚為滿意，對臨時大總統的反對也減少。他鐵定會當選總統，英國新聞界許多報導的悲觀論調似無根據，筆者在中國居住太久，不能對袁作特別評價，但袁似為中國的強人，為今日中國所需要。」同上，頁四六八。

國民黨三督免職案等相繼發生，使國民黨與袁政府對抗的形勢日益升高，終演成全面的軍事對抗，即所謂二次革命的爆發。

五 結 論

辛亥革命，是經過談判的過程而完成的。雖然清帝退位、南北統一，但遺留下來的問題，未能解決；不但未能解決，且愈演愈嚴重。南北統一後，有那些重要的問題存在？個人認為：導致二次革命發生的，至少有三個基本的問題：

其一，民國建立後的權力分配問題：南北統一後，袁世凱任臨時大總統，黎元洪任副總統，二人皆與革命派無淵源。袁世凱是因為身居清內閣總理大臣的位置，又有六鎮兵力為後盾，在武昌革命爆發後，左右於清政府與革命軍之間，終獲得臨時大總統之位。黎元洪原為湖北新軍協統，武昌革命爆發時，被掀動革命的士兵強推為領袖，以資號召，自始與袁世凱的關係較近，與革命派的關係甚遠。其注重保護袁世凱的權力，遠勝過忠於革命的理想。民國建立後的政權落在袁、黎身上，使革命派很難心服。除總統、副總統外，內閣亦為舊官僚、舊軍人所把持，第一任內閣總理唐紹儀原為袁世凱的部屬，雖加入同盟會，與革命無淵源。惟因唐內閣為南北統一後的第一屆內閣，在十個閣員中，尚有四個老革命黨員；到第二屆陸徵祥內閣，十個閣員中只剩一個老革命黨員；再到第三屆趙秉鈞內閣，十個閣員中一個老革命黨員也沒有[53]。這是二次革命前夕的權力分配情形，革命派如何能

---

[53] 張玉法，《民國初年的政黨》（臺北，民國七十四年），頁三七二、三八五～三

坐視這種演變？

其二，各省遣散民軍問題：南北統一後，革命軍事結束，各省民軍紛紛被遣散。如一九一二年四、五月間，南方民軍，在南京留守黃興指揮下的，第二師朱光志、第五師劉毅、第二十六師杜淮川、第十旅袁華選等部，皆被裁撤，又第三軍王芝祥的桂軍全數遣散，第四軍姚雨平的粵軍，被遣散三千人[54]。這些被遣散的民軍難免不生抱怨。前述湖北被遣散的民軍或未獲晉陞的民軍領袖屢次謀再起革命，一方面因為未獲革命利益，另一方面也因為生活問題。

其三，革命目標的繼續追求問題：南北統一後，孫中山讓臨時大總統位於袁世凱，黃興辭去南京留守，原以政治革命目標已達，集中全力推展社會革命，但全無所成。另一方面，宋教仁且以和平方法繼續推展政治革命。當宋被殺、孫黃的社會革命計畫受阻[55]，二次革命遂不可避免。

八六、三八九。

[54] 郭廷以，《中華民國史事日誌》第一冊，頁四一～四二、四六；鄒魯，《回憶錄》第一冊，頁四六；李雲漢，〈黃克強先生年譜稿〉，吳相湘，《中國現代史叢刊》第四冊，頁三二二～三二六。

[55] 如民國二年一月黃興就任漢粵川鐵路督辦之始，交通總長即對黃的修路計畫加以阻撓，黃辭職，袁即批准，在職僅二十九日。見李雲漢，《黃克強先生年譜》（臺北，民國六十二年），頁三二一～三二二。

二次革命

——國民黨與袁世凱的軍事對抗

一　前　言

　　辛亥革命是用談判的方法達成的，革命黨人利用清內閣總理大臣袁世凱逼使清帝退位，然後把民國臨時大總統的位置讓給袁世凱，完成了革命與統一的工作。袁世凱做了國家元首之後，襲滿清官場舊習，諸多行政事務並不依照民主程序，對於反對的黨派缺乏容忍，甚至以殺戮的手段對付。另一方面，辛亥革命後被政府勒令解散的革命士兵及被迫解甲的革命黨人，或因情緒不平，或因生活困窘，亦在各地煽鼓。在各種風潮的激盪下，革命再起的情勢愈來愈緊，終於一九一三年七月十二日正式在江西省爆發，起而響應的有江蘇、安徽、福建、廣東、湖南、四川等省。這次革命，醞釀於清帝退位之初，各省樹革命旗幟的時間，從七月中旬到九月中旬，但各省獨立旗號取消後，革命黨人仍暗中活動。到一九一四年六月，領導二次革命的孫中山在東京組織中華革命黨，欲把革命事業從頭做起，時稱三次革命，蓋以辛亥推翻滿清為第一次革命，一九一三年七月起兵討袁為第二次革命，

從實際發展情形看來，從二次革命醞釀到三次革命開始，時間始於一九一二年二月，止於一九一四年六月。

為討論方便起見，本文除前言、結論外，分為五部分敘述：(1)辛亥議和後的政治對抗形勢，(2)對抗升高與調和失敗，(3)革命前夕的雙方布置，(4)二次革命的戰場，(5)革命的失敗與持續及袁政府的處置。茲分述於下：

二　辛亥議和後的政治對抗形勢

㈠革命派對袁世凱的態度

革命派對袁世凱的態度，可以分為利用和對抗兩方面。利用派是欲利用袁世凱的勢力與地位以達到革命的目的，對抗派主張用軍事鬥爭或政黨政治的方法，奪取袁世凱的政治勢力和權位，俾實現革命理想。

辛亥南北議和之際，利用派主張議和，對抗派反對議和。和議倡自時任清內閣總理大臣的袁世凱，袁的最初意旨，在以虛君立憲制度為號召，以平息獨立各省，並藉以獲取政治實權。以黎元洪為首的一些缺乏革命理想的人，則欲藉袁世凱的兵力，逼清帝退位，建立漢人的民主政權。黎元洪這一派人的想法，最初以同盟會為首的革命主流派並不贊同。當武漢傳出南北議和的消息後，作為同盟會活動中心的上海，屢有言論反對議和，如一九一一年十一月二日《民立報》社論〈議和駁謬〉、十一月六日《民立報》社論〈和平解決之殷鑑〉，均反對議和。漢口方面，革命軍司令官黃興，因袁世凱向黎元洪提出媾和條件，於十一月九日向九江都督馬毓寶送達通告一件，指斥袁係漢奸，

絕不可聽信其邪說[1]。

其後，反議和的言論陸續提出。一九一一年十二月四日，上海《申報》中的〈清談〉一文，力言「慎勿墮袁賊彀中，而留二次革命之種子」。十二月二十五日，同盟會總理孫中山自海外經香港抵上海，發表宣言，認為「革命之目的不達，無議和之可言」，謂革命者的任務是「長驅河朔」、「建立民國」[2]。

孫中山的堅決態度，益使南方反議和的言論升高。一九一一年十二月二十六日，南京各省都督府代表聯合會作出決議，通電各省繼續進行作戰計畫。十二月二十七日，《民立報》發表〈和乎？戰乎？〉的評論，除指明議和之非計以外，並鼓吹北伐：「願我將士勿少希望於和議之可成，急整軍旅，俟一旦停戰期滿，即率大軍北進，以慰國民之熱望。」[3] 一九一二年一月一日，孫中山在南京就臨時大總統職，各方續有反對議和的言論發表，一九一二年一月四日上海《天鐸報》題名為〈北伐之策略〉的社論中有云：

> 今和局之必歸破裂，此所敢斷言也。然則當我大總統蒞任之初，舍一鼓而討二百六十年來滿夷滑夏之罪，其何以哉？故今日吾臨時政府所亟於經營者，當以北伐為唯一之策。

實則，此種反議和的態度，許多南方革命黨人均持有。據《字林西報》

---

[1] 一九一一年十一月九日日本篠本警士致日本駐漢口總領事松村貞雄報告，《辛亥革命史料》，頁五六五。

[2] 章開沅、林增平編，《辛亥革命史》下冊，頁二二九～三〇〇。

[3] 同上，頁三〇〇。

採訪而得的消息：「孫總統部下人員，僉以袁世凱奸險叵測，滿清變動靡常，惟北伐一策而已。」[4] 又據日本方面情報的了解，曾任北面招討使的譚人鳳亦反對議和[5]。

直到一九一二年一月下旬，進行月餘的議和已接近成熟，南方仍不斷有反議和的意見提出。一月二十五日《天鐸報》有論云：

> （民軍）縱盡從袁氏所要求，彼狼子野心，豈肯以共和元首自安？第二革命之禍又焉能逃？……與其為法蘭西三次之革命，又何如美利堅七年之血戰[6]？

一月二十八日雲南都督蔡鍔有電云：

> 現民國中央政府已成立，大總統已舉定，民主君主問題無復有研究之價值。……仍擁戴滿清為君主，固理所必無；即別以漢人為君主，亦事所不容。故君主國體為中國今勢所萬不能行，必強留存此物，將來仍難免第二、三次之革命。……故此時直無議和可言，惟有訴諸兵力耳。至作戰計畫，孫、陳各都督所見甚是，滇處僻遠，未敢遙度，惟有親率精兵，結合黔鄂，長驅河洛，期共戮力中原[7]。

---

[4] 引見民國元年一月二十日，《天鐸報》。

[5] 《支那二於ケル政黨團體紀要》，頁五〇。

[6] 青兒，〈對清四端之析義〉，見是日該報。

[7] 《臨時政府公報》第十號，民國元年二月八日，電報。

　　前述的電報、言論或意見，部分或為激勵革命軍志氣，或為表明革命軍的強硬姿態，未必真心反對議和。但就外表的聲勢看來，是與袁世凱處於一種軍事對抗的狀態。

　　儘管南方有反對議和的呼聲，但由於重要革命領袖以不同的理由主張和平解決，自一九一一年十一月初以後，革命軍方面即不斷與袁世凱的代表作議和的接觸。黎元洪是最早與袁世凱的代表接觸的人，所以主張議和，一方面因為袁大軍壓境，革命軍沒有勝利的把握；另一方面，黎對於革命的理想並無認識，認為讓袁迫清帝退位，推袁為民國總統，革命即算成功。其次，孫中山回國時（一九一一年十二月二十一日抵香港），南北議和已在上海正式開始（十二月十八日），當時廣東都督胡漢民欲留孫於粵，整軍經武，準備北伐，孫則頗思假袁世凱之力以推翻滿清，再圖其他，謂漢民云：「袁世凱不可信，誠然；但我因而利用之，使推翻二百六十餘年貴族專制之滿洲，則賢於用兵十萬。縱其欲繼滿洲為惡，而其基礎已遠不如，覆之自易，故今日可先成一圓滿之段落。」[8] 其後孫中山至滬、寧，為鼓舞士氣，倡言北伐，但未嘗不欲假手袁世凱以推翻清廷。孫於就任臨時大總統前夕有電致袁世凱云：「文雖暫時承乏，而虛位以待之心，終可大白於將來。望早定大計，以慰四萬萬人之渴望。」[9] 孫於就任臨時大總統次日再電袁世凱云：「倘由君之力，不勞戰爭，達國民之志願，推功讓能，自是公論。」[10]

　　另一方面，黃興在立憲派及官僚和軍人的影響下，也放棄了北伐

---

[8] 羅家倫主編，《國父年譜初稿》上冊，頁二八六～二八七。

[9] 同上，頁二八九。

[10] 同上，頁二九八。

的主張。所謂立憲派,是指以張謇為首的上海名流,不斷為袁世凱接
掌民國總統之位而策畫。所謂官僚和軍人,如湖南都督譚延闓、江蘇
都督程德全、江北都督莊蘊寬、浙江都督湯壽潛、廣西都督陸榮廷、
福建都督孫道仁等,以及將領沈秉堃、王芝祥、朱瑞等,皆屬舊官僚、
舊軍人,具有妥協性。黃興怕逼袁太甚,會使袁做曾國藩[11],也漸趨
於妥協。

其他革命領袖,如汪兆銘,與袁子克定有約,擁袁出山;章炳麟、
陶成章等光復會人,原即與同盟會有隙,此時倡「名不必自我成,功
不必自我立,其次亦功成而不居」之說,不贊同革命者必得權位;吳
敬恒、李煜瀛等無政府主義者,更認為「權力為天下之罪惡,為政權
而延長戰爭,更無可以自恕」;宋教仁、王寵惠等法治主義派,不主張
繼續武裝革命,認為袁得總統,可以約法限制總統權力,革命黨「當
注全力以爭國會與憲法,即為鞏固共和,實現民治之正軌」[12]。

在這種情況下,南北議和完成:革命派利用袁世凱逼清帝退位,
清室取得優待條件,袁世凱取得臨時大總統的位置,南北統一。

辛亥南北議和的成功,可以說是革命黨中的妥協派運動的結果。
此一妥協,使革命方略的進一步實行受到很大挫折。一九一二年孫中
山在錢幣革命的通電中說:

---

[11] 李書城,〈辛亥前後黃克強先生的革命活動〉,《辛亥革命回憶錄》(一),頁二
〇〇～二〇一。

[12] 引文中之主張,為胡漢民對各派之分析,見〈胡漢民自傳〉,《革命文獻》第三
輯,頁六〇～六二。惟胡未舉出各派代表人物,據上引李書城文所分析的吳敬
恒和李煜瀛、章炳麟和陶成章、宋教仁和王寵惠等派的主張,似胡所列的各種
主張皆有代表人。

> 乃至武昌起義，各省不約而同；寖而北軍議和，清帝退位，進
> 行之順適，迴出意表，故所立方略，百未施一[13]。

所以造成如是的結果，乃因武昌革命爆發時，孫中山不在國內，當其
回國時，南北議和已開始，總統的位置已為袁世凱預留。而武昌起事，
乃中部同盟會總部所策動，中部同盟會的主腦是宋教仁，孫對中部同
盟會，從未作實際的領導[14]。

　　革命以後的政權既然落入袁世凱之手，革命黨人或為重獲政權，
或為實現革命理想，對袁世凱採取了不同的態度。一派人欲利用袁世
凱的政治地位，徐圖實現革命理想；一派人繼續與袁世凱對抗，對抗
的方式，一為政治的，一為軍事的，茲先言對抗派。

　　對抗派中的政治對抗派，以宋教仁為首。如前所述，宋為中部同
盟會的主腦，他的政治主張是議會政治和責任內閣。他所起草的中部
同盟會總章，以「顛覆清政府，建設民主的立憲政體」為主義，與同
盟會成立時，孫中山所訂的革命宗旨不同。另一方面，譚人鳳所起草
的「中國同盟會中部總會成立宣言」，亦只標榜種族主義。武昌革命爆
發、孫中山回國後，同盟會重要人物在其寓所開會，會後發表宣言，
謂「吾黨之責任，蓋不卒於民族主義，而實卒於民權、民生主義」，蓋
欲遏中部同盟會總部成立時之逆流。當同盟會重要人物在孫中山寓所
開會時，對開國以後實行總統制或內閣制曾有所爭論。其後南京臨時
政府組織取總統制，宋教仁則一直主張內閣制。宋主內閣制原為其一

---

[13] 中央黨史會編，《國父全集》（六）（臺北，民國四十六年），頁一。

[14] 參考王德昭，〈孫中山先生革命思想的分析研究〉，吳相湘編，《中國現代史叢
　　刊》，第二冊，頁一二〇～一二一。

貫的政治主張，不因人而異。當南北議和成功，孫中山決定以臨時大
總統之位讓袁，內閣制被革命黨人引為制袁的憑藉。南京臨時參議院
遂制定責任內閣制的「臨時約法」，交由袁世凱實行[15]。

　　南北統一後，同盟會及由同盟會改組而成的國民黨，力謀政黨內
閣的實現，以求實現政黨理想，兼分袁世凱之權，但為袁世凱所阻撓。
一九一二～一九一三年間，國會選舉，國民黨力謀選舉勝利，以求組
織國民黨內閣，並制定內閣制的憲法。嗣國民黨在國會選舉中獲優勝，
宋教仁卻在宣揚政黨內閣聲中，為袁政府所暗殺。其後由於國民黨無
機組織政黨內閣，不僅不能推展國民黨的政治理想，亦無法進一步獲
得政治權力。國民黨籍議員，僅能以國會為根據地，對袁政府的施政
作消極的監督。因此，政治對抗派的理想，可以說歸於落空。

　　政治對抗派中有稍激進者，不主張把同盟會改組為普通政黨，從
事憲法國會之運動。一九一二年三月，當同盟會開大會於南京，欲改
為公開政黨時，即有部分會員反對，認為革命之目的未達，讓權於袁
世凱，前途尤多危險，主張保存從來秘密性質，而更推廣之，不宜傾
重合法的政治競爭[16]。當其時，清帝已退位，南北將統一，革命黨人
多不主張繼續革命，宋教仁的憲法國會運動，不失為革命黨人的進取
之道。雖然如此，欲堅持同盟會的組織與精神者，仍然大有人在。當
一九一二年八月同盟會改組為國民黨時，部分同盟會人另設同盟會俱
樂部於上海，藉以表示與普通政黨不同，而保存同盟會的真面目，孫
中山對此舉極表贊同，他在十月十九日〈致南洋同志書〉中說：「同盟

---

[15] 同上，頁一二一～一二二。

[16] 見〈胡漢民自傳〉，《革命文獻》第三輯，頁六〇～六二。

會既改為國民黨,嗣後同盟會名義雖存,已變為歷史的及社會的團體,當居於政黨之外,間接以求三民主義之發達。」[17]其後孫中山對國民黨務未負實際責任,理事長一職始終由宋教仁代理,對同盟會的理想與精神,則持續而發揚之。

較保持同盟會組織與精神更為激進者,主張立即以軍事行動與反動的地方政府和袁世凱對抗。這樣的軍事對抗行動,最初由革命黨中的中下層展開,可能的原因,於辛亥革命中崛起的民軍先後被遣散,不少中下層的革命領袖未獲適當位置,使他們有革命落空的感覺。早在一九一二年二月中旬,清帝甫退位之後,武昌即傳出二次革命的風說,下旬即發生「槍彈亂放,刀械橫施」的暴動。其後,革命事件不斷發生,是年七月,黎元洪將意圖破壞的群英會員祝制六、江光國、滕亞綱處決;八月,黎元洪電請袁世凱將陰謀倡亂之將校團員張振武、方維處死;九月,黎元洪派兵鎮壓起兵攻城之南湖馬隊,擊斃數十人,擒獲二百餘人;仍不能遏革命風潮。到一九一三年三月宋教仁被暗殺後,湖北的革命運動更普遍展開。除湖北外,湖南至遲在一九一二年八月即有「革命潮」,宋案發生後,長沙、寧遠、江華、麻陽等地皆有革命活動,且愈演愈烈。湖北、湖南以外,廣東亦早有二次革命的風說[18]。據梁啟超於二次革命爆發時的敘述:「自民國建號以來,僅十餘月,而以二次革命聞者,幾於無省無之,其甚者則三、四次(如湘如蜀)乃至七、八次(如鄂)。」[19]此種革命風潮,到一九一三年五、

---

[17] 〈張溥泉先生全集補編〉,頁三九,〈黨史概要〉(一)。

[18] 張玉法,〈二次革命的根源〉,孫中山先生與近代中國學術研討會論文,民國七十四年十一月,高雄;朱宗震、楊光輝編,《民初政黨與二次革命》,頁九七~一一○、一六四~一六五。

六、七月間，終與孫中山所策動的二次革命合流。

孫中山於辭去臨時大總統的職位後，原欲利用袁世凱的地位，徐圖實行民生主義。因於各地講演民生主義，對發展實業尤多所宣揚。在這種情形下，他自然不贊同與袁世凱對抗，尤反對以武力與袁世凱對抗。一九一二年四月，孫中山交卸臨時大總統後至廣東，「聞有人欲行第二次革命，以圖推翻廣東政府，其印信及旗幟等物均已齊備」，甚感驚異。於四月二十七日在廣東省議會的演講中，對此事大加指斥：「一般貪鄙之流，欲假第二次革命之名，謀破壞廣東大局，我輩若不急起維持，將目前緊要事件速為籌畫，恐禍端即見於頃刻。」[20] 約在同時，他在告粵中父老勉合力維持粵局書中亦說：「鄙人當返粵時，……乃風聞有不逞無賴之徒，妄借扶正同盟會為名，及推舉某某人為首領，散布謠言，謂將起第二次革命。……共和之國，只有改良政治之事，更無二次革命之可言。……深願我父老兄弟，毋輕視此等亂言也。」[21]

一九一二年八月二十四日，孫中山應袁世凱之邀北上抵京，留京一月間，與袁會晤十三次，不僅談及鐵路實業，且談及耕者有其田問題[22]，彼此似甚投機，曾於九月間，電催黃興自滬北上，共謀南北之調協，電云：

到京以後，項城接談兩次，關於實業各節，彼亦向有計畫，大

[19] 梁啟超，〈革命相續之原理及其惡果〉，《庸言》第一卷，第十四期。

[20] 《國父全集》（三），頁三四。

[21] 《國父全集》（五），頁一五六～一五七。

[22] 羅家倫編，《國父年譜初稿》（上），頁二三七～二三八。

致不甚相遠。至國防外交，所見亦略相同。以弟所見，項城實陷於可悲之境遇，絕無可疑之餘地。張振武一案，實迫於黎之急電，不能不照辦。中央處於危疑之境，非將順無以副黎之望，則南北更難統一，致一時失察，竟以至此。自弟到此以來，大消北方之意見，兄當速到，則南方風潮亦止息，統一當有圓滿之結果，千萬先來此一行，然後赴湘[23]。

黃興到京後，與孫中山力謀與袁合作，並勸國民黨員扶持內閣之進行[24]。

當時黃興欲使袁世凱和內閣閣員加入國民黨[25]，袁雖未入國民黨，趙秉鈞內閣的閣員多填了入國民黨的願書。孫中山對此事甚為滿意。一九一二年十月他在上海國民黨歡迎會中說：「余現注全力於鐵路政策，以謀發達民生。黃克強抵京後，主張政黨內閣，調和各派意見，袁總統均甚贊成。余出京時，邀國務員加入國民黨之議始起，今閱報，國務員現已加入本黨。是今日內閣，已為國民黨內閣，民黨與政府之調和，可謂躋於成功。嗣後國民黨同志，當以全力贊助政府及袁總統。袁總統既贊成吾黨黨綱及主義，則吾黨愈當出全力贊助之也。」[26]

由上面的論述可知，孫中山和黃興最初是採取與袁世凱合作的方法，以謀革命理想之實現。但由於以宋教仁為首的政治對抗派對袁世凱節節進逼，加上各省被遣散的民軍以及未獲安置的中下層革命領袖，所醞釀的軍事對抗步步升高，終使袁世凱和孫、黃之間，也走上對抗

23 《國父全集》（四），頁二二三。
24 民國元年十月二日，《民權報》，慨南，〈論未來之政黨內閣〉。
25 民國元年九月六日，《民權報》，海鳴，〈袁世凱之總統觀〉。
26 《國父全集》（三），頁八四～八五。

一途。

㈡袁世凱對付革命派的手段

袁世凱對付革命派的手段最初大體是因應性的。革命派中有文治派，文治派的上層是想透過與袁世凱合作，以爭取袁世凱的支持，實現革命的理想；文治派的下層是暫時放棄革命理想，在新國家中，使自己獲得安頓。對於文治派，袁世凱是利用籠絡的手段，據追隨黃興在滬的李書城回憶：

> 袁世凱那時對待南方軍人表面極為優渥，凡來府謁見的，他都親自接見，褒獎備至，離京時贈送珍貴禮物，並隨時賞給文虎章或嘉禾章，以資籠絡。袁對肯收買的人，更給以高官厚祿，使其甘心作他的爪牙，經常在各省內部搗亂，並把各省內情密報北京[27]。

據目前可以掌握到的資料，袁世凱的主要籠絡手段約有兩種，一為給予官位，二為給予金錢，或資遣留學。

給予官位大部是對革命元勳或對革命有功人員的酬庸，較為突出的例子，是袁對孫中山、黃興的安排，孫中山於卸任臨時大總統後，旅行全國各地，宣揚民生主義，一九一二年八月二十四日，應袁世凱之邀抵京，滯留約一月，與袁會談十餘次，談及鐵路、外交、實業各

---

27 李書城，〈辛亥前後黃克強先生的革命活動〉，《辛亥革命回憶錄》（一），頁二〇五。

問題[28]。最大的成就是鐵路國有計畫的宣布，孫提議在十年之內建七萬英里的國有鐵路，計畫將全國分為二十區，每區用一萬勞工，共需資本六百萬元，袁對此計畫表示支持[29]。九月十一日，袁即授孫以籌畫全國鐵路全權。

黃興於南京臨時政府結束後任南京留守，旋辭職，追隨孫中山從事宣揚民生主義。一九一二年十一月二十八日，受任為漢粵川鐵路督辦[30]。

除革命領袖人物以外，袁對其他重要革命黨人也常以官位籠絡，據李根源回憶，一九一三年李於謁見袁世凱後甫逾三日，即受聘為高等顧問，月薪八百元，李以身為議員不能應命辭[31]。又據李書城回憶，宋案發生後，袁曾派人到處收買革命軍人，曾允李書城綏遠都統或出洋費八萬元，要他離開上海，李不受[32]。又據葛敬思回憶，早在一九一二年春間，袁世凱即要段祺瑞辦「軍界統一會」，此會為籠絡各省若干革命領袖和軍界有力人士而設。此會結束後，各代表都得到官祿。以浙江而論，屈映光被任為浙江民政長，張栩被任為浙江鹽運使，浙江都督朱瑞封為興武將軍，呂公望由上尉三等科員連升四級，當了旅長[33]。

給予金錢，其對象可分兩類：其一，對在政界活躍的國民黨員給予津貼：據鄒魯的了解，袁世凱以巨款助共和、民主、統一三黨，三

[28] 張玉法，《民國初年的政黨》，頁一五一。
[29] *The Chinese Recorder*, Vol. XLIII, No. 10, Oct. 1912, pp. 624–625.
[30] 張玉法，《民國初年的政黨》，頁一五五～一五六。
[31] 李根源，《雪生年錄》卷二，頁五七。
[32] 李書城，〈辛亥前後黃克強先生的革命活動〉，《辛亥革命回憶錄》（一），頁二〇七。
[33] 葛敬思，〈辛亥革命在浙江〉，《辛亥革命回憶錄》（四），頁一三五。

黨議員每月有二百元津貼。因人數終不敵國民黨，又利用三黨以收買國民黨議員，或賄使國民黨員別組小黨。由國民黨分出之諸小黨中，除癸丑同志會、超然社外，其餘如政友會、相友會、潛社、集益社等，無不有袁之金錢作用在內，側身是等黨會亦月得津貼二百元[34]。

其二，對欲出國留學的革命黨人，資遣出國：在受資遣出國的革命黨人中，最著名的是汪兆銘，汪於辛亥出獄後，為袁收買，即同楊度組國事共濟會，共發和平宣言，謂革命已經成功，不可再有內亂，並勸臨時大總統孫中山下野，讓位給袁世凱。南北統一後，汪即攜銀數十萬赴法國，直到二次革命發生前始回國[35]。

資遣革命黨人出國留學的制度，正式建於南北統一之後。南北統一之初，內閣總理唐紹儀到南京辦理接收的事。當時南京臨時大總統府秘書處的人員有不願隨唐北上的，提議再到國外求學，事為臨時大總統孫中山批准，交稽勳局辦理，這便是所謂「稽勳學生」的由來，其中包括吳玉章、蕭友梅、譚熙鳴、李駿、劉鞠可、黃芸蘇、楊銓、任鴻雋等，但另外也有一些不是秘書處的人[36]。

稽勳學生，看來倡自南京臨時政府，實為袁世凱所首肯。除南京臨時政府中的人員外，各省亦有派遣。譬如廣東省，陳炯明任都督後，欲資遣革命黨人出國留學，向袁世凱請款四十萬元，陳將銀元折實港幣，予李朗如一萬七千元，朱執信、古應芬、林雲陔等各五千元，黃

---

[34] 鄒魯，《中國國民黨史稿》，頁一六〇，注六引〈余之癸丑〉。

[35] 張繼，〈張溥泉先生全集補編〉，頁一四二，〈黨史綱要〉（二），惟謂國事共濟會為和平協會，誤，又謂汪直到二次革命發生時都沒回國，亦誤。

[36] 任鴻雋，〈記南京臨時政府及其他〉，《辛亥革命回憶錄》（一），頁四一三；吳玉章，《辛亥革命》，頁一五二。

夢熊等各三千元，作出國留學費用。各人領到款後各即離粵出國[37]。
另如四川省，據有關傳記所載，亦派有稽勳學生，〈陳堯祖傳〉云：
「共和書成，中央擬以勳位酬勞，固辭；僅受官費，留學法國。」[38]
〈何棠傳〉云：「共和既肇，南北統一，同輩或奔競宦途，或夤緣得代
議士，秉性高亢者，亦以革命功派遣歐美留學。」[39]

袁世凱之對待革命黨，除運用籠絡手段外，即是採取對抗措施，
較為明顯者，約可分為三方面：即扶植與國民黨對抗的黨派、裁減革
命武力、殺害革命黨人。

關於扶植與國民黨對抗的黨派，前已述及，茲不多論。關於裁減
革命武力，譬如在一九一二年四、五月間，南方民軍，在南京留守黃
興指揮下的，第二師朱光志、第五師劉毅、第二十師杜淮川、第十旅
袁華選等部，皆被裁撤，又第三軍王芝祥的桂軍全數遣散，第四軍姚
雨平的粵軍，被遣散三千人[40]。此外，在一九一二～一九一三年間，
湘鄂兩省的裁軍，亦均以革命軍為目標，湖北方面，文學社員任官佐
者，幾乎全被撤免；湖南方面，則只保存清季的巡防營[41]。

關於殺害革命黨人，較為著名的事例有三：一為一九一二年八月
十五日，袁世凱接受湖北都督黎元洪的密電檢舉，捕殺前湖北軍務司
副司長張振武、湖北將校團團長方維於北京，此事引起湖北省參議員

[37] 李朗如、陸滿，〈辛亥革命時期廣東民軍概況〉，《辛亥革命回憶錄》（二），頁
四一五。

[38] 周開慶，《民國四川人物傳記》，頁五四。

[39] 同上，頁五五。

[40] 郭廷以，《中華民國史事日誌》第一冊，頁四一～四二、四六。

[41] 李時岳，《辛亥革命時期兩湖地區的革命運動》，頁一一三。

劉成禺、張伯烈等的質詢，吳敬恒、蔡元培等且發起法律維持會，為張振武呼冤，嗣以黎元洪通電，對張、方案自負責任[42]，此事亦不了了之。二為一九一二年九月二十九日，國民黨總務部幹事于德坤自北京赴貴州籌組支部，行至貴州思州，為貴州軍務司長劉顯世所殺[43]。十二月十七日，孫中山以國民黨理事長名義，分電大總統袁世凱、國務總理趙秉鈞、陸軍總長段祺瑞、司法總長許世英及貴州都督唐繼堯等，請懲辦兇手，以彰法紀[44]，但無結果。三為一九一三年三月，暗殺國民黨代理事長宋教仁，此事直接導引了二次革命。

㈢政治衝突的基本原因

辛亥議和後的一、二年間，政治衝突所以日益升高，起於革命派與袁世凱之間基本政治理念的差異。對革命派來說，儘管許多人已向現實政治妥協，有人仍主張貫徹革命理想，有人則主張爭回在辛亥議和中失去的政權。對這些爭取政治權力或力求實現革命理想的革命人士來說，手段可以由激烈轉為和平、由非法轉為合法，但目的必達。如果袁世凱肯屈從革命黨人的想法，則政權的和平轉移、革命理想的和平獲得，可以導中國政治於常軌。

袁世凱在清末為一開明的官僚，入民國後亦主張建立新制，但主觀性甚強。特別是，任何改革均不容影響其權位；他所特別重視的，是個人權位之增加。因此，國民黨透過選舉與袁世凱爭奪政權，是有

[42] 郭廷以，《中華民國史事日誌》第一冊，頁五九～六一；朱宗震、楊光輝編，《民初政爭與二次革命》，頁一三〇、一四七。

[43] 平剛，〈于德坤傳〉，《國民月刊》第一卷第一號。

[44] 《國父全集》（四），頁二二六～二二七。

其限制的；國民黨即使選舉完全勝利，揆諸當時形勢，袁亦不可能自動把政權讓出。不僅如此，從武昌革命爆發後，迄於二次革命爆發前，就袁世凱個人的言行看來，專制的傾向一直很濃，且愈來愈濃。

武昌革命爆發時，袁世凱五十二歲，服官清廷已三十年，其專制思想由來有自，據外人貝克觀察：「他的政治經驗僅限於帝制的方法。他可能對共和主義有些模糊印象，但卻不會使用共和方法，就像他知道空中飛人如何旋轉，自己卻不會旋轉一樣。他的習慣已定型，無法突然改變，而此習慣是帝制的，而非共和的。不必夢想假如袁內心傾向共和，歷史的進程會改變；鐵的事實是，他內心不傾向共和。」[45] 當一九一一年十一月二日，汪康年於天津得京友人密書，謂政府將起用袁世凱為內閣總理大臣時（按袁於十一月一日授任），汪喟然太息云：「今方主張共和，然是人可為拿破崙，不能為華盛頓。」[46]

上述的觀察是正確的。袁世凱出任內閣總理大臣時，宣布政見，首不贊成民主共和，他說：

> 中國進步黨中有兩種人，一種主民主共和，一種主君主立憲。余不知中國人民欲為共和國民，是否真能成熟？抑現在所標之共和主義，真為民人所主持者也。……余之主義在留存本朝皇帝，即為君主立憲政體[47]。

袁世凱在覆梁鼎芬書中亦謂：「但求皇統之保存，領土之不破碎，免瓜

---

[45] John Earl Baker, *Explaining China* (London, 1927), pp. 45–46.

[46] 《汪穰卿遺著》第一冊，〈年譜〉。

[47] 見辛亥十月十一、十二日，《時報》，

分之慘，紓種族之憂。」[48]

　　袁世凱身為清內閣總理，自須主張君主立憲政體；但其主張君主立憲政體的目的是否在保存清朝皇統，據當時中外觀察家的看法，大成疑問。外國觀察家認為，武昌革命爆發後，政權將轉歸漢人已很明顯，惟一的爭論是建立美國式的共和政體？還是建立英國式的立憲君主政體？革命派堅持共和政體，袁世凱及許多外籍人士則懷疑，突然廢除由來已久的君主政體是否恰當，並懷疑中國人民大眾是否已獲得足夠的教育，並培養了適當的國家共識，而能為共和政府建立統一而穩固的基礎。袁認為，一個虛君，配合著民選的國會和責任內閣，最符合國家利益，並減少內戰和外國干涉的危險[49]。早在一九一一年十一月二十日，袁世凱即坦誠地向英國《泰晤士報》駐北京特派員指稱：「共和制度的意義只是不安——散漫的民主、爭吵和分裂」，而其結果是混亂，「各行各業的人都為此受苦，將使中國幾十年沒有和平」。袁並有理由相信：新中國的政治人物，不是空幻的夢想家，就是對權位有興趣的野心家，其夢幻與中國人民的現實生活和根深柢固的信仰，絕不可能發生任何直接關係。《泰晤士報》特派員因此斷定：即使袁將來信誓旦旦承認共和政府的形式，佯誓效忠代議制度的原則，但在做法上不可能有所改變[50]。

　　外人的觀察如此，袁世凱個人的表現及中國方面的輿論亦是如此。前引袁出任內閣大臣時宣布政見，其中有一段謂：

---

[48] 引見白蕉，《袁世凱與中華民國》，頁一一。

[49] Arthur J. Brown, *The Chinese Revolution*, pp. 173–174.

[50] Harley Farnsworth MacNair, ed., *Modern Chinese History Selected Readings*, Vol. II, p. 373. 引 J. O. P. Bland, *China, Japan and Korea* (New York, 1921) 一書。

> 尤有重大之問題，則在保存中國，此不能不仰仗於各黨愛國者
> 犧牲其政策，扶助我之目的，以免中國之分裂，及以後種種之
> 惡果[51]。

袁世凱所謂「我之目的」，應即指君主立憲。此一主張，到一九一一年
十二月，袁世凱派唐紹儀為代表赴上海與革命軍議和時，再度重申：

> 此次派唐紹儀赴上海議和，實為商議改革政治問題，本大臣向
> 來堅持君主立憲政體，即英、德、法、俄、日本，亦均贊成君
> 主立憲而反對共和，故此次上海會議之結果，可預料其絕無改
> 為民主之理[52]。

　　如前引外國觀察家所述，武昌革命爆發後，清帝退位為必然之事，
袁所以堅持君主立憲，在表面上是為清廷，實際上袁未嘗沒有獲此大
位之心。觀其在南北議和中之運用，上海《時報》有文指其「殆欲將
萬世一系之專制君主易為袁姓而始快意」[53]。

　　《時報》所以有此論斷，是因為在各省都督府代表聯合會選孫中
山為臨時大總統之後，袁世凱突然停止議和，準備重起戰端。袁突然
停止議和的原因，時人頗有分析。岑春煊致袁世凱電云：

> 今日國民多數均以共和為目的，朝廷既有召國會決政體之諭，

---

51 見辛亥十月十一、十二日，《時報》。
52 《中國革命記》第十三冊〈記事〉，頁四。
53 見辛亥十一月十日《時報》，〈袁世凱之隱衷〉。

自係採取多數，……不圖撤回和使，重啟戰端。皇上不以君位
自私，而今必反過其德意。……道路傳言，方謂民軍選定總統，
今因失望，遂反所為，春煊實不願以疑賢者也[54]。

臨時大總統孫中山電致各國公使云：

本總統甚願讓位於袁，而袁已允照辦，豈知袁忽欲令南京臨時
政府立即解散。……當袁氏聞民國願舉為總統之消息後，即一
變其保清之態度，而力主清帝退位。……蓋袁氏之意，實欲使
北京政府、民國政府並行解散，俾得以一人而獨攬大權也[55]。

由此二文件分析，袁於清帝退位後，志在必為國家元首。至於此元首
為總統抑為皇帝，非袁個人所能作主。故時論有云：「觀於京官票決，
主民主者八百二十人，主君主者一百八十人，則他日袁氏之位置，設
竟帝制自為，未必卜其安泰也。」[56]

　　袁世凱在輿論的壓力下，既不可能繼承清帝之位，只好接受上海
和會的安排：清帝退位，袁繼孫中山為臨時大總統。袁於清帝退位之
日，電告南京臨時政府，謂「共和為最良國體，……永不使君主政體
再行於中國」。這是袁欲獲得民國元首位置的表面話，從前面的檢討，
可以了解袁不可能認為「共和為最良國體」。他在一九一二年三月就任
臨時大總統之後，雖然有時為了袪群疑，信誓旦旦地要維護共和，但

---

[54] 見民國元年一月十日，《時報》。

[55] 見民國元年一月二十九日，《時事新報》，譯載《大陸報》北京二十七日電。

[56] 《中國革命記》第十一冊，志毅，〈用告主張君主立憲者〉。

已不再讚美「共和為最良國體」，而在施政上，對共和主義是採取日益
收縮的政策。

　　一九一二年四月二十九日，臨時參議院在北京開會，袁世凱蒞會
發表政見，不外整飭紀綱、修明法度、整理財政、發展實業、收束軍
隊、普及教育、信教自由等項，對於民主政治之推行，似持保留態度，
他說：「現值改革之後，亟當維持秩序，利用厚生，建設從穩健入手，
措置以實事為歸。……從數千百年專制之後，一躍而為共和，宜吾國
民之色然而喜也。然世凱深以吾國之未進步為憂也。深望我國民常處
於不足，勿誇張自滿也；深望以公誠推與，勿互相猜忌也。」[57]

　　其後，袁世凱為加強控制，伸張行政權，在地方方面，除大量裁
減革命軍之外，復假軍民分治之名，在各省設民政長，以削都督之權；
又於各省設護軍使，直接受中央調遣，以分都督之權。而各省的非法
行為，如一九一二年七月，河南發生槍擊臨時省議會事件，造成十餘
議員受傷；又如是年八月，福建發生槍殺記者、封閉報紙事件[58]；袁
皆置不問。在中央方面，袁世凱不僅不遵守內閣制的成規，肆意干涉
內閣；且不尊重國會職權，肆意侵奪立法權。據史家范道恩 (Van
Dorn) 的了解：「袁世凱在就任臨時大總統之後，只接受了蔡廷幹的建
議，把辮子剪掉。這種外表的變化，並不證明袁世凱內心有若何改變。
他始終是一個君主專制主義者，而不是一個民主主義者。他很快就與
參議院發生了衝突，因為參議院的行動干涉了他的希望與計畫。他的
獨裁手法，立刻受到南方領袖的反對，因為他們一直為代議政治而奮

---

[57] 《袁大總統書牘彙編》卷首，頁一～四。

[58] Jerome Ch'en, *Yuan Shih-k'ai* (Stanford University Press, 1961), p. 144.

鬥。」這位史家並引述伍廷芳在上海對美國新任駐華公使芮恩施 (Dr. Paul S. Reinsch) 所提出的警告：「袁世凱的惟一目的是去除國會。他完全崇尚個人權威，沒有民主政治的觀念，專制主義包圍著他。當您進入北京城以後，應該特別留意，因為現在情況很不好，似乎使人不得不反對共和，而沒有人反對袁的專制。」[59]

同盟會人對袁早不信任，至一九一二年六月，號稱同盟會內閣的唐紹儀內閣因屢受袁世凱扼制而倒臺，一時謠言紛起，謂袁將帝制自為，袁有電致各省都督自為辯解：

> 世凱……當共和宣布之日，即經通告天下，謂當永遠不使君主政體再見於中國。……乃近日以來，各省無識之徒，捏造謠言，搖惑觀聽，以法蘭西拿破崙第一之故事，妄相猜懼。其用心如何，姑置不問，大抵出於誤解者半，出於故意者半。……若乃不逞之徒，意存破壞，藉端熒惑，不顧大局，則世凱亦惟從國民之公意，與天下共棄之[60]。

袁世凱此時雖矢口否認有帝制自為之意，但對民主政治的運作則頗不耐煩。唐內閣倒後，對於另組新閣，黨見分歧：同盟會主組政黨內閣，統一共和黨主組混合內閣，共和黨或主組超然內閣，或主組政黨內閣。袁世凱因主超然總理混合內閣，頗不喜各黨堅持成見，七月九日有令勸告各政黨云：

[59] Harold Archer Van Dorn, *Twenty Years of the Chinese Republic*, p. 7. 引用資料見 Paul S. Reinsch, *An American Diplomat in China* (New York, 1922), pp. 6–7, 9.

[60] 見民國元年六月二十七日，《時報》。

民國政黨，方在萌芽，其發起之領袖，亦皆一時人傑，抱高尚之理想，本無絲毫利己之心，政見容有參差，心地皆類純潔。惟徒黨既盛，統系或歧，兩黨相持，言論不無激烈，深恐邊流所極，因個人之利害，忘國事之艱難。方今民國初興，尚未鞏固，倘有動搖，則國之不存，黨將焉附？無論何種政黨，均宜蠲除成見，專趨於國利民福之一途。若仍懷挾陰私，激成意氣，習非勝是，飛短流長，蔑法令若弁髦，以國家為孤注，將使滅亡之禍，於共和時代而發生，揆諸經營締造之初心，其將何以自解？興言及此，憂從中來，凡我國民，務念閱牆禦侮之忠言，懷同室操戈之大戒，折衷真理，互相提攜，忍此小嫌，同扶大局，本大總統有厚望焉[61]。

當時所謂黨爭，主要為同盟會與擁袁派諸黨（主為共和黨）之爭。袁世凱為協調黨見，曾於一九一二年八月邀請同盟會領袖孫中山、黃興入京，商談國是，並將決議電徵共和黨首領黎元洪同意，作為國民（時同盟會已改組為國民黨）、共和兩黨領袖與大總統之協定政策，其大綱凡八條：⑴立國取統一制度。⑵主持是非善惡之真正公道，以正民俗。⑶暫時收束武備，先儲備海陸軍人才。⑷開放門戶，輸入外資，興辦鐵路礦山，建置鋼鐵工廠，以厚民生。⑸提倡資助國民實業，先著手於農林工商。⑹軍事、外交、財政、司法、交通皆取中央集權主義，其餘斟酌各省情形，兼採地方分權主義。⑺迅速整理財政。⑻竭力調和黨見，維持秩序，為承認之根本[62]。

---

[61] 見白蕉，《袁世凱與中華民國》，頁四六引。

[62] 民國元年九月二十九日，《時報》。

　　由於國民黨領袖表示願與袁合作，而一度列籍同盟會的袁之心腹趙秉鈞，又願出而組織國民黨內閣，一時政治看來有統一的傾向，實則國民黨與袁派人物各有懷抱。趙秉鈞將國務會議移設總統府，使內閣權附屬於總統，袁之大權即不受內閣牽制。另一方面，由於國民黨領袖表示與袁合作，使擁袁派不甚警覺，致使國民黨在國會選舉中獲得優勝。選舉揭曉，國民黨聲勢大增，再引起袁派的緊張，乃有宋教仁暗殺事件之發生。

　　宋教仁之暗殺，表明袁世凱不懂亦不喜議會政治。國會開幕之後，國民黨與袁世凱的衝突升高是可以理解的。宋案循法律途徑不得解決，接著而來的袁政府有非法向外國借債、非法與外國訂約之事。袁世凱利用支持政府的黨派在國會中抗國民黨，利用行政權將批評政府的國民黨籍都督撤職，把問題愈弄愈糟，終引起國民黨的二次革命。

三　對抗升高與調和失敗

　　辛亥議和後，革命派與袁世凱之間的對抗，或急或緩，或顯或隱，從未停止。到一九一三年初，國民黨在國會選舉中獲得勝利後，袁政府開始採取斷然措施，對國民黨的勢力加以鎮壓，此使雙方關係惡化、對抗升高。此期間，憂國之士謀對此對抗情勢加以調和，終無法挽回決裂之局。

㈠對抗的升高

　　袁世凱自任臨時大總統後，日事大權獨攬，常用命令公布一些未經臨時參議院議決的官制官規，致輿論有主張彈劾、有主張國會移設

南京之議[63]。惟時國民黨方冀望於國會選舉，冀望以國會多數和責任內閣制袁，對袁氏諸多乖張措施尚以寬容待之。一九一三年初，國會選舉結果，國民黨大獲勝利。該黨代理理事長宋教仁旅行長江一帶，非議時政，高倡政黨內閣，遭袁氏之忌。是年三月二十日，袁政府斷然運用非法手段，暗殺宋教仁於滬寧車站[64]。此中原委，據國民黨湖南支部副支部長仇鰲的回憶，大略如下：

> 國民黨的黨略既是實現責任內閣，並預定宋教仁為總理。……約法規定，擔任閣員的應該是國會議員，宋乃於一九一三年二月回湖南競選。湖南省議會選宋為參議員，宋於各地發表演說，謂正式總統可舉袁世凱，但內閣必以國會中的多數黨組成。國民黨選舉既勝利，宋教仁準備組閣。宋和湖南黨政負責人商談組閣計畫，他邀譚延闓擔任內閣中的內政部長，仍兼湖南都督，並計畫把湖南民政司長升格為民政長，統轄各司。在譚入京任內政部長後，以仇鰲以民政長擁理都督。宋並把此計畫，電告北京總部。袁在長沙駐有偵探，將宋組閣的計畫報告了袁世凱，因而促使了袁急於刺宋，因宋一入京組閣，便無法阻止了[65]。

另據章炳麟的回憶，宋教仁不僅謀自組國民黨內閣，且由於袁氏恣肆，

---

63 鄒魯，《回顧錄》（上），頁五一。

64 參考民國二年五月《國民月刊》第一號，〈宋遯初先生遇害始末記〉及〈宋教仁先生傳略〉（徐血兒）。

65 仇鰲，〈一九一二年回湘籌組國民黨支部和辦理選舉經過〉，《辛亥革命回憶錄》（二），頁一七七、一八三～一八四。

謀於正式國會改選總統，捨袁而推黎元洪[66]。袁及其左右的人只在保權，決不尊重選舉結果。宋雖以和平方法爭取政權，袁世凱的容忍仍是有其限度的。

因此，自宋案發生，論者即疑係政府主使。三月二十二日，袁世凱令江蘇都督程德全對此案加以調查，至四月十六、七兩日，先後捕得兇犯武士英（吳福銘），及直接教唆犯長江巡緝長應桂馨（應夔丞），嗣並於應犯家中，搜得應與國務總理兼內務總長趙秉鈞及內務部秘書洪述祖往來函電，涉嫌人除洪、趙以外，兼及袁世凱。二十五日程德全將證據公布後，趙秉鈞有電辯解，謂「皆洪假政府名義，誑誘應犯，絕非受政府之囑托」[67]。據劉厚生的推測，宋案之直接主使者是袁世凱，而非趙秉鈞。據他的了解：袁世凱自任總統後，即招募許多特務人才，組織特務小組二十餘單位，都由袁世凱自己指揮，其中頗有原在趙秉鈞部下當差的人。洪述祖或者走別的路子，投到此二十餘個小組中做了組長，而向袁世凱自告奮勇，擔任暗殺宋教仁之責[68]。廣東眾議員鄒魯依據程德全所公布的證據，再印證當時各方面的資料，認為袁世凱、趙秉鈞為此案之主犯，無所逃形。五月六日，上海地方檢查廳函傳趙秉鈞到案，趙稱病不至。鄒魯以趙違法，提質問書於政府，限三日答覆，未有結果[69]。另外，岑春煊、伍廷芳等亦電中央，要趙秉鈞到案，袁世凱拒之，趙亦託詞不去[70]。

---

[66] 《太炎先生自訂年譜》，民國二年。

[67] 《獨立週報》二年十二號，紀事，頁一～六；徐血兒有文駁趙，見《革命文獻》第四十二、三合輯，頁二〇一～二一六。

[68] 劉厚生，《張謇傳記》（上海，一九五八），頁二〇五。

[69] 鄒魯，《澄廬文選》，頁四二七～四四六。

宋教仁遇刺使國民黨與袁政府的關係公開決裂。儘管以黃興為首的法制派，和以國民黨籍國會議員為中心的政黨政治派，尚主張與袁作合法的鬥爭；孫中山已決定利用各省既有的反袁勢力，再掀動一次全國性的革命。袁政府最初未必知道孫中山的意圖，但由於反袁的聲浪日高，袁進一步施行各種反制措施，包括迅速向五國銀行團完成借款手續，將國民黨籍的各省都督免職，以及簽訂中俄協約。

迅速向五國銀行團完成借款手續，即是所謂大借款案。此案起於南北統一之初，實則自武昌革命爆發後，南北兩政府即謀向外借款，由於外交團決議對南北兩方都不借款，致當時兩軍軍費異常支絀，此為革命戰爭縮短的原因之一。南京臨時政府時期，曾將蘇路公司、招商局、漢冶萍公司等，以私人名義向外抵押借款；其中以漢冶萍公司向日本抵借五百萬元之款，因臨時參議院反對而取消[71]。以中華民國臨時政府名義借外債，有華俄道勝銀行借款案，款額一百五十萬鎊，草約簽於二月二十一日，經臨時參議院修正而施行[72]。

南北統一後，國務總理唐紹儀於三月間向英、美、法、德四國銀行團借款二百萬兩，以為收束南京政府、組織北京政府之用；又向華比銀行借款一百萬鎊，以為行政費用[73]。四月間，唐紹儀為統一行政、解散軍隊、改良貨幣、振興實業，復擬向四國銀行團借款八千五百萬

---

[70] 《憲法新聞》第六期，〈宋案之各方面〉。

[71] 呂思勉，《白話本國史》（四），頁八五〇。

[72] 孫曜編，《中華民國史料》，頁八〇～八五。

[73] 同上，頁八五～八八，四國銀行借款案（三月七日）、華比銀行借款案（三月十九日）。前引呂思勉書，頁八五〇～八五四，謂向四國銀行借三百萬元、向華比銀行借一百二十五萬鎊。

兩，至六月二十日又加入日、俄兩國，談判屢生波折。嗣唐紹儀內閣雖解體，借款談判繼續進行。一九一二年十二月二十七日，國務總理趙秉鈞、財政總長周學熙曾將交涉範圍徵得臨時參院同意，與六國銀行團交涉有關條件。至一九一三年三月十八日，美國宣布退出。嗣以宋案發生，袁政府與國民黨關係緊張。四月二十四日草合同成立時，國會已開幕。袁不及將草合同交國會議決，即於二十六日逕與五國銀行團簽訂二千五百萬鎊借款合同[74]。此事引起國民黨人極度不滿。國民黨領袖曾於二十四日夜要求將草合同交國會通過再簽押，袁世凱以需款甚急拒之。二十五日合同簽字前一日，參議院曾兩度派出代表，向銀行團代表提警告，銀行團代表不為動。國民黨所以極力反對借款，窺當時情形，原因有三：(1)草合同未經國會通過，(2)合同中規定審計用途等，需聘洋員為顧問，時俄人方鼓動蒙古獨立，全國上下方聯合拒俄蒙，自反對任俄人為顧問。(3)宋案證據適於四月二十五日宣布，涉及袁政府[75]。

大借款合同簽字後，國民黨籍的參院正副議長張繼、王正廷通電各省，告以政府不將借款條約交國會通過，違法專行；孫中山亦通電各國外交團反對。二十八日參院開會，要求政府有關官員出席，質問大借款事，政府僅以文書答稱：「大借款前經參議院通過，今屆須眾院選出議長，前行出席報告。」是日，眾院議長選出，袁之咨文於五月三日在眾院提出，屢經討論，國民黨籍議員鄒魯、谷鍾秀、彭允彝、張耀曾、白逾桓等認為違法，共和黨籍議員李國珍、王敬芳等則為政

---

[74] 郭廷以，《中華民國史事日誌》第一冊，頁三二～九〇。
[75] 《獨立週報》二年十二號（民國二年三月三十日），國內紀事，頁六～九。

府解說，結果以二一九票對一五三票通過決議文：「借款並不反對，惟政府違法簽約，咨送本院查照備案，本院決不承認，應將合同咨還政府。」民主黨籍議長湯化龍以將此案提出表決，受彼黨人士攻擊，遂借口一月前之母喪請假[76]。

眾院通過將借款案璧還政府後，擁袁的黨派以不出席為抵制，由於議長請假，亦不將咨文退還政府，國民黨籍議員大憤，院中時有激烈之論爭，甚至演成毆打，並互相通電攻擊。此期間，各省及海外華僑對大借款案亦有所表示，湘、贛、皖、粵四督對政府攻擊尤屬，計自一九一三年四月二十六日至五月十七日，政府接各省及海外華僑對大借款態度電凡二七六件，其中贊成者一百件，反對者一七六件[77]。於是因宋案、大借款案而引起的對抗升高。

與宋案、大借款案相比，中俄蒙協約事件，不是引發國民黨與袁世凱衝突的重要事件；只以對抗之勢既成，外交失敗自亦使反對派有所借口。俄國久視外蒙為禁臠，清於光宣年間，由於向蒙古移民，在蒙古辦理新政、練兵、整頓吏治，俄國於一九一一年八月二十八日正式向中國表示關切。武昌革命爆發後，國內混亂，外蒙古庫倫活佛哲布尊丹巴在俄人慫恿下於十一月三十日宣布獨立，並於十二月二十八日即帝位。十二月三十一日，俄使庫索維茲 (Korostovetz) 照會外務部，要求允俄建築庫倫鐵路，中國不在外蒙駐兵、殖民，不干涉其內政[78]。一九一二年十一月三日（俄曆十月二十一日）俄與外蒙訂「俄

---

[76] 鄒魯，《澄廬文選》，〈余之癸丑〉，頁四五〇～四五三。

[77] 同上，頁四五三、四五七～四五八；《革命文獻》第四十二、三合輯，頁三三五～三三九。

[78] 郭廷以，《近代中國史事日誌》（下），頁一三九六、一四三七、一四四九、一

蒙協約」及「商務專條」，俄允助外蒙自治練兵[79]。袁政府對此初不承認，各政黨亦支持政府對俄採取強硬態度，國民黨亦主張「維持政府，以勸其實力進行」。此後由外交總長陸徵祥與俄使會商，至一九一三年五月二十日訂立「中俄協約六款」，對「俄蒙協約」加以承認。此時，國民黨既因宋案、大借款案等事，與袁世凱的對抗節節升高，對此「失主權、喪國土」（一九一二年十一月民主黨主任幹事湯化龍攻擊「俄蒙協約」之語）之事，自據理力爭。此約雖於七月八日在進步黨能夠控制多數的眾院被通過，但至七月十六日卻被國民黨能夠控制多數的參院被否決[80]。時二次革命已爆發，國民黨籍議員仍據國會與袁世凱抗。

(二)調和的失敗

宋案、大借款案等發生後，國民黨與袁政府的對抗升高。袁世凱對此等事件所引起的風潮，自願消於無形，但無所成。以宋案而論，袁曾派工商總長劉揆一參加宋教仁的喪禮，劉與黃興、宋教仁為舊友，曾把袁的秘密條件帶給黃：假如黃對宋被殺之事不再追究，袁將對黃及其黨加以協助。事為黃所拒絕，劉揆一回北京後即辭去工商總長之職[81]。以大借款案論，袁世凱使孫毓筠組國事維持會，請國民黨、進步黨各舉十人，協商有關借款之事。進步黨以借款既成事實，姑不反

四五〇。

[79] 郭廷以，《中華民國史事日誌》第一冊，頁七一。

[80] 張玉法，《民國初年的政黨》，頁三三四～三三七。

[81] 陶菊隱，《六君子傳》（上海，一九四六），頁一〇五～一〇六；John J. Mullowney, *A Revelation of the Chinese Revolution* (New York, 1914), p. 60; Chün-tu Hsüeh, *Huang Hsing and the Chinese Revolution*, pp. 153–154 引。

對，惟監督其用途，並主張改造內閣，使事實上負借款失措之責；國民黨以但使政府將借約依法交議，即一字不改，亦可做到，進步黨終不贊成[82]。此期間通電四起，國民黨人督責政府，袁世凱及支持袁世凱的人力加辯解或更指斥國民黨人，居間調和者亦大有人在。

國民黨人督責政府，以一九一三年五月五日湖南都督譚延闓、江西都督李烈鈞、安徽都督柏文蔚、廣東都督胡漢民所發的聯合通電為代表，電云：

> 接參議院宥日（四日）萬急通電，不勝駭異。……宋案證據宣布，詞連政府，有以鉅金資助兇手之語，全國洶洶，方虞震動。今復不經院議，違法借款，人心一失，竊恐雖有大力，無以善其後。處請大總統立罷前議，副總統、國會、各政黨、各省都督、民政長、省議會，協力抗爭，毋使民國因借款而亡，大局幸甚[83]！

五月九日，袁世凱及支持袁世凱的軍政長官均有電表白立場。袁世凱力言借款已由前參議院通過，而宋案當候法律審判，指斥「彼借端煽惑者，以自由行動為方針，分裂之禍，孰執其咎」[84]。陝西都督張鳳翽、山西都督閻錫山、直隸都督馮國璋、奉天都督張錫鑾、山東都督周自齊、河南都督張鎮芳、甘肅護都督馬安良、甘肅護軍使張行志的

---

[82] 鄒魯，《澄廬文選》，頁四五六。

[83] 《獨立週報》，二年十四、五號合刊（民國二年四月十三日、二十日），國內紀事，頁一。

[84] 同上，頁五。

聯合通電（此電事後得吉林都督陳昭常、黑龍江都督宋小濂、雲南都督蔡鍔、廣西都督陸榮廷及奉天軍官張作霖等的響應），更富火藥味：

> 黃興、李烈鈞、胡漢民等，不惜名譽，不愛國家，讒說朋興，甘為戎首。始以宋案索詆政府，繼以借款冀呈陰謀。以致廣東議會竟有組織政府之電，上海又有組織全國公民大會及拒債救亡會之怪誕名稱。一人作俑，群犬聚吠，民心驚駭，立見危亡。……宋案證據既經國務總理宣布，真象已明；借款條件早經臨時議院通過，當然有效。不此之察，但逞私謀，推助波瀾，妄肆簧鼓。……自今以始，倘有不逞之徒，敢以謠言發難端，以奸謀破大局者，則當戮力同心，布告天下，願與國民共棄之[85]。

在這種情形下，副總統兼湖北都督黎元洪、江蘇都督程德全、浙江都督朱瑞等，一度通電，欲以調解姿態，緩和對抗之勢。黎元洪五月九日電國民黨四督及黃興云：

> 今日舍借款無救急之方，舍五國無現成之款，為今之計，國民惟有監督用途，力求補救。至於宋案，當然由法庭主持辦理。政府有無犯罪，司法獨立，自有特權。似此兩案，均非萬難解決之問題。而其致此之由，則以借款適成於宋案發表之後，宋案適生於選舉總統之先，市虎杯蛇，疑心暗鬼，一若暗殺為帝制之謀，借款為軍爭之費。果有此事，吾鄂以陽夏之慘痛，博

---

[85] 同上，頁六。

此共和，又豈能坐視沉淪，自甘奴隸？……共和國家既特設此立法、司法兩大機關，人民自當以全權付託。我輩惟有各守秩序，靜候法庭、議院之解決，以免舉國紛擾。如其尚有猜疑之黑幕，元洪不難聯合各都督，全力擔保永守共和之責任[86]。

十三日黎元洪又發出調和之電，兼顧袁世凱及國民黨四督，除發揮宋案俟諸法庭、借款監督用途之義外，希望中央與南方勿相猜疑，並望袁世凱以至誠仁忍斡旋危局，各都督共矢公忠，免動干戈[87]。

　　浙督朱瑞的調和之電，在五月八日，較前引黎元洪兩電為早，亦主張宋案由法律制裁、借款事付託國會，認為「政府如果失職違法，司法立法機關不患無糾正之方。若長此紛擾，不但枝節橫生，抑且干越權限；治絲愈棼，國政愈亂，國本因以動搖」[88]。蘇督程德全之電發於黎元洪五月十三日電之後，對於黎元洪所謂「起釁之因，悉由一疑字」，深有同感。因於電中引伸其義：「政府固無謀叛之心，民黨亦無造反之意，二者若有其一，德全願受斧鑕以謝天下。」並謂「宋案當聽法庭解決，借款當聽國會主持」，「願我國人，以國家為重，以人民為心，各自審其權限，各自盡其職守，毋聽瀾言，毋逞臆說」[89]。

　　開始欲作調人的三督，於宋案均主聽法庭解決，於借款案的主張則不一致。黎元洪主張承認借款，監督用途；程德全、朱瑞則主張借款由國會議決。但到國會為「借款一案，大波突起」以後，朱瑞、程

---

[86] 同上，頁二。

[87] 同上，頁三～四。

[88] 同上，頁七。

[89] 同上。

德全改而附和黎元洪的主張。不過，包括擁袁的軍政長官在內，都反對「帝制復活，民權中斷」。在由湖北都督黎元洪領銜致兩院的電報中，一面要求兩院「允借款以承認，……監督用途，稽查冒濫」，一面保證「斷不使帝制復回，民權中斷」。聯名的有湖北民政長夏壽康、直隸都督兼民政長馮國璋、奉天都督兼民政長張錫鑾、吉林都督兼民政長陳昭常、黑龍江都督兼民政長宋小濂、江蘇都督程德全、民政長應德閎、浙江都督兼民政長朱瑞、福建都督孫道仁、署民政長江肇經、山東都督兼民政長周自齊、河南都督兼民政長張鎮芳、山西都督閻錫山、護民政長陳鈺、陝西都督兼民政長張鳳翽、甘肅都督兼民政長張炳華、四川都督兼民政長胡景伊、廣西都督兼民政長陸榮廷、雲南都督蔡鍔、民政長羅佩金、貴州都督兼民政長唐繼堯、熱河都統熊希齡[90]。當時全國二十一省，除國民黨籍四督所控制的廣東、湖南、江西、安徽四省以外，全部列名。

列名的十七省有的希望國會不要干涉政府借款，有的希望能夠保障共和政體。其他零星的言論，多擁護袁政府，甚至不惜以武力與國民黨對抗。如熱河都統熊希齡電云（五月三日）：

> 近閱報載王（芝祥）、譚（人鳳）、岑（春煊）、伍（廷芳）諸公行將入京，以調停南北為己任，……各省自為風氣，兵已撤而復募，事不息而仍費，中央欲收一費，欲用一人，則皆群起反對，致不能達整理統一之目的。束手待斃，國脈以傾，諸公即能調停於一時，其能保此後不再衝突乎[91]？

---

[90] 《獨立週報》二年十六、七號（民國二年四月二十七日、五月四日），國內紀事，頁三~五。

軍界維持會致孫黃電云（無日期）：

> 再有暴動，國立瓜分，特集南北軍人，發起斯會，以極端之自
> 治，為武裝之和平，不與黨爭，不涉政治，不為感情所動，不
> 為利祿所搖，各盡天職，維持社會，以釋猜疑，而救危急[92]。

川督兼川邊鎮撫使尹昌衡（六月十三日川督易為胡景伊，尹改任川邊
經略使）電云（五月十九日）：

> 昌衡愚見，總須以現狀不搖、鞏固國基為要務。至於外債之借，
> 亦非得已。……倘有不明公理及反對之人，昌衡請以死爭，並
> 以力為後盾[93]。

河南護軍使雷震春、毅軍翼長趙倜等電云（無日期）：

> 凡接一電、閱一報，肆口詆諆，暨在議院叫囂者，無待問其由
> 來，敢一言以蔽之曰：必某黨也。……於季雨霖之謀，首先駁
> 辯；拒汪瑞闓則託詞武弁；戕宋遯初則嫁禍中央；司馬之心，
> 路人皆見。凡我軍界，斷難聽其演亡國滅種之慘劇，甘冒不韙，
> 掃蕩妖魔，犧牲個人之身，為四萬萬同胞洩此公憤[94]。

---

[91] 《獨立週報》二年十六、七號，國內紀事，頁一。

[92] 同上，頁二。

[93] 同上，頁三。

[94] 同上，頁五～六。

此類憤激之言，或將衝突悉委咎國民黨，或以兵威阻嚇國民黨，使國民黨中的軍事對抗派，勢力日增。

企圖調和衝突的都督，在袁世凱一派有黎元洪，在同情國民黨的一派有程德全、朱瑞，皆不能遏阻日益升高的軍事對抗形勢。

企圖調和政治衝突的，除軍政要員外，尚有在野名流。一九一三年六月二日，旅居德國的蔡元培、旅居法國的汪兆銘，受孫中山、黃興的邀請，相偕返抵上海。或傳孫、黃邀彼等共同組織革命政府。六月五日蔡、汪各致一電給袁，以調和南北感情[95]。兩電內容不詳，《獨立週報》載有汪兆銘為調解時局致袁世凱書，略云：

> 此次風潮，源於宋君遯初在上海被刺一案。……竊咎黨人於宋案發生之後，宜專心致志，以取決於法律。何乃爰書未定，口說已騰，躁者乘之，推波助瀾，釀成惡感，良可歎息。然滬上諸人，目擊宋君橫尸喋血，由哀痛而迫切，由迫切而憤慨，其刺激之深，固非遠隔萬里，得諸傳聞者可同比例。迨證據宣布，知此次暗殺，源於政治關係，涉及政府中人，益覺非復一人之問題，一黨之問題，而為國家安危所繫之問題。……兆銘近與中山、克強諸兄晤談，知較諸道途傳聞，相去甚遠。因歎若復抉去壅蔽，相見以誠，則紛糾之輿論，與蝟起之謠言，將如雨雪見日，不崇朝而消失[96]。

---

[95] 陶英惠，《蔡元培年譜》（上），頁三九四～三九九。

[96] 《獨立週報》二年十八、九號，國內紀事，頁六～七。

窺汪之意，無非勸袁以誠心與國人相見，以免受懷疑日深，致生紛亂。

蔡元培與汪兆銘進行調解，其與袁世凱之間的溝通，除訴於函電外，是透過張謇、趙鳳昌等的關係。國民黨人助之者有胡瑛。當其時，袁世凱已決定將因宋案、大借款案、俄蒙協約案反對政府的國民黨都督撤職，汪兆銘一面轉請政府「勿驟有更動」，一面去粵與粵督胡漢民商和平之策，但汪赴粵未返時，袁世凱突於六月九日免贛督李烈鈞職，黎元洪又於六月二十四日搜查漢口《民國日報》、拘捕國民黨人。事實上，在調解過程中，袁世凱既對國民黨不斷進行反制措施，而國民黨方面，亦暗中作各種軍事部署[97]。雙方皆無誠意，空忙調人。因此，王芝祥、譚人鳳在北京，岑春煊、李經義、章炳麟在武昌，唐紹儀、伍廷芳、溫宗堯在上海，雖皆力事調和，卒無成效[98]。

四　革命前夕的雙方布置

㈠革命派的布置

革命派醞釀二次革命，據較為偏向官方的資料，起於孫中山將臨時大總統讓位給袁世凱以後。尚秉和云：

> 革命之成功，黨人自謂為功首。及民國既建，而不能握政權，憤激。（黃）興既督辦川粵漢鐵路（按一九一二年十一月二十八

---

[97] 陶英惠，《蔡元培年譜》（上），頁四〇一～四〇八；《革命文獻》第四十四輯，頁三八～四七。

[98] 波多野乾一，《中國國民黨通史》，頁一七六。

日袁任黃興為漢粵川鐵路督辦），開局漢口，潛與鄂黨人蔣翊
武、李雨霖等慫鄂軍發難，叛黎元洪，而以湘粵皖贛四省為應
援。時黎元洪武力傾向政府，洩其謀，文電皆入元洪手，黃興
乃棄職還滬，與陳其美等謀變日亟[99]。

實際上，黃自南京臨時政府結束後，追隨孫中山倡導實業，在政治上
亦屬政黨政治派及法治派，任漢粵川鐵路督辦時，黃並無鼓動二次革
命之事。可能因為湖北地區於一九一二至一九一三年間一直不安，有
醞釀二次革命之事，而黃興以革命領袖，適在彼處，政府方面遂有此
聯想。

　　一般說來，中下層革命黨人部署二次革命，較孫中山、黃興等領
袖人物為早，孫、黃等籌備二次革命，應在一九一三年三月宋教仁遇
刺以後，而黃興最初尚不贊成使用武力。所謂中下層革命黨人部署二
次革命較孫、黃等為早，除前述者外，尚可從寧調元的事蹟中看出。
劉謙〈寧調元事略〉略謂，寧於一九一二年冬由粵而滬而皖而贛，與
陳其美、柏文蔚、李烈鈞等相商，並在南昌與李烈鈞密定七省聯合計
畫（贛、粵、湘、皖、蘇、閩、浙七省），已而返湘，與湘督譚延闓及
周震鱗、程潛等計議集中國民黨力量辦法。及宋教仁被暗殺，寧乃星
夜走滬，謁見孫、黃，言東南各省已趨一致，主張以東南各省之兵北
定中原。嗣孫在上海招集同志會議，定計討袁，推黃興總持軍事，寧
調元任秘書長，以贛軍為第一軍，粵軍為第二軍，湘、鄂、豫聯軍為
第三軍，以與蘇、皖、閩、浙、川各軍相策應[100]。

---

[99] 尚秉和，《辛壬春秋》，〈革命源流〉第三十三，下。

　　此段事蹟顯示，國民黨上層領袖部署二次革命，係在宋教仁被暗殺以後。宋被暗殺後，國民黨領袖部署二次革命的情形，李根源、李書城等人都有不同角度的追述。李根源略謂：一九一三年三月宋教仁被刺於上海，出事次日，北京國民黨本部推谷鍾秀、張耀曾、李肇甫往見袁世凱，袁形神恍惚，即知必事先知情。旋上海來電，報告宋案偵破經過；于右任到京，在六國飯店報告袁殺宋真相。大借款成，孫、黃電李根源赴滬，李主聲討速戰，曾至南京遊說，無所成；覃天泉在滬，代表陳炯明，態度亦曖昧。及免李烈鈞、柏文蔚等都督職令下，黨人氣益餒，議決暫停軍事行動[101]。

　　李書城略謂：當時既決定興兵討袁，即由孫中山密電廣東陳炯明，黃興密電湖南譚延闓，作出兵準備，並派李書城、李根源、張孝準赴南京發動第八師，準備出兵討袁。但陳炯明、譚延闓都回電聲述出兵困難，謂內部不一，實力薄弱，出兵尚非其時。南京第八師的陳之驥、陳裕時、王孝縝、黃愷元等均謂第八師士兵缺額甚多，尚不能出兵。黃興鑒於握有兵柄者不肯在此時出兵討袁，乃主張暫時放棄使用武力，而採取法律途徑與袁鬥爭[102]。

　　對發動二次革命，國民黨內部原即有緩急之分。自一九一三年三月宋被暗殺，迄於七月間正式起兵反袁，孫中山、陳其美及各省往來代表常在上海黃興寓所開會討論對袁之策，孫中山、陳其美、戴傳賢等力主以武力對付，黃興則謂民國已經成立，法律非無效力，對此問

---

[100] 《革命先烈先進傳》，頁三三七。

[101] 李根源，《雪生年錄》卷二，民國二年，頁五八。

[102] 李書城，〈辛亥前後黃克強先生的革命活動〉，《辛亥革命回憶錄》（一），頁二〇六。

題，宜持冷靜態度，而待正當之解決[103]。就當時情形而論，宋案起訴難以有效顯然可知，稱兵則有是非成敗兩方面。從是非方面看，袁持暗殺主義固為不法，國民黨若不假他途而即用武亦非合法。從成敗方面看，主戰者以辛亥革命為先例，認不難成功；反對者認革命黨已精疲力竭，袁氏亦非清室可比。因此，和戰問題在上海久議不決。當時國民黨本有普通政黨和革命政黨兩方面，普通政黨的一面，以在北京佔國會多數之參眾兩院議員為代表，革命政黨的一面以在上海的孫中山、黃興、陳其美諸人，贛、皖、湘、粵四督，以及其他與袁政府作軍事對抗的黨人為代表。國會中大部分議員不主動武，認為國會憑民意、法律則有力，離開民意或不在法律之下即無力。主戰的人未能及時調度軍事，為通盤的籌畫；贛皖湘粵雖為國民黨的地盤，勢力並不穩固；江浙和上海為辛亥革命的重要據點，當時的形勢亦已發生變化[104]。國民黨掀動二次革命，其內部步調的不一、勢力的薄弱，於此可見。

國民黨正式發動二次革命，其主持人為該黨領袖孫中山。孫在一九一二至一九一三年間，原以調和南北為己任，他放棄調和南北的努力，在宋案發生以後。他在一九一三年四月致袁一電，取消預定的北上之行；即在上海作討袁準備[105]。時國民黨工商總長劉揆一以弔宋喪為名抵滬，黃興謂二次革命為期不遠，惟戰費浩繁，以劉揆一曾有實

---

[103] 民國三年三月孫中山先生在日本致黃興書，見鄒魯，《中國國民黨史稿》，頁九八七。

[104] 參考沈亦雲，〈不幸的二次革命〉，吳相湘編，《中國現代史叢刊》第四冊，頁一一～二八。

[105] 羅家倫主編，《國父年譜初稿》（上），頁四六二。

業借款之進行，即命仍回京師，速籌借款，以為暫時戰費之通融。劉乃冒險入京，與美商雪弗重修草約，尅期成立。不圖京中亞細亞各報宣布劉揆一借款資助民黨，袁派議員一日提出彈劾案至五件之多，劉不得已棄職潛出北京，而袁所借二千五百萬鎊之外債，不經國會同意，反告成立[106]。

大借款案發生後，孫中山首向匯豐銀行交涉，認交此非法借款，有害共和。匯豐銀行允在一月之內，如各地有獨立聲討者，當即停止此項借款，否則信用所關，礙難照辦。孫乃召集各處黨員握有勢力者至上海會議，皖督柏文蔚謂皖省士氣可用，願首先發難。孫以皖省逼近北方，且可拱衛南京，主張廣東、湖南、江西各地先行獨立[107]。並派寧調元、熊越山赴鄂，周震鱗赴湘，從事策畫[108]。由於起兵之事未如期舉行，匯豐之款遂如期交袁。

時鄒魯以違法借款及「俄蒙協約」等事於眾院提案彈劾政府，袁悍然不顧。孫中山復命陳其美獨立於上海，並擬親赴南京主持獨立，皆為同志所泥[109]。雖然如此，反袁的布置繼續進行。譬如受孫中山之命為討袁軍秘書長的章士釗負責聯絡岑春煊，並由討袁軍參謀長李根源輔岑春煊到廣東，說龍繼光、陸榮廷反袁；章又草討袁檄文，與張繼同訪章炳麟，得到章炳麟的認可；章士釗又與黃興同往南京運動[110]。

---

[106] 劉揆一，《黃興傳記》，頁三七～三八。

[107] 羅家倫主編，《國父年譜初稿》（上），頁四六二；《革命文獻》第四十四輯，頁二六三～二六四。

[108] 周震鱗，〈關於黃興華興會和辛亥革命後的孫黃關係〉，《辛亥革命回憶錄》（一），頁三三八。

[109] 鄒魯，《中國國民黨史稿》（下），頁九八三。

國民黨為擴大革命的聲勢，在外交上結合日本，也想利用在河南竄擾的亂民白狼，以及在青島等地伺機擁清帝復辟的宗社黨人[110]。

另一方面，國民黨在暗殺方面也有所部署。在二次革命正式爆發前夕，在北京內外先後破獲破壞及暗殺機關七十餘起，多以血光團為名[112]。血光團的團員，當時報紙傳言有五百人以上，但據參議員謝持自述，在北京有組織者只十一人，包括謝持、黃復生、易倩愚、黃斗寅、趙鐵橋、鄭毓秀、龐叔向、周予覺（報載為周予儆）、周予瑾、以及任某和熊某。謝持和周予覺係自上海前往，攜有炸藥及黃興所交付之三千元費用。目的在刺殺袁世凱，由謝持和黃復生執行，他人並不知情。周予覺原為宋教仁的秘書，不意到北京後卻將暗殺計謀告發。告發以後的情形，當時報載與事後謝持的自述頗有出入，《庸言》的記載謂五月十一日由京畿軍政執法處查傳謝持，並將炸彈、炸藥、電線等同時起出，解送執法處，旋據參院議長函稱：議院為立法機關，重要人物應特別保護，執法處乃將謝持送回參議院，聽候傳質。迨經總檢察廳傳訊，而謝持已逃。但據謝持自述，被捕係在五月十七日，因搜查無所獲，議院又從而攻之，遂得倖免。《憲法新聞》的記載則謂謝持係被張繼保出，居天津法租界[113]。謝持所謂搜查無所獲，當非實情。

---

[110] 《張溥泉先生全集》，頁三四八，民國三十二年三月十六日日記；章士釗，〈與黃克強相交始末〉，《辛亥革命回憶錄》（二），頁一四五～一四六。

[111] 介北逸叟編，《癸丑禍亂紀略》（上海，民國二年），憤世予序。二次革命正式爆發前夕，在北京捉獲的宗社黨人處搜得革命黨人與之聯絡的文件，見《獨立週報》二年十八、九號（民國二年五月十一日、十八日），紀事，頁一二。

[112] 《獨立週報》二年十八、九號，紀事，頁一二。

[113] 《憲法新聞》第九冊，〈中外要聞〉，頁九～一一，血光團破獲之前後情形；

　　京津一帶的暗殺活動無所成，京滬一帶的暗殺活動則有所獲。京滬一帶的暗殺組織名「鋤奸團」，由陳其美、張人傑、林森、葉夏聲等人所組，組織的緣起，據葉夏聲記述，在一九一二年八月袁世凱殺湖北革命黨人張振武、方維之後，謂孫中山曾就此事召集陳其美、林森、蔣翊武、蔡濟民、居正等密商，並與贛、皖、湘、粵四省代表密切聯絡，共策防務。四省代表贛為王有蘭，皖為常恒芳，湘為歐陽振聲，粵為葉夏聲。「鋤奸團」就是在這種情形下成立的[114]。「鋤奸團」活動的情形並不清楚，一九一三年五月二十四日，駐揚州第二軍軍長徐寶山的被暗殺可能與「鋤奸團」有關，但此事亦可能與在京津活動受挫的「血光團」有關，因為參與暗殺的黃復生[115]，隸屬「血光團」，是否隸屬「鋤奸團」則不知。

　　徐寶山，鎮江人，鹽梟出身，清末受兩江總督招撫，任水師營管帶。辛亥事起，率所部據揚州，自為軍長。南北統一後，尊中央，抑民黨。一九一三年國民黨部署二次革命，徐屢拒之，至五月二十四日為黨人刺殺[116]。先一日夜十一時，有人送木匣一個，謂內貯古磁花瓶，

《庸言》卷一十四號，《時事彙報》，議員謝持被捕；謝持，〈天風澥濤館六十自述〉，《革命先烈先進傳》，頁八五〇～八五一。《癸丑禍亂紀略》卷上，頁二，謂宋案發生後，嫌犯洪述祖逃青島，武士英死獄中，案愈棘手。「黃興氣忿不過，差女暗殺團周予儆潛進京師，施放炸彈，欲將秉政諸君，一網打盡，而該女士……毅然出首……供係黃興主使。……政府……拿獲案內要犯數名，監禁待質，並下令著滬上法官傳黃興來京對質。」

[114] 葉夏聲，《國父民初革命紀略》，頁六六。

[115] 《革命先烈先進傳》，頁八〇五，黃復生行述。

[116] 張立瀛，〈鎮江光復史料〉，《近代史資料》一九五七年第六期，頁七八，謂受端方招撫；《憲法新聞》第八冊，〈中外要聞〉，頁一～二，第二軍統徐寶山被

係吳慕賢由上海差彼求售，傳事人以吳與徐往來甚熟，遂收下。次晨徐啟匣時煙燄遽發，遂被炸斃[117]。徐死後，其部由其弟徐寶珍率領。

除京津、京滬地區外，如下所述，國民黨人在湖北、浙江、湖南等地亦有暗殺活動，湖北方面且有所成就。

在二次革命前夕，國民黨人在各省的部署，有暗殺、鼓動兵變、破壞軍火庫、發展革命組織等事。天津方面有暗殺活動，警方於陳姓家中搜得炸彈兩箱。河南方面，七月一日省城火藥局爆炸，炸斃局勇二十三人，至七月十日捕獲要犯三人，包括軍械科員王章曜、司事喻植三，據云彼等係受黨人收買從事破壞，皆處死。湖南方面，七月三日省城吉祥旅館發生爆炸案，投宿之炸彈隊員因搬運炸彈不慎爆炸，隊員李述麟炸死、李應龍炸傷，二人皆高等實業學堂畢業生。七月七日，省城軍裝局爆炸，燬德國新式槍一萬一千餘桿、新式子彈三百萬發（據云係袁世凱遣人炸毀）。上海方面，徐企文率眾百餘人於五月二十九日攻製造局，企圖搶劫軍械，事敗被捕。浙江方面，七月二日於杭州浙東寄宿舍捕獲二人，搜得炸彈二枚、手槍二支；又在方谷園捕獲一人，搜得炸彈二枚、手槍一支；又在三元坊捕獲一人，搜得手槍一支、子彈百餘發；又在金剛寺巷得升客棧捕獲三人。上述被捕者，至七月四日有孫馭風、徐仰山、劉子元、葛廷根、邵傑三等五人被處死。又連日破獲暗殺黨九人，或來自滬，或來自鄂，搜出手槍十數支、炸彈數枚，並毒藥粉若干。革命黨人活動最激烈者為湖北省[118]。

炸詳情，謂受劉坤一招撫，授都司；尚秉和，《辛壬春秋》，〈辛壬政紀〉第一，下，頁三二上。

[117] 《獨立週報》二年十四、五號（民國二年四月十三日、二十日），紀事，頁十。

[118] 上述天津、河南、湖南、上海、浙江等地的革命活動，並下述湖北省革命活動

　　湖北革命黨人的活動，以暗殺和起兵為主要手段，在暗殺方面，在鄂擔任運動軍隊的鍾仲衡，於六月二十六日潛入留鄂寧軍第一師司令部，暗殺師長黎天才，被捕正法。其妻陳舜英（十八歲，南京某女校畢業）入女子暗殺隊，矢志復仇，至七月八日被捕殺。又七月二日，暗殺鐵血團副團長蘇舜華（女，二十一歲）身藏炸彈，以告密為名謀謁黎元洪而殺之，經警衛人員搜出炸彈後處決。又七月三日，河北軍法處長辦公室後之臥室為炸彈轟毀，未傷人。又督府高等密探張耀青於寓所前被炸斃，而另一密探周九璋之母妻子女四人於家中被人亂刀砍死。

　　在起兵方面，天門之岳口、阜市、仙桃鎮防兵譁變，潛江城防兵劫縣署款十萬，張家灣地方軍隊搶劫稅局，沙洋鎮之三十團二營及分防京山縣多寶灣、荊門等處之兵，以及第三營駐鍾祥縣之兵，皆起事，此類兵變傳皆由季雨霖策動。各地起兵首犯被捕解省者，除三十二團二營營長章裕昆外，宜昌有鄒定洪，阜市有胡顯貞等三人，仙桃鎮有賀人杰等三人，樊城有劉恒蘭等四人，擄獲的證物中，有槍械、炸彈、印信、關防、文件、信札、名冊、旗幟、徽章、軍服等。又房縣及保康二縣，由國民黨分部長戴玉衡等率兵佔據，宣布獨立。

　　在運動起兵及布置暗殺的過程中，湖北革命機關被破獲、組織被驅散、以及革命黨人被殺、被捕、被通緝者至夥，亦可見湖北革命部署之一斑。在被破獲的革命機關方面，六月二十五日，宜昌公民討賊團機關被官軍突襲，擊斃三十五人，被捕十人皆斬首。六月二十八日，漢陽西關革命機關被破，擊斃三人，傷四人，捕三人，皆斬首。六月

情形，均見介北逸叟編，《癸丑禍亂紀略》卷上，頁一～二五。

二十九日，漢口德租界革命黨財務機關被破，獲銀一百二十萬兩，拿獲五人。是日，於南湖閱兵亭前挖得卜郎林式手槍三十支、子彈甚多；於尚武橋旁破屋中抄出炸彈一箱，捕獲三人；於六家廟神座下掘出炸彈二十六枚，新式步槍五十餘桿，手槍四支。七月二日，於武昌望山門外一麵粉公司搜得子彈數千排、馬槍百餘桿，因五家連坐，被捕九十餘人。此期間被破獲之革命機關及活動尚有：武昌糧道街湘紳黃元愷宅抄獲手槍六十二支，子彈一鐵櫃，現洋七百元，拿獲十一人；武昌武勝門外福神祠、商場局附近孫宅及蛇山三地搜獲軍火；武昌撫院街捕得石秋聲、賀公僕，皆係前第八師參謀，抄得手槍二支，子彈若干，人被斬首；第一師輜重營王連長運動軍隊事洩遇害；漢口長清里捕得誅奸團經理部長王振賦、實行部長何斷頭、交際米丹臣等四人，搜得炸彈二十五枚，手槍九支，炸藥一鐵櫃；國民黨人黃耀武、袁小山在沙市聯絡軍隊謀起事，事洩被捕，袁小山於拒捕時被殺；駐紮德安府城第十團中拿獲黨人三人，十一團拿獲一人；武昌下新河查獲帆船一隻，內載炸藥，船主被扣押。

革命組織被驅散方面，由於據供南湖砲隊一團、漢陽第一旅、軍官學校及陸軍部第二預備學校，皆為革命黨人滲透，黎元洪勒令將上述部隊及學校解散。另外，七月八日，湖北省議會議決將涉嫌煽亂之國民黨籍省議員詹大慧、趙鵬飛、彭養光除名（嗣彭於漢口慶安里被捕），亦屬此類。

其他因涉嫌參與革命被通緝者有前陸軍少將王國華、前軍務部參謀王憲章、無政府黨人何海鳴等，被捕者有即用縣知事程漢祥、湖南永州人張和、湘人寧調元、粵人熊樾山等，因於模範監獄者達一百八十餘人。被殺者有劉耀青、黃裔（二人被捕於漢陽）、曾尚武、呂丹書

（二人被捕於下新河）、許鏡明（七旅十四團一營營長）、黃俊（前八師參謀長）、周文英（女）、黃勵（二人以謀縱火劫模範監獄被殺）等，又七月七日漢口鎮守使處決三人，二人屬討賊團，一人屬宗社黨（按宗社黨謀恢復清室統治權，亦在各地活動）；七月七、八兩日，因於模範監獄之黨人十四人被殺，包括《震旦報》記者林鐵華及《自由花報》記者陳某。

㈡袁政府的反制措施

宋案、大借款案相繼發生後，隸屬國民黨籍的贛督李烈鈞、皖督柏文蔚、粵督胡漢民等發議非之，眾院國民黨籍議員鄒魯等提案彈劾，參院國民黨籍議長張繼一怒辭職。另一方面，孫中山在上海頻與黨人會議，積極部署討袁軍事。在這種情形下，袁政府上下，對國民黨的軍事動向，自必採取反制措施。一九一三年五月三日，袁世凱〈通令嚴捕圖謀內亂黨徒文〉云：

> 近閱上海四月二十九日路透電，稱有人在滬運動二次革命，諄勸商家助捐籌餉，反對中央。又英文《大陸報》稱，上海有人運動滬寧鐵路，預備運兵赴寧各等語。披閱之餘，殊堪駭怪。……倘如西報所言，奸人乘此煽亂，釀成暴動，則是擾亂和平，破壞民國，甘冒天下之不韙。本大總統一日在任，即有捍衛疆土、保護人民之責。……各地方長官，遇有不逞之徒，潛謀內亂，斂財聚眾，確有實據，立予逮捕嚴究[119]。

---

[119] 《袁大總統書牘彙編》卷二，頁四二。

五月二十四日《時報》載袁世凱警告國民黨人電文云：

> 現在看透孫黃，除搗亂外無本領。⋯⋯彼等若敢另行組織政府，
> 我即敢舉兵伐之[120]。

國民黨人對此類恫嚇之詞並不示弱，粵督胡漢民有電云：「粵省兵尚充實，械亦精利，軍心團結，誰為禍首，顛覆共和，當與國民共棄之！」[121]

　　袁世凱一面以政令恫嚇，一面即作軍事部署，並削國民黨之勢。據《中華民報》報導，早在一九一三年五月六日，袁即於總統府開軍事會議，決定利用京漢、津浦二路向南方用兵，北洋第六師等負責攻贛，倪嗣冲、雷震春等部負責攻皖，北洋第五師及張勳部負責攻蘇。據葉夏聲的了解，袁以津浦路上的張勳、倪嗣冲部為主力，以江北的徐寶山、蔣雁行部為前哨，勢脅蘇皖，而以浙督朱瑞制陳其美於滬，以陳炯明制胡漢民於粵，以黎元洪制譚延闓於湘，以倪嗣冲制柏文蔚於皖，以歐陽武制李烈鈞於贛。揚州徐寶山首先襲取革命黨人所運軍火於瓜步，陳其美以牙還牙，遣黨人暗殺之。由是袁遂調段芝貴率李純、齊燮元、王廷禎部南下鄂贛，馮國璋率張勳、倪嗣冲、雷震春部南下浦口[122]。到一九一三年六月，先後下令免李烈鈞、柏文蔚、胡漢民之職，以剪除國民黨在各省的武力，並即加強北京、上海、湖北、江西等地的警衛。

---

[120] 民國二年五月二十四日，《時報》，北京專電。

[121] 鄒魯，《回顧錄》第一冊，頁五八。

[122] 朱宗震、楊光輝書，頁三九五～三九六；葉夏聲，《國父民初革命紀略》，頁七二～七三。瓜步疑為瓜埠。

在北京方面，袁世凱於七月一日頒布戒嚴令，以新任步軍統領趙秉鈞為北京警備地域司令官，京畿軍政執法處長陸建章為副司令官，對言論機關取高壓手段，禁止國民黨報刊行，對於國民黨籍議員，則派軍警監視[123]。

江蘇方面，上海製造局防務原由陸軍第六十一團團長陳熙甫督率所部三營擔任，自五月二十九日徐企文攻製造局以後，袁世凱為加強製造局防務，將駐直隸馬廠之步隊三營調滬接防，兵力一千五、六百人，於七月六日抵達；袁並派海軍中將鄭汝成為防衛製造局的總執事官，駐局督導。屬下團長為臧致平，第一營長魏清和，第二營長周孝騫，第三營長高全忠[124]。南京方面，如前所述，袁派馮國璋為第二軍軍長，率張勳、雷震春等部直逼揚州、浦口。

湖北方面，防衛湖北的軍隊，原已有憲兵、步兵、機槍、騎砲各兵種達一萬二千人。七月一日，北洋第二師開到，共三團，分駐左旗、南湖、閱馬廠三地[125]。

江西方面，李烈鈞離職後，江西都督一職由黎元洪兼。嗣以二次革命風聲緊急，九江要塞司令陳廷訓深恐兵變，電請黎元洪派兵鎮懾。時段芝貴的第一軍屬下的王占元、李純等部已至湖北，黎遂命李純部移駐江西。七月六日，李純率北軍抵九江，贛民大為惶恐[126]，李烈鈞遂利用此時機在贛起事。

除袁世凱派兵南下外，如前所述，即是各省對革命活動的查緝與

---

[123] 日本參謀部編，《支那政黨史》，頁三五。

[124] 《癸丑禍亂紀略》卷上，頁七～八、一一。

[125] 同上，頁九～一〇。

[126] 同上，頁一〇、一三～一四。

鎮壓，茲不多論。

五　二次革命的戰場

　　二次革命戰爭，正式於一九一三年七月十二日由李烈鈞在江西發動。李被推為七省討袁聯軍總司令。各省的革命戰爭主持人：江蘇的南京和上海由黃興、陳其美分別負責，安徽由柏文蔚負責，廣東由陳炯明負責，福建由許崇智負責，湖南由譚延闓負責，四川由熊克武負責，江西由李烈鈞負責。江蘇都督程德全與革命無淵源，孫中山勗黃興入南京以代程德全，飭陳其美起兵於上海、鈕永建組學生軍於淞江、居正奪吳淞砲臺。福建都督孫道仁雖為國民黨員，與革命關係不深，故福建全局由師長許崇智負責。四川都督胡景伊接近進步黨，但師長熊克武為革命黨員，故川事委熊。其他廣東陳炯明、湖南譚延闓為現任都督，安徽柏文蔚、江西李烈鈞為甫卸任都督，皆隸籍國民黨，故各任各該省討袁軍事。當其時，葉夏聲、謝持等正在北方謀刺袁世凱，孫中山乃遣葉夏聲、林瑞徵等往山東謀破壞德州兵工廠，並佔領濟南[127]。

　　二次革命，看來是分省獨立，但也有統一領導的一面。此統一的領導人為孫中山，率先執行者為李烈鈞。從各省獨立之初，廣東、湖南、安徽、福建等省皆派兵援贛的情勢看來，李烈鈞當為實際的討袁軍總司令，但黃興至南京宣布獨立後，亦自稱討袁軍總司令，並於七月二十二日，以十八省省議會聯合會的名義，舉岑春煊為討袁軍大元

---

[127] 參考葉夏聲，《國父民初革命紀略》，頁七三～七六，葉夏聲謀刺袁氏，為總檢查長羅文幹揭發，林瑞徵山東之行，為魯督靳雲鵬鎮壓。

帥[128]，傳言岑任討袁軍大元帥係受黃興、李烈鈞、陳其美等人所推。岑曾任兩廣總督，自清末即與袁世凱為政敵，在西南各省有影響力，是年六月間，曾致電廣西都督陸榮廷、護軍副使龍濟光，囑協合湘、粵、贛各省反抗袁政府。二次革命事起後，革命黨人推他為大元帥，自是借重他的號召力。岑曾於七月二十二日由滬赴寧，二十八日通電離滬，由李根源、馬君武等陪同，赴廣東活動，由廣東致電龍濟光等，促出兵協助革命[129]，似岑春煊於二次革命中扮演重要角色，但據當時日本方面的了解，討袁軍起後，南方曾有組織新政府的計畫，此擬議的新政府組織名單中，並無岑春煊其人。此擬議中的新政府組織名單，包括國務總理汪兆銘、內務總長程德全、外務總長王寵惠、交通總長溫宗堯、陸軍總長兼參謀總長李烈鈞、海軍總長湯薌銘、農商總長王正廷、教育總長蔡元培、財政總長陳錦濤、司法總長張耀曾、參謀次長鈕永建、警察總監陳其美、參議院議長張繼、眾議院議長谷鍾秀、駐日公使胡瑛、駐俄公使胡漢民、駐美公使伍廷芳、駐法公使魏宸組、駐德公使馬君武、駐英公使未定[130]。此一名單，亦未包括孫中山、黃興，若新政府成立，也許安排元首、副元首的位置。

由上面的分析看來，革命的上層領導組織相當鬆懈，上層人物一般只利用個人的影響力，推助革命活動，很難說有組織上的領導，有組織上領導的是各省獨立軍內部，雖然內部立場亦不一致，但對外總

---

[128] 一九一三年七月二十三日《民立報》，但七月十七日《民立報》謂七月十五日南京決定獨立之後，即以岑春煊充軍大元帥，派員赴滬歡迎。

[129] 《癸丑禍亂紀略》卷下，頁一三；李根源，《雪生年錄》卷二，頁五八～六一；朱宗震、楊光輝書，頁五一九、五二二。

[130] 日本參謀部編，《支那政黨史》，頁三八～三九。

造成獨立的聲勢。各省宣布獨立的情形：江西在七月十二日，江蘇在七月十五日，安徽省城在七月十七日（蕪湖在七月十五日），廣東在七月十八日，福建在七月二十日，湖南在七月二十五日，四川在八月四日，湖北、河南亦有較小的獨立軍起。茲將各省革命戰事的情形分述於下：

㈠江　西

一九一二年七月十二日，李烈鈞奉命為江西都督，以劉世鈞為軍務廳長，歐陽武為都督府警衛司令，江西即漸為同盟會及其後的國民黨所控制[131]。李將江西的軍隊改編為兩師一混成旅[132]：

第一師：師長歐陽武，駐省城

　第一旅：旅長林虎

　　第一團：團長蘇世安 ─┐

　　第二團：團長楊祖時 ─┘ 駐德安、瑞昌

　第二旅：旅長余維謙

　　第三團：團長伍毓瑞，駐九江

　　第四團：團長吳安伯，駐南昌

第二師：師長劉世鈞，駐九江

　第三旅：旅長趙復祥

　　第五團：團長王國華，駐德安

　　第六團：團長李定魁，駐九江、德安

---

[131] 龔師曾，〈辛亥革命前後的回憶〉，《辛亥革命回憶錄》（四），頁三三五。

[132] 伍毓瑞，〈湖口起義的回憶〉，同上，頁三五一。

第四旅：旅長蔡森，駐贛州

第七團：團長夏聲

第八團：團長未詳

混成旅：旅長方聲濤

第九團：團長周璧階，駐姑塘

第十團：團長李明揚，駐湖口

獨立營：營長金其昌，駐姑塘

袁世凱為抵制國民黨在江西的勢力，先後任命戈克安為九江鎮守使，汪瑞闓為江西民政長，並暗使余鶴松攜款至江西運動軍隊。余原為馬毓寶的混成旅長，被李烈鈞編遣後，未予適當位置，憤而去京，由陳宦、蔣作賓介紹謁見袁世凱。袁予金錢回南京運動軍隊，失敗後回京任陸軍部參議。汪瑞闓與李烈鈞有師生關係（武備學堂），到任三天即為蔡霆銳等逼走。一九一二年冬，袁世凱調北洋第六師李純部入湖北，李即調原駐贛州的第四旅蔡森部、駐九江及德安的第六團李定魁部、駐姑塘的第九團周璧階部、駐湖口的第十團李明揚部，及第一旅林虎部，開駐瑞昌；第三團伍毓瑞部開駐德安，砲兵第一團劉稜部開駐永修；以資應付。一九一三年一月，李烈鈞派第一師長歐陽武、混成旅長方聲濤，準備解決九江鎮守使戈克安，戈通電各方，揭舉李烈鈞罪狀，適袁世凱派王芝祥抵贛調解，即將戈調職，以王芝祥繼任九江鎮守使，耿毅為參謀長。王不久回京，九江鎮守使一職由耿毅代行[133]。

宋案發生後，孫中山自日回國，策畫討袁。首先密令閩粵發難，

---

[133] 上引龔師曾文，頁三三七～三三九，惟所言各部駐地與上引伍毓瑞文略有出入；朱宗震、楊光輝書，頁一九七、二一二～二一五。

閩粵以內部困難，未敢發動；又命湖南發動，湖南亦未敢動。此期間，李烈鈞通電粵、湘、皖、閩、滇、桂、川等省，共謀討袁。孫中山乃派張繼、邵元冲、白逾桓、馬君武四人至贛，授意李烈鈞討袁。嗣李烈鈞為袁解職，乃至滬與孫中山等商討袁方略，李自願由江西先發[134]。

　　由前所述，江西都督李烈鈞與袁政府交惡已久，袁初假國會及興論對江西加以監督。至遲在一九一二年十一、二月間，臨時參議院即有議員就江西都督府顧問徐秀鈞搗亂商會、江西司法官無故拘捕商會協理羅朗山、以及贛督檢查電局發電等由，提案查辦李烈鈞，但為參院所否決（臨時參議院國民黨籍議員佔多數）[135]。其後李烈鈞陸續受興論或國會非議之事有發兵沒收萍礦、秘密購買軍械[136]、拒絕接受中央簡任之民政長汪瑞闓[137]等。旅京旅滬之贛人，為此曾列舉李烈鈞十大罪狀；參院議員郭同、李國珍等二十四人聯名質詢，列舉李烈鈞五大罪狀；滇督蔡鍔、護川督胡景伊、桂督陸榮廷、黔督唐繼堯發出通電，指斥奸宄之徒，陰謀竊割。江西省內各公團所組織之公民聯合會則作出四種決議，對李烈鈞表示支持：(1)反對袁總統擅布官制，(2)反

---

[134] 上引伍毓瑞文，頁三五〇；上引龔師曾文，頁三三九；〈李烈鈞自傳〉，見《革命文獻》第四十四輯，頁九六～九七。

[135] 洗心，〈論參議院否決查辦贛督案之理由〉，《獨立週報》一年十一號（民國元年十二月一日），社論，頁一二。

[136] 贛省近事之感言，同上，二年四號（民國二年二月二日），評論之評論，頁一。李烈鈞向上海外商訂購七千枝步槍，事為袁世凱獲悉，當步槍於一九一三年一月十五日運抵九江時，黎元洪奉命加以截留，至三月十一日又奉命發還。見 Jerome Ch'en, *Yuan Shih-k'ai*, p. 164；朱宗震、楊光輝書，頁二〇四～二〇六。

[137] 洗心，〈贛人反對民政長雜誌〉，同上，二年五號（民國二年二月九日），社論，頁一〇～一二；朱宗震、楊光輝書，頁一七四～一八三。

對軍民分治，不承認汪瑞闓，⑶請陸軍部迅飭九江關發還槍械，⑷請海軍部撤回軍艦[138]。另一方面，李烈鈞以實行分防計畫為辭，添調軍隊，分駐德安、沙河等處，論者謂其志在逼退九江鎮守使戈克安[139]。如前所述，戈即自動離職。贛省與中央之對抗，可謂日趨明顯。到一九一三年六月八日，袁世凱即下令免李烈鈞職：

> 江西都督李烈鈞，前經臨時參議院咨送議員郭同等，以專制殘毒暨罪惡五端，兩次質問。又據江西旅京公益會李盛鐸等、全省商會羅志清等、鐵路股東會朱益藩等、旅滬公會陳三立等，以違法殃民、恣睢暴戾，條列十四罪，呈請派委鎮撫使，以拯人民等情。嗣因任命汪瑞闓為江西民政長，該省有反對情事，當派王芝祥前往併案查辦。該督旋又擅自改編師團，並調兵派員管理九江砲臺，迫脅鎮守使戈克安離潯。曾據王芝祥電稱，迭經責問李督，非空言所能警覺，懇請派兵赴潯。……迭閱人民代表呼籲之詞，至再至三，不忍卒讀；即王芝祥呈復查辦各節，亦有定評。是該督無術維持，確不孚眾望。……李烈鈞應即免江西都督本官，即日交卸來京，聽候酌用[140]。

此一文件亦可看出，袁政府企圖對江西作有效控制，迫使李烈鈞採取若干自衛措施，終至雙方關係完全破裂。

---

[138] 《獨立週報》二年六號（民國二年二月十六日），國內紀事，頁一；朱宗震、楊光輝書，頁一九八～二○一。

[139] 《庸言》一卷十一號，〈時事雜誌〉。

[140] 《憲法新聞》第十期，關係法令，頁二～三。

　　李烈鈞被免職後，即交卸赴上海，贛督一職由黎元洪兼理。黎薦
歐陽武為護軍使、賀國昌為護民政長，凡有要公，均電鄂商辦。歐陽
武與賀國昌為便利行政上之一切事宜起見，特派前贛都督府高等顧問
陳耀章為江西特派駐鄂委員，以備黎元洪諮詢[141]。論者謂歐陽武原為
袁世凱派回江西策動李烈鈞走激烈路線，俾獲翦除國民黨之藉口者。
實則，二次革命兵敗後，歐陽武曾化名「止戈和尚」，隱藏吉安山寺
中，後為官軍逮捕解京，被判刑八年。因於獄中上書陸軍總長段祺瑞，
謂參加江西獨立係出於被迫，始獲得特赦[142]。

　　當其時，革命黨人在各省展開活動，在湖北省的活動尤為激烈。
如前所述，在湖北的革命黨人或從事起兵，或密謀暗殺，或運動軍隊，
風潮迭起。由於黎元洪對湖北的革命活動鎮壓嚴，部分革命黨人又轉
往江西活動。一九一三年七月二日，江西九江要塞司令官陳廷訓致電
黎元洪，請派兵赴贛，以鎮懾革命活動。黎接電後，派第六師長李純
率兵赴九江。七月六日，李純所率步騎砲兵約三千餘人抵九江，為控
制南潯鐵路，即分派軍隊駐第一驛、第二驛，以及十里舖等地[143]。

　　北軍入贛，予江西革命黨起兵以很好的時機。當時南北之間隔閡
頗深，北軍入贛引起贛人極大惡感。七月八日晚，李烈鈞乘小輪帶同
日人四人到湖口召集當地軍官開會，與會者有水巡總監何子奇、團長
周璧階、吳安伯等，會中決定成立討袁軍總司令部，宣布江西獨立[144]。

---

[141] 《癸丑禍亂紀略》卷上，頁一〇～一一。

[142] 喻血輪，《綺情樓雜記》第一集，頁一一五；朱宗震、楊光輝書，頁五七三～
　　五七七。

[143] 《癸丑禍亂紀略》卷上，頁三〇，卷下，頁七；尚秉和，《辛壬春秋》，〈辛壬
　　政紀〉第一，下，頁三四上。

遂會同九、十兩團，將砲臺佔有。九日有電致歐陽武及贛省各機關云：「鄙人免官赴滬養疴，忽聞北軍入潯，憤不欲生，現已回贛效力。」[145]

七月十二日，李烈鈞在湖口宣布獨立：

> 民國肇造以來，凡吾國民，莫不欲達真正共和目的。袁世凱乘時竊柄，帝制自為，滅絕人道，而殺元勳；弁髦約法，而擅借巨款。金錢有靈，即輿論公道可收買；祿位無限，任腹心爪牙之把持。近復盛暑興師，蹂躪贛省，以兵威劫天下，視吾民若寇讎，實屬有負國民之委託。我國民宜亟起自衛，與天下共擊之[146]。

七月十三日，贛省議會公舉李烈鈞為討袁軍總司令，歐陽武為都督，賀國昌為省長，俞應鴻為兵站總監[147]。歐陽武有電致各界，謂將追隨李烈鈞北征，以「殄彼專制之獨夫，還我共和之幸福」[148]。

李烈鈞於湖口宣布獨立之日，即七月十二日，贛軍林虎部與北軍李純部在沙河鎮南發生衝突，而贛軍第九、十兩團，亦與李純部下之十一、十二兩團及二十三團之一營在湖口展開戰鬥。贛軍方面，第二旅長余維謙、第三旅長趙復祥、第四團長吳安伯等，均率部馳赴戰地。袁世凱則派海軍次長湯薌銘自漢口率飛鷹、江元、江利、湖鷹、湖隼

---

[144] 伍毓瑞，〈湖口起義的回憶〉，《辛亥革命回憶錄》（四），頁三五〇。

[145] 《癸丑禍亂紀略》卷上，頁一六、二九，卷下，頁七。卷上頁二九謂為第九、十師，當從卷下頁七第九、十團。

[146] 郭斌佳，〈民國二次革命〉，《國立武漢大學文哲季刊》，四卷，三期。

[147] 《癸丑禍亂紀略》卷上，頁二三。

[148] 《憲法新聞》第十三期，中外要聞，頁四。

各艦艇，開赴湖口，協攻贛軍[149]。湯薌銘為湯化龍之弟，辛亥江西光復，黎元洪介紹給李烈鈞，李任為海軍第二艦隊司令，第一艦隊司令為黃鍾瑛。

北軍攻贛的總指揮是征贛總司令黎元洪，實際執行人是江西宣撫使段芝貴，受段節制者有李純、王占元等部。李純以九江鎮守使任左司令，王占元任右司令，七月二十三日，對湖口展開攻擊，參與作戰者有旅長馬繼增、鮑貴卿，團長張敬堯等，二十五日，克復湖口，是役官軍傷亡百餘人，革命軍傷亡在二千人左右[150]。湖口失陷後，李烈鈞退守吳城鎮，旋又退往南昌。八月十八日，官軍攻入南昌，傷亡百餘人，革命軍降者四營，傷亡千餘人。南昌失陷後，李烈鈞率兵二百餘人往南退走，李純派張敬堯率兵追擊。李烈鈞於八月十九日抵市汊、二十日抵豐城，二十一日抵漳樹，二十七日抵臨江[151]。後由長沙乘日船轉往日本，江西獨立軍事遂告結束。

(二)湖　北

湖北為袁世凱控制南方的中心區，二次革命期間，並無規模較大的獨立之旗。惟革命黨人在湖北運動二次革命甚早，二次革命進行期

---

[149] 《癸丑禍亂紀略》卷上，頁二六～二八；上引朱宗震、楊光輝書，頁五四七。

[150] 《癸丑禍亂紀略》卷下，頁二一、三七～四〇。資料謂官軍傷亡五十餘，革命軍傷亡五十餘、被俘千餘人，又謂虜獲革命軍槍枝三千餘桿，則革命軍傷亡當在二千人左右。據李純克復南昌電，官軍傷亡百餘人，革命軍傷亡千餘人，見《獨立週報》二年二十一號，國內紀事，頁五。

[151] 《癸丑禍亂紀略》卷下，頁六一、六九、七〇、八一。有關作戰情形，各方報導不一，另參考《獨立週報》二年二十號，紀事，頁二～八；上引朱宗震、楊光輝書，頁五六三～五六五、五六八、五六九、五七二。

間，革命黨人在湖北的活動亦相當積極。宋案發生後，田桐奉孫中山及黃興之命，由上海赴漢口，攜有黃興致季雨霖、詹大悲、蔡濟民、熊秉坤、蔣翊武、蔡漢卿諸人函，略謂：「遯初慘遭狙擊，經據兇手具吐實情，令人駭怒，大憝未除，必滋後悔。吾黨同志，務當振奮精神，從新努力。」田桐旋與季雨霖等邀集各部隊團長以上、憲兵司令部營長以上、及政界人士四、五十人，籌組「改進團」，推季雨霖為團長，目的在「改進湖北軍政，繼續革命事業」。至五月中旬，為黎偵破，季雨霖、田桐、詹大悲等避往上海[152]。一九一三年五月八日袁世凱有令云：

> 據湖北都督黎元洪電稱，湖北匪黨妄託改進團名目，徧送傳單，煽惑軍隊，希圖起事。當經偵查破獲，供係陸軍中將季雨霖、少將熊秉坤、步兵中校曾尚武及容景芳等主謀，似此潛謀內亂，危害大局，殊堪痛恨，著褫奪季雨霖等勳位官職，通緝治罪[153]。

此期間，國會已成立，章炳麟、岑春煊等希望黎元洪出而選舉總統，以擯袁世凱。章、岑於五月間先後至武昌遊說，黎以宋教仁被刺，頗為疑懼[154]。適孫中山遣黨人赴武漢運動軍隊，密謀起兵。黎竭力破獲國民黨機關，或藉以向袁表白心意。

一九一三年六月二十四日，黎元洪據報國民黨上海總機關部派人赴鄂運動軍隊，機關設在漢口《民國日報》，黎遂飭令軍警前往搜捕，

---

[152] 郭寄生，〈辛亥革命前後我的經歷〉，《辛亥革命回憶錄》（四），頁九六～九七；上引朱宗震、楊光輝書，頁二七八～二八四。

[153] 尚秉和，《辛壬春秋》，〈辛壬政紀〉第一，下，頁三一上。

[154] 《民國章太炎先生炳麟自訂年譜》（臺北商務，民國六十九年），頁二二。

捕去編輯曾毅等四人，並搜去宣告湖北獨立、組織北伐軍、請各省響應起義等文電及布告多件。詹大悲等見事洩，曾聚眾攻漢陽製造局，南湖砲隊亦起而響應之，均敗。二十六日，寧調元、熊樾山兩人在漢口德租界被捕。事後，袁世凱據報，曾下令通緝同案在逃人員夏述堂、詹大悲、季雨霖等人[155]。在鄂革命黨人不易立足，多轉而集於贛。

二次革命正式爆發前，湖北已破獲不少革命黨機關，前文敘述已多，茲不多論。二次革命爆發以後，黎元洪懼湖北響應，一度呈請袁世凱安撫湖北革命黨人，擬將自武昌革命爆發至南北統一時，所有任職各員之被遣散者，一概准呈明列冊，分送各部，量才錄用。並下令軍警不得逐戶搜查，且取消五家連保之令[156]，以免激變。黎元洪所擬辦法是否實行，史籍無所徵，但湖北以革命策源之地，南北統一後因遣散革命軍所發生的問題又多，當長江及其以南各省紛紛起兵之際，湖北卻無革命大旗出現，不能不歸功於黎元洪之善於應付。

雖然如此，各省獨立期間，湖北的革命活動並未停止。部分資料顯示，七月十四日，在武漢捕得一女子名杜英傑，南京人，係女子參政同盟會幹事，供認圖刺黎元洪，當即梟首。又在漢口捕得季雨霖前任第八師師長時之副官潘鼎新，供謂季在湖口，奉派至鄂運動軍隊，當被處決[157]。又荊門縣沙陽鎮陸軍第三十二團團長劉鐵，早於二次革命正式爆發前即起兵抗命，七月二十四日黎元洪所派之軍擊之不能勝，至八月初始被擊潰[158]。又湖北革命黨人謀於八月二日起事，湖北當局

[155] 羅家倫編，《國父年譜初稿》（上），頁四九六～四九七。

[156] 《癸丑禍亂紀略》卷上，頁三二。

[157] 同上，卷下，頁五。

[158] 同上，頁三一、三七；上引朱宗震、楊光輝書，頁八〇九～八一〇。

連日於武漢各地捕得六十餘人，八月一日被處決者二十一人，二日六人，三日二人，姓名可知者有張子衡（季雨霖部下營長）、張振湘（自湖南奉派至鄂聯絡軍隊）、杜汝良（前第八師參謀）、王國棟（哥老會首）、雷振坤（振武團員）等[159]。八月十二日袁世凱據黎元洪電陳有令云：

> 據兼領湖北江西都督事黎元洪電陳亂黨擾鄂情形，並請通緝各要犯歸案訊辦等語。此次亂黨由滬攜帶鉅資，先後赴鄂武漢等處，機關四布，勾煽軍隊，招集無賴，約期放火劫獄，攻城撲署，甚至議在漢陽下游一帶，挖掘盤塘堤，淹灌黃廣等七縣。……經該管督在漢口協同西捕破獲機關，搜出賬簿名冊、旗幟、布告等件，並取具所獲各犯供詞，證據確鑿，無可掩飾。……所有案內各犯，除寧調元、熊樾山、曾毅、楊瑞鹿、成希禹、周覽，在德法租界拘留，另由外交部辦理外，其在逃之季雨霖、夏述堂、王之光、詹大悲、趙鵬飛等犯，著各該省地方官一體懸賞嚴緝[160]。

可以看出，湖北革命黨人密謀起兵雖無大成績，但其籌畫及運動是具有相當規模的。

(三)江　蘇

江蘇南京為武昌革命爆發後臨時政府所在地，臨時政府以孫中山為總統，黃興為陸軍總長。南京臨時政府結束後，黃興又曾為南京留

---

[159] 《癸丑禍亂紀略》卷上，頁四八。
[160] 尚秉和，《辛壬春秋》，〈辛壬政紀〉第一，下，頁三三下。

守，故其舊日部屬頗多。江蘇上海為國民黨領袖集聚地，宋教仁被暗
殺後，上海成為發動革命的中心區。此地於武昌革命爆發後，一度由
陳其美出任都督，故陳其美於此地舊部亦不少。上海、南京兩地，在
二次革命期間，革命勢力甚為雄厚，雖江蘇都督程德全非國民黨籍，
國民黨人在江蘇仍有較佳的革命表現。

　　江蘇的陸軍，在二次革命前夕，有省軍及國軍兩類：省軍有三師，
第九師駐徐州，師長冷遹；第一師及第七師駐南京，師長為章梓和洪
承點[161]。國軍有一師，即第八師，駐南京，師長陳之驥。其中以第八
師的裝備和訓練最好，是在南京發動二次革命的成敗關鍵。第八師係
由武昌革命爆發後廣西新軍中的兩支北伐軍編成，係孫中山任臨時大
總統及黃興任南京留守時的衛隊。師長陳之驥，為兩江總督陳夔龍之
子，馮國璋之婿，出身日本士官學校。在南京臨時政府期間，其部下
原有三團，一團被黃興撥給湘督譚延闓，由趙恒惕帶領赴湘；一團被
黃興撥給贛督李烈鈞，由林虎帶領赴贛，剩下的只有劉建藩的一團，
不過二、三千人[162]。

　　七月十二日江西獨立後，黃興於十四日晚由上海到南京，住第八

---

[161] 據李書城，〈辛亥前後黃克強先生的革命活動〉，謂冷遹為第九師，章梓為第一
　　師，洪承點為第七師，見《辛亥革命回憶錄》（一），頁二〇九。但據《癸丑禍
　　亂紀略》一書所載，冷遹為第三師，洪承點為第一師，章梓為討袁軍參謀長。
　　而朱宗震、楊光輝書頁五八二～五八三、三〇四有關資料未提第七師，僅謂陳
　　之驥為第八師、章梓為第一師、章駕時（駐蘇州）為第二師，冷遹為第三師。

[162] 《辛亥革命回憶錄》（二），頁三一八～三二一；陳雪濤，〈癸丑討袁的回憶〉，
　　同上，頁三一二～三一三；陳之驥，〈參加二次革命的回憶〉，同上，頁三〇
　　九～三一〇。惟三文的記載頗有出入。

師師部，邀集各師旅軍官會議，原欲於當日起兵，但要塞司令吳紹璘、講武堂副長蒲鑑、要塞掩護團教練官陳鳳璋等不表贊同。十五日晨，黃興遣人殺吳紹璘、蒲鑑、陳鳳璋等，江蘇都督程德全以電話令第八師長陳之驥速為防衛，陳之驥則偕同第一師長章梓及各旅長往見程德全，要求宣布獨立，程不允。嗣黃興亦至，一切獨立文電遂假程德全名義以行。德全不贊同獨立，格於形勢又無可如何，乃將都督全權界予黃興，於十七日偕民政長應德閎走滬，住英租界。至二十五日見各地革命軍已不支，乃通電表明不贊同獨立，並在蘇州設行署，在上海設辦事處[163]。

南京宣布獨立後，黃興為討袁軍總司令，第一師長章梓為參謀長。程、應走後，章梓代理都督，蔡寅代理民政長[164]。黃興所發布的獨立宣言，像李烈鈞所發布的獨立宣言一樣，起兵的目的，在推翻袁世凱，並無其他革命目標提出：

> 自宋案發生，繼以私借外款。⋯⋯湘贛皖粵四省坦懷論烈，亦本忠愛民國之心。⋯⋯四督何譴？罷斥隨至。⋯⋯推其用心，非至剿絕南軍、殺盡異己不止。⋯⋯興之本志，惟在倒袁，袁氏一去，興即解甲歸農，國中政事，悉讓賢者[165]。

當時民國初建，二次革命的目的，僅在去除行為違法的元首，並非在

---

[163] 《癸丑禍亂紀略》卷上，頁三三，卷下，頁一八～一九；《庸言》卷一，十七號，〈時事彙報〉，頁四。

[164] 《癸丑禍亂紀略》卷上，頁三三。

[165] 《革命文獻》第六輯，總頁七六三。

制度上有若何更張，號召的力量是比較薄弱的。

七月十六日，即南京獨立之次日，黃興派第八師騎兵團長劉建藩帶兵北上，與第九師師長冷遹聯合北伐。但十五日，冷遹軍由利國驛進攻韓莊，十六日為駐守兗州的張勳部隊擊退。其後數日，山東靳雲鵬所率之第五師又對冷遹軍加以追擊。幸第八師劉建藩部及時趕到，始予北軍反擊。十八日，冷軍及第八師退至徐州。十九日，第七師長洪承點率軍渡江，防守臨淮關，駐守徐州之第八師劉建藩部亦就近歸洪承點節制[166]。

七月十九日，袁世凱命張勳為江北宣撫使，張自兗州率兵南下。二十三日，袁又命直隸都督馮國璋為江淮宣撫使，自天津率兵南下。馮所統率的部隊名第二軍（段芝貴帶往湖北、江西者為第一軍），由第五鎮全鎮、第四鎮半鎮、奉天混成旅及直隸混成旅編成[167]。馮國璋為陳之驥的岳丈，對南京的革命武力自會有軟化作用；張勳於武昌革命爆發後任江蘇巡撫，並署理兩江總督兼南洋大臣。因被革命黨的江浙聯軍擊敗，退往山東兗州，南北統一後被袁世凱任命為漢軍都統。袁世凱派他南下，自是利用他仇視革命黨的心理[168]。

張勳與馮國璋相繼率兵沿津浦路南下後，由徐州退回之革命軍初集於蚌埠及臨淮關。嗣皖北鎮守使倪嗣冲由正陽關向東進，第四師長徐寶珍由揚州向西進，張勳由徐州向南進[169]。在北軍的壓力下，冷遹

---

[166] 《癸丑禍亂紀略》卷上，頁二七、三五、四一～四二、四四、四七，卷下，頁一；上引陳雪濤文，頁三一三～三一五。

[167] 《癸丑禍亂紀略》卷下，頁六、二四；民國二年七月十九日、二十三日《政府公報》。

[168] 胡平生，《民國初期的復辟派》，頁八三。

逃走。第八師劉建藩部則退至六河、瓜州一帶，繞道回南京[170]。黃興見江北戰敗，北軍逼近，於七月二十八日偕章梓、洪承點等人乘日本軍艦走上海，都督由蔡寅暫護。二十九日，蔡寅邀第八師長陳之驥、新任第一師長周應時、要塞司令馬錦春、憲兵司令茅乃封、警察廳長吳忠信、縣知事陸維季等集議，決定取消獨立，請程都督回寧；程不回，令杜淮川為第一師長兼代理都督[171]。而此時，張勳部及馮國璋部均已由清江南下抵揚州[172]，向南京逼近。

八月八日，自鎮江偕韓恢乘輪至寧的何海鳴帶兵百餘人佔據督府，聲言舉陳之驥為都督，恢復獨立。當時陳之驥已被袁軟化，第八師力謀維持南京秩序。陳之驥即將何海鳴逮捕，並取消二次獨立。八月十日，第一師與第八師發生衝突，搶劫第八師司令部，將何海鳴放出。何遂再出示宣布獨立，委唐辰為省長、劉傑為警察廳長。時陳之驥方與馮國璋有所接洽，聞訊遂率少數隨員自浦口搭船赴滬。戴傳賢由滬至寧，有推孫中山為都督、張人傑為財長、何為民政長之議，不果行。十三日，何將不附獨立之第八師第三十團繳械。此時，柏文蔚已自安徽退至南京，而北軍張勳、馮國璋、徐寶珍等部亦於十五、六日開始對南京展開圍攻。其間，何海鳴曾讓都督於張堯卿，張堯卿又讓都督於柏文蔚。八月二十四、五日，張勳、馮國璋等軍攻城急，柏文蔚率所部出南門而走，旋由日人護送，由滬轉日。二十六日，北軍合圍南京，張勳攻太平門，馮國璋攻下關，新加入的查辦使雷震春部攻南門。

---

[169] 《癸丑禍亂紀略》卷下，頁二四～二五。

[170] 上引陳之驥文，頁三二。

[171] 《癸丑禍亂紀略》卷下，頁三二、三五；《革命文獻》第四十四輯，頁一五三。

[172] 《癸丑禍亂紀略》卷下，頁三八、四七。

二十七日，韓恢出任都督。九月一日，朝陽門被張勳部用地雷炸開，張軍遂攻入城內[173]。是役，據官方報導，革命軍陣亡達二千餘人[174]。

張勳軍入城後，第八師部隊三千餘擁何海鳴、韓恢等向蕪湖方向撤退，另有五、六千人在上新河被馮國璋軍截住，勒令繳械遣散[175]。九月四日，袁世凱令張勳為江蘇都督，南京至此歸北軍。

江蘇獨立，除南京及津浦路線戰場外，尚有上海戰場。上海為革命黨領袖會商發動二次革命之地，如前所述，早在一九一三年五月三日，袁世凱即謂有人在滬運動二次革命[176]，當其時，湖北早有運動革命之事，上海有人運動革命非不可能。

其後到七月十五日黃興在南京宣布獨立，七月十六日陳其美即在上海宣布獨立。發表誓師討袁宣言云：「國賊袁世凱殘害忠良，祖護兇犯，搗亂司法之制，提倡暗殺之風，蔑視國會，干涉憲法，誣諂善類，擅捕議員，私借外債，……不得已共圖討賊，保障共和。」[177]陳其美獨立後，自任駐滬討袁軍總司令，其下有參謀長黃郛、衛隊司令沈勉浚等人，以南市中華銀行舊址為機關，附近有中華民國志願團、滬軍討袁先鋒團等旗幟。另外，章水天自稱尚志討袁軍司令，以舊海防廳署為機關。松江自聞南京獨立後，即起兵響應，推鈕永建為司令，葉

---

173 同上，卷下，頁五〇、五六～五八、六一、六五、七四～七六、七八、八〇～八一；上引陳雪濤文，頁三一五～三一七；朱宗震、楊光輝書，頁五八九、五九七、六〇一。

174 《獨立週報》二年二十一號，國內紀事，頁七。

175 《癸丑禍亂紀略》卷下，頁八四、八六。

176 《政府公報分類彙編》（上海掃葉山房發行），弭亂。

177 《革命文獻》第六輯，總七六四頁。

安水師營統領沈葆義為師長，幫統何嘉祿為團長，步兵一營管帶譚國濱為統領。七月十七日，何嘉祿、譚國濱率領步隊兩營赴滬；沈葆義親率模範隊，督同葆安三營管帶王壽曾、葆安四營管帶李蘭廷、新軍管帶彭澤，各率部隊赴滬。駐滬松軍第一營長楊錦堂率兵排隊歡迎。十八日下午三時，由陳其美及淞滬警察廳長李平書在市政廳邀同駐製造局各軍團長、營長開會，提議保守滬地治安辦法，決定局外各兵不攻局內，局內各兵亦不得向局外出隊，舉李平書為保衛團長，以維持地方秩序。七月十九日，王憲章在前清道署宣布獨立，以陳其美已組織司令部，即將所屬改為討袁軍游擊隊，司令部移駐巡警學堂[178]。

當時製造局督理陳洛書以父喪請假，局務原擬由協理華祝三代理，華不受，遂舉龍華分局長陳濟嵐、材料處股長葉惠鈞為臨時正副局長，防護該局責任，則由海軍總司令李鼎新擔任[179]。防守製造局的官兵約一千四百人，其中由製造局工人一九七人組成步兵一營，分為四連，其中一連為機關槍連，一連為砲連[180]。

上海獨立後，所有民政、交通、司法等機關，均由革命軍接洽妥當，惟製造局由北兵看守，不肯相讓。當時陳其美既已設司令部於南市，上海各地又有革命軍的六十一團、三十七團及松江軍等梭巡[181]。居民多懼兵禍殃及，各團體出面竭力調停，苦勸息兵，雙方皆不聽。

---

[178] 《癸丑禍亂紀略》卷上，頁三五～四〇；《革命文獻》第四十四輯，頁一八九。

[179] 《癸丑禍亂紀略》卷上，頁三八。

[180] St. Picero Rudinger, *The Second Revolution in China, 1913* (Shanghai: Shanghai Mercury, Ltd., 1914), p. 66.

[181] 尚秉和謂上海二次革命的武力有六十三團三營、滬軍四營、砲兵一營、岑春煊衛隊二營，見所著《辛壬春秋》，〈辛壬政紀〉第一，下，頁三六上。

保衛團長李平書及王一亭曾於七月十九日赴製造局向北軍領袖說項，
願以三萬金贖送彼北歸，事不成。既而公民代表擬電陸軍部，請將製
造局暫由地方公民封鎖看管，雙方不得取用軍火，革命軍方面謂南京
已獨立，上海為省屬，已與北方斷絕，人民不得電部，事遂終止[182]。

　　革命軍欲不戰而取製造局既已失敗，公民代表欲雙方罷戰息兵亦
不可能。到七月二十三日晨三時，陳其美遂下令所屬三路會攻製造局。
當時會攻製造局的兵力有五支，即鈕永建松軍二營，南京調來劉福彪
軍三營，原駐滬之三十七團及六十一團、江防營吳淞砲臺兵、及各商
團，共有七千人。因屢攻不下，至天亮撤退。二十三日晚十時，革命
軍第二次進攻，至二十四日晨五時結束，仍無進展。二十四日晚作第
三次進攻，並有南京調來的步兵千餘人參戰，至二十五日晨撤退。二
十五日晚，陳其美得江陰新到援軍千餘人，對製造局作第四次攻擊，
至次晨仍無結果。二十八日下午，陳其美又會合松軍司令鈕永建對製
造局作第五次攻擊，稍戰即退。總計五次進攻製造局，據零星而頗難
正確的報導，第一次死傷千餘人，第二次二百餘人，第三次三百餘人，
第四次數十人，第五次無多。守軍第一次死傷二、三十人，第二次十
人，第三、四、五次未見報導，為數當更少。檢討進攻失敗之因，約
有三點：⑴革命軍劉福彪部作戰最勇，鈕永建部較有訓練，其他帶兵
官多不知兵，兵亦乏組織訓練，空放槍砲，毫無實際。⑵雙方皆用新
式武器，但守軍將領知用戰術，士兵訓練有素，士氣高昂。⑶停泊於
黃浦江的海軍艦隊，包括五隻巡邏艇、兩隻砲艇和一隻魚雷艇，原答

---

[182] 《癸丑禍亂紀略》卷上，頁五一；李平書，《且頑老人七十自敘》（四），頁二
　　二〇。

應支持革命，卻轉而轟擊革命軍，造成革命軍許多死傷[183]。

　　七月下旬革命軍五度進攻製造局失敗後，海軍總長劉冠雄增調五千海軍警衛隊入內助守，使革命軍進攻製造局益增困難。此後，革命軍集中兵力防守吳淞砲臺，並電獨立各省請援。吳淞砲臺要塞司令為居正，黃興、陳其美等亦在砲臺內，守軍初有三千餘人。八月二日，海軍總長劉冠雄令海籌、海圻二艦轟擊吳淞砲臺，居正亦發砲還擊。八月三日，閩兵一千、粵兵二千，由胡漢民率領抵吳淞，帶有麥克沁砲一百六十八尊；是日鈕永建的松軍亦開抵吳淞。另一方面，北軍大量調往上海，準備進攻吳淞。先有製造局由北京調來之二十鎮二、三兩標官兵，由上海鎮守使鄭汝成調往吳淞，攜有機關砲四尊、管退砲六尊、機關槍五十隻。又有招商局之新濟、公平、安平三輪船，由海容、海圻、海琛、通濟等艦護送，於七月二十六日由煙臺載運北軍南下，二十九日抵吳淞，約四至六千人。八月九日，製造局官兵二千人由軍艦七艘運往吳淞，又續到五百人[184]。

　　吳淞口海陸軍會同圍攻吳淞砲臺，口外海軍以海軍總長劉冠雄為總司令，口內艦隊以海軍總司令李鼎新為總司令，江灣張華濱方面約有北軍四千餘人，以上海鎮守使鄭汝成為總司令。八月十一日，北軍與吳淞砲臺革命軍稍有結觸，次日分兩路進攻吳淞砲臺。由於紅十字會柯醫生 (Dr. Stafford M. Cox) 仲裁，革命軍於十三日退出吳淞砲臺。

[183] 《癸丑禍亂紀略》卷下，頁一〇～一一、一四～一六、二二、三〇；《憲法新聞》第十五期，叛黨襲攻製造局失敗之原因；St. Picero Rudinger, *The Second Revolution in China, 1913*, pp. 1–5, 49–50。五次攻製造局之戰，民國二年七月二十四日至二十九日《民立報》，亦多記載，彼此頗有出入。

[184] 《癸丑禍亂紀略》卷下，頁三二～三三、三六、四一、四六、四九。

後居正、鈕永建率千餘人移駐嘉定，後又退往太倉以及當時尚在革命軍之手的江陰[185]。江蘇革命戰爭至是亦告結束。

㈣安徽、廣東、福建、湖南

安徽都督柏文蔚於一九一三年六月三十日被免職，七月八日交卸，十日乘建威輪赴寧；袁以孫多森為安徽民政長兼署都督[186]。二次革命爆發後，安徽首先響應的是蕪湖。七月十五日，蕪湖守將第二旅長龔振鵬宣告獨立，聲言合湘、粵、皖、贛、蘇、閩諸省北伐。省城安慶方面，於七月十七日通電宣布獨立，推第一師長胡萬泰為都督（師長由袁家聲繼任），孫多森仍任民政長，憲兵營長祁耿寰為討袁總司令。宣言「袁世凱在職一日，皖省人民誓不承認」。當日，獨立軍即與袁軍倪嗣冲部在潁上開戰。另一方面，在南京宣布獨立的黃興，即任柏文蔚為安徽討袁軍總司令[187]。

安徽獨立後，安慶首先受到北軍的壓力。至七月二十一日，胡萬泰、孫多森走南京，眾推祁耿寰為護理都督兼民政長，祁於二十二日就任。嗣祁耿寰亦出走，眾推劉國棟為都督。當時蕪湖方面所受北軍壓力較小，革命軍於二十二日佔據大通。黃興乃命柏文蔚為皖督，率胡萬泰等回皖統一軍政，柏等先到蕪湖[188]。

---

[185] 同上，頁五四～五五、七○；St. Picero Rudinger, pp. 140–141, 146；《革命文獻》第四十四輯，頁一九四～二○○。

[186] 郭廷以，《中華民國史事日誌》第一冊，頁九七；《癸丑禍亂紀略》卷上，頁二六。

[187] 《癸丑禍亂紀略》卷上，頁三三、四四～四五；獨立宣言見《憲法新聞》第十三期，中外要聞，頁五；《革命文獻》第四十四輯，頁二六七。

[188] 《癸丑禍亂紀略》卷下，頁一四、一九；《革命文獻》第四十四輯，頁二六八～

　　安徽獨立後，安慶方面一直沒有穩定。七月二十六日袁世凱命免孫多森都督兼民政長職，以倪嗣沖繼任。革命軍方面為鞏固安慶局勢，二十七日柏文蔚由蕪湖率安豐、楚謙兩兵輪到安慶，就任都督兼民政長，以劉國棟為都督府參謀。自蕪湖隨來之胡萬泰此時突不支持獨立，致函省議會、商會，請公舉代表數人，勸柏退讓，甚且發兵攻擊。八月六日，柏離省走蕪湖。八日，胡萬泰以師長名義布告取消獨立。是日北軍鮑貴卿旅抵安慶，二十六日安徽都督倪嗣沖到任。二十七日，蕪湖亦取消獨立[189]。柏文蔚後走南京。

　　廣東為革命策源之地，辛亥獨立時各地民軍頗多。南京臨時政府曾加以裁撤編併，將省內陸軍編為第一、二兩師及第一混成旅，第一師長鍾鼎基，第二師長蘇慎初，混成旅長張我權[190]，此為革命黨人的基本武力。一九一三年六月十四日，袁世凱免廣東都督胡漢民職，以陳炯明繼任。陳炯明原不欲就任，當時國民黨領袖已在上海集議討袁，黃興屢電陳炯明接督獨立，六月二十七日電云：「請兄接任都督，宣布獨立討袁，切盼。」七月一日電云：「希即接任都督，宣布獨立，聯合討袁，切勿再延。」七月三日電云：「再不接任都督，獨立討袁，黨人將不能諒，盼復。」時梁士詒亦派其弟梁季典勸陳速行接事，謂若再不接，袁將改派龍濟光。陳不得已，遂於七月八日接任都督[191]。

二六九。

[189] 《癸丑禍亂紀略》卷上，頁四九、五一，卷下，頁二八～二九、三二、三三、七八、七九；《獨立週報》二年十一號，國內紀事，頁四～五。

[190] 胡漢賢，〈記廣東瀛宇敢死軍〉，《辛亥革命回憶錄》（二），頁四一九。

[191] 鍾德貽，〈粵省辛亥革命回憶錄〉，《近代史資料》一九五七年第一期，頁一一○～一一二；郭廷以，《中華民國史事日誌》第一冊，頁九七，謂陳炯明七月

　　陳炯明接任都督不數日，江西、江蘇等地革命事起，陳乃於七月十八日宣布獨立，廣東省議會並舉陳為討袁軍總司令。陳宣布獨立後，曾於七月二十一日派旅長李福林率兵赴贛州，俾李烈鈞得調贛州防兵赴前線；又由粵庫提銀一百萬兩、快槍四千支，接濟江西[192]。七月二十六日，袁世凱任命濟軍統領龍濟光為廣東鎮撫使，三十日龍即自梧州率兵東下，攻擊陳炯明。八月三日，龍濟光軍佔廣東三水，龍受命為廣東都督兼署民政長。另一方面，袁囑梁士詒、黃士龍等運動粵軍，至八月四日，蘇慎初、鍾鼎基、張我權等逐陳炯明，廣東取消獨立。之後，廣東各界先後舉蘇慎初、張我權為都督，至八月十二日，龍濟光軍擊敗蘇慎初、張我權等軍，進入廣州[193]，正式就都督任。

　　福建於辛亥獨立後，同盟會及其後的國民黨在福建勢盛，福建都督孫道仁亦為國民黨籍，福建第十四師長許崇智黨性尤強。江西獨立後的八天，即七月二十日，都督孫道仁在許崇智慫恿下，宣布獨立，以劉次源為省長，許崇智為討袁軍總司令，朱震率防兵二營援贛。嗣贛事失敗，許崇智出走，孫道仁於八月九日宣布取消獨立[194]。

　　湖南都督譚延闓為國民黨籍，惟態度較保守。在二次革命前夕，

二日就都督職。

[192] 《癸丑禍亂紀略》卷上，頁四二，卷下，頁三三；《憲法新聞》第十三期，中外要聞，頁五～六。

[193] 郭廷以，《中華民國史事日誌》第一冊，頁一○五～一○九；《獨立週報》二年二十號，紀事，頁八～九。

[194] 《癸丑禍亂紀略》卷上，頁四七；卷下，頁三二，惟謂獨立在七月十九日；郭廷以，《中華民國史事日誌》第一冊，頁一○三、一○八；《獨立週報》二年二十一號，國內紀事，頁一、三～四。

黨人在湖南活動激烈，《庸言》報的一則題名〈湘人之呼籲〉的報導，可略窺其情形：

> 湖南數月以來，革命之風潮，其機屢發，幾令全省之內，風聲鶴唳，無日寧息，該省各省代表，自漢電京，呼籲迫切。該電云：……倘得大員來湘，救民水火，必率全湘父老以迎仁師[195]。

七月二十五日，湖南都督譚延闓及革命黨人譚人鳳、程潛、周震鱗、唐蟒、陳強等宣布獨立，以蔣翊武為總司令。湖南獨立後，曾派兵聲援江西，但在城陵磯為鄂軍所敗。嗣江西討袁兵敗，八月十一日譚人鳳、蔣翊武等自長沙出走，次日譚延闓宣布取消獨立[196]。

(五)河南、四川及其他

河南原即有土匪白狼作亂，起於一九一二年六、七月間。二次革命期間，北兵大量移往長江各省，豫督張鎮芳庸弱無能，革命黨人乘機煽惑，白狼勢力坐大，直到一九一四年七月始平[197]。另在一九一三年七月二十五日，河南新蔡國民黨分部長闆夢松曾聯合千餘人，佔領縣城，宣布獨立[198]，結果不詳。

四川地較偏遠，在江西獨立後的第二十三天，即八月四日，駐守

---

[195] 《庸言》卷一，十一號（民國二年五月一日），〈時事雜報〉。

[196] 郭廷以，《中華民國史事日誌》第一冊，頁一〇五、一〇八、一〇九；《癸丑禍亂紀略》卷下，頁三七、四四。

[197] 呂思勉，《國史讀本》第十二冊，頁六八。

[198] 《癸丑禍亂紀略》卷下，頁四五。

重慶的第三師長熊克武宣布獨立，稱四川都督兼討袁軍總司令。熊克武據重慶獨立，以襲取湖北為目的，川督胡景伊、川邊經略使尹昌衡並不贊同。故熊克武宣布獨立後，尹昌衡即率西征軍十三營東下征討熊克武，黔督唐繼堯亦派混成協一隊援川。揆諸當時情形，熊克武東下已很困難，一因在湖北起兵的劉鐵兵敗，未得據荊沙；二因湖南取消獨立，不能為聲援。熊遣弟克剛攜款赴宜昌運動軍隊，行至巴東即被捕處死。九月二日，熊克武派兵攻瀘州，為第一師長周駿所敗。到九月十一日，熊克武以滇軍黃毓成、川軍王陵基南北兩路進迫，陝軍張鈁復入川東，偕楊庶堪自重慶出走。響應熊克武之川邊打箭爐（康定）邊軍統領張煦，亦為尹昌衡所敗[199]。

　　二次革命的戰場，除兵戎相見之各省外，尚有輿論戰、法案戰、以及暗殺活動等種。關於暗殺活動，除前述者外，如一九一三年七月二十四日，北京公餘俱樂部破獲十餘人，圖謀暗殺[200]。關於法案戰，主要的表現在國會中國民黨籍議員要求袁世凱退位，及進步黨籍議員要求對革命肇事者加以懲罰與征討之事[201]。關於輿論戰，除報刊中之互相詆諆外，訴於電報尤為特色。訴於電報者，除各省獨立之電報外，孫中山屢有通電，迫袁退位。七月十八日有電致各省云：「袁氏種種違法，天下所知，東南人民，迫不得已，以武力濟法律之窮。……同向袁氏，勸以早日辭職，以息戰禍。」又宣言云：「願全體國民，一致主張，令袁氏辭職，以息戰禍。」又致袁氏電云：「宋案發生，證據宣

---

[199] 《癸丑禍亂紀略》卷下，頁五九、七三、七八、八〇，惟謂重慶獨立在八月三日；郭廷以，《中華民國史事日誌》第一冊，頁一〇七、一一三～一一五。

[200] 《癸丑禍亂紀略》卷下，頁一七。

[201] 張玉法，《民國初年的政黨》，頁三三七～三四〇、三五二～三五六。

布，愕然出諸意外，……而公更違法借款，以作戰費，無故調兵，以速戰禍。……以致東南軍民，荷戈而起。……公今日舍辭職外，絕無他策。」[202] 其後在七月下旬，蔡元培、汪兆銘、唐紹儀等，亦有電迫袁氏退位[203]。袁對蔡、汪、唐等無職無位者無可如何，對孫中山則下令撤銷籌辦全國鐵路全權，對黃興、陳其美、柏文蔚等則下令褫奪軍職榮典，並加緝拿[204]。

革命失敗後，領袖人物多亡命海外，孫中山、黃興、胡漢民等於八月上旬赴日[205]，岑春煊、陳炯明等於八月中旬抵新加坡，汪兆銘、王寵惠等於八月下旬抵新加坡[206]。國內的革命戰事則於九月中旬完全結束。

六 革命的失敗與持續及袁政府的處置

二次革命失敗於一九一三年九月中旬，但黨人的活動一直沒有停止。袁政府對國民黨的處分，約以九月中旬為界，分為前後兩個階段。前一階段，在七、八月間贛、蘇、皖、湘、粵、川等省先後獨立之時，袁政府對在南方倡亂的革命領袖，多方加以懲處。一九一三年七月三十一日，袁令北京國民黨總部，將運用暴力之黨員黃興、陳其美、李烈鈞、陳炯明、柏文蔚等除名：

---

[202] 《癸丑禍亂紀略》卷下，頁二～四。

[203] 同上，頁一三。

[204] 郭廷以，《中華民國史事日誌》第一冊，頁一〇四。

[205] 同上，頁一〇七。

[206] 《癸丑禍亂紀略》卷下，頁七七、八二。

> 政黨行動，首重法律。近來贛鄂滬寧兇徒構亂，逆首黃興、陳
> 其美、李烈鈞、陳炯明、柏文蔚皆係國民黨重要之人，其餘逆
> 者亦多國民黨員。究竟該黨是否通謀？抑僅黃李等私人行動？
> 態度未明，人言藉藉。現值戒嚴時代，著警戒地域司令官傳詢
> 該黨幹部人員，如果不預逆謀，處限令三日內自行宣布，並將
> 隸籍該黨叛徒一律除名，政府自當照舊保護。若其聲言助亂，
> 或藉詞搪塞，則是以政黨名義，為內亂機關，法律具在，不能
> 為該黨假借也[207]。

國民黨總部接令後，不得已於八月三日將黃興、陳其美、李烈鈞、陳
炯明、柏文蔚等五人除名[208]。

　　袁世凱一方面利用國民黨以組織的名義處分倡亂之國民黨員，另
一方面即以行政命令直接通緝於各地倡導亂之人。譬如一九一三年七
月三十一日通緝黃興、陳其美、黃郛、李書城，八月四日通緝鈕永建、
劉福彪、黃郛、沈葆義，九月十五日通緝陳其美、鈕永建、岑春煊等[209]。

　　國民黨的二次革命，袁政府原認係少數領袖及落職都督所發動，
到八月間，江西宣撫使段芝貴在湖口、南昌等地虜獲證據，部分國會

---

[207] 民國二年七月三十一日臨時大總統令，《政府公報分類彙編》（上海掃葉山房北
　　號發行），「弭亂」；日本參謀部編，《支那政黨史》，頁三七。

[208] 郭廷以，《中華民國史事日誌》第一冊，頁一〇七。

[209] 同上，頁一〇六～一一五；至十月十五日始對象與革命的重要領袖全面通緝，
　　計有黃興、陳其美、鈕永建、何海鳴、岑春煊、李烈鈞、歐陽武、柏文蔚、許
　　崇智、陳炯明、譚人鳳、熊克武、孫中山、張繼等一〇七人。見《革命文獻》
　　第四十四輯，頁三七一～三七三。

議員亦暗中襄助[210]。袁世凱遂對部分襄助革命之國會議員加以懲治。八月一日天津戒嚴司令部拘捕廣東眾議員伍漢持,至二十二日槍殺之。八月十日通緝湖北參議員居正、胡秉柯,眾議員田桐、白逾桓、劉英。八月中旬拘捕江西眾議員(憲草委員)徐秀鈞,解往九江,於九月一日處死。八月二十七日拘捕江西參議員朱念祖,陝西參議員趙世鈺,安徽參議員丁象謙、張我華、高蔭藻,安徽眾議員常恒芳,奉天眾議員劉恩格,浙江眾議員褚輔成;其中張我華、趙世鈺、褚輔成、劉恩格四人為憲草委員。其後褚輔成、朱念祖、常恒芳解往安慶,交倪嗣冲看管,直到袁世凱死始出獄;趙世鈺、劉恩格、丁象謙、張我華、高蔭藻五人則羈押天津,於國會解散後被釋[211]。

破壞國會,是二次革命失敗後,袁世凱對國民黨的進一步處分。袁世凱破壞國會,由解散國民黨及褫奪國民黨籍議員證書著手,遲至十一月四日才開始。袁世凱何以至十一月四日才解散國民黨、破壞國會?主要想利用國會選他為正式大總統,並利用國會制定有利於他的憲法。國會中國民黨籍議員佔多數,為暫時維持國會,即不能解散國民黨。及國會選他為總統後企圖制定限制總統行政權的憲法時,袁即斷然假解散國民黨以為破壞國會的手段。

十一月四日,袁世凱以南方亂事關係,下令解散國民黨,並取消國民黨議員資格。警廳奉到命令,即於下午三時派軍警多人將國民黨本部封閉,又由各區派警兵前往國民黨議員住宅,勒令繳還議員徽章

---

[210] 民國二年十一月四日大總統令及大總統布告,《政府公報分類彙編》,「弭亂」。

[211] 鄒魯,《中國國民黨史稿》下,頁一〇〇五;楊幼炯,《中國政黨史》,頁七四;李守孔,《國民革命史》,頁二四八;郭廷以,《中華民國史事日誌》第一冊,頁一〇九~一一三。

證書，計國民黨籍國會議員四百餘人，當天追繳三百餘人，次日又追繳百餘人。此事未發表前，異常秘密，袁世凱事前僅對眾院議長湯化龍言及，湯曾與政界要人商轉圜之策，未及發動而解散國民黨之令已下。此事純出於袁世凱的軍事命令，並非出於國務院的策畫。四日一早，袁世凱傳國務總理熊希齡、內務總長朱啟鈐到總統府，示以此令，熊、朱遂即副署，午間即行發下[212]。

國民黨的二次革命，成為國民黨被解散之藉口。實則，國民黨被解散的直接導火線為制憲問題所引起。緣國民黨於軍事鬥爭失敗以後，國民黨籍議員於國會中繼續與袁進行合法鬥爭，而鬥爭的焦點則為制憲問題。袁希望於憲法中增列大總統緊急處分權，並希望大總統制定官制官規、任免文武職員、宣戰媾和及締結條約，無須國會同意。初則於十月十六日咨國會，欲藉修改「臨時約法」，以表達其對憲法之意見；繼則於十月二十四日派法制局委員八人，欲於憲草委員代其陳述意見；皆為國會和憲草委員會所拒絕[213]。據當時觀察，國民黨的這樣做法，對袁「表面上、感情上太過不去」，因使解散國民黨成為不可避免之事[214]。

國民黨雖被解散，反袁活動並未停止，其方式則轉為純革命性的，不復再有合法鬥爭。自一九一三年五、六月間二次革命前夕起，直至一九一六年六月間袁世凱死亡止，國民黨的反袁革命活動從未停止；另一方面，袁政府對國民黨的革命活動也嚴加查緝鎮壓。這種查緝鎮壓，有些是對參與二次革命者的緝捕，有些是對繼續或新從事革命活

---

[212] 民國二年十一月九日上海，《時報》，大總統解散國民黨之詳情。

[213] 張玉法，《民國初年的政黨》，頁四二六～四二七。

[214] 民國二年十一月十二日，《時報》。

動者的緝捕。茲將二次革命結束後八、九個月間，袁政府捕拿及誅戮革命黨的情形，簡敘於下[215]：

北京地區　一九一四年三月，徐鏡心、段世垣、林英鍾、易孚謙、鄧修身等被捕。徐鏡心，山東黃縣人，國民黨籍參議員。據官方公布的供詞：「因與素識日人倉谷同居，藉作保護，得與南方暗通軍情。後來新同盟會成立，東京寄來報告，已與白狼合縱，令購軍械接濟，亦托倉谷包辦。迨至本月方得手槍十桿，子彈未齊，即與日人同時被捕，與白匪雖曾通函，尚未見面。」徐旋被處死。段世垣，河南澠池人，國民黨籍參議員。據官方公布的供詞：「寧贛構兵，暗通機要，陽事反對孫黃，未致敗露。十月間，議院取消，執行律師職務，至今年經梁士詒約，入總統府秘書廳幫忙，黃興即委以政府暗殺幹事，可以於中取事，與先死同志報仇，以成大事。機事不密，致被拿送來案。」段旋投效袁政府，嗣專對付革命黨。林英鍾，河南南城人，國民黨籍眾議員，據官方指控，「形跡詭秘，確有勾通匪黨謀為不軌情事」，並謂「供與段世垣略同」，林旋被處死。易孚謙，河南人，國務院錄事長，無黨籍。據供：「與林英鍾本係同鄉、親戚、同院居住，……被捕時，據在舊居室內搜獲新同盟會籍簿記二本嫌疑被捕，究從何來，不敢妄說。」易被處監禁十年。鄧修身，安徽蒙城人，據官方指控，「曾充柏文蔚偵探。上年湖口倡亂，委任該犯攜帶空白委狀多張，渦、亳、蒙邑，各處運動獨立，約期響應，事敗潛逃。是年七月，復勾結匪徒，掠搶蒙城，意圖再舉，當被官軍擊散，避居上海逆黨機關，現又來京

---

[215] 資料散見《民國》（東京）第一年第二號（民國三年六月十日）、第三號（七月十日）、第四號（七月十日），黨禍記。

濶迹營中,以圖煽惑軍隊,拿解訊辦」。

是年四月,留日學生蔣定漢在北京被捕,官方宣布的罪狀是:「在東京誘集黨羽,以組織俠義團為謀亂機關,來京潛伏組織支部,運動軍隊,圖謀不軌。」旋遇害。

是年六月一日,袁世凱殺商人曹錫圭(字成甫),謂牽連二次革命。

上海地區 一九一四年四月,沈翔雲、張子通等被捕。沈翔雲,浙江吳興人,江蘇都督府顧問官。據供:「二次革命……密謀進行,不料南方戰事,著著失敗……,即回上海租界藏匿。去年冬月間,又有劉天猛、劉卓勛、孫芳廷等由東洋到滬,復設秘密機關,招集舊日同志,組織新同盟會,……我即擔任運動南方各軍隊。」張子通,係在河南被捕之閻子固供出,在上海被捕,「訊認與亂黨閻子固等結黨謀亂不諱」。沈翔雲、張子通被捕後,皆解京訊辦。此期間,在上海地區被捕而死者有張鴻飛(揚州人,曾入國民黨,主赴揚起事)、張良明(製彈不慎,受傷被捕)、張武烈(湖南人,曾在吳淞水上巡警服務,以赴蘇策動被捕)、程玉山、王杰、黃松林(以上三人皆軍人)、王憲章(貴州人,武昌革命爆發時在湖北服役,任文學社副社長)、畢良臣、胡德昭、陳元升等,另被捕者至少十七人,包括日人二人。

是年五月,在上海一地被捕殺者有孫芝仙、俞亞龍、王亞武、虞亞安、張克明等。被捕者有蔣斯雲、黃甲、歐陽捷三、陳駿泉、胡靈貴、周炳興、羅晉士、蕭啟明(皖人,前皖督柏文蔚部下團長)、嚴深開、方家義、陳文中等,另有不知姓名者,至少七、八十人。

是年六月,被捕殺者有陳喬蔭、王錦山、劉鐵等十人,被捕者有陳文仲、戴天雄(俠義團交際員)、趙天甫等三人。另有陳德良、歐陽豪二人,罪狀是帶有炸藥、嗎啡,圖害要人。

　　江蘇地區　一九一四年三、四月間，駐揚州軍人有第三師師長蔡金山、團長高文虎、營長石子卿，以附從革命被捕。泰興陳浚泉、張光宇、潘鼎新、李得玉、鍾惟標等以設立機關被捕。十二圩李長根、劉志賢、劉志禎、何玉懷等被捕，另有十餘人被指為柏文蔚之黨被捕。其他在江北一帶被捕判死刑有姓名可查者二十二人，入獄者十八人，又有以販賣子彈、私運軍火之罪正法者數十人，又解京訊辦者一人、遞回原籍者一人。五月間，於揚州、丹徒一帶捕戮黨人王濤、李義聲，其罪狀係攜帶黃興相片，有意附亂，松江楊善德捕殺前討袁軍總司令鈕永建部下之青年學生數十人，馮國璋捕殺揚州某軍團長高紀，蘇州有年僅十七歲身著西裝之少年被捕。

　　湖北地區　湖北地區醞釀二次革命較早，一九一二年六月後，即有黨人祝制六、滕亞剛、江光國、凌大同等人被殺。一九一三年二次革命正式爆發前，又有黨人時倚方、侯紀堂、何卓儔、趙振民等人被殺。其後，黨人陸續被捕被殺者甚多。被殺有姓名可查者，有祁國鈞（營長，留日習陸軍新返）等十一人，龔尚錯等九人，胡漢廷等十一人，羅文賓等二人，王鎮武等三人，熊麗棠一人，劉天猛（留日學生）一人，不詳姓名者六人。被囚者有胡石庵（《大漢報》主持人）、明春山（國民黨分部主持人）、胡雨村（《大江報》主持人）等數十人。一九一四年五月被殺者有張佩衡等十八人，被捕者有唐國勳等二人，又有王開先等二人。六月被殺者有周荷生等八人，熊楚珩等八人，被捕者數起，總數在五十人以上。

　　湖南地區　湖南取消獨立後，湯薌銘任湘督，對黨人大加迫害及鎮壓。被殺者有楊德鄰（楊守仁弟，前湖南財政司長）、伍任鈞、易宗義、文經緯、梅景鴻、楊守真等多人，又有黎錫圭（國會議員黎尚雯

弟）等數人；被囚者有唐壽臣、覃得勝（二人為蔣翊武隨員，蔣在廣西遇害，二人解湘被囚）二人；其他因案被殺、被囚、被捕不知姓名者尚甚多。其後至一九一四年五月，湯薌銘殺貴州下游討袁軍司令吳知兵，湘省各地方官殺在各地策動革命者，計有常德機關部長谷煥然，澧縣機關部長賀九思，湘潭機關部長王道臣，各路運動員戴大梓等人。六月間，又拿獲黨人數十人，處決二十一人，皆為青年。湯薌銘又有電通緝女黨人唐群英，謂為上海女俠團首領。

安徽地區　自革命軍敗，皖督易為倪嗣冲。倪對黨人查緝極嚴，並違交通部令，強自檢查信件。一九一四年二至四月間，捕殺黨人達一百三十餘人，一日曾殺李興禮等十三人，其罪狀為接受何海鳴、張孟介等委派，在皖組織機關，倡謀內亂。五月間，倪嗣冲又殺前皖軍前衛司令官孫亞峰、團長王富春，鳳陽縣地方官殺黨人鄧天秀、雷正樞。六月間，又有廖海粟（前民軍團長）、汪樹幟、龔祥麟、陶相臣等被殺。

江西地區　自二次革命軍起，迄於一九一四年四月間，被殺者有國會議員徐秀鈞等人，被囚者有夏懷魯、曾燦元、吳木蘭（女）等人，受重刑者有劉東生（前清舉人，歷任知縣）、黃邦直（《嶺北大公報》編輯）等人，抄沒財產者有徐昌綺（商人）等人。其他被捕及被通緝者各數十人。五月間，贛督李純沒收前淮鹽局黃緝熙及前師長劉世鈞財產，贛南鎮守使槍斃報館主筆黃某，省城破獲誅奸團，拘捕嫌疑人黃蘭芳、熊光煒、俞乃韓。六月間，省城處死黨人蔣鴻斌等九人，捕獲誅奸團首要蕭繼明、陳勳、劉勖亞、康定金等人，又捕獲黨人楊振武、孫兆麟、衛星圖、胡麟、艾英等人。

浙江地區　自二次革命平後，杭州一地被捕者二十餘人，處死者

十一人，紹興、處州等地，亦有多人被捕。一九一四年五月間，浙督朱瑞殺海門討袁軍首領劉尚志及黨人王鑒庭，囚黨人王金發、江長林、江東甫、孫鵬，抄沒于松茂（商人）財產。六月間，捕黨人裘美根。

廣東地區　廣東自龍濟光軍侵入，警察廳長陳景華遇害，黨獄繁興。省城方面被殺者有李道喜（剃頭匠）、陳理華、韓冠南，伍銀等十餘人，被捕者有吳少波、黃立禮（以上二人為店員）、譚敬、劉廉、容泗、胡新、劉廣、張權（以上六人為遣散之士兵）、王鐵軍、王雲林、李伯俊（以上三人為警察學校畢業生）、莫桂有、馮子純等數十人。順德縣黨人陸領住宅被轟擊，死者四十七人，傷百人；又處決醫生吳維之一人，逮捕團保局長一人。瓊州被殺者有陳文甫（店東），被刑者有胡標、康玉興、何楨、陳添等，被捕者有回籍之眾議員林文英等。一九一四年五月，因汕頭兵變，龍濟光殺劉文伯（陳炯明族姪）及其黨數十人；因德州兵變，龍濟光殺兵變之隊長、排長數人。梅縣營長王國柱稱討袁軍司令官，率兵攻城，力戰陣亡，其部卒死戰數日，攜械四散。羅縣民團豎旗討袁，縣知事率兵圍攻，殺首要十餘人，監禁者甚眾，抄擄者百餘家。陽江縣殺黨人張錦滿、張亞帶、張亞七等。省城拿獲黨人溫國亮、張福成等多人。六月間，龍濟光殺黨人官新、陳復秋、羅桂山、劉鼎元。

四川地區　四川自獨立失敗後，革命領袖出奔，家族財產，悉被抄沒。受株連者數百家，懲治苛虐。一九一四年五月被殺者有薛鳴興（討袁軍諜報科長）、李煥庭、劉煥龍、張煥漢、江煥庭、陳華齋、李鈞安等。六月間，黨人被殺者有黃鑑庭，被捕者有賀德章、伍相臣、葉壽林、伍燠章等。

雲南地區　雲南受第二次革命影響較少，死事者有張文光、何榮

昌等。一九一四年五月，臨安發生兵變。

貴州地區　黔督劉顯世，自始迫害同盟會人。二次革命後黨人被殺可知者，一九一四年五月有劉景泉（上游討袁軍司令官）、蕭健之（前黔軍參謀）、呂子安、及第一營士兵百餘人。

廣西地區　蔣翊武被殺於梧州，劉古香被殺於柳州，黨人被通緝者有周毅夫、廖轟等。

福建地區　二次革命期間黨人受迫害的情形不詳，至一九一四年五月，海軍總長劉冠雄殺廈門司令官李心田、泉州義勇隊司令官鈕超元、營長朱心齋，並軍人何義等數十人；又殺團長王振，沒收其財產。其他被捕、被殺、被抄沒財產者，亦有數起，多不知姓名。

山西地區　一九一四年五月，大同第九師殺黨人馬崇德。

由前述片段的資料顯示，袁政府對參與革命的重要份子並未大量誅戮，各省對黨人的迫害則甚為苛毒。就各省迫害黨人的狀況看來，二次革命失敗後，革命並未終止。一九一四年六月二十三日，中華革命黨正式在東京成立，孫中山決定把革命事業從頭做起，當時有第三次革命之說。第三次革命，因有進步黨及各省軍人之助，推翻了袁世凱的帝制，不在本文探討範圍以內。

七　結　論

辛亥革命，迫清帝退位，清內閣總理袁世凱繼孫中山為民國元首。未及一年半，孫中山所領導的革命黨人，正式掀起以推倒袁世凱為目的的二次革命。二次革命，不以民族主義為旗幟，不以民生主義為旗幟，其最大理由，則在政府以非法手段暗殺革命元勳、政府不經國會

同意非法向五國銀行團借款。此類理由，未必足為革命號召，故發動各省國民黨籍都督起兵已感困難，但由於革命領袖的堅持，各地黨人基於革命情誼，不得不勉強起兵。

各地勉強起兵，除基於黨人與領袖間的革命情誼以外，來自政府的軍事壓力亦為重要原因。政府對國民黨人迫害愈來愈多，部分因國民黨人言詞凌厲，對政府違法事件不稍假借，而進步黨系報紙推波助瀾，增加政府對國民黨惡感[216]，亦為重要因素。國民黨與袁政府的對抗既白熱化，進步黨未能從中化解，有人且欲藉政府之力將國民黨勢力加以剪除，此為由政黨政治演為政黨鬥爭中之大不幸。

政府所以決定對國民黨人用武，自恃擁有訓練精良的北洋軍，此訓練精良的北洋軍在辛亥革命時期曾逼使清帝退位，曾逼使革命軍議和，並曾逼使孫中山以臨時大總統之位相讓，在袁看來，自然也能逼使再起革命的黨人屈服。二次革命的導火線是北軍南下逼出來的，在區域主義盛行、南北隔閡甚深的當時，袁世凱調兵南下或圖防備，適激發革命戰爭。在江西李純軍與贛軍衝突前夕，護軍使歐陽武曾請黎元洪將北軍撤回；南京宣布獨立後，上海為維護治安，亦曾擬將北軍撤回[217]。可以看出北軍南下，為激使革命大起的重要因素。

二次革命籌畫時間很短，卻能獲得七省獨立響應，而部分未獨立省分，如湖北、浙江，革命活動亦具聲勢，其規模可謂相當龐大。二次革命在短時間內造成如是龐大聲勢的原因約有三點：其一，黨人於辛亥革命中獲得贛、皖、粵、湘等省的控制權，孫中山所組的臨時政

[216] 民國二年六月一日，《民立報》，〈激成南北意見者誰手？〉。
[217] 《癸丑禍亂紀略》卷上，頁三三。

府在南京三月餘，對江蘇各地亦有影響力。其二，民國建立後，財政困窘，裁兵之事極普遍，江蘇、湖北等地，軍隊裁汰極眾，革命有功將校賦閒家居者頗多，雖取消原職時各給有休養金，然不轉瞬皆窮困，人懷怨望[218]，故易為革命再集結。其三，當時中國經濟不良，無業游民多，攜款招兵並非難事，張東蓀有論云：「國民自光復以來，生計憔悴，見亂黨聲勢赫，遂相附和，以為衣食之計，於是鋌而走險。」[219]高勞亦有論云：「國計貧困，實業不興，失業貧民，無地蔑有，自前次革命後，失業尤多，故號召易而煽動速。」[220]

由革命的原因及革命的群眾基礎來看，革命的潛力並不厚，袁政府的應付則步步為營，初因湖北改進團事起，政府以南方多故為辭，陸續派兵駐皖鄂；繼因徐企文攻製造局，政府又派兵駐上海。因此在二次革命未正式爆發前，長江中下游均為政府兵力所扼。及二次革命爆發，袁世凱任段芝貴為江西宣撫使，統帶第一軍，規畫江西，其部由陸軍第二第六兩師及奉天混成旅組合而成；任馮國璋為江淮宣撫使，統帶第二軍，規畫江淮，其部由陸軍第五師全師、第四師半師及直豫混成旅各一旅組合而成。又任倪嗣冲為皖北鎮守使，率其所部及二十九旅，規畫皖北；任張勳為江北鎮撫使，率其所統武衛軍，規畫江北；並令駐揚州第四師師長徐寶珍，率其所部，協助張勳、馮國璋等軍。水路方面，派海軍次長湯薌銘，率兵艦攻取湖口；派海軍總長劉冠雄，赴滬督率全隊海軍。至於其他各省，廣東則派濟軍，湖南則派鄂軍，重慶則派四川省軍及鄰省軍隊，就近鎮懾[221]。在這種情形下，各省獨

---

[218] 《癸丑禍亂紀略》卷上，頁三〇；朱宗震、楊光輝書，頁二一、三〇。

[219] 張東蓀，〈亂後之經營〉，《庸言》一卷十七號。

[220] 高勞，〈革命戰爭之經過及其失敗〉，《東方雜誌》十卷三號。

立軍很快潰敗；安徽、福建只支持到八月初旬，上海、湖南、廣東支持到八月中旬、江西支持到八月下旬。南京支持到九月初旬，四川獨立較晚，也只支持到九月中旬。整個革命起兵過程，先後兩個月即告結束。

分析革命失敗的原因，約有五點：其一，革命理由未獲各方認同：宋教仁被殺事件雖有證據牽連袁政府，但國務總理趙秉鈞有詞解說，法院從未對真兇作一判決。且袁世凱亦曾指控黃興計畫殺袁，法院亦從未對此作判決。至違法借款一事，國民黨指為未經國會通過，袁政府及部分支持袁政府的國會議員則謂，已經前臨時參院通過。此類政爭，一般人頗難論是非曲直；以此掀動革命戰爭，難獲廣泛支持。

其二，辛亥革命戰爭方息，商民渴望法律、秩序與和平，認國民黨不應再訴於暴力、擾害秩序[222]。各省商人不支持革命的情形，黎元洪曾有電分析：

> 各省商團……動色相成。滬粵兩埠，開通最早，程度較優，故其拒絕暴徒亦最力；贛、潯、寧、皖，商力較薄，曲從不甘，顯拒不敵，卒因默示反對，使該黨籌款無著，失其後盾。又如湘謀獨立，亦因不得商會之贊同，故宣布最遲，而取消亦最速。……因念前年鄂軍起義，武漢商會首表歡迎，此次屬階僭生，各處商團全體反對。在該黨冀援昔以例今，乃商民忽轉向而為背。……按諸時局，裨益良多[223]。

---

[221] 高勞，〈革命戰爭之經過及其失敗〉，《東方雜誌》十卷三號。

[222] Chün-tu Hsueh, *Huang Hsing and the Chinese Revolution* (Stanford University Press, 1961), p. 161.

證諸其他資料，黎元洪的分析大體可信。以上海的情形而論，一九一三年七月十八日，上海商會通過決議維持中立[224]；陳其美攻製造局，從第二次開始，商團和商會都不參加[225]。廣東方面，香港九八商會連電十一次，痛斥陳炯明反叛中央，禍害粵省[226]。另外，江蘇旅京人士沈雲沛等三十七人通電指斥贛蘇爭權之徒，議員汪榮寶、王敬芳則提案咨請政府嚴加處分歐陽武、孫多森[227]。

其三，未獲國際上有力支持：二次革命時期各國的態度，大體說來，日本同情革命黨，美國初時同情革命黨；德國支持袁政府，由於革命戰爭多在長江流域發生，英國在德國影響下亦支持袁政府；俄法兩國則傾向中立[228]。但由於俄、法、英、德、日五國銀行團不顧孫中山的反對，借款給袁政府，日本同情革命黨，亦為少數人表現。前曾論及，江西、南京戰場，均有日人協助革命軍，上海戰場亦有日人協助革命軍[229]。如日人鈴木豐樹於一九一三年七月二十五日至八月一日間，一直參與江西湖口及德安間的革命戰爭，到八月九日又至沙市運動軍隊，為沙市當局逮捕[230]，即為一例。德人助政府軍，資料無多，至少在上海戰場，外人曾見之[231]。由於各國都有在華利益，自多不願

---

[223] 《黎副總統政書》卷二十九，頁四～五。

[224] St. Picero Rudinger, *The Second Revolution in China*, 1913, p. 18.

[225] 〈辛亥上海光復前後〉（座談會紀錄），《辛亥革命回憶錄》（四），頁一八。

[226] 《癸丑禍亂紀略》卷下，頁八～九、二七～二八。

[227] 同上，卷下，頁八～九。

[228] 王光祈譯，《辛亥革命與列強態度》（上海中華書局，民國十八年），頁七四。

[229] St. Picero Rudinger, *The Second Revolution in China*, 1913, p. 127.

[230] 《黎副總統政書》卷二五，頁一九。

有危及生命財產的戰爭發生。一篇題名〈新革命〉(The New Revolution) 的外報社論，即深以中國又發生革命為憂，怕中國步中南美各國後塵，陷入革命循環中[232]。

其四，黨人及革命軍人缺乏紀律及統一的組織與領導：清帝退位、南北統一後，同盟會及其以後的國民黨與袁世凱作政爭，不利情勢之一是吸收黨員太爛，影響信譽，致為袁世凱所乘。張冥飛有論云：

> 民黨份子甚雜，雜則不肖者多，舉動荒謬迭時時有之，官僚者遂利用此民黨不肖者荒謬之點，播而揚之，使民黨盡失其信用，然後一舉而撲滅之，此癸丑民黨之所以失敗者，皆由壬子一年以來，民黨黨員太無擇別，以致憑借黨勢，為害鄉里，害馬敗群，遂為處心積慮之官僚所乘，而一敗塗地[233]。

不利情勢之二為缺乏統一組織與領導，致使內部步調不一。論者將二次革命前夕重要黨人的態度分為三派：孫中山、李烈鈞屬反抗派，主張起兵反袁；黃興、陳其美為懷疑派，對武裝鬥爭無信心，主張聽候法律解決；北京國會議員為國會派，捨不得離開議席，擬聯合進步黨，依據法律制袁。在這種情形下，當反抗派在上海開會，不斷派人四出聯絡革命時，懷疑派在猶疑不決，國會派則仍在北京作合法鬥爭。就國民黨四督而論，湖南譚延闓意存觀望，湖南軍裝局且為袁遣人炸毀；

---

[231] St. Picero Rudinger, p. 127.

[232] *The Chinese Recorder*, Vol. XLIX, No. 8, August, 1913.

[233] 游悔原編纂、吳敬恆鑒定、張冥飛參校、章炳麟署，《中華民國再造史》（上海民權出版社，民國六年四月），張冥飛，〈總論〉，頁三～四。

廣東陳炯明與胡漢民對立，軍隊被袁派人收買；安徽柏文蔚手下的主力胡萬泰被袁收買；江西李烈鈞只能掌握江西部分武力[234]。

革命的缺乏組織與統一領導，在二次革命正式爆發後表現尤為明顯。在南京方面，駐寧師長陳之驥、章梓，駐蘇師長章駕時，駐徐師長冷遹，皆隸籍國民黨，嗣因兵力受挫，皆反戈投袁。當黃興自金陵出走之際，委南京於砲兵團長鄧鼎封之手，鄧方以砲兵在城內部防，任臨時總司令，而韓恢以青幫首領擁何海鳴入據督署稱都督；何任都督後，以徐濤為第一師長，王兆鸞為第八師長，但徐濤就任後不聽命令，王兆鸞逃走。王走後，第八師李可鈞以師長自命，「出入都署，其勢洶洶」。另一方面，戴傳賢欲何讓位孫中山，而柏文蔚則不予金錢支助[235]。在上海方面，南京宣布獨立後，陳其美為駐滬討袁軍總司令，章水天自任尚志討袁軍司令。又有出身軍界之張唯一有眾數十人，意欲編隊，自任討袁軍總司令，因陳其美不予承認，即自率部謀攻製造局，己身受傷，餘眾四散[236]。陳其美下令各部攻製造局，對各部缺乏後勤支援，各部之間以及各部與總司令部之間均少聯繫。攻擊各部從龍華出發，只受命包圍製造局，既無作戰經驗，亦乏軍事知識[237]。外國觀察家謂革命軍軍火不足，糧餉不足，彼此之間不能合作，面對訓練精良的北洋軍[238]，其失敗是可以預卜的。

---

[234] 黎澍，《辛亥革命前後的中國政治》，頁九七～九八。

[235] 葉夏聲，《國父民初革命紀略》，頁七四～七六；朱宗震、楊光輝書，頁六〇二、八一八。

[236] 《癸丑禍亂紀略》卷下，頁九～一。

[237] St. Picero Rudinger, *The Second Revolution in China*, 1913, pp. 45–46.

[238] B. L. Putnam Weale, *The Fight for the Republic in China* (London: Hurst &

　　革命軍另一缺乏組織的事實是革命既起，不能迅速建立中央政府，以資號召。當時黨員中有堅持樹立中央政府者，「而黨中文武，意見背馳，爭持不決；袁氏因得挾中央以令各省，削平黨軍」[239]。

　　其五，海軍未如預期支持革命，遮斷長江交通線：革命起事各省，多在長江流域，長江的水上交通，對革命軍的互相支援非常重要。海軍原同情革命，嗣為袁所收買，轉而效忠於袁。被袁所收買的，當然不只海軍[240]，但海軍的順逆可以決定長江水道誰屬，對長江各省的作戰，自然有重大的影響。

　　前述革命軍一方的弱點，正是袁政府一方的優點：⑴宋案及大借款案袁雖理虧，但革命戰爭起，袁仍可以合法政府對待叛亂。⑵一般商民愛和平，不支持暴亂。⑶袁政府有國際的支持與信任，有外國軍器及軍需供給的便利；而五國借款成立後，政府軍費裕如，可用來收買革命軍。張東蓀有論云：「此次內亂，軍隊居多，當其造亂之時，乃為偉人所收買，及其反正之時，復因政府所收買。」[241]可以看出外國借款予袁對削平革命之重要性。⑷袁政府有統一的行政機關，軍隊訓練有素，又有統一的指揮系統，軍費充足，調兵遣將，不愁無餉，而榮譽勳位賞給，亦足以勵士氣；加上鐵路、輪船及其他交通工具之運輸，使作戰部隊無虞匱乏[242]。⑸由於海軍的效忠，無論江西作戰、南

　　Blackett, LTD., 1918), p. 40.

[239] 張難先，《湖北革命知之錄》，頁一〇九。

[240] Marius B. Jansen, *The Japanese and Sun Yat-sen* (Harvard University Press, 1954), p. 165; B. L. Putnam Weale, p. 41.

[241] 張東蓀，〈亂後之經營〉，《庸言》一卷十七號。

[242] 以上四點，參考日本參謀部編，《支那政黨史》，頁三九～四〇。

京作戰、上海作戰，海軍都成為重要的助力。

　　二次革命失敗，以及二次革命的本身，造成許多影響。其較為突出者，約有三點：其一，戰火之破壞及軍隊之擾民：有關戰火之破壞，缺乏統計報導。有關軍隊之擾民，屬於革命軍一方者，則因軍餉短絀，強迫民間供應，造成騷擾；屬於政府軍一方者，擾民最多者為張勳之部隊。張勳部隊攻入南京城後，大肆淫掠，下關商埠既焚毀無遺，城內被禍尤烈，不獨富室商店搶掠一空，即家無擔儲者亦被劫數次，下至盆盂諸物亦攜之而去，居民有數日不得食者，婦女之被淫污者尤不堪言，赴水死者絡繹不絕[243]。

　　其二，北洋軍勢力進入長江各省：二次革命失敗後，李純督贛，段祺瑞督鄂，倪嗣冲督皖，張勳督蘇，長江各省，盡入北洋軍之手[244]。原任鄂督兼副總統黎元洪，雖然一直與袁世凱採合作態度，特別在二次革命時期，黎對湖北及江西革命活動的鎮壓不遺餘力，袁世凱仍然決定把他調到北京[245]，原因是黎雄踞長江中游，動向關乎全國，聲望日漸升高，又與民黨有淵源，袁自然對他不放心。

　　其三，專制政治變本加厲：二次革命的主要原因，起於袁世凱的專制作風。對於政治上的專制行為，從清末的改革派到民初的改革派，都不主張以革命的手段對付。清末在一九〇五至一九〇六年《民報》與《新民叢報》論戰的時期，梁啟超認為革命不能得共和，反以得專制。民初二次革命以後，改革派人吳貫因在〈今後政治之趨勢〉一文中說：「暴民橫行之結果，遂以促專制政治之中興。」[246]梁啟超的話沒

---

[243] 《獨立週報》二年二十一號，國內紀事，頁二。

[244] 郭斌佳，〈民國二次革命〉，《國立武漢大學文哲季刊》四卷四期。

[245] B. L. Putnam Weale, p. 44.

有應驗，吳貫因的話卻得到應驗。首先，在二次革命進行期間，由於江西省議會宣言與中央脫離關係並自舉都督、廣東省議會簽名贊助獨立、湖南省議會電擬取消參眾兩院，三省議會皆由袁下令解散；而由於社會黨參與二次革命，並與外國虛無黨有聯絡，亦由袁世凱下令查禁[247]。其次到一九一二年十一月四日，國民黨被查禁，國民黨籍議員證書被沒收，國會因而停頓。一九一四年一月十日國會正式被解散。二月三日袁世凱有令停辦地方自治會[248]，次日又以「湖口肇亂之際，創省會聯合之名，以滬上為中心，作南風之導火」為名，要求政治會議決定解散省議會[249]。這一切措舉，皆為政治返回專制之象，不久遂有帝制運動興起。

當然，帝制運動不完全是由二次革命激來的，但二次革命確是加速了專制的回流，以及帝制的提早進行。

---

[246] 《庸言》一卷十七號。

[247] 高勞，〈革命戰爭之經過及其失敗〉，《東方雜誌》十卷三號。

[248] 郭廷以，《中華民國史事日誌》第一冊，頁一二九～一三〇、一三二。

[249] 白蕉，《袁世凱與中華民國》，頁一〇九。

跋

　　利用出書的機會，將收在本書中前此發表有關辛亥革命的十八篇論文，重新校閱一遍。發覺原來不相統屬的十八篇論文，經分類編組後，對辛亥革命的歷史，有相當大的涵蓋性。今十八篇論文既合為《辛亥革命史論》一書，有許多需要互相統合的地方：其一，原論文發表在不同的刊物或場合，對論文格式原各有不同的要求，今既合為一書，乃不得不將論文分段的方式及註的形式加以統一。其二，原論文對人稱未盡統一，或稱名，或稱號；或加先生，或不加先生；今一律不加先生，姓名則用原名，或從俗。至於原來校正未精的地方，也已盡力精校。

　　本書匆促編成，原為紀念辛亥革命八十年。因為個人研究工作繁忙，直到今年夏天，始有機會與三民書局主人劉振強先生談到此書的出版問題，承劉先生不棄，復承編輯部的先生和女士們快馬加鞭，到今年辛亥革命紀念日的前夕，得看到全書的三校稿。作者花了三個星期的時間，將全書再校閱一遍。書中如有任何錯誤，均由作者負責。

張玉法

一九九二年十一月四日

紅唇與黑齒：縱觀檳榔文化史

林富士　著

檳榔在人類歷史中，曾是人們日常的零食、款待賓客的餽贈、情人互訴愛意的定情之物、是巫師施行巫術的用具，也在醫藥保健方面占有一席之地！隨著時代發展與觀念轉化，歷史佳「檳」的形象，在世人眼中變成了荒谷惡「榔」。林富士教授從歷史語言學、生物地理學等多元角度分析，並從史家的觀點出發，釐清檳榔的古今之變、探討其背後的文化意涵。

居鄉懷國：
南宋鄉居士人劉宰的家國理念與實踐

黃寬重　著

本書藉由描繪身處動盪不安的南宋地方士人劉宰，他的生命故事以及其所關注、推動與時代環境緊密連結的家國事業，透過認識劉宰的人格特質以及其所代表的南宋時代地方士人社會影響力，建構出更完整的南宋基層社會樣貌，試圖從與過往不同的視角理解南宋在中國歷史轉型期的關鍵地位。

最「潮」中醫史：
以形補形行不行，古人醫病智慧超展開

皮國立　著

本書題材包羅萬象，上窮神醫華佗、針灸本草醫書，下至民俗刮痧、食療食補，沒有生僻冷硬的歷史，只有各種有趣故事！作者以中國文化的角度，重新省思中醫的技術與身體觀，不僅極具延伸研究價值和閱讀趣味性，同時收錄醫療史研究方法以及總體視野的文章，是一輕鬆又不失嚴謹學術性的醫療史讀本。

巫者的世界

林富士　著

咒法祭儀、占卜吉凶——古代巫者肩負溝通天、地、人、鬼的職責，以「神靈代言人」的身分接近政治權力核心，並為人們消災除疾。然隨時代進展，巫者卻因技能奇巧、神秘難測，漸被貶斥為怪力亂神。本書以豐富的文獻資料、嚴謹的學術考證，帶領讀者穿越詭譎迷霧，一探巫者的世界。

後現代主義與史學研究 (修訂二版)

黃進興　著

二十世紀下半葉後現代主義席捲史學界，而面對後現代主義的挑戰，西方史家如何應對？本書以後現代主義下的史學為核心，闡述在後現代主義的浪潮下，西方史家如何在未知的領域中踏出史學新道路，勾勒後現代主義與史學研究之間的羈絆與聯繫。

哲人評中醫：
中國近現代學者論中醫 (二版)

祖述憲　編著

本書以中西醫的衝突為核心，編選清末民初中國門戶開放後，文史哲學家或思想家論述中醫之精華，為少見以中西醫為題材、選錄「原作」編冊的書籍，能從中窺探西方新知傳入後的當代變革，與中醫在新知識體系下的變化，值得讀者從中考究與省思中西醫於近代中國的發展。

清代科舉（修訂三版）

劉兆璸　著

中國科舉制度是歷代統治者擇賢取士的重要管道，發展至清代，為金榜題名，天下學子花招百出，促使科舉制度在防弊措施上更為嚴謹周全，卻終難避免制度僵化的情況。本書以「清代科舉」為論述中心，內容蒐羅廣袤，期能作為歷代科舉制度的概見，且作者取材精要、用詞淺白，適合當作中國典章制度的入門書籍，幫助讀者認識科舉制度之大要。

生命史學：
從醫療看中國歷史（修訂二版）

李建民　著

如今看來迷信荒誕的醫方數術，卻反映出前人深信不疑的身體理論與萬物運行的宇宙觀，而「生命史學」即是一段建構醫學體系以及文化內涵的過程。本書從中國醫療史上的幾個議題出發，透過社會風俗、醫療技術、臨床病徵的探討，叩問「什麼是生命？」的核心命題。

Google 地球與秦漢長城

邢義田　著

本書為秦漢史重量級學者邢義田利用 Google 地球遙觀秦漢所修築之長城的研究成果。作者藉 Google 地球，搭配前人的研究及史書記載，考察出長城的經緯度，也找到許多以往研究及實地調查中未曾報導過的長城遺址；此外，書中使用許多經緯度資料、空照圖、地形圖，與數百張 Google 地球的截圖，帶領讀者一探秦漢長城的遺跡。

劉伯溫與哪吒城：
北京建城的傳說 （修訂二版）

陳學霖　著

北京城，一座千年建置的古老都城，也是明清以來的帝王之都，自建城以來便開始流傳各種離奇荒誕的故事，如有人說北京城的設計，與明初神機妙算的軍師劉伯溫有關？本書透過嚴謹的史料驗證，不僅釐清傳說的來龍去脈，並從中剖悉政治與社會的互相影響，一探人們的思維與生活樣貌。

明朝酒文化 （二版）

王春瑜　著

在中國歷史的長河之中，酒從一種飲品變成一種文化，上至政治、外交、律法，下至文學、禮俗、醫學等，都有酒的身影。本書作者以小見大，用酒的角度作為出發點，探究明朝政治社會文化的發展，以酒為墨，渲染出一幅幅鮮活生動的明朝社會生活。

國家圖書館出版品預行編目資料

辛亥革命史論／張玉法著.－－二版一刷.－－臺北
市: 三民，2024
　　面；　公分.－－（歷史聚焦）

　ISBN 978-957-14-7787-9 （平裝）
　1. 辛亥革命 2. 清末 3. 民初

628.1　　　　　　　　　　　　113005476

辛亥革命史論

作　　者	張玉法
創 辦 人	劉振強
發 行 人	劉仲傑
出 版 者	三民書局股份有限公司 (成立於 1953 年)

三民網路書店　
https://www.sanmin.com.tw

地　　址	臺北市復興北路 386 號　（復北門市）　(02)2500–6600 臺北市重慶南路一段 61 號 (重南門市)　(02)2361–7511
出版日期	初版一刷 1993 年 1 月 二版一刷 2024 年 6 月
書籍編號	S620270
I S B N	978-957-14-7787-9